KB202314

근대전환기 영화의 메타모포시스 : 전후의 구로사와 아키라 1946~1950

숭실대HK+ 메타모포시스 인문학총서 19

근대전환기 영화의 메타모포시스 : 전후의 구로사와 아키라 1946~1950

이시준 지음

보고사
BOGOSA

간행사

숭실대학교 한국기독교문화연구원은 1967년 설립된, 명실공히 숭실대학교를 대표하는 인문학 연구원으로 발전하여 오늘에 이르렀다. 반세기가 넘는 역사 동안 다양한 학술행사 개최, 학술지 『기독교와 문화』(구 『한국기독문화연구』)와 '불휘총서' 30권 발간, 한국기독교박물관 소장 자료의 연구에 주력하면서, 인문학 연구원으로서의 내실을 다져왔다. 2018년에는 한국연구재단의 인문한국플러스(HK+) 사업 수행기관으로 선정되어 또 다른 도약의 발판을 마련하였다.

본 HK+사업단은 "근대전환공간의 인문학 – 문화의 메타모포시스"라는 아젠다로 문학과 역사와 철학을 아우르는 다양한 인문학 연구자들이 학제간 연구를 진행하고 있다. 개항 이래 식민화와 분단이라는 역사적 격변 속에서 한국의 근대(성)가 형성되어온 과정을 문화의 층위에서 살펴보는 것이 본 사업단의 목표이다. '문화의 메타모포시스'란 한국의 근대(성)가 외래문화의 일방적 수용으로도, 순수한 고유문화의 내재적 발현으로도 환원되지 않는, 이문화들의 접촉과 충돌, 융합과 절합, 굴절과 변용의 역동적 상호작용을 통해 형성되었음을 강조하려는 연구 시각이다.

본 HK+사업단은 아젠다 연구 성과를 집적하고 대외적 확산과 소통을 도모하기 위해 총 네 분야의 기획 총서를 발간하고 있다. 〈메타모포시스 인문학총서〉는 아젠다와 관련된 연구 성과를 종합한 저서나 단독 저서로 이뤄진다. 〈메타모포시스 번역총서〉는 아젠다와 관련하여 자료적 가치를 지닌 외국어 문헌이나 이론서들을 번역하여 소개한다. 〈메타모포시스 자료총서〉는 숭실대 한국기독교박물관에 소장된 한국 근대 관련 귀중 자료들을 영인하고, 해제나 현대어 번역을 덧붙여 출간한다. 〈메타모포시스

교양문고〉는 아젠다 연구 성과의 대중적 확산을 위해 기획한 것으로 대중 독자들을 위한 인문학 교양서이다.

이 책 『근대전환기 영화의 메타모포시스 : 전후의 구로사와 아키라 1946~1950』은 일본을 대표하는 영화 감독 구로사와 아키라(黑澤明, 1910~1998)의 전후 작품에 대한 연구 성과물이다. 저자 이시준 교수는 이 책에서 다룬 6편의 작품은 전후 일본의 현실과 사회적 과제를 제시한 작품으로, 단순한 대중문화로서의 오락성을 넘어 전쟁의 상흔 속에서 재건의 방향성을 모색한 시대적 기록으로 평가하였다. 아울러 연구 대상 작품의 번역문을 수록함으로써 해당 분야 연구에 이바지하고 있다. 〈메타모포시스 인문학 총서〉 19권으로 기획된 이 책은 본 사업단의 연구 주제를 심화 확산시킨 점에서 의미가 크다. 열아홉 번째 인문학총서 간행에 힘을 보태 주신 이시준 교수께 감사드린다.

동양과 서양, 전통과 근대, 아카데미즘 안팎의 장벽을 횡단하는 다채로운 자료와 연구 성과를 집약한 메타모포시스 총서가 인문학의 지평을 넓히고 사유의 폭을 확장하는 데 기여할 수 있기를 기대한다.

2025년 4월

숭실대학교 한국기독교문화연구원 HK+사업단장

장경남

머리말

구로사와 아키라는 오즈 야스지로, 미조구치 겐지와 함께 일본을 대표하는 영화감독으로, 그에게 영향을 받은 동서양의 감독들은 손으로 헤아릴 수 없을 정도로 많다. 1910년에 태어나 1998년 사망, 향년 88세.

필자는 2022년도에 『구로사와 아키라의 국책영화와 일본문학: 프로파간다와 작가 정신 1943~1945』을 발간하였다. 이 책은 구로사와 감독의 1945년, 패전 이전 작품인《스가타 산시로》(1943),《가장 아름답게》(1944),《속 스가타 산시로》(1945),《호랑이 꼬리를 밟는 남자들》(1945년 제작, 1952년 공개) 총 4편을 중심으로, 국민문학과 국책영화의 맥락 속에서 원작 소설과의 비교, 감독의 생애 및 제작 과정 등을 총체적으로 다루었다. 또한 기존의 영화 자막 번역이 부실하다는 점을 들어 각본을 새롭게 번역·수록했었다.

이번의 저서는 그 후속 작업으로 똑같은 구성, Ⅰ.영화에 대한 감상, Ⅱ.각본에 대한 이해, Ⅲ. 감독·제작에 대한 관심(1946~1950)으로 집필하였다. 고찰의 대상이 되는 작품은 패전 이후부터 1950년까지의 총 6개이며, 작품의 개요와 의의를 구로사와의 행적과 관련하여 간단히 소개하면 다음과 같다.

1945년 8월 15일, 천황의 항복 선언과 함께 일본은 제2차 세계대전의 종지부를 찍었다. 당시 35세였던 구로사와 아키라는《호랑이 꼬리를 밟는 남자들》을 촬영 중이었고, 전쟁의 종결은 그에게 단지 촬영 중단이라는 현실적 타격만이 아닌, 창작자적 양심의 심대한 각성을 불러왔다. 그는 훗날 군국주의에 무저항적이었고, 도피하거나 영합했을 뿐이라고 회고하며, 패전 이후 완전히 새로운 가치관 속에서 영화가 무엇을 할 수 있는지를 묻는 존재론적 고민을 했다.

전후 일본 사회를 통치한 연합군 최고사령부GHQ는 영화에도 적극적으로 개입했다. 1945년 9월, GHQ 민간정보교육국CIE은 민주주의적 가치를 장려하라는 방침을 발표했고, 여성의 지위 향상, 봉건제의 부정, 개인 존엄성의 확립 등을 테마로 하는 영화가 권장되었다. 동시에 GHQ는 노동조합의 결성을 장려했으며, 이로 인해 도호에서는 1946년부터 본격적인 노동 쟁의가 벌어지기 시작했다. 구로사와는 이 시기 도호 종업원 조합의 노선에 동조했지만, 이후 정치적 이념보다는 창작의 자유와 독립을 중시하게 된다.

이러한 시대적 전환점에서 완성된 첫 작품이 《내 청춘에 후회 없다》(1946)이다. 교토대 사건과 조르게 사건을 모티프로 삼은 이 영화는 여성의 자아 각성과 민주주의적 자각을 중심에 둔, GHQ의 권장 주제가 반영된 작품이기도 하다. 마쓰자키 게이지의 기획으로 시작되어 구로사와와 히사이타 에이지로가 약 20일 만에 초고를 완성했지만, 당시 도호 조합이 운영하던 '기획심의회'의 반대로 후반부 대본을 수정해야 했다. 그럼에도 이 작품은 전후 일본 영화사에서 여성 주체를 정면으로 다룬 선구적 시도라 할 수 있으며, 감독 개인적으로는 전전의 국책영화를 제작할 수밖에 없었던 과거에 대한 회고와 반성의 의미가 담겨있다.

이후《멋진 일요일》(1947)은 전쟁에서 복귀한 평범한 청춘 남녀의 35엔짜리 데이트를 그린 작품으로, 전후 현실의 절망과 희망을 동시에 담은 세미 다큐멘터리 형식의 실험적 영화였다. 촬영은 신주쿠, 우에노 등 실제

거리에서 이뤄졌고, 마사코의 박수를 쳐 주세요라는 호소를 통해 관객과의 상호작용을 유도한 엔딩은 당시로서는 매우 파격적인 시도였다. 한편, 도호는 제2차, 제3차 쟁의를 겪으며 경영진과 조합의 갈등이 극한으로 치닫는다. 와타나베 데쓰조 사장은 반공 정책을 선언하며 조합 주도의 기획심의회를 폐지했고, 구로사와는 이에 반발하여 도호와 절연을 선언한다. 그리고 1948년 9월, 모토키 소지로 등과 함께 '영화예술협회'를 결성한다. 이는 영화사나 조합이 아닌, 감독 중심의 창작 집단이었다.

이런 배경 속에서 탄생한 작품이 바로 《주정뱅이 천사》(1948)이다. 전후 도쿄의 빈민가, 오픈 세트의 커다란 늪과 암시장을 배경으로, 폐결핵에 걸린 야쿠자와 가난한 의사의 갈등을 통해 전후 일본의 어둠을 형상화하며, 이성의 중요성과 사회에 대한 도덕적 책임을 강조한다. 이 영화는 미후네 도시로와의 첫 협업이자, 그가 자신의 감독 스타일을 결정지은 작품이라고 말할 만큼 중요한 분기점이기도 하다.

다음 해에 완성된 《조용한 결투》(1949)는 영화예술협회가 다이에이와 함께 제작한 첫 작품이다. 지아키 미노루가 연기했던 연극 『낙태의』에서 착안하여 매독에 감염된 청년 의사의 고뇌를 그린 이 작품은, 전쟁의 상흔을 육체적 질병이라는 형태로 시각화한 구로사와의 성찰적 작품이다. 미후네가 전작에서의 야쿠자에서 이 작품에서는 도덕적 이상을 실천하는 의사로 변화한 것은, 배우로서 그의 연기의 폭을 확장시킨 동시에 관객에게 윤리적 문제를 신선한 감각으로 제시한 효과도 있었다.

같은 해 가을, 《들개》(1949)는 구로사와의 다섯 번째 전후 영화이자, 그가 직접 탐정소설 애독자임을 표방하며 조르주 심농의 분위기를 의식하고 만든 본격 형사 영화다. 도난당한 경찰 권총을 추적하는 과정을 통해, 범죄자와 형사가 서로 닮은 존재임을 암시하며 전후 사회에서 이성적 판단에 의해 어떻게 인생이 달라질 수 있는지 하는 문제를 날카롭게 그려냈다. 우에노 암시장에서의 게릴라 촬영, 고라쿠엔 구장에서의 실황 사용,

피아노 소나티네와 동요로 긴박한 장면을 반전시키는 '음과 영상의 대위법' 등은 이후 일본 영화의 스타일에 커다란 영향을 미쳤다.

그리고 마지막으로 《추문》(1950)은 구로사와의 첫 쇼치쿠 작품이자, 옐로 저널리즘에 대한 직접적인 비판을 다룬 사회파 드라마였다. 전차 안에서 본 선정적 광고가 작품의 출발점이었고, 주간지의 허위 보도, 도촬, 날조된 여론이라는 현실을 정면에서 다뤘다. 특히 가난한 딸을 둔 변호사 히루타가 매수되어 내부 고발을 하기까지의 과정을 통해, 인간의 양심과 구조적 악의 충돌을 섬세하게 그려냈다.

이렇듯 구로사와는 제국주의에서 민주주의로 전환하는 격동의 시대 속에서, 전쟁이 초래한 사회적 혼란과 개인적 고통을 사실적으로 묘사하며, 새로운 시대에 부합하는 이성과 도덕성, 그리고 새로운 가치를 통해 재건의 가능성을 제시한다. 전후 일본의 경제적 어려움, 도덕적 붕괴, 여성 인권의 문제는 그의 작품 속 다양한 공간과 인물의 상징적 대립을 통해 부각되는데, 그는 이 대립을 통해 전후 일본이 나아가야 할 방향을 제시하며, 관객에게 도덕적 책임과 사회적 연대의 중요성을 설득력 있게 전달한다.

구로사와 아키라의 전후 일본의 현실과 사회적 과제를 제시한 6편의 작품은 단순한 대중문화로서의 오락을 넘어, 전쟁의 상흔 속에서 재건의 방향성을 모색한 시대적 기록이라고 할 수 있으며, 동시에 그가 '감독'으로서 '작가'로서 본격적인 신념과 양식을 확립한 결정적 시기였다고 할 수 있겠다.

끝으로 이 책이 나오기까지 많은 분들의 도움을 받았다. 특히 숭실대학교 한국기독교문화연구원 인문한국플러스(HK+)사업단의 장경남 단장님께 감사드린다. 사업단에서 일반연구원으로 있는 동안, 내가 얼마나 편협한 학문적 영역에서 안주하고 있었는가, 하고 참 많이도 반성하며 뒤돌아보았다. 또한 원고 마감을 제대로 지키지 못함에도 항상 친절하고 꼼꼼하게 원고를 챙겨봐 주신 보고사의 이소희 선생님의 노고에 감사드린다.

2025년 초록이 짙어가는 늦봄

차례

제5장 _《조용한 결투》

제6장 _《들개》

제7장 _《추문》

제2부
각본에 대한 이해

제3부
감독·제작에 대한 관심(1946~1950)

제1부

영화에 대한 감상

제1장

《내 청춘에 후회 없다》
: 전후 민주주의 신여성의 '자아'를 찾는 여정

1. 들어가며

《내 청춘에 후회 없다わが青春に悔なし》는 1946년 구로사와 아키라黑澤明 감독의 전후에 제작된 첫 작품이다. 다른 영화에 비해서 큰 호평을 받지 못한 영화이긴 하나, 구로사와가 여성을 주인공으로 삼은 유일한 영화이기도 하다.[1]

영화의 대략적인 내용은 사상탄압으로 교토제국대학에서 파면 된 야기하라八木 교수(배우 오코치 덴지로大河內傳次郎)의 딸 야기하라 유키에八木原幸枝(배우 하라 세쓰코原節子)가 좌익 활동가 노게 류키치野毛隆吉(배우 후지타 스스무藤田進)와 결혼하지만, 남편은 간첩 사건으로 연루되어 체포되어 옥사한다. 남편의 죽음을 안 유키에는 시골에서 농사를 짓고 있는 남편의 부모 밑에서 생활한다. 노게의 부모는 스파이의 부모라고 해서 마을에서 비난을 받으며 집에서 나오지도 못하고 농사일도 할 수가 없었다. 주위의 차가운 시선에도 유키에는 시어머니와 같이 농사일을 시작한다. 마을 사람이 모내기해 놓은 벼를 모두 망쳐놓지만, 유키에는 이에 굴하지

1 加藤 信·柏瀬宏隆, 『黑澤明の精神病理』, 星和書店, 2002, p.130.

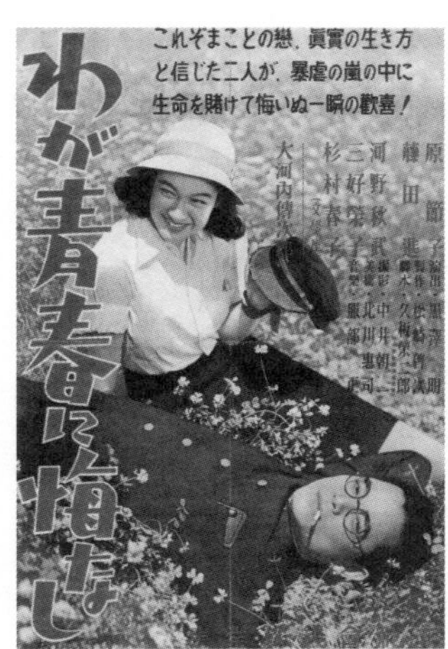

▸ 영화 포스터

않고 묵묵히 자신의 일을 계속한다. 이윽고 종전을 맞게 되고 유키에는 그 지역의 농민운동 지도자로서의 삶을 살아갈 것을 결심한다고 하는 전개이다.

본 영화는 전전에 제작된 4편의 영화와는 확연하게 차이를 드러낸다. 이 4편의 영화는 태평양 전쟁이란 큰 혼란 속에서 제작되었다.[2] 전시 중의 영화는 국가의 정책, 감독 하에서 제작되는 국책영화國策映畵, 로서 전시 중의 전투 의욕을 높이기 위한 전의앙양戰意昂揚의 요소가 포함되어 있는 영화가 대부분이고, 구로사와도 《가장 아름답게》에서 볼 수 있듯이 이에 어쩔 수 없이 동조하였다.[3] 이러한 영화에서 드러나는 여성상은 남성보다 지위가 낮으며, 부창부수夫唱婦隨의 수동적인 이미지가 두드러진다.

《내 청춘에 후회 없다》는 종전 이후라는 혼란스러운 정세, GHQ[4]에 의한 일본 점령, 영화사 도호東寶의 파업,[5] 유사한 모티브의 영화의 중복[6]

---

2 구로사와의 영화가 전전에 개봉된 작품으로는《스가타 산시로姿三四郎》,《가장 아름답게一番美しく》,《속 스가타 산시로續·姿三四郎》 등의 세 작품이 있다.《호랑이 꼬리를 밟는 남자들虎の尾を踏む男達》은 1945년 종전 전에 촬영이 시작되어 패전으로 잠시 중단이 되었다가 미국 점령시기에 촬영이 재개될 수 있었다. 이 작품은 우여곡절을 겪어 1952년 2월에 개봉되었다. 이시준, 『구로사와 아키라의 국책영화와 일본문학』, 보고사, 2022 참조.

3 구로사와는 군국주의에 대해서 저항할 용기가 없었다고 자신의 저서 『蝦蟇の油』에서 회고하고 있다. 黑澤明, 『蝦蟇の油』, 岩波書店, 1984, p.306. 단, 구로사와는 그의 작품을 국가적 정책이나 정치색이 강한 작품으로 만들려고 하기 보다는 오히려 그러한 요소를 억제하면서 순수한 영화로서의 성격을 부각시키려 하였다. 이시준, 앞의 책 참조.

4 General Headquaters의 약자. 연합군 최고사령부의 의미로 일본의 패전 직후의 정책에 관여하였다.

5 《내 청춘에 후회 없다》의 기획 단계에서 개봉 시기까지 도호의 파업이 2번 있었다. 黑澤明, 앞의 책, p.314.

등 앞서의 4개의 작품과 마찬가지로 불안정한 과정 중에서 탄생한 영화임에는 틀림없다. 그러나 종전 후 영화의 패러다임은 크게 변화하였다. 전후 GHQ의 민간정보교육국(CIE)은 전전의 봉건적 일본적인 모습에서 탈피하여 민주주의 가치관을 정착시키는 정책을 펼쳤는데, 이전의 여성성에 대한 변화도 이와 궤를 같이한다.[7]

이 글은 전전과 비교하여 여성성의 변화가 두드러진《내 청춘에 후회 없다》의 주인공 야기하라 유키에에 주목하고자 한다. 영화의 배경은 1931년의 만주사변 이후 일본이 국제연맹을 탈퇴하고, 교토대 사건京大事件이 일어난 1933년을 시작으로 해서 전쟁이 끝나는 직후의 시점인 1946년을 배경으로 하고 있다. 영화의 시대적 배경은 주로 전전에 속하지만 본 영화의 주인공인 유키에는 일반적인 전전의 여성상과 매우 다른 신여성상을 보여주고 있는 캐릭터이다. 선행연구로는 도널드 리치의 이하의 견해가 있는데, 이 글에 많은 시사점을 주었다.

> 그것은 그녀의 영화이다. 자유주의와 군국주의의 충돌이라는 현상과는 거리가 멀다. 구로사와가 사회적 주장을 담은 작품을 만들 때에는 항상 그렇지만 감독으로서 그의 진정한 관심사는 사상 자체가 아니라, 그 사상이 삶에 어떠한 영향을 주게 되는가에 있다. 이 영화의 경우 그것은 히로인 유키에의 1933년부터 45년 사이의 삶이다. 다른 감독이었다면 등장인물을 통해 정치사상을 표출하는 것에 관심을 쏟았을 것이다. 하지만 구로사와는 인물의 성격 자체에만

---

6 히사이타 에이지로久板榮二郎가 쓴《내 청춘에 후회 없다》의 첫 번째 각본은 각본심의회의 결정으로 어쩔 수 없이 변경되었다. 영화는 수정된 두 번째 각본에 의해 제작되었다. 이는 내용의 시비에 따른 문제가 아니라, 각본가 야마가타 유사쿠山形雄策의《생명이 있는 한命ある限り》이 우연히 유사한 소재를 다루었기 때문이다. 黒澤明, 앞의 책, pp.314~315.

7 GHQ가 1945년 9월에 발표한 '영화에 대한 기본방침' 중에는 민주주의 가치관을 촉진하기 위한 지침이 포함되었는데, GHQ는 일본의 전전의 영화가 여성을 종속적·수동적으로 그린 것을 문제시하여, 봉건적 여성상을 배제하고, 여성의 사회적·경제적·정치적 지위의 향상을 영화에서 그릴 것을 제시하였다.

관심을 쏟는다. 유키에가 농민들 곁으로 가는 것은 딱히 정치사상에 따른 것이 아닌 것임을 구로사와는 확실하게 보여주고 있다. 그렇게 하지 않으면 본인 스스로 만족하기 않기 때문이다. 구로사와는 "당시는" 하고 말한다 — "나는 일본이 새롭게 일어서는 과정에서 소중한 것은 자아를 존중하는 것이라 믿고 있다. 그러한 자아를 관철한 여성을 그린 것이다."[8]

이 글에서는 유키에의 인물조형을 유키에 어머니와의 비교를 통해 알아보고, 영화의 주제와도 밀접하게 관련된 유키에의 자아확립 과정 등을 통해 살펴보고자 한다.

시나리오 인용은 黑澤明, 『全集 黑澤明 第二卷』, 岩波書店, 1987을 사용하였음을 밝혀둔다.

2. 전통적인 여성상, 야기하라 부인과의 차이

야기하라 부인, 즉 유키에의 어머니는 전통적인 여성상으로 그려져, 자기주장이 강한 유키에와 외면적·내면적 양면에서 매우 대조되고 있다. 그 결과 영화 속에서 야기하라 부인은 유키에의 인물조형을 더욱 극명하게 해 주는 캐릭터라 할 수 있다.

전통의상의 어머니와 파마를 한 유키에

우선 외면적인 차이로는 부인의 경우, 시종일관 머리를 올려 묶고 전통적인 기모노를 입고 있는, 전근대적인 여성의 모습을 하고 있는 반면에

8 ドナルド·リチー, 三木宮彦 譯, 『黑澤明の映畫』, 社會思想社, pp.80~81.

유키에는 대체적으로 파마머리에 양장을 입고 있고 등장하여 근대적인 여성의 모습을 하고 있다.

또한 두 사람의 대조적인 성격이 두드러지는 장면은 영화 곳곳에서 발견된다. 영화 초반부의 요시다야마吉田山에서의 피크닉 장면의 경우, 이하의 유키에의 대사가 주목된다.

유키에 “저는 저런 소리가 참 좋아요, 시원시원하고, 리드미컬하고…… 가슴이 시원해지는……”(대사 1)

위의 대사는 군사훈련 중의 총소리를 듣고 난 후, 노게의 현재의 정치적 상황에 대한 발언에 싫증을 느낀 유키에가 화제를 전환하기 위한 말이기는 하지만, ‘총소리’에 대한 일반적인 여성들의 반응과는 차이가 있다고 할 수 있다.

부인 “그런데 우리 애는 여자이면서도 이상한 애라서 말이지요. 초등학교 때 미술 시간엔 비행기나 기관차라든가 그런 것만……”(대사 2)

부인 “겨우 이제야 꽃꽂이 등을 다닐 마음이 생긴 것 같아서 저도 안심하고 있었는데, 정말로……”(대사 3)

위의 대사는 모두 야기하라 부인의 대사인데, (대사 2)는 요시다야마에 피크닉을 간 이후, 약 6~7년이 경과된 시점으로, 어릴 적 여성스럽지 못한 유키에를 탐탁하지 않게 여기는 부인의 생각이 잘 드러나 있다. 또한 (대사 3)은 유키에가 꽃꽂이 교실을 제대로 다니고 있었으나 최근 들어서 그렇게 하지 않기 시작했다는 것에 대한 부인의 불만이 드러나 있는 바, 꽃꽂이는 과거의 전근대적인 여성상을 보여주는 상징적 매개의 역할을 하고 있다.

또한 두 사람의 가치관의 차이는 사회적으로 불안정한 지위에 있는 노게와 안정적인 직업을 가진 이토카와에 대한 인식에서 극명하게 드러난다. 노게와 이토카와에 대해서 쓰즈키 마사아키都築政昭는 다음과 같이 적시하고 있다.

> 그 학생 가운데 노게(후지타 스스무)와, 이토카와(고노 아키타케)의 모습이 있다. 둘은 마음속으로 아름답고 오기가 있는 유키에에게 연심을 품고 있다. 노게는 우직하고 시대를 직시하며 강한 신념을 가지고 있는 행동파, 한편 이토카와는 섬세하고 시대에 영합해 살아가는 신중파이다. 바로 전시하의 시대에 살았던 지식인의 두 가지 전형을 상징하고 있다.[9]

노게, 이토카와 두 사람은 한 시대의 엘리트라는 공통점을 가지나, 각자의 삶의 궤적은 교토대 사건 이후, 한쪽은 '정치범'으로, 한 쪽은 '검사'로 귀결되어 매우 대조적이다.

야기하라	(비꼬듯이) "흠…… 그게 이토카와 검사의 견해인가"
부인	"당신!(이라고 말하고 야기하라를 자제시키면서 이토카와에게) 기분 나쁘게 생각하지 말아요"(대사 4)

부인	(애써 기분을 전환하려는 듯) "있죠. 이토카와 씨. 이 꽃…… (이라고 말하고는) 장식장을 돌아보고서는) 유키에의 솜씨예요. 어떤가요?" (대사 5)

위의 대사는 1933년의 교토대 사건이 실패로 끝나고 세월이 지나 1938년의 시점인데, 야기하라 부인이 유키에가 검사라는 안정된 지위를 갖고 있는 이토카와와 결혼하기를 바라는 심정에서 남편과 이토카와의 사이를

9 都築政昭, 『黑澤明 全作品と全生涯』, 東京書籍, 2010, p.135.

중재하거나(대사 4), 이토카와에게 단정하고 여성적인 유키에의 모습을 은연중에 강조한다(대사 5).

이렇게 줄곧 노게와의 결혼을 반대하는 입장에 섰던 야기하라 부인은 이후 노게가 감옥에서 석방되어 사회적으로 안정된 생활을 하기 시작했음을 알자, "하지만 노게 씨도 이제부터 제대로 된 직장에서 일하고, 진지하게 갱생하려고 하는 것 같고, 유키에도 벌써 25살이니까요"라며 갑작스럽게 태도를 바꾼다.

'이상'보다는 '현실'을 추구하며, 안정적인 삶을 지향하는 야기하라부인과는 반대로 유키에는 검사인 이토카와보다 현 사회와 체제에 타협하지 않는 노게에 더 매력을 느낀다.

유키에　"예를 들어서…… 당신의 뒤를 따라가면 평온무사하지만…… 하지만…… 죄송해요…… 조금 지루한 생활일 것이라고 생각해요"
이토카와　(불쾌한 얼굴로) "노게라면요?"
유키에　(가만히 눈앞을 쳐다 본 채로) "…… 노게 씨를 따라 간다면 뭔가 반짝거리는, 눈이 부신 생활이 있을 것 같아요…… 무섭지만…… 매력적이에요. 이것은"

유키에는 검사인 이토카와와 함께 한다면 "평온무사"하지만 "지루"할 것이라 생각하고 한편 노게와 함께한다면 "무섭"지만 드라마틱하여 "눈이 부신 생활"을 할 수 있을 것이라고 노게에게 보다 깊은 "매력"을 느낀다.

구로사와는 이와 같이 보수적이고 현실 지향적이며 안정적인 삶을 추구하는 야기하라 부인을 통하여, 전통적이고 고정적인 여성과는 차이가 있는 전후의 근대적인 여성인 유키에의 성격을 도드라지게 드러내 보이고 있는 것이다.

3. 자기본위의 새로운 여성상

구로사와의 데뷔작《스가타 산시로》의 사요小夜는 일편단심 산시로를 동경하면서도 그 사랑을 노골적으로 드러내지 않고 묵묵하게 난관을 감래하는 '순정한 소녀'[10]였고, 그리고《가장 아름답게》의 와타나베 쓰루渡邊ツル나 여직공들은 개인보다도 국가적 사명에 충실한 '국가에 헌신적인 여성'[11]이었다. 그러나 전후 처음으로 개봉된 본 영화의 유키에의 모습에 관객들은 당혹감을 감추지 못했으며 그녀에 대한 성격을 둘러싸고 의견이 분분하였다. 당대의 사람들은 유키에의 행동과 사고방식에 상당히 의아해하고, 의문을 제시했으며, 비난하는 의견도 적지 않았다. 이는 영화 속의 유키에의 행동이 당시의 전통적인 여성과는 거리가 먼, 파격적인 것이었으며, 한편으로는 통일성이 결여된 히스테릭하고 기괴한 행동 등으로 인한 것일 것이라 판단된다.

영화가 개봉된 1946년은 전시체제에서 민주화의 방향으로 첫 발을 내딛는 시기였다. 남성이 지배하던 전시체제에 아직도 탈피하지 못하고 익숙해 있던 당시, 남자에게 일견 부조리한 지시까지도 서슴지 않는 유키에의 행동에 대해 "여주인공답지 않은 여주인공"[12]이란 혐오가 깃든 비평도 수긍할 만하다.

본 절에서는 당시의 관객들이 이해하기 힘들고 의아해했던 유키에의 행동이야말로 곧 전후의 신여성과 관계가 깊을 것이라는 가설 하에 유키에의 돌발적이고 히스테릭한 행동에 대해 생각해 보고자 한다.

유키에의 기괴한 행동으로는 주위의 시선을 아랑곳하지 않고 미친 듯 피아노 건반을 두드리는 장면과, 갑작스레 담배를 물고는 이토카와에게

10 佐藤忠男,『黑澤明作品解題』, 岩波書店, 2002, p.32.
11 加藤 信·柏瀨宏隆, 앞의 책, p.127.
12 ドナルド·リチー, 앞의 책, p.91.

불을 붙여 달라고 하고는 이토카와가 불을 붙이려 하자, 담배를 찢어버리는 장면을 들 수 있다.

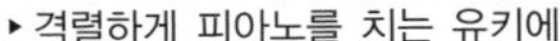

▸격렬하게 피아노를 치는 유키에 ▸담배불을 붙여달라고 요구하는 유키에

위 장면이 전개되기 직전에 유키에와 노게는 교수직에서 추방된 유키에의 아버지 야기하라 교수의 입장에 대해 다른 의견을 내세우면서 갑론을박을 하고 있었다. 급진적 성향의 노게는 야기하라 교수가 군국주의 타도를 위해서 철저하게 싸워야 한다고 논리정연하게 주장하는 반면, 유키에는 절대적으로 아버지가 바르다고 고집한다.

심각하게 정치적 문제에만 몰두하는 노게와 달리 유키에는 자신이 은근히 마음을 주고 있는 노게가 자신의 기분을 맞추지 못하고 심지어 자신과 대립각을 세우고 격론을 펼치고 있다는 상황 그 자체가 불만이었던 것이다. 시시비비는 유키에에게 있어서는 이미 중요한 문제가 아니며, 당장 자신의 의견을 받아 주지 않는 노게에 대해 서운함과 분한 감정이 북받쳐 올랐다. 이러한 그녀의 격한 감정은 피아노를 통해 자신의 감정을 드러내고, 더 나아가 자신의 말이라면 모두 받아 주는 이토카와를 괴롭히는 형태로 표출되었던 것이다.

그녀의 격한 감정은 여기에서 머물지 않고 개봉 당시 가장 문제가 되었던, 이토카와에게 갑자기 사과하고 무릎 꿇게 하도록 명령하는 다음의 장면에서 최고조에 이른다.

유키에　“이토카와 씨. 그쪽에 앉아요. 그리고 머리를 마룻바닥에 대고 저에게 사과해요!”
이토카와 “뭘 사과하라는 거죠?”
유키에　“뭐든 좋으니까, 그렇게 해요! 아셨죠? 부탁이니까. …… 아셨죠?”
이토카와는 히스테리를 부리는 유키에의 기분을 이해한 얼굴로, 말한대로 마룻바닥에 무릎을 꿇고 발을 모았다. 그것을 몹시 안쓰럽다는 듯이 주시하고 있던 유키에는 갑자기 얼굴을 돌려,
유키에　“그만 둬요. 이제, 괜찮아요. 괜찮아요.”(대사 7)

이토카와가 유키에에게 사과해야 할 아무런 이유가 없음에도 불구하고, 무릎을 꿇고 사죄하라는 유키에의 당돌한 요구에 이토카와는 당황해 하면서도 주저주저 무릎을 꿇게 된다. 자기주장이 강한 노게에 대해서 기가 약하고 언제나 자신의 의견을 거스르지 않는 이토카와에게 자신의 감정을 왜곡된 형식으로 표출한 것이다. ‘상식’을 벗어난 히스테릭한 유키에의 행동은 ‘절제’와 ‘순종’을 미덕으로 중시하는 전통적인 여성상과는 거리가 있다.

이어서 무릎을 꿇은 이토카와에게 유키에는 “좋지 않나요. 노게 씨는 진실을 말한 거예요. 당신은 그렇게 말할 수 없어요 …… 저는 당신 같은 아첨쟁이는 싫어요” 라고 자신의 속내를 거리낌 없이 표현한다. 비록 왜곡된 형태라 할지라도 타인의 평가와 시선보다는 자신의 감정에 충실한 유키에의 성격의 일면이 단적으로 드러나 보인다.

자신의 감정과 생각에 충실한 유키에의 행동은 꽃꽂이 교실에서의 에피소드에서도 단적으로 드러난다. 동료들이 유키에를 둘러싸고 유키에의 꽃꽂이 솜씨에 감탄하는 그 순간, 유키에가 돌연 꽃을 모두 뽑아버리고는 수반水盤위에 꽃송이 세 개를 따서 띄우는 장면이 그것이다.

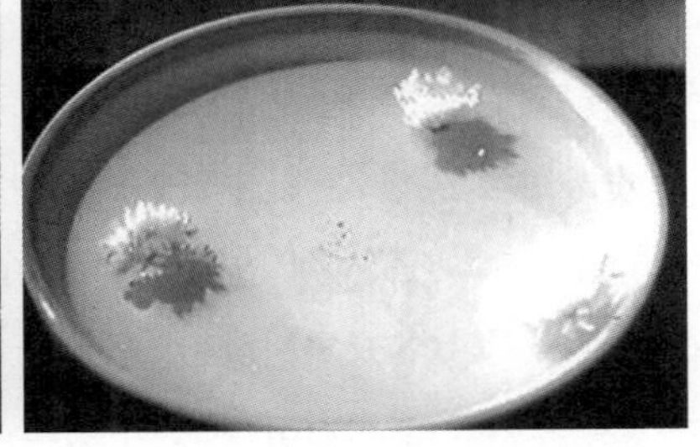

▸꽃꽂이를 하는 유키에 ▸수반 위에 떠있는 세 송이 꽃

위의 장면은 1933년의 교토대 사건이 실패로 끝나고 세월이 지나 1938년의 시점인데, 꽃꽂이 교실에서 기모노를 입고 단아하게 꽃을 꾸미는 유키에의 모습은 외면적으로 순종적이고 절제미를 겸비한 '전통적인 여성상'에 가깝게 보인다. 하지만 이것도 잠깐 유키에는 다음과 같이 말한다.

"야기하라 씨 정말 잘하네요"

동료들에게 둘러싸인 유키에. 그녀 앞에는 막 완성된 꽃꽂이 작품이 놓여 있다. 유키에는 짜증을 내면서 잠시 그것을 지켜보고 있다가,

유키에 "이것은 아니야"

라고 하고는 갑자기 꽃꽂이를 망가뜨린다.

"어머나"

"야기하라 씨"

"무슨 일이에요?"

유키에 "꽃꽂이란 자신이란 것을 솔직하게 표현하는 것이라고 선생님이 말씀하셨어요. 이런 건 내가 아니에요"

"그렇다면 본인의 생각대로 해보는 게 어때요?"

유키에, 갑자기 줄기에 달린 꽃을 따고서는 오른손으로 그 꽃잎을 하나씩 뜯어 꽃꽂이용 수반에 내던진다.(대사 8)

위의 시나리오의 내용을 음미해 보면, 가지런하고 우아하게 수반에 꽃

은 꽃꽂이 작품은 '자신'을 나타낸 것이 아니고, 꽃송이 3개를 따서 아무렇게나 수반의 물 위에 던진 것이야말로 자신을 '솔직히' 드러낸 작품이 된다.

세 송이의 꽃송이의 의미에 관해서 타마에 프린들Tamae Prindle은 유키에를 둘러싸고 있는 세 명의 남자(야기하라 교수, 이토카와, 노게)로 대변되는 가치를 상징한다고 지적한 바 있지만,[13] 조금 다른 해석도 가능하지 않을까? 즉, 유키에의 이러한 행동이 있는 그대로의 '자신'을 드러내고 있다고 한다면 좀 더 적극적으로 자신을 투영했을 가능성이 높고, 3송이의 꽃은 자기 자신(유키에)을 포함하여 노게, 이토카와와의 관계를 상징하고 있는 것은 아닐까 하는 점이다. 이 세 송이의 꽃은 일정한 거리를 둔 채로 천천히 원을 그리고 있고 그 어느 쪽과도 가까워지지 않는다. 유키에는 노게를 동경하지만, 노게는 현재 감옥에 갇혀서 만날 수 없고 마음을 확인할 수도 없는 상태이며, 한편 유키에와 이토카와는 물리적인 거리는 가깝지만 유키에의 마음은 더 이상 이토카와를 받아들이려 하지 않는다. 어느 한 쪽이 가까이 하려고 하지만, 그 관계는 좁혀지지 않은 채 동심원을 그리는 꽃 세 송이는 유키에, 노게, 이토카와의 심적, 물리적인 길항적인 관계를 상징하고 있다고 판단된다.

한편, 꽃꽂이라는 것은 전통예능으로 전근대적인 여성의 상징이며 '정형定型'과 '부동不動'을 연상시키는 반면, 유키에가 수반 위에 띄운 세 꽃송이는 '비정형非定型'과 '동動'을 연상시킨다. 이는 현재의 무미건조한 생활을 청산하고 안정적이지 않지만 좀 더 역동적인 새로운 생활에 대한 유키에의 갈망을 암시하고 있다고 풀이될 수 있다. 이후 유키에는 일본의 전통을 고수하는 교토를 떠나 홀로 도쿄로 가게 된다.

계속해서 유키에의 히스테릭한 행동은 도쿄에서 지낸 지 3년 후에 이

13 金普慶, 「미(美)점령 초기 민주화 정책과 영화·소설의 여성상 연구」, 고려대학교 석사학위논문, 2010, 19쪽.

토카와를 통해서 노게의 소식을 듣고, 노게를 만나 신혼생활을 하는 중에 빈번하게 등장한다.

전전의 전시체제 하의 영화에서는 남자 중심의 영웅적인 면모를 드러내기 위한 캐릭터를 주인공으로 내세우기 때문에 남녀 간의 사랑은 뒷전으로 밀리는 것이 보통이었다. 영화 검열 당국은 남녀 간의 사랑에 대한 요소가 보일 시에는 영미적英美的이란 이유로 삭제를 명령하고 영화 제작인은 이에 따를 수밖에 없었다.[14] 따라서 전후 GHQ 점령이 있기 전까지, 본작과 같이 유키에가 노게에 안기는 장면이 전시체제 하의 영화에는 있을 수 없었던 것이다.

가령 전전의 구로사와 감독의 처녀작《스가타 산시로》에서는 주인공 산시로는 극중 히로인에게 사랑을 받지만 이를 부끄러워하거나, 자신이 직접 사랑을 고백하지 않는 다는 점(유교적인 면)의 특색[15]이 있었다. 사요의 끊어진 나막신의 끈을 메어주는 장면을 제외하고는 남녀의 신체적 접촉이 허락되지 않았던 데에 반해,《내 청춘에 후회 없다》에서는 유키에가 불안과 사랑이 섞인 감정 속에서 노게에 안기는 장면, 노게가 기쁨에 유키에를 안는 장면 등을 통해 남녀의 애정 표현을 스스럼없이 연출하고 있다는 점에서 구로사와 영화에 시대적 변화가 반영되고 있음에 주목해야 할 필요가 있다.

한편, 노게와의 신혼생활 속에서, 유키에의 감정이 과도한 감정적인 행동으로 적나라하게 표현되는 장면이 주목되는데, 바느질을 하다가 갑자기 가위를 내팽개치고 울고 있는 장면, 피크닉을 나와서 노게가 벌레를 관찰하고 있자 유키에가 벌레를 쳐내고 울며 도망가는 장면, 영화를 보다

---

14 《스가타 산시로》에서 사요와 스가타가 신사 계단에서 만나는 장면도 원래는 영미적이란 지적을 받았으나, 겨우 삭제를 면했다. 黑澤明, 앞의 책, pp.278~279.

15 佐藤忠男, 앞의 책, pp.36~37.

가 관객이 모두 웃는 가운데 유키에가 울음을 터뜨리는 장면 등이 그것이다.

노게는 일본 공산주의 활동과 반전운동으로 처형된 지식인 오자키 호쓰미尾崎秀實를 모델로 하고 있다. 노게와 오자키의 공통점으로는 공산주의자, 중국문제에 대한 전문가, 당시의 일본 수뇌부의 신뢰를 얻었고,[16] 스파이로 몰려 사형당하는 부분은 동일하나 이를 제외한 부분은 구로사와의 창작이다.

유키에가 노게를 재회했을 때는, 노게가 다시 국가에서 금지된 공산주의 활동을 하고 있었다. 물론 유키에는 그가 하는 일이 국가의 법에 저촉된다는 사실 정도는 막연하지만 확실히 감지하고 있었음에도 불구하고 노게와 결혼한다. 유키에는 실질적으로 그가 어떤 일을 하는지에 대해서 세세한 것을 알지 못했고 알려고 하지 않았다.[17] 하지만, 노게가 불법적인 활동을 하고 있는 한, 유키에는 노게가 언제 잡혀 들어갈지 모른다는 내면적인 불안을 항상 안고 생활해야만 했다. 행복하면 행복할수록 언제 닥칠지 모르는 미래의 파국에 대한 두려움은 커져 갔으며, 그러한 극도의 불안감은 위와 같이 감정을 주체하지 못하고 충동적인 행동을 촉발시켰던 것이다.

개봉 당시인 1946년의 관객에게는 전술한 바와 같이 결혼생활이나 남녀 간의 애정에 관한 장면은 현실에 있어서는 일상적인 것이었음에도 불

16 오자키는 중국문제에 대한 전문가, 저널리스트였으며, 몰래 공산주의 활동을 펼쳤다. 고노에 후미마로近衛文麿 수상의 브레인으로, 일본의 대외 전략에 관한 상세한 정보를 독일 공산주의자 리햐르트 조르게Richard Sorge의 스파이 조직을 통해서 소련에 전달했다(黑澤明, 『全集 黑澤明 第二卷』, 岩波書店, 1987, p.325).

17 체포되기 직전에 노게가 유키에에게 말한 다음의 대사, “당신은 아무것도 모르지요. 알려고도 하지 않았지요. 그저 묵묵히 내 곁에서 나를 잘 보살펴 주었지요. 고마워요”를 통해서 유키에가 노게의 전쟁 반대를 위한 반정부행위에 대해 자세히 알고 있지 않았음을 알 수 있다.

구하고 스크린 상에서는 이례적인 것이었다. 이와 더불어 관객들은 개인의 감정을 여과 없이 적나라하게 드러내며, 돌발적이고 히스테릭한 행동을 취하는 여주인공 유키에에게도 적지 않은 거부감을 느꼈음에 틀림없다. 대중의 관념 속에 자리 잡고 있었던 '이상화된 전통적 여성'과 유키에의 차이, 바로 이 거리야말로 구로사와 감독이 도시적이고, 예민하며, 자신의 감정과 이상에 충실한 새로운 여성상을 창출하였다는 사실을 방증해 주고 있다고 해도 과언이 아닐 것이다.

4. 유키에의 자아실현, 그리고 자유

구로사와는 전후 일본인의 '자아'에 대해 깊이 숙고하였다. 그는 전전의 자신을 반성하며, 일본인은 자아를 악덕으로 여기며, 자아를 버리는 것이 미덕이라고 교육을 받았고, 그 교육에 익숙해져서 그것을 의심조차 하지 않았다고 지적한다. 그리고 그는 일본인의 자아가 확립되지 않는 이상 자유주의, 민주주의는 있을 수 없다고 생각하였다.《내 청춘에 후회 없다》는 이러한 구로사와의 고민이 녹아있는 작품으로, 특히 감독의 의도는 여주인공 유키에를 통해 형상화되었던 것이다. 본 절에서는 이러한 감독의 의도가 유키에를 통해 어떻게 구체화되었는지를 살펴보고자 한다.

이토카와가 출옥한 노게와 함께 유키에의 집에 왔을 때, 유키에는 평소 동경했던 노게가 전향했다고 오해하고, 노게에 대한 미련을 버리고 집을 나가 도쿄에서 홀로 독립하기로 결심한다.

유키에가 독립하여 집을 나간다는 말을 부인에게 전해 들은 야기하라 교수는 유키에의 방을 찾는다. 이하는 유키에와 야기하라 교수의 대화문이다.

유키에, 울음을 참으면서, 띄엄띄엄 대답하는데,
"외국어나 타자 연습도 일단 끝났고, 무역 회사에라도 들어가서 일하면, 비교적 좋은 조건으로 해 나갈 수 있지 않을까 생각해요"

야기하라 "하지만 그 정도의 일이라면 교토에서도 취업할 수 있고…… 어머니를 생각하면……"

유키에, 갑자기 휙하고 일어서서 창가로 간다.
그리고 어깨를 떨면서, 잠시 가만히 있다가 휙 뒤를 돌아보고는 눈물을 가득 담은 눈을 닦지도 않고,
"저는 전부…… 전부 싫어요…… 아니, 저는 전부 새롭게 살아가고 싶어요"

야기하라, 다가가며,
"세상은 네가 생각하는 것과 같이 만만하지 않아"

유키에 "알고 있어요. 단지 이런…… 지금의 저는 죽은 거나 마찬가지라고 생각해요. 적어도 세상 속으로 들어가서 살아간다는 것이 어떤 것인지, 제 자신 직접 확인해 보고 싶어요"

야기하라, 가만히 응시하면서,
"흠…… 거기까지 생각했다면 괜찮다. 직접 자기가 살길을 개척해 나가는 것은 귀중한 것이다…… 하지만 그 대신 자신의 행위에 대해서 어디까지 자신이 책임을 져야 한다. 자유는 싸워서 얻어야 하는 것이고, 그 이면에는 고통스러운 희생과 책임이 따른다는 사실을 잊으면 안 된다"(대사 9)

유키에는 지금의 현실에 안주하지 않고 불안하지만 자신답게 살고자 홀로서기를 시도하고 있다. 이에 야기하라 교수는 자신의 경험을 학문적 기반을 토대로 자유가 어떤 것이고 세상을 살아가는 것이 어떤 것인지를 충고한다.

교수의 말은 유키에에게 던진 말인 동시에 민주주의를 처음 경험하기 시작한 일본인에 대한 감독의 메시지이기도 할 것이다. 비록 패전으로 외부로부터의 힘에 의해 일본이 민주주의, 자유주의를 받아들이는 상황이 되었으나, 어렵게 얻은 민주주의와 자유주의를 뿌리내리기 위해서는

일본인 각자가 고통스러운 희생과 책임을 져야 한다고 구로사와는 야기하라 교수의 입을 통해 강조하고 있는 것이다.

야기하라 부부 밑에서 적당한 남자를 만나 안정적인 생활을 할 수도 있었던 그녀가 갑작스럽게 집을 나가기로 결정한 사건은 앞으로의 그녀의 노정이 녹녹하지 않음을 암시해 준다. 학생 시절에는 유키에가 굳이 밖에서 자유를 찾지 않아도, 노게와 이토카와가 자유를 위해서 투쟁했다. 하지만 지금의 이토카와는 검사라는 신분에 안주하여 제국주의에 봉사하는 길을 선택하여 자유에 대한 갈망을 포기했고, 또한 오래간만에 돌아온 노게 역시 더 이상 이전의 세상에 맞섰던 모습을 찾아 볼 수 없었던 것이다. 이에 유키에는 누군가에 의한 '대리 만족'적인 자유가 아닌, 자신 스스로에 의한 자유를 직접 찾아 나선 것이라고 할 수 있다.

교토에서 도쿄로의 그녀의 여정 또한 의미가 있다. 교토는 헤이안경平安京 천도(794)이후 천여 년간 일본의 수도였던 곳으로 전통과 보수의 구시대적인 가치를 상징하는 곳이라고 할 수 있는 반면에 비록 전시하에 있지만 도쿄는 새로운 문물과 가치를 상징하는 대도시의 의미를 가지고 있다. 유키에의 도쿄로의 홀로서기는 그녀가 첫 번째 결단이었고, 자아실현의 시발점이라고 할 수 있다.

유키에의 결단은 단순히 취직이 목적이 아니라 그 취직을 통해서 지금과는 다른 '새로운 삶'을 살기 위해서였다. 지금처럼 깊은 생각 없이, 안정적인 부모와의 동거라는 생활방식을 버리고, 불안정하지만 자기가 주체가 되어 삶을 영위하기를 희망하고 있다. 그러나 여기서 유의해야 할 점은 이 단계에서의 유키에는 외형적인 생활의 변화를 시도하기는 하였지만 그것이 내면적인 삶의 가치를 변화시킬 정도의 것이 아니었다는 한계를 가지고 있었다는 사실이다. 유키에는 집을 나와 1941년까지 약 3년 동안 도쿄에서 생활을 했지만 그곳에서도 역시 주체적인 자신의 길을 찾을 수 없었다. 먹고 살기 위한 삶은 유키에에게는 의미 없는 무료한 일상이었던 것이다.

이에 유키에가 두 번째의 자아실현의 모색으로 결단한 것은 노게와 함께 하는 것이었다. 이하는 이토카와가 알려준 노게의 사무실을 찾아간 유키에가 3년 만에 노게와 재회하는 장면이다.

유키에　“집을 나온 거요? …… 노게 씨가 왔던 그날이요”
노게　(움찔하며) “그날 …… ”
　유키에, 상대의 얼굴을 보고 빙긋 웃는다.
유키에　“삼 년이 됐네요. 그동안에 저, 세 번이나 직장을 바꿨지요 …… 그것도 그저 먹고살기 위해서 일했다는 의미밖에 없었어요”
　노게, 아무 말 없이 유키에를 바라본다.
유키에　“저는 무언가 진짜를 …… 무엇인가 이 몸도 마음도 모두 던져버릴 수 있는 일이 하고 싶어요”
노게　“……”(대사 10)

유키에는 노게와 우여곡절 끝에 재회하고 노게가 과거의 이상을 아직도 추구하고 세상과 맞서 싸우고 있다는 사실을 알게 된다. 노게가 자신의 길이 위험하다는 것을 이유로 유키에와 함께 하는 것을 주저했지만, 유키에는 그 무엇도 두렵지 않다는 강한 의지를 보여 둘은 결혼하게 된다.

유키에는 반정부 일을 하는 노게를 걱정하고 불안해했지만, 그녀의 결혼 생활은 그녀에게 살아있다는 느낌과 행복을 선사했다.

행복한 유키에의 감정은 신혼살림의 소품을 통해서도 알 수 있는데, 가령 과거 이토카와가 유키에의 가족과 함께 식사했을 때 유키에의 솜씨라며 부인이 보여준 어두운 꽃꽂이 작품에 비하여, 신혼집의 창가에 머그잔에 꽂혀 있는 꽃들은 발랄하고 싱싱하여 자유로운 분위기를 연출하고 있다. 도코노마床の間에 장식된 정돈되었지만 형식에 얽매여 무거운 이전의 작품과의 대조를 통해 유키에의 행복이 ‘주어진 행복’이 아닌 스스로의 선택에 의한 ‘쟁취한 행복’이란 사실을 암시하고 있다고 할 수 있다.

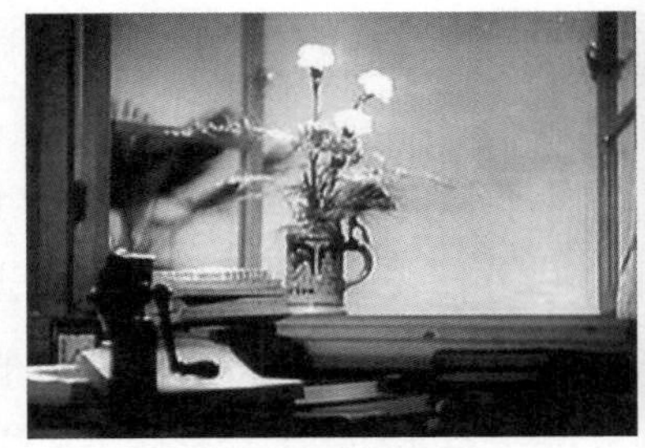

▸ 신혼집의 꽃꽂이

▸ 교토에서의 꽃꽂이

이외에도 결혼생활 장면 속에서 빈번하게 등장하는 창문이 주목되는데, 창문의 상징성에 대해서는 이미 도널드 리치가 바깥세상, 미지, 차이, 자유를 의미한다고 지적한 바 있다.[18] 앞서 제시한 그림 〈교토에서의 꽃꽂이〉는 유키에가 집을 나가기로 결심하고 창문 밖을 쳐다보는 장면으로, 밖은 어둡고 문은 닫혀 있는 것에 반해서, 그림 〈신혼집의 꽃꽂이〉와 같이, 결혼생활 장면에서는 시종일관 밝은 햇빛 속에서 창문은 열려있어, 자유스럽고 환한 무드로 충만하다.

마지막으로 자유의 상징으로 볼 수 있는 또 다른 요소로는 본 영화의 가장 대표적인 배경 음악인 '붉게 타오르는 언덕의 꽃, 신록이 향긋한 언덕의 빛紅ないもゆる丘の花 狭綠匂う岸の色'으로 시작하는 「소요의 노래逍遙之歌」이다. 1905년에 제작된 교토 대학의 전신인 구제삼고등학교舊第三高等學校의 료가寮歌로 이후 학생들 사이에서 애호되었다. 이 노래는 유키에가 요시다야마로 피크닉을 가는 첫 장면에 등장하고, 결혼생활 중에 두 번 등장하는데, 첫 번째가 노게와 유키에가 나란히 서서 이 노래를 휘파람[19]으로 부르며 학생시절의 추억이나 요시다야마의 피크닉을 회상하는

18 ドナルド·リチー, 앞의 책, p.84.

19 원래 시나리오에서는 노게 역할을 맡은 후지타 스스무가 이 노래를 부를 예정이었으나, 본인이 음치라 휘파람으로 시나리오를 바꾸었다는 에피소드가 있다. (黑澤明, 『全集 黑澤

장면이며, 두 번째가 맑은 하늘 아래서 피크닉을 가는 장면에서이다. 두 장면 모두 이 음악은 평화롭고 자유로운 분위기를 연출하고 있다.

신혼생활 속에서 오로지 노게만을 위해, 노게만을 바라보는 유키에의 모습은 일견 수동적이고, 남편을 곧이곧대로 따르는 과거의 여성상과 별반 다르지 않은 것처럼 보인다. 하지만 전술한 바와 같이 유키에는 노게의 반대에도 불구하고 결혼이 두렵지 않다고 주체적으로 주장하고 있다는 점을 주목하여야 할 것이다.

유키에 "집을 나올 때, 아버지가 말씀하셨어요. 화려해 보이는 자유의 이면에는 고통스러운 희생과 책임이 따른다는 사실을 알아야 한다고 …… 그런 …… 저는 그러한 일을 하고 싶어요"(중략)

노게 "어려운 문제네요. 그러한 일은 인간이 일생 동안 한번 마주칠 수 있을지 어떨지 …… 파랑새 같은 것이지요"

유키에의 얼굴에서 순식간에 희망의 그림자가 사라져 간다.(중략)

"노게 씨!"

라고 부르는 강한 목소리에 노게, 놀라서 돌아본다.

유키에가 파리한 얼굴로 서 있다.

유키에 (흥분된 어조로) "당신, 비밀이 있지요. 제가 보면 안 되는 …… "

노게 "……?"

유키에 "저도 가고 싶어요. …… 데려가 주세요. …… 뭐든지 견딜게요. …… 설령 눈앞이 아찔해지는 절벽의 위를 걷는다고 해도 …… "(대사 11)

유키에에게 있어 노게는 이성으로서의 남편이었지만, 또 한편으로는 자유를 위해 투쟁하는 인간으로 삶의 목표와 의미를 확고하게 깨달은, 이른바 자아개념을 확립한 롤모델이었던 것이다. 유키에는 단순히 한 여성으로 남자에게 순종했던 부인이었을 뿐만이 아니라, 비록 그 구체적인

明 第二巻』, 岩波書店, 1987, p.357.)

내용을 자세히 알고 있지는 못했지만 노게의 반정부적인 위험한 투쟁을 옆에서 응원하면서 그 일이 장래에는 모두에게 평가받는 뜻깊고 옳은 일이라는 것을 확신했다. 자신이 직접 그 일에 뛰어 들지 않았다고 하는 점에서 엄밀한 의미의 '자각自覺'은 아닐지라도, 노게가 지향하는 목표와 이상에 자신의 삶의 의미, 즉 자아실현을 반무의식적으로 투영시키고 있었다고 해야 할 것이다.

마지막으로 유키에의 세 번째 결단은 노게가 반정부 활동으로 감옥에 갇혀 옥사한 이후, 노게의 부모의 집을 찾아가 부모를 모시는 것이었다. 죽은 남편의 집으로, 그것도 시부모를 모시러 가는 이 결정은 '효부孝婦'의 미덕이 돋보이기는 하지만, 일견 유키에 자신의 자아 확립 및 자유와는 거리가 있어 보인다. 하지만 유키에의 세 번째 결정에 영향을 미친 야기하라의 이하의 충고의 내용에 주목할 필요가 있다.

> 야기하라 "들어라. 너는 노게의 아내가 아니냐. …… 노게가 한 일을 생각해 보렴. 일본을 전쟁에서 구하기 위해서 몸을 바쳐서 싸웠던 거다. 너도 그 반려자로서 마음속에 긍지를 가져야 한다"(중략)
>
> 야기하라 "너는 …… 집을 나갈 때 훌륭한 각오를 하지 않았니 …… 자유의 이면에는 고통스러운 희생과 책임이 따른다는 것을 ……"(대사 12)

앞서 제시했던 (대사 9)를 연상시키는 단오하고 확고한 야기하라 교수의 충고에는 '노게의 아내'로서의 행동뿐만이 아니라 노게의 전쟁 반대, 사회적 정의를 위한 투쟁이라는 유지遺旨를 이어나가야 한다는 교시가 암시되어 있다. 이러한 충고를 들은 유키에는 짐을 꾸려 노게의 부모의 집을 찾아 간다. 노게의 유지를 잇기 위한 유키에의 결정은 노게가 체포된 후 그의 정부情婦라는 죄목으로 구속되었을 때 당국으로부터 받은 치욕스러운 취조를 겪었을 때부터 이미 예견된 것이었다. 이하는 유키에를 취조한 경찰이 노게가 전쟁을 반대한 대역적의 수장이었다는 취지의 말을 들은 유키에의 반응이다.

> 어느 날 조서실로 불려갔다.
> 경부보警部補 — 기름지고, 오돌토돌한 독 딸기 같은 얼굴.
> 그자가 심술궂은 얼굴로 히죽거리며,
> "부인, 사람은 겉보기만으로는 알 수 없는 거요. 그 벌레조차 죽이지 못하게 생긴 남자가 전쟁 반대의 거대한 음모를 지도했다고 하오. 그게 당신 남편이라고"
> 유키에는 노게의 일행이 하고 있던 일의 중대한 의의를 거기서 깨닫고, 전신의 핏기가 가시는 듯한 느낌을 받았다.
> 조사가 시작됐다.
> 독 딸기는 자료를 들이밀면서 공술을 강요했다.(중략)
> 그녀는 뭐가 뭔지 몰랐다. 그저 굴욕의 수렁에 갑자기 빠진 자신 — 그것만은 확실하다.
> 그녀는 완강하게 침묵을 지켜 나갔다. 그것이 최소한의 항의였다.(중략)
> 유키에는 혼자 벽에 기대어 정좌하고는 눈을 감았다. 여러 가지 상념이 떠올랐다 사라졌다.
> "우리들이 하는 일은 10년 후에 진상이 밝혀져서 일본 국민들로 감사를 받는, 그런 일이에요" — 언젠가 노게가 한 말.
> "화려해 보이는 자유의 이면에는 고통스러운 희생과 책임이 따른다는 사실을 알아야 한다" — 아버지께서 집을 나올 때 한 말.
> "되돌아보아도 후회 없는 생활!" — 부부생활의 모토였던 말. 그 말들의 의미를 지금 몸소 터득하게 된 유키에는 움찔움찔 솟구치는 온몸의 전율을 금할 수 없었다.(대사 13)

유키에는 취조를 받는 중에 목숨을 던져 지키려 한 노게의 신념, 그리고 자유를 위한 '희생'과 '책임'의 의미를 통절하게 깨닫고, '후회 없는' 인생을 위해 자신이 어떤 결단을 해야 할지를 고민한다. 그리고 유키에는 노게가 못 다한 효행을 하기 위하여, 그리고 아들을 못마땅하게 생각하는 부모님의 생각을 '아들은 훌륭한 일을 하다 억울하게 죽었다'고 바로잡기 위하여 농촌행을 결행한다.

노게의 고향 집은 주변 마을 사람들의 조롱을 받고 있었고, 집 대문에 '스파이의 집'이라고 낙서까지 되어 있었다. 충격을 받은 노게의 아버지는 대문에 나무판을 박아서 문을 막아버리고 대낮에도 사람과 마주치지 않고 두문불출하는 상황이었다.

그럼에도 불구하고 농사일이란 생전 해보지도 않았던 도시 출신의 유키에가 마을 사람들의 조롱에도 아랑곳하지 않고 묵묵히 자신의 책임을 다하기 위하여 논에서 일한다. 처음에는 유키에를 집안에 들이려 하지 않았던 노게의 부모는 점차 유키에를 인정하기 시작한다. 마을 사람이 논 한가운데에 '매국노는 들어오지 마라', '스파이는 들어오지 마라' 라는 팻말을 세우고 논을 망쳐도 이에 굴하지 않는 유키에. 이에 노게의 어머니도 유키에를 돕기 시작하고, 끝내는 아버지조차 오랫동안 닫았던 말문을 열고, 유키에를 돕기 시작한다.

유키에를 지탱했던 원동력은 "유키에의 얼굴은 햇빛에 타서 검게 빛남과 동시에 눈은 경련을 일으키고, 입가는 일그러지고, 광대뼈는 튀어나오게 되었으니, 이것들은 사회의 부조리와 능욕에 대한 결연한 항의의 형상이었다."에서 알 수 있듯이 진실과 정의를 왜곡하고 '스파이'로 몰아간 마을 사람들과 사회에 대한 '항의'였다. 또한 기진맥진한 상태로 모내기를 하는 중에도 그녀의 귓전을 울렸던 '후회없는 생활'이라는 노게와의 약속이자 부부의 모토였던 것이다.

모내기가 끝난 후에 이토카와가 찾아온다. 이토카와는 유키에가 이런 농촌에서 일하는 것과, 노게와 결혼한 것은 잘못된 길이었다고 말한다. 그리고 노게의 무덤을 참배하고 싶다고 하자, 유키에는

유키에 (그런 시선을 받아치듯이) "원래 같으면 고맙다고 해야겠지만……

저는 싫어요…… 노게도 기뻐하지 않을 거예요"

이토카와 (갑자기 핏기가 가시는 얼굴이 된다)

유키에 "이토카와 검사가 본 노게는 불행하게도 길을 잘못 걸었을지는 몰라도, 과연 어느 쪽 길이 올바른 길이었는지는 시간이 판단해 줄 거예요"(대사 14)

라고 말하며 그의 참배를 거절한다. 유키에의 언행에서 우리는 노게의 행동이 옳았으며 더 나아가 지금 이곳 농촌에 남아 당당하게 농사일을 함으로써 노게의 행동이 옳았음을 몸소 타인들에게 보여주고자 한 자신의 선택이 틀리지 않았다고 하는 그녀의 확신과 자부심을 용이하게 읽어낼 수 있다. 유키에의 예언대로 위 장면 바로 직후 '심판의 날 ── 패전! 그리고 자유가 부활하는 날'이라는 타이틀이 화면을 가득 채운다.

패전 후, 유키에는 다시 원래 살던 교토의 집으로 돌아온다. 하지만, 유키에는 다시 농촌으로 돌아갈 것이라고 말한다. 이에 어머니가 노게의 부모님의 노게에 대한 오해를 풀겠다는 목표는 이루어졌으니 농촌에 돌아가지 않아도 좋지 않느냐고 만류하자, 유키에는,

유키에 "마을에 많은 일이 기다리고 있어요…… 마을 생활…… 모두 아주 힘들게 살고 있어요. 어떻게 해서든 더 밝고 행복한 생활을 하게 하지 않으면 안 돼요. 저는 이제는 농촌 문화 운동의 빛나는 지도자예요. 후후후…… 마을 여자나 청년들을 위해 일하는 것이 저에게 가장 보람이 된다고 생각해요"(대사 15)

라고 대답한다. 유키에는 이제 농촌의 생활을 바꾸고, 그들을 계몽시키려는 희망과 포부를 갖게 되었다. 농촌에 가야 했던 애초의 목표에서 한 단계 더 발전한 상태로, 농촌 문화운동의 지도자로서의 책무를 발견한 것이다. 이 일은 직접적으로 누군가의 충고에 의한 것이 아니라 자신이 스스로 찾은 것이며, 또 그 일이 아무리 험난할지라도 '삶에서 가장

보람되는 일'이라고 확신하고 있는 것이다. 농촌지도자의 길은 이 영화 속의 유키에의 최종적인 결단임과 동시에 자아실현의 궁극적인 도달점으로 제시되고 있는 것이다.

5. 나오며

구로사와는 전후 일본인의 '자아'에 대해 깊이 숙고하였다. 그는 전전의 자신을 반성하며, 일본인은 자아를 악덕으로 여기며, 자아를 버리는 것이 미덕이라고 교육을 받았고, 그 교육에 익숙해져서 그것을 의심하는 것조차 하지 않았다고 지적한다. 그리고 그는 일본인의 자아가 확립되지 않는 이상 자유주의, 민주주의는 뿌리내릴 수 없다고 생각하였다. 한편, 주인공이 적극적인 여성으로 설정된 것은 종전 후 여성의 사회적·경제적·정치적 지위의 향상을 영화에서 다룰 것을 제시한 GHQ의 방침을 반영했을 가능성이 높다.

《내 청춘에 후회 없다》는 이러한 구로사와의 고민을 녹여낸 작품으로, 여주인공 유키에를 통해 '자아' 탐구의 중요성을 역설하였다. 고찰한 결과를 정리하면 다음과 같다.

먼저, 구로사와는 항상 기모노를 입고 보수적이고 현실 지향적이며 안정적인 삶을 추구하는 야기하라 부인을 통하여, 전통적이고 고정적인 여성과는 차이가 있는 전후의 근대적이고 자기주장이 강한 유키에의 성격을 확연하게 드러내 보이고 있음을 확인 할 수 있었다. 이어서, 1946년 개봉 당시, 관객들을 당혹시켰던 유키에의 히스테릭하고 기괴한 행동에 대해서인데, 대중의 관념 속에 자리잡은 '이상화된 전통적 여성'과 유키에의 차이, 바로 이 거리야말로 구로사와 감독이 도시적이고, 예민하며, 자신의 감정과 '이상'에 충실한 새로운 여성상을 창출하였다는 사실을 방증해 준다고 할 수 있다.

다음으로 유키에가 네 번의 결단을 통해 자아를 찾는 과정에 관해서이다. 첫 번째는 도쿄에서의 홀로서기인데, 이 결단은 지금까지의 깊은 생각 없이, 흘러가는 대로 살아왔던 생활방식을 버리고, 자기가 주체적으로 이끌어 나가는 '새로운 삶을 희망'했기 때문이다. 단, 이 단계에서의 유키에의 결정은 여전히 주체적으로 '어느 방향으로' 갈지에 대한 확신이 서지 않은 상태였다는 한계를 가지고 있었다.

두 번째, 유키에의 결단은 노게와의 결혼인데, 이 결혼은 비록 불안한 미래가 드리워져 있었음에도 불구하고 그녀에게 살아있다는 느낌과 행복을 선사했다. 유키에에게 있어 노게는 이성으로서의 남편임과 동시에, 또 한편으로는 자유를 위해 투쟁하는, 자아개념 확립의 멘토였다. 노게의 행동에 자신의 삶의 의미, 즉 자아실현을 막연하게나마 투영시켰다고 할 수 있다.

세 번째 결단은 노게의 부모가 사는 농촌을 찾는 것이었다. 이 시기의 유키에는 취조를 계기로, 목숨을 던져 지키려한 노게의 신념, 그리고 자유를 위한 '희생'과 '책임'의 의미를 통절하게 깨달은 상태였음에 주목해야 한다. 그녀의 귀농은 단순히 시부모를 모시는 '효부'의 차원이 아니라, 진실과 정의를 왜곡하고 '스파이'로 몰아간 마을사람들과 사회에 대한 '항의'였으며, 이는 노게의 신념을 자신의 '자아'로 구체적으로 동일화한 결과라 할 수 있다.

이어서 '농촌지도자'가 되고자 한 최종 결단은 누군가의 충고에 의해서가 아닌, 자기 스스로가 '삶에서 가장 보람되는 일'이라고 확신한, 유키에가 쟁취한 '자유'이자 자아실현의 궁극적인 도달점이라고 할 수 있다.

제2장

《멋진 일요일》
: 전후의 역경 속에서도 꿈을 포기하지 않는 청춘

1. 들어가며

구로사와 아키라黑澤明 감독의 《멋진 일요일素晴らしき日曜日》은 1947년 6월에 발표된 도호東寶 작품이다.[1] 감독의 데뷔작이었던 《스가타 산시로姿三四郎》(1943)가 힘이 강하고 굵직한 남성다운 연출이었던 것과는 다르게, 이 작품은 온화하고 아기자기한 연출로 제2차 세계대전 후 암울한 현실 속에서 유조雄造와 마사코昌子라는 두 청춘남녀가 조심스럽게 자신의 꿈을 키워나가는 모습을 그리고 있다.[2]

▸영화 포스터

1 도호쟁의로 도호의 스타 10인방이 신 도호를 만들어 떠나고, 그러한 신 도호의 스타시스템에 대항하고자 한 도호는 조합 주도로 5개의 감독주의 작품을 기획하였다. 《멋진 일요일》은 그중의 한 개로, 초등학교 급우였던 우에쿠사 게이노스케와 공동으로 집필되었다.

2 참고로, 구로사와 아키라의 본 작품은 2012년 12월 「멋진 일요일」이란 타이틀로 한국의 국립극장에서 문화놀이터 액션가면에 의해 연극화된 바 있다. 연극에서는 전후 일본의 시대적 배경은 현재의 한국적 상황에 맞추어 각색되었다.

언뜻 '멋진 일요일'이라는 제목만 본다면 즐겁고 낭만적인 일요일을 보내는 연인의 모습을 담고 있을 것 같지만 실제로는 그렇지 않다. 전후의 피폐한 생활상들이 적나라하게 곳곳에서 등장하고, 부조리한 사회적 모순에 남녀 주인공이 좌절하기도 하는 상황은 결코 '멋지다'고만은 할 수 없다. 그러나 그럼에도 불구하고 두 연인은 자신들의 꿈과 희망을 잃지 않고 희망찬 내일을 꿈꾸며 서로의 사랑을 확인하고, 다음 일요일에 만날 것을 기약하며 헤어진다.

영화는 세미 다큐멘터리 형식답게, 연인의 하루 동안의 데이트를 시간적 흐름에 따라 순차적으로 에피소드를 연결해 나가고 있다. 영화의 주제에 대해서는 작자 자신이 "살풍경한 배경과 거친 현실의 풍파 속에 연인들을 가차 없이 내던지려고 생각한다. 그리고 그러한 속에서도 싹트는 꿈을 발견하고 싶다"[3]라고 토로했듯이 전후의 혼란과 생활고 속에서도 꿈과 희망을 잃지 말자는 것에 있음은 이론의 여지가 없을 것이다.

이 글의 목표는 첫째, '꿈을 포기하지 않는 청춘'이라는 영화의 주제가 어떻게 각 시퀀스에서 구체적으로 구현되고 있는가를 밝히는 데에 있다. 그리고 고찰의 과정 속에서 남자 주인공 유조의 심적 변화에 주목하고자 한다. 처음에는 유조가 길가에 떨어진 담배꽁초를 보고 피우려고 집어 들지만, 마지막에는 떨어진 담배꽁초를 보고 발로 밟는 행동을 한다. 영화의 처음과 마지막에 '담배꽁초'라는 소재를 통해 순환 구조를 형성하고 있으며, 이 대조적인 행동을 통해 유조의 생각에 변화가 있었음을 인상적으로 드러내고 있다. 이러한 유조의 행동의 변화는 각 시퀀스에서 점진적으로 드러나는 바, 일견 이러한 주제와 관련이 없는 듯이 보이는 유조의 '하숙집 장면'이 등장한다. 이 글의 두 번째 목표는 '하숙집 장면'이 영화의 흐름 속에서 차지하는 의미와 그 역할, 그리고 감독의 연출 방법에

---

3 黑澤明, 「『素晴らしき日曜日』について」, 『映畫ファン』, 映畫フアン社, 1947.4.

대해 살펴보는 데에 있다.

이를 위해, 2절에서는 시퀀스 중심으로 내용을 분석하고, 3절에서는 하숙집 장면, 4절에서는 하숙집 장면에 보이는 주요 연출 방법을 각각 고찰할 예정이다. 시나리오 인용은 黑澤明, 『全集 黑澤明 第二卷』, 岩波書店, 1987을 사용하였음을 밝혀둔다.

2. 현실과 꿈의 내용을 효과적으로 배열한 구성

영화는 아주 평범한 유조와 마사코라는 두 명의 청춘남녀를 연인으로 등장시키고 있다. 이 둘은 매주 일요일 데이트를 하기로 약속하고 만나러 나오는데, 유조는 담배 살 돈도 떨어져서 행인이 길에 버린 담배꽁초에 눈독을 들일 정도로 궁색하다. 두 사람이 만나기로 한 일요일의 데이트 비용은 합해서 고작 35엔 뿐. 유조는 전쟁에 동원됐다 돌아온 퇴역군인으로 생활고에 시달려 불만이 많은 청년이다. 전쟁 전에는 마사코와 함께 모든 사람이 즐겨 찾을 수 있는 카페 '히아신스'를 오픈할 꿈을 가진 청년이었지만, 종전 후 그는 암담한 현실을 목도하고 매사에 비관적이 되었다. 하지만 그의 연인 마사코는 그런 유조 옆에서도 열심히 꿈과 희망을 노래하는 긍정적이고 밝은 여성이다.

《멋진 일요일》의 시퀀스[4]를 정리해 보면 이하와 같다.

---

4 시퀀스는 연속, 관련을 뜻하는 말로 영화에서는 몇 개의 관련 장면이 모여 이루는 구성단위를 말한다. 환언하면 한 편의 영화가 여러 개의 에피소드로 구성되어 있다면 각각의 에피소드가 하나의 시퀀스가 되는 셈이다.

《멋진 일요일》의 시퀀스

① 일요일에 기차역 앞에서 만남 → ② 모델 하우스 구경 → ③ 월세 방을 알아봄 → ④ 유조가 동네 소년들과 야구를 함 → ⑤ 유조가 댄스홀을 방문 → ⑥ 주먹밥을 먹던 중 부랑아를 만남 → ⑦ 동물원 구경→ ⑧ 오케스트라 공연장으로 향하나 암표상 때문에 표를 구하지 못함 → ⑨ 하숙집에서의 갈등 → ⑩ 하숙집을 나온 후 카페에 들어가나 상술에 실망함 → ⑪ 예전에 꿈꾸던 카페 경영을 공터에서 상황극으로 재현 → ⑫ 공터에서 나온 후 그네를 탐 → ⑬ 야외 음악당에서 눈물과 호소의 미완성 교향곡을 지휘함 → ⑭ 기차역에서 헤어짐

위와 같이《멋진 일요일》은 대략 14개의 시퀀스가 모여 한 편의 영화를 구성하고 있다. 필자가 주목하고자 하는 것은 이 14개의 시퀀스들은 각각 다른 내용들이지만 '현실'과 '꿈(미래의 희망, 기대)'이라는 관점에서 같이 묶일 수 있는 공통점이 있다는 것이다. 즉 영화의 구성은 '꿈'과 '현실'이 유연하게 상호 교차되면서 이야기가 전개되고 있다고 할 수 있다. 이 가설을 더욱 명확하게 증명하기 위하여, 이하 '꿈(희망)'에 대한 메시지를 중심으로 각 시퀀스의 내용을 살펴보기로 한다.

▸ 견본 주택을 구경하는 유조와 마사코

기차역에서 만난 두 사람은 모델하우스(견본주택) 구경을 하게 된다. 배경으로 흐르는 곡은 진 오스틴Gene Austin 작곡의 'My blue heaven'이라는 곡이다. 원곡은 1927년 작곡된 곡이지만, 배경음악은 원곡의 분위기를 상당히 바꾼 변주곡이다. 원곡은 느리며, 차분한 느낌인 반면, 영화에서의 'My blue heaven'은 매우 발랄한 음악으로 변주되어, 활기차고 아기자기한 분위기를 조성한다.

견본주택을 둘러보던 마사코는 "경대랑 장롱은 필요 없지만 거울이 달린 양복장롱 정도는 갖고 싶네요…… (툇마루 쪽으로 가서) 그리고 등나무의자…… 정원이 있으면 토마토나 그린피스를 듬뿍 재배하는 거예요……"라며 마치 미래의 자신들이 살 집인 양 희망에 부풀어 있다.[5]

이후, 두 사람은 자신들이 살만한 곳을 찾아 방세를 문의하자 창문도 없는 다다미 6장짜리 방이 권리금(보증금) 2,000엔에 월세 600엔이라는 냉엄한 '현실'을 직시하고 상심한다.

좌절한 두 사람이 공터에 앉아 있는데 근처에서 야구를 하는 아이들이 있었다. 그리고 두 사람 앞으로 아이들이 놀던 야구공이 굴러와 멈춰 선다. 이 시퀀스에서 주목할 점은 우울해하던 유조가 공을 주우러 온 아이들에게 화가 나 언성을 높이기는커녕 그들과 즐겁게 야구를 같이 했다는 점이다. 유조의 심적 변화에 초점을 두면 이 장면에서 매사가 불만스러운 유조에게도 잠재된 동심(꿈, 혹은 희망)이 있다는 사실을 읽어 낼 수 있다. 종전 직후의 냉엄한 현실에도 불구하고 순박하고 명랑한 어린 아이들과의 야구 장면. 그 배경 음악으로 친숙한 동요 모차르트의 '반짝 반짝 작은 별'이 흐른다.

▸아이들과 야구를 하는 유조

이후, 유조와 마사코는 언덕에 앉아서 주먹밥을 먹으며 이야기를 나누는데, 한 부랑아가 나타나 10엔을 내밀면서 주먹밥을 팔라고 한다. 마사코는 안쓰러운 마음에 돈도 받지 않고 그냥 주면서 친근하게 가족이 있는지, 춥진 않은지 묻는다. 이에 부랑아는 "시끄럽네. 다 똑같은 말이나 하고. 왜 쓸데없는 걸 신경 쓰는 건지. 자기 일이나 걱정해. 안 그래? 누님?"

5 단 모델하우스 시퀀스의 '꿈'은 오로지 마사코의 몫이다. 유조는 자신들의 현실과는 동떨어진 공상을 하는 마사코에게 "너무 로맨틱해 너는. 꿈같은 소리만 하고, 우리는 빈털터리잖아"라고 핀잔을 준다.

하고 귀찮듯 내뱉는다.

세파에 시달린 탓인지, 냉정하고 시니컬하게 대꾸하는 아이답지 않은 태도에 두 사람은 당황해하고 만다. 공터에서 야구 놀이를 하던 아이들과는 대조적으로, 순수함과 동심을 상실한 전쟁고아의 이미지가 적나라하게 드러난다. 여기에서 우리는 전쟁고아의 이미지가 현실을 비관하며 더 이상 '꿈'을 필요치 않는 회의적인 유조와의 모습과도 오버랩되고 있다는 점도 놓쳐서는 안 될 대목이다.

이후, 두 사람은 빠듯한 돈을 쪼개 동물원 구경을 하게 되고 각각의 동물을 보며 이하와 같은 푸념을 늘어놓는다.

백조.
마사코의 목소리 "행복해 보여요. 저 부부!"
유조의 목소리 "물 위에서도 잘 수 있으니까"
곰.
유조의 목소리 "멋진 코트를 입고 있네!"
염소.
마사코의 목소리 "편하겠네 …… 종이를 먹고 살 수 있으니까요 ……"
유조의 목소리 "말도 안 되는 소리! 휴지도 한 묶음에 10엔은 한다고!"
기린.
유조의 목소리 "멋진 집에 사는구나"
마사코의 목소리 "난방까지 갖춰져 있어요"(중략)
두 사람, 우울한 듯 나온다.
마사코 "동물은 행복할 지어라. 모든 날짐승, 들짐승의 세계에는 인플레이션이 없으니까"

마사코의 "모든 날짐승, 들짐승의 세계에는 인플레이션이 없으니까"라는 대사는 1946년 당시, 1934년~1936년 대비 국민소득이 43% 감소하였으며 제조업 실질임금은 70%였던 심각한 경제 상황을 잘 반영한다. 그들은 높은 물가와 빈곤 속에서 근근이 살아가는 자신들보다 배고플 땐 종이를 먹는 염소가, 물 위라면 언제든 잘 수 있는 백조가 부러울 따름이었다. 그럼에도 불구하고 이 장면에서 감독은 분위기를 비관적으로 만들기보다는, 대사에서 알 수 있듯이 위트를 섞어 미소를 자아내게 한다. 감독은 관객들로 하여금 현실에 대한 비관보다는 웃음으로 고통을 견디고, 더 나아가 미래에는 지금보다 더 나은 삶이 기다리고 있다는 희망을 주고자 하였던 것이라 판단된다.

동물원에서 나온 두 사람은 우연히 슈베르트의 '미완성 교향곡' 공연을 매우 싼 가격으로 관람할 수 있다는 포스터를 보고 공연장으로 뛰어간다. 하지만 미리 입장권을 선점한 암표상 때문에 공연을 관람하지 못하고 유조는 암표상들에게 구타를 당하고 큰 마음의 상처를 받는다.

결국 갈 곳이 없어진 두 사람은, 유조의 하숙방에 오게 되고, 그곳에서 거부하는 여자를 무리하게 안으려는 유조와, 이에 저항하는 마사코 사이에 갈등이 생겨 버리고 만다('性'의 갈등). 마사코가 하숙집을 뛰쳐나가지만 결국 그녀가 돌아옴으로써 두 사람은 화해를 한다.

이후 두 사람은 비가 개고 햇빛이 쏟아지는 거리를 걷다가 카페에 들어가게 된다. 하지만 카페의 상술에 속아 커피값을 다 지불하지 못한 유조는 주인에게 자신의 낡은 코트를 담보로 맡기고 참담한 기분으로 그곳을 나오게 되고 만다.

카페의 횡포라는 '현실'에 분노한 두 사람은 모든 사람이 부담감 없이 커피를 즐길 수 있는, 만인의 가게 '히아신스'를 만들자던 예전의 약속을 떠올린다. 그리고 잡동사니밖에 없는 폐허의 공터를 가상의 커피숍으로 가정하고 손님을 접대하는 상황극을 연출하게 된다.

유조는 "그런 건 장사가 아니라 겉만 번지르르한 사기야…… 그런 가게를 때려부수기 위해서라도 저렴하고 양심적인 가게를 만들 의무가 있어"라고 말하자, 마사코가 "와, 멋지다! 옛날의 유조 씨가 돌아왔네요!"라

▸ 폐허가 된 공터에서의 상황극

며 기뻐한다. 그리고 두 사람은 상황극을 하면서 메뉴를 정하고는 커피에 우유를 넣어도 “10엔은 받지 않아요” “하하하” 하며 손님과 주인 행세를 한다. 마사코가 “미래의 일 같은 거는 생각할 수 없어 …… 꿈같은 건 절대로 가질 수 없어, 라고 말한 사람이 누구였더라?”라고 묻자, 유조는 “하하하하” 하고 호탕하게 웃는다. 관객들은 이 시퀀스에서 이제까지 시니컬하고 비관적이었던 유조의 가슴에 어떤 ‘희망’이 움트고 있음을 읽어 낼 수 있다.

길거리를 지나던 사람들은 이러한 두 사람을 호기심 가득 찬 시선으로 쳐다보고 이에 두 사람은 황급히 자리를 옮겨, 달을 보며 그네를 타게 된다. 도널드 리치는 그네 타는 장면에 대해서 다음과 같이 지적한다.

> 유조와 마사코가 그네를 타는 신에서는 카메라가 아무도 타지 않은 때에 그네가 늘어져 있는 위치와 두 사람과의 사이에 고정되어 있다. 두 사람은 동시에는 화면에 나타나지 않으므로 이 장면의 움직임은 화면의 왼쪽과 오른쪽 사이를 왕복하며 계속된다. 그 효과는 배경의 아름다운 만월과 유조가 우연히 생각나 흥얼거리는 동요로써 최고조가 된다. 하늘 높이 오르는 그네, 제멋대로 발을 구르는 연인들, 마음속에서 떠오르는 어릴 적 노래들. 매우 시적인 효과다.[6]

우리들은 마사코의 “호호호 …… 당신은 아이 같아요 …… 세상에서 제일 작은 아이예요”라는 대사에서, 유조가 ‘동심’과 ‘꿈’을 완전히 회복했음을 짐작할 수 있다.

---

6 ドナルド·リチー, 三木宮彦 譯,『黑澤明の映畫』, 社會思想社, pp.107~108.

참고로 '히아신스'를 연출했던 폐허의 공터에서 그네 타는 장면까지 자연스럽게 화면이 전환될 수 있었던 것은 '달'이라는 연결고리가 있었다는 점이 주목된다. 공터에서 사람들의 시선을 피해 어디론가 뛰어가는 두 연인 뒤로 보름달이 클로즈업되고, 그 보름달 달빛 아래 '달ツキ'이라는 동요를 부르며 그네를 타는 유조와 마사코의 모습이 연결된다. 비록 공터에서 그네 장면으로 갑자기 장면 전환이 이루어졌지만, '달'을 통해 위화감을 최소한으로 한 세련된 장면전환이 완성되었던 것이다.

▸ 폐허의 공터에 뜬 달(왼쪽)과 그네를 타는 장면에서의 달(오른쪽)

그네를 타고 난 뒤 그들은 아무도 없는 텅 빈 야외 음악당에 이르게 된다. 유조는 야외 음악당에서 무언가 생각난 듯 오늘 하루 크게 상심한 마사코를 위해 악단도 악기도 없는 텅 빈 무대 위에서 '미완성 교향곡'을 지휘하려고 한다. 머릿속으로 리듬을 상상하며 지휘를 하려 했지만 몰입하려고 할 때마다 바람이 불어와 상상 속의 음악은 두 사람의 귀에 들리지 않는다. 결국 마사코는 야외 음악당 무대 위로 올라와 유조 옆에 서서 아무도 없는 객석을 향해 가난한 연인들에게 격려와 희망을 달라고 눈물로 호소한다.

영화의 클라이맥스라 할 수 있는 이 시퀀스를 둘러싸고 많은 비평가들이 마사코의 방백에 대해 언급하고 있는데, 방백은 영화에서는 흔하지 않는 극예술적인 연출이기 때문이다.

여러분! 부탁드립니다! 부디 박수를 쳐 주세요! 여러분의 따뜻한 마음으로 제발 격려해 주세요! 부탁입니다! …… 세상에는 저희처럼 가난한 연인이 많이 있습니다. 그런 사람들을 위해 …… 한 조각의 꿈도, 한 줄기의 희망도 빼앗기기 쉬운 수많은 불쌍한 연인들을 위해 …… (눈물이 나온다) …… 세상의 찬바람에 언제나 얼어붙어 있어야 하는, 주눅 들어있는, 비뚤어지기 쉬운, 가난한 연인들을 위해 부디 여러분의 따뜻한 마음으로 성원을 보내 주세요! 그리고 저희 들이 아름다운 꿈을 꿀 수 있도록 해주세요! 여러분의 따뜻한 마음만이 저희의 주눅 든 마음에 날개를 달게 해주는 겁니다. 꿈을, 희망을, 힘을 주는 겁니다.

연극 무대에서나 나올 법한, 극중 등장인물이 관객에서 말을 거는 마사코의 방백 부분은 구로사와 감독 자신이 전후 일본인들에게 하고 싶었던 말을 주인공의 입을 빌려서 한 부분이라고 하는 평가가 있는가 하면 너무 오버해서 영화의 흐름을 해쳤다거나,[7] 구로사와 특유의 형식적 과격함도 없고 고전기 할리우드 스타일에 의지했을 뿐만 아니라 현실 도피적인 태도를 보이는 실망스러운 연출이라는 혹평을 받기도 한 부분이다.

필자는 연출 방법의 시시비비를 가리기보다는 세련된 근래의 영화연출과는 다른 생경한 이 연출을 통해 과연 구로사와는 어떤 효과를 노렸을까를 생각해 보고자 한다. 우선, 이 클라이맥스 부분의 방백을 통해서 관객은 영화관 밖에서 영화를 보는 '현실'과 은막 위에 상영되는 영화라는 '허구'의 경계의 벽이 희미해지게 됨을 느낄 것이다. 방백 즉 관객에게 말을 거는 연출로 관객에게 혼란을 준 상황에서 구로사와의 연출은 더욱 더 강한 메타 리얼리티meta-reality를 구축해 내는 방향으로 치닫는다.

마사코 "부디 박수를 쳐 주세요! 부탁드립니다. 부탁드립니다!"

---

7 ドナルド·リチー, 앞의 책, pp.107~108.

(박수소리)

유조, 자신감을 얻은 얼굴로 일어선다.

마사코 "(울면서 관객 쪽으로) 감사합니다! 감사합니다! 감사합니다!"

하며. 인사하고 자신도 박수를 치면서 유조를 복돋는다.

유조, 상의를 벗어던지고 지휘대 위에 오른다.

마사코, 벤치 쪽으로 돌아가 박수를 계속 치면서 유조를 바라본다.

유조, 마사코에게라기 보다는 영화관의 객석에 인사를 하고 빙글 뒤로 돌아 양손을 들고 자세를 취한다.

박수를 쳐달라는 관객의 참여를 유도하는 마사코의 대사에 관객은 호응하여 박수를 치게 된다. 관객이 박수를 치면, 영화 속의 두 주인공이 이제까지 필사적으로 상상하고자 했던 '미완성 교향곡'이 들리기 시작한다. 영화에 몰입하여 박수를 친 어떤 관객들은, 갑자기 들려오는 텅 빈 연주회장 안에서의 음악 소리가 자신의 행위가 영향을 미친 결과로 착각을 했을 것이다. 예시 당초 텅 빈 야외 공연장에서 상상 속의 오케스트라의 음악 소리가 들린다는 설정 자체도 무리가 있지만, 구로사와는 여기서 일보 더 나아가 관객과 영화의 경계까지도 허물어 관객이 실제로 영화의 스토리에 참여하여 그 감동을 최대로 끌어올리려고 했던 것이다. 평론가들의 호불호는 차치하더라도, 한 가지 분명한 점은 이러한 연출이 가능했던 것은 앞서 살펴본 바와 같이 영화의 내용이 '꿈', '동심' '공상' 등의 시퀀스와 '현실'의 시퀀스가 적절하게 배치되어 연결되었기 때문에 그 황당무계함을 최소화할 수 있었음을 지적할 수 있다 하겠다.

이상으로《멋진 일요일》의 시퀀스의 내용적 특징을 살펴보았다. '일요일'이라는 하루 동안, 시간이 흘러가는 대로 어떤 회상신도 삽입되지 않았고, 에피소드가 시간적으로 역순이 된 경우도 없이 영화는 두 연인의 만남에서 시작되고 헤어지면서 대단원을 맺는다.

이러한 단순한 구조임에도 불구하고 감독은 현실적이고 부정적인 유조와 몽상적이고 긍정적인 마사코가 처음에는 서로 대립되는 양상을 보이다가, 결국에는 희망을 되찾아 가는 유조의 심리적 변화를 밀도 있게 그려내는 데에 성공하였다. 영화의 시퀀스가 '현실'과 '꿈(상상, 혹은 동심)'이 교차로 편집된 덕분에 시종일관 지루하지 않게 가벼운 터치의 세련된 연출이 가능했다고 할 수 있다.

두 연인을 둘러싼 종전 후의 냉엄한 현실을 잘 드러내는 시퀀스가 ①, ③, ⑤, ⑥, ⑧, ⑩이라면 '꿈'과 관련된 시퀀스는 ②, ④, ⑪, ⑫, ⑬이라고 할 수 있다.

단 유조의 하숙집에서의 갈등을 그린 ⑨ '하숙집에서의 갈등' 시퀀스는 구성상 지나치게 길고 주제와 조금은 동떨어져있는 것이 아닌지에 대한 비판이 있다. 이 점에 관해서는 다음절에서 살펴보기로 한다.

3. '하숙집 장면'의 구성에 대한 논쟁

전후 일본의 혼란과 빈곤 속에서도 꿈과 희망을 잃지 않는 젊은 청춘남녀의 모습을 보여준다는 주제 의식을 영화는 '꿈'과 '현실'의 내용을 교차시키면서 구체화시키고 있다는 사실은 전술한 바이다. 본 절에서 주목하고자 하는 시퀀스는 하숙집에서의 장면이다. 내용을 요약하면 다음과 같다.

> 슈베르트의 '미완성 교향곡'을 들으러 간 음악당 앞에서 암표상들이 저렴한 좌석을 사재기한 후 값을 올려 팔고 있었기에 유조는 암표상에게 저항을 하지만 오히려 그들에게 몰매를 맞는다. 그 후 유조는 자신의 하숙집으로 돌아가고 따라온 마사코에게 몸을 요구하지만 그녀는 그것을 거부하고 하숙집을 뛰쳐나간다. 하지만 유조와 헤어질 수 없었던 마사코는 유조의 하숙집에 다시 돌아

와 결심한 듯 코트를 벗으려 하다 울음을 터트린다. 마사코의 마음을 헤아린 유조는 자신의 무모한 태도를 반성한다. 화해를 한 두 사람은 다시 데이트를 하러 밖으로 나간다.

시나리오의 중요성을 누구보다도 강조했던 구로사와는 항상 자신이 직접 시나리오 작업에 참여하곤 하였다. 그는 초기 몇몇 작품을 제외하고는 항상 시나리오 공동 작업을 하였다. 이처럼 한 편의 시나리오를 위한 철저한 공동 작업을 통해서 그의 영화는 극단으로 빠지지 않고, 항상 객관성을 유지하면서 대중에 친근하게 다가설 수 있었던 것이다.[8] 이 영화의 시나리오를 쓸 당시 구로사와는 다른 영화도 같이 진행을 하고 있어서 일단 시나리오를 그의 단짝 친구인 우에쿠사 게이노스케植草圭之助에게 맡겼고, 어느 정도 다른 영화 일이 끝난 후에는 우에쿠사가 쓴 시나리오를 읽으며 자신도 집필에 임했다고 한다. 우에쿠사의 회고[9]에 의하면, 그는 당시 자신의 곤란한 주거 상황에서 오는 불안을 베이스로 해서 전쟁에서 돌아와도 주택 사정 때문에 결혼도 하지 못하는 연인들을 주인공으로 설정했다고 한다. 영화 속의 연인에게 육체를 요구해서 거절당하는 에피소드는 우에쿠사가 일이 잘 풀리지 않아 의기소침해져 있을 때 연인의 입술을 청했을 때 거절당했던 경험담을 바탕으로 한 것이다. 입장료가 필요 없는 모델하우스를 보거나, 셋방을 찾거나 하는 에피소드는 구로사와가 제안했다. 두 사람이 동물원이나 음악회에서 데이트를 하는 장면 등은 우에쿠사 자신의 경험을 반영한 것이다.

한편, 하숙방에서의 남녀 간의 성적 갈등의 장면은 우에쿠사의 경험담을 바탕으로 한 것이지만, 남자가 하숙집으로 가자고 여자를 강하게 압박하는 장면은 구로사와가 넣어야 한다고 주장했다고 한다.

---

8 이정국, 『구로사와 아키라의 영화세계』, 서해문집, 2010, 55~56쪽.

9 植草圭之助, 『わが青春の黑澤明』, 文春文庫, 1985.

유조는 마사코와 함께 슈베르트의 미완성 교향곡을 들으러 갔다가 암표상들에게 대항하다가 몰매를 맞고 비참한 기분으로 하숙집으로 와서 다음과 같이 말한다.

유조　　“이제 모든 게 싫어졌어 …… 이렇게 비참한 내가 ……”
마사코　“그래도, 지금은 모두가 비참해요. 이런 세상이라면 ……”
유조　　“너무 비참하잖아”
　　　　똑.
마사코　“(슬픈 듯이) 당신은 항상 현재만 생각해요. 언제나 ……. 미래를 조금이라도 밝게 생각해 보려고 하지 않아요.
유조　　“생각할 수 있겠냐고, 이런 형편에. 암흑이라고, 이것도 저것도”
마사코　“……”
　　　　똑.
유조　　“참을 수가 없어(하며 머리카락을 쥐어뜯고) 머릿속이 …….엉망진창이야 …… 다 망했어 …… 화만 치밀어 ……”
마사코　“……”
　　　　똑.
유조　　“죄다 내게 등을 돌리고 있어. 나도 내가 점점 주눅 드는 게 느껴져. 나도 날 믿을 수가 없다고. 뭔가 엉망진창 난동을 피우고 싶어 …… 참을 수가 없어 ……”
마사코　“……”
　　　　똑.
유조　　“(감정을 주체하지 못하고) 마사코! 나한테는 너밖에 없어 …… 따뜻한 거는 …… 너 한 사람뿐이야 ……”

암표상과의 사건 이후 유조는 비참함과 절망감에 싸이게 되고, 이러한 감정의 해소를 위해 마사코에게 몸을 요구하는데, 마사코는 그를 거부하고 하숙방을 뛰쳐나간다. 홀로 남아 허망해진 유조는 누웠다가 일어나 방안을 어슬렁거리다가 마사코의 가방에서 작은 봉제 곰 인형을 발견하고 그녀를 그리워한다. 이 때 불현듯 마사코가 하숙방에 돌아와 방안에 들어온다.

마사코, 울면서 레인코트의 단추를 풀기 시작한다.

유조, 멍하니 마사코의 행동을 보고 있다가, 마사코의 진의를 알아차리자 크게 충격을 받은 표정으로,

유조 "마사코 …… 괜찮아 …… 알았어 …… 바보구나, 괜찮아 …… 괜찮다고 …… "

창백한 얼굴로 바들바들 떨고 있는 마사코.

유조, 마사코의 어깨를 잡고,

유조 "바보네 …… 괜찮아, 괜찮아, 괜찮아"

라고, 거칠게 흔든다.

마사코, 복받치는 눈물을 흘리며 통곡한다.

유조도 감동해서 운다.

마사코가 자신을 사랑한다는 마음을 확인한 유조는 풀어진 마사코의 코트의 단추를 다시 잠가 준다.

하숙방 신에 대한 도널드 리치의 비평은 매우 시니컬하다.

이 시퀀스는 놀랄 만큼 길고, 세계에서 제일가는 주의와 집중력이 필요해서 관용적인 일본 관객들도 이 장면에서는 항상 집중하지 못하게 된다. 일 분 또 일 분, 시간은 지나가지만 아무 일도 일어나지 않는다. 겨우 마사코가 돌아오지만 그녀도 또 괴롭게 흐느껴 울 뿐, 이 또한 분단위로 헤아릴 수 없을 정도로 길다. 대부분 밝은 이 작품의 흐름 속에서 이 부분은 완전히 동떨어진 것처럼 느껴진다.[10]

도널드 리치는 이 장면이 너무 길고, 지루하여 관객들로 하여금 집중을

10 ドナルド・リチー, 앞의 책, p.110.

할 수 없게 했다고 지적하고, 이 시퀀스는 밝은 영화의 전체 흐름과 동떨어진 이질적인 장면이라고 비판하고 있다.

하지만 하숙집 장면이 없이 '현실'에서 '꿈'으로 넘어가는 흐름을 가정했을 때, 즉, 유조가 음악회장 앞에서 암표상들에게 몰매를 맞고 나서, 하숙집 장면 없이 곧바로 공터에서의 상황극 장면이나 텅빈 야외 음악당에서의 지휘 장면으로 곧바로 연결되었다면 과연 그 흐름이 자연스러웠을까?

필자는 유조의 심적 변화, 즉 냉혹한 현실에서 비참함을 느끼던 그가 다시 꿈을 꾸는 사람으로 변화하는 과정을 그리는 데에 있어서 이 신은 나름대로 효과적인 역할을 담담했다고 판단한다.

구로사와는 그의 자서전에서 두 주인공을 현실감 있는 인물로 연출했다고 밝히고 있다.

> 스토리가 요구하는 인물이 당시 일본 어디서나 볼 수 있는 젊은 한 쌍이었으니, 그런 의미에서 그들은 배역에 완벽하게 맞아떨어진 셈이다. 또한 바로 그런 이유 때문에, 내가 그들을 생각하는 이 순간에도 그들이 영화 주인공이라기보다는 전쟁 직후 신주쿠에서 우연히 만나 같이 이야기하고 친해질 수 있는 한 쌍의 연인처럼 느껴진다.[11]

어디서나 볼 수 있는, 젊은 한 쌍의 커플이라는 점을 염두에 두면, 그에 걸맞게 영화 속 에피소드도 또한 연인들 사이에서 흔히 일어날 수 있는 것이어야 한다. 이는 전술한 바와 같이 영화 속의 거의 모든 에피소드가 작가와 감독의 연애 경험담을 기초로 한 것이었던 점을 상기하면 더욱 명확해진다. 하루 동안의 청춘남녀의 데이트를 그리고 있는 이 영화에서 스킨십이나 성적인 문제는 결코 이질적인 소재가 아니며, 오히려 현실성

---

11 구로사와 아키라, 오세필 옮김, 『감독의 길』, 민음사, 1994, 271쪽.

있는 리얼한 소재였다고 할 수 있다. 과연 일본 영화 평론의 대가인 사토 다다오佐藤忠男는 이 하숙집 신에 대해서,

> 육체의 노출이 없는 매우 절제된 묘사이지만 당시로서는 성적인 결의를 표현한 획기적인 표현이었고 엄숙한 감명을 전달할 수 있는 절박한 좋은 장면이었다.[12]

라고 평하고 있다.

또한 영화 전체의 구성적 측면에서 생각해 볼 때 다음의 쓰즈키 마사아키都築政昭의 지적은 시사하는 바가 크다.

> 남녀가 손을 잡고 걷는 것조차 금지되었던 전전戰前이 끝나고 아직 2년밖에 지나지 않은 시점에서 《멋진 일요일》이 만들어졌다. 당시의 상황에서 보면 이 신은 매우 자극적이었음에 틀림없다. 게다가 매우 리얼리티한 성격을 띠고 있어, 당시 청년들의 안타까운 심리 상태가 실로 훌륭하게 그려져 있다. 구로사와는 남녀의 묘사를 그의 장기로 하고 있지는 않지만 이 신에서는 대단한 기량을 펼쳐 보이고 있다. 보통의 섹스신보다도 어렴풋이 섹스를 느낄 수 있도록 하는 역량 또한 느낄 수 있다.
>
> 두 사람은 섹스를 하지 않고 서로의 애정을 확인한다. 이 장면을 경계로 후반에는 훈훈하고 밝은 희망이 자연스레 그려진다. 전반의 우울하고 음울한 분위기가 바뀌게 되는 것이다.[13]

하숙집의 장면은 보편적인 연인들 사이에서 흔히 일어날 수 있는 성적인 문제를 당시의 제한된 사회적 분위기 속에서도 매우 효과적으로 연출된 것이었으며, 또한 구성면에서는 어두웠던 전반부에서 밝은 분위기의

---

12 佐藤忠男, 『日本映畫300』, 朝日新聞社, 1995, p.152. 이외에 佐藤忠男, 『黑澤明の世界』, 三一書房, 1969 참고.

13 都築政昭, 『黑澤明の世界』, マルジュ社, 1980, p.178.

후반부로 옮겨가는 경계선상에 위치하고 있다는 사실을 알 수 있다.

하숙방을 뛰쳐나갔던 마사코가 돌아오고 옷을 벗으려고 하다 울음을 터뜨리고 유조는 괜찮다고 말하면서 함께 눈물을 흘린다. 두 사람은 감정적 해소(카타르시스)를 통해 성관계를 맺지 않고도 서로의 애정을 확인하고 이는 자연스레 두 사람의 갈등 해소로 연결된다. 그리고 이 화해를 기점으로 극의 분위기가 밝게 바뀌고 유조의 심적 변화가 생긴다.

하숙집 장면은 가장 아름답고 감동적인 장면의 연속의 시작, 즉 공터에서의 상황극 장면, 그리고 야외 음악당에서의 지휘 장면을 예비하고 이끌어 내기 위한 '준비 장면' 내지 '전환용 장면'이었던 셈이다.

4. 하숙집 장면의 연출

본 절에서는 하숙집 장면에서 보이는 주목될 만한 연출 중, 비 내리는 설정, 화해의 '눈물', 소품으로 사용된 곰 인형 등에 대해서 언급하고자 한다.

먼저 비 내리는 연출에 관한 것인데, 구로사와는 다음과 같이 회상하고 있다.

> 이 시절 나는 아직 인간에 대한 이해는 부족했지만, 자연묘사는 잘 이해했다. 투르게네프의 『해후』의 도입부의 경관 묘사 중 내가 몇 번이고 되풀이해서 읽었던 구절이 있다. 그 당시 나는 자연묘사를 읽고 이해하는 것을 매우 좋아하여, 자연히 그 영향을 받지 않을 수 없었다.[14]

14 구로사와 아키라, 오세필 옮김, 앞의 책, 89쪽.

구로사와의 개성이 가장 잘 드러나는 미학적 특징 중 하나는 기후 조건을 이용한 상징 효과라 할 수 있는데, 주인공의 심리를 강화시키고 극적인 상황을 효과적으로 표현하기 위해 일관되게 더위, 비, 폭풍, 바람 같은 날씨를 의도적으로 이용한다. 지나치게 자주 사용하여 나중에는 작위적인 느낌이 들 때도 있지만 미학적인 효과는 크다.[15] 우에쿠사 게이노스케의 회고[16]에 의하면 자신이 남자 주인공을 아주 처참한 지경의 인간으로 형상화시키고 싶다고 하자, 이에 구로사와가 암표상들에게 몰매를 맞는 장면에서 '비'를 뿌리게 하자고 제안했다고 한다. 그 결과 물구덩이에서 묵사발이 된 유조의 비참함이 강조되었고, 아파트 장면의 참을 수 없는 절망적인 유조의 기분도 효과적으로 표현될 수 있었다.

'비'와 관련해서 하숙집의 천장에서 떨어지는 빗물 소리 또한 두 사람 사이의 비참한 분위기를 고조시킨다.

> 기본 컨셉이 정해졌을 때, 구로사와의 상상력은 천재적인 날개짓을 보였다. '비가 내린다. 지면은 진창. 그곳에 유조는 맞아 넘어진다. 기세가 꺾인 두 사람은 유조의 아파트로 간다. 초라한 방에서는 비가 새고 있다. 금속제 대야가 놓여있고 주룩주룩 소리가 난다. 두 사람의 심경이 훨씬 두드러진다. 그곳에 두 사람이 화해할 때, 창문을 열면 비가 그친다.'라고 우에쿠사는 그때의 놀람과 감동을 생생하게 회상한다.[17]

> 그 외, 《멋진 일요일》에서는 음악보다는 현실음의 사용이 구로사와 음의 센스의 명석함을 보여주고 있다. 둘이 공원에서 부랑아를 만났을 때, 외로운 기차의 기적이 몇 번이고 둘의 가슴속을 쥐고 흔든다. 또한 하숙집에서 천장에서 대야에 떨어지는 똑, 똑 하는 빗물 소리가 그 적적함을 한층 더 자아낸다.[18]

---

15 이정국, 앞의 책, 63쪽.

16 植草圭之助, 앞의 책.

17 山田和夫, 『黑澤明; 人と芸術』, 新日本出版社, 1999, p.74.

천장에서 떨어지는 빗물 소리의 효과는 주인공의 대사가 없는 '침묵'이 동반되었기에 더욱 효과적일 수 있었다. 침묵도 소리의 일종이며, 의도적으로 소리를 없애거나 최소화시킴으로 해서 적지 않은 효과를 내기도 한다. 갈등이 최고조로 달하는 하숙집 장면에서는 분위기에 맞는 배경음악을 사용하기보다 오히려 배경음악을 차단시킴으로써 그 상황을 부각시켰던 것이다.

그 후로 계속 내리는 비는 마사코가 나갔다가 돌아와서 두 사람의 사이가 다시 좋아지는 지점에서 그친다. 비를 그치게 함으로써 갈등이 해소되었음을 알리며, 이를 통해 그때까지의 우울한 분위기가 반전되는 것이다.

계속해서 하숙집 장면에서 주목되는 또 하나의 연출로 화해의 '눈물'을 빼놓을 수 없다. 마사코가 하숙집을 나갔다가 돌아와서 울기 시작하고 유조도 함께 울고 나서 두 사람의 갈등이 해소된다. 극의 분위기가 완전 바뀐다는 점에서 '눈물'은 중요한 역할을 하고 있는 셈이다.

마사코의 눈물은 몸을 허락하는 것에 대한 무서움 혹은 두려움 때문이었으리라. 대본에는 "창백한 얼굴로 바들바들 떨고 있는 마사코."라고 지문으로 처리되어 있다. 연인인 유조를 위해 몸을 허락하기로 결심하고 돌아왔지만 여전히 두려움과 불안감은 가시지 않았을 터이다.[19] 또한 마사코의 눈물은 유조에 대한 안타까운 마음에서 우러나온 눈물이라고도 볼 수 있다. 모든 것에 절망을 느끼고 비참해진 유조가 "너밖에 없어, 나에게 남아있는 건…… "라고 말하는 것을 듣고 그의 절망감이 마사코에게도 전해졌고 그의 마음을 위로해 주기 위해 결심하고 다시 돌아온 것이다. 레인코트를 벗는 행동은 이런 마사코의 결심을 단적으로 드러낸다고 할

---

18 西村雄一郎,『黑澤明; 音と映像』, 立風書房, 1998, p.58.

19 이 부분에 대해 도널드 리치는 "지극히 일본적인 '순정'에 대해 말하고 있다."라고 지적한다. 이는 당시의 '성'에 대해 매우 보수적이었던 사회풍속의 반영이기도 한 것이다.

수 있다.

한편, 유조의 눈물은 마사코에 대한 감사와 미안함의 복잡한 심경을 드러낸다. 대본에는 마사코가 우는 장면 이후 "유조도 감동해서 운다"라고 되어 있다. 충동적으로 자신의 연인을 무리하게 안으려 했던 자신의 어리석음과 마사코에 대한 미안함, 그리고, 몸을 허락할 만큼 자신을 사랑한다는 것을 알게 된 감사의 감정들이 복잡하게 섞인 울음이었던 것이다.

두 사람의 '눈물'은 이처럼 여러 가지 복잡한 감정들을 상징하고 있으며 눈물을 흘림으로써 두 사람의 갈등이 해소된다. 유조가 먼저 눈물을 그치고 다음으로 마사코도 기분을 추스르자 그 순간 날씨도 언제 그랬냐는 듯 맑게 갠다. 그리고 두 사람은 전반부보다 더 큰 행복감을 느끼며 데이트를 재개한다.

한편, 하숙집 장면에서는 영화의 주제와 관련이 깊은 소품인 '곰 인형'이 등장한다.

유조는 마사코가 하숙방을 급히 뛰쳐나가면서 두고 간, 그녀의 가방에서 삐죽이 나온 봉제 곰 인형을 발견한다. 대본에는 "유조, 그 어린애 같은 곰 인형을 보고 있는 동안, 무언가 참을 수없이 마사코가 안쓰럽게 느껴진다."라고 되어 있다. 구로사와는 시각적 스토리텔링에서 사용하는 가장 강력한 쇼트의 하나인 클로즈업 쇼트로, 곰 인형을 비추고 유조가 그 인형을 집어서 손에 들고 보는 지점까지 클로즈업 쇼트를 유지한다. 이 인형은 뒤에 야외 음악당에서 유조가 지휘를 하는 장면에서도 다시 한 번 등장하는데, 그 때도 클로즈업 쇼트가 사용되고 있다.

이 인형의 의미를 생각해 보면, 우선 마사코의 순수함을 상징한다고 볼 수 있다. 전후의 피폐한 어두운 현실 속에서도 성인 여성이 가방에 인형을 달고 다니는 것은 그녀의 '아이 같음'을 드러내고 있으며, 이러한 순수함과 '아이 같음'은 '동심'과도 통한다. 이러한 마사코의 '동심'에 의해 폐허가 된 공터에서 상상의 카페를 운영하는 롤 플레이를 할 수 있었던 것이고, 이어서 그네를 타는 장면에서 동심을 온전히 회복한 유조가 야외 음악당에서 상상에 맡겨 지휘도 할 수 있었던 것이다. 마사코의 '곰 인형'은 '동심'을 상징하며 성인이라 할지라도 잃어버려서는 안 될 '꿈'을 추동하는 매개체라고 할 수 있겠다.

5. 나오며

영화는 전후의 혼란과 생활고 속에서도 꿈과 희망을 잃지 말자는 명확한 주제를 전달한다. 이 글에서는 '꿈을 포기하지 않는 청춘'이라는 주제가 어떻게 각 시퀀스에서 구체적으로 구현되고 있는가를 명확히 하였다. 그리고 '꿈'과 '현실'의 내용을 담은 시퀀스가 적절하게 배열되는 구성에 있어, 문제점으로 지적된 '하숙집 장면'의 의의와 연출을 고찰하였다. 결과를 정리하면 다음과 같다.

첫째, 구성에 관해서이다. 《멋진 일요일》은 대략 14개의 시퀀스로 구성되어 있다. 감독은 현실적이고 비관적인 유조가 그의 연인인 긍정적인 마사코의 격려에 힘입어 희망과 꿈을 되찾아 가는 모습을 잔잔하게 그려 나간다. 냉엄한 현실을 잘 드러내는 시퀀스로는 일요일에 기차역 앞에서 만남(①), 월세 방을 알아봄(③), 유조가 댄스홀을 방문(⑤), 주먹밥을 먹던 중 부랑아를 만남(⑥), 오케스트라 공연장으로 향하나 암표상 때문에 표를 구하지 못함(⑧), 하숙집을 나온 후 카페에 들어가나 상술에 실망함(⑩) 등이라면, '꿈'과 관련된 시퀀스는 모델 하우스 구경(②), 유조가 동네 소년들과 야구를 함(④), 예전에 꿈꾸던 카페 경영을 공터에서 상황극으로 재현(⑪), 공터에서 나온 후 그네를 탐(⑫), 야외 음악당에서 눈물과 호소의 미완성 교향곡을 지휘함(⑬) 등이라 할 수 있다. 감독은 '현실'과 '꿈(상상,

혹은 동심)'을 내용으로 하는 각 시퀀스를 적절하게 배치하여 연결시킴으로써 유조의 심적인 변화를 효과적으로 그릴 수 있었던 것이다.

둘째, '하숙집 장면'이 갖는 구성상의 의의에 관해서이다. 어디서나 볼 수 있는 젊은 한 쌍의 데이트라는 점을 염두에 두면, 스킨십이나 성적인 문제는 결코 이질적인 소재가 아니며, 오히려 현실성 있는 리얼한 소재이다. 감독은 연인 관계에 있어서 결코 간과할 수 없는 현실적인 '성'의 문제를 시대적 제약에도 불구하고 매우 효과적으로 그려냈다고 할 수 있다. 구성상의 측면에서 보면, 두 연인의 감정적 해소(카타르시스)를 통해 영화 전반부의 암울한 분위기에서 후반부로의 밝은 분위기로 전환시키며 이후에 나올 '히아신스' 상황극과 야외 음악당에서의 지휘를 예비하는 기능을 담당하고 있다.

셋째, '하숙집 장면'의 연출에 관해서이다. 우선 감독은 '비'라는 자연현상을 이용해서 유조의 비참한 심리를 강화시키고, 대사가 없는 '침묵'을 통하여 더욱 효과적으로 표현하고자 했다. 또한 두 사람의 '눈물'은 여러 가지 복잡한 감정들을 상징하고 있으며 갈등을 해소시키고 영화 전반부의 암울한 분위기에서 후반부로의 밝은 분위기로 전환시키는 계기를 만들었다. 한편, 소품 봉제 '곰 인형'의 의미를 생각해 본다면 먼저, 마사코의 순수함을 상징하며, 이러한 순수함은 '동심'과도 통한다. 마사코의 '곰 인형'은 성인이라 할지라도 잃어버려서는 안 될 '꿈'을 추동하는 매개체라고 할 수 있겠다.

제3장

《멋진 일요일》

: 네오리얼리즘 성격과 카메라 워킹, 그리고 음악 연출

1. 들어가며

▸영화 포스터

구로사와 아키라黒澤明 감독의《멋진 일요일素晴らしき日曜日》은 1947년 6월에 발표된 도호東寶 작품으로, 전작인《내 청춘에 후회 없다わが青春に悔なし》가 전시 하의 이데올로기에 의해 파탄을 맞는 청춘과 그것을 극복하는 자아가 강한 신여성을 그렸다면,《멋진 일요일》은 제2차 세계대전 후 암울한 현실 속에서도 꿈을 잃지 않는 유조와 마사코라는 두 청춘남녀를 그리고 있다. 앞선 제2장에서는 영화의 주제와 관련된 구성과 '하숙방 시퀀스'의 의의에 대해서 언급했는데, 본 장에서는 그 후속 작업으로 네오리얼리즘적인 영화의 성격과 촬영기법 및 영화음악을 중심으로 한 감독의 연출에 대해서 살펴보고자 한다. 시나리오 인용은 黒澤明,『全集 黒澤明 第二巻』, 岩波書店, 1987을 사용하였음을 밝혀둔다.

2. 네오리얼리즘적인 영화

네오리얼리즘은 2차 세계대전 즈음에 사실주의를 추구했던 이탈리아 영화의 경향으로, 1942년부터 1952년까지 지속된 영화운동을 말한다. 쓰즈키 마사아키都築正昭는 각본을 담당했던 우에쿠사 게이노스케植草圭之助의 "이 영화는 후에 유행한 이탈리안 리얼리즘보다 우리들 쪽이 빨랐다고 구로사와 씨와 둘이서 말한 적이 있다."는 회고담을 인용하면서,《멋진 일요일》을 '네오리얼리즘의 일본판'이라고 언급하고 있다. 이탈리아의 대표적인 네오리얼리즘 영화들이 일본에 들어오기 전에 이미 구로사와가 네오리얼리즘적인 영화를 제작했다는 것이다.[1]

쓰즈키는 어떤 의미에서 이 영화가 네오리얼리즘적인 지를 밝히고 있지 않기에, 본 절에서는 수잔 헤이워드Susan Hayward의 네오리얼리즘에 관한 정의[2]를 통해서 《멋진 일요일》을 조명해보고자 한다. 이 작업은 단순하게 쓰즈키의 견해의 시비를 가리는 것을 넘어서 작품의 성격과 연출을 한층 명확하게 할 것으로 기대된다.

수잔 헤이워드는 네오리얼리즘의 영화의 특성 5개를 제시하고 있는바, 이것을 중심으로 《멋진 일요일》을 조명하면 다음과 같다.

1) 영화는 삶의 단면을 영사해야 하며 일상생활로 시작해서 일상생활에서 끝나는 것처럼 보여야 한다. '리얼리티'를 위해 영화는 문학작품을 각색할 것이 아니라 현실을 얻기 위해 노력해야 한다.
2) 영화는 사회적인 현실에 초점을 맞춰야 한다.
3) 리얼리즘을 확보하기 위해서는 대화와 말이 자연스러워야 한다. 이런 효과를 위해서 가능하면 비직업 배우를 기용한다.

---

1 都築政昭, 『生きる; 黑澤明の世界』, マルジュ社, 1980, p.176.
2 수잔 헤이워드, 이영기 옮김, 『영화사전: 이론과 비평』, 한나래, 1997, 270~274쪽.

4) 자연광을 활용하고 핸드 헬드 카메라를 쓰며 관찰과 분석적인 시각을 유지함으로써 다큐멘터리적인 스타일이 되도록 해야 한다.
5) 단순한 서사형식

먼저, 1)의 특징과 관련해서인데,《멋진 일요일》은 전후 지극히 평범하고 가난한 연인들의 삶의 한 단면을 그려내고 있으며 그들이 매주 만나는 어느 일요일 하루를 시간적 추이에 따라 사실적으로 그려내고 있다. 구로사와도 그의 자서전에서도 언급하고 있듯이[3] 리얼리티를 위하여 도심지 로케이션 촬영을 할 때는 단지 카메라만 숨기는 식으로 촬영을 했는데 카메라를 상자 속에 넣고 다시 그것을 렌즈로 내다볼 정도의 구멍이 뚫린 보자기로 싼 다음 손으로 들고 다니면서 자연스러운 장면을 촬영하기 위해 노력했다고 한다. 또한 일련의 시퀀스의 내용, 즉 ①일요일에 기차역 앞에서 만남 → ②모델 하우스 구경 → ③월세 방을 알아봄 → ④유조가 동네 소년들과 야구를 함 → ⑤유조가 댄스홀을 방문 → ⑥주먹밥을 먹던 중 부랑아를 만남 → ⑦동물원 구경→ ⑧오케스트라 공연장으로 향하나 암표상 때문에 표를 구하지 못함 → ⑨하숙집에서의 갈등 → ⑩하숙집을 나온 후 카페에 들어가나 상술에 실망함 → ⑪예전에 꿈꾸던 카페 경영을 공터에서 상황극으로 재현 → ⑫공터에서 나온 후 그네를 탐 → ⑬야외 음악당에서 눈물과 호소의 미완성 교향곡을 지휘함 → ⑭기차역에서 헤어짐 등을 살펴보면, 보통의 커플의 일상적인 경험을 소재로 하고 있음을 알 수 있다.

다음으로 2)의 특징과 관련해서인데,《멋진 일요일》은 전후의 혹독한 현실에 처한 연인의 일상과 함께 당시의 척박한 사회상을 고스란히 리얼하게 보여주는데, 이를 등장인물과 배경으로 나누어서 살펴보기로 한다.

3 구로사와 아키라, 오세필 옮김, 『감독의 길』, 민음사, 1994, 271쪽.

우선 등장인물에 관해서인데, 가령 주택 전시장 관람 시퀀스에서는 주택난을 핑계로 고액의 권리금을 뜯어내는 집주인이 유조와 마사코를 낙담케 한다. 또한 유조의 친구가 경영하는 댄스홀에서는 매상을 올리기 위해 토하면서까지 술을 마셔대는 호스테스가 일하고, 오케스트라 공연장에서는 입장권을 선점하여 불합리한 가격으로 관람객에게 강매하는 암표상 건달들이 암약한다.

▸ 도관이 있는 곳에서 만두를 먹고 있는 두 사람

▸ 폐허의 공터에서 상황극을 하고 있는 두사람

한편 배경에 관해서인데, 그 대표적인 예로 공터의 도관에 앉아 만두를 먹는 장면이다. 전쟁으로 인해 폐허가 된 도쿄를 재건하던 당시, 연인들이 제대로 앉을 만한 벤치조차 구비되어 있지 않은 살풍경한 도시의 모습이 생생하게 그려지고 있다. 또한 그들만의 카페를 상상하는 행복한 장면에서는 그 무대가 폐허의 공원이었다. 카메라는 시종일관 두 커플의 행적을 쫓으며 전후의 부정한 사회화와 그 속의 피폐해진 인간군상을 등장시키고, 1947년 당시의 황폐화된 도쿄의 모습을 가감 없이 리얼하게 드러내는 것에 주저하지 않는다.

다음으로 3)의 특징, 비직업 배우를 기용하는 점에 관해서이다. 구로사와는 그의 자서전에서 두 주인공에 대해 다음과 같이 회고하고 있다.

이 영화의 주연은 스토리가 요구하는 인물이 당시 일본 어디서나 볼 수 있는 젊은 한 쌍이었으니, 그런 의미에서 그들은 배역에 완벽하게 맞아떨어진 셈이다. 또한 바로 그런 이유 때문에, 내가 그들을 생각하는 이 순간에도 그들이 영화의 주인공이라기보다는 전쟁 직후 신주쿠에서 우연히 만나 같이 이야기하고 친해질 수 있는 한 쌍의 연인처럼 느껴진다.[4]

감독은 영화의 주인공이 어디서나 볼 수 있는 젊은 한 쌍의 커플이어야 한다는 점을 중시했으며, 완전한 비직업 배우를 기용하지는 않았지만 신인 배우를 기용함으로써 리얼리즘의 효과를 강화하였다고 할 수 있다.

다음으로 4)의 특징과 관련해서인데, 핸드 헬드 카메라는 어떠한 특수 장비를 필요로 하지 않고 카메라 기사의 몸에 카메라를 직접 장착하는 방법이다. 경우에 따라 진동을 보정하는 장치는 아니지만 몸에 더 안정적으로 밀착시키기 위해 약간의 도구가 추가되기도 한다. 《멋진 일요일》은 기사의 몸에 직접 카메라를 장착한 핸드 헬드 기법을 사용하지는 않았다. 하지만 전술한 바와 같이 카메라를 상자 속에 넣고 구멍이 뚫린 보자기로 싼 다음 손으로 들고 다니면서 촬영하였고, 달리인dolly-in이나 트래킹 쇼트 등을 많이 사용으로 관객들에게 좀 더 사실적인 영상을 제공하려고 노력하였다.

시나리오를 담당했던 우에쿠사 게이노스케는 촬영 당시를 다음과 같이 회고한다.

촬영소에 가니 현실적으로 더 큰 장애가 있었다. 집행부로부터 예산 때문에 세트 없이 올로케이션으로 해 달라는 요청이 있었다는 것이다. 심각하게 고민하던 구로사와가 얼굴이 환해지면서 "좋아! 세미다큐멘터리로 가자! ── 남자와 여자의 하루의 생활기록이다."라고 말했다. 나는 그의 착상에 동의했다.

---

4 구로사와 아키라, 오세필 옮김, 앞의 책, 271쪽.

과거에 기록영화를 만든 경험이 있었다.[5]

“과거에 기록영화를 만든 경험이 있었다.”는 언급은 1944년《스가타 산시로姿三四郎》이후의 두 번째 작품《가장 아름답게一番美しく》를 가리키는 것이리라. 이 작품은 전쟁의 패색이 짙은 상황에서 군수공장에서 일하는 여자 정신대원들의 모습을 다큐멘터리 터치로 촬영한 것이다. 처음의 의도와는 달리 남자 배우의 연기 문제 때문에 올로케이션이란 구상은 성취되지 않았지만, 구로사와는 영화 촬영 전부터 다큐멘터리 스타일로 연출하려는 의도를 분명히 하였던 것이다.

마지막으로 5)의 특징과 관련해서인데, 네오리얼리즘의 영화들은 이전의 전통에 반발하여 느슨한 서사 연결이나 열린 구조를 선호하였다. 영화 속 인물들은 경제적, 사회적, 문화적으로 구체적인 상황 속에 배치되지만 그들의 삶의 모습은 지극히 단편적으로 그려지고 있으며, 그 어떤 해결책도 제시되지 않는다.

이러한 점에서《멋진 일요일》도 네오리얼리즘 영화와 동일한 선상에 있다. 가난하고 평범한 연인의 ‘일요일’이 만남에서 시작되고 헤어짐으로 끝나는 지극히 간단한 구성으로 그려지고 있다. 그들을 비참하게 만든 피폐한 사회와 부조리가 그려지기는 하지만 달리 해결책을 제시하고 있는 것도 아니다. 남자 주인공이 희망을 되찾는다는 한 개인의 내적인 변화가 문제에 대한 해결책이 될 수 없음은 너무도 자명하다.

실제로 앞서 제시한 네오리얼리즘의 특징은 매우 엄격해서 이 모든 조건들을 만족시키는 영화는 데 시카의《자전거 도둑ladri di biciclетti/Bicycle Thieves》(1948) 단 한편 밖에 없다고 한다. 이러한 점을 감안해서 본다면 비록 본 작품이 당초 계획대로 올 로케이션이 아니고, 완벽한 비

---

5 植草圭之助,「『素晴らしき日曜日』のころ」,『全集 黑澤明 月報2』, 岩波書店, 1987, p.2.

직업 배우를 기용한 것은 아닐지라도, 그 외의 특징과 부합되는 경향이 강하다는 점에서 네오리얼리즘적인 영화로 보아도 크게 지장이 없을 것으로 판단된다.

3. 촬영기법

본 절에서는 《멋진 일요일》의 촬영기법에 대해서 장면 전환 방법과 카메라 워킹으로 나누어 살펴보기로 한다.

1) 장면전환

《멋진 일요일》에서의 장면전환에 대해서는 디졸브Dissolve와 페이드Fade를 중심으로 살펴보고자 한다.

디졸브는 영화의 도입부부터 사용되는데, 기차가 역에 들어오고, 그 기차에 타고 있는 마사코의 모습을 비춘 후부터 장면 전환은 계속해서 디졸브로 처리된다. 역에 도착해서 내린 마사코의 모습은 이제 계단을 달려 내려가는 마사코의 모습과 순간적으로 겹쳐지며 전환된다. 계단을 내려온 마사코는 다시 출구를 통해 나오는 마사코의 모습으로 연결되고, 드디어 역을 나온 마사코는 바쁜 걸음으로 어딘가를 향해 가는데, 그 모습이 다시 다음 장면과 겹쳐진다. 이번에는 길을 걸어가는 사람들의 다리를 비추고, 다시 누군가의 발을 비추는 장면이 디졸브로 처리. 그 다음은 커트로 전환되어 그 다리의 주인은 유조임을 알려준다.

이 도입부의 시퀀스에서 디졸브는 시간의 흐름, 동작이 계속됨을 나타내고 있다. 마사코가 전철을 내리는 모습과 겹쳐지는 계단의 모습은 그녀가 내려서 계단으로 갔다는 설명을 생략한다. 또 계단을 내려가는 모습과

출구를 통해 나오는 장면전환을 통해 그녀가 계단을 바삐 내려가 밖으로 나왔다는 것을 알 수 있다. 이렇게 디졸브는 시간의 경과, 동작의 연속을 암시하며 반복적으로 사용된다.

구로사와는 영화에서 두 사람에게 가까이 다가갈 때는 줌인보다는 디졸브를 사용하여 장면을 전환하는 방식을 사용하고 있다. 가령 동물원에서 나온 두 사람이 비를 피하기 위해 어떤 구조물 밑에 서 있다. 이때는 풀쇼트로 프레임에 들어와 있지만 화면이 디졸브로 전환한 다음에는 미디엄 쇼트로 조금 더 가까워져 있다. 또한 데이트가 끝나고 역의 플랫폼에 멍하니 앉아 있는 두 사람을 풀쇼트에서부터 점점 클로즈업 쇼트까지 다가가는 화면은 보통의 줌인이 아니라 바로 디졸브를 통한 전환이다.[6]

다음으로 페이드에 관해서인데, 영화에서는 페이드 자체도 길게 쓰이지 않고 짧은 시간에 페이드아웃이 일어나고 페이드인으로 화면이 전환된다. 흑백영화이기 때문에 디졸브 효과와 분간하기가 쉽지 않은 것이 사실이다. 결국 우리들은 화면상에서 암전이 조금이라도 나타났는가, 디졸브보다 더 확실한 시간차를 두었는가에 주목하여 판단할 수밖에 없다.

우선 싼 월세방을 보러 갔다가 만난 관리인이 집세를 이야기하는 장면에서 화면은 잠시 까맣게 잦아들고 이내 모래밭에 손가락으로 셈을 해보는 두 사람의 모습이 잡힌다. 이것은 거의 디졸브라고 판단될 정도로 화면은 겹쳐지지만, 분명 관리인의 실루엣이 암전되는 것을 확인할 수 있다. 즉, 월세방을 찾는 시퀀스에서 공터의 두 사람이라는 시퀀스로 전환되는 셈이다. 디졸브와는 다르게 원래 페이드는 상당한 시간의 경과를 나타낼 때 쓰인다. 앞서 디졸브가 시퀀스 안에서 이어지는 일련의 동작의 연속선

---

6 이것에 대해 도널드 리치는 그들을 방해하고 싶지 않기 때문에 살며시 다가가는 것처럼 느껴지는 '배려'가 있다고 지적한다. ドナルド·リチー, 『黑澤明の映畫』, 社會思想社, 1991, p.108.

과 관련이 있다고 한다면, 이때의 페이드는 꽤 많은 시간을 건너뛰며 시퀀스자체도 다른 시퀀스로 이동하는 것이다.

다음으로는 댄스홀에 나온 유조와 팔짱을 끼고 나란히 걷던 두 사람의 모습에서 페이드아웃이 되고, 다음 장면은 울타리 부근에 놓인 바위에 걸터앉은 두 사람이 화면에 잡힌다. 어느 정도의 시간이 경과되었는지는 구체적으로 알 수 없지만, 상점들이 늘어선 거리에서 울타리 부근의 바위로 배경이 크게 바뀐 만큼 시간적, 공간적 변화를 확인할 수 있다. 페이드 기법은 두 사람의 데이트가 진행되면서 좀 더 자주 사용된다. 특히 후반에 들어서는 시점, 즉 커피를 마시러 카페에 간 장면에서는 1분여 동안 페이드 기법을 3번[7]이나 사용하고 있다. 이 사이에는 대사도 음악도 없다. 그다지 동적인 움직임도 없이 페이드 전환만으로 감독은 이들이 하숙집에서 카페로 이동하였고, 커피가 나오는 동안 지루한 듯 턱을 괴고 앉아 있었으며, 어느새 바깥은 어두워져서 가로등에 불이 켜졌고, 그 사이 두 사람 앞에는 주문한 커피와 과자가 나왔다고 하는 일련의 서사를 효과적으로 압축하여 전달하고 있는 것이다.

참고로, 시각적 일치에 의한 장면 전환도 있다. 두 사람이 공터에서 카페를 운영하는 상황극을 하고 나서, 사람들이 구경하는 것을 눈치채고 허겁지겁 공원을 빠져 나오게 되는데, 카메라는 화면 가득히 하늘의 달을 잡는다. 그리고 이어서 달 밑에서 '달ツキ'이라는 동요를 부르며 그네를 타는 유조와 마사코의 모습이 연결된다. 비록 공터에서 그네 장면으로 갑자기 장면이 전환되었지만, '달'을 통해 효과적인 화면전환을 꾀하고 있는 것이다.

---

7 먼저, 유조의 하숙집의 처마가 페이드 되어 가로등으로 전환한다. 가로등이 페이드 되자 이번엔 카페에 앉은 두 사람이 나타난다. 턱을 괸 채 가만히 있던 두 사람의 모습이 페이드 되고 , 또 다시 등장한 가로등에는 불이 켜진다. 이제 어두워졌다는 것을 알 수 있다. 다시 가로등이 페이드 아웃, 화면에 다시 나타난 두 사람 앞에는 커피와 과자가 놓여있다.

영화 전반에 걸친 장면 전환 기법을 살펴보면, 구로사와 감독은 극의 흐름에 맞게 디졸브나 페이드 등 다양한 방식을 사용하고 있음을 알 수 있다. 이러한 세련된 편집 기술은 야마모토 가지로 감독 밑에서 배우던 시절, 그가 수많은 촬영 필름을 잘라내던 것 — 구로사와는 자서전에서 이를 '마치 철저한 마조히스트인 양 잘라냈다'고 표현하고 있다[8] — 을 보며 일찍이 편집의 중요성을 깨달은 것과 관련이 있을 것이다.

2) 카메라 워킹

카메라 워킹으로는 패닝Panning과 프레임 인·프레임 아웃, 그리고 트래킹에 대해서 살펴보고자 한다.

먼저 패닝에 관해서인데, 자연스러운 패닝기법을 구사하는 구로사와였지만 본 작품에서도 패닝을 사용한 장면 연출이 돋보인다. 패닝은 원래 한 프레임 안에 다 담을 수 없는 풍경이나 이동을 촬영하는 데에 쓰이는 것이 원래의 목적이지만, 구로사와는 이 기법을 이용해서 프레임 안으로 인물을 들였다가 내보냈다가 함으로써 효과적인 시각적 연출을 하고 있으며, 프레임의 위치변화만으로도 대사나 음악 없이도 등장인물의 심리를 효과적으로 드러내고 있다. 가령 댄스홀 시퀀스의 예를 들어보자. 친구를 만나러 갔으나 자신을 마치 구걸하러 온 사기꾼으로 취급하는 탓에 유조는 화가 나서 나가려고 한다. 그때 문득 거울에 비친 자신을 보게 된 유조. 카메라는 그런 유조를 비추고 있다가 왼쪽으로 살짝 화면을 이동시킨다. 그러자 화면 왼쪽으로 사람들이 프레임 안으로 들어온다. 번지르르하게 차려 입은 댄스홀의 손님들이다. 다시 프레임이 살짝 반대편으로 이동하니 이번에는 그 손님들과 동시에 거울에 비친 유조와 술주정뱅

8 구로사와 아키라, 오세필 옮김, 앞의 책, 188쪽.

이가 같이 프레임 안으로 들어온다. 아주 자연스럽게, 그리고 가장 효과적으로 두 계층 간의 대비를 보여주는 장면이다. 심지어 이때 카메라가 조금 더 가까이 다가간 다음, 거울에 비친 유조와 술주정뱅이를 비춘다. 관객은 그 정적인 화면에서 굴욕감과 상처 입은 유조의 심정을 쉽게 읽어낼 수 있다. 순식간에 양방향으로의 패닝과 줌인 기법이 사용되어, 대사 한 마디 없이 유조가 처한 상황과 감정을 명료하게 그려내고 있는 것이다.

이외에도 영화의 중반부에서, 낙담하여 "나는 돌아갈게 …… 너도 돌아가……"라며 먼저 가 버리는 유조와 어찌할 바를 모르는 마사코. 장면은 오버랩으로 전환되어 물을 마시는 유조가 미디엄 롱 쇼트로 화면에 잡힌다. 앞에서의 오버랩부터 유조가 물을 다 마시고 컵을 내려놓기까지 대략 10여초 정도가 사용되는데, 이 때 카메라가 팬 레프트Pan left하자, 불안한 듯 서 있는 마사코가 보인다. 유조가 정말 마사코를 버려두고 집으로 혼자 돌아가지 않았을까 생각하던 관객들의 의표를 찌르는 감독의 재치가 엿보이는 장면이다.

한편 프레임 인, 아웃을 통한 장면의 전환기법도 자주 쓰이고 있다. 가령 댄스홀 시퀀스에서는, 이제 밖으로 나온 유조를 기다리던 마사코가 그를 쫓아간다. 유조는 별 다른 말이 없이 성큼 성큼 카메라를 향해 걷는데, 마치 화면을 뚫고 나갈 기세로 걸어간다. 그리고 다음 화면은 상점가를 비춘다. 이때 프레임 왼쪽에서부터 유조의 뒷모습이 갑자기 나타나 화면 중심으로 점차 걸어 들어간다. 말하자면 관객이 그의 앞모습을 보다가 그가 관객을 지나쳐 계속 걸어갔고, 관객은 이제 그의 뒤에 위치하고 있는 것 같은 효과를 내고 있는 것이다. 이렇듯 프레임 밖으로 나갔다가 다시 다른 방향에서 들어오는 식의 전환기법은 2차원적인 평면이라는 제약에도 불구하고, 입체적으로 등장인물의 모습을 효과적으로 보여주는 기능을 한다.

다음은 트래킹에 대해서이다. 구로사와는 두 남녀를 달리게 하였다.

30초 동안 그들은 손을 잡고 종종걸음으로 계단을 내려가고, 비를 맞으며 역으로 달려 들어간다. 전차 안에서 발을 동동 구르며 "더 빨리 …… 더 …… 알레그로 …… 알레그로모데라토!" 하고 마사코는 외친다. 전차를 타고 가는 시간이 또 대략 30초, 다시 전차에서 내려서 공연장 앞에 도착할 때까지 달리는 시간이 30초. 크레디트 타이틀에 쓰인 슈베르트의 음악이 이들이 공연장으로 가는 1분 30초 내내 배경음악으로 흐른다. 적절한 속도로 그들을 멀리서 트래킹 기법으로 따라가거나 달리 인 기법으로 조금 더 다가가거나 하는 카메라의 움직임은 적절한 커트의 사용과 더불어 세련된 장면을 연출하고 있다. 이 세련됨은 달리는 이들을 카메라에 담고 있지만 긴박함이 없고, 여유로움을 느끼게 하는 데서 기인한다. 그렇다고 속도감이 전혀 배제된 것은 아니다. 서두르고 있는 두 사람의 엇갈리는 다리, 전차의 달리는 모습을 그대로 촬영한 화면, 비 내리는 창밖으로 빠르게 지나가는 흐릿한 풍경 등은 속도감을 느끼기에 충분하다. 게다가 달리는 연인들은 프레임의 한 방향으로만 달리지 않는다. 처음에는 왼쪽에서 오른쪽으로 줄곧 달리지만 전차에서 내려서는 장면이 바뀔 때마다 달리는 방향도 바뀐다.

> 카메라는 배우가 움직일 때 따라 움직이고, 배우가 멈추면 따라 멈추어야 한다.[9]

구로사와는 자서전 말미에서 감독지망생들에게 위와 같이 조언하는데, 카메라가 여유 있게 피사체를 잡고 있지만, 결코 그 역동성이 감소되지 않는 효과와 관련이 있어 주목된다.

참고로 음악당 시퀀스에서는 다른 기법보다 주인공들에게 줌인, 줌아

---

9 구로사와 아키라, 오세필 옮김, 앞의 책, 339쪽.

웃이 아닌 달리인, 달리아웃 기법이 많이 쓰인 점이 주목된다. 음악당 전체를 풀샷으로 화면에 담아 점점 인물에게로 다가가거나, 인물의 상반신 정도에서 얼굴을 화면 가득 끌어당길 때에도 카메라는 줌인이 아니라 달리인으로 다가가고 있다. 유조의 지휘로 미완성 교향곡이 음악당에 흐르는 동안 프레임의 변화는 달리인과 아웃의 사용이 가장 돋보이고 있다. 이어서 북받치는 감정을 주체할 수 없어서 유조에게 달려가 서로를 끌어안은 연인으로부터 카메라는 달리아웃으로 서서히 뒤로 물러난다.

4. 음악

《멋진 일요일》은 구로사와가 작곡가 핫토리 다다시服部正와 함께 작업한 영화이다. 핫토리와 같이 작업한 전작《호랑이 꼬리를 밟는 남자들虎の尾を踏む男達》(1945)이 뮤지컬 영화로서 평가받고 있다면,[10] 《멋진 일요일》은 '음악영화'로서 평가를 받을 만큼 음악적 요소가 중시되고 있다. 도널드 리치는 "예전부터 구로사와는 자신의 작품에 들어가는 음악에 유의해 왔다. 그리고《멋진 일요일》에서는 일종의 음악영화를 만들었다. 적어도 이 영화에 나오는 음악은 여기에 가장 가깝다."라고 지적하고 있다.[11] 엄밀하게는 음악영화의 범주에는 속하지 않지만, 최근 음악영화란 개념

10 《호랑이 꼬리를 밟은 남자들》은 오케스트라, 합창 등의 서양음악은 물론 원작(노의 아타카, 가부키의 권진장)이 갖고 있는 게자下座음악, 요곡謠曲, 마쓰리바야시祭りばやし 등의 일본의 전통 음악적 요소를 효과적으로 사용하면서, 자칫 동서양의 음악이 갖는 이질감으로 인해 자칫 지리멸렬할 수 있는 위험성을 극복한, 일본 영화상, 최초로 시도되었던 뮤지컬 영화라는 점에서 주목받을 가치가 있다. 이시준, 『구로사와 아키라의 국책영화와 일본문학』, 보고사, 2022 참조.

11 ドナルド.リチー, 앞의 책, p.10.

이 음악을 주요소로 만든 영화나 음악이 영화 안에서 중요한 역할을 하는 영화로도 그 의미가 확장되고 있는 경향을 염두에 두면 "일종의 음악영화"라는 도널드 리치의 지적은 설득력이 있다.

본 절에는 연출의 중요한 요소인 영화음악과 그 음악을 통해 감독이 무엇을 의도하고자 했던 가를 주요 음악 8개를 중심으로 분석해 보고자 한다. 어떤 음악이 사용되었는지에 관해서는 도널드 리치, 니시무라 유이치로西村雄一郎의 지적을 참고로 했음을 밝혀두며, 삽입음악의 기능에 대한 이론은 주로 조셉 보그스의 『영화보기와 영화읽기』를 참고하였다.[12]

먼저, 크레디트 타이틀에 나오는 음악은 「악흥의 순간」이다. 이 곡은 슈베르트Franz Peter Schubert의 음악으로 1828년 완성되어 모음집 형태로 출간되었다. 총 6악장으로 구성되어 있는데 영화에 삽입된 부분은 3악장 No.3 in F minor, Allegro moderato이다. '러시아 노래'라는 제목을 갖고 있는 3악장은 6악장 가운데 가장 짧고 간결한데, 단조임에도 불구하고 특유의 흥겨움 덕분에 영화에 삽입되었을 것으로 판단된다. 이 곡은 영화의 시작을 알리며 타이틀 크레디트와 함께 흘러나온다.

표제 자막Main Title에서 사용되는 음악은 보통 두 가지 기능을 담당하는데, 첫째로는 자막에 의한 정보 자체를 운율적으로 묘사함으로써 자막보다 더 흥미를 갖게 한다. 둘째로, 자막에 수반되는 음악은 보통 영화 전체의 분위기나 톤을 설정한다.[13] 처음 크레디트 화면의 '멋진 일요일素晴らしき日曜日라'이라는 자막과 배경음악은 관객들에게 무엇인가 희망차

12 조셉 보그스, 이용관 옮김, 『영화보기와 영화읽기』, 제3문학사, 1995. 조셉 보그스는 영화음악의 중요성에 관해서, 첫째, 관객이 보는 시각 영상의 정서적 경험을 강화시키며, 둘째, 상상력과 율동감을 자극하며, 셋째, 영상적 수단만으로는 전달할 수 없는 정서를 표현하고 암시한다고 이야기한다. 그리고 영화음악의 특수 기능에 관해서는 감추기 효과, 극적 강화, 내면 작용, 시공간의 상징, 사건의 예시, 새로운 의미의 창조, 성격화의 창조, 선입견의 활용, 이동 음악, 자막과 영화음악, 음향효과와의 관계 등 12개가 있다고 분석하고 있다.

13 위의 책, 181쪽.

고 밝은 일요일을 연상시킨다. 하지만 영화의 전체적인 내용은 멋짐과는 거리가 멀다고 할 수 있으므로 「악흥의 순간」은 일종의 반전, 혹은 속임수로 볼 수도 있다. 하지만 결국 영화의 결말은 희망을 준다는 점에 있어서 마지막 엔딩을 장식하는 미완성 교향곡과 맞물려 영화 전체의 분위기를 효과적으로 전달하고 있다고 할 수 있겠다.

참고로 이 곡은 이후 두 사람이 콘서트장에 달려가는 신에서도 사용되었는데, 곡의 프레이즈[14]와 맞추어 필름이 편집되었다. 주도면밀한 편집이기는 하지만, 삽입음악의 기능적인 측면에서만 판단하면, 장면에 음악을 호응시킨 것이라기보다는 음악에 장면을 대입시킨 어색함이 엿보이는 대목이기도 하다.

두 번째로, 모델하우스의 시퀀스에서는 멀리서 들려오는 라디오 소리에서 「나의 푸른 하늘」 이 흐른다. 이 곡은 원래 원제 「My Blue Heaven」으로 1924년에 월터 도널드슨Walter Donaldson에 의해 만들어 졌다. 영화에 삽입된 대부분의 음악은 약간의 편곡이 되긴 했지만 원곡이 무엇인지는 짐작할 수 있을 정도로 편곡이 되었다. 하지만 이 곡은 가사를 삭제하고 슬프고 정적인 멜로디를 일본악기를 사용하여 밝고 경쾌한 멜로디로 대폭적인 편곡을 시도하였다. 원곡의 가사를 보면 '당신은 웃는 얼굴을 볼 수 있을 것이다. 벽난로, 따듯한 방, 장미꽃이 피어져 있는 곳의 옆에 자리 잡은 작은 둥지. 몰리와 나 단 둘이, 그리고 아기는 우리를 셋으로 만들겠지, 우리는 나의 푸른 하늘에서 행복해.'라는 부분이 나온다. 감독은 모델하우스를 둘러보며 앞으로의 미래를 꿈꾸는 두 사람의 희망을 과감한 편곡을 통해 드러내 보이고자 하였던 것이다.

---

14 어떤 자연스러운 한 단락의 멜로디 라인(선율선)을 가리키며, 악구 또는 악절 이라고도 한다. 악곡의 템포 또는 리듬 그리고 악상에 따라서 프레이즈를 만드는 것을 프레이징이라고 한다.

세 번째로 유조가 거리의 아이들과 야구를 하는 장면에서는 널리 알려진 동요 「반짝반짝 작은 별」이 삽입되었다. 일본에서도 일찍이 소개되어 「きらきら星」라는 이름으로 알려져 있으며 가사도 여러 가지 버전이 있다. 마치 아이로 돌아간 것처럼 방망이를 휘두르는 유조의 모습에서 일견 천진난만함을 엿볼 수 있다. 이러한 유조의 모습을 잘 드러내고 있다는 점에서 곡은 영화음악의 특수 기능 중 성격화의 창조에 일조했다고 볼 수 있다. 감독은 관객들에게 음악을 통하여 이전의 소극적이며 회의적인 유조의 마음에도 '동심'이 내재하고 있음을 환기시킨다.

네 번째로 만두가게를 향해 걷는 유조의 힘찬 발걸음과 함께 카르멘의 「투우사의 노래」가 흐른다. 투우사의 노래는 프랑스 작곡가 비제Georges Bizet의 가곡 카르멘에 나오는 음악이다. 제2막 간주곡으로 가곡의 내용은 스페인 최고의 투우사 에스카미요가 세비야 지방을 지나가다 자신의 팬들에게 둘러싸이게 되어 호방한 투우사의 인생을 노래한다는 내용이다. 영화에서는 유조가 홈런을 친 후 공이 그만 만두 가게까지 날아가 가게 기물을 훼손하여 유조가 만두 가게 주인 앞으로 다가가는 장면에서 나온다. 카르멘은 위풍당당한 행진곡인 만큼 사과를 하러 가는 상황과는 맞지 않는 것이 사실이다. 이는 유조의 내면 심리를 표현하고 있는 것으로, 아이들이 지켜보는 상황에서 죄송해서 기죽은 기색이 역력한 모습으로 주인에게 간다면 자신의 체면을 구기기 때문이다. 음악은 당당하고 용감해 보이고자 하는 주인공의 심리를 대변하면서도, 가해자 격인 유조의 용맹한 발걸음과 피해자 격인 만두가게의 주인의 주춤거리며 뒷걸음치는 모습을 대비시키면서 희극적인 분위기를 고조시킨다. 짧게 삽입된 음악이지만 영화에서 가장 희극적인 장면이며, 이는 초반부의 밝은 전개의 정점이기도 하다.

다섯 번째, 유조가 전우가 운영하는 댄스홀로 들어가는 장면에서 탱고 「라 쿰파르시타La Cumparsita」가 흘러나온다. 우루과이의 마토스 로드리게스Gerardo Matos Rodríguez가 1915년경에 작곡한 탱고이다. 유조는 댄스 홀을 운영하는 옛 전우를 찾았으나 오히려 가게 사람들로부터 돈이라도 얻고자 하는 사기꾼 취급을 받는다. 유조에게 유쾌한 상황은 전혀 아니다.

그럼에도 불구하고 이런 신나는 음악이 사용된 이유는 무엇일까? 첫째는 퇴폐적이고 유흥지인 댄스홀을 '가장 행렬'이라는 속칭을 가진 「라 쿰파르시타」가 효과적으로 드러내기 때문이다. 음악이 댄스홀 그 자체를 표현하는 것으로 음악은 시공간을 상징한다. 두 번째는 유조의 비참한 현 상황을 역설적인 대조로 효과적으로 그려내기 위함이다. 유조가 자신이 어떤 사람으로 취급받는지 정확히 파악할 때까지 한참 동안 계속 「라 쿰파르시타」는 배경음악으로 흐른다. 이것은 마치 비참한 유조의 심경을 조롱하고 있는 것만 같다. 밝은 음악을 통해 주인공의 슬픔을 분출시키는 장면은 이후의 작품 《주정뱅이 천사酔いどれ天使》(1948)에서도 연출되었다. 야쿠자 역의 미후네 도시로三船敏郎가 권력을 상실해서 절망적이고 침울한 기분으로 암시장 거리를 걸어가는 장면에서 「뻐꾸기 왈츠」가 흘러 그의 슬픔을 강조한 경우가 그것이다.

여섯째, 마사코가 떠난 뒤 유조의 하숙집 밖 스피커에서 들려오는 음악은 바르나바스 폰 게치Barnabas von Géczy의 「Frische Brise(Fresh Breezes)」이다. 이 곡을 도널드 리치는 「벽공, 창공碧空」이라 소개하여 원곡을 찾기 어려웠으나, 「Fresh Breezes」로 사전적 의미로 검색했을 때 제일 먼저 나오는 뜻이 '질풍'이다. 감독은 바르나바스 폰 게치가 스윙밴드 오케스트라와 함께 연주, 녹음 한 원곡을 그대로 영화에 삽입하였다. 유조가 하숙방에서 마사코를 무리하게 안으려 했고, 이에 화가 난 마사코가 하숙방을 나간 뒤, 하숙집 옆 건물에 설치된 확성기에서 나오는 형태로 삽입되어 있다. 이 음악은 삽입곡이기도 하면서 음향 효과의 범주에 넣을 수도 있다. 음향은 가시 음향과 불가시 음향으로 구분하고 있다. 가시 음향Visible Sound은 스크린 상에 투사된 시각 영상 내에 그 음원이 있도록 함으로써 자연스럽고도 사실적으로 느끼도록 하는 것이며 불가시 음향Invisible Sound은 음원이 스크린 상에 있지 않은 것이다.[15] 이에 따르면 영화 내에 삽입되는 대부분의 음악은 불가시 음향의 범주 안에 든다는 것을 알 수 있다. 그러나 「Frische Brise」는 하숙방 외부에 위치한 확성기를 통해 흘러나오는 것으로 가시 음향이라고 할 수 있다. 이 음악이 흘러나올 때까지 영화의 분위기는 최저로 가라앉아 있다. 영화에서 들리는 소리라고는 무심한 빗소리뿐이다. 하지만 이 곡이 흐르고 이후 마사코가 돌아오고 비는 그치게 된다. 곡은 다시 주인공 커플이 밖으로 나가 데이트를 재개하면서 희망을 향해 나아가는 것을 암시하는, 일종의 예시적 역할을 한다.

일곱째, 유조와 마사코가 폐허의 공터에서 찻집에서 일하는 상황극을 연출하는 장면에서는 「작은 찻집小さな喫茶店」이 흐른다. 1928년 독일에서 후레드 레이몬드Fred Raymond가 만든 탱고 가요곡으로 원제는 In einer kleinen Konditorei이다. 1934년 일본에 소개된 이후 나카노 다다하루中野忠晴의 히트곡 중 하나였다고 하며 「작은 찻집小さな喫茶店」으로 곡명이 붙여졌다. 니시무라 유이치로西村雄一郎가 구로사와의 영화음악 중의 일부를 두고, "그 곡 자체보다, 그 '제목'에서 먼저 구상한 듯한 느낌이 들어 약삭빠르게 느껴진다."라고 한 비평[16]은 특히 이 장면에 적합한 지적일 것이다. 영화음악의 기능적 측면에서 관객이 음악을 의식하지 않을 때 훌륭히 역할을 하는 것이라는 미덕을 깬 것이라고도 할 수 있으나, 동시에 관객에게 음악의 제목을 떠올리게 함으로써 '찻집'이라는 소재를 환기시켜 그 이미지를 강화시키고 있다는 점도 간과할 수 없겠다.

여덟째, 이 영화에서 가장 중요하고도 핵심적인 역할을 맡고 있다고 해도 과언이 아닌 슈베르트의 미완성 교향곡에 대해서이다. 영화에서는

---

15 조셉 보그스, 이용관 옮김, 앞의 책, 166~167쪽.

16 西村雄一郎,『黒澤明; 音と映像』, 立風書房, 1998, p.58.

유조와 마사코의 가상음악회(미완성 교향곡 1악장 전곡)와 바로 다음에 이어지는 두 사람이 플랫 홈에 있는 장면(2악장), 마지막 엔딩(2악장)에서 편곡되어 삽입되어 있다. 이 음악은 다른 삽입 음악과 비교했을 때 여러모로 이질적임을 알 수 있다. 우선 가상음악회 부분은 가시 음향인지 불가시 음향인지 모호하다. 관객과 주인공 커플 모두 함께 인지하고 있고 들을 수 있지만 그 외의 다른 등장인물은 들을 수 없는 유조와 마사코의 상상의 소리이며 그것을 관객이 다시 화면을 통해 듣는 모양새이다. 영화음악의 특수 기능적인 측면에서 본다면 이 가상음악회 부분은 음악당이라는 시공간을 상징하고 있으며 대사나 시각영상 대신 음악으로 표현한다는 점에서 내면 작용을 하고 있으며 여러 차례 음악이 나오지 않아 실패함으로써 마사코가 관객을 향해 호소하였던 대사에 내포된 정서를 폭발시킨다는 점에서 극적 강화효과라고로 볼 수 있다.

영화의 전체적인 흐름에 따라 처연하기도 하고 엄숙하기도 한 음악당에서의 1악장은 절정으로 치닫는 영화의 분위기를 표현함에 있어서 손색이 없다. 이후 플랫폼에서 헤어지는 장면부터 영화가 막을 내릴 때까지는 2악장이 사용되는데 2악장은 발전부가 없는 소나타 형식의 음악이다. 이후 조용하게 이어지다 마지막 엔딩에서 유조가 담배꽁초를 밟을 때 즈음부터 희망찬 곡조로 편곡되어 영화가 막을 내리게 된다. 이는 영화 초반의 타이틀 배경음악인 「악흥의 순간」과 호응하여 전체적인 삽입 음악의 완결성을 나타낸다.

구로사와 감독이 유조와 마사코 두 사람이 슈베르트를 좋아한다고 설정을 하고, 더 나아가 영화의 절정이라 할 수 있는 야외 음악당 시퀀스에서 슈베르트의 많은 노래 중 「미완성 교향곡」을 선택한 이유는 무엇일까. 구로사와는 삽입할 영화를 선정하는 데에 있어 악곡의 제목에도 매우 신경을 썼다. 필자는 우선 슈베르트가 낭만파 작곡가라는 점에 주목할 필요가 있다고 판단한다. 낭만주의 음악은 프랑스혁명부터 19세기 말의 제국주의적 경향이 성행했던 시기에 생겨난 음악사조로, 현실에 대해 절망을 느끼고 공상이나 환상의 세계에서 구원을 찾으려고 한다는 특징이 있다. 이러한 특징으로 미루어 보면, 영화를 촬영할 당시 슈베르트가 일본에서 매우 지명도가 높은 작곡가였기 때문이라는 단순한 이유보다는 슈베르트가 가지고 있는 이러한 낭만파적인 배경이 어려운 현실 앞에서도 동심과 꿈을 잃지 않는 유조와 마사코의 모습과 겹쳐지는 부분이 있었던 것은 아닐까 추정해 본다. 그리고 「미완성 교향곡」을 선택한 이유는 전쟁 직후의 청춘 남녀의 삶 그 자체가 '미완성'인 것과 연결된다. 그들의 삶은 아직 완성된 것이 아니며 결코 희망을 가지기에 늦지도 않은 것이다. 「미완성 교향곡」은 유조가 그것을 통해 현실의 좌절을 극복하고자 한 것처럼 젊은 이들 더 나아가 일본 국민들 전체가 희망을 잃지 않기를 바라는 감독의 바람이 담긴 선곡이었던 것이리라 판단된다.

마지막으로 영화음악은 아니지만 이와 깊은 관계를 가진 현실음과 영화음악을 교묘하게 결합한 예를 들어보기로 한다. 현실음의 사용은 구로사와의 '음'의 센스의 명석함을 보여주고 있다. 가령, 야외 음악당의 시퀀스에서 거센 바람이 불어와 유조가 아무리 지휘를 해도 음악이 들려오지 않고 절망하고 있는 차에 마사코가 관객들에게 박수를 부탁하는 장면이다. 마사코의 격려에 유조는 다시 한 번 용기를 내어 지휘를 시작한다. 이 때 배경음으로 슈베르트의 「미완성 교향곡」 제1악장 전곡이 흘러나오는데 이에 맞춰 바람이 다시 '웅웅' 소리를 내며 「미완성 교향곡」에 자연스럽게 녹아 들어간다. '웅웅'하는 소리가 나며 유조와 마사코가 깜짝 놀란 바로 그 순간 「제 1악장」이 속삭이는 듯한 반주로 시작되는 것이다.

야외 음악당에서의 둘만의 상상의 콘서트가 끝나고 두 사람은 기차역에 도착한다. 마사코가 타고 갈 기차가 경적을 울리며 달려오는데, 이는 단순한 기차의 경적 소리 같지만 여기에는 교묘하게 계산된 장치가 숨어 있었다. 다시 만나기로 약속하고 마사코를 태운 기차가 떠나면서 다시 경적 소리가 울리고 유조가 웃는 얼굴로 집에 돌아가는 장면으로 영화가 끝나게 되는데, 이때 배경음으로 「미완성 교향곡」제 2악장이 시작되게 된다. 사실 아까 울린 기차의 경적 소리는 제2악장의 시작인 오보에 A음이었던 것이다.

5. 나오며

이상으로 구로사와 아키라 감독의《멋진 일요일》에 나타난 촬영기법과 영화음악을 중심으로 연출에 대해 살펴보았다. 고찰의 내용을 정리하면 다음과 같다.

먼저 쓰즈키 마사아키가《멋진 일요일》을 두고 '네오리얼리즘의 일본판'이라고 언급한 것에 대해서, 필자는 수잔 헤이워드의 네오리얼리즘에 관한 정의를 통해서 재조명해 보았다. 비록《멋진 일요일》은 당초 계획대로 올로케이션이 아니고, 완벽한 비직업 배우를 기용한 것은 아닐지라도, 그 외의 특징, 즉 가난한 연인들의 삶의 한 단면을, 사실적으로 단순한 서사형식으로, 당시의 사회적인 부조리한 현실을 녹여내며 그려내고 있다는 점에서 네오리얼리즘 영화와 부합되는 요소가 농후함을 확인했다. 이 작업은 단순하게 쓰즈키의 견해의 시비를 가리는 것을 넘어서《멋진 일요일》이라는 작품의 성격과 연출을 설명하는 데에 있어 매우 접합한 이론적 근거를 제시해 주고 있다고 판단된다.

다음으로《멋진 일요일》의 촬영기법에 대해서 장면전환 방법과 카메라 워킹으로 나누어 살펴보았다. 먼저 장면전환 기법을 살펴보면, 구로사와 감독은 단순히 커트를 사용한 공간전환 방법의 나열로만 처리하지 않고, 디졸브나 페이드 등 극의 흐름에 맞게 다양한 방식을 사용하고 있음을 확인할 수 있었다. 한편 본 작품에서는 패닝을 사용한 장면 연출이 돋보였는데, 구로사와는 이 기법을 이용해서 프레임 안으로 인물을 들였다가 내보냈다가 함으로써 인물의 심경과 처한 상황을 효과적으로 드러내 보이고 있다. 또한 본 작품에는 두 남녀가 달리는 장면이 많이 등장하는 바, 감독은 트래킹 기법과 달리인 기법, 그리고 적절한 커트를 사용하여 여유로우면서도 속도감 있는 세련된 장면을 연출하고 있음을 확인할 수 있었다.

마지막으로 전작 《호랑이 꼬리를 밟는 남자들》과 함께 음악으로 주목을 받은 작품인 만큼, 영화음악과 그 음악을 통해 구로사와 감독이 무엇을 의도하고자 했던 가를 주로 조셉 보그스의 이론을 참조하여 고찰했다. 영화에 삽입된 대부분의 음악은 당시 일본 대중들에게도 친숙한 곡이 대부분이었으며, 약간의 편곡이 되긴 했지만 원곡이 무엇인지는 짐작할 수 있을 정도로 편곡이 되어 있었다. 단 편곡의 정도는 마사코가 떠난 뒤 유조의 하숙집 밖 스피커에서 들려왔던 「Frische Brise(Fresh Breezes)」와 같이 원곡 그대로 사용한 경우, 슈베르트의 「미완성 교향곡」 2악장이 마지막 엔딩부분에서 편곡되어 삽입되는 경우, 모델하우스의 시퀀스에서 가사를 삭제하고 경쾌한 멜로디로 대폭적으로 편곡된 「나의 푸른 하늘」 등과 같이 다양하게 나타난다. 또한 전작의 영화음악과 비교해서 특히 현실음의 사용과 현실음과 배경음악을 연결하는 연출법이 두드러진 작품으로, 음악적 관점에서 그 이전의 작품과 획을 긋는 실험적 작품이라고 평가할 수 있겠다.

제4장

《주정뱅이 천사》와 《조용한 결투》

: 이성적이고 헌신적인 의사와 비이성적인 악한의 상반된 생애

1. 들어가며

구로사와 아키라黑澤明 감독의 《조용한 결투靜かなる決鬪》는 일본이 태평양 전쟁에서 패배한 이후, 연합군 최고사령부(GHQ, 1945년 8월~1952년 4월)가 점령·통치하던 1949년 3월에 개봉된 영화이다. 영화는 1947년 10월 도쿄 일극소극장日劇小劇場에서 바라좌薔薇座에 의해 상연된 기쿠타

▸ 영화 포스터

▸ 영화 포스터

가즈오菊田一夫(1908~1973)의 희곡 『낙태의墮胎醫』를 원작으로 한다.[1]

개봉 당시, 영화에 대한 평은 대체로 그다지 호의적이지 않다. 『요미우리신문讀賣新聞』(1949년 3월17일 자)은 음영이 명확하지 않은 등장인물, 가벼운 휴머니즘, 대사에 너무 의존한 무대극의 성격이 짙은 점, 연기의 미숙함 등을 지적하였다. 또한 기타가와 후유히코北川冬彦는 주제에 대해서 "매독을 어떻게 무서워해야 할 것인가, 이것을 이야기하려는 것 같다. 그 주제를 결혼문제와 결부시키고 있다."고 하였고,[2] 이다 신비飯田心美는 주인공의 양심과 도의감道義感의 표현이 어색하고 그 외 등장인물의 행동에 필연성이 결여되어 있다고 하면서 시나리오의 각색의 문제점을 지적하였다. 그리고 주제에 대해서는 "이 영화는 제재적인 면의 의도는 인간과 매독균과의 싸움을 이야기하려는 것"이라고 하고 "모두 인간, 여기서는 남자의 이성의 유무에서 비롯된다는 것이 작품의 의도"인 것 같다고 하였다.[3]

한편 사토 다다오佐藤忠男는 원작과 비교하면서 인물조형의 부자연스러움과 너무 노골적이고 설익은 감독의 주장을 문제점으로 지적하였다. 주제에 대해서는 "자신의 병을 냉정하게 치료하려고 하지 않은 무지한 남자는 파멸하고 냉정하게 치료를 계속한 자는 희망을 가지고 살아간다."고 하고, 스토리에 대해서는 너무나 "단순명료해서 권선징악의 드라마이고 위생사상의 선전과 같다."라고 평하고 있다.[4]

---

1 1946년에 설립된 바라좌는 기구타의 『도쿄애시東京哀詩』의 평판이 좋아 다시 그의 『낙태의』를 상연하였는데 제목이 자극적인 것도 한몫해서 화제를 불렀고 히트작이 되었다. 당시 구로사와는 바라좌의 연극을 자주 보았고 1948년 5월에는 「바라좌에 바란다薔薇座に望む」라는 글을 팸플릿에 실었다. 『낙태의』의 시나리오는 菊田一夫, 『菊田一夫戲曲全集 2』, 1966에 수록되어 있다.

2 北川冬彦, 「靜かなる決闘」, 『黑澤明集成Ⅲ』, キネマ旬報社, 1993, pp.270~272. 초출은 『キネマ旬報』, 1949年 4月, 下旬號.

3 飯田美心, 「靜かなる決闘」, 『黑澤明集成Ⅲ』,キネマ旬報社, 1993, pp.272~273. 초출은 『キネマ旬報』,1949年 4月, 下旬號.

필자는 선행연구의 미숙한 연출의 지적과 감독의 메시지가 매독의 극복이라고 한 점 등에 대해서는 긍정하면서도, 그 지적들이 다소 단락적이지 않는가 하는 문제의식에서 선행연구와 다른 방법으로《조용한 결투》를 분석해 보고자 한다. 다른 방법이란 바로《조용한 결투》개봉 약 1년 전, 1948년 3월에 공개된 전작《주정뱅이 천사酔いどれ天使》와의 비교를 말한다. 즉《주정뱅이 천사》를 통해《조용한 결투》를 역조명하고자 하는 것이다. 비교의 근거는 두 작품이 제작시기 및 환경뿐만이 아니라 등장인물, 구성 및 제재 등 많은 유사점을 가지고 있기 때문이다.[5]

이 글의 목적은《주정뱅이 천사》를 염두에 두면서,《조용한 결투》의 제작 의도를 전작과 유기적인 관점에서 규명하는 것으로 다음과 같이 3가지 점에 주목하고자 한다.

첫 번째, 미후네 도시로三船敏郎의 파격적인 배역이 갖는 의의에 관해서이다. 두 번째,《주정뱅이 천사》에서 감독이 테마로 삼았던 '야쿠자에 대한 비판'이 관객에게 불완전하게 전달된 점을 차기작인《조용한 결투》를 통해서 보완·완성시키고자 하였다는 점이다. 세 번째, 감독은 전작에 이어서《조용한 결투》에서도 패전 후의 혼돈의 사회 속에서 일본인이 가져야 할 덕목으로서 '이성'의 중요성을 강조하고 있다는 점이다.

이상의 필자의 관점을 기술하기에 앞서, 두 작품의 유기적인 관련성을 파악하기 위해 제2장에서는 영화제작을 둘러싼 유사점, 그리고 제3장에

---

4 佐藤忠男,『黑澤明の世界』, 三一書房, 1983, p.131.

5《주정뱅이 천사》의 주인공인 시무라 다카시와 미후네 도시로가 다시《조용한 결투》에서 배역을 맡았다. 특히 전작에서 고독한 야쿠자를 열연하며 큰 반향을 일으켰던 미후네가《조용한 결투》에서는 매우 이성적이고 윤리적인 의사로 정반대 성격의 캐릭터로 분하면서 화제를 모으기도 하였다. 두 영화는 패전 후 미국의 점령 통치 체제 하에서 비슷한 시기에 제작되었으며, 당시 미국 측의 엄격한 검열을 받았다는 점, 전쟁 후 파괴의 후유증에 시달리는 당시 시대상을 고스란히 비춰 낸 점과 더불어 내용상 의사와 환자 그리고 난치병이라는 공통적인 주요 내용이 같다는 점, 영화의 주제가 매우 유사하다는 점이 주목된다.

서는 두 작품의 구성 및 제재의 유사성에 대해 확인하고자 한다.

참고로《주정뱅이 천사》와《조용한 결투》의 시나리오 인용은 黑澤明, 『全集 黑澤明 第二卷』, 岩波書店, 1987을 사용하였음을 밝혀둔다.

2. 영화제작을 둘러싸고

패전 이후 GHQ에 의한 점령계획의 주축은 '일본사회의 민주화'와 '비군사화'에 있었다. 전자를 위해서는 여성의 해방, 노동조합결성의 촉진, 자유주의교육의 촉진, 경제의 민주화 등이 기본방침이 되었고, 후자를 위해서는 전쟁협력자 등이 공직에서 추방당했고 군국주의나 봉건적인 충군사상忠君思想을 연상시키는 연극이나 영화, 출판물 등이 규제의 대상이 되었다.

특히 영화 산업의 개혁을 위해서 GHQ의 관할하에 CIE(Civil Information and Education)라는 민간정보교육국이 설치되었다. 영화계에 뿌리내려 있던 군국주의 잔재를 청산하기 위해, CIE는 영화 검열에 관한 절대적 권한을 부여받고, 13항목에 이르는 영화제작에 관한 금지규정을 각 영화사에 전하는 한편, CIE에 의한 사전검열, CCD(Civil Censorship Detachment)라는 민간 검열대에 의해 사후 검열을 필수적으로 행하여, 철저히 군국주의적, 폭력적, 반민주주의적 요소의 등장을 차단하였다.[6]

구로사와는《주정뱅이 천사》를 마지막으로 도호東寶를 떠났다. 그가 몸을 담고 있던 도호 영화사에서 노사간의 쟁의가 발발하여, 작품을 만들

6 함충범, 「전후개혁에 따른 일본 영화계의 변화 양상 연구(1945~1948)」, 『인문과학연구』 27, 강원대 인문과학연구소, 2010, 512~516쪽.

수 없게 되었기 때문이다. 구로사와는 쟁의 중에 결성한 동인조직 '영화예술협회'를 중심으로 활동하게 되었고, 그 첫 번째 작품이 바로 다이에이大映에서 만든 《조용한 결투》인 것이다.[7]

한편, 1948년 4월에 개봉된 《주정뱅이 천사》는 구로사와의 재능이 돌파구를 발견하고 작가 스스로 "내 자신 그렇게 달라지지 않았다. 단지 이전의 작품에서 드러나지 못했던 내 자신의 것이 확연히 드러났다고 생각된다."[8]고 토로한, 의미가 깊은 작품이었다.

《조용한 결투》도 그러했지만 이 영화도 GHQ의 검열에 의해 결말의 내용을 수정해야만 했다. 미후네 도시로가 분한 야쿠자 마쓰나가가 적과 싸우다 죽는 라스트의 내용[9]이 폭력적인 성향을 띠었다는 이유로 검열에 의해 내용 수정을 요구받게 된 것이다. 결국 구로사와는 마쓰나가의 죽음만을 확실하게 그리고, 그를 동경하던 바bar 여직원 긴에 의해 장례가 치러지고 화장되는 것으로 내용을 바꾸었다.

미후네 도시로는 바로 이 《주정뱅이 천사》를 시작으로, 이후 구로사와의 작품에 없어서는 안 될 존재가 되었다. 그는 1946년, 군인의 신분을 잃고 일자리를 찾다 도호의 카메라맨에 지원하나, 결국 신인배우 오디션장에서 구로사와에게 발탁되어 배우의 길을 걷게 된다. 구로사와는 그의 자서전에서,

> 미후네는 그때까지의 일본 영화계에서는 예를 찾을 수 없는 재능을 가졌다.

---

7 都筑政昭,『黑澤明一全作品と全生涯一』, 東京書籍, 2010, p.153.

8 ドナルド·リチー, 三木宮彦 譯,『黑澤明の映畫』, 社會思想社, 1991, p.114.

9 원래의 내용은 다음과 같다. 주인공인 야쿠자 마쓰나가松永와 오카다岡田는 둘 다 사망하고, 이후 슬럼가에서 모든 야쿠자들이 참여한 오카다의 장례식에 의사 사나다眞田가 인솔하는 마쓰나가의 영구차가 난입한다. 사나다는 경적을 울리며 야쿠자 보스와 마쓰나가의 변심한 전 여자친구·나나에奈々江에게도 이 광경을 목격하게 한다. 이는 모두 사나다가 비용을 대고 계획하여 실행된 것이다.

> 특히 표현력의 스피드가 최고였다. 쉽게 이야기하면 보통의 배우가 10피트 걸리는 것을 3피트로 표현했다. 동작이 빨라 보통 배우가 3번의 동작을 한다면 그는 1번의 동작으로 끝내는 것처럼 움직였다. 툭툭 척척 표현하는 그 스피드감은 일본인에게는 찾을 수 없었다. 게다가 놀라울 정도로 섬세한 신경과 감각을 가졌다. (중략) 아무튼 일반적으로 배우에게 빠져들지 않는 타입인 나도 미후네에게는 어쩔 수 없었다.

라고 회고하고 있다.[10] 과연 미후네의 에너지는 관객에게도 그대로 전달되었고, 《주정뱅이 천사》는 크게 흥행했다. 의사 역인 시무라 다카시志村喬의 연기 또한 훌륭했지만 감독은 미후네를 컨트롤하지 않고, 그가 원하는 무엇이든 자유롭게 연기하게 내버려 두었다. 결국 제목 《주정뱅이 천사》의 천사는 시무라가 연기한 의사를 가리키는 것이었지만, 아이러니하게도 모두가 기억하는 쪽은 미후네가 연기한 야쿠자 쪽이었다.

《주정뱅이 천사》가 성공을 거둔 이후, 구로사와는 미후네의 야쿠자로서의 이미지가 고착화될 것을 우려하였다. 구로사와는 차기 작품을 선정함에 있어서 가장 우선적으로 그에게 새로운 이미지를 부여할 수 있는 시나리오를 찾아야 할 필요성을 느꼈다. 그러던 중 그의 눈에 띈 작품이 차기작 《조용한 결투》의 원작이 된 희곡 『낙태의』였다.

연극 『낙태의』는 당시에 크게 히트하고 있었으므로, 타 영화사, 다이에이와의 첫 협력작으로 영화화 교섭에도 별다른 어려움이 없을 것이라는 계산도 들어 있었을 것이다. 구로사와는 신규 회사에서 처음 제작하는 것이었던 만큼 영화의 무대를 주로 병원 세트로 한정시켜 아주 간단하게 설정했는데, 이런 탓에 이 작품은 구로사와 영화 중에 가장 스튜디오에 구속된 영화이기도 하였다.[11]

---

10 黒澤明, 『蝦蟇の油』, 岩波書店, 1984, pp.341~342.

11 병원 세트는 실물크기로 만들어졌지만 영화 《밑바닥どん底》(1957)의 무네와리나가야棟割

그런데 원작인 희곡 『낙태의』를 바탕으로 작성한 영화 시나리오는 또다시 GHQ 산하의 CIE와 의학부에 의해 검열을 받아야 했고, 결국 원래의 내용을 변경해야 한다는 지시를 받았다. 감독은 급기야 결말과 내용 일부를 바꿈으로써 심사에 통과하게 된다.[12]

변경되기 전의 원래의 내용은 정확하게는 알 수 없으나, 원작 『낙태의』의 내용을 통해 대강을 추측해 볼 수밖에 없다. 참고로 원작의 내용을 요약하면 이하와 같다.

> 청년 의사·후지사키는 1940년에 조산부로부터 낙태수술을 의뢰받았으나 그는 낙태를 거절하고, 7개월 된 태아를 구출한다. 그러나 특이 체질이었던 산모가 사망하게 되었고, 그녀의 죽음으로 인해 의사로서 잘못이 없음에도 불구하고 그는 근무하는 병원에서 추방을 당한다. 이후 전쟁터에 나가 부상병을 치료하게 되었는데, 매독에 걸린 나카타라는 부상병을 수술하던 도중, 부상병의 피가 그의 손의 상처에 침투하여 매독에 감염되어 버린다. 패전 후 병원으로 돌아온 그였지만 매독으로 인해 사랑하는 약혼녀와 이별을 해야만 했다. 의사로서의 출세, 행복한 결혼생활 등 모든 것을 빼앗긴 후지사키. 하지만 그는 자신의 치명적인 병과 부조리한 불행에 굴하지 않고, 헌신적으로 가난한 병자들을 돌본다. 하지만 시간은 흐르고 그의 병도 악화되어 발광하며 미치게 된다. 상대방이 누구인지 인지조차 못하게 된 그는 결국 정신병원에 수용되게 된다.

영화 검열을 한 미군의 의학부는 대중이 매독에 공포심을 느껴 의학적 치료를 받으려 하지 않을 것이라는 우려를 표시하며, 의사인 주인공 후지사키가 발광하며 미치지 않는 내용으로 변경을 요구했다. 또한, 몇 명의

長屋 세트가 가지는 웅장함을 따르지 못했다. 감독은 병원의 공간을 배우들이 자유롭게 돌아다니게 연출했음에도 불구하고, 공간 활용은 무대와 다를 게 없는 한계점을 드러내기도 했다.

12 ドナルド·リチー, 三木宮彦 譯, 앞의 책, p.140.

일본 의사들도 주인공의 발병부터 발광까지의 단계가 의학적으로 거의 불가능에 가깝다는 조언을 했다. 이후 구로사와는 이들의 요구와 조언을 받아들여 내용을 대폭 수정하게 된다.

> 매독으로 이렇게 간단하게 발광까지 발전하는 것은 사실일 수 없다는 것이죠. 시나리오의 테마는 모두가 인정해 주었지만, 오히려 그래서 (주인공의 발광이) 곤란하다고. 그래서 미후네 군은 라스트에서 발광하지 않는 것으로 했지요.[13]

이러한 우여곡절을 거쳐, 시나리오상에서는 주인공 후지사키가 전쟁 전에 겪었던 낙태 경험이 삭제되고, 그가 발광하기 보다는 본래 보균자였던 나카타가 발광하는 것으로 내용은 대폭 수정된다. 원작이 가지고 있던 깊은 인생의 부조리—선량한 의사는 불행한 삶을 살게 되고 악한은 평온한 삶을 살게 되는—가 단순명료한 인과응보의 도덕적인 교훈으로 바뀌게 된 것이다.

과거에도 경주마를 소재로 한 영화의 시나리오에 대해서 검증 과정을 거칠 때, 경주마의 전문가가 시나리오의 경주마와 실제의 경주마는 다르다고 지적하자, 망설임 없이 영화 제작 자체를 포기해버린 구로사와 감독이다. 구로사와는 주지하는 바와 같이 영화의 성패는 시나리오에 의해 결정된다고 믿는, 시나리오를 중시하는 감독으로 유명하다. 그런 그였기에 변경할 수밖에 없던 시나리오의 문제점에 대해서 "시나리오에 꽤 무리한 부분이 생겨버렸어요. 비극적인 러브 스토리로 만들고 싶었지만, 그게 제일 어려워서 ……"[14]라며 어려움을 토로하고 있다. 그가 말한 '시나리오의 무리한 부분'이란 당연히 영화적 완성도에도 좋지 않은 영향을 끼치게

---

13 ドナルド・リチー, 三木宮彦 譯, 앞의 책, p.140.

14 ドナルド・リチー, 三木宮彦 譯, 앞의 책, p.141.

마련이다. 비평가의 혹평도 시나리오 변경이 그 원인과 무관하지 않으니, 이 영화는 그의 작품 중에도 검열에 의해 가장 희생된 작품이라 기억될 만하다고 하겠다.

《조용한 결투》의 제작 의도를 기술하기에 앞서, 다음 장에서는 이 작품의 구성과 제재가 《주정뱅이 천사》와 매우 유사하다는 점을 살펴보기로 한다. 《주정뱅이 천사》를 통해 《조용한 결투》를 역조명하는 데에 도움이 될 것으로 기대된다.

3. 구성과 제재의 유사성

우선 《주정뱅이 천사》의 내용을 간단히 정리하면 다음과 같다.

패전 후 쓰러져가는 빈민가에서 가난한 의사로 살아가는 사나다眞田(시무라 다카시志村喬). 어느 더운 날, 그의 앞에 손에 총상을 입은 야쿠자 마쓰나가松永(미후네 도시로三船敏郎)가 등장한다. 그를 치료해 주다 우연히 마쓰나가가 폐결핵에 걸린 것을 안 사나다는 요양과 치료를 권하지만, 야쿠자로서의 자존심에 마쓰나가는 방탕한 생활을 버리지 못한다. 그러던 어느 날, 마쓰나가의 선배격인 오카다岡田(야마모토 레이자부로山本禮三朗)가 출옥하고, 그는 조금씩 마쓰나가의 위치를 위협한다. 돈과 정부情婦, 권력을 모두 오카다에게 빼앗긴 마쓰나가는 각혈을 하며 심각한 상태에 이른다. 사나다의 도움으로 얼마간 요양을 하나, 마쓰나가는 자신을 소모품으로 여긴 야쿠자 조직에 대한 배신감에 오카다와 싸움을 하다 칼에 찔려 죽게 된다. 사나다는 그의 죽음에 슬픔에 잠기지만, 마쓰나가와 달리 씩씩하게 결핵을 이겨낸 여고생과 조우하며, 다시 희망을 가지고 활기 넘치는 거리로 향한다.

이하 《주정뱅이 천사》의 주요 등장인물과 제재를 도식화하면 다음과 같다.

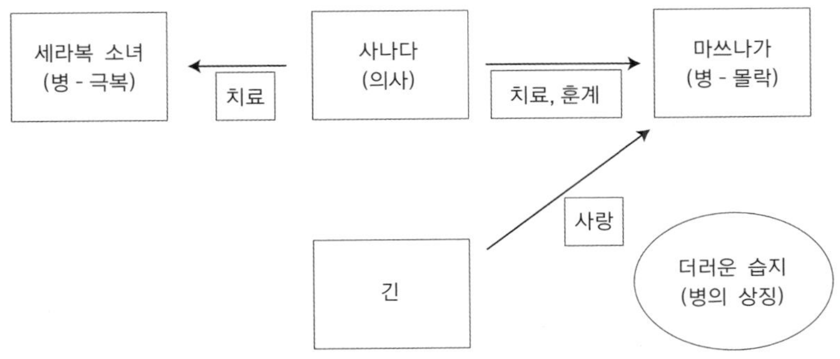

다음으로 《조용한 결투》의 내용을 간단히 기술하면 다음과 같다.

한창 전쟁이 펼쳐지는 1944년의 야전 병원을 배경으로, 젊은 의사 후지사키 교지藤崎恭二(미후네 도시로三船敏郎)는 부상병을 치료키 위해 개복수술을 하였다. 그런데 마침 그가 수술하고 있던 부상병 나카타 다쓰오中田龍夫(우에무라 겐지로植村謙次郎)는 매독 환자였는데, 그의 혈액이 묻은 메스에 후지사키는 손가락을 베이고, 매독에 감염되고 만다. 패전 후 도쿄로 돌아온 그는 헌신적으로 가난한 환자들을 보살피며 자신의 병 치료를 지속하지만, 6년간 그를 기다려 준 약혼녀 마쓰모토 미사오松本美佐緒(산조 미키三條美紀)에게는 사실을 밝히지 못하고 그저 이별만을 고하게 된다. 간호 보조사인 미네기시 루이峯岸るい(센고쿠 노리코千石規子)는 후자사키의 사정을 알고 그를 안타깝게 여긴다. 그러던 어느 날 후지사키는 자신에게 병을 옮긴 나카타와 우연히 마주치게 되고, 치료는커녕 방탕한 생활을 하는 나카타에게 치료를 권유하지만 거부당한다. 그러나 나카타의 부인 나카타 다키코中田多樹子(나카키타 지에코中北千枝子)가 매독으로 인해 아기를 유산하게 되고, 나카타는 후지사키의 병원에서 사산된 자신의 아기를 보고는 매독균에 발광하고 미쳐버리게 되다. 이후 후지사키는 묵묵히 자신의 병을 치료하는 한편, 어려운 병자들을 정성껏 보살펴 나간다.

이하 《조용한 결투》의 주요 등장인물과 제재를 도식화하면 다음과 같다.

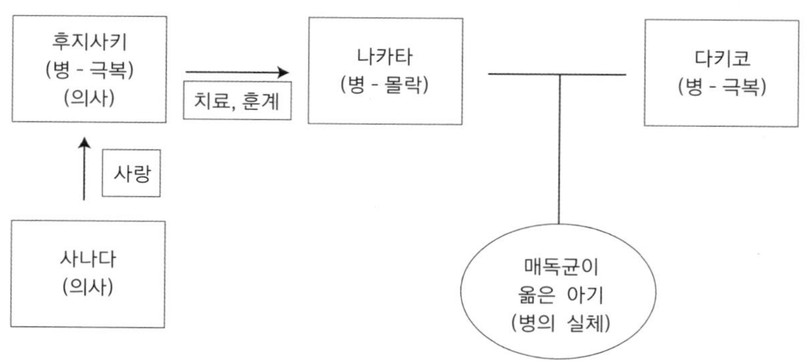

마지막으로 두 작품의 등장인물과 제재를 관련지어 도식화하면 다음과 같다.

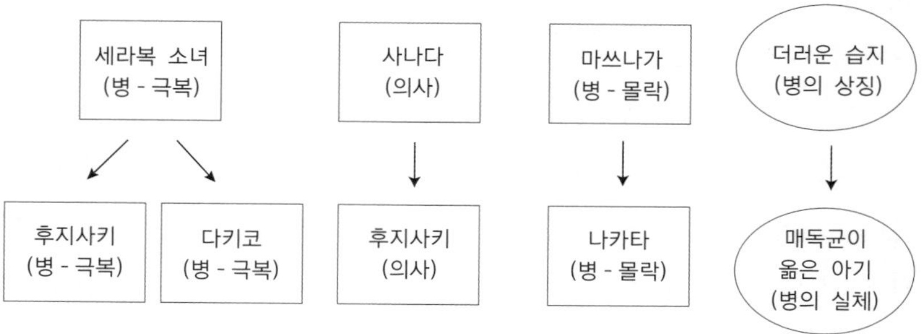

두 작품의 줄거리와 인물관계는 이상과 같은데, 약간의 설명을 보충하고자 한다. 먼저 《주정뱅이 천사》의 더러운 습지와 《조용한 결투》의 매독에 걸린 아기에 관해서이다.

먼저 전자의 더러운 습지는 전쟁의 상흔이 아직 남아 있는 곳으로 반쯤 타다 남은 나무신발 한 짝, 더러운 인형, 기름이 둥둥 떠다니는 등 온갖 쓰레기로 덮여 있다. 이 시궁창과 같은 습지는 영화의 무대의 중심이자 핵심 이미지이다. 또한 습지를 중심으로 온 거리를 야쿠자들이 장악하고 있다. 이 습지에는 잡균이 득실거리는데 역시 야쿠자도 사회의 잡균이라 할 수 있다. 습지는 살아서 숨 쉬는 거대한 암과 같은 존재로 전후의 암울한 현실과 병든 사회의 징후를 상징적으로 보여 주고 있다.

한편, 《조용한 결투》에서 나카타의 아내 · 다키코가 사산한 아이에 대해서인데, 나카타는 매독에 감염된 아기의 기형적 모습을 보고 경악한다. 매독에 감염되었지만 잠복기여서 그 심각함을 인식하지 못하고 방탕한 생활을 하던 나카타는 참혹한 아기의 시체를 통해 매독의 진짜 무서움을 확인한 것이다. 전술한 《주정뱅이 천사》의 더러운 습지는 이를테면 '사회적 혼돈' '사회적 암인 야쿠자' 등을 상징하고 있다고 한다면, 《조용한 결투》의 아기의 시체는 '무절제'와 '방탕'이라는 상징적인 메시지를 전달하고 있다고 할 수 있겠다.

계속해서 인물관계도에 표기되지 않은 인물에 대해서도 보충 설명을 하고자 한다. 가령 배우 시무라 다카시는 《주정뱅이 천사》에서 주인공 의사로 분하고, 《조용한 결투》에서는 주인공 후지사키의 아버지 · 산부인과 의사로 등장한다. 배역의 성격과 비중은 각 작품 속에서 차이가 있지만, 기본적으로 시무라 다카시의 역할은 '치유' '회복' '재생' 등의 이미지와 관련이 깊다.[15]

15 극 중 대부분에서 의사의 흰색 가운을 입고 등장하는 것 또한 이러한 성격과 결코 무관하지 않다. 흰색에 착안하면 빨랫줄에 걸린 흰 붕대나 침대 시트도 이런 이미지와 관련된다. 사나다의 낡고 작은 진료실에도, 후지사키의 비교적 큰 규모의 개인 병원에서도 깨끗이 빨아서 말린 붕대가 등장한다. 두 작품에서 등장하는 붕대라는 미장센은 의사의 치유와 재생의 역할을 한층 강화시키는 기능을 하고 있다.

계속해서 《주정뱅이 천사》의 야쿠자인 오카다도 주목할 필요가 있다. 배역상 악역에 속하는 마쓰나가가 의사 사나다에게 보인 폭력성을 제외하고는, 뚜렷하게 끔찍한 악행을 저지르지는 않는 인물임에 대해서 오카다는 등장부터 이미 피도 눈물도 없이 끔찍한 범죄를 저지를 수 있는 극악한 인물로 강조된다.

참고로 두 작품에서 보이는 공통적인 상징이나 이미지에 관해서 보충 설명을 하고자 한다. 먼저 '술'에 관해서인데 두 작품 모두 '파멸'이라는 부정적 이미지와 연관된다. 《주정뱅이 천사》에서 사나다는 마쓰나가에게 술이 치명적이라 금주를 명하나, 그는 음주 습관을 제어하지 못한다. 또한 마쓰나가의 파멸은 오카다와의 술자리 이후에 구체화 된다. 한편 《조용한 결투》의 나카타는 여색을 밝히고 방탕한 생활을 했기 때문에 매독에 감염된 것이며, 치료에 힘써야 할 그는 밤낮으로 바를 드나들며 음주로 방탕한 생활을 지속하다가 결국 병이 악화되고 만다.

끝으로 '손의 부상'에 관해서인데, 미후네 도시로는 두 작품에서 우연히도 모두 손에 부상을 입고 난 후, 비극적인 운명에 처하게 되다. 《주정뱅이 천사》의 마쓰나가에게는 적과 맞서 싸우고, 총이나 칼을 쥐는 데에 있어 손은 생명줄과 다름이 없다. 한편 《조용한 결투》의 외과 의사 후지사키에게 있어 환부를 째고, 꿰매야 하는 손의 부상은 그에게 치명적이라고 할 수 있다. 마쓰나가는 손의 부상을 계기로 결핵이라는 진단을 받고, 후지사키는 매독 환자를 수술하는 중에 손을 메스에 베여 매독에 감염되게 된다. 손의 부상을 기점으로 그들은 이제까지 쟁취한 지위뿐만 아니라, 그 자신의 생명의 안위마저 위협받는 불행을 맞이하게 되는 것이다.

4. 《주정뱅이 천사》에서 《조용한 결투》로

필자는 《조용한 결투》의 제작 의도로 3가지 점에 주목해야 한다고 앞서 언급한 바가 있다. 본 장에서는 첫 번째로 미후네 도시로의 파격적인 배역이 의미하는 바와 두 번째로 《주정뱅이 천사》에서 관객에게 불완전하게 전달된 감독의 메시지를 《조용한 결투》를 통해서 보완·완성시키려고 했다는 점에 대해서 기술하고자 한다.

먼저, 첫 번째의 미후네 도시로의 배역이 갖는 의미에 대해서이다.

구로사와는 《주정뱅이 천사》가 개봉된 직후에 “그(미후네, 필자주)의 재주는 좀처럼 얻기 힘든 재능이다. 단순한 갱단 역할로 끝나는 사람이 아니다. 우리들은 이 사람을 훌륭한 미남 배우, 남자도 매료될 만한 미남 배우로 성장시키고 싶다.”[16]고 언급하고 있다. 이후 희곡 『낙태의』를 차기작의 원작으로 정한 후, 그는 “이 각본을 처음에는 지아키 미노루가 연기한 것으로 보았습니다. 그래서 이 역할은 미후네가 맡으면 좋지 않을까 하고 생각했습니다. 전작에서는 야쿠자를 연기했으니까 이번엔 의사입니다.”라고 직접 밝히고 있다.

《조용한 결투》는 아마 시나리오가 정해진 후 배역을 선정한 것이 아니라 주연 배우를 먼저 고려한 영화였던 것이다.

그런데 여기서 주목해야 점으로는 구로사와가 이러한 결정을 할 수 있었던 배경에는 《주정뱅이 천사》의 내용 및 인물관계가 《조용한 결투》(혹은 원작인 『낙태의』)와 매우 유사했던 점이 크게 영향을 미쳤다고 판단된다. 이미 3장에서 ‘병의 치유’라는 관점에서 의사와 환자의 인물관계를 살펴본 결과 ‘패전 후의 혼돈의 사회적 배경’, ‘난치병’, ‘의사와 선인·악

16 浜野保樹編, 『大系 黒澤明 第1巻』, 講談社, 2009, p.231. 초출은 黒澤明, 「ニュー·フェース登録帖 三船君について」, 『映畫ファン』, 1948.4.

인' 등, 두 작품이 놀랍게도 구성과 제재가 유사하다는 점을 확인할 수 있었다. 두 작품에서 의사와 환자의 관계성에 주목한 구로사와는 전작에서 의사의 권유를 무시하고 악한인 환자 역할을 한 야쿠자 미후네가 차기작에서 의사로서 스스로 악한을 치유하는 역할을 한다면 관객에게는 신선한 충격을 줄 수 있고, 한편 배우에게도 연기의 폭을 넓혀 줄 수 있을 것이라고 확신했던 것이다.

미후네 도시로는《주정뱅이 천사》에서 연기라기보다는 마치 평소 자기 본연의 모습을 보여주는 듯 야쿠자 역할을 열연했는데,《조용한 결투》에서는 성실하고 매우 논리적이며 지적인 후지사키를 훌륭히 소화하였다.《조용한 결투》의 미후네의 후지사키 역은 모두의 상식을 깬 파격적인 역할 배정이었고, 여기에는 미후네의 연기의 폭을 넓히는 것 이외에《주정뱅이 천사》에서 야쿠자의 영웅주의에 대해 억제시키지 못했다는 비판에 대한 구로사와의 일종의 회답으로서의 의미도 있었다고 판단된다.

다음으로《조용한 결투》는 전작인《주정뱅이 천사》의 주제전달의 모호성을 보완·완성시킨 작품이었다라는 견해에 관해서이다.

《주정뱅이 천사》는 흥행에 성공하고 비평가들의 호의적인 평을 받았음에도 불구하고 작품의 주제가 구로사와가 처음 의도한 바와는 조금 달리 대중들에게 받아들여진 측면이 있다. 시나리오의 공동 집필자인 우에쿠사 게이노스케植草圭之助에 의하면 구로사와는 당초 기획안에서 "암시장에서의 야쿠자의 폭행, 폭력을 비판적으로 그리고 싶다."고 했다고 한다. 1948년 당시는 생활필수품이 통제경제 하에 있었기 때문에 사람들은 한정된 배급품을 정해진 가게에서 받아야만 했고 배급품만으로는 부족했다. 하지만 암시장에서는 비합법적이고 비싸기는 하지만 다양한 종류의 물건을 자유롭게 살 수 있었으니, 상품 유통의 이권을 둘러싸고 자연스럽게 야쿠자가 활약했다. 이러한 암시장은 패전 후 몇 년 동안 일본 사회의 혼란을 적나라하게 보여주는 장소였던 것이다. 우에쿠사는 구로사와에게 청년 야쿠자가 어릴 적 친구인 창부娼婦인 소녀와 자살을 하는 스토리를 제안했다. 하지만 구로사와는 주인공인 야쿠자가 사회의 희생자로서 동정적으로 그려져서는 안 된다며, 그 제안을 받아들이지 않았다.[17]

야쿠자나 그들의 영향으로 파괴된 사회를 비판하고자 하던 감독의 의지는 연출 노트의 "이 작품은 야쿠자 부정을 주제로 하고 있다."[18]라는 기술과 이하의 GHQ의 검열기관에 제출한 자료 속의 「제작 의도」에서도 명확히 확인할 수 있다.

> 사회의 뒷골목, 그곳에는 민주화에 역행하는 과거의 세계, 천박한 영웅주의의 의리나 윤리가 횡행하는 세계이다. 이 야쿠자의 세계에서는 선과 악을 결정하는 것은 완력이 강하느냐 약하느냐가 절대적이다. 이와 같은 과거의 세계가 얼마나 정상적인 것에 나쁜 영향을 주는지가 이 영화가 시사하는 바이다.[19]

하지만 이러한 영화에 대한 구로사와의 메시지 혹은 의도는 온전히 관객에게 전달되지 못한 결과를 낳게 되었다. 제작 초기에 시나리오를 검토한 회사 측과 관계자들은 야쿠자 마쓰나가가 너무 영웅적으로 묘사되어 '야쿠자 부정'의 주제가 찬미 쪽으로 기울어져 버렸다고 비판하였다. 이에 구로사와는 시나리오의 후반부를 수정할 수밖에 없었고, 다시 검토를 한 관계자들은 아직 영웅성이 불식되지는 않았지만 연출 단계에서 영웅성을 제어한다는 조건으로 오케이 사인을 냈다. 하지만 야쿠자 역을 맡은 미후네의 등장만으로도 영상은 힘이 넘쳤고, 감독은 보기 드문 미후네의 매력을 억제하는 데에 주저하였다. 구로사와는 당시의 연출에 대해서,

---

17 佐藤忠男, 「『酔いどれ天使』」, 『全集 黑澤明 第二巻』,岩波書店, 1987, pp.331~332.

18 浜野保樹編, 앞의 책, p.226. 초출은 黑澤明, 「『酔いどれ天使』の演出ノートから」, 『映畫春秋』, 1948.4.

19 浜野保樹編, 앞의 책, p.267.

> 나는 이러한 미후네의 매력에 기뻐했고 동시에 당혹스러웠다. 《주정뱅이 천사》라는 작품은 이 딜레마 속에서 탄생했고 영화의 구조도 불안정한 부분도 있고, 주제도 애매하게 되었다.[20]

라고 회상한다. 《주정뱅이 천사》라는 제목으로 판단하면 의사인 사나다가 주인공이어야 할 터인데, 제목에서만 그 의도가 반영되었을 뿐 실질적인 내용까지는 담보해 내지 못했던 것이다.

그럼, 이하 구로사와가 전작 《주정뱅이 천사》의 야쿠자의 영웅성 및 '혼돈된 사회'를 부정하기 위해 어떻게 연출하였는지 — 비록 실패했지만 —, 또한 《조용한 결투》에서 어떻게 연출하였는지를 두 작품의 구성상 대조되는 주요 인물, 즉 의사와 악한인 환자의 극중 역할을 통해 살펴보기로 하자.

먼저 의사 역할에 관해서인데 《주정뱅이 천사》의 사나다와 《조용한 결투》의 후지사키의 인물상에 관해서이다. 먼저 의사 사나다에 관해서인데, 시나리오 집필 당시 구로사와는 악역인 야쿠자를 그리기 위한 수단으로서 그 야쿠자와 대비되는 대조적인 인물상을 탐색했고, 그것이 바로 휴머니스트인 젊은 개업의開業醫였다. 그러나 재미가 없고 마네킹 같은 이 인물을 묘사하자니, 좀처럼 시나리오 작업은 진척되지 않았고, 결국 구로사와는 그에게 알코올 중독자라는 약점을 부여했다.[21]

이 알코올 중독자는 50대 중반으로 출세를 바라지 않고 서민들 삶에 뿌리를 내리고 환자들을 보살핀다. 성격은 괴팍하고 고집이 세며, 외모는 불결하고 단정치 않지만 속내는 인자하고 순수한 마음을 가지고 있다. 구로사와는 애초에 야쿠자를 비판하기 위해 의사를 이상적으로 설정하려

---

20 黑澤明, 『蝦蟇の油』, 岩波書店, 1984, p.343.

21 黑澤明, 앞의 책, pp.331~334.

고 했으나 결국 처음의 설정을 수정하고 약점을 가진 인물로 조형했다. 결국 이러한 변화는 '야쿠자 비판'이라는 주제의 부각을 상대적으로 약화시키는 결과를 초래하게 되었다고 판단된다.

한편《조용한 결투》의 후지사키는 전쟁 중 외과수술 도중 매독 환자의 병균에 감염되었다. 그는 예정되었던 결혼도 단념하고 심지어 목숨까지도 위험한 상황임에도 불구하고, 가난한 환자를 무료로 내 몸같이 치료하며 병에 굴하지 않고 꾸준히 치료에 임한다. 물론 병원의 경제적 어려움이나 사랑하는 약혼자와 헤어져야만 하는 고통, 그리고 인간의 강렬한 성적 욕망에 때로는 흔들리나 이 절망적 상황에서도 좌절하지 않고 고독한 싸움 즉 '조용한 결투'를 하며, 의사로서의 자신의 역할을 충실히 해나간다.

《주정뱅이 천사》의 사나다와《조용한 결투》의 후지사키는 두 사람 모두 환자에게 헌신적이고 휴머니스트인 점에서 각자 '천사' 혹은 '성인'이라 불릴 만한 인물이지만, 사나다가 인간적인 약점을 가진 반면, 후지사키는 자신의 불행을 극복해 나가면서 이타적이고 윤리적인 '이상적'인 인물로 극대화되었다고 할 수 있다.

다음으로는《주정뱅이 천사》의 마쓰나가와《조용한 결투》의 나카타의 인물상에 관해서이다. 우선 마쓰나가에 대해서인데 야쿠자로서 그리 오래되지 않았지만 그의 완력과 저돌적인 성격으로 자신의 지위를 유지하고 있는 인물이다. 아직 동물적인 삶에 완벽하게 빠져 있지는 않지만 그렇다고 해서 다른 삶은 생각지 못하며 매일 습관처럼 몸을 쓰며 살아갈 뿐이다. 그의 폐병은 더욱 심각해져 갔고 바의 여직원에 의해 요양을 권유받거나, 사나다의 호의를 받았으나, 결국 자신이 가진 야쿠자로서의 신분을 포기하지 못한다. 의사 사나다는 보조인인 미요에게

사나다 "…… 그 마쓰나가란 놈을 보고 있으면 아무래도 자꾸만 그때의 나

를 보는 것 같아서…… 그 녀석도 불쌍한 놈이지……"

라며, 가볍게 가슴을 두드리고,

사나다 "…… 여기가 나빠서, 폐가 망가지는 것만으로 끝나지 않아. …… 뭐랄까, 중심축이 망가지고 있는 거야…… 엉망진창 터무니없는 얼굴하고 으스대고 있지만 가슴 속은 바람이 휭휭 불 정도로 텅 비어서 쓸쓸할 것임에 틀림없어…… 목졸라 죽이려고 죽일 수 없는 이성이 때때로 꿈틀거리는 거지…… 아직 손볼 수 없을 정도까지 악하지는 않으니까"

라고 말하며, 마쓰나가의 인간적인 면을 부각시키고 아직 '이성'이 남아 있어, 개선의 여지가 있는 완전한 악인은 아니라고 한다.

하지만 사나다의 만류에도 그는 결국 보스의 집에서 자신의 정체성을 재확인 받으려 하지만, 그조차 부정당하게 되자 그는 경쟁자 오카다를 습격하다가 결국 죽음에 이르고 만다. 그는 마지막으로 칼에 찔리게 되어서야 자신이 해왔던 짓이 어리석었음을 깨닫는다. 그것은 야쿠자의 욕망을 대변하는 정부情婦의 아파트로부터 문을 열어 바깥으로 나가려는 행위에서 알 수 있다. 그러나 밖을 나올 수 있었을 때, 그는 이미 죽음을 맞는다. 줄에 걸린 깨끗한 빨래들로 상징되는 — 이 빨래는 극에 등장하는 빨랫줄에 걸린 붕대와 유사한 이미지를 갖는다 — 양지, 혹은 회복과 재생의 공간에는 그는 결국 죽음으로써밖에 다다르지 못한 것이다.

도널드 리치는 그의 죽음에 대해서 "마쓰나가는 최후를 맞이할 때 그 자신이 확신한 악과 싸우다 죽었다. 그는 자기 자신과 싸우다 죽었다."고 지적한다.[22] 그리고 이러한 마쓰나가의 몰락의 과정은 비록 야쿠자의 어둡고 어리석은 운명 그 자체임에도 불구하고 관객들로 하여금 우리 주변에서 얼마든지 볼 수 있는, 약점과 혼란, 좌절이 뒤섞인 인간적인 파멸에

---

22 ドナルド·リチー, 三木宮彦 譯, 앞의 책, p.133.

연민의 정을 느끼게 한다.

한편, 《조용한 결투》의 나카타는 어떠한가. 《주정뱅이 천사》의 마쓰나가는 X-ray나 기침과 각혈 등의 증상을 통해 자신의 병을 확인한다. 하지만 병에 대한 공포를 부끄러운 행동이라고 생각하는데, 이것은 사회적 병의 상징이기도 한 야쿠자라는 외적 요소가 영향을 미쳤다고 할 수 있겠다. 한편, 나카타는 외부적 요소보다 그 자신의 성격과 삶의 방식이 그를 파멸로 이끈다. 먼저 나카타는 매독의 발병 및 전개의 특성상, 마쓰나가처럼 확실한 증상을 겪지 않는다. 당장의 증상이 없자 오만한 그는 적절한 치료도 받지 않고 문란한 삶을 살며 결국에는 자신의 아내에게까지 병을 옮기고 아이를 사산시키는 지경에 이르게 된다. 매독에 감염되어 사산한 아기의 시체를 직접 확인한 나카타는 매독으로 인해 결국 실성해 버린다.

여기서 한 가지 주의할 점은 나카타는 《주정뱅이 천사》의 마쓰나가뿐만이 아니라 절대 악인 오카다의 역할까지도 계승하고 있다는 점이다. 오카다는 징역을 마치 학력처럼 여기며 악당의 출세가도를 달려 온 자로, 오직 야쿠자의 삶 속에 자신의 생의 의미를 찾고 그 이외의 세계란 있을 수 없다고 생각하는 절대 악의 존재이다. 한편, 《조용한 결투》의 나카타는 음주와 여자 등의 도락에 빠져 자신의 의지에 반하는 일에는 폭력을 휘두르고 공권력에도 굴하지 않는다. 또한 자신의 개인적 욕망을 채우기 위해서라면 타인의 처지나 생명까지도 경시한다. 이성이나 사회적 가치보다는 직관과 완력에 의존한다는 점에서 야쿠자와 비견될 만한 동물적인 특징을 갖춘 인물이라고 할 수 있겠다.

이상으로 두 작품에 보이는 의사와 악한인 환자의 극 중 역할을 살펴보았다. 구로사와는 《주정뱅이 천사》에서 '야쿠자 부정'이라는 테마를 구현하기 위해서 악역인 야쿠자와 그와 극명하게 대비되는 대조적인 인물상으로 휴머니스트인 젊은 의사를 상정하였다. 하지만 시나리오 작업의 문제나 미후네의 특출한 연기 등에 의하여 야쿠자나 의사의 성격이 모호하게 되었고, 심지어 야쿠자 찬양이라는 평까지 등장할 정도였다. 이러한 전작의 모호함을 불식시키고자 그는 차기작인《조용한 결투》의 등장인물의 성격을 이를테면 선과 악의 중간지점인 '회색'을 배제시키고 확실하게 '흑(악)' '백(선)'으로 조형하고 있음을 확인할 수 있다.

앞서 필자는《조용한 결투》의 세 번째 제작 의도로 '이성의 중요성'에 주목했는데, 이 점에 대해서는 다음 장에서 기술하고자 한다.

5. 주제의 연속성으로서의 '이성'의 중요성

구로사와는《주정뱅이 천사》의 주제에 관해서 자신의「연출 노트」에서

> 이 작품은 야쿠자 부정을 주제로 하고 있다. (중략) 야쿠자의 삶의 방식이 얼마나 인간으로서 아둔한 것인가에 대한 점을 드러내고 싶었다. 나는 봉건적인 일본이 만든, 이상할 정도로 식물적인 인간, 봉건적인 타입에 짓눌려 무기력할 뿐 도덕적이라고 평가받아 온 인간을 부정한다. 그러나 현대의 일본에서 자주 눈에 띄는, 그 반동적인 존재, 순전히 동물적인 인간도 매우 증오한다. 인간은 식물이 아니다. 물론 동물이다. 그 동물적인 욕망이나 활력은 왕성해도 당연하다고 생각한다. 그러나 그것을 이겨낼 정도의 강한 이성을 갖고 있지 않으면 인간이라고 할 수 없다. 이 작품을 관통하는 것은 이러한 의미의 인간 부흥의 정신이다.[23]

라고 기술하고 있다. 구로사와는 봉건사회가 만든 순종적이고 도덕적이라고 잘못 평가 받아온 '식물적인 인간'을 부정함과 동시에 '동물적인

---

23 浜野保樹編, 앞의 책, pp.225~226. 초출은 黒澤明,「『酔いどれ天使』の演出ノートから」,『映畫春秋』, 1948.4.

인간'은 자신의 욕망을 제어할 수 있는 이성을 겸비해야 한다고 주장하고 있다.[24] 결국 감독은《주정뱅이 천사》를 통해서 동물적인 야쿠자라는 존재가 얼마나 아둔한 삶을 살고 있는지를 보여주고, 그러한 동물적인 인간에서 탈피하기 위해서는 이성을 갖추어야 한다는 메시지를 관객들에게 전달하고자 했던 것이다.

과연《주정뱅이 천사》의 마쓰나가는 야쿠자의 세계에서 벗어나거나 적어도 자신의 결핵을 고칠 수 있었던 여러 번의 기회를 '이성의 부재'와 구태의연한 '야쿠자의 신념'에 의해 무산시켜 버리고 만다. 마쓰나가는 타인의 진심 어린 충고를 받아들이지 못하고 자신의 병 또한 직시하지 못한다. 오로지 '동물적'인 건장한 신체를 유일한 무기로 살아 왔던 그는 신체의 병을 받아들이기 어려워했고, 설사 걸렸다고 해도 대수롭지 않은 것이라고 자신을 다독였다. 결핵의 무서움을 직시하고 인정하는 것을 야쿠자의 허약함이라고 생각하는 그의 허세에 사나다는 일침을 가한다.

사나다　“(그 말을 듣지 않고, 호통친다) 바보 같은 녀석…… 난 자네가 병을 무서워하는 걸 비웃는 게 아니야…… 무서운 걸 무서워하는 건 당연한 거야…… 그걸 부끄러워하는 자네의 근성이 우습단 말이야…… 자네들은 그걸 용기라고 여기고 있어…… 흥…… 내가 보기엔 자네들 같은 겁쟁이도 없지”

마쓰나가　“뭐라고!!”

사나다　“흥…… 그럼, 왜 위협적으로 보이게 문신을 하거나 은어를 사용하거나 어깨를 으쓱거리고 위세 부리며 걸어 다니지 않으면 안 되지? …… 흥…… 자기가 자기를 믿지 못하니깐 그렇지…… 나한테는 그

24 구로사와는 「『酔いどれ天使』を演出して」라는 기고문에서도 “나는 동물적인 인간도 식물적인 인간도 매우 싫어한다. 어디까지나 인간이어야만 한다. 즉 인간은 왕성한 육체나 욕망과 함께 강한 이성을 가진 생물이라고 생각한다.”라고 다시 반복하며 강조하고 있다. 浜野保樹編, 앞의 책, p.231. 초출은 黑澤明, 「『酔いどれ天使』を演出して」, 『映畫ニュース』 第2卷 第3號, 1948.

런 위세 따윈 안 통해"

마쓰나가 "이 자식!!"

사나다 "흥…… 자네보다 방금 전에 나간 그 작은 여자애가 얼마나 더 강한 근성을 가지고 있는지 몰라…… 그 소녀는 병과 직면하면서도 참으로 의젓해…… 그런데 자네는 그런 용기 따윈 요만큼도 없지…… 깜깜하면 무서워서 눈을 감고 뛰어가는 부류에 불과하지"

이후 마쓰나가는 스스로 X-ray를 찍고 자신에게 결핵이 있다는 것을 인지한다. 하지만 야쿠자로서의 허세는 그의 '이성'을 흐리게 했고 병이 나을 수 있다고 확신을 주는 사나다의 충고에도 끝까지 순응하지 않는다. 한 때는 사나다의 충고를 따라 술과 여자를 금하려고 노력하였으나 동물적인 욕망을 억제시킬 '이성'이 약한 그는 피를 토하며 몸을 혹사시킨다. 결국 그는 그의 동료, 연인뿐만이 아니라 그가 '의리의 세계'에 속해 있다고 믿었던 보스에게마저도 버림을 받는다.

마쓰나가가 '이성의 부재'로 인한 파멸을 상징하며 일종의 반면교사의 역할을 하고 있다고 한다면, 반대로 이성을 가진 이상적인 롤 모델의 역할을 하고 있는 것이 바로 같은 결핵을 앓고 있던 '세라복 소녀'이다. 《주정뱅이 천사》의 마지막 부분에서 세라복의 소녀는 사나다의 팔짱을 끼며 이렇게 말한다.

사나다가 세일러복의 소녀 앞에서 엑스레이 사진을 살펴보면서,

사나다 "음…… 많이 좋아졌네…… 기흉이 계속 있는 거지?"

소녀 "네"

사나다 "(엑스레이 사진을 돌려주며) 조금만 더 참으면 돼, 꽤 성과가 있다고(라며 눈을 가늘게 뜬다)

소녀 "네, 기뻐요"

사나다 "하지만 이 결핵이란 놈은 보통 방법으론 안 돼…… 병원균과 누가 이기는지 계속 겨루는 거지. (중략)

소녀 "이성을 필요로 하는 병은 없다고 말씀하시는 거지요? 벌써 10번이나 들었어요"

그녀는 가냘픈 여고생이지만 자신이 앓는 결핵을 직시하고 당당하게 병과 싸운다. 병의 두려움에도 굴하지 않고 '이성'을 발휘하며 꾸준히 치료하면 나을 수 있다는 의사의 조언을 믿으며, 병과의 싸움에서의 승리를 목전에 두고 있다.

영화의 엔딩은 사나다와 결핵의 병을 이긴 소녀의 대화로 막을 내린다. 사나다와 소녀는 더러운 시궁창에서 빠져나와 활기찬 거리로 향하는데, 전후의 암울한 현실과 병든 사회의 징후를 상징하는 시궁창에서 멀어져 가는 엔딩을 통해, 우리는 암울함 속에서도 노력하면 극복할 수 있다는 작은 희망의 빛과 격려를 제시하고자 한 감독의 따스한 시선을 느끼게 된다.

위와 같이 《주정뱅이 천사》에서 '이성'을 중시한 감독의 메시지가 이후의 《조용한 결투》의 경우에는 어떠했을까.

한마디로 전작의 메시지가 차기작에도 재차 강조되고 있다고 단언할 수 있겠다. 단, 《조용한 결투》에는 '이성'을 직접적으로 언급한 대사는 어디에도 등장하지 않는다. 하지만 앞서 각 인물상에 대해서 설명한 바와 같이 감독은 이성적인 의사 후지사키와 동물적이고 비이성적인 나카타의 대립적인 인물상을 통해 명확하게 '이성'의 중요성을 드러내고 있다고 할 수 있겠다.

후지사키는 시종일관 자신에게 병을 옮긴 나카타조차 원망하지 않고, 약혼자와의 이별의 슬픔과 분출하는 성적욕망을 '이성'으로 제어해 나가면서 질병에 고통받는 환자들의 치료에 몰두한다. 아버지는 이와 같은 아들의 모습을 바라보며, 자신의 아들을 존경하는 경찰관 노자카에게 이렇게 이야기한다.

노자카, 차를 마시면서

"…… 그건 그렇고, 우리 서장님이 여기 젊은 선생님을 뭐라고 부르는지 아세요? 의사 중에는 때로는 저런 성자도 있다고 하더군요"

아버지 "성자요?"

노자카 "네"

아버지 "글쎄 그건 뭐랄까…… 그 녀석은…… 그냥…… 자신보다 불행한 사람의 곁에서 희망을 되찾으려 하고 있을 뿐이에요"

노자카 "?"

아버지 "행복했다면 의외로 속물이 되었을지도 모르죠……"

아버지는 후지사키가 매독이라는 인생의 큰 장애를 만나게 되었으나, 그것에 굴하지 않고 굳은 의지와 이성을 발휘하여, 생의 불만과 내적인 성적 욕망을 환자에 대한 헌신과 봉사의 힘으로 승화시켰다고 판단하고 있는 것이다.

위의 후지사키와 반대로 비이성적인 등장인물로 우선 간호사 견습생 '미네기시 루이'를 들 수 있다. 그녀는 댄서로 일하던 중 모르는 남자와 하룻밤을 보내고 원치 않는 임신을 하게 되고, 자살하려던 그녀를 후지사키가 구해준 뒤 병원에서 일을 하게 되었다. 이하의 대화문은 은혜를 모르고 자신의 신세를 한탄하는 미네기시에게 대한 후지사키의 단호한 비판이다.

후지사키, 격노해서

"너! 그렇게 낳기 싫은 아이라면 왜 처음부터 스스로 조심하고, 상대도 조심시키지 않았어!"

루이 "댄서를 호텔에 데리고 들어가는 남자예요…… 아이가 생기면 도망쳐 버릴 남자가…… 그런 조심을 하겠어요?

후지사키 "여성의 권리로서 그만한 주의를 상대방에게 요구하는 게 어때?"

루이 "귀찮아요"

후지사키, 흥분해서
"너희가 짐승이야?"

위의 대화문은 앞서 《주정뱅이 천사》에서 "동물적인 인간은 그 욕망을 이성을 통해 제어해야 한다."는 감독의 메시지를 충분히 환기시키고 있다고 판단된다.

미네기시는 이후 후지사키에 감화되어 희망을 발견하고 인생을 적극적으로 살아가게 되지만, 또 한 명의 비이성적인 인물, 후지사키에게 병을 옮긴 장본인 나카타는 끝까지 '이성의 부재'로 인해 파멸을 맞게 된다.

후지사키는 나카타에게 매독이 완치되기 힘든 병임을 강조하며 진찰을 집요하게 권유하지만 그는 "의사가 시키는 대로만 하면 끝이 없어요." "흥, 나는 유쾌하지 않은 일 따위, 생각하지 않는 주의라서"라고 하며, 심지어는 자신의 아내와 아이를 감염시키고도 "내 마누라는 아무렇지도 않아" "하하하…… 그거 봐, 아기도 순조롭게 자라고 있는걸…… 뱃속에서 말야…… 하하하, 하여간 이제 반년이 지나면 3 킬로정도 되는 아기를 안고 자네에게 인사하러 갈 거야."라며 의기양양 호기롭게 외친다. 병에 대해 부주의하고, 주색으로 낙을 삼으며 성적 욕망을 그대로 분출하고 사려 깊지 않은 그의 모습은 구로사와가 경멸하는 '동물적인 인간' 그 전형이라고 할 수 있겠다.

6. 나가며

이상으로 《주정뱅이 천사》를 염두에 두면서, 《조용한 결투》의 제작 의도를 전작과 유기적인 관점에서 규명하였다. 두 작품을 유기적으로 비교한 이유는 제작 시기 및 환경뿐만이 아니라 등장인물, 내용의 구성 및 제재 등 매우 많은 유사점을 가지고 있기 때문이다.

《주정뱅이 천사》와의 비교를 통해 역조명한 《조용한 결투》의 제작 의도는 다음과 같다.

첫 번째로 미후네 도시로의 파격적인 역할 배정이 의미하는 바와 관련해서인데, 감독은 전작에서 악한인 환자 역할을 한 야쿠자 미후네가 차기작에서 의사의 역할을 함으로써 관객에게는 신선한 충격을 줌과 동시에 배우에게도 연기의 폭을 넓혀 줄 수 있을 것이라고 확신했던 것이다. 더불어 《주정뱅이 천사》에서 야쿠자의 영웅주의에 대해 억제시키지 못했다는 비판에 대한 구로사와의 일종의 회답으로서의 의미도 있었다고 판단된다. 단 이러한 결정의 배경에는 《주정뱅이 천사》와 《조용한 결투》의 인물관계 및 제재가 매우 유사했던 점을 간과해서는 안 될 것이다. 두 번째로는 전작에서 감독의 테마가 모호하게 된 점을 차기작인 《조용한 결투》를 통해서 보완·완성시키고자 하였다는 점에 관해서이다. 감독은 《주정뱅이 천사》에서 '야쿠자 부정'이라는 테마를 구현하고자 했으나 시나리오 작업의 문제나 미후네의 특출한 연기 등에 의해 그 의도가 모호해졌다. 이에 차기작인 《조용한 결투》에서는 등장인물의 성격을 이를테면 선과 악의 중간지점인 '회색'을 배제시키고 확실하게 '흑(악)' '백(선)'으로 조형하여 '악의 부정'의 테마를 명확하게 전달하고 있음을 확인하였다.

마지막으로 '이성 중시'의 테마에 관해서이다. 감독은 전작에서 전후 혼돈의 일본 사회에서 일본인에게 필요한 덕목으로서 '이성'을 중시하였는데, 《조용한 결투》에서도 이 점을 재차 강조하고 있음을 인물 조형과 내용 등을 통해 확인할 수 있었다.

제5장

《조용한 결투》

: 원작 『낙태의』와의 비교를 통해 본 시나리오의 방법

1. 들어가며

▸DVD 표지

구로사와 아키라黑澤明 감독은 영화 제작의 전 과정에 관여하는 올마이티 almighty 감독으로도 유명한데, 특히 영화의 가장 중요한 골간이자 감독의 메시지를 가장 잘 드러내는 시나리오도 직접 집필하고 있다는 점은 특기할 만하다.[1] 이 글에서 다루고자 하는 《조용한 결투静かなる決闘》(1949년 3월14일 개봉)의 시나리오 또한 감독이 집필한 것인데, 바라좌薔薇座가 상연한 기쿠타 가즈오菊田一夫(1908년~1973년)의 희곡 『낙태의墮胎醫』가 그 원작이다. 1946년에 설립된 바라좌는 기쿠타의 『도쿄애시東京哀詩』의 평판이 좋아 다시 그의 『낙태의』를 상연하게 되었다.

1 구로사와가 감독한 전30편의 영화 중, 소설이나 고전예능을 원작으로 하는 작품은 총 15작품에 이른다. 古山敏幸, 『黑澤明の作劇術』, フィルムアート社, 2008, pp.22~23.

『낙태의』가 영화화된 것은 구로사와가 연극을 보고 감동을 받았기 때문이며[2] 또 다른 동기는 《은령의 끝銀嶺の果て》의 데뷔 이래 야쿠자 역만 맡았던 미후네 도시로三船敏朗의 연기 영역을 넓혀 주기 위한 것이었다고 한다.[3]

이 영화에 대한 당시의 평은 대체로 그다지 호의적이지 않다. 기타가와 후유히코北川冬彦는 주요 등장인물의 성격과 행동이 너무나도 작위적이고 영화의 무대가 되는 집과 병원의 구별이 불명확하다는 점 등을 들어 전체적으로 영화가 '거칠다'고 혹평하였다. 그리고 영화의 메시지에 대해서 "매독을 어떻게 무서워해야 할 것인가, 이것을 이야기하려는 것 같다. 그 주제를 결혼문제와 결부시키고 있다."라고 지적하고 있다.[4] 한편 이다 신비飯田心美는 주인공의 양심과 도의감道義感의 표현이 어색하고 그 외 등장인물의 행동에 필연성이 결여되어 있다고 하면서 시나리오의 각색의 문제점을 지적하였다.[5] 한편 사토 다다오佐藤忠男는 원작과 비교하면서 인물조형의 부자연스러움과 너무 노골적이고 설익은 감독의 주장을 문제점으로 지적하고, 주제에 대해서는 "자신의 병을 냉정하게 치료하려고 하지 않는 무지한 남자는 파멸하고 냉정하게 치료를 계속한 자는 희망을 가지고 살아간다."는 것이라고 평하고 있다.[6] 도널드 리치 또한 "완성된 작품은 그야말로 시놉시스를 보고 예상한 그대로이며 그것보다 재밌게 만들어진 부분은 하나도 없다."고 낮은 평가를 내리고 있다.[7]

---

2 千秋實·佐々木踏繪, 『わが青春の薔薇座』, リヨン社, 1948, p.147.

3 黑澤明, 『蝦蟇の油』, 岩波書店, 1984, p.147. 구로사와는 "계속해서 도장을 찍듯이 같은 역을 시켜서는 안 된다. 배우에게는 끊임없이 새로운 역을 맡게 해서 신선한 과제를 주지 않으면 물을 주지 않는 화분과 같이 말라 버린다."라고 지적하고 있다.

4 北川冬彦, 「靜かなる決鬪」, 『黑澤明集成Ⅲ』, キネマ旬報社, 1993, pp.270~272. 초출은 『キネマ旬報』, 1949年 4月, 下旬號.

5 飯田美心, 「靜かなる決鬪」, 『黑澤明集成Ⅲ』, 1993, キネマ旬報社, pp.272~273. 초출은 『キネマ旬報』, 1949年 4月, 下旬號.

6 佐藤忠男, 『黑澤明の世界』, 三一書房, 1983, p.131.

위의 논평 중 원작과 시나리오의 차이점에 대해서 사토 다다오나 도널드 리치가 언급하고는 있지만 단순한 언급에 그치고 있고, 특히 이다 신비는 영화의 시나리오는 "기쿠타의 원작 『낙태의』를 많은 부분 개작했다고 하는데 어느 정도인지 조사할 여유가 없어 안타깝다."라고도 하고 있다.

마침 영화 개봉 1년 전에 구로사와는 '각색 비평가'에 대해서 "각색을 비평하는 데에 있어 원작을 못 읽었다라는 식의 단서가 붙은 비평을 자주 보는데 이것도 참으로 터무니없는 말이다. 원작을 모르고 어떻게 각색의 비평을 할 수 있겠는가. 나는 전혀 이해를 하지 못하겠다."[8]라고 지적하고 있는데, 본 장의 문제의식도 바로 이 점에서 출발한다. 즉, 선행 연구의 대부분이 원작과의 비교고찰 없이 영화만을 대상으로 하고 있어 충분히 원작과의 거리와 차별성에 대하여 논한 연구가 거의 없다고 해도 과언이 아니기 때문이다.

이 글의 목적은 원작 『낙태의』의 연극 대본과 영화의 시나리오를 철저하게 비교분석함으로써 구로사와의 시나리오 작성 방법과 감독의 메시지를 객관적으로 규명하는 데에 있으며, 이를 통해 기존의 연구의 문제점을 보완하기를 기대해 본다. 고찰의 순서는 2, 3장에서 작품의 전반 후반의 내용(구성)의 비교, 4장에서는 위의 고찰을 토대로 원작의 메시지가 영화에서는 어떻게 변화되었는지에 대해 고찰하고자 한다.

참고로 《조용한 결투》의 시나리오 인용은 黑澤明, 『全集 黑澤明 第二卷』, 岩波書店, 1987을, 『낙태의』의 인용은 菊田一夫, 『菊田一夫戲曲選集 2』, 演劇出版社, 1966에 의한 것임을 밝혀둔다.

---

7 ドナルド・リチー, 三木宮彦 譯, 『黑澤明の映畫』, 社會思想社, 1991, pp.139~141.

8 黑澤明, 『全集黑澤明第 二卷』, 岩波書店, 1987, p.303. 초출은 黑澤明, 「シナリオ三題」, 『シナリオ』, 1948.2.

2. 전반부의 구성의 비교

연극과 영화의 전반부와 후반부의 구분은 나카타 부부와 관련된 에피소드로 인해 이야기의 흐름이 크게 전환되는 바, 나카타와의 만남을 경계로 그 이전을 전반부, 이후를 후반부로 나누고자 한다. 원작인 연극은 1막부터 2막까지이고 영화는 신【1】부터 신【41~44】까지가 전반부에 해당한다.

원작과 영화의 비교를 표로 정리하면 이하와 같다. 영화의 원작에 대한 차용(답습)은 「➔」, 이동은 ① 「↓」(뒷쪽으로 이동된 경우), ② 「↑」(앞쪽으로 이동된 경우), ③ 「↘」(최종적으로 이동된 장소」), 생략은 「☒」, 창작(추가)은 「⊕」로 각각 표기했다.

낙태의(墮胎醫)			조용한 결투(静かなる決闘)		
막·단락	내용	세부내용	신	내용	세부내용
		※원작의 「2·2」에 해당	(1944년) 1~5	야전병원에서의 수술	↘ 전장에서 수술도중 손가락을 베었다라는 짧은 대화를 차용하여, 거의 창작에 준하는 야전병원 수술 신으로 탈바꿈시킴.
			6~10	매독에 걸린 사실을 확인	⊕ 교지는 매독에 걸렸다는 사실을 알게 됨 ⊕ 후방으로 이송되는 나카타에게 매독 치료를 잘하라고 주의를 줌
1·1	후지사키 부자와 미사오와의 대화	후지사키 다카노스케의 자택에서 아들인 교지와 미사오가 즐겁게 대화를 함			☒ 省略
1·2	오쓰카와 오모타의 방문	오쓰카와 오모타가 교지를 방문한다. 교지가 제왕절개 수술을 한 오모타의 부인을 둘러싸고 세사람이 격론을 벌임			☒ 省略

2·1	노사카와 이마이의 대화	경찰인 노사카가 교지의 병원에 와서 간호사인 이마이로부터 진단자료를 받음	(1946년) 11~14	노사카와 루이의 대화	➔ 원작과 대동소이. 단 이마이가 아니라 루이와의 대화
		※원작의「2·4」에 해당			↘루이의 처지
					⊕교지는 6년간 기다려온 미사오와 결혼할 의지가 없음
2·2	노사카와 교지의 대화	교지가 전장에서 환자를 돌보다 손을 벤 이야기를 노사카에게 들려줌	🡅【1~5】로 이동		
2·3	하시모토 부부의 출산	하시모토 부부는 교지의 도움을 받아 무사히 아이를 출산하고 퇴원함	☒省略		
			15	소년의 맹장수술	⊕가난한 소년에게 맹장수술을 해주고 무료로 병원에 체류하게 함
			16	후지사키 다카노스케와 미사오	⊕미사오는 6년 전의 교지와 행복했던 사진을 보며 교지가 결혼을 거부하는 작금의 상황에 슬퍼함
		※원작의「2·6」에 해당	17~20	교지와 미사오	↘원작과 대동소이
2·4	미네기시 루이의 사정	2·4·1댄서인 루이는 원치 않는 임신으로 생계가 어려워져 자살을 하려고 했지만 교지의 설득으로 병원에서 간호사일을 하게 됨	🡅【11~14】로 이동		
		2·4·2루이의 빈정거림, 교지의 호통	🡇【25의 후반】으로 이동		
2·5	오쓰카와 가와세 미도리의 방문	오쓰카는 미도리의 낙태수술을 은밀하게 부탁하지만 교지는 거절함	☒省略		
2·6	미사오의 애달픔	미사오는 교지에게 자신과 결혼하지 않는 이유를 묻지만 교지는 명확한 대답을 피하고 단지 다른 사람을 찾으라고 함	🡅【17】へ移動		
2·7	교지의 매독이 발각	루이가 우연히 교지가 매독 치료약인 살바르산을 주사하는 장면을 목격함	21	매독감염의 발각(1)	➔ 원작과 대동소이

			222~3	맹장수술 후의 소년	⊕
		※원작의 「3·1」에 해당	24	골동상	↘원작과 대동소이
			25의 전반	미사오의 방문	⊕ 고뇌에 찬 교지에게 미사오가 왜 불행하냐고 물음
		※원작의 「2·4·2」에 해당	25의 후반	교지와 미네기시의 갈등	↘원작과 대동소이
			27~33	매독감염의 발각(2)	⊕ 루이의 발언으로 다카노스케가 교지의 매독감염 사실을 알게 됨
			34~40	교지의 고백	⊕ 교지의 고백으로 오해가 풀림. 루이는 교지를 다시 봄
			41	미사오의 오기	⊕ 다카노스케는 정식으로 혼인하지 않겠다고 미사오 집안에 알렸지만 미사오는 계속 교지를 찾아오겠다고 함.
			42	소년의 퇴원	⊕ 맹장수술 소년의 퇴원
			(花ざかり) 43~44	루이의 사죄	⊕ 루이가 미사오게 자신이 교지를 존경한다는 말을 전해 줄 것을 부탁함.

우선 『낙태의』의 시대배경은 '昭和十五年夏' 및 '지나사변도 벌써 3년째다(支那事變も、もう三年目だ)'라고 되어 있어, 지나사변 즉 중일전쟁이 발발한 1937년의 3년 후, 즉 1940년경으로 설정되어 있다. 후지사키 교지가 의무관으로서 전장戰場에 나가기 전의 일화, 즉 후지사키의 약혼자·미사오와 관련된 에피소드, 그리고 산파·오쓰카와 관련된 에피소드로 시작된다. 계속해서, 『낙태의』의 제2막은 '昭和二十一年' '앞선 장면으로부터 6년 후(前場の六年後)'라고 되어 있어, 시대적인 배경은 "1946년 가을"로 『낙태의』가 상연된 1947년보다 조금 과거의 시점을 상정하고 있다.

한편 《조용한 결투》에서는 교지가 전장에 가기 전의 일화를 생략하고, 야전병원의 수술 신부터 시작되고 있다. 감독은 이 신을 1944년으로 설정하고, 패전 후 후시사키가 병원에 복귀하는 장면부터는 1946년으로 설정하고 있다. 그리고 전반부의 마지막은 '꽃이 한창일 때'(【44】)로 되어 있다.

먼저, 영화가 원작을 차용(답습)한 경우에 관해서인데, 원작의 「노사카와 이마이의 대화」의 초반(2·1), 「교지의 매독이 발각」(2·7), 「골동상」(2·7) 등이 답습되고 있다. 단, (2·1)의 경우, 영화에서는 원작의 '이마이'의 역할을 '미네기시 루이'가 겸하고 있다.

다음으로 영화가 원작의 플롯의 순서를 변경한 경우, 즉 '이동'에 대해서인데, 먼저 「노사카와 교지의 대화」(2·2), 「미네기시 루이의 사정」(2·4·1), 「미사오의 애달픔」(2·6) 등은 원작의 원래 위치보다 영화에서는 앞으로 이동되었고, 「미네기시 루이의 사정」(2·4·2)은 뒤로 이동되어 배치되었다.

주목해야 할 이동은 원작의 (2·2)로 교지가 병원을 찾아온 경찰·노사카에게 2, 3년 전에 겪은 이야기를 회상하는 장면이다. 교지가 군의관으로 차출되어 전장에서 부상자를 치료하다가 손가락을 베었고, 당시 치료해 준 부상자는 아직도 병원에 놀러 오고 있다는 내용이다. 교지가 말하는 부상자는 교지에게 매독을 옮긴, 후반부에 등장하는 나카타를 의미하는데, 원작에서의 노사카—연극의 관객도 포함해서—는 교지의 대화로부터 나카타의 존재나 매독감염에 관해서는 꿈에도 생각 못하며, 단지 수술 중에 손을 베었다는 대수롭지 않은 사실만을 알게 된다. 이후 교지의 감염은 원작에서는 한참 뒤인 (2·7)에서 교지가 매독치료제(살바르산)를 주사하는 장면을 미네기시가 우연히 목격함으로써 비로소 밝혀진다. 이 장면에 이르러서야 관객들은 교지의 감염 사실을 깨닫고 전장에서 복귀한 후 6년간이나 기다린 미사오와 결혼하지 않고 밀어내는 이유를 납득하게 되는 것이다. 하지만 연극의 관객은 어떻게 감염되었는지에 대해서는 전혀 모른다. 『낙태의』의 기쿠타 가즈오는 매독감염의 사실까지를 알려줄 뿐 그 원인에 대해서는 후반부로 넘겨버린다. 한편 구로사와는 주인공이 전쟁 중 수술 도중 손가락을 다쳤다는 위의 짧은 회상장면(2·2)을 한껏 부풀려 영화의 모두 부분의 야전병원 신【1~5】으로 파격적으로 탈바꿈시킨다. 필자는 일단 원작의 내용을 차용하여 '이동'한 경우로 간주했지만 거의 감독에 의한 창작(㊉)이라고 해도 무방할 정도다. 1944년, 야자나무를 뒤흔들며 내리치는 폭우 속의 어느 야전병원. 끊임없이 들것에 들려오는 부상자. 똑 똑 똑… 신경을 건드리며 천정에서 떨어지는 빗물 소리. 어둡고 불결한 좁은 수술실. 피곤에 찌든 얼굴로 비지땀을 흘리며 메스를 잡고 부상병의 하복부를 개복하는 주인공 교지. 열대 기후의 숨 막히는 더위와 사람을 초조하게 만드는 이 첫 시퀀스에 대해서 비판적인 도널드 리치도 구로사와가 유일하게 열의를 갖고 본연의 날카로운 감각을 살린 부분이라고 특기하고 있다.[9]

그리고 이어지는【6~10】은 교지가 부상병 나카타를 수술하면서 매독균이 손의 상처를 통해 침입해 자신이 감염되게 되었다는 사실을 알게 된다는 내용으로 구로사와의 창작이다. 그럼에도 불구하고 나카타를 원망하지 않고 냉정하게 사실을 받아들이는 교지. 매독에 걸렸으면서도 부끄러워하기보다는 마치 훈장이라도 단 모양으로 뻔뻔하게 행동하는 나카타. 감독은 첫 번째, 주인공의 매독감염의 경위를 명확하게 관객에게 보여줌으로써 앞으로의 주인공이 겪어야 할 비극적인 운명을 예고하고 두 번째, 앞으로 전개될 주인공의 스토익적이고 도덕적인 삶과 나카타의 방탕하고 반도덕적인 삶을 영화 초반부터 선명하게 대비시키고 있다.

원작과 비교하면 '매독감염 경위'가 처음부터 밝혀지고 등장인물의 '선함과 악함의 명확한 역할대비'에 의해 스토리가 쉽게 예상되는 반면, 원작에서처럼 단계적으로 퍼즐을 맞추어 사건의 전모에 다가가는 지적인 탐구의 재미는 희석되었다고 할 수 있겠다.

다음으로 원작의 내용이 영화에서 생략된 부분에 관해서인데, 「후지사

9 D·リチー著·三木宮彦 譯, 『黑澤明の映畫』, 社會思想社, 1991, pp.141~142.

키 부자와 미사오와의 대화」(1 · 1), 「오쓰카와 오모타의 방문」(1 · 2), 「하시모토 부부의 출산」(2 · 3), 「오쓰카와 미도리의 의 방문」(2 · 5) 등이 여기에 해당된다. 생략된 내용의 공통점은 첫 번째의 (1 · 1)를 제외하면 모두 낙태수술과 관련된 경우이다.

원작 『낙태의』의 경우, 교지의 불행은 크게 두 가지로 요약되는데, 첫 번째는 의료계에서의 고립이고 두 번째는 군의관 시절의 매독감염이라 할 수 있다. 이렇게 볼 때, (1 · 2)의 사건은 낙태에 관한 법을 지키고 태아의 생명을 살려서 의사의 사회적 · 윤리적 의무를 다한 교지가 존경을 받기는커녕 의료계에서 낙오자로 전락하고 나중에는 범죄자로 몰리게 되는 가장 큰 계기가 되는 중요한 에피소드라 할 수 있다.

마지막으로 원작에는 없지만 감독이 새롭게 추가한 경우에 관해서이다. 창작된 장면의 경우, 「매독에 걸린 사실을 확인」【6~10】은 전술하였기 때문에 생략하고 나머지를 내용별로 묶어 보면 다음과 같이 3가지로 나뉜다.

첫 번째는 교지의 매독감염의 발각과 관련된 것인데, 「매독감염의 발각(2)」【27~33】, 「교지의 고백」【34~40】, 「루이의 사죄」【41~45】 등이다. 원작 『낙태의』에서는 미네기시 루이가 살바르산 주사를 놓는 교지의 모습을 보는 장면에서 교지가 매독에 감염되었다는 사실이 밝혀진다. 그리고 이후 연극에는 교지의 아버지 후지사키 다카노스케나 그 외 특별한 누군가가 교지의 감염을 알게 되는 장면은 등장하지 않는다. 후반부에서는 교지의 감염에 대해서는 알 만한 사람은 알고 있다는 것을 전제로 등장인물들이 자연스럽게 행동한다.

이에 대해서 영화에서는 초반부터 교지가 수술 도중 매독환자에 의해 감염된다는 경위를 명확하게 밝히고 있다는 점은 전술한 바와 같다. 그리고 감독은 미네기시 루이에 의한 발각 장면에 이어서 【27~33】과 【34~40】을 새롭게 부가하고 있는 것이다. 전자는 교지와 루이가 말다툼

중 격앙된 루이가 "그런 하느님 같은 사람이 왜 살바르산(Salvarsan, 매독의 치료약) 주사 같은 걸 맞고 있는 거죠!"라는 말을 뱉자, 그곳을 지나치던 교지의 아버지가 그 말을 우연히 듣게 된다는 내용이다. 그리고 후자는 교지가 매독감염의 경로를 아버지에게 해명하고, 사정을 알게 된 아버지가 약혼자에게 그런 사정을 털어놓는 것이 낫겠다고 조언하는 내용이다. 우연히 아들의 성병을 알게 된 아버지의 놀라움과 충격, 아들의 고백과 그 불행을 안쓰러워하는 아버지의 심경 등, 감동적인 신임에 틀림없다. 하지만 감독에게는 또 다른 의도가 있었는데, 그것은 바로 '루이의 심경변화'의 계기를 만드는 것이었다. 미네기시 루이는 원작과 비교해서 영화에서 그 비중이 커지는데 이점에 관해서는 후술하고자 한다.

루이는 모두가 존경하는 교지를 위선자라고 의심하고 있었고 매독에 감염됐다는 사실을 알고 난 다음부터는 그를 더욱 경멸하였다. 그런데, 교지와 아버지의 대화를 엿듣고 사건의 전말을 알게 된 이후 그녀는 자신의 태도를 후회하며 교지에게 존경과 애정을 품게 된다. 그런 의미에서 「루이의 사죄」【43~44】는 감독이 자연스럽게 추가한 장면이라 할 수 있다. 루이는 원작보다 비중이 커졌다고 할 수 있는데, 이 점은 후반에서도 재차 확인할 수 있다.

다음으로 감독이 창조한 장면은 「소년의 맹장수술」【15】, 「맹장수술 후의 소년」【22~23】, 「소년의 퇴원」【42】 등이다. 내용은 13살의 소년이 맹장수술을 하고 퇴원하는 내용이다. 교지는 가난한 소년 가족에게 수술비용 및 입원비를 무료로 해주고, 거기에 야구를 좋아하는 소년에게 자신의 글러브를 선물해 주기도 한다. 치부致富는커녕 병원 운영이 어려워질 만큼 가난한 사람들에 대해 헌신하고 배려하는 모습을 통해 교지의 인도적인 행동이 강조된다. 이러한 점에서 소년과 관련된 에피소드는 감독이 원작에서 생략한 「하시모토 부부의 출산」(2·3)의 공백을 채워 주는 의의를 가지고 있다고 할 수 있다. 하시모토라는 자가 전쟁으로 한쪽 팔을 잃고 생계가 어려울 때 임신을 해 버려 산파에게 도움을 청했으나 돈이 없어 거절을 당하고, 이후 교지가 아이를 출산하도록 설득하고 무료로 하시모토 부부의 출산을 돕는다는 일화이다.

구로사와가 '하시모토' 일화를 '맹장수술 소년'일화로 대체한 의도는 첫 번째로 전자가 '낙태'와 관련된 일화였기 때문이며 이점은 낙태와 관련된 다른 일화도 모두 생략했다는 사실과 연관해서 이해해야 할 것이다. 두 번째로 무거운 분위기의 에피소드가 연속되는 영화의 흐름 속에서 적절하게 경쾌한 장면을 삽입하고자 했다. 적당한 타이밍으로 무거운 분위기의 병원 안에 웃음꽃을 피게 하는 발랄하고 장난스러운 소년의 역할은 《스가타 산시로姿三四郎》(1943)의 엄숙하듯 하지만 간혹 인간적인 실수를 하는 융창사 스님이나, 원폭을 테마로 한 《8월의 광시곡八月の狂詩曲》(1991)의 막내를 방불케 한다.

마지막으로 감독이 창조한 장면으로 약혼자 미사오에 대한 일화가 있는데, 「노사카와 루이의 대화」【11~14의 후반】, 「후지사키 다카노스케와 미사오」【16】, 「미사오의 방문」【25의 전반】, 「미사오의 오기」【41】 등이 그것이다.

원작과 다른 점을 기술하면, 첫 번째로 교지와의 관계에 대한 명확함에 관해서이다. 원작에서는 미사오가 「후지사키 부자와 미사오와의 대화」(1·1), 「미사오의 애달픔」(2·5) 등에 등장하는데, (1·1)에서 미사오가 교지의 약혼자라는 사실이 드러나나, 그로부터 6년 후 2막의 후반부인 (2·6)에 이르러서야 교지가 미사오와 결혼을 거부하고 있다는 장면이 등장한다. 그리고 이 신에 이어지는 2막의 가장 마지막 신(2·7)은 처음으로 교지의 매독에 대해서 언급한다. 결국 연극 전반부에서 교지와 미사오의 사랑과 관련된 내용은 매우 한정적이라고 판단된다.

이에 대해서 영화에서는 전장에서의 첫 시퀀스 이후, 바로 이어지는 「노사카와 루이의 대화」【11~14의 후반】에서 교지는 6년간 기다려 온 미사오와 결혼할 의지가 없다는 사실을 루이의 입을 통해 명확하게 알려주고 있다. 그리고 원작에 없는 미사오가 빈번하게 등장하게 되는 점을 통해 보면 미사오의 역할, 혹은 교지와 미사오의 갈등이 원작보다 더욱 강조되었다고 할 수 있겠다. 관객은 영화의 첫 신에서 교지의 감염을 알게 되고, 패전 후 루이의 입을 통해 교지가 6년이나 기다려 온 미사오를 받아들이지 않는다는 사실을 알게 된다. 그리고 이어지는 일화, 즉 감독이 창조한 장면들은 교지의 고뇌와 교지의 행동을 이해하지 못하는 미사오의 애달픔으로 점철되고 있다. 원작과 비교해 보았을 때, 구로사와는 교지와 미사오의 남녀관계에 주목하고 두 사람의 갈등과 고뇌를 표현하고자 하였다는 사실을 알 수 있다.

3. 후반부의 구성의 비교

이어서 나카타 부부가 등장하고 그들의 에피소드가 구성의 중심이 되는 후반부의 내용을 표로 나타내면 다음과 같다.

墮胎醫			靜かなる決鬪		
막·단락	내용	세부내용	신	内容	細部内容
3·1		다카노스케는 병원의 재정충당을 위하여 가재를 골동상에 판다	↑【24】へ移動		
			45~51	나카타와의 조우	㊉ 교지가 노사카의 부탁으로 경찰서를 찾았고 그 곳에서 우연히 폭행혐의로 취조를 받고 있는 나카타를 만남
			52~55	나카타에게 병원에 오도록 설득	㊉ 교지는 나카타에게 매독치료에 대해서 묻자 나카타는 지금은 어떤 증상도 없다고 답한다. 시간이 지나 교지는 나카타를 찾아

					가 자신도 나카타로 인해 매독에 감염되었다고 환기시키며, 부인이 임신을 했다면 안전한 출산을 위해 자신의 병원으로 오도록 설득함
3·2	나카타 부부의 진료	3·2·1 나카타 부부가 병원을 찾아옴. 나카타와 루이, 그리고 나카타와 다카노스케의 대화			☒ 省略
		※원작의「3·2·5」에 해당	56~57	다키코와 루이의 대화	↘ 원자과 대동소이 함.
		3·2·2나카타의 부인 다키코는 자신이 매독에 걸렸음을 알게됨. 교지는 나카타에게 기형을 가진 아기가 태어날 수 있다고 하면서 낙태를 권함.	58	이혼을 결심하는 다키코	➔ 원작과 대동소이
		3·2·3 다키코는 결혼 전에 나카타의 건강상태를 충분히 살펴보지 못했음을 후회하며 심각하지 않듯 뻔뻔하게 나오는 나카타를 증오함.			➔ 원작과 대동소이
		3·2·4 다키코는 나카타와 이혼하고 출산을 하고자 함			➔ 원작과 대동소이
		3·2·5 루이의 자식에 대한 애정			↑【56~57】으로 이동
3·3	교지와 미사오의 이별	3·3·1미사오가 방문하여 다른 남자와 결혼할 날이 잡혔다고 알리자 루이는 두 사람의 이별을 슬퍼함.	60~61	교지와 미사오의 이별	➔ 원작과 대동소이
		3·3·2 미사오는 다시 한번 교지의 병에 대해 묻고 교지가 자신을 납치했으면 한다고 함.			➔ 원작과 대동소이. 단 두 사람의 육체적 열정을 느끼게 하는 연출이 추가됨
					⊕ 미사오가 루이에게 교지를 잘 부탁한다고 함.
3·4	교지의 고뇌	교지는 루이에게 아직 미사오를 사랑하고 있다고 밝히면서 책상 위에 무너짐.	62	교지의 고뇌	➔ 원작과 대동소이. 단【4·4·2】의 내용을 가져옴. 대사가 더 직설적이고 매독에 대한 언급이 추가됨
		※원작의「4·3·3 」에 해당	63-64	미사오의 편지	↘ 원작과 대동소이 함.
4·1	루이와 다카노스케의 대화	4·1·1루이는 교지의 병상이제 3기에 이르렀음을 알게 됨. 4·1·2 다카노스케는 인과응보	☒ 省略		

		가 통하지 않는 세상의 모순에 대해서 이야기함 4·1·3 다카노스케는 교지가 6년 전의 불행과 매독감염의 절망감에 자신을 위로하기 위한 선행을 하고 있다고 판단함.			
4·2	가와무라와 오쓰카의 방문	4·2·1 경찰의 소개로 무료 치료를 받으러 온 가와무라에게 루이는 출산을 권함. 매독의 증상이 악화된 교지가 자신이 아닌 다카노스케가 진료를 보고 있는 것에 화를 냄 4·2·2 오쓰카가 방문하여 자신이 반년 전에 잘못해서 구의원 세가와의 딸 미도리가 사망한 건에 대해서 교지의 도움을 청함. 하지만 교지는 오쓰카의 부탁을 거절함.	⊠省略 ⊠省略		
4·3	노사카가 교지의 혐의를 알려줌	4·3·1 경찰이 노사카가 교지를 찾아와 본청에서 나카타 다키코의 낙태수술과 6년 전의 오모타 하루에의 사망과 관련하여 조사를 하고 있다고 알려 줌. 교지는 본인이 혐의를 받고 있다고 생각하고 격노하여 노사카를 폭행함. 4·3·2 정신이 돌아온 교지는 루이에게 자신이 한 행동을 물음. 루이는 교지에게 주사를 놓으려고 하지만 이미 병이 호전되지 않을 것이라며 교지가 거절함. 4·3·3 미사오가 교지에게 행복하게 지내며 교지를 잊지 않고 있다는 편지를 보냄.	⊠省略 ↑【56~57】へ移動		
			65-67	다키코의 수술	㊉ 태아가 이미 사망한 상태에서 다키코가 병원을 방문. 수술 뒤, 다키코는 사산아를 보고 싶다고 하나 의료진이 거부함.
4·4	다키코의 방문	4·4·1 낙태수술을 받은 다키코가 치료를 받기 위해 방문함. 이혼을 당해 화가 난 나카타가 본청에 다키코의 낙태수술을 문제시 삼아 신고함. 4·4·2 교지는 매독을 퍼뜨리지 않기 위해서라도 다키코가 나카타에게 돌아갈 것을 권유함. 교	⊠省略 ↑【62】로 이동 ⊠省略		

		지는 자신도 욕망과 필사적으로 싸우고 있고, 인간의 양심과 의사의 양심을 갖고 살아갈 것이라고 말함. 다키코도 자신도 교지처럼 욕망을 참고 버티겠다고 다짐함. 4·4·3 다카노스케가 교지에게 너는 의사이지만 환자이기도 하다면서 진료를 하지 못하게 함.			
			68-71	나카타의 발광	⊕ 뒤늦게 병원에 온 나카타는 아내의 출산을 의사가 방해했다고 행패를 부림. 그리고 만류에도 불구하고 사산아를 직접 눈으로 확인. 동시에 매독균에 의해 정신이상을 일으킴.
			72-74	루이와 다키코의 대화	⊕ 화창한 봄날, 병실에서 루이와 다키코는 어려운 현실앞에서도 희망을 갖고 살아갈 것을 다짐함.
			75	다카노스케와 노사카의 대화	⊕ 교지는 성인이라고 찬사를 보내는 노사카에게 다카노스케는 "교지는 단지 자신보다 불행한 사람들 옆에서 희망을 되찾고 싶을 뿐이에요."라고 대답함.
			76	일하는 교지	⊕ 가난한 사람들에게 왕진을 가기 위해 빈민가를 걸어가는 교지의 뒷모습.
5·1	노사카와 나가하시 부녀의 방문	5·1·1 교지가 정신병원에 입원하는 당일, 준비를 위해 노사카가 방문함 5·1·2 낙태수술로 세상에 나온 하루에의 딸·마키코와 그의 아버지 나가하시가 교지를 배웅하기 위해 찾아옴.	☒ 省略		
5·2	교지의 병원행	5·2·1 정신이상이 진척된 교지는 마키코를 알아보지 못함. 5·2·2 정신병원 직원이 교지를 데리고 가고, 교지와 이별하는 다카노스케와 루이. 5·2·3 마키코가 입원환자의 아이인 쇼이치와 병원놀이를 하고, 그 모습을 바라보는 어른들의 웃는 얼굴.	☒ 省略		

연극의 제3막은 제2막의 '1946년 가을'에 이어서 '정원의 수목에 눈이 쌓여 있다'고 기술되어 있어 '1946년 겨울'을 시대적 배경으로 하고 있음을 알 수 있다. 계속해서 제4막은 '1947년 봄', 그리고 그로부터 '1개월 후'가 제5막의 배경으로 각각 설정되어 있다.

한편 영화의 경우, 전반부의 마지막이 1946년 '꽃이 한창일 때(花ざかり)'(【44】)로 되어 있었는데, 후반부의 시작(【45】)은 '황량한 겨울'로 되어 있어, 1946년 연말과 1947년 연초에 걸친 겨울로 설정되어 있음을 알 수 있다. 그리고 후반부의 마지막 신(【72】)은 '화창한 봄날'로 되어 있어, 원작의 내용이 대폭 바뀌었음에도 불구하고 원작의 시대적 배경을 그대로 답습하고 있음을 확인할 수 있다.

먼저, 영화가 원작을 차용(답습)한 경우에 관해서인데, 원작의 「나카타 부부의 진료」(3·2·2, 3·2·3, 3·2·3), 「교지와 미사오의 이별」(3·3·1, 3·3·2), 「교지의 고뇌」(3·4) 등이 답습되고 있다.

단, (3·3·2)와 (3·4)는 원작의 내용이 상당히 수정되어 있음에 주의해야 한다. 가령, (3·3·2)는 미사오가 결혼식을 앞두고 마지막으로 교지를 찾아온 장면인데, 감독은 원작에 없는, 두 사람의 육체적 욕망이 표면화되는 장면【60】을 강렬하게 연출하고 있는 것이다.

그리고 【62】는 교지가 루이에게 자신의 고통을 토로하는 장면인데, 이 장면은 원래 1개의 신이 아니다. 감독은 원작을 답습한 후, 여기에 원작의 (4·4·2)의 내용을 더한 것으로, 이 장면은 '답습'과 '이동'으로 이루어진 것이다.

다음으로 영화가 원작의 플롯의 순서를 변경한 경우, 즉 '이동'에 대해서인데, 먼저 「나카타 부부의 진료」(3·2·5), 「다키코의 방문」(4·4·2), 「노사카가 교지의 혐의를 알려줌」(4·3·3) 등은 원작의 원래 위치보다 영화에서는 앞으로 이동되었다.

주목해야 할 부분으로 (4·4·2)가 있는데, 전술한 바와 같이 감독은

(4·4·2)를 앞으로 이동시켜, 【62】를 연출하고 있는 것이다. 원작과 내용이 다른 장면【60】과 【62】는 감독이 교지의 육체적 욕망을 더욱 부각시키고자 한 의도에서 비롯된 것이라 할 수 있다.

다음으로 원작의 내용이 영화에서 생략된 부분에 관해서인데, 「나카타 부부의 진료」(3·2·1), 「루이와 다카노스케의 대화」(4·1), 「가와무라와 오쓰카의 방문」(4·2), 「노사카가 교지의 혐의를 알려줌」(4·4·1, 4·4·2), 「노사카와 나가하시 부녀의 방문」(5·1), 「교지의 병원행」(5·2) 등이 여기에 해당된다.

구로사와는 제3막의 일부를 제외하고 이어지는 제4막과 제5막의 원작 내용을 거의 생략하고 있다. 제4막은 1947년의 봄을 배경으로, 매독에 걸렸음에도 불구하고 계속해서 이성의 끈을 놓지 않고 평정심을 유지해오던 교지가 매독의 제3기 증상 중 하나인 정신 이상에까지 이르는 안타까운 장면을 그리고 있다.

계속해서 연극의 마지막인 제5막은 결말에 해당하는 부분으로서, 제4막의 1947년 봄에서 한 달 뒤를 시간적 배경으로 교지가 정신병원에 입원하기 전, 병원의 식구들 및 의사로서의 윤리를 지켜온 상징이라고도 할 수 있는 마키코와의 마지막 이별을 담고 있다.

마지막으로 원작에는 없지만 감독이 새롭게 추가한 경우에 관해서이다. 창작된 장면은 후반부의 앞부분과 뒷부분의 내용으로 나눌 수 있다. 먼저 앞부분에 해당하는 「나카타와의 조우」【45~51】, 「나카타에게 병원에 오도록 설득」【52~55】은 나카타를 우연히 만난 교지가 그의 부부가 자신의 병으로 오도록 설득하는 내용이다.

계속해서 후반부에서 창조된 장면은 「다키코의 수술」【65~67】, 「나카타의 발광」【68~71】, 「루이와 다키코의 대화」【72~74】, 「다카노스케와 노사카의 대화」【75】, 「일하는 교지」【76】 등이다. 원작의 4막과 5막의 내용이 전부 삭제되고 새롭게 추가된 것으로, 교지의 병이 심각해져 정신병원으로 가게 되는 원작과 달리, 교지가 아닌 나카타가 병이 심각해져 발광을 하고, 교지는 병원에 남아 계속해서 가난한 환자를 돌보는 것으로 크게 바뀌었다.[10]

특히 다키코의 수술 후 뒤늦게 병원을 찾아와 난동을 부린 뒤 매독으로 기형아가 된 사산아를 제 눈으로 확인하고 미쳐버리는 나카타의 모습은 ― 기형의 사산아는 영화에서는 보이지 않지만 ― 매우 선정적이고 극적이며, 선인선과·악인악과의 권선징악적인 교훈을 명확하게 드러낸다.

단, 여기서 우리가 주의해야 할 점은 구로사와는 애초에 원작과 마찬가지로 교지가 발광하여 폭력적이 되는 것으로 시나리오를 썼지만, 두 가지 이유 때문에 위와 같이 원작과 정반대로 스토리를 수정하였다는 것이다. 첫 번째 이유는 GHQ의 검열에 의한 것이다. GHQ의 의학부가 영화의 스토리를 읽고 이래서는 매독에 걸린 민중이 공포를 느끼고 의학적 치료를 받지 않을 수도 있으니 라스트를 수정해야 한다고 지시를 내렸던 것이다.[11] 그리고 두 번째 이유는 원작의 내용이 의학적 상식과 동떨어졌기 때문이다. 원작에서 교지가 1944년 야전병원에서 손의 상처를 통해 감염되고, 1947년 정신병원으로 이송되어 간다는 설정인데, 전문가 소견에 따르면 상처를 통해 감염될 확률은 매우 낮으며, 매독이 정신병으로까지

---

10 이렇게 특히 영화의 후반부가 원작과 매우 달라진 예로는 에드 맥베인의 『킹의 몸값』을 원작으로 한 《천국과 지옥》(1963)과 무라타 기요코의 『냄비 속』을 원작으로 한 《8월의 광시곡》(1991) 등이 있다. 전자의 경우, 전반부가 주인공 곤도의 딜레마를 중심으로 하여 원작을 충실하게 답습했다면, 후반부는 거의 구로사와의 창작으로서, 범죄의 해결과정을 상세하게 풀어내고 있다. 그리고 후자는 전반부에서 소설의 큰 틀을 답습하고, 후반부에서는 원폭이라는 원작에 없는 새로운 사건과 주제를 위하여, 원작의 많은 부분을 생략하고 원폭과 관련된 에피소드를 첨가하고 있다. 이시준, 「구로사와 아키라의 《천국과 지옥天國と地獄》의 연출과 개작에 관한 고찰-원작 『킹의 몸값』과의 비교를 중심으로-」, 『일본문화학보』 76:76, 일본어문학회, 2018, pp.117~142, 그리고 이시준, 「黒澤明の《八月の狂詩曲》の脚本の方法に關する考察ー原作『鍋の中』との比較を通じてー」, 『일본어문학』 88, 일본어문학회, 2020, pp.383~405 참조.

11 ドナルド·リチー著, 三木宮彦譯, 『黒澤明の映畫』, 社會思想社, 1991, p.140.

악화되려면 훨씬 많은 세월이 필요하다는 것이다.

결국 구로사와는 교지가 치료를 계속하여 완치를 향해 나가게 함으로써 GHQ의 의학부가 염려했던 '민중의 공포'를 해소하였고, 교지 대신 훨씬 과거에 매독에 감염되었다고 보이는 나카타를 발광하게 함으로써 의학적 견해를 담보해 낼 수 있었다. 하지만 수정에 따른 스토리상의 파탄까지 극복할 수는 없었던 바, 이 점은 후술하고자 한다.

이상으로 원작과 영화의 구성(혹은 플롯)을 비교하였는데, 감독이 삭제한 플롯인 경우, 당연히 그 플롯에 등장하는 등장인물들도 배제되게 된다. 참고로 영화에서 생략된 인물을 나열하면, 오모다 고조重田鑛造: 오모다 하루에의 남편, 마키코まき子: 오모다 하루에의 아이, 나가하시 미쓰永橋充: 오모다 하루에와 관계가 있었던 남자, 오쓰카 가네大塚かね: 산파, 세가와 미도리瀬川みどり: 구의원 세가와의 딸, 하시모토橋本 부부, 쇼이치昌一, 입원해있는 환자의 아이 등이 된다. 생략된 인물은 역시 전술한 산파인 오쓰카 가네를 비롯하여 하나같이 모두 낙태와 관련된 인물임을 알 수 있다.

또한 원작에서 세가와 미도리라는 등장인물은 구의원의 딸이었는데, 그녀가 낙태를 희망한다며 교지를 찾아왔었고, 교지가 그녀를 거절하는 과정에서 조산원인 오쓰카 가네와도 갈등이 생기게 된다. 하지만 이 또한 전부 낙태에 관한 이야기였기 때문에 해당 에피소드의 등장인물들이 삭제되었다. 쇼이치라는 아이는 인간의 욕망에 사로잡힌 어른들과 대비하여 마키코와 함께 어울리면서 순수한 이미지의 장치로 사용되었지만, 영화에서는 마키코가 삭제된 시점에서 쇼이치도 함께 삭제될 수밖에 없었다고 판단된다.

이상으로 원작과의 비교를 통해서 구로사와의 시나리오 방법에 대해 살펴보았는데, 큰 특징만을 정리하면 다음과 같다.[12]

첫 번째로 원작과 비교하여 스토리를 '간단', '명료'하게 제시하고 있다. 가령 교지의 매독 감염 경위에 대해서인데 원작이 단계적으로 긴 시간에 걸쳐 사실을 밝히는 데에 대해서 구로사와는 영화의 첫 야전병원 신에서 그 전모를 밝히고 있는 것이다. 또한 미네기시의 심리변화, 즉 교지에 대한 원망에서 애정으로 변하는 계기가 명확하게 그려졌는데, 그녀가 교지와 교지 아버지의 대화를 엿듣고 오해를 푸는 장면이 바로 그것이다.

두 번째로 원작과 비교하여 스토리를 '극적으로(드라마틱하게)' 전개시키고 있다. 가령 전술한 야전병원의 신도 그러하지만, 미네기시에 의해서 교지의 매독이 발각되는 신부터, 교지의 아버지에게 교지의 병이 알려지는 충격적인 신, 그리고 이어지는 미네기시가 오해를 풀며 갈등을 해소하는 신 등의 일련의 흐름은 감독이 평범한 이야기를 어떻게 '드라마틱'하게 전개시키는지 여실히 보여주는 예라고 할 수 있다. 이외에 원작에는 없는, 경찰서에서 취조를 받는 나카타와 우연히 조우하는 신이나 나카타가 사산아를 보고 미쳐서 실성하는 신 등은 나카타의 무지함과 흉포함을 드러냄과 동시에 관객이 '볼만한 장면'을 삽입하고자 하는 감독의 의도를 잘 대변해 준다.

세 번째로 원작과 비교하여 메시지를 간단, 명료하게 제시하고 있다. 원작은 '낙태'와 '매독'에 관련된 내용을 주로 다루는 데에 반해서 영화는 '매독'에 대해서만 집중한다. 이러한 메시지의 간단, 명료화는 '낙태'와 관

---

12 구로사와는 셰익스피어의 『멕배스』를 원작으로 하는 《거미집의 성》(1957)에서도 원작의 등장인물의 성격과 역할, 그리고 다양한 내용의 플롯을 생략하거나 단순화시켜 주인공을 둘러싼 서사적 공간을 제약하고 긴 시간대에 펼쳐진 사건 간의 시간차를 압축시켰다. 또한 역시 셰익스피어의 『리어왕』을 원작으로 한 《란》(1985)에서는 원작의 리어(Lear)와 글로스터(Glocester)의 두 가문의 복잡한 구성을 영화에서는 글로스터 가문을 생략함으로써 구성을 단순화시키고 있다. 이시준, 「구로사와 아키라의 《거미집의 성蜘蛛巣城》 고찰 : 인물조형과 플롯을 중심으로」, 『일어일문학연구』 104:2, 한국일어일문학회, 2018, pp.51~75, 그리고 이시준, 「구로사와 아키라의 《란乱》:고전에서 영화로의 궤적」, 『일어일문학연구』 100:2, 한국일어일문학회, 2017, pp.3~24 참조.

련된 에피소드(그 속의 인물도 포함)의 삭제와 긴밀하게 관련된다.

위의 세 번째 사항은 감독이 어떠한 메시지를 영화 속에 담고자 했는가라는 물음과 관련이 깊은데, 다음 장에서는 원작의 메시지가 영화에서는 어떻게 변화되었는지 구체적으로 살펴보기로 하자.

4. 『낙태의』에서 《조용한 결투》로 : 메시지의 변화

앞 장의 시나리오 비교 분석을 염두에 두고, 《조용한 결투》가 원작 『낙태의』의 메시지를 어떻게 변형시켰는지를 정리하면 다음과 같다.

첫 번째, 『낙태의』에서는 교지라는 의사와 그 주변의 군상을 통해 '낙태 문제'라는 사회적 문제에 대한 주의를 환기시키고자 하였다. 하지만 《조용한 결투》에서는 철저하게 '낙태 문제'를 배제하고 있다고 할 수 있다.

『낙태의』에서 낙태를 주요 테마로 삼은 이유는 당시 사회적으로 낙태 문제가 심각했음을 반영하고 있다. 패전 직후 일본의 민중 생활은 식량과 생활물자 결핍, 폭발적인 인플레이션, 실업자 급증으로 일찍이 없었던 위기에 빠졌다. 이들의 생존을 위한 투쟁은 필사적이었으며 먹고 살기 위해 몸을 파는 여성도 많았다. 낙태를 원하는 여성들도 급증했으나, 낙태죄가 엄연히 존재해 안전하게 임신중절을 받을 수 없는 상태에서 다급해진 여성들은 군대에서 돌아온 위생병이나 침구사, 안과나 이비인후과 의사, 수의사에게까지 중절 수술을 부탁해 비합법적으로 위험한 수술을 받았고 그 과정에서 목숨을 잃는 일도 있었다.[13] 연극이 상연된 1947년은 낙태와 관련된 사회적 문제가 심각한 시기였다고 할 수 있다.

---

13 후지메 유키, 김경자 옮김, 『성의 역사학』, 삼인, 2004, pp.339~342 참조.

과연 『낙태의』에서는 오쓰카 가네라는 산파가 빈번하게 등장하여 낙태죄에 관한 법률을 무시하고 돈만 되면 어떤 시술도 감행하고 있으며, 때로는 산모를 죽음의 위기로 몰아넣기도 한다. 이에 대해 교지는 '7개월' 이상이 된 태아인 경우는 법률에 근거하여 어떠한 낙태수술도 거부하고, 산모가 낙태를 원한다고 할지라도 태아의 생명과 인권의 소중함을 환기시켜 그대로 출산을 권하는 등, 오쓰가 가네와 대조적인 행동을 취한다.

한편, 영화에서는 매독균에 걸린 교지와 그에게 매독을 감염시킨 친구 나카타와의 대립, 그리고 미사오와의 이별과 성적 고뇌 등이 주된 스토리로 됨으로써 낙태와 관련된 에피소드와 등장인물들이 철저히 삭제가 된다.

이 외에 구로사와가 철저하게 낙태문제를 배제시킨 일례로 다키코의 수술을 들 수 있다. 원작에서는 매독에 감염된 기형아로 인해 교지가 다키코에게 낙태수술을 행한다는 부분이 영화에서는 교지가 이미 사산된 태아로 인해 다키코에게 개복수술을 행한다는 점으로 변경되고 있는 것이다. 원작에서 교지의 낙태수술이 충분히 합리적인 이유가 있었음에도 불구하고, 구로사와는 태아를 '이미 죽은 상태'로 설정함으로써 낙태문제와 관련된 조그만 문제의 소지도 남기지 않으려 했던 것이다.

영화에서 낙태문제가 배제된 배경에는 관의 허가 범위를 확대하는 신법으로서 「우생보호법」[14]이 1948년 7월 탄생했다는 점도 고려해야 할 것이다. 연합국의 점령 하에서 우생보호법의 시행·개정(1948, 1949, 1952)에

---

14 1948년 7월 13일 공포, 같은 해 9월 11일 시행. 1949년 6월, 1952년 5월 일부 개정. 「우생보호법」 제3장 제14조는 국가가 허가하는 낙태의 범위를 다음과 같이 규정한다. 1. 본인 또는 배우자가 정신병, 정신박약, 정신병 소질, 유전성 신체 질환 또는 유전성 기형이 있는 자. 2. 본인 또는 배우자의 4촌 이내의 혈족 관계에 있는 자가 유전성 정신병, 유전성 정신박약, 유전성 정신병 소질, 유전성 신체 질환 또는 유전성 기형이 있는 자. 3. 본인 또는 배우자가 나병을 앓고 있는 자. 4. 임신의 지속 또는 분만이 신체적 또는 경제적 이유로 모체의 건강을 현저하게 해칠 우려가 있는 자. 5. 폭행 혹은 협박을 당해, 또는 저항이나 거절할 수 없는 상태에서 간음을 당해 임신한 자.

의해서 임신중절은 사실상 합법화된 것인데, 1949년 3월 영화 개봉 시점에서, 감독은 낙태문제가 사회적 합의를 거쳐 어느 정도 정리가 된 사안이라고 판단했을 가능성이 높다고 판단된다.

두 번째, 『낙태의』에서는 교지라는 인물을 통해 낙태와 관련해서 주로 의사로서의 사명과 윤리를 그리고자 하였다면, 《조용한 결투》는 매독과 관련해서 인간 그 자체로의 교지의 고뇌, 즉 욕망과 이성과의 갈등을 그리고자 하였다고 할 수 있다.

일본에서는 1512년에 매독에 관한 최초의 기록이 보이고, 전국시대부터 메이지 시대까지 많은 환자가 기록으로 확인되고 있다. 1860년 나가사키에서 일본 최초의 창기를 대상으로 한 매독검사가 실시되었고, 1910년부터 1940년까지 창기병원이 100여 개를 넘기게 되었다.[15] 그리고 《조용한 결투》가 개봉된 1949년에는 일본에서 연간 17만 6천 명의 환자가 발생하였다고 보고되고 있다. 특효약인 페니실린이 실용화·보급되어 환자 수가 격감했지만 여전히 1949년 당시의 매독문제는 심각했다고 할 수 있다.[16]

『낙태의』는 전술한 바와 같이 '낙태'와 '매독'을 두 기둥으로 해서 이야기를 전개하고 있지만, 굳이 둘 중에 어느 쪽이 우선시되었는가를 따진다면 매독의 문제는 낙태의 문제에 종속되어 있다고 판단된다. 판단의 근거로 교지의 인물조형을 들 수 있다. 교지의 성격 중, 의사로서의 사명과 윤리적 측면(중절수술의 당위성의 판단, 환자에 대한 비밀유지, 가난한 환자에 대한 배려와 헌신 등)은 '낙태'의 문제와 관련해서, 그리고 매독과 인간으로서

15 加藤茂孝, 「第6回「梅毒」-コロンブスの土産、ペニシリンの恩恵」, 『モダンメディア』 62巻5號, 2016, pp.179~180.

16 영화가 개봉되고 1개월 후인 1949년 4월, 구로사와는 좌담회에서 매독은 잠복기가 길어서 방심하기 쉬운 만큼 더욱 철저하게 치료해야 하며, 매독 문제는 일반인이 철저하게 알아야 하는 큰 문제이다라는 취지의 대화를 하고 있다. 浜野保樹編, 『大系 黑澤明 第1卷』, 講談社, 2009, p.369. 초출은 黑澤明, 「對談·座談會 黑澤監督を圍んで」, 『大映ファン』, 1949.4.

의 고뇌와 윤리적 측면(성적 욕망과 결혼문제 등)은 '매독'의 문제와 관련이 깊다.

앞 장에서 고찰한 바와 같이 관련 내용의 분량과 빈도수를 고려했을 때, 원작 『낙태의』에서 의사로서의 사명과 윤리 쪽이 1막부터 5막까지 작품 전체를 일관되게 흐르는 문제의식이었던 것에 비해서, '매독'과 관련된 성적 욕망과 결혼문제는 상대적으로 전체 흐름 속의 일부로 자리매김이 되고 있음을 확인할 수 있었다.[17]

한편 《조용한 결투》는 매독과 관련된 교지의 인간으로서의 고뇌와 윤리(성적 욕망과 결혼문제 등)의 문제에 천착하고 있는데, 이는 감독이 거시적인 사회적 문제를 정면으로 다루기보다는 개인적인 영화 속 등장인물을 깊게 관찰하고 형상화시키려는 데에 관심을 두는 경향과 무관하지 않을 것이다.[18] 감독의 성향 상, 의사로서의 직업윤리와 사회적 문제에 관련이 깊은 '낙태'의 문제보다 개인적인 고뇌를 구현하기 쉬운 '매독'의 문제에 더욱 매력을 느끼지 않았을까.

가령 제목을 보더라도, 원작의 제목은 '낙태의', 즉 의사의 직업을 전면에 내세우고 있는 반면, 영화 쪽은 매독에 감염된 교지가 욕망과 싸우며 이성을 잃지 않으려는 몸부림을 의미하는 '조용한 결투'를 그 제목으로 하고 있는 것이다.

이러한 구상을 실현시키기 위해 원작과 차별되는 시나리오 작업이 이루어졌는데, 그 첫 번째가 멜로드라마적인 성격을 부각시키는 것이었고,

---

17 이 외에 원작의 후반부에서 다키코가 기형아를 임신했기 때문에 교지가 낙태수술을 하고 있다는 점도 '매독'의 문제가 '낙태'의 문제로 수렴收斂되는 예라고 볼 수 있겠다.

18 도널드 리치는 《우리 청춘에 후회 없다》(1946)를 논하면서, "그것은 그녀의 영화이다. 자유주의와 군국주의의 충돌이라는 현상과는 거리가 멀다. 구로사와가 사회적 주장을 담은 작품을 만들 때에는 항상 그렇지만, 감독으로서 그의 진정한 관심사는 사상자체가 아니라 그 사상이 삶에 어떠한 영향을 주게 되는가에 있다."라고 하는 지적은 큰 시사점이 된다. ドナルド·リチー, 『黑澤の映畫』, 社會思想社, 1991, pp.80~81.

두 번째가 이러한 멜로드라마를 통해 교지의 욕망과 이성의 갈등을 극대화시키는 작업이다.

도널드 리치에 의하면, GHQ 등의 지시로 인해 시나리오를 변경한 후, 구로사와는 "시나리오에 꽤 무리한 부분이 생겨버렸어요. 비극적인 러브스토리로 만들고 싶었지만, 그게 제일 어려워서 ……"라고 이야기했다고 한다.[19]

과연 교지와 미사오의 애틋한 관계를 나타내는 장면 — 미사오가 직접 등장하지 않지만 교지의 고뇌가 드러나는 장면까지 포함해서 — 은 많이 나오는데, 주로 미사오가 자신과 결혼하지 않는 이유를 끊임없이 물어보고, 교지 또한 진실을 밝히지 못하고 결혼을 거부하면서도 포기하지 못하고 괴로워하는 장면이다. 특히 구로사와가 원작에 없는 내용을 새롭게 추가한 장면만을 열거하면 【1~5】(교지가 매독에 감염된 후, 미사오와 함께 찍은 사진을 바라봄), 【11~14】(교지가 결혼을 거부함), 【16】(미사오가 교지와 찍은 사진을 봄), 【25의 전반】(교지에게 미사오가 왜 불행한가라고 물음), 【41】(정식으로 양가가 파혼을 선언한 후에도 미사오는 교지를 찾아오겠다고 함), 【60~61】(두 사람이 육체적 열정을 느끼고 키스하려 함), 【60~61】(미사오가 루이에게 교지를 부탁함) 등이 있다. 야전병원에서의 미사오 사진이 등장하는 장면(12분 경)부터 마지막 미사오의 편지에 관한 장면(81분 경)까지 두 사람의 애틋한 연애담은 러닝타임 90분의 영화 전체를 관통하는 제재라 할 수 있다.

구로사와는 영화개봉 직후에 《조용한 결투》에 대한 좌담회에서, "영화라는 것은 확실하게 드라마가 있어야 한다고 생각합니다. (중략) 드라마라고 하는 것은 인간을 그리는 형식입니다. 목적은 어디까지나 인간을 그리

---

19 ドナルド·リチー, 三木宮彦 譯, 앞의 책, p.141. '비극적인'이라고 했던 것은 교지가 원작에서처럼 병이 심각해져 정신병원으로 가는 결말을 염두에 넣은 발언이라 할 수 있겠다.

는 데에 있습니다."라고 말한 후, 최근의 멜로드라마는 인간의 희노애락을 철저하게 통찰하지 못하고 사건의 변화가 심한(파란만장한) 줄거리의 재미만을 쫓고 있다고 지적하고 있다.[20] 감독의 말을 빌리자면 결국 교지와 미사오의 슬픈 연애담은 수단이고, 감독의 진정한 목표는 인간의 희노애락의 통찰, 환언하면 욕망과 이성 사이에서 고뇌하는 교지에 관한 통찰이었다고 할 수 있겠다.

원작보다 멜로드라마적인 성격이 강화되었다는 점은 전술한 바와 같은데, 미사오와의 결혼문제가 부각된 만큼 교지의 욕망과 이성 간의 갈등도 원작보다 강조되고 있다. 가령, 【60】은 미사오가 결혼식 전날 교지를 찾아와 마지막 작별하는 장면인데, 미사오가 지금이라도 모든 것을 버리고 어디론가 같이 가자고 하는 대사 이후에 구로사와는 원작에 없는 "두 사람, 불타오른다 …… 가까이 다가간다 …… 서로의 몸을 정신없이 껴안는다 …… 가까이에서 바라보는 큰 눈 …… 코 …… 입술. 입맞춤하려는 후지사키, 깜짝 놀란 듯 입술을 피하고 몸을 뗀다"라는 장면을 추가하고 있다.

또한 【62】는 교지가 루이에게 자신의 고통을 토로하는 장면으로 "선생님, 남자의 육체적인 욕구라는 게 그렇게 쉽게 억제할 수 있는 건가요?"라고 묻는 루이에게, 교지는

후지사키 "왜 그런 걸 묻나?"
루이 "선생님이 너무 아무렇지 않아 보여서요 ……"
후지사키 "환자의 경우도 두 종류가 있잖아 …… 괴롭다고 소리치는 사람도 있는 반면, 진땀을 흘리며 묵묵히 참는 사람도 있어 ……"
루이 "선생님은 그 진땀을 흘리는 분이시군요"

---

20 浜野保樹編, 『大系 黑澤明 第1卷』, 講談社, pp.366~367. 초출은 黑澤明, 「對談·座談會「黑澤監督を圍んで」『大映ファン』, 1949.4.

후지사키 "난 무언가에 지는 것도 싫고…… 의사이기도 하니까"
루이 "하지만 의사도 사람이잖아요"
후지사키, 괴로운 듯이
"음…… 그 사람이 다른 남자의 것이라는 게 정해진 오늘, 어쩌면 모든 것을 포기할 수 있을 거라고 생각했는데…… 안 되겠어!"
루이 "……"
후지사키, 점점 격정적으로 되어간다.
"…… 나는 지금 스스로 욕망과 필사적으로 싸우고 있어…… 전쟁이 시작되기 전, 내 불쌍한 욕망은 젊고 결백한 감정으로 짓눌러졌었고…… 전쟁 중에는 돌아가기만 하면 미사오와의 행복한 결혼이 기다리고 있다고 타이르며 짓눌렀어…… 그런데 어느 날, 내 몸은 파렴치한 한 남자의 더러운 피 때문에…… 아무런 쾌락도 없이 더럽혀졌어…… 그리고 이렇게 더러워진 몸속에서, 지금까지 인간의 욕망만이…… 이렇게 활발하게 살아 있어! 게다가 이 욕망을 철저하게…… 철저하게 때려눕히려는 도덕적 양심만이 진을 치고 있는 거야…… 보잘것없는 양심이라는 놈이 설치고 있어!"

라고 울부짖는다. 교지와 루이의 이 장면은 원작의 (4·4·2)의 내용, 즉 다키코와 교지의 대화의 내용을 가져와 신을 구성하고 있다. 원작에서는 다키코, 교지 두 사람 모두 감염된 사람끼리의 동병상련의 고민 내용이, 영화에서는 교지와 루이의 대화로 설정됨으로써 더욱 강렬한 성적 욕망에 대한 담론이 되는 결과가 되었다.

성의 문제, 특히 남자의 성이 이렇게 본격적으로 다루어진 예는 당시에 매우 특이하다고 할 수 있다. 특히 교지가 루이에게 고백하는 신은 기묘한 열기를 내뿜는다.[21] 자서전에 따르면 이 신을 찍었을 때 감독은 자신도 모르게 뜨거운 눈물을 흘렸다고 회고하고 있다.

---

21 橋本勝,『黑澤明 FOR BIGINNERSシリーズ』, 現代書館, 1996, pp.22~23.

마지막으로《조용한 결투》는 원작에 없는 새로운 메시지를 담고 있는데, '이성'의 중요성이 바로 그것이다.

구로사와는 전작《주정뱅이 천사》의 주제에 관해서 "인간은 식물이 아니다. 물론 동물이다. 그 동물적인 욕망이나 활력은 왕성해도 당연하다고 생각한다. 그러나 그것을 이겨낼 정도의 강한 이성을 갖고 있지 않으면 인간이라고 할 수 없다. 이 작품을 관통하는 것은 이러한 의미의 인간 부흥의 정신이다."[22]라고 밝히고 있다. '이성'은 감독이 전후의 일본사회 및 일본인이 체득해야 할 주요한 덕목 중의 하나로 꼽고 있는 것이다.

《조용한 결투》의 경우, 이미 교지의 성적 욕망과 이성과의 갈등, 그 자체가 '이성'의 문제를 강조하고 있다고 할 수 있다. 감독은 교지가 인간의 도덕심과 양심, 그리고 의사로의 책임을 자각하며 환자들을 치료하고 병의 완치를 위해 노력하는 '이성'의 소유자로 그리고 있다.

한편, 이러한 이성의 부재를 상징화하는 것이 나카타이다. 우선, 구로사와는 원작에는 없는「나카타와의 조우」【45~51】,「나카타에게 병원에 오도록 설득」【52~55】 등의 장면을 창조하였다. 원작『낙태의』에서의 나카타는 복역 이후에도 교지와 친분을 유지해 오고 있었고, 나카타는 자신의 의지로 교지의 병원을 찾는 것으로 되어 있다. 한편 영화에서는 교지가 노사카의 부탁으로 나카타가 폭행한 경찰을 치료하기 위해 경찰서를 찾았고 그곳에서 폭행혐의로 취조를 받고 있는 나카타를 만나게 되고, 부인이 임신을 하게 됐다면 반드시 자신의 병원으로 오라고 설득하는 것이다.

계속해서 나카타의 인물상에 관해서인데, 원작에서는 파렴치하지만 당시의 봉건적 남성위주의 사고방식을 가진 일반인에 불과하였다. 하지

22 浜野保樹編,『大系 黑澤明 第1巻』, 講談社, 2009, pp.225~226. 초출은 黑澤明,「『酔いどれ天使』の演出ノートから」,『映畫春秋』, 1948.4.

만 영화에서는 벼락부자가 돼서는 죄 없는 경찰 및 자신을 위해 충고하는 교지를 폭행하고, 밤낮으로 유흥을 즐기며, 병원에서 난동을 부리는 포악하고 비윤리적인 악한으로 변화시켰다. 병에 관해 무지하고 사회악적인 환자와 도덕적인 의사의 관계는 전작인 『주정뱅이 천사』의 야쿠자인 마쓰나가와 의사인 사나다를 방불케 한다. 결국 나카타는 기형의 사산아를 목격하고 병이 도져 정신이상을 일으키며 몰락하게 된다. 교지가 매독의 심각성에 대해 설교를 하자, "흥, 나는 유쾌하지 않은 일 따위, 생각하지 않는 주의라서"라고 충고를 거부하는 나카타의 태도는 그의 '이성'의 부재를 단적으로 이야기해 준다.

이렇게 볼 때 이다 신비가 감독의 메시지에 대해서 "이 영화는, 제재적인 면의 의도는 인간과 매독균과의 싸움을 이야기하려는 것"이라고 하고 "모두 인간, 여기서는 남자의 이성의 유무에서 비롯된다는 것이 작품의 의도"인 것 같다고 한 지적은 정곡을 찌르고 있다고 판단된다.[23]

5. 나오며

《조용한 결투》의 선행연구를 살펴보면 원작과의 비교를 통한 분석이나 비평은 전무한 상황이다. 이에 필자는 원작과의 철저한 비교를 통해 감독의 시나리오 작성 방법과 작품의 메시지를 더욱 객관적으로 규명하고자 하였다. 고찰의 결과를 정리하면 이하와 같다.

먼저 감독의 시나리오 작성 방법의 특징에 관해서인데, 첫 번째로 가령

23 飯田美心, 「静かなる決闘」, 『黑澤明集成Ⅲ』, キネマ旬報社, 1993, pp.272~273. 초출은 『キネマ旬報』, 1949年 4月 下旬號.

교지의 매독의 감염 경위가 대표적인데, 원작과 비교하여 스토리를 '간단', '명료'하게 제시하고 있음을 알 수 있다.

두 번째로 미네기시가 오해를 풀며 갈등을 해소하는 신이나 교지가 나카타와 조우하는 신 등이 대표적인데, 원작과 비교하여 스토리를 '극적으로(드라마틱하게)' 전개시키고 있음을 확인할 수 있다. 세 번째로 원작은 '낙태'와 '매독'에 관련된 내용을 주로 다루는 데에 반해서 영화는 '매독'에 대해서만 집중한다. 원작과 비교하여 영화의 메시지를 간단, 명료하게 제시하는 이러한 방법은 다른 시나리오의 예에서도 찾아 볼 수 있다.

다음으로는 《조용한 결투》가 원작 『낙태의』의 메시지를 어떻게 변형시켰는가에 관해서인데, 첫 번째 『낙태의』에서는 교지라는 의사와 그 주변의 군상을 통해 '낙태 문제'라는 사회적 문제에 대한 주의를 환기시키고자 하였다. 하지만 《조용한 결투》에서는 철저하게 '낙태 문제'를 배제하고 있다. 배제가 된 외적인 이유로는 1948년 7월, 「우생보호법」의 제정을 상정할 수 있는데, 1949년 3월 영화 개봉 시점에서, 낙태 문제는 어느 정도 정리가 된 사안이라고 감독이 판단했을 가능성이 높다.

두 번째, 『낙태의』에서는 교지라는 인물을 통해 낙태와 관련해서 주로 의사로서의 사명과 윤리를 그리고자 하였다면, 《조용한 결투》는 매독과 관련해서 인간 그 자체로의 교지의 고뇌, 즉 욕망과 이성과의 갈등을 그리고자 하였다고 할 수 있다. 이는 감독이 거시적인 사회적 문제보다 등장인물 개인에 관심을 두는 경향과 무관하지 않으며, 이러한 감독의 성향상, 의사로서의 직업윤리와 사회적 문제에 관련이 깊은 '낙태'의 문제보다 개인적인 고뇌를 구현하기 쉬운 '매독'의 문제에 더욱 매력을 느꼈을 것이라고 판단된다. 이러한 구상을 실현시키기 위해 원작과 차별되는 시나리오 작업이 이루어졌는데, 그 첫 번째가 멜로드라마적인 성격을 부각시키는 것이었고, 두 번째가 이러한 멜로드라마를 통해 교지의 욕망과 이성의 갈등을 극대화시키는 작업이었다.

마지막으로《조용한 결투》는 원작에 없는 새로운 메시지를 담고 있는데, 감독은 전후의 일본 사회에서 일본인은 '이성'을 체득해야 한다고 지적한다. 이를 위해 감독은 원작과 다른 두 사람의 성격을 창조하는데, 교지는 '이성'의 소유자로 이상적인 인물상으로 조형되고 있는 것에 반해서, 나카타는 '이성'의 부재로 인해 몰락하는 인물로 조형되고 있어 교지와 강렬하게 대비되고 있다.

제6장

《들개》
: 소설, 시나리오, 영화의 역동적 관계

1. 들어가며

▸영화 포스터

영화 『들개野良犬』는 1949년 10월 17일 개봉한 구로사와 아키라黒澤明 감독의 9번째 작품이다. 종전 직후인 도쿄를 무대로 권총을 도난당한 젊은 형사가 베테랑 형사와 함께 범인을 쫓는 과정을 그린 구로사와 감독의 첫 탐정 영화이기도 하다.[1]

구로사와 아키라 연구의 권위인 쓰즈

1 두 번째 탐정영화는 《천국과 지옥天國と地獄》(1963)인데, 원작은 미국의 에드 맥베인(Ed Mcbain, 1926~2005)의 추리소설 『킹의 몸값(King's Ransom)』으로 구로사와가 각색한 것이다. 구로사와가 《백치》, 《밑바닥どん底》, 《거미집의 성蜘蛛巣城》 등 외국문학의 고전을 영화의 소재로 사용해 왔던 점을 생각하면 외국문학의 현대추리물을 선택한 것은 이례적이라고 할 수 있다. 범인을 쫓는 형사라는 큰 틀뿐만이 아니라, 형사들의 회의 모습, 요코하마의 야마시타 공원·슬럼가의 환락과 탐욕으로 달아오른 국적 불명의 술집·매음굴 등 도시풍경과 풍속을 사실적으로 담고 있는 점, 범인을 쫓을 때의 교차편집, 영상과 음악의 대치법 등, 《들개》와 주목할 만한 공통점을 가지고 있다. 이시준, 「구로사와 아키라의 《천국과 지옥天國と地獄》의 연출과 개작에 관한 고찰」, 『일본문화학보』, 한국일본문화학회, 2018, 117~142쪽.

키 마사아키都築政昭의 이하의 내용은 본 영화를 포함한 종전 후의 구로사와 작품군을 이해하는 데에 많은 시사점을 준다.

> 《들개》는 전후를 무대로 한 4부작의 마지막 작품으로, 그 집대성이다. 4부작의 주인공들은 전쟁에서 귀중한 청춘을 희생하고 복귀한 퇴역군인들뿐이다. (중략) 앞의 3부작에서는 가혹한 현실 속에서 강한 '理性'을 가지고 용기 있게 싸우는 유조雄造와 후지사키藤崎를, 반대로 자포자기가 되어 파멸해 간 마쓰나가松永를 청년의 전형으로 그렸다고 한다면, 《들개》에서는 양자의 대결이라고 하는 형태로, 사회악과 의연하게 싸우는 무라카미村上 형사와 인생에 패해 반사회적이 된 강도 살인범과의 대결을 그리고 있다.[2]

한편, 《들개》는 구로사와가 영화를 만들기 전에 먼저 같은 제목의 중편소설을 썼던 점이 주목된다. 보통은 영화의 대본을 쓴 이후에 소설로 다시 쓴 경우가 대부분인 점을 고려하면 매우 이례적이며 생전에 대본에 앞서 소설을 쓴 것은 본 작품이 유일하다. 소설은 40일간, 소설을 다시 대본으로 고치는 데에 예상외로 시간이 걸려 50일간이나 걸렸다고 한다.[3] 소설과 영화에 관련해서 구로사와의 평전을 쓴 호리카와 히로미치堀河弘通는,

> ㈀보통 우리들이 소설을 대본화할 때는 원작을 일단 해체해서 다시 조립하지만 이 소설은 처음부터 영화화를 상정하고 있기 때문에 다시 조립할 필요가 없다. ㈁하지만, 영화작가가 어떻게 해서 대본을 쓰고, 촬영 시에 어떻게 처리할까 하는 것에 대한 좋은 견본이 될 텐데, 이 소설은 『全集 黑澤明』에도 게재되어 있지 않다.[4]

---

2 都筑政昭, 『黑澤明一全作品と全生涯一』, 東京書籍, 2010, p.156.

3 黑澤明, 『蝦蟇の油』, 岩波書店, 1984, p.364.

4 掘川弘通, 『評傳 黑澤明』, 毎日新聞社, 2000, pp.134~135.

라고 지적한다. 호리카와의 ㈀의 지적은 정곡을 찌르고 있어, 소설 원작을 영화화한 여타의 작품과 비교해서 《들개》의 경우는 스토리상의 변화가 거의 없다. 그리고 ㈁의 지적은 소설 → 대본 → 영화로의 전환 과정의 탐구가 필요하다는 문제의식이나 아쉽게도 소설 자체가 일반인에게 공개가 안 되었다고 하고 있다. 하지만 다행히도 소설의 원고가 2009년, 하마노 야스키浜野保樹 씨에 의해 『大系 黑澤明 第1卷』講談社에 공개되었다.

이 글의 목표는 위의 호리미치 씨의 문제의식을 명확하게 하고자 하는 것에 있는 바, 이하 소설, 대본, 영화의 연출을 중심으로 3자 간의 차이점을 분석하고자 한다. 분석의 순서는 소설의 구성인 발단, 전개, 위기, 절정, 결말로 한다. 시나리오 인용은 黑澤明, 『全集 黑澤明 第二卷』, 岩波書店, 1987을 사용하였음을 밝혀둔다.

2. 발단부

원작 소설은 총 28장이고 대본의 신은 167개로 되어 있는데, 【발단】에 해당하는 소설은 1장에서 3장, 대본의 신은 【1】부터 【29】까지가 각각 해당된다.

원작소설과 영화의 비교를 표로 정리하면 이하와 같다. 원작 소설에 대해서 주목되는 대본의 변용은 표의 셀 안을 회색으로 채워 구별하였고, 영화 단계에서의 주목되는 변용이나 연출은 간단히 내용을 기입하였다.

소설		대본		애피소드	영화의 변용 및 연출
장	장의 제목	신	신의 제목		영화 연출
					타이틀 백의 미친개
1	발단	1	사격연습장	1. 도난당한 권총 숨 막힐 정도로 더운 어느 날, 경시청수사 제1과의 무라카미는 만원 버스에서 7발의 탄환이 장착된 콜트식 권총을 도난당한다. 버스에서 내린 무라카미는 빠른 걸음으로 도로를 건너는 수상한 남자를 발견하고 남자를 쫓지만 도중에 놓쳐버리고 만다.	· 소설과 대본의 스토리의 순서를 바꿈 · 남자를 추격하는 시퀀스(핸드 헬드 촬영기법, 진행방향 통일, 흰 옷을 통안 시선유도 등)
		2	연습장 뜰		
		3	아스팔트 길		
		4	버스 안		
		5	거리		
		6	거리(A)		
		7	거리(B)		
		8	거리(C)		
		9	어느 거리		
2	소매치기 부서	10	문	2. 소매치기부서, 이치카와 형사의 도움 수사 제1과 계장·나카지마의 조언으로 무라카미는 소매치기과 노형사·이치카와를 찾아간다. 이치카와의 도움으로 여자 소매치기 오긴을 특정하고 두 사람은 추어집에 가서 오긴을 기다린다.	
		11	同·실내		
		12	문		
		13	同·실내		
		14	감식과		
		15	어느 거리		
		16	어느 추어집		
3	여자 소매치기	17	길(A)	3. 오긴을 쫓는 무라카미 집요하게 오긴을 쫓는 무라카미. 결국 끈질긴 무라카미에게 질려서 불법 권총상을 만나는 방법을 알려 준다.	오긴을 쫓는 시퀀스(카메라 워킹으로 여러 장소를 간결하고 빠르게 제시)
		18	길(B)		
		19	미용실입구		
		20	미용실 뒷문		
		21	길(C)		
		22	어느 역의 계단		
		23	성선省線 전차 안		
		24	길(D)		
		25	빙수 가게		
		26	노면전차[市電]		
		27	길(E)		
		28	어느 역 근처의 술집		
		29	침목 더미 위		

【발단】의 주요 내용 다음과 같다.

어느 무더운 날, 무라카미 형사가 사격 훈련에서 돌아오는 길 버스 안에서 옆에 선 여성에게 콜트 권총을 도둑맞아 범인을 쫓았지만 놓쳐버리고 만다. 권총 안에는 7발의 총탄이 남아 있다. 무라카미는 상사 나카지마中島경감의 조언으로, 소매치기 담당인 이치카와市川 형사에게 상담하고, 감식 수법 카드를 조사하면서 여자 소매치기범인 오긴お銀에 주목한다. 무라카미는 오긴을 찾지만, 그녀는 시치미를 떼기만 했고, 무라카미는 그녀를 집요하게 쫓아다니며, 권총이 이제 수중에 없다면, 적어도 힌트만이라도 달라고 계속 간청했다. 결국 체념한 오긴은 변두리의 번화가에서 허기진 모습으로 서성이고 있으면 불법 권총 거래상이 접촉을 시도할 것이라고 힌트를 준다.

소설에서의 '주임경관', '소매치기 부서의 형사'가 대본·영화에서는 각각 '나카지마' '이치카와'라는 구체적인 이름이 부여되고 있다. 소설에서 대본·영화로의 전환은 사건의 골격(스토리)을 유지하면서도 양자 간에는 이하와 같은 주목할 만한 차이점이 발견된다.

첫째, 영화에서는 대본의 신 【1 사격연습장】전에 타이틀 백(타이틀과 제작진, 출연진 자막)이 흐르는 동안, 카메라는 더위에 지쳐 숨을 몰아쉬며 헐떡거리는 들개의 얼굴을 '익스트림 클로즈업'으로 잡고 있는데, 영화 타이틀인 '들개'를 암시함과 동시에 거친 숨소리의 음향효과는 여름의 무더위를 생생하게 전달하고, 그리고 극의 긴장감을 고취시키는 효과를 주고 있다.[5]

▸타이틀 뒤로 들개의 클로즈업

5 더위에 지쳐 헉헉 거리는 미친개의 이미지는 대본의 "순경의 발치에 보기에도 더울 것 같은 털이 텁수룩한 잡종개가 쓰러져서 금방이라도 숨이 넘어갈 듯 심하게 혀를 내밀고

둘째, 타이틀 백에 이어서 본 영화가 시작되면 '그날은 지독하게 더웠다'라는 내레이션을 배경으로, 경시청 수사 제1과의 나카지마 경감이 콜트 권총을 도난당했다는 무라카미의 보고를 받는 장면이 전개되는 데, 이 장면은 대본의 신 【10-11】에 해당하는 것으로, 사격장 → 버스안 → 경시청 수사 제1과로 이어지는 소설 및 대본의 시간적 순서를 바꾼 것이다. 대본의 설정이 최종적으로 영화 촬영 단계에서 변경된 것으로, 구로사와 감독은 영화의 주제 및 주요 소재를 가급적 이른 단계에서 관객에게 제시하는 경향이 있는 바, 《들개》의 이 장면은 이러한 연출 방법의 한 예라고 할 수 있다.

셋째, 버스에서 내린 무라카미가 수상한 남자를 쫓는 장면에 관해서인데, 소설에서는 "그 안에는 버스에서 뛰어내려 군중 속에서 놓쳐버린 젊은 남자의 사진은 보이지 않았다."(소설·2장 소매치기부서)라고만 되어 있는 부분이 대본에서는

5 거리

뛰어내린 무라카미, 둘러본다.
재빨리 차도를 건너가는 남자가 힐끗 뒤돌아본다.
무라카미와 눈이 마주치자 휙하고 뛰기 시작한다.
무라카미, 뒤쫓는다.
남자, 길을 가로지른다.
무라카미, 필사적인 얼굴이 되어 쫓는다.

6 거리의 길(A)

도망가는 남자.
뒤쫓는 무라카미.

7 거리의 길(B)

도망가는 남자.

있었다."(대본【40】)의 기술을 연상시킨다.

뒤쫓는 무라카미.

8 거리의 길(C)

도망가는 남자.

뒤쫓는 무라카미.

9 어느 사거리

무라카미. 달려온다.

멈춰 서서 둘러본다.

어느 길에도 인기척이 없다——텅 빈 조용한 찌는 듯 한 길——어디서인지 들려오는 경쾌한 라디오 음악.

무라카미, 거친 숨을 몰아쉬며 폭포처럼 흘러내리는 땀을 닦으려고도 하지 않고 망연히 서 있다.

▸도망치는 남자 ▸쫒는 무라카미 ▸무라카미의 흰 양복

라는 식으로, 5개의 신으로 구체화되었다. 그리고 실제 영화에서는 이 장면은 이전의 쇼트와는 대조적으로 카메라가 좌우, 상하로 불안정하게 흔들리며 카메라에 잡힌다. 이러한 '핸드 헬드 촬영' 기법은 권총을 분실한 무라카미의 불안과 초조한 심리를 관객에게 효과적으로 전달함과 동시에 추격신의 긴박감을 극대화하는 연출이라 할 수 있다.[6]

한편, 도망가는 남자나 그를 쫓는 무라카미가 달리는 방향은 화면의

6 후술하는 【전개】부분의 '몽타주' 시퀀스에서도 무라카미가 정신없이 군중들 사이로 배회하는 장면에서 무라카미의 초조함과 육체적 피로감을 '핸드 헬드 촬영' 기법을 통해 효과적으로 표현하고 있다.

왼쪽에서 오른쪽으로 통일시켰는데 이러한 방향의 통일성을 통한 인물들의 일관된 행동 방향은 스토리의 흐름을 자연스럽게 이어가며 시각적 안정감을 준다. 후술할 무라카미의 오긴을 쫓는 처음 신【16】에서는 추어집을 오긴이 왼쪽으로 꺾어 나가고, 무라카미도 그녀를 따라 왼쪽으로 나가고, 이치카와도 왼쪽을 바라본다. 이어 등장하는 오긴의 이동 장면 역시 같은 방향(왼쪽)으로 설정되고 있는데, 이러한 카메라워킹 또한 위의 효과를 기대한 연출이다.

한편, 무라카미의 흰 양복은 흑백영화인 만큼 눈에 잘 띄는 흰색을 통해 자연스럽게 관객의 시선을 주인공에게 유도하고자 한 연출 의도를 엿볼 수 있다.[7]

넷째, 무라카미가 여자 소매치기범인 오긴의 뒤를 쫓는 장면에 관해서인데, 소설에서는,

> 그로부터 얼마 지나지 않아 오긴은 노면전차市電에 몸이 흔들리고 있었다. 앞에 서 있던 대여섯 명의 손님이 내리자, 놀랍게도 그곳에 무라카미가 앉아 있었다. 오긴은 쳇하고 혀를 차며 전차에서 내렸다. 별로 품위가 없는 미용실의 대기실, 격에 맞지 않게 머리를 세트라도 했는지, 문득 나온 오긴은 기분 나쁜 얼굴로 있는 무라카미를 발견하고 눈살을 찌푸렸다. (중략) 이렇게 그날 하루 종일 오긴이 있는 곳에는 반드시 무라카미가 있었다. (소설·3장 여자소매치기)

라고 되어 있어, 장소로는 '市電' 즉 시가 운영하는 '노면전차' '미용실'이 제시되고 그 외는 '하루 종일 오긴이 있는 곳에는 반드시 무라카미가 있었다.'로 간단하게 기술되고 있다.

---

7 이에 대해서 후술하는 【전개】부분에서의 '몽타주' 시퀀스에서는 무라카미의 남루한 짙은 회색 군복이 주변 사람들의 흰 옷과 대비되어 관객의 시전을 주인공에게 집중시키는 효과를 가져 온다.

▸팬 기법

▸어느 역의 계단

한편, 이에 해당하는 대본은 신【17-29】로, 소설에서 제시하는 장소는 물론 구체적 장소를 연결시키는 '길', 국가가 운영하는 '성선省線 전차' '빙수가게' '술집' '침목 더미 위' 등 새로운 장소가 첨가되어 오긴과 무라카미의 행적을 구체적으로 드러내고 있다.

영화에서는 약 1분 20초 동안 오긴과 그녀를 쫓는 무라카미가 많은 장소를 이동하는데, '롱 쇼트'를 이용한 '팬 기법'의 카메라 워킹, 장면전환으로는 '와이프 기법'과 '오버랩'을 이용하여, 여러 장소를 간결하고 빠르게 제시하여, 추적 상황의 긴장감과 결코 포기하지 않고 오긴을 뒤쫓는 무라카미의 집요함을 관객에게 효과적으로 전달한다.

▸미용실 뒷문으로 도망치는 오긴

▸침목위에서 별을 보는 두 사람

한 가지 더 주목해야 할 점은 오긴에 대한 인물조형에 관해서이다. 오긴은 소설에서는 현금 털이에서 총에까지 손을 댄 '한 물 간' '묘한 교태를 부리'는 중년 여인으로만 묘사되어 있었다. 하지만 대본·영화에서는 소설에는 없었던 특히 신【29 침목 더미 위】를 추가함으로써 끈질긴 무라카미의 태도에 연민을 느끼며, 하루 종일 아무것도 먹지 못한 무라카미에게 맥주와 닭 꼬치를 주는 새로운 인간적인 면모를 부각시킨다. 오긴의 추적 시퀀스의 마지막 장면은 두 사람이 침목 위에서 별을 바라보며 끝나는데, 오긴은 벌렁 하늘을 보며 침목 위에 나자빠지면서

> 호우! 예쁘네! …… 별님이 좋다는 것, 난 지난 20년 동안 까맣게 잊고 있었어!(대본【29】)

라고 감탄한다. 《들개》는 후술하겠지만, 범죄자를 징벌해야 하는 직업윤리와 범죄자—사회적 모순에 의해 선택을 잘못한—를 동정하는 감정의 충돌이 중요한 테마가 되고 있는 바, 위와 같이 범죄자·오긴에 대한 '인간적'인 인물조형도 위의 테마와 결코 무관하지 않다고 판단된다.

【발단】부에서의 특징을 다시 정리하면, 소설은 무라카미가 자신의 권총이 범죄에 악용될 가능성을 고민하며 느끼는 심리적 갈등을,

> 무라카미는 버텼다. 특별히 방법이 있는 것은 아니다. 단지, 이 큰 실수로 인해, 만약 자신의 권총으로 흉악한 범죄가 일어난다면 하고 생각하니 안절부절못하게 된 것이다. (1장 발단)

라고 자세히 묘사하나, 대본에서는 이러한 심리적 묘사가 생략되었다. 한편, 소설에서 간단히 묘사된 무라카미의 남자와 오긴 추적 장면이 대본·영화에서 여러 신으로 추가되었는데 이러한 전환은 대본이 소설보다 더 빠르게 사건의 긴박감을 전달하고, 관객의 몰입을 유도하려는 의도에서 비롯된 것이라 할 수 있다.

3. 전개부

【전개】는 소설의 경우 4장에서 12장, 대본의 신은 【30】부터 【89】까지가 각각 해당된다.

원작소설과 대본·영화의 비교를 표로 정리하면 이하와 같다.

<table>
<tr><th colspan="2">소설</th><th colspan="2">대본</th><th rowspan="2">에피소드</th><th rowspan="2">영화의 변용 및 연출</th></tr>
<tr><th>장</th><th>장의 제목</th><th>신</th><th>신의 제목</th></tr>
<tr><td rowspan="7">4</td><td rowspan="7">권총 빌려드립니다</td><td>30</td><td>어떤 쇼윈도</td><td rowspan="11">4. 변두리의 번화가 탐문
퇴역군인 모습을 한 무라카미는 교토의 번화가를 돌아다닌다. 공원 분수대 앞에서 양아치가 말을 걸어온다. 무라카미는 찻집에서 권총주선자인 여자를 검거하여 파출소로 연행한다.</td><td rowspan="11">영상과 음악의 몽타주(음향 및 음악으로만, 대사가 거의 없이 이중노출, 삼중노출, 오버랩, 핸드 헬드 촬영 등)</td></tr>
<tr><td>31</td><td>다 떨어진 구두로 걷기</td></tr>
<tr><td>32</td><td>어느 거리(저녁)</td></tr>
<tr><td>33</td><td>파친코 가게안</td></tr>
<tr><td>34</td><td>어느 공원</td></tr>
<tr><td>35</td><td>공원의 전등불</td></tr>
<tr><td>36</td><td>동일한 분수 앞</td></tr>
<tr><td rowspan="4">5</td><td rowspan="4">빨간 블라우스의 여자</td><td>37</td><td>찻집·콩가</td></tr>
<tr><td>38</td><td>어느 파출소·앞</td></tr>
<tr><td>39</td><td>파출소의 숙직실</td></tr>
<tr><td>40</td><td>파출소·앞</td></tr>
<tr><td rowspan="4">6</td><td rowspan="4">콜트의 탄환</td><td>41</td><td>수사 제1과·실내</td><td rowspan="4">5. 사상사건 발생
요도바시에서 권총을 사용한 사상사건이 발생. 무라카미는 자신의 콜트가 사용되었는지 확인하기 위해 사격연습장에서 탄환을 가져온다.</td><td rowspan="4"></td></tr>
<tr><td>42</td><td>문</td></tr>
<tr><td>43</td><td>문·실내</td></tr>
<tr><td>44</td><td>사격연습장</td></tr>
<tr><td rowspan="5">7</td><td rowspan="5">아이러니한 기회</td><td>45</td><td>총기연구실</td><td rowspan="5">6. 취조실에서의 사토 감식결과, 무라카미의 콜트로 판명되었다. 무라카미는 사직을 하겠다고 하지만, 나카지마는 무라카미에게 요도바시 사건을 담당하게 하고</td><td rowspan="5"></td></tr>
<tr><td>46</td><td>수사 제1과·실내</td></tr>
<tr><td>47</td><td>유치장 입구</td></tr>
<tr><td>48</td><td>조사실 뒤 계단</td></tr>
<tr><td>49</td><td>조사실 앞 복도</td></tr>
</table>

<table>
<tr><td>8</td><td>늙은 너구리</td><td>50</td><td>4호실 내부</td><td rowspan="2">노련한 사토형사와 한 팀이 되라고 명한다. 무라카미는 취조실에서 여자를 신문하는 사토를 만난다. 여자의 자백으로 권총매매상인 혼다가 야구광이라는 사실을 알게 된다.</td><td rowspan="2"></td></tr>
<tr><td>9</td><td>멀리서 울리는 천둥소리</td><td>51</td><td>경시청의 옥상</td></tr>
<tr><td rowspan="13">10</td><td rowspan="13">5만 명 중의 한 사람</td><td>52</td><td>고라쿠엔</td><td rowspan="13">7. 고라쿠엔 구장
거인전이 열리는 고라쿠엔 구장에는 관중들로 빼곡하다. 사토와 무라카미를 중심으로 한 수사관들은 구장 내 물건을 파는 사람들에게 혼다의 사진을 뿌리고 정보를 기다린다. 1루측 내야석을 돌고 있던 아이스캔디 판매상이 혼다를 발견한다.</td><td rowspan="26">등장인물의 대사 사이사이에 디졸브의 빠른 전환으로 공격과 수비를 하는 선수들의 모습과 관객의 함성, 장내아나운서의 쇼트가 끊임없이 연결됨</td></tr>
<tr><td>53</td><td>同 · 벤치 옆 통로 (1루쪽)</td></tr>
<tr><td>54</td><td>同 · 더그아웃 옆의 지하도</td></tr>
<tr><td>55</td><td>同 · 객석</td></tr>
<tr><td>56</td><td>同 · 그라운드</td></tr>
<tr><td>57</td><td>同 · 관중 뒤의 통로(프로세스)</td></tr>
<tr><td>58</td><td>同 · 그라운드</td></tr>
<tr><td>59</td><td>同 · 객석 뒤의 통로(프로세스)</td></tr>
<tr><td>60</td><td>同 · 객석</td></tr>
<tr><td>61</td><td>同 · 스코어보드</td></tr>
<tr><td>62</td><td>同 · 1루측 · 내야석</td></tr>
<tr><td>63</td><td>同 · 그라운드</td></tr>
<tr><td>64</td><td>同 · 객석</td></tr>
<tr><td rowspan="13">11</td><td rowspan="13">럭키세븐</td><td>65</td><td>同 · 스코어보드</td><td rowspan="13">8. 혼다를 불러내는 방법
당장 체포하려는 무라카미를 혼다가 제지한다. 시합은 무라카미는 초조함을 감추지 못하고, 사토는 장내방송으로 혼다를 불러내는 방법을 생각해 낸다.</td></tr>
<tr><td>66</td><td>同 · 객석 뒤의 통로(프로세스)</td></tr>
<tr><td>67</td><td>同 · 그라운드</td></tr>
<tr><td>68</td><td>同 · 객석의 통로</td></tr>
<tr><td>69</td><td>同 · 그라운드</td></tr>
<tr><td>70</td><td>同 · 객석의 통로(프로세스)</td></tr>
<tr><td>71</td><td>同 · 그라운드</td></tr>
<tr><td>72</td><td>同 · 객석의 통로(프로세스)</td></tr>
<tr><td>73</td><td>同 · 망원렌즈로 찍은 객석</td></tr>
<tr><td>74</td><td>同 · 객석의 통로(프로세스)</td></tr>
<tr><td>75</td><td>同 · 망원렌즈로 찍은 객석</td></tr>
<tr><td>76</td><td>同 · 객석</td></tr>
<tr><td>77</td><td>同 · 객석의 통로(프로세스)</td></tr>
</table>

		78	同·방송실의 지붕		
		79	同·객석의 통로(프로세스)		
		80	同·스코어보드		
		81	同·확성기	9.장내 방송 호출을 알리는 장내방송이 구장에 울린다. 의아해 하면서 자리를 뜨는 혼다. 아무도 없는 객석 아래의 계단을 내려가는 혼다는 수사관들에게 포위되어 체포된다.	
		82	同·객석 뒤의 통로(프로세스)		
		83	同·망원렌즈로 본 객석		
		84	同·객석 뒤의 통로(프로세스)		
		85	同·스코어보드		
		86	同·확성기		
		87	同·망원렌즈로 본 객석		
		88	同·객석 뒤의 통로(프로세스)		
12	회랑	89	同·객석 아래의 복도		

【전개】의 주요 내용은 다음과 같다.

권총을 찾기 위해 퇴역군인 차림으로 암시장을 걷던 무라카미는 마침내 권총의 암거래 현장을 발견하고 권총을 중계하는 여자를 검거하지만, 그 장소에 무라카미의 콜트 권총을 빌렸다가 돌려주러 온 남자는 놓쳐버린다. 그러던 중 요도바시에서 강도 상해 사건이 발생했고, 무라카미의 콜트가 사용된 것으로 밝혀진다. 책임을 느낀 무라카미는 사표를 제출하지만, 상사의 충고로 요도바시 경찰서의 베테랑 형사 사토와 팀을 짜서, 불법 권총상인 혼다를 고라쿠엔 야구장에서 어렵게 검거한다.

소설과 대본·영화로의 전환은 장소, 소품이나 의상, 음악적인 면에서 작은 차이가 확인되며,[8] 사건의 골격(스토리)을 유지하고 있으나, 이하와

8 권총 중개상을 검거하는 장면에서, 소설에서는 '7시에 ○○골목길 ○○라는 찻집'이라고 된 장소가 대본에서는 '9시에 ㅡ골목길의 콩가라는 찻집'으로 구체화 되었고, 소설에서는 '빨간 상의를 입은 여자'가 '축음기에서 흘러나오는 박자가 맞지 않는 브루스' (소설·4장 권총 빌려드립니다)를 듣고 있다고 한 부분이, 대본에서는 '하얀 터번을 한 여자가 축음기

같은 주목할 만한 차이점이 발견된다.

첫 번째로 무라카미가 권총 매매상을 찾기 위해 변두리 번화가를 배회하는 장면에 관해서이다.

소설: 4장 권총빌려드립니다	대본 신【31】
그로부터 5일간, 오긴의 말을 유일한 단서로 해서 후줄근한 군복으로 초라하게 변신해서, 무라카미는 넓은 도쿄의 번화가란 번화가는 모두 걸어 다녔다. ㈀**태양열에 부풀어 오른 아스팔트 위를, 구두가 묻힐 듯한 변두리의 먼지 길을, 소나기가 쏟아지는 보도를, 진창의 비갠 뒤의 암시장**을 고열로 의식이 몽롱해진 듯한 모습으로 걷고 또 걸었다. 하지만 콜트의 단서는커녕 권총상의 호객꾼도 만나지 못했다. 그리고 주임 경감으로부터 받은 일주일째 되는 날의 태양이 허망하게 지려고 하고 있다. 초췌하게 움푹 패인 눈, 길게 자란 턱수염, 솜처럼 퍼져 지진 몸, 말 그대로 ㈁**부랑자**와 같이 되어 버린 무라카미	그 후 며칠 동안 오긴의 말을 유일한 단서로 해서, 후줄근한 군복으로 초라하게 변신해서 무라카미는 넓은 도쿄의 번화가라는 번화가를 돌아다닌다. 태양열에 부풀어 오른 아스팔트 위를, 구두가 묻힐 것 같은 변두리의 먼지 길을, 소나기가 쏟아지는 보도를, 진창의 비갠 뒤의 암시장을 무라카미의 너덜너덜한 군화가 걷고 또 걷는다. 밤낮으로 열에 들뜬 듯 헤매며 걷는 동안, 무라카미의 얼굴은 초조와 초췌함으로 완전히 변해 문자 그대로 부랑자처럼 되고 만다――㈂**여기서 무라카미가 한번 마음먹으면 소처럼 고집스럽고 끈질긴 성격을 표현하고 싶다. 이를 위해 수십 컷의 장면과 많은 현실음의 몽타주를 할 계획입니다.**

위의 무라카미의 복장, 용모, 배회 장소 등에 관해서는 소설과 대본의 내용이 그 표현의 유사성에서도 알 수 있듯이 거의 동일하다. 권총 매매상을 찾기 위한 무라카미의 배회에 대한 구상은 이미 소설의 단계에서 매우 구체적이었음을 미루어 짐작할 수 있다. 하지만 실제로 영화에서는

로부터 흘러나오는 룸바'(대본【37】)를 듣고 있다고 변경되었다. 대본의 '흰 터번'은 최종적인 영화에서는 또 한 번 '머리에 흰 꽃'을 꽂은 모습으로 변경되었다. 이외에 소설에서는 「콜트가 없었다면 다른 것으로 했을 걸세」(소설·9장 멀리서 울리는 천둥소리)라고 된 부분이 대본·영화에서는 「콜트가 없었다면 브라우닝으로 했을 걸세」(대본【51】)로 변경되었다. 참고로 무라카미가 번화가를 배회하는 중에 파친코 점을 찾는 장면에서는 소설 및 대본 모두 파친코 점으로 되어 있었으나 최종적으로 영화에서는 장난감 총으로 목표물을 떨어뜨리는 '사격장'으로 변경되었다.

소설과 대본의 내용을 양적, 질적으로 훨씬 뛰어넘는 이미지와 정보를 제공하며, 역동성과 정서적 효과를 거두고 있다.

소설과 대본에서 표현된 '하염없이 걷는다'라고 하는 이미지는 영화에서 닳아빠진 군화와 먼지 길을 수없이 클로즈업 쇼트로 처리하여 강조되었고, 소설과 대본에서 설정된 '암시장' 또한 영화에서는 더욱 구체적인 수많은 장소의 신으로 조합·구체화되었다. 특히 영화의 연출이 인상적인데, 연출 방법을 이해할 단초가 되는 것은 대본의 ㈐부분, '수십 컷의 장면과 많은 현실음의 몽타주'로 연출하겠다는 영화 제작상의 구상이라고 할 수 있겠다. 흔히 영화용어로서의 '몽타주montage'란 '모든 쇼트와 장면들 그리고 시퀀스들을 최종적인 영화로 편집하는 과정'으로, 전체적인 효과를 고려한 창조적인 예술 행위로서의 편집을 이야기하는데, 구로사와는 위에서 '현실음의 몽타주'라고 해서 영상뿐만이 아니라 음향·음악에도 주의를 기울이고 있다는 점이 주목된다.

위의 무라카미가 암시장 등을 배회하는 이른바 '몽타주' 시퀀스는 신【31】에서 신【32】까지 해당하며, 영화에서는 음향 및 음악으로만, 대사가 거의 없이 이중노출, 삼중노출, 오버랩, 핸드 헬드 촬영 등 다양한 카메라 워킹이 이용되어 편집된다.

▸1단계 ▸2단계 ▸3단계

장장 8분간에 걸친 편집은 대략 3단계로 나눌 수 있다.[9] 1단계로는 하나의 이미지에 또 하나의 이미지를 덧씌우는 '이중노출', 즉 무라카미가 여기저기 살펴보는 '익스트림 클로즈업'된 눈과 암시장의 광경이 겹쳐 있는데, 탐문의 주체로서의 무라카미가 표현되어 있다. 2단계로는 신사의 내부 같은 곳을 들어갔을 때 무라카미가 길을 잃은 듯한 듯이 주변을 둘러보는 장면에서 미로 같은 암시장을 반쯤 놀란 얼굴로 헤매는 곳까지다. 마지막 3단계는 숙소에 묵은 뒤 다시 한 번 암시장으로 가는 장면이다. 앞에서는 '이중노출'로 표현되어 있었던 것이 이 단계에 이르면, '삼중노출'이 되어 무라카미는 더 이상 탐문하는 주관적 주체가 아니라 암시장이라는 공간에 녹아들어 있는 그야말로 '부랑자'그 자체의 존재로 표현되고 있다. 이외에도 태양과 무라카미의 이미지를 겹친 '이중노출'은 무더운 날씨와 피곤함을 효과적으로 표현하는 데, 천정의 갈대 가림막 사이로 해를 촬영하는 촬영기법은《라쇼몬羅生門》(1950)에서 나무꾼이 숲속을 가는 장면에서 나뭇잎 사이로 해가 비치는 쇼트를 연상시킨다.

▸갈대 가림막 사이로 비치는 햇빛

두 번째로 고라쿠엔 구장에서 혼다를 체포하는 장면에 관해서이다. 소설로는 10장부터 12장, 대본의 신은【52】부터【89】까지가 각각 해당된다. 소설의 간단한 기술이 많은 신들로 구체화되고 있음을 알 수 있는데, 가령 아래의 예는 제보자를 통해 혼다의 위치를 수사관들이 확인하게 된 장면이다.

9 3단계로 나누는 것에 관해서는 逆井 聰人, 「戰災復興と闇市 －『20 年後の東京』と『野良犬』にみる闇市の役割－」, 『言語情報科學』, 東京大學大學院總合文化研究科言語情報科學專攻, 2015, pp.85~102.

소설: 11장 러키세븐	대본의 신 【66】
아이스캔디 판매상인 대학생의 보고를 듣고 무라카미는 흥분했다. 그러나 어려운 것은 지금부터다. 사토는 혼다를 멀리 포위하고 바로 체포하려고 하지 않는다. 무엇보다 이 군중이다. 게다가 ㈀**혼다는 흉기를 가지고 있다고 생각하지 않으면 안 된다. 일요일 오후를 즐기는 선량한 시민들을 위험에 빠뜨릴 수는 없는 것이다. 어떻게든 혼다를 이 군중 속에서 끌어낼 것을 생각하지 않으면 안 된다.** ㈁**무라카미는 정말 참을 수 없는 초조한 시간이 경기 진행과 평행하게 흐른다.**	66 同· 객석 뒤의 통로(프로세스) 아이스캔디 판매상인 대학생이 가리키는 곳을 몸을 뻗어 보고 있는 사토, 무라카미, 그 외 도와주러 온 형사들. 무라카미「(의욕적으로) 좋아!」 사토「기다려 …… 어려운 것은 지금부터야.」 무라카미「제가 잡겠습니다.」 사토「자네에겐 혼다밖에 안 보이나?」 무라카미「?」 사토「이 관중을 위험에 처하게 할 순 없어. 혼다는 흉기를 가지고 있다고 생각해야 해 …… 권총의 탄환은 파울볼 같을 수는 없네」 무라카미「……」 사토「아무튼 녀석을 관중에게서 떼어놓고 잡아야 하네.」 무라카미「하지만, 어떻게 ……」 사토「생각해야지 …… 아직 시합은 5회 남아있어!」

소설의 ㈀부분은 대본의 신【66】에서 사토와 무라카미의 대화문으로 구현되고 있다. 소설의 내용이 영화에서 등장인물의 대화로 전환되는 것은 매체의 성격상 당연한데, 주목되는 것은 '㈁무라카미는 정말 참을 수 없는 초조한 시간이 경기 진행과 평행하게 흐른다.'에 대한 부분이다. 구로사와는 이 간단한 기술을 수십 개의 신으로 구장에서 펼쳐지는 시합을 담아내고 있는 것이다. 극 중의 시합은 1949년 7월 15일 교진巨人 VS 난카이南海전을 실제 촬영한 것으로, 따라서 영화에 등장하는 프로야구 선수는 모두 실제 인물이다. 혼다를 안내방송으로 유인하는 등의 내용도 포함해서 고라쿠엔 야구장 신은 장장 약 10분간의 긴 시퀀스로 구성되어 있다. 등장인물의 대사 사이사이에 디졸브의 빠른 전환으로 공격과 수비를 하는 선수들의 모습과 관객의 함성, 그리고 장내아나운서의 쇼트가 끊임없이 삽입된다. 대본 그대로 '경기 진행과 평행하게 흐르는' 무라카미의 초조함과 긴박감을 구로사와는 실제 경기의 장면을 이용하여 극대화

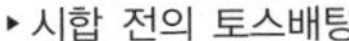
▸시합 전의 토스배팅

▸7회, 관중들이 일어나 기지개를 폄

시키는 데에 성공하고 있는 것이다. 당시의 교진의 유명선수의 생생한 모습과 지금은 없어진 야구장의 풍경인, 시합 전에 관객에게 서비스로 보여 주는 '토스 배팅'의 모습이나 7회에 관객들이 일어나서 기지개를 켜는 '세븐이닝스트레치7th Inning Stretch'의 모습을 확인할 수 있는 점은 전술한 당시 암시장의 생생한 묘사와 함께 전후 일본의 생활 기록적 측면에서의 영화 《들개》의 의의를 상기시켜 준다.

4. 위기부

【위기】는 소설의 경우 13장에서 24장까지, 대본의 신은 【90】부터 【145】까지가 각각 해당된다.

원작소설과 대본·영화의 비교를 표로 정리하면 이하와 같다.

소설		대본		에피소드	영화의 변용 및 연출
장	장의 제목	신	신의 제목	10. 유사의 행방 혼다의 자백으로 콜트는 유사라고 하는 남자가 가진 것이 판명되었다. 사토	종이종각의 연출(범인의 내레이션)
13	유사라고 하는 남자	90	요도바시 경찰서의 취조실		
		91	유사집·가게 앞		

		92	同·다다미 여섯 칸 방	와 무라카미는 유사의 가난한 집에 가는데 유사의 행방은 묘연하다. 유사의 친구로부터 유사가 최근 금전적으로 여유가 생겼고 어릴 적부터 친구였던 블루버드 극장의 무용수 하루미와 자주 만난 사실을 알게 된다.	
		93	同·유사의 방		
		94	종이조각		
		95	유사의 방		
		96	지하철 입구		
14	리젠트보이	97	메트로 호텔 앞		
		98	同·로비		
		99	同·욕실		
15	센티멘털 부기	100	블루버드 극장·내부	11. 블루버드 극장의 하루미 그들은 하루미에게 찾아간다. 유사와의 관계를 묻는 두 사람 앞에서 입을 다문 하루미. 무라카미는 귀가 길에 사토의 집을 방문하여 사토의 단란한 가족과 함께 짧은 휴식시간을 갖는다.	블루버드 극장의 무대와 대기실의 연출
		101	同·대기실·무용수의 방		
		102	同·접수대		
16	아프레 개구리	103	어느 공중전화 앞		
		104	교외의 길		
		105	사토의 집·출입문·정원		
		106	同·다다미 여섯 장 방		
17	토마토	107	주택가	12. 주부사살 사건 한적한 주택가에서 같은 콜트에 의한 주부사살사건이 발생한다. 남편의 비탄을 눈앞에서 보며 자책하는 무라카미.	
		108	나카무라의 집		
		109	同·거실		
		110	同·옆방		
		111	同·안방		
		112	同·정원		
		113	同·실내		
		114	同·정원		
18	남은 다섯발의 탄환	115	요도바시 경찰서의 어느 방	13. 하루미의 아파트로 콜트에는 아직 5발이 남아있다. 사토와 무라카미는 무대를 쉬고 있는 하루의 아파트로 찾아간다. 사토는 하루미의 방에 있는 호텔의 성냥갑을 단서로 해서 유사를 찾으러 간다.	
		116	同·바깥		
19	미친개	117	길		
20	생리학	118	블루버드 극장의 네온		
		119	同·접수처		
21	작은 새의 보금자리	120	고엔지에 있는 빌라·하루미의 방		
		121	同·복도		
22	커트 백	122	同·하루미의 방		
		123	아즈마호텔의 프론트	14. 유사의 행적	·하루미의 방

		124	아파트·하루미의 방	호텔, 택시회사, 게이샤찻집, 요릿집 등으로 유사의 행적을 쫓는 사토. 한편 아파트에 남은 무라카미는 하루미를 열심히 설득한다. 사토는 드디어 간다 야요이호텔에 유사가 잠복하고 있다는 사실을 밝혀낸다.	과 유사의 행적을 쫓는 사토의 행선지의 교차편집
		125	평화택시 앞		
		126	아파트·하루미의 방		
		127	게이샤찻집·고게쓰의 툇마루 끝		
		128	아파트·하루미의 방		
		129	요릿집·무사시야의 현관		
		130	아파트·하루미의 방		
		131	간이호텔 야요이·현관	15. 야요이 호텔 유사의 체재를 확인한 사토는 호텔의 전화실에서 무라카미에게 연락한다. 나이 든 관리인의 중계로 무라카미와 연락이 쉽지 않아지자 사토는 초조해한다. 그 때 계단을 살며시 내려오는 남자가 있다.	
		132	同·전화실 안		
		133	아파트 관리실		
		134	야요이호텔·전화실		
		135	아파트 관리인실		
		136	同·하루미의 방		
		137	同·복도		
		138	同·관리인실	16. 총탄에 쓰러진 사토 전화실 앞으로 남자가 지나간다. 사토가 쫓는다. 수화기로부터 총성을 듣고 사토의 이름을 부르짖는 무라카미. 쏟아지는 비속에서 사토가 쓰러져 있다. 이후 경찰병원 수술실 앞에서 밤을 지낸 무라카미에게 하루미가 와서 유사가 6시에 역으로 간다는 사실을 알려준다.	
		139	야요이호텔·전화실		
		140	아파트·관리인실		
		141	야요이호텔·전화실		
		142	아파트·관리인실		
		143	야요이호텔·현관		
23	지옥의 밤	144	경찰병원·복도 (수술실 앞)		
24	새벽	145	同·복도		

【위기】의 주요 내용은 다음과 같다.

마침내 무라카미의 콜트로 인한 강도 살인 사건이 발생, 남편이 출장으로 집을 비웠을 때 아내가 희생되었다. 귀가해서 시체를 발견하고, 통곡하는 남편에게 수사원들은 말을 하지 못하고, 범인에 대한 분노가 커진다. 아직 권총에는 탄환이 5발 남아 있다. 두 사람은 하루미의 아파트로 향하고, 무라카미는 하루미가 유사에 대해 자백하기를 기다린다. 사토는 방에 있던 '아즈마 호텔'

의 성냥을 단서로 혼자서 유사를 쫓아, 그가 숙박하는 야요이 호텔에 도착한다. 사토는 호텔 로비에서 하루미 집에 있는 무라카미에게 전화를 걸려고 하지만, 수사의 포위망이 좁혀져 왔다는 것을 알아차린 유사의 흉탄에 쓰러지고 만다. 하루미와 무라카미는 수화기 너머로 2발의 총성을 듣고, 무라카미는 절규한다. 유사는 그대로 비가 내리는 거리로 도주한다. 다음날 아침, 경찰병원에서 사토의 회복을 기다리는 무라카미의 곁에 하루미가 와서, 유사가 오전 6시에 역에서 기다리고 있다고 알려준다.

소설에서 '미곡통장'이라고 된 것에 대해 대본·영화에서는 '미곡통장 신주쿠新宿구－－정町－－번지 유사 신지로遊佐新二郎'라고 구체적이 되었고, 유사가 떠나려 했던 역이 소설에서는 'OO역'이었는데, 대본에서는 '고이즈미小泉역'으로 변경되었다. 이외에 대본의 신 【103 어느 공중전화 앞】이나 【116 요도바시 경찰서의 어느 방·바깥】은 소설에 없는 것으로 각각, 사토와 무라카미가 블루버드 극장에서 사토의 집으로, 경찰서에서 블루버드 극장으로 이동할 때 삽입된 것으로 이동의 이유 및 자연스러운 이야기의 전개를 위한 부연 설명이라 할 수 있다.

소설의 대본·영화로의 전환은 사건의 골격(스토리)을 유지하면서도 양자 간에는 이하와 같은 주목할 만한 차이점이 발견된다.

첫 번째로 대본의 신 【94 종이조각】에 관해서인데, 소설에서는 없고 대본 단계에서 첨가된 부분으로, 두 형사가 유사의 방에서 발견한 유사의 메모이다. 메모의 내용을 살펴보기 전에 우선 유사의 인물상은 작품에서는 어떻게 조형하고 있을까?

【발단】과 【전개】가 권총 분실과 범인의 신원을 특정하는 것이 중심 에피소드였다면 【위기】이후는 특정된 범인, 즉 유사의 체포를 위한 범인의 친구, 가족 조사가 중심 에피소드가 되면서, 유사의 성격, 생활환경, 범죄의 범행동기들이 하나씩 구체적으로 밝혀진다. 유사의 생활환경은 가난한 누나의 집에서 얹혀서 자신이 직접 만든 '다다미 두 장 넓이의

닭장'과 같은 방에서 살 정도로 매우 열악하다. 그리고 그의 성격에 대해서 누나는 '온순한 아이' '마음이 너무 약해서'라고 하고, 그의 친구가 '그 녀석은 여자한텐 겁쟁이'라고 하는 것을 종합해 보면 그는 내성적인 소심한 성격이라고 판단된다. 비행 청년이 된 계기에 대해서는 누나가 '불쌍하게도 퇴역할 때 기차 안에서 전 재산인 배낭을 도둑맞고…… 그때부터 엇나가기 시작한 거예요.'라고 하는데, 전쟁에 참전하면서 받은 급료를 전부 도난당했다는 것이 그 원인이라고 하는 것이다. 패전과 함께 복귀한, 교육도 제대로 받지 못한[10] 퇴역군인이 전 재산인 배낭을 도난당하자, 그는 그의 매형에 의하면 '입만 열면 세상이 나쁘다…… 전쟁이 나쁘다고 …… 자기 혼자서 일본의 모든 고생을 짊어진 것 같은 얼굴을 해서는' 뭐 하나 적극적으로 하려고 하지 않았다고 한다. 이상의 유사에 대한 인물상은 소설과 대본·영화에 공히 다루고 있는 부분인데, 앞서 제시한 메모는 소설에는 없는 부분으로,

> 오늘은 잠이 안 온다. 빗소리 속에서 그 버려진 고양이이 소리가 들려오는 것 같다. 빗속에서 엉겨 붙어 온 그 녀석, 어차피 괴로워하다 죽는 것이다. 눈 딱 감고 죽여주지 라고 생각해, 짓밟은 그 발의 느낌이 아직도 남아 있다.

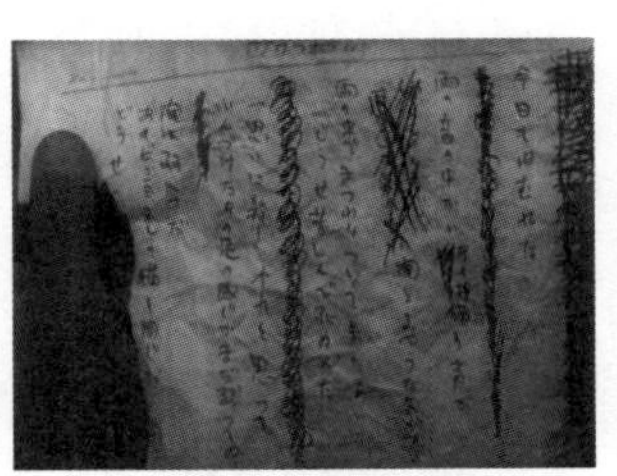

▸유사의 종이 메모

라고 되어 있다. 이를테면, '범죄자의 심리'를 밝히는 부분으로, 구로사와는 그가 얼마나 세상을 염세적으로 보고 있는지, 그리고 '어차피 죽는

---

10 유사가 고등 교육을 받지 못했다는 점은 어엿한 직업을 갖지 못한 것과 교제하는 친구를 통해서도 추측할 수 있지만, 무엇보다도 그의 전 재산이 잡동사니가 들어있는 귤 한 박스라는 점, 그가 남긴 서툰 필체의 메모가 상징적이다.

▸ 무대 위의 무용수와 관객

▸ 찜통같이 더운 대기실

것'이라고 하는 절망감은 '죽여주지'라고 치명적인 폭력성으로 전환될 수 있음을 보여주고 있다.[11] 영화에서는 화면 가득한 메모의 쇼트를 배경으로 메모를 읽는 유사의 육성 내레이션이 흐르는데, 영화 전편을 통틀어 관객이 들을 수 있는 유사의 유일한 대사이다.

두 번째는 두 형사가 하루미가 일하는 블루버드 극장을 찾는 장면이다. 해당 소설 대목을 인용하면,

> 6명 정도의 팀이 부기를 추고 있다. 한증탕 같은 열기에 녹초가 된 객석의 천장에 이상하게 합이 안 맞는 밴드 소리가 메아리치고 있다. (중략) 이윽고 무대는 피날레의 급템포——무용수의 땀을 다 짜내고 끝이 난다. 벽에 달린 형형색색의 의상과 경대를 들여다보니 판잣집 호텔의 쪽방 같은 분장실로 알몸에 가까운 여자 아이들이 물에서 뭍으로 올라온 듯한 모습으로 달려온다. 한동안은 제각기 몸을 던져 뭍으로 내던져진 물고기처럼 헐떡이고 있다. (후략)(15장 센티멘털 부기)

라고 되어있고, 이에 해당하는 대본의 신 【100 블루버드 극장· 내부】

11 처음의 범행은 강도상해사건이었으나 이후 살인을 행하는 스토리상의 전개를 감안하면 유사의 메모는 살인의 힌트내지 복선의 역할을 한다.

【101 同·대기실·무용수의 방】의 내용은 소설의 문장을 그대로 옮겨 놓고 있다. 한편 영화에서는 부기음악을 배경으로, 무용수와 관객을 비추는 쇼트가 리듬감 있게 이어지고 이후 대기실에서 피로와 더위에 쓰러져 있는 무용수들의 육체를 다양한 각도의 롱쇼트와 클로즈업으로 생생하게 비춘다. 남성 관객들로 발 디딜 틈이 없는 무대, 반나체로 땀을 뿜어내며 흐느적거리는 무용수가 가득 메운 비좁은 대기실. 비록 2분 30초를 넘기지 않는 장면이지만, 전반부의 극장무대의 동動과 후반부의 무용수 대기실의 정靜의 대비 속에서 구로사와의 30편의 영화 중 여성의 신체를 가장 여과 없이 리얼하게 비춘 시퀀스이다.

극장의 이름은 행복·희망을 상징하는 '블루버드=파랑새'이지만, 영화 속의 블루버드는 도쿄의 서민들에게는 유흥의 장소, 하루미에게는 열악한 직장이었음과 동시에, 영화의 스토리상에서는 유사가 속하는 범죄의 세계와의 접점 지역이었다. 구로사와는 리얼한 전후의 도쿄를 그리기 위해 영화 로케이션에 신경을 많이 썼는데, 블루버드 극장은 그중의 하나였다. 소설이나 대본에는 없는, 혼란스럽고 디테일이 풍부한 극장의 묘사는 관객들에게 강한 인상을 주며, 동시에 전후의 혼란과 시민들의 복잡한 심리상태를 반영하고 있다고 할 수 있겠다.

세 번째로 유사의 행적에 대해 고집스럽게 털어 놓지 않는 하루미를 어머니와 무라카미가 설득하는 장면인데, 소설은 '22장 커트 백', 대본의 신은【124 아파트·하루미의 방】,【126 同】,【128 同】,【130 同】이 각각 해당된다.

소설에서 대본으로 전환될 때, 소설에서 등장했던, 병문안하러 온 하루미의 친구들이 대본에서는 완전히 생략되었고, 그 대신 대본 단계에서 많은 분량의 무라카미·하루미·하루미 어머니의 대화문이 새롭게 추가되었다. 스토리와 테마와 관련된 대표적인 것만 인용하면 다음과 같다.

㈀ 내던져진 화려한 드레스에 둘러 앉아 묵묵히 있는 세 명.
이번에는 하루미의 어머니가 그 침묵을 견디지 못하고 말을 꺼낸다.

어머니 "…… 너 …… 언제, 이런 것을……"

하루미 "…… 그 사람이 줬어요 …… 둘이 걷고 있을 때 쇼윈도에서 봤어요. 저, 이런 예쁜 옷을 한번 입어보고 싶다고 했어요. 그 때 그 사람, 너무 슬프게 내 얼굴을 보고 있었어요 …… 그리고 일주일 지나고 분장실에 이걸 가지고 왔어 ……"

어머니 "하루미 …… 그럼, 너 ……"

하루미 "맞아요 …… 그 사람 날 위해서 나쁜 짓을 했나봐요 …… 하지만, 저도 용기가 있었으면 제가 훔쳤을지도 몰라요 …… 쇼윈도에 이런 것을 보여주는 게 나쁜 거예요. 우리 이런 걸 사기 위해서는 훔치는 것보다 더 나쁜 짓을 하지 않으면 안 돼요!"(대본【126】)

㈁ 하루미 "전부 세상이 나쁜 거야. 퇴역군인의 배낭을 훔치는 이 세상이 ……"

무라카미 "그건 유사가 말한 거지?"

하루미 "…… ? …… 맞아요"

무라카미 "하지만 퇴역 때 배낭을 도둑맞은 것은 유사뿐이 아니야."

하루미 "……"

무라카미 "나도 도둑맞았어!"

하루미 "?!"

무라카미 "난 이렇게 생각해 …… 이 세상도 나빠 …… 하지만 모든 걸 세상 탓하며 나쁜 짓을 하는 녀석은 더 나빠"(대본【126】)

우선 대본 ㈀은 유사가 경제적인 여건으로 도저히 살 수 없는 드레스를 하루미에게 선물했다는 내용인데, 이 내용을 통해 소설에서 불명확했던 점이 좀 더 명확해졌다. 즉 배낭을 도난당한 일이 유사가 비뚤어지는 계기가 되었다면 애인에게 주기 위한 값비싼 선물이야말로 권총 사건의 직접적인 원인이었음을 추측할 수 있다. 그리고 두 사람의 애인 관계가 명확해 진만큼, 극구 유사를 변호하고자 했던 하루미의 태도가 충분히 개연성을 가질 수 있게 되었다. 더불어 "하지만, 저도 용기가 있었으면 제가 훔쳤을지도 몰라요"라는 치기 어린 말을 통해서는 유사정도는 아니지만 그녀의 개인적 욕망이 사회적·도덕과 규율을 압도할 위험성을 내포하고 있음을 엿볼 수 있다.

소설 속의 하루미는 유사의 거처를 알려주는 정보원으로서의 역할에 지나지 않았다. 하지만 전술한 영화 속의 블루버드 극장, 그리고 대본 단계에서의 증보를 통해, 하루미의 성격은 입체적으로 조형되었고, 유사를 이해하고 공감하는 역할은 유사의 범행을 관객으로 하여금 한층 깊게 성찰할 수 있는 계기를 마련해 주는 효과를 가져다주었다.

다음으로 대본 ㈁에 관해서인데, 하루미가 유사의 범행을 세상 탓으로 돌리는 것에 대해서, 무라카미가 자신도 똑같은 일을 당했지만 자신은 범행을 선택하지 않았다고 반문하는 내용이다.

한편, 무라카미도 똑같은 일을 당했다는 사실은 이 장면 전의 소설에서도 대본에서도 똑같이 밝히고 있다. 무라카미는 사토에게 "저도 퇴역 때 기차 안에서 배낭을 도둑맞았어요", "정말 터무니없이 분노가 치솟아서 …… 강도 짓 정도는 아무렇지도 않게 했을 거예요 …… 하지만요, 여기가 위험한 분기점이라고 생각해서요 …… 저는 그 반대 코스로 방향을 바꾸어 지금의 직업을 지원한 것입니다", "세상에 악인은 없다. 나쁜 환경이 있을 뿐이다 …… 잘도 그런 말이 있지만, 유사라는 남자도 생각해보니 불쌍합니다"(소설; 16장 아프레 개구리, 대본【126】)라고 털어 놓는다. 이에 대해서 사토는 "그거 그거 …… 그 전후파란 거 말이지. 자네는 …… 유사도 그럴지도 모르지 …… 자네는 유사의 기분을 너무 잘 이해하고 있는 거야"(소설; 16장 아프레 개구리, 대본【126】)라고 조언하며, 무라카미가 범인에게 동정하는 것을 경계한다.

무라카미는 자신의 부주의로 유사가 자신의 총으로 범행을 저질렀다는 자책, 그리고 환경이 범죄를 만든다는 인식도 포함해서, 전쟁에 참가한 퇴역군인으로 귀성길에 배낭을 도난당했다는 같은 체험을 하고, 전쟁 시기에 젊은 시절을 보낸 '전후파'의 같은 세대라는 점 때문에 유사를 동정하였다. 이러한 무라카미의 고민, 즉 범인을 체포해야 하는 직업의식과 범인에 대한 동정심 사이의 갈등은 영화 《들개》의 가장 중요한 테마가 아닐 수 없다.

다시 전술한 대본 ㈏의 부분으로 돌아가 보자. 구로사와는 소설에서 대본으로의 전환 단계에서, 소설의 내용만으로는 주제 의식을 드러내는 것이 부족하다고 생각한 바, ㈏의 "난 이렇게 생각해…… 이 세상도 나빠…… 하지만 모든 걸 세상 탓하며 나쁜 짓을 하는 녀석은 더 나빠"라는 대사를 통해, '부조리한 사회라 할지라도 개인적 욕망을 이성으로 억제하며 행동해야 한다'는 주제 의식을 관객에게 다시 환기시키려 했던 것이라 판단된다.

참고로, 대본의 신【122】부터 【143】의 경우, 장소가 하루미의 방과 유사의 행적을 쫓는 사토의 행선지가 교차되고 있고, 당연히 영화에서도 두 장소를 번갈아 편집하는 교차편집을 통해 사건 진행에 긴장감과 속도감을 살리고 있다.

한편 위의 대본에 해당하는 소설(22장 커트 백)은 비록 1장으로 되어 있지만, 짧은 문단을 '실선'으로 구분 짓고 있고, 이 실선이 신의 구분과 거의 동일하다. 이미 소설단계에서부터 영화에서 교차편집을 하겠다는 구상이 명확했다고 할 수 있겠다.

5. 절정 · 결말부

【절정 · 결말부】는 소설의 경우 25장에서 28장, 대본의 신은 【146】부터 【167】 각각 해당된다. 원작소설과 대본 · 영화의 비교를 표로 정리하면 이

하와 같다.

<table>
<tr><th colspan="2">소설</th><th colspan="2">대본</th><th rowspan="2">에피소드</th><th>영화의 변용 및 연출</th></tr>
<tr><th>장</th><th>장의 제목</th><th>신</th><th>신의 제목</th><th></th></tr>
<tr><td rowspan="5">25</td><td rowspan="5">라이터</td><td>146</td><td>고이즈미 역 홈</td><td rowspan="9">17. 역의 대합실
무라카미는 대합실 안에서 유사가 누구인지를 특정한다. 밖으로 뛰어 도망가는 남자. 뒤를 쫓는 무라카미. 잡목 숲에서 서로 노려보는 두 사람. 유사의 탄환이 왼 팔을 맞춘다.</td><td rowspan="5">무라카미의클로즈업과 손님의 쇼트가 빠르게 컷 편집, 내레이션.</td></tr>
<tr><td>147</td><td>同·대합실</td></tr>
<tr><td>148</td><td>역 앞의 길</td></tr>
<tr><td>149</td><td>주택지</td></tr>
<tr><td>150</td><td>밭길</td></tr>
<tr><td rowspan="4">26</td><td rowspan="4">연습곡</td><td>151</td><td>잡목숲</td><td rowspan="4"></td></tr>
<tr><td>152</td><td>문화주책의 창문</td></tr>
<tr><td>153</td><td>창밖</td></tr>
<tr><td>154</td><td>문화주택의 창문</td></tr>
<tr><td rowspan="10">27</td><td rowspan="10">분노</td><td>155</td><td>잡목숲</td><td rowspan="10">18. 도망과 추적
두발의 탄환이 무라카미를 스쳐지나간다. 풀숲에서 격투가 계속된다. 잡초 언덕에서 힘이 다한 유사에게 수갑을 채우는 무라카미. 숨을 헐떡이는 두 사람 근처를 아이들이 노래를 부르면 지나간다. 유사의 큰 통곡소리가 주위에 퍼진다.</td><td rowspan="5">이전투구泥田鬪狗의 장면</td></tr>
<tr><td>156</td><td>제충국화의 풀숲</td></tr>
<tr><td>157</td><td>덤불 속</td></tr>
<tr><td>158</td><td>밭길</td></tr>
<tr><td>159</td><td>잡초언덕</td></tr>
<tr><td>160</td><td>짓밟힌 잡초</td><td rowspan="5">영상과 음악의 대립법</td></tr>
<tr><td>161</td><td>뭉개어 반죽이 된 웅덩이</td></tr>
<tr><td>162</td><td>밀려 넘어진 덤불 속</td></tr>
<tr><td>163</td><td>제충국화의 풀숲</td></tr>
<tr><td>164</td><td>잡초언덕</td></tr>
<tr><td rowspan="3">28</td><td rowspan="3">적란운</td><td>165</td><td>경찰병원의 어느 방</td><td rowspan="3">19. 병실에서의 대화
사토의 병문안을 온 무라카미. 사토는 그의 표창수상을 축하하나 무라카미는 그저 마음이 복잡할 뿐이다.</td><td rowspan="3"></td></tr>
<tr><td>166</td><td>창밖</td></tr>
<tr><td>167</td><td>경찰병원 창문</td></tr>
</table>

【절정】부는 극중 가장 긴장감이 고조되는 부분으로, 주인공이 갈등과 맞서 싸우는 최고조의 순간이다. 사토의 부상에 분노한 무라카미는 하루미가 알려준 역 대합실에서 유사를 발견하고 목숨을 건 범인과의 추적과

치열한 결투를 통하여 범인을 검거하고, 사건의 발단이 되었던 권총을 되찾는다. 갈등은 해소되고 【결말】부는 무라카미가 사토의 병원을 찾아 대화하는 장면으로 대단원의 막이 내린다.

소설의 대본·영화로의 전환은 사건의 골격(스토리)을 유지하면서도 양자 간에는 이하와 같은 주목할 만한 차이점이 발견된다.

첫 번째, 역 대합실에서 무라카미가 유사를 특정하는 장면인데,

소설은 '25장 라이터', 대본의 신은 【147 同·대합실】이 각각 해당된다.

소설: 25장 라이터	대본의 신 【147】
대합실에는 전차를 기다리는 15명 정도의 손님. 무라카미는 당황했다. 도대체 누가 유사란 말인가. 쫓아다니는 사이에 제멋대로 상상한 유사의 이미지밖에 없는 것이다. 사진을 본 적도 없다. 얼굴이 창백한, 그늘진 28세 정도의 흰 삼베옷의 남자 …… 알고 있는 것은 그 정도이다. 그러나 이 대합실 안에는 흰 삼베옷의 남자가 4명이나 있다. 아니 양복을 다시 샀을지도 모른다. 그렇다면 ── 28세 정도의 남자라면 8명이 있다.	대합실에는 전차를 기다리는 15, 16명의 손님이 있다. 무라카미, 깜짝 놀란다 ── 누가 유사인걸까. 무라카미는 살기 어린 눈을 감추듯 내리깔더니, 한쪽 구석에 앉는다. (ㄱ)**진정하려고 생각해, 담배에 불을 붙이는데, 그 손이 약간 떨린다. 담배를 한 숨 깊게 빨아들이면 조금 진정이 된다 ── 아무렇지 않게 주변 사람들을 관찰하기 시작한다.** 먼저 흰 삼베옷을 입은 남자 ── 이건 4명이나 된다. 28살 정도의 남자라면 8명이나 된다.

소설과 대본을 비교해 보면 내용이 거의 같은데, 단 대본에서는 (ㄱ)부분, 초조함을 달래기 위해 담배를 피우면서 대합실의 사람들을 살펴본다는 내용이 추가되었다. 대본의 이 문장은 영화에서는 무라카미가 담배를 피우면서 한 사람, 한 사람 몰래 훔쳐보는 신으로 구현되는데, 무라카미의 클로즈업 쇼트와 무라카미의 시점에서 바라본 손님의 쇼트가 빠르게 컷 편집된다. 특히 "누가 유사냐, 누가 유사냐, 당황하지 마, 침착해, 침착해야야, 나이는 28세, 흰 삼베옷, 28세의 남자, 28세의 남자, 옷을 갈아입었을

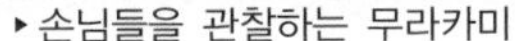
▸손님들을 관찰하는 무라카미

▸대합실의 손님

지도 몰라"라는 무라카미의 내레이션은 초조함과 긴박감을 더욱 고조시키는 효과를 가져온다. 한편 영화에서는 소설과 대본에 없는 '유사의 옷에 묻은 진흙'을 범인 특정의 증거로 부과하여 장면의 개연성을 높이고 있다.

두 번째로는 무라카미가 유사를 검거하기 직전의 마지막 추격 장면으로 소설은 '27장 분노', 대본의 신은 【155】-【159】에 각각 해당된다.

소설: 27장 분노	대본의 신 【155】-【159】
두 사람은 한 덩어리가 되어 서로 부딪쳤다. 무라카미는 분노의 덩어리였다. 그리고 유사는 그에 압도되어, 겁에 질려 가냘픈 정신 그 자체였다. 유사는 그저 도망쳤다. ㈀**밭으로, 잡초가 자라 무성한 들판으로 도망쳤다!** 그냥 짐승처럼 도망쳤다.	155 잡목숲 두 사람은 한 덩어리가 되어 서로 부딪쳤다. 무라카미는 분노의 덩어리였다. 그리고 유사는 그에 압도되어, 겁에 질려 가냘픈 정신 그 자체였다. 유사는 도망쳤다, 그저 짐승처럼 도망쳤다! 156 제충국화의 풀숲 157 덤불 속 158 밭길 159 잡초 언덕

위의 소설과 대본을 비교하면, 소설의 ㈀의 무성한 들판의 장소설정이 대본에서는 잡목 숲-제충국화의 풀숲-덤불 속-밭길-잡초 언덕 등으로 세분화·구체화되었음을 알 수 있다. 실제로 영화에서는 이러한 각각의 추격 장소에서 지칠 대로 지친 두 사람의 리얼한 몸싸움이 연출되는 바, 이러한 이전투구泥田鬪狗의 장면은 1년 후에 완성된 《라쇼몬》(1950)의 도

적·다조마루多襄丸와 무사·가나자와노 다케히로金澤武弘의 싸움을 연상시킨다.

참고로 영화의 긴박한 추적 신에서 사용된 2곡의 평온한 음악, 즉「음악과 영상의 대립법音と畫の對位法」의 구상은 아래와 같이 소설의 지문 등에서도 확인된다.

> ○사람, 숨을 헐떡이고 있다. 숨 막힐 듯한 눈싸움 ── 그러나 이때 서로 노려보고 있는 둘 사이를 뚫고, ㈀오이 밭 너머로 보이는 문화주택에서 이상하게 느긋하게 피아노 연습곡이 들리기 시작했다. 그것은 이상한 분위기였다.(26장 연습곡)
>
> ○유사는 메마른 눈을 힘껏 부릅뜬 채 울고 있다. 이렇게 무서운 울음은 본 적도 없다. 가슴에서 피를 뿜어내는 듯한 울음소리다. 어찌할 수 없는 회한 속에서 전심전령으로 곡하고 있다. 더군다나 그런 유사를 둘러싸고 있는 것은 ㈁푸른 하늘이다! 나비다! 들꽃이다! 먼 곳에서 지나가는 아이들의 노랫소리다!(27장 분노)

두 사람의 사투 상황과 느긋한 피아노 연습곡, 체포된 유사의 절규 상황과 아이들의 동요의 대립을 확인할 수 있는데, 여기서 한 가지 주목되는 것은 음악뿐만이 아니라 배경 또한 상황과 대립적으로 설정되었다는 점이다. 즉 첫 번째인 경우, ㈀의 평화로운 '오이밭'과 목가적인 '전원주택'이, 그리고 두 번째인 경우, ㈁의 '푸른 하늘' '나비' '들꽃'으로 설정되었다. 대립법은 전년도의《주정뱅이 천사酔いどれ天使》(1948)에서 구로사와가 시도한 음악 연출이었다.[12]《주정뱅이 천사》에서는 등장인물의 비참한 '상황'과 밝은 '음악'이 대조적이었다고 한다면,《들개》에서는 소설단계에서부터 구상되어, '배경'까지 더해 더욱 철저한 형태로 실현되었다고

12 《주정뱅이 천사》에서는 등장인물의 비참한 장면에서 쾌활한 '뻐꾸기 왈츠'가 흐른다.

할 수 있겠다.

6. 나오며

이 글은 서론에서도 언급한 호리카와 씨의 문제의식, 즉 영화감독이 어떻게 원작소설을 대본으로 재구축하고, 이것을 영화 촬영 시에 어떻게 처리했을까에 대한 탐구였다. 고찰의 결과를 정리하면 다음과 같다.

첫째, 소설에서 대본, 대본에서 영화로 전환될 때, 장소, 소품이나 의상 등에서 작은 차이가 확인된다. 이는 촬영 현장의 조건 및 스토리의 개연성을 강화하려고 했기 때문이라 판단된다. 특히 소설에서 대본으로의 전환 때 인명이나 장소가 구체적으로 제시되는 예가 다수 확인되었다.

둘째, 소설과 대본의 스토리의 위치가 바뀐 경우는 발단부의 무라카미의 행적, 절정부의 체포와 권총 회수의 전후가 변경된 정도로 여타의 소설을 영화한 경우에 비해서 그 예가 매우 적었다. 영화를 전제로 한 동일한 감독이 쓴 소설이라는 점이 가장 큰 원인이라고 판단된다.

셋째, 추적 시퀀스에 관해서인데, 무라카미가 버스에서 내린 남자를 추적하거나 오긴을 쫓는 장면, 그리고 절정부의 역 대합실 장면과 유사를 체포하는 장면의 경우, 소설의 간단한 기술에 비해 대본에서는 여러 장소의 신으로 증보·세분화되고, 영화촬영 단계에서는 다양한 카메라 워킹과 음악을 통해 등장인물의 초조함과 사건의 긴박감을 고조시키고 있다.

넷째, 도시의 풍속을 다루는 시퀀스에 대해서인데, 가령 무라카미가 암시장 등을 배회하는 '몽타주' 장면, 블루버드 극장, 야구장 장면에서는 소설의 간단한 기술에 비해 대본에서는 여러 장소의 신으로 증보·세분화되고, 영화촬영 단계에서는 다양한 카메라 워킹과 음악을 통해 관객들에게 강한 인상과 생생한 현장감을 느끼게 하며, 전후의 혼란과 복잡한 심리상태를 전하고 있다.

다섯째, 인물 조형과 주제에 관련된 장면에 관해서인데, 소설에 비해 대본·영화에서는 범죄자인 오긴을 더욱 '인간적'으로 그리고 있으며, 하루미의 경우는 치기어리지만 개성을 가진 인물로 조형하고 있다. 그리고 유사 또한 하루미의 주장과 유사의 메모를 통해 그의 범행동기와 성격을 더욱 구체화시키고 있다.

한편, 구로사와는 소설에서보다 대본 및 영화에서 인물들의 심리와 사회적 맥락을 더 구체적이고 시청각적으로 드러내며, 관객에게 주제 의식을 직접적이고 체험적으로 전달한다. 즉 대본과 영화에서는 소설에 비해, 전후 일본 사회의 혼란이라는 시대적 배경 속에서도 개인은 이성과 책임감을 가지고 올바른 선택을 해야 한다는 윤리적 메시지를 더욱 명확히 부각시키고 있다고 할 수 있다.

제7장

《추문》
: '옐로 저널리즘의 비판'에서 '인간의 선악의 문제'로

1. 들어가며

▸영화 포스터

구로사와 아키라黑澤明는 데뷔작《스가타 산시로姿三四郎》(1943)를 시작으로《마다다요まあだだよ》(1993)까지 30편의 작품을 제작했다. 전전戰前에는 4편의 영화를 제작한 구로사와는 1945년 종전終戰을 계기로 패전 후의 일본 사회를 반영한 일련의 작품을 발표했는데 1950년 4월에 개봉된 감독의 10번째 작품《추문醜聞》은 전후의 시대적 배경을 농후하게 반영한 마지막 작품이라고 할 수 있다.

《추문》은 여타의 작품과 비교해서 연구자나 평론가에 의한 관심이 상대적으로 크지 않은 작품이다. "남성적이고 힘 있는 작풍의 구로사와 감독으로서는 드물게, 가벼운 터치로 제작한 小品"[1]이기도 하였고,《추문》

1 佐藤忠男,『黑澤明作品解題』, 岩波書店, 2002, p.122.

의 전작이 역동적인 《들개野良犬》(1949), 직후의 작품이 베니스영화제 황금사자상을 받은 《라쇼몬羅生門》(1950)이라는 점을 생각하면 평론의 관심이 적은 이유도 납득이 간다. 참고로 이 당시의 영화는 단기간에 촬영되는 것이 특징이었다. 《추문》의 경우도 예외는 아니어서, 1950년 2월 하순부터 촬영이 시작되었고 4월 하순에 크랭크 아웃, 약 2개월이 채 되지 않는 기간에 촬영이 완료되었다.[2]

선행연구가 적은 가운데서도 필자가 주목하는 사안은 이하의 두 가지 부정적인 평가에 대해서이다.

> ① 《추문》은 각본에 문제가 있다. 변호사가 등장하자마자 그가 영화를 이끌어 간다. 그 결과 영화는 전반부와 후반부의 초점을 잡는 방법이 다른 듯한 기묘한 것이 되어 버렸다.[3]
> ② 《추문》은 악덕변호사의 참회의 이야기로, 당초의 언론의 폭력에 대한 청년 화가의 소송은 그 배경으로 숨어버린 작품으로 구로사와의 작품에 때때로 일어나는, 등장인물이 주역을 삼켜버려, 준주역이 전면에 나와 버리는 그런 작품이다.[4]

①과 ②는 각각 서양인으로 구로사와 연구의 권위자인 도널드 리치, 일본 국내에서 구로사와에 관한 많은 연구서를 낸 쓰즈키 마사아키都築政昭의 지적이다. 두 의견을 종합하면 당초의 언론폭력을 고발하는 메시지(주제)가 주연과 조연의 역할이 반대가 되면서 메시지에 파탄이 생겼다는 것이다. 제작 당시, 구로사와는 기자와의 인터뷰에서,

> 나는 지금 작품의 스타일이라든지 내용과 형식의 통일이라는 점에 초점을

---

2 掘川弘通, 『評傳 黑澤明』, 每日新聞社, 2000, p.136.

3 ドナルド·リチ一, 三木宮彦 譯, 『黑澤明の映畫』, 社會思想社, 1991, p.184.

4 都筑政昭, 『黑澤明一全作品と全生涯一』, 東京書籍, 2010, p.163.

> 맞추어 창작을 하고 있다고 할 수 없다. 나는 옆으로 빗겨 나갈 위험이 있을 정도로 특정 인물에게 집착하여, 그 인간 한 사람의 추구에 내 자신이 몰두하게 된다. (중략) 다소의 파탄이 발생해도 나의 의욕을 관철해 나가는 횡보에 내 자신의 존재 이유가 있는 것이다. 그 횡보가 진척되는 중에 결국 나의 독자적인 스타일도 생기게 될 것이다.[5]

라고 밝히고 있는데, 이 발언은《추문》의 시나리오상의 난맥상도 고려에 넣은 발언으로 판단되어 시사하는 바가 크다.

이 글의 목표는 전술한 부정적인 평가를 문제의 출발점으로 삼아, 시나리오의 구성과 연출 방법을 면밀히 고찰하여, '주제의 파탄'이라는 문제점에 대한 재해석과 작품의 의의를 도출하고자 한다. 참고로《추문》은 1950년 제4회 키네마순보 베스트텐에서 제6위를 차지했다.

고찰의 순서에 관해서인데 먼저 2장에서는 작품의 제작 동기에 대해서 살펴보고, 3장, 4장에서는 영화구성을 전반부와 후반부로 각각 나누어 인물 조형, 연출 방법, 감독의 메시지 등을 종합적으로 고찰하고자 한다. 참고로《추문》의 시나리오 인용은 黑澤明,『全集 黑澤明 第三卷』, 岩波書店, 1988에 의한 것임을 밝혀둔다.

2. 제작 동기

구로사와는 그의 자서전에서《추문》의 제작 동기에 대해서,

5 浜野保樹編,『大系 黑澤明 第1卷』, 講談社, 2009, p.388. 초출은 福島正光,「黑澤明 芸術を語る」,『映畫新聞』, 1950年 7月號.

전후 언론의 자유가 고양되자 자제를 못한 일탈도 생기기 시작했다. 나는 어느 날 전차 안에서 그러한 ㉠잡지 광고를 보고 어처구니가 없었다. ㉡○○의 정조를 훔친 자는 누구인가? 라고 하는 큰 제목이 쓰여 있었다. 그것은 얼핏 그 ○○ 라고 하는 여성 편에서 쓴 것 같은 체재로 되어 있었지만 실제는 그 ○○ 라고 하는 여성을 희롱하고 있는 것이다. 또 그 광고의 뻔뻔한 기사 이면에는 그 ○○ 라고 ㉢여성이 인기로 생계를 유지한다는 약한 입장 때문에 강한 항의를 하지 못할 것이라는 계산된 냉혹한 속내가 드러나 보이고 있다. (중략) 이것은 언론의 자유가 아니라 언론의 폭력이라고 생각했다. 이러한 경향은 지금 박멸하지 않으면 나중에 큰 일이 난다. ㉣그러기 위해서는 이러한 언론의 폭력에 울며 매달리는 것이 아니라 용감하게 싸우는 인간이 나오지 않으면 안 된다고 생각했다. 이것이 《추문》이라고 하는 영화가 된 것이다.

라고 회고하고 있다.[6]

위의 언급처럼 패전 후 일본은 역사상 처음으로 말하고 행동하고 읽고 쓰는 것이 허용되었다. 1945년 8월, 일본 군국주의가 패배하고, 정부가 수락한 포츠담선언(1945년 7월 26일)의 제10항에는 "일본국 정부는 일본국 국민 사이에 있는 민주주의적 경향의 부활 강화에 대한 일체의 장애를 제거해야만 한다. 언론, 종교 및 사상의 자유를 비롯해서 기본적인 인권의 존중이 확립되어야 한다."고 명기되어 있으며, 9월 6일 연합군 최고사령관 맥아더 원수에게 보낸 트루먼 대통령의 '항복 후의 미국의 대일방침'에도 "일본국 국민은 개인의 자유에 대한 욕구 및 기본적 인권, 특히 신교信敎, 집회, 언론 및 출판의 자유의 존중을 증대하도록 장려"해야 한다고 명기되어 있다.[7]

군국주의 하에서 억압을 받은 언론·표현 분야는 과거의 억압 정도가 혹독했던 만큼 봇물이 터지듯 활성화되었고, 그런 중에 '자유'라는 가면을

6 黑澤明, 『蝦蟇の油』, 岩波書店, 1984, pp.375~376.
7 山田和男, 『黑澤明; 人と芸術』, 新日本出版社, 1984, p.61.

쓰고 인권을 무시하고 불확실한 기사로 상업적인 이윤만을 챙기고자 하는 옐로 저널리즘이 등장한 것이다. 도널드 리치도 당시를 회상하며 “1950년은 스캔들의 해였다. (중략) 대부분은 애매하고 구체적이지 않은 이야기로, 신빙성이 있는 것도 있지만 상상에 지나지 않은 것도 많았다. (중략) 당시 인쇄소에서 쏟아지는 중상中傷의 물결은 엄청난 것으로, 많든 적든 피해를 보지 않은 유명인은 거의 없었다.”고 기술할 정도이다.[8]

위의 구로사와의 회고에서 주목되는 점은 전차 안에서의 체험이 영화 《추문》의 작품구상에 상당한 영향을 미쳤다는 점이다. 회고 부분의 ㉠, ㉡, ㉢, ㉣은 영화에서 아무르라는 잡지사가 대대적으로 광고를 하는 점(㉠에 대응), 사이조 미야코西條美也子라는 여자 가수에 관한 염문艶聞을 소재로 삼은 점(㉡), 피해 당사자인 여자 연예인이 유명인으로서 섣부르게 잡지사를 상대로 소송하기를 망설이는 점(㉢), 이에 반해 남자 주인공, 아오에 이치로靑江一郎가 언론의 폭력에 과감하게 맞서는 점(㉣) 등으로 작품에서 그대로 재현되고 있음을 확인할 수 있다. 전차 안에서의 짧은 순간의 체험이 영화의 주제 및 구성에 결정적인 영향을 미친 셈이다.

그런데 구로사와의 저널리즘에 대한 거부감은 전차 안에서의 체험만을 통해 갑자기 발현된 것은 아닌듯하다. 평소 그는 기자회견이나 특별한 경우를 제외하고는 촬영소의 세트나 그의 자택으로 저널리스트나 카메라맨이 찾아오는 것을 매우 싫어했다고 하기 때문이다.[9]

그렇다면 저널리즘을 거부하게 된 이유는 무엇일까. 1950년 잡지편집자인 후쿠시마 마사미치福島正光의 이하의 인터뷰기사는 그 단서를 제공한다.

8 ドナルド·リチー, 三木宮彦 譯, 앞의 책, pp.172~173.
9 ドナルド·リチー, 三木宮彦 譯, 앞의 책, p.172.

> 내가 이제까지 해온 작업에 대해서 여러 가지 비평을 하고 있는 듯하다. (중략) 현재 함부로 날뛰는 저널리즘이 목을 죄듯이 트집을 잡거나 혹은 모처럼 싹이 튼 새싹을 무참하게 뽑아버리거나 하는 것을 보고 있으면 그것에 대해 역시 극심한 분노를 하지 않을 수 없다. 경박하고 무절제한 저널리즘이 뿌린 관념이 통용되기 시작한 요즘, (중략) 내가 스타일리스트라든가 허풍쟁이라든가 기교파라고 평하고 있는데, 그것은 내가 전혀 이해하지 못하는 것들뿐이다.[10]

결국 구로사와는 그의 예술적 작품에 대해서 일방적이고 경박한 저널리즘의 비평을 경계하고 그것에 대해 분노하고 있는 것이다. 하지만 그의 분노는 위의 진술에서 구체적인 언급은 없지만, 그러한 저속한 저널리즘을 지지하고 있는 '대중'에게도 향해 있을 가능성이 높은데, 이와 관련해서 《추문》의 시나리오의 대사를 인용하면 다음과 같다.

> ㉠ 호리 "괜찮아! 괜찮아! 기사 같은 건 조금 엉터리여도 활자로 찍혀 세상에 나오기만 하면 다들 믿기 마련이야. 게다가 거기에 그 사진을 넣기만 하면 금상첨화지. 자네, 현대의 우상愚像이 뭔지 아는가? 사진과 활자야. 하하하!"(대본【10】)
>
> ㉡ 미야코 "실례예요, 어머니 …… 미안해요, 아오에 씨 …… 사실, 어머니는 우리를 의심하고 있어요. 자기 딸이 하는 말보다 인쇄된 사진과 기사를 더 믿고 있어요"
>
> 어머니 "미야코!!"
>
> 미야코 "바보 같은 얘기예요. 아무리 거짓말이라고 해도 아무도 우리를 믿어주지 않아요. 큰아버지께서는 세상에 결백을 증명하기 위해서 결혼해야 한다고도 하셨어요"
>
> 아오에 "말도 안 돼요. 그렇게 하면 그야말로 그 기사가 진실이라고 인

---

10 浜野保樹編, 앞의 책, p.388. 초출은 福島正光, 「黑澤明 芸術を語る」, 『映畫新聞』, 1950年 7月號.

정하는 것이 돼버려요"(대본【27】)

㉢ 히루타 (그것을 손으로 막고) "아니에요, 아니에요. 당신이 누구시든지 간에, 아오에 선생님과 어떤 관계든 저는 모르는 일입니다. 그러니까 저는 남의 사생활을 존중하고 있지요. 그런데 제가 정말 참을 수 없이 화가 나는 것은 현대에선 사생활을 폭로하는 것을 즐기는 바람직하지 않은 풍조가 만연하고 있다는 사실입니다. 행복한 사람을 불행하게 만드는 일이 꽤 재미있다고 생각하나 봅니다. 그렇지만 이래서는 세상이 암담해질 뿐이지요."(대본【29】)

㉣ 미야코 "모두 나에게 침을 뱉고 있어요. 내가 음란하고 부도덕하고 천박한 여자래요"

아라이 "…… 그렇지만 예매권은 불티나게 팔리고 있어요."

미야코 "일이 이렇게 되니 제가 어떤 얼굴을 하고 노래할지 그게 보고 싶은 거죠"(중략)

미야코 "존경 없는 인기 같은 건 이제는 됐어요. 저는 구경거리가 되는 건 질색이에요."(대본【37】)

㉤ 친구A "그래도 그 기사 덕분에 말이지. 개인전이 이렇게 관객이 몰리다니 드문 일이잖아"

아오에 "그러니까 화가 나는 거야. 지금도 말이야 여학생이 사인해달라고 하는 거 있지"(대본【39】)

㉥ 아오에 "그렇지만 매일 구경거리가 되는 건 싫어요. 무엇보다도 그림이 불쌍해요. 다들 그림 속에서까지 스캔들을 찾아내려고 생각하고 온다니까요"(대본【40】)

㉠은 아무르 잡지사의 사장, 호리掘의 대사로 그는 "현대의 우상"은 곧 "사진과 활자"라고 단언하며 대중은 사건의 진실을 직시하기보다는 "활자로 찍혀서"나온 기사나 사진만 있으면 믿어버린다고 주장한다. ㉡은 피해자인 미야코의 대사로 자신의 어머니가 자신보다 인쇄된 사진과 기사를 더 믿고 있다고 개탄하는 장면이다. 구로사와는 잡지사의 사장과 피해자 여성의 입을 통해서 진실을 호도하는 옐로 저널리즘뿐만이 아니

라 그것을 곧이곧대로 믿어버리는 수동적인 대중의 나약함을 경계하고 있는 것이다. 그러면서 ㉢의 타락한 변호사, 히루타의 대사에처럼 "사생활을 폭로하는 것을 즐기"며 "행복한 사람을 불행하게 만드는 일"을 대수롭지 않게 여기는 현대인의 풍조를 꼬집기도 한다.

계속해서 ㉣은 미야코와 그녀의 매니저의 대화로, 스캔들 덕분에 공연 예매권이 불티나게 팔린 것을 기뻐하는 매니저에 대해서 미야코는 "구경거리가 되는 건 질색"이라고 공연을 중지하겠다고 한다. 한편 ㉤과 ㉥은 개인전을 열고 있는 화가, 아오에와 그의 친구A의 대화로, 스캔들 덕분에 개인전에 관객이 몰렸다고 기뻐하는 친구A에 대해서 아오에는 "매일 구경거리가 되는 건 싫다."고 역정을 낸다.

가수 미야코와 화가인 아오에는 예술가이다. 예술가는 자기 자신의 환경이나 개인사가 아닌, 음악이나 미술작품에 대한 대중의 비평이나 관심을 필요로 할 뿐, 부수적인 일, 특히 여기서는 사적인 스캔들로 인한 관심은 사절하고 있는 것이다. 영화도 창작예술의 한 분야인 만큼 영화감독도 예술인이다. 영화를 본 관객은 감독의 메시지가 무엇인지 스타일이 어땠는지 스스로 객관적으로 생각해야 한다. 하지만 관객은 영화 자체를 평가하기 보다는 주변의 것들, 매스컴의 비평에 휘둘리기 십상이다.

결국, 구로사와는 위의 가수와 화가의 입을 빌려서 자신이 만든 작품(예술) 속의 메시지(진실)를 온전히 보려고 하지 않고, 매스컴이나 감독의 주변의 환경에 주목하여 부수적인 것(허구, 거짓)을 믿고 평가하려고 하는 관객(대중)의 태도를 경계하고 있는 것이다.

참고로 구로사와는 조감독 시절, 야마모토 가지로山本嘉次郎(1902~1974) 감독의 《말馬》을 제작하면서 여주인공인 소녀 역을 맡은 다카미네 히데코高峰秀子(1924~2010)에게 연정을 품은 일이 있었다. 하지만 두 사람이 혼약을 한다는 엉터리 기사가 신문에 보도되었고, 그의 연애담은 이후 오랜 시간 동안 사람들 입에 회자되었다.

구로사와는 가수 미야코의 “존경 없는 인기 같은 건 이제는 됐어요.”라는 대사, 그리고 아오에의 “그림이 불쌍해. 다들 그림 속에서까지 스캔들을 찾아내려고 생각하고 온다니까요.” 등의 대사를 통해, 자신의 작품은 단순한 볼거리나 아닌 메시지를 담은 예술인만큼, 매스컴이나 주변 환경에 휘둘리지 않고, 온전히 평가하고 관람해 줄 것을 관객에게 호소하고 있다고 할 수 있다.

3. 전반부의 주제와 연출

이하 영화의 구성을 통한 주제와 연출방법에 대해서 고찰하는 바, 구성은 발단·전개·위기·절정·결말의 5단계로 구분하며, 편의상 발단·전개를 전반부로 위기·절정·결말을 후반부로 나누고자 한다. 본장에서는 전반부를 다루는 바, 주요 에피소드와 주목할 만한 연출을 표로 정리하면 이하와 같다.

【발단】에 해당하는 에피소드와 연출

【발단】		
신(scene)	주요 에피소드	연출
	타이틀백	짧은 쇼트의 연결. 생략과 단축의 편집
1-3	1. **아오에와 미야코의 만남**	생략과 단축의 편집
4-6	2. **잡지사의 카메라맨이 두 사람을 도촬**	
7-13	3. **잡지사는 두사람을 연인으로 허위 보도**	포스터, 전단지, 광고탑, 등의 선전모습에 대한 연출

영화가 시작되면 타이틀백 뒤로 굉음과 함께 화면을 가득 채운 오토바

이 바퀴의 롱테이크 쇼트, 이후 짧은 컷으로 오토바이를 탄 주인공 아오에의 롱쇼트, 그림을 그리고 있는 아오에와 그를 둘러싼 3명의 나무꾼을 비추는 산 정상의 롱쇼트, 그곳에 노래를 부르며 등장하는 사이조 미야코의 클로즈업 쇼트, 등으로 이어진다. 도널드 리치는 아오에와 미야코가 조우하게 되는 이 장면을 개연성이 부족한 '엉성한 설정'이라고 비판하고 있다.[11] 하지만 한편으로 구로사와가 주제를 영화 초반에 선명하게 제시하는 경향이 있음을 염두에 두면 〈에피소드 1〉은 불필요한 장면을 생략하고 빠른 전개를 노린 감독의 편집의 공의 결과로도 볼 수 있다.

이후 여관에서의 두 사람의 대화 신, 잡지사 '아무르사'의 카메라맨이 두 사람의 대화 모습을 도촬하는 신이 이어지는데, 영화 시작 10분이 채 지나지 않는 단계에서 관객은 '옐로 저널리즘의 비판'이라는 감독의 메시지를 명확하게 파악할 수 있게 된다.

▸ 아무르사의 회사로고

이후 사진을 현상해서 확인한 잡지사의 사장 호리는 특종이라고 기뻐한다. 그리고 아오에와 미야코의 관계를 확인도 하지 않고, '신진 화가와 인기 가수의 애틋한 사랑 도피', '사랑은 오토바이를 타고!'라는 선정적 표제로 해서 1만 부를 증쇄하여 대대적인 선전을 한다.

구로사와는 잡지사의 성격을 회사의 로고를 담은 짧은 쇼트의 삽입으로 전하고 있는데, '관능 스릴 잡지'라고 적힌 화면 속의 문구가 주목된다. 제2차 세계대전 종료 직후 4, 5년간, 섹스기사나 흥밋거리를 실은 대중오락잡지, 이른바 '가스토리カストリ잡지'가 유행했는데,[12] 관객들은 위의 화

---

11 ドナルド·リチー, 三木宮彦 譯, 앞의 책, pp.176~177.

면을 보고 '아무르사'의 성격을 단박에 파악할 수 있다.

주목되는 연출은 잡지사의 선전 모습에 대한 것이다. 경쾌한 음악을 배경으로 '사랑은 오토바이를 타고'라는 문구를 담은 버스 안팎의 포스터 쇼트, 전단지 광고 쇼트, 도로 주변의 입간판 및 광고탑의 쇼트, 상점 밖에 걸린 포스트 쇼트 등이 오버랩과 이중노출을 통해 빠르게 이어진다. 장소와 시간을 가리지 않은 광고 수단의 총퍼레이드를 접한 관객은 이윤을 위해서라면 수단을 가리지 않는 옐로 저널리즘의 탐욕과 광고의 거대한 위력을 실감하게 된다.

이상이 '옐로 저널리즘의 폭력'이라고 하는 사건의 실마리가 제시된 【발단】이었는데, 이하는 사건이 전개되고 갈등이 발생하는 【전개】부분을 살펴보도록 한다.

【전개】에 해당하는 에피소드와 연출

【전개】		
신(scene)	주요 에피소드	연출
14-25	**4. 아오에의 항의와 진실에 대한 공방전**	교차편집
26-28	**5. 아오에는 혼자서 소송을 하기로 결심**	
29	**6. 히루타의 방문**	
30-36	**7. 아오에, 히루타의 딸을 만난 후 소송을 맡기기로 함**	
37-40	**8. 미야코와 아오에는 대중의 호기심의 대상이 됨**	

우연히 허위 사실이 실린 잡지를 발견한 아오에는 깜짝 놀라 분노의 형상을 하고 '아무르사'에 쳐들어간다. 사장 호리는 시치미를 떼고 정중하게 아오에를 맞이했으나, 호리의 얼굴로 아오에의 주먹이 날아간다. 이후

12 1946년 창간의 『적과 흑赤と黑』, 『獵奇』, 47년의 『奇譚』, 『狂艶』 등을 비롯해 『데카메론デカメロン』, 『마담マダム』, 『肉體』 등의 잡지사의 이름을 통해 당시의 육체찬양의 풍조를 엿볼 수 있다. 참고로 '아무르'는 프랑스어로 사랑, 애인 등을 의미한다.

아오에와 호리의 진실공방이 대중매체를 타고 세상을 떠들썩하게 하는데, 양쪽의 공방전 장면이 카메라워킹이나 편집 면에서 주목할 만하다. 요란하게 돌아가는 윤전기를 배경으로 '아오에, 아무르 사장에게 폭력을 휘두르다.'라는 신문 기사가 이중노출로 처리된 쇼트 이후, 두 사람의 기자회견을 통한 공방전이 이하와 같이 교차편집으로 처리되고 있다.

교차편집은 서로 다른 장소에서 동시에 일어나는 사건을 병치하는 편집기술로, 특히 《천국과 지옥天國と地獄》(1963)에서 납치된 아이를 찾는

▸ 신문기자+기사(호리) ▸ 신문기자+기사(아오에)

▸ 신문기자+사진(호리) ▸ 방송기자+마이크(호리)

▸ 방송기자+영사기(호리)

장면이 유명한데,[13] 이 경우도 매우 강렬한 인상을 주는 사례라고 판단된다. 우선 취재 수단에 주목해 보면 '속기메모'로 시작하는 첫 장면에 이어서 카메라·마이크가 등장하고, 영사기로 마무리가 된다. 매체로 다시 설명하면 활자 → 사진 → 음성 → 영상으로 발전·확대된다. 관객은 이런 연출을 통해 가열되는 진실 공방과 함께 세상의 관심이 더욱 증폭되는 상황을 적확하게 이해하게 된다.[14]

한편, 구로사와는 짧은 쇼트를 와이프WIPE로 빠르게 연결시키면서 문자매체에서 영상매체까지 모든 매체의 형식과 전달 방법을 제시하고 있는 바, 전술한 잡지사의 광고 방법도 포함해서, 관련된 것을 망라해서 보여주려고 하는 방법은 데뷔작《스가타 산시로姿三四郎》(1943)에서도 확인할 수 있었다. 즉 유도의 창시자 야노 쇼고로가 자신을 급습한 유술가를 한 명, 한 명 유도 기술로 제압하는 신, 그리고 금기를 어기고 도장 안에서 음주를 한 제자·산시로에게 술병을 가지고 유도 기술을 가르치는 신 등에서 구로사와는 한 번도 중복하지 않고 유도 기술을 망라해서 장면을 연출하였던 것이다.

진실 공방이 가열되자, 아오에는 소송을 결심하고 미야코와 연명으로 재판을 시작하려고 했으나 그녀의 설득에 실패한다. 그러던 어느 날 히루타蛭田라는 변호사가 찾아와 소송에 대한 변호를 맡게 해달라고 부탁한다. 그의 말투와 행색은 '변호사'와는 거리가 멀었다. 말투는 과장되고 우스꽝스러웠으며, 행색 또한 궁색하고 행동도 촌스럽게 연출되고 있다. 과연 시나리오는 "강풍과 함께 이상한 남자가 들어온다. 전신 검은 옷에

13 이시준,「구로사와 아키라의《천국과 지옥天國と地獄》의 연출과 개작에 관한 고찰」,『日本文化學報』76, 한국일본문화학회, 2018. 117~142쪽.

14 일본에서 처음으로 흑백TV의 판매와 방송이 실시된 시기는 1953년이니 마지막 장면에서 영사기가 사용된 것은 이 스캔들이 얼마나 큰 대중의 관심사였는지를 효과적으로 표현하고 있다고 하겠다.

넥타이까지 검은데 어째선지 한쪽 발만 비에 젖었다. 이상하게 궁상맞은 모습으로 명함 지갑에서 명함을 꺼낸다."라고 히루타의 첫인상의 특징을 적고 있다.

히루타는 콧물을 훌쩍이며 "옛날에는 그래도 선악이라는 관념이 분명했습니다. 하지만 언제부턴가 명확하지 않게 되고 무엇이 좋은 일인지 나쁜 일인지 도무지 알 수 없게 되었습니다."(대본【29】)라고 말하는데, 이 대사는 비윤리적인 사회에 대한 비판임과 동시에 세파에 견디지 못해 현실과 타협하는, 그리고 급기야 아오에를 배신하여 갈등하고 마는 본인의 미래에 대한 복선이기도 하다.

히루타의 방문 이후, 아오에는 그가 믿을 만한 사람인가를 알아보기 위해 그의 집을 방문하고, 결핵을 앓고 있는 딸 마사코의 청정한 심성에 탄복하게 된다. 이후 누추한 히루타의 변호실 사무실을 찾아가 그곳에 마사코의 사진이 걸려 있음을 보고, 선한 딸을 사랑하는 히루타가 악한일 수가 없다고 믿고 그에게 소송을 맡기기로 결심한다.

히루타 부녀의 인물 조형은 구로사와가 처음부터 창조한 인물이 아니었고, 근거가 되었던 모델이 있었다. 그의 회고록에 의하면 조감독 시절, 선술집의 옆자리에 앉은 50대의 남자가 그 모델이고, 그가 자신의 불우한 처지를 들려주었다는 것이다.

> 폐병을 앓고 그저 누워만 있는 딸의 이야기로, 그 남자는 몇 번이나 몇 번이나 반복해서 그 딸이 얼마나 훌륭한 딸인지를 계속 이야기하였다. 천사 같다고도 하고 또 별님 같다고도 하고, 멋쩍어질 단어를 써서 그 딸에 대해 집요하게 이야기를 계속했는데, (중략) 그 남자는 그 딸에 비해서 자신이 얼마나 못난 인간인지 여러 가지 예를 들어 이야기를 하였고, (중략) 그 남자가 집에 돌아가서 침상에 잠들고 있는 딸에게 무슨 이야기를 할까 생각하였다. 또 그 남자의 심경을 생각하고 나도 가슴이 아팠다. 그날은 아무리 마셔도 취하지 않았다.[15]

영화에서 히루타의 딸 마사코는 결핵을 앓고 있는 도덕적으로 이상적인 인물로 '별님'으로 불리며, 반면 히루타는 매일 술에 취해 있는 '두더지'만도 못한 인물로 조형되고 있다. 또한 남자의 태도나 어조가 '장황하게 잘 지껄이는 주정뱅이이지만 매정하게 내칠 수 없'으며, '경박한 지껄임' 속에 '슬픔'이 있다고 하는 회고록의 진술은 영화 속의 히루타의 말투 및 이미지와 매우 흡사함을 확인할 수 있다.

히루타 부녀의 성격 및 연기는 우연히 만난 선술집에서의 남자의 이야기에 깊이 공감하고 마음 아파했던 감독의 체험에서 촉발된 것이라 할 수 있겠다.

4. 후반부의 주제와 연출

본 장에서는 전반부에 이어서 위기·절정·결말 부분의 후반부를 살펴보고자 한다.

【위기】에 해당하는 에피소드와 연출

【위기】		
신(scene)	주요 에피소드	연출
41-43	**9. 히루타가 호리에게 뇌물(식사와 돈)을 받음**	
44-46	**10. 부친의 부정에 슬퍼하는 딸에게 자책하는 히루타**	'세로구조'. 클로즈업에 가까운 미디엄 쇼트의 롱테이크
47-61	**11. 히루타는 호리에게 또다시 뇌물(수표)을 받고, 한편 스미에는 미야코에게 연명으로 소송해 줄 것을 설득한다.**	경마장과 전시회의 교차편집

15 黑澤明, 앞의 책, pp.378~380.

【발단】이 아오에와 잡지사 간의 진실 공방(갈등)이 소송이라는 형태로 전개되어 가는 단계였다고 한다면, 【위기】는 갈등이 더욱 심화되는 가운데 새로운 사건이 일어나 주인공에게 위기가 닥치는 단계라고 할 수 있다. 여기에서 새로운 사건이란 변호사로 선임된 히루타의 뇌물 수수를 가리키는 것으로, 히루타는 소송을 하지 않고 사건을 협의로 마무리하고자 호리를 찾아갔지만 오히려 호리에게 식사와 돈으로 회유되어 버리고 만 것이다(에피소드 11).

히루타는 딸의 선물을 사서 귀가하고, 마사코는 아버지가 부정을 저지르고 왔음을 직감하고 슬퍼한다. 이에 히루타가 자책을 하는 신이 길게 이어지는데, 주목되는 부분만 간추려 인용하면 다음과 같다.

히루타	① "아니, 아빠는 나쁜 놈이야…… 하긴 그렇게까지 아주 나쁜 놈은 아닐지도 몰라. 그래도 나쁜 놈이야. 언제 이런 사람이 되어버린 걸까. 아빠는 예전에는 남에게 속기만 했어. 속고 나서는 바보 취급당하고, 바보 취급을 당하고는 또 속기만 했지. 그러다가 이러면 안 된다는 생각에 남에게 속지 않기 위해 남을 속이는 걸 배워버렸지."(대본【46】)
히루타	② "맞다, 거기까지 했지. 인간은 말이지, 그런 슬픈 동물이야. 착한 게 부끄러워지기도 하고 그래. 나쁜 일을 할 수 없는 것이 참을 수 없을 정도로 불쾌해지기도 해. 그래서 울며 겨자 먹는 기분으로 말도 안 되게 나쁜 짓을 저지르곤 하는 거야. 인간은 약하거든. 약하니까 센 척 하는 거야. 센 척을 하니까 또 위험해지는 거고. (중략) 그런데 여기에 호리라는 악당이 있어…… 이 사람이야말로 진정한 나쁜 놈이야…… (중략) 이 순금 같은 비열함에 아버지는 졌어…… 졌단 말이야…… 깨달은 순간엔 이미 늦었더구나…… 쭈욱…… 갑자기 발 디딜 데가 없어진 것처럼 아버지는 떨어지고 있어…… (대본【46】)

고뇌에 찬 히루타의 장황한 독백은 그가 취기에 쓰러져 잠들 때가지 계속되었다. 슬픈 눈빛으로 올려다보며 잠자코 듣던 마사코는 잠든 아버지의 뒷머리를 살며시 쓰다듬는다.

우리는 위의 장면에서 감독이 의도한 히루타의 인물 조형을 명확하게 이해할 수 있게 된다. 가령 히루타①에서는 선인도 악인도 아닌 회색지대에 속한 인간의 나약함이 그대로 표출되고 있다. 생활고나 도박으로 아오에를 배신하게 됐지만 철저한 악인도 아니기 때문에, 양심의 가책으로 자신을 '구더기'라고 혐오하는 것이다. 이러한 '약한 인간'은 이하의 구로사와가 당시 GHQ 검열자료로 작성한 영화 개요[16] 속 히루타의 인물 설정과 일맥상통한다.

> 25년 전, 대학을 나와 약한 자, 가난한 자, 학대받는 자를 위해 사회정의를 위해——라고 젊은 이상에 불타 이 길로 발을 들였을 때의 자취는 세속에 찌들어 지금은 전혀 찾아볼 수 없다. 하지만 정치가가 되고 싶어 하지도 않고, 빚 독촉·월세 독촉을 받아 고생하면서도 여전히 궁색한 것을 보면 선천적으로 완전한 악인이 될 수 없는 남자일지도 모른다.

이어서 히루타②에서는 인간은 "슬픈 존재"라서 어처구니없는 악행을 저지르고, '약한 존재'라서 강한 척을 해서 위험하다고 하는 내용이 주목된다. 구로사와가 도스토옙스키의 작품을 특히 탐독하고 그에게서 많은 영향을 받았다는 점은 주지의 사실인데, 《추문》은 도스토옙스키적 인물이 등장하는 첫 번째 작품이라고 할 수 있다. 즉 히루타는 바로 도스토옙스키적인 이중성을 가진 인물, 사랑하는 딸 소냐를 창녀로 만들어 버리는 『죄와 벌』의 마르메라도프를 연상케 하기 때문이다. 나약하고 비굴하지만 순진한 마음도 갖고 있으며, 종종 그동안의 자신을 격하게 후회하지만

16 浜野保樹編, 앞의 책, p.470.

이내 다시 비열한 짓을 하고 만다. 강직하고 저돌적인 아오에의 성격과 비교되었을 때, 히루타의 우유부단함과 나약함은 더욱 도드라지게 드러난다.[17]

한편, 딸 마사코도 아오에와 마찬가지로 히루타의 성격을 상대화시킨다. 그녀는 '순수한 양심'의 상징으로 부친이 부패한 세계에 발을 들여놓는 것에 실망하면서도 애정을 갖고 그가 바른길을 걷기를 희망한다. 그녀의 불치병 또한 성스러운 면모를 강화시키는 기재이기도 하다.

히루타와 마사코의 대화신은 감독과 관객 모두에게 부담스러운 장면임에 틀림없다. 왜냐하면 좁은 실내에서 7분 30초라는 긴 시간 동안 누워있는 마사코 곁에 앉아 부친이 일방적으로 이야기를 하는 형국으로 마지막 히루타의 자책의 대사만 해도 미디엄 쇼트로 고정된 1분 30여 초의 롱테이크로 연출된다. 고정되어 앉은 위치이니 활동적인 액션은 불가능하며 대화 내용조차 텐션이 낮고 암울하다. 감독은 단조로움을 피하기 위해서 히루타와 마사코의 얼굴을 번갈아 클로즈업 쇼트로 연결하면서 짧게나마 부인, 야스의 등장 커트를 삽입시키기도 한다.

주목되는 연출로는 '세로 구도縦の構圖'를 통한 공간의 활용이다. 선행 작품《가장 아름답게一番美しく》(1944)에서의 렌즈공장의 복도 장면,《주정뱅이 천사酔いどれ天使》(1948)의 마지막 신의 아파트의 복도 장면 등에서도 '세로 구도'를 사용한 바가 있다.

감독은 히루타와 딸을 전경에 배치시키고 수직 방향의 원경에는 바느질을 하는 어머니를 배치시킨다. 그리고 이번에는 반대로 어머니를 전경에 배치시키고 부녀를 원경에 배치시킨다. 이러한 촬영 방법은 폐쇄적인 좁은 공간에 개방감과 역동성을 부여함과 동시에 대화의 단조로움을 완

---

17 이러한 나약한 인물을 표현하려면 역시 과장된 동작과 언어가 효과적인데, 이를 위하여 자연스러운 행동이 아닌 다소 부자연스럽고 과장된 연극적인 연출이 이루어졌다.

▸ 미디엄 쇼트로 롱테이크로 연출된 장면

▸ 어머니 뒤편에 부녀가 배치됨

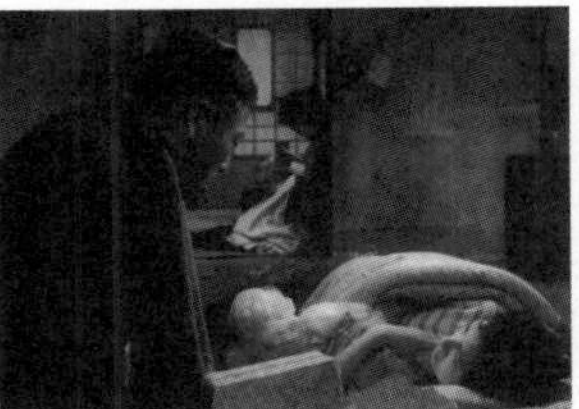
▸ 부녀의 뒤편에 어머니가 배치됨

화시키는 효과를 가져 오게 하는 것이다.

호리의 계책은 더욱 대담해져 경륜에 심취해 있는 히루타로 하여금 내기를 걸게 하였고 판돈은 물론 거액의 수표를 주어 그를 매수하는 데 성공한다. 히루타는 아오에의 소송을 돕기는커녕 소송을 막아야 하는 역할을 해야만 하는 처지가 되었다. 한편 아오에의 전시장에 찾아온 미야코를 스미에가 연명으로 소송에 참가해 줄 것을 설득한다. 그날 저녁, 아오에의 아틀리를 방문한 히루타에게 연명으로 소송을 하게 되었다고 알리자 히루타는 크게 당황한다(에피소드 13).

여기서 주목되는 연출로는 '내부 프레임'의 추가가 있다. 관객이 보는 영화화면(프레임)에 창문이나 문 등을 이용하여 또 하나의 화면을 추가하는 방법이다. 가령 히루타가 호리의 호출을 받고 가야 할지 말지 망설이는, 즉 배신의 기로에 선 긴박한 순간에, 감독은 사무실 안에서 서성이는 히루타를 '창으로 된 문'의 프레임 안에 집어넣는다. 히루타는 결국 호리에게 갈 것을 결심하고 딸의 사진을 바라보다 사진을 뒤집고 나가 버린다. 딸의 사진이 걸려 있는 사무실 내부는 선하고 정화淨化된 공간이며 그 밖은 부정不淨의 공간으로, '창으로 된 문'은 바로 두 공간의 경계적 기능을 한다. 구로사와는 '창으로 된 문'이라는 프레임을 통해 히루타의 고독감과 망설임, 악행의 결심이라는 상황을 효과적으로 표현한다.

또 한 가지 주목되는 연출 방법으로 교차편집이 있다. [에피소드 13]은

▸호리의 호출에 나갈 지를 망설이는 히루타

▸나가기 전에 딸의 사진을 슬프게 바라보는 히루타

히루타가 경륜장에서 수표를 받는 에피소드와 미야코가 연명에 동의하여 소송을 개시할 수 있게 된 에피소드로 이루어져 있다. 구로사와는 이 두 에피소드를 교차편집을 통해서 관객들에게 두 사건이 한날한시, 동시에 진행된 사건임을 각인시켜 준다. 뇌물을 받은 그날에 연명으로 소송하는 것이 정해졌다는 드라마틱한 전개를 위한 연출방법이라 할 수 있다.

【절정】에 해당하는 에피소드와 연출

【절정】		
신(scene)	주요 에피소드	연출
62-65	12. **소송을 앞두고 호리, 저명한 가타오카 변호사를 고용**	
66-74	13. **크리스마스 저녁의 히루타의 자책과 각오**	아오에 오토바이신에서의 생략과 단축의 편집, 중년남성의 연설신의 롱테이크
75-86	14. **재판이 시작되나 무력한 히루타. 그리고 마사코의 부고**	

절정은 일반적으로 갈등이 최고조에 이르러 결말에 이르는 단계이나, 《추문》의 경우 주요 주제가 두 개인 만큼 최고조의 갈등 또한 두 개인 점이 특이하다. 하나는 본격적인 재판의 전개(에피소드 14의 전반부)이고 또

하나는 히루타의 딸 마사코의 사망(에피소드 14의 후반부)이다. 전자는 법정 문제이니만큼 【발단】부터 견지되어 왔던 '옐로 저널리즘의 비판', 즉 사회적 주제와 관련이 있다. 그리고 후자는 선의 상징이었던 마사코의 죽음이 【결말】에서 히루타의 개과천선을 이끌어 내는 결정적인 계기가 된 만큼 개인적(인간적) 주제와 관련이 깊을 것이다.

이러한 의미에서 원치 않은 소송이 시작되자 잡지사가 저명한 변호사를 기용하는 내용을 담은 [에피소드 12]는 사회적 주제를 강화하는 에피소드이다. 한편, 히루타 집에서의 크리스마스 파티와 싸구려 바에서의 해프닝을 다룬 [에피소드 13]의 경우는 어떠한가. 우리는 이 에피소드가 개인적 주제는 물론 사회적 주제에도 깊숙이 관여하고 있다는 점에 주목해야 할 것이다. 사회적 주제와 관련되는 이유는 이 에피소드가 옐로 저널리즘인 아무르사를 이기는 결정타가 되었던 히루타의 뇌물수수의 자백을 이끌어 내는 중요한 계기가 되었기 때문이다.

[에피소드 13]은 크리스마스 밤, 아오에와 미야코가 마사코를 위해 크리스마스 파티를 열어주는 선행에서 시작된다. 귀가한 히루타는 방의 장지문에 뚫린 4개의 유리창을 통해, 야스·아오에·미야코, 그리고 마지막으로 '별님'과 같이 반짝이는 장식 왕관을 쓰고 환하게 웃는 마사코의 얼굴을 차례로 들여다본다. 그리고 죄책감에 차마 방문을 들어가지 못하고 문밖에서 서성인다. 이 장면은 전술한 '내부 프레임'의 연출이다. 창문은 히루타의 감정을 점진적으로 격해지게 하는 역할을 함과 동시에 선의 공간인 방안과 복도의 악의 공간의 경계로서 기능한다.

결국 히루타는 방으로 들어가지 못하고 밖으로 뛰쳐나가며 "나는 여기에 들어갈 만한 자격이 없"는 "구더기"라고 외친다. 집 밖으로 나가버린 히루타를 아오에가 따라 나가고, 장면은 어느새 싸구려 바Bar에 들어가 술에 취해 테이블에 앉아 있는 쇼트로 바뀌게 된다. 바는 세파에 시달린 얼굴의 선량한 서민들로 가득 차 있었는데, 그중의 한 중년남성이 갑자기 일어난다. 그리고 모든 사람들에게 자신은 가난한 주제에 술에 절어 살지만 내년에야말로 힘껏 일해서 가족들을 행복하게 해주고 싶다고 큰 소리로 외친다. 구로사와는 중년남성을 클로즈업에 가까운 미디엄 쇼트로 고정시키고 1분 20여 초의 롱테이크로 처리하고 있다. 이 연출은 앞서 히루타와 마사코의 대화 장면에서도 똑같이 확인할 수 있었는데, 이러한 연출은 관객으로 하여금 중년 남성과 히루타를 동일시하게 하는 효과를 가져오게 하여 히루타에 대한 감정이입을 강화시켜준다.

중년 남성의 각오에 자극을 받은 히루타가 일어나 그에게 다가가 "내년이야말로 반드시 해낼 겁니다…… 올해는 구더기였지만, 내년이야말로 멋진 인간이 될 겁니다…… 올해는 악당이었지만, 내년이야말로……"(대본【71】)라고 다짐한다. 그리고 이어서 손님 전원이 부르는 '석별의 정Auld Lang Syne'의 대합창이 바 안을 가득 채우게 된다. 감독은 이 합창의 장면을 '세로 구도'를 이용해 바의 내부에 공간적 입체감을 부여하는 한편, 손님과 종업원 얼굴을 비추는 짧은 클로즈업 쇼트, 바 전체를 조감하는 하이앵글 쇼트를 적절히 사용하여 더욱 감동적인 장면으로 연출하는 데에 성공한다.

장소는 또다시 히루타의 집 근처의 넓은 시궁창 근처로 바뀐다. 웅덩이에 비친 별을 발견한 아오에가 감격하여

아오에　"쉿! 저거 봐! 이 더러운 시궁창에 별이 내리고 있어!"
히루타　(몽롱한 눈빛으로 본다)
　　시궁창에 비친 밤하늘.
아오에　"어이, 아저씨! 인생이란 눈물겨워. 이 시시한 거리에도 별님이 살고 있어. 당신 같은 시시한 악당에게도 별님 같은 딸이 있잖아"
(대본【74】)

라고 큰 소리로 외친다. 이에 히루타가 자신은 그런 딸에 비하면 '개새

끼'보다 못하다고 하자, 아오에는 그의 말을 막으며 "그만하라고! 당신도 별님일지 몰라! 이제 빛이 날지도 몰라! 하느님은 아량이 크셔! 상상도 할 수 없는 정도로 말이지!"라며 그를 격려한다. 여기에서의 아오에의 마지막 대사는 매우 의미심장한데, 【결말】의 엔딩 신의 기자회견에서 아오에가 "어찌되었든 태어나서 처음으로 별이 태어나는 걸 봤습니다 …… 이 감개무량함에 비하면 승리 같은 건 보잘 것이 없어서 문제가 아닙니다"(대본【89】)라고 하는 소감과 밀접하게 호응하고 있기 때문이다.

감독은 이 신 전체를 하이앵글의 롱쇼트로 처리한다. 관객이 주인공에게 과도하게 몰입하지 않고 객관적으로 상황을 파악하도로 유도한 것인데, 다소 낭만적이고 과장된 대화의 내용을 고려한 연출이라고 판단된다.

【결말】에 해당하는 에피소드와 연출

【결말】		
신(scene)	주요 에피소드	연출
87-88	15. **히루타의 뇌물건의 자백으로 소송에 승리**	법정 밖과 법정 안의 카메라워킹의 구분
89-90	16. **승소후의 아오키와 미야코의 기자회견**	

【결말】은 법정 공방과 승리 후의 기자회견이라는 두 가지 에피소드로 이루어져 있다. 【절정】말미의 법정 공방의 상황과 가장 달라진 점이라고 하면 히루타의 태도라 할 수 있는데, 그 전의 히루타의 변호는 갈팡질팡 종잡을 수 없었고, 호리가 준 수표 때문에 해야 할 증언조차 하지 못하고 묵묵부답이었다. 하지만 아오에의 승리를 기원하며 사망한 마사코를 위해 그는 과감하게 뇌물을 받은 사실을 밝혀 잡지사의 부정함을 폭로하고 아오에에게 승리를 안겨준다.

【절정】말미와 【결말】의 재판 관련 장면을 모두 합치면 총 14분 남짓인데, 감독은 자칫 지루하기 쉬운 이 시퀀스를 법정 밖의 연출과 법정 안의

연출 방법을 명확하게 달리하여 긴박하고 감동적인 장면으로 만드는 데에 성공한다. 재판 관련 장면은《추문》중에서 연출의 백미라고 할 수 있고, 여타의 구로사와 작품과 견주어 보아도, 정제되고 세련된 연출로 손꼽히는 사례라고 판단된다.

우선 법정 밖의 연출에 관해서인데, 법정의 개시 일정, 폐정 후의 판세 및 평가 그리고 원고 측과 피고 측의 동향 등은 모두 매스컴을 통해 관객에게 정보를 전달한다. 특히 기사의 표제가 크게 적인 신문 한 장을 담은 커트를 빠른 컷으로 연결시키거나 법정 장면을 배경으로 신문 기사의 표제어를 도드라지게 한 이중노출의 쇼트를 오버랩과 와이프로 짧게 연결시키는 연출이 빈번하게 사용된다. 관객은 1차, 2차, 3차 법정에 대한 신문 기사의 관전평을 통해 재판의 전개 과정 및 쟁점을 시각적으로 빠르게 파악할 수 있다.

다음으로 법정 안에서의 연출에 관해서인데 가령 법정의 전체를 비출 때는 하이앵글의 팬을 사용하거나 객석보다 한 단 상층에 자리한 판사의 등 뒤로 관중을 프레임 안에 잡는 오버더 숄더 쇼트를 구사한다. 또한 등장인물의 역할에 의해 카메라워킹의 방법이 달리 적용되고 있는 점이 주목되는데, 사건에 대한 증인인 경우는 인물을 화면의 정 가운데 정지시키고 미디엄 쇼트를 통해 객관성을 유지하게 하고, 판사의 경우는 로앵글의 롱쇼트로 처리하여 권위와 위엄을 더하게 한다. 흥미로운 점은 히루타에 대한 연출로, 판사와 같은 로앵글의 쇼트이지만 더듬더듬 변론하는 히루타를 미디엄 쇼트로 화면 가득히 담아내어 그의 불안한 심경과 당혹함을 효과적으로 드러내고 있다.

마지막으로 '옐로 저널리즘의 비판' '인간의 선악의 문제'라는 주제가 【결말】에서 완전히 통합되는 점에 대해서이다.

구로사와는 특히 피고 측의 변호사인 가타오카의 입을 빌려 두 개를 교묘하게 통합하고 있다. 감독의 통합의 논리를 단계적으로 정리해 보면,

우선 처음 사건 의뢰를 맡으면서 다카오카는 “이 소송의 쟁점은 결국 그 기사의 묘사와 출판 방식이 명예 훼손적이었는지 아닌지가 아니라, 그런 사실이 있었는지 없었는지 하는 것일 겁니다.”(대본【64】)라고 힘주어 말한다. 그의 발언의 요지는 잡지사의 표현의 문제가 아니라 ‘사건의 진신’에 초점을 맞추어야 한다는 것인데, 재판이 거듭될수록 ‘사건의 진실’은 원고와 피고의 증언만으로는 현실적으로 판단 불가능한 것임이 밝혀진다. 구로사와는 다음으로 가타오카로 하여금 ‘왜 처음부터 사건의 주요 증인인 나무꾼을 섭외하지 않았는지’에 대한 문제를 꺼내 들게 하여 원고 측 변호사인 히루타의 변론방식을 문제시 삼게 한다. 이 단계에 이르면 재판의 쟁점은 ‘사건의 진실’에서 급격하게 멀어지고 히루타의 무능함과 비도덕적인 쪽으로 급격하게 무게 이동을 하게 된다. 그리고 진실을 규명할 수 없게 된 원고 측의 패소 가능성이 짙은 상황에서 원고와 피고 중 어느 쪽이 정직한지가 마지막 논쟁의 중심이 되었고 극적인 히루타의 고백으로 호리의 부정직함이 밝혀져 종결되게 된다.

히루타가 변호인의 신분에서 증인의 신분으로 바뀌게 되는 설정이나 사실관계만을 따지는 법정에서 어느 쪽이 정직한가 하는 도덕적 규범을 쟁점으로 삼는 설정 등은 다소 현실과 거리가 있는 만큼, 구로사와가 사회적 주제와 도덕적 주제를 통합하기 위해 얼마나 고심했는지를 미루어 짐작하게 하는 대목이다.

5. 나오며

《추문》은 법정 드라마라는 정적인 소재와 규모 면에서 소품인 관계로 평론가나 연구자로부터 주목을 많이 받지 못한 작품이다. 필자는 선행연구 중에서도 ‘주연과 조연의 역할’이 바뀌어 주제가 파탄에 이르렀다는 비판에 주목하고, 시나리오의 구성과 연출, 인물 조형을 종합적으로 고찰하여, '주제의 파탄'이라는 문제점에 대한 재해석과 작품의 의의를 도출하고자 하였다. 고찰의 결과를 요약하면 다음과 같다.

첫 번째로 제작 동기에 관해서이다. 여성 연예인의 스캔들을 다룬 잡지사의 광고가 계기가 되었다는 것은 주지의 사실이다. 그런데, 평소 감독이 저널리즘에 대한 거부감이 있었다는 점에 주목하면, 그의 영화에 대해서 경박한 비평을 일삼은 저널리즘과 주변의 것들과 매스컴의 비평에 휘둘리기 십상인 관객의 태도를 경계하고자 했다는 점 등도 제작의 동기의 계기로 고려해야 할 것이다.

두 번째로 연출에 대해서이다. 특히 《추문》의 카메라워킹과 편집은 미디어의 본질과 등장인물의 심리를 시각적으로 표현하는 중요한 요소로 기능하고 있다. 먼저 아무르 잡지사의 광고 장면, 아오에와 호리 간의 진실 공방, 재판 과정의 신문보도 등과 같은 미디어 관련 장면에서는 쇼트의 시간이 대부분 짧으며, 이러한 쇼트를 오버랩과 와이프 등 다양한 방법으로 연결시켜 관객으로 하여금 강한 인상을 주고 신속·명확하게 필요한 정보를 시각적으로 전달한다.

한편, 등장인물에 대해서는 미디엄 쇼트가 작품 전체의 기조인데, 감정이입을 특히 필요로 하는 장면, 가령 히루타와 마사코의 대화, 바에서의 중년남성의 연설 장면의 경우는 클로즈업에 가까운 미디엄 쇼트와 롱테이크로 처리되고 있고, 창문이나 문을 이용한 '프레임' 또한 고독감과 고뇌를 효과적으로 표현한 연출이다. 특히 법정 내부와 외부의 연출을 서로 달리한 마지막 법정신은 세련된 연출로 손꼽힌다.

마지막으로 '주제의 파탄'에 관한 문제인데, 구로사와는 전반부에서는 아오에를 중심으로 '옐로 저널리즘의 비판'을, 후반 이후로는 히루타를 중심으로 '인간의 선악의 문제'를 탐구하면서 특히 【절정】과 【결말】에서 이 두 주제를 통합하고자 하는 시나리오 작법을 의도했던 것으로 판단된다. 한편 인물 조형 또한 주제의 통합에 기여한다. 가령 주인공인 아오에의 역할은 전반부에서는 사건의 당사자로 소송의 성립에 관여하면서, 후반부에서는 부정을 알면서도 히루타를 끝까지 믿으며 그의 개과천선을 견인하는 강력한 조력자의 역할을 담당한다. 그리고 '별님'으로 묘사된 마사코는 시종일관 '선의 상징'으로 히루타와 대조되면서도 소송의 승리를 염원하여 히루코의 자백을 이끄는데 결정적인 역할을 한다. 옐로 저널리즘에 대해 아오에와 마사코는 인간의 존엄성과 인간성을 지키고자 하며, 히루타 또한 마지막에는 옐로 저널리즘에 저항하고 '선성善性'을 회복한다.

자칫 단순한 권선징악의 법정 드라마가 될 소재를, 구로사와는 사회적 주제와 인간의 내면적인 탐구를 연결시킴으로써 '부조리한 사회에서 인간은 어떻게 살아야 할 것인가'에 대한 심오한 주제를 우리에게 던지고 있는 것이다.

제8장

전후 민주주의 영화 속의 '전후'의 표상
: 공간과 대립되는 인물조형, 그리고 감독의 메시지

1. 들어가며

구로사와 아키라黒澤明 감독은 전후 일본 영화사의 대표적인 거장으로, 총 30여 편의 다양한 작품 속에서 도덕적, 사회적 문제를 깊이 탐구한 감독으로 평가받는다. 이 글의 제목 속의 '표상'이란 말에는 단순히 현실을 재현하는 것뿐만이 아니라 특정한 의미나 해석을 포함한 '상징적인 재구축'이라고 하는 의미를 가지고 있다.

이 글의 목표는 구로사와가 전후 직후에 제작한 '영화'라고 하는 표현 매체를 통해서 전후 사회나 문화, 물리적 환경, 사람들의 가치관 심리적 상태를 어떻게 담아내고 상징화하는지 또 어떤 메시지를 관객에게 제시하는 가를 탐구하는 것에 있다.

이에 이 글은《내 청춘에 후회 없다わが青春に悔なし》(1946),《멋진 일요일素晴らしき日曜日》(1947), 《주정뱅이 천사酔いどれ天使》(1948), 《조용한 결투静かなる決闘》(1949), 《들개野良犬》(1949), 《추문醜聞》(1950)을 대상으로 해서, 먼저, 각 영화에 나오는 공간과 장소의 의미를 전후 직후의 시대적 표상이라는 관점에서 살펴보고자 한다.[1] 그리고 마지막 장에서는 각 작품에 등장하는 주인공, 특히 대립적인 인물 조형의 분석을 통해 감독이

전하고자 했던, 전후 일본의 사회적 혼란, 도덕적 타락, 그리고 인간성 회복이라는 메시지가 어떻게 구현되는지를 살펴보고자 한다.

고찰의 대상이 되는 작품의 성립은 1946년부터 1950년까지로, 1948년 12월의 '경제안정 9원칙'과 1949년 3월의 '도지 라인'이 발표되었으나, 한국전쟁의 군수특수로 일본경제의 회복의 기회를 갖기 전의, 특히 사회적으로 혼란스럽고 경제적으로 피폐했던 시기에 해당한다.[2]

---

1 작품과 전후공간의 표상과 관련해서 본 논문의 구상에 큰 시사를 준 선행 연구는 다음과 같다. 佐藤忠男, 『映畫の中の東京』, 平凡社, 2002, pp.116~131; 逆井聰人, 「映される燒跡と語られない〈燒跡〉:戰後日本映畫批評と燒跡表象」, 『言語情報科學』, 東京大學大學院總合文化硏究科言語情報科學專攻, 2014, pp.181~197; 逆井聰人, 「戰災復興と闇市－『20 年後の東京』と『野良犬』にみる闇市の役割－」, 『言語情報科學』, 東京大學大學院總合文化硏究科言語情報科學專攻, 2015, pp.85~102. 그리고 작품의 주제와 인물조형을 이해하기 위한 포괄적인 연구로는 佐藤忠男, 『黑澤明作品解題』, 岩波現代文庫, 2002, pp.57~122; 都築政昭, 『黑澤明－全作品と全生涯』, 東京書籍, 1980, pp.134~167 등이 있다.
참고로, 쓰즈키 마사아키都築政昭의 위의 저서에서는 전쟁에서 귀중한 청춘을 희생하고 복귀한 퇴역군인이 주인공을 등장하는《내 청춘에 후회 없다》에서《들개》까지의 4 작품을 '전후를 무대로 한 4부작'이라고 명명하고 있는데, 이 글에서는 이른바 '민주주의 계몽영화'라 일컬어지는《내 청춘에 후회 없다》에서부터 전후 언론자유가 허용된 이후, 그 폐해로서의 옐로 저널리즘을 다룬《추문》까지를 '전후'와 관련시켜 고찰의 대상으로 한다.

2 경제안정 9원칙은 1948년 12월, GHQ가 일본 경제의 인플레이션과 재정 파탄을 막기 위해 제시한 방향이었다. 이어 1949년 도지 라인이 시행되어 긴축재정, 흑자예산, 금융수축, 고정환율 정책이 강력히 추진되었으나, 일본 경제는 심각한 경기침체로부터 벗어나지 못했다. 그러나 1950년 한국전쟁 발발로 일본은 군수물자 수요 급증, 산업 기반 복구 촉진, 외화 수입 확대라는 세 가지 효과를 통해 경제를 급속히 회복했다. 군수 특수 덕분에 공업 생산이 대폭 증가하고 실업 문제가 완화되었으며, 무역수지도 흑자로 전환되었다. 이 전쟁 특수는 일본이 이후 고도성장기로 진입하는 결정적 계기가 되었다.
GHQ의 정책에 대한 이해는 구로사와의 전후 직후의 영화를 이해하는 데에 중요한 시사점을 준다. GHQ는 1945년 9월 19일 〈자유로운 신문이 가지는 책임과 그 의미를 일본의 신문에 가르치는 것이다〉라고 하는 프레스 코드(언론 통제)를 발표하고, 또한 10월 4일 〈자유 제한의 철폐에 대한 각서〉를 내어 천황에 대한 비판의 자유, 정치범의 석방, 특고경찰의 폐지를 하였고, 1945년 10월에는 새로 출범한 시데하라 내각에 대해 맥아더는 인권 확보의 5대 개혁, 즉 부인해방, 노동조합 결성 장려, 교육민주화, 비밀법제 철폐, 경제민주화를 명했다. 이렇게 해서 부인참정권의 승인, 선거법 개정, 농지개혁, 재벌 해체 그 밖에 자유와 민주주의를 위한 여러 개혁이 실행되었다. 특히 영화분야는 GHQ의 산하부서인 민간정보교육국(CIE)의 철저한 감독 하에 있었다.
GHQ의 정책은 이 글에서 다루는 모든 영화의 메시지와 깊은 관련을 가지며 특히 첫 번째

참고로 본문에서 인용하는 대본은《내 청춘에 후회 없다》에서《들개》까지는『全集 黑澤明 第二卷』, 岩波書店, 1987을,《추문》은『全集 黑澤明 第三卷』, 岩波書店, 1988을 각각 사용하였음을 밝혀둔다. 대본의 인용은 페이지가 아닌 '신scene'으로 표기하였다.

2.《내 청춘에 후회 없다》와《멋진 일요일》의 공간

1)《내 청춘에 후회 없다》

1946년에 개봉되어 전후 첫 작품인《내 청춘에 후회 없다》는 구로사와의 작품 중 여성 주인공을 중심으로 그린 유일한 작품이다. 1933년 '교토대 사건'부터 시작하여 전시부터 전후 직후인 1946년에 이르기까지의 일본 사회를 배경으로 하고 있고, 주인공인 야기하라 유키에의 성장과 자아의 확립을 중심으로, 전쟁과 자유, 그리고 개인의 책임에 대한 깊은 물음을 던지고 있다.

영화는 전전·전후 일본의 교토와 도쿄 그리고 농촌을 배경으로 하고 있는 바, 이하 무대와 장소가 어떤 의미를 갖는지 살펴보고자 한다.

먼저 교토대학생들의 피크닉 장면에서 등장하는 교토의 요시다야마에 관해서인데, 이곳은 젊음과 이상, 자유를 상징하는 장소로 설정된다. 피크닉을 즐기며 미래를 논하면서 유키에는 노게와 이토카와라는 두 남성을 통해 서로 상반된 가치관과 신념을 마주하게 된다. 노게는 급진적이며

작품인《내 청춘에 후회 없다》는 개인의 자유와 민주주의, 여성인권강화 등과 관련이 깊고, 마지막 작품인《추문》은 언론의 자유가 진척된 이후의 옐로 저널리즘의 폐단을 다루고 있다. 이 글에서 다루는 구로사와의 작품의 메시지는 패전 이후, 봉건주의와 제국주의가 종식되고, 이후 일본사회에 도입된 새로운 자유민주주의 사회에서 일본인의 갖추어야 할 삶의 방식과 도덕적 소양에 초점이 맞추어져 있다.

신념에 충실한 행동파로, 이토카와는 현실적이고 안정을 중시하는 인물이다. 한편, 요시다야마는 청춘을 구가하는 자유의 공간이었음과 동시, 멀리서 들려오는 군사 훈련의 총소리는 1930년대 당시의 군국주의의 억압적 현실을 은유적으로 암시하기도 한다.[3]

한편, 야기하라 교수의 집은 전통과 현대, 이상과 현실이 대립하는 공간으로 묘사된다. 이 집은 교수라는 직업이 상징하는 지성의 장소이자, 가족 간의 가치관의 충돌이 벌어지는 장면의 무대가 된다. 교수는 자유주의를 옹호하며 군국주의에 반대하는 신념을 지니고 있지만, 그의 아내는 전통적이고 안정된 삶을 중시하는 인물로 설정된다. 이러한 두 인물의 대조는 유키에가 자신의 삶에서 전통과 새로운 가치 사이에서 갈등하게 되는 이유를 심화시킨다.

특히 교수의 집은 유키에가 노게와 이토카와 두 인물 사이에서 어떤 가치를 선택할 것인지 고민하는 공간이기도 하다. 노게는 유키에에게 사회적 변화와 자유를 선택하도록 자극하지만, 이토카와는 그녀에게 안정과 보호를 약속한다. 이 과정에서 유키에가 "평온무사한"(【대본48】) 삶보다 "뭔가 반짝거리는, 눈이 부신 생활"(【대본48】)을 선택하겠다고 결심하는 장면은 그녀의 가치관이 변하고 있으며 결국 노게와 맺어지게 되는 미래에 대한 복선의 역할을 한다.

집이라는 공간이 전통적 틀에서 벗어나 새로운 여성상으로 나아가기 위해 그녀가 극복해야 할 상징적 경계였다고 한다면, 도쿄는 자립과 도전의 도시라고 할 수 있겠다. 유키에가 홀로 교토를 떠나 도쿄에서 정착하는 것은 그녀가 가족과 전통적인 여성 역할에서 벗어나 독립적인 삶을

---

3 유키에가 총소리를 듣고 "저는 저런 소리가 참 좋아요, 시원시원하고, 리드미컬하고 …… 가슴이 시원해지는 ……"(【대본5】)이라고 말하는 장면은 그녀가 가진 독립적이고 전통적인 여성상과는 다른 면모를 드러낸다. 이 발언은 단순한 감정 표현 이상으로, 그녀가 자유를 갈망하며 사회적 틀에서 벗어나고자 하는 내적 갈등을 암시한다.

선택했음을 보여준다.

영화의 후반부는 남편 노게의 죽음 이후, 그의 부모가 있는 농촌으로 내려간 유키에의 삶을 그리고 있다. 농촌은 그녀가 사회적 비난과 편견 속에서도 자신의 가치를 실현하는 실천의 장이라는 의미를 가진다. 그녀는 '빨갱이' 가족이라는 마을 사람들의 비난에도 굴하지 않고, 스스로 농사에 몰두하며 전쟁이 끝나고 난 이후에는 농촌지도자로서 현지의 농민들과 연대한다. 이러한 모습은 그녀가 단순히 남편에게 희생적인 여성상을 넘어, 전후 이후, 새로운 사회적 역할을 받아들이고 이를 주체적으로 이끌어가는 모습을 상징한다. 농촌은 그녀가 자유와 재생을 찾아가는 과정을 시각적으로 구체화하는 공간이라고 할 수 있겠다.

2) 《멋진 일요일》

다음으로 살펴볼 작품은 《멋진 일요일》인데, 1947년 공개된 전후 두 번째 작품이다. 도호 촬영소의 조합으로부터, 경비 절약을 위해 세트 대신 로케이션 쪽을 강화하여 촬영하도록 요구받은 구로사와는, 본작을 세미다큐멘터리적인 수법으로 만들기로 했다. 배경은 도쿄로, 실제로 신주쿠나 우에노 동물원 등에서 촬영이 이루어졌다.

우선 영화 초반에 등장하는 모델하우스를 구경하는 장면과 셋방을 구하는 장면은 전후 일본 청년들이 처한 암울한 현실과 이상을 대조적으로 보여준다. 모델하우스에서 마사코는 자신의 미래에 대한 희망과 이상을 이야기하며, 행복한 삶을 꿈꾼다. 그녀는 방에는 "경대랑 장롱은 필요 없지만 거울이 달린 양복 장롱 정도는 갖고 싶네요…… (툇마루 쪽으로 가서) 그리고 등나무 의자…… 정원이 있으면 토마토나 그린피스를 듬뿍 재배하는 거예요……"(【대본8】)라며 밝은 목소리로 상상하지만, 유조는 냉소적으로 "빈털터리잖아. 문자 그대로, 무일푼이잖아. 좀 더 현실적이 되어야 해. 이런 세상을 살아가기 위해서는"(【대본8】)라며, 그녀를 나무란다. 모델하우스는 전후 일본의 열악한 주거 환경을 상징하면서도, 유조와 마사코와 같은 청년들에게는 접근할 수 없는 꿈같은 공간으로 그려진다.

이어지는 셋방을 찾는 장면에서는 그들의 경제적 빈곤이 적나라하게 드러나는 데, 창문 하나 없는 비좁은 다다미 6장 넓이의 방은 그들의 기대에 너무 못 미치며, 보증금 2,000엔과 월세 600엔이라는 높은 금액은 이들에게 감당할 수 없는 부담으로 다가온다.[4]

이후 두 사람은 유조의 친구가 경영을 하는 댄스홀로 향하게 되는데, 당시 댄스홀은 전후 일본 사회에서 새롭게 등장한 유흥 공간으로, 영화에서는 부유층과 서민층 간의 경제적 격차를 보여주는 상징적인 장소이다. 유조는 댄스홀에서 손님들과 직원들로부터 냉소적이고 무시당하는 태도를 경험하며, 댄스홀 내부에서 부유층 손님들이 고가의 음식을 즐기는 모습을 보면서 자신이 이 공간에서 소외된 존재임을 느낀다. 댄스홀 시퀀스는 단순히 당시의 시민들의 유흥 묘사를 넘어, 전후 일본 사회의 계층적 차별과 경제적 불평등을 암시하고 있는 것이다.

이후 공터에서 유조가 아이들과 함께 야구를 하는 장면에서 유조는 한 때의 웃음과 활력을 얻는데, 클로즈업으로 처리되는 각각의 아이들의 밝은 웃음은 전후의 혼란함 속에서도 잃지 않은 순수함과 희망을 상징하는 존재로 그려진다. 유조가 아이들과 소통하며 밝게 웃는 모습은 그가 이전의 냉소적인 태도에서 벗어나 긍정적으로 변화하고 있음을 암시한다.

한편, 동물원은 전후 일본 사회의 불안정한 현실과 청년들의 어려움을

4 도쿄의 주택난은 특히 도쿄 대공습에 의한 피해가 가장 큰 이유였다. 1944년 6월부터 시작한 B29에 의한 폭격은 1945년 3월 10일, 도쿄 대공습으로 본격적인 도시 무차별 폭격이 이루어졌다. 324기의 B29에 의해 투하된 소이탄이 도시를 폐허로 만들었다. 2시간 반의 공습으로 사망자 83,070명, 100만 명이 집을 잃었는데 이후의 원폭으로 인한 피해 다음가는 대규모의 피해였다. 森武麿, 『アジア·太平洋戰爭』, 集英社, 1993, p.296.

은유적으로 보여주는 공간이다. 유조와 마사코는 동물들을 보며, "동물은 행복할 지어라. 모든 날짐승, 들짐승의 세계에는 인플레이션이 없으니까"(【대본23】)라는 자조적인 대사를 통해 자신들의 열악한 현실을 간접적으로 드러낸다. 하지만 주목되는 점은 이 장면의 연출로, 두 사람의 흥겨운 대화와 유머러스한 상황은 전후 일본 사회의 어두운 현실을 강조만 하는 것만이 아니라 오히려 유머와 웃음으로 절망에 짓눌리지 않겠다는 희망의 메시지로도 이해될 수 있겠다.

마지막으로 영화 후반부의 폐허 속의 공터 시퀀스, 그리고 음악당에서의 상상속의 지휘 시퀀스는 꿈과 재생의 상징으로 기능한다. 유조와 마사코는 폐허가 된 공터에서 상상 속으로 카페 '히야신스'를 오픈하고, 손님들을 접대하는 롤 플레이를 한다. 공터는 전쟁으로 인해 폐허가 된 도시의 흔적을 생생히 드러내는 공간이지만, 동시에 두 사람이 새로운 시작을 꿈꾸는 상징적인 무대로 활용된 것이다. 유조는 "3년 뒤든 5년 계획이든 상관없어, 우리 둘이 베이커리를 하는 거야. 아니, 꼭 해야 해, 안 하면 안 돼 ……"(【대본36】)라며 희망적인 말을 하는데, 이 대사를 통해 그가 절망에서 벗어나 다시 삶의 목표와 의미를 찾았음을 명확하게 알 수 있다.

계속해서 음악당에서 가상의 지휘를 하는 시퀀스는 영화의 클라이맥스임과 동시에 연출적인 측면에서는 가장 실험적인 장면이기도 하다. 아무도 없는 텅 빈 음악당에서 유조는 무대에서 상상의 지휘를 하고, 관중석에 앉은 마사코는 영화를 보는 관객에게 박수를 요청한다. "여러분! 부탁드립니다! 부디 박수를 쳐주세요! 여러분의 따뜻한 마음으로 제발 격려해 주세요! 부탁입니다! …… 세상에는 저희처럼 가난한 연인이 많이 있습니다. 그런 사람들을 위해 …… 한 조각의 꿈도, 한 줄기의 희망도 빼앗기기 쉬운 수많은 불쌍한 연인들을 위해 ……"(【대본40】)라는 마사코의 대사는 극 중 대사를 넘어, 관객들에게 전후 일본 청년들의 현실에 대한 공감을 요청한다. 관객의 박수와 함께 울려 퍼지는 음악은, 현실의 절망 속에서도 연대와 희망의 힘이 여전히 존재한다는 것을 상징한다.

『멋진 일요일』은 전후 일본의 청년들의 빈곤한 삶과 꿈을 생생히 보여주면서, 관객들에게 꿈과 희망을 잃지 말라는 강렬한 메시지를 전달하고, 영화에 등장하는 모델하우스, 셋방, 댄스홀, 야구장, 동물원, 폐허가 된 공터, 음악당 등의 다양한 공간은 각각 독특한 상징성을 지니며, 전후 일본 사회의 현실과 이상을 투영하고 있다고 하겠다.

3. 《주정뱅이 천사》와 《조용한 결투》의 공간

본장에서 다룰《주정뱅이 천사》와 《조용한 결투》는 여타의 작품에 비해 스토리 및 등장인물의 성격, 그리고 주제가 매우 흡사한 점이 많아 공간의 상징성도 중첩되는 점이 주목된다.

1) 《주정뱅이 천사》

1948년에 개봉된 《주정뱅이 천사》는 야쿠자인 마쓰나가와 알코올 중독 의사 사나다의 이야기를 통해 전쟁의 여파가 남긴 도덕적 부패와 재건의 가능성을 탐구한다. 영화에 등장하는 공간과 시설은 주제와 인물조형에 기여하며 전후 사회의 혼란을 효과적으로 그려내고 있다.

먼저 영화의 무대로 가장 많이 등장하는 공간인 '암시장'에 관해서인데, 영화 속의 암시장은 단순히 전후 일본의 경제적 혼란과 부패를 묘사하는 배경에 그치지 않고, 인간성의 타락과 사회적 병폐를 상징적으로 드러내는 중요한 공간이다. 대본에서는 "역 앞의 암시장. 쨍쨍 내리쬐는 한여름 태양 아래 와자지껄하게 들끓고 있는 야시장"(【대본7】), "완전히 불이 꺼진 암시장의 안쪽에서 형편없이 졸음이 쏟아질 것 같은 기타 소리가 흘러나온다. 그 소리는 이 부근의 쓰레기장이 되어버린 습지에 있는 작은 늪을 지나서, 그 건너편 강가에 눌려 찌부러진 듯 타다 남은 주택가 쪽까지 흘러간다."(【대본1】) 등으로 묘사되는 바, 암시장이 전후 사회에서 생존을 위한 필수적인 장소임과 동시에 인파로 들끓고 있고, 그 안에 무질서와 불법 거래가 만연한 혼란이 있음을 은유적으로 드러내 준다. 마쓰나가는 암시장을 자신의 활동 기반으로 삼는 야쿠자로, 이곳에서 자신의 세력을 유지하려 하고, 그와 관계를 갖는 암시장의 인물들은 그가 야쿠자로서 어떻게 타락한 삶을 살아가는지를 입체적으로 보여준다.

한편, 의사인 사나다는 암시장 속에서 자신의 윤리적 가치를 지키며, 암시장 내부에서 발생하는 부패와 타락에 대해 강한 반감을 드러낸다. 그는 암시장에서 병든 환자들을 돕고, 마쓰나가와 대립하며, 인간성을 회복하려는 노력을 이어간다.

암시장에 이어서 가장 많이 등장하는 것은 습지에 물이 고인 '웅덩이(늪, 습지, 시궁창, 진흙탕)'인데 이 웅덩이는 전쟁의 폭격과 황폐화로 인해 생긴 결과물로, 단순히 위생상으로 더러운 장소를 넘어, 전후 일본의 물리적·도덕적 붕괴를 상징하는 중요한 공간으로 기능한다.

위생상으로 불결한 장소와 관련된 장면으로 영화 초반, 아이들이 웅덩이 주변에서 아무렇지 않게 놀고 있는 것을 본 사나다가 "나오렴, 나와! 티푸스 걸린다!"(【대본6】)라고 경고하고 있는 장면을 통해 알 수 있다. 한편, 도덕적 붕괴에 대한 상징은 야쿠자인 마쓰나가와의 관계 속에서 잘 드러난다. 사나다는 마쓰나가가 걸린 폐결핵을 고쳐야 한다면 다음과 같이 나무란다.

사나다 "뭐, 내 말을 잘 듣게…… 자네 폐는 딱 이 늪 같은 거야!"
늪 속으로 짐수레가 쓰레기를 한가득 쏟아 낸다.

사나다 "자네 폐만 깨끗이 하는 걸로는 소용없어 …… 자네 주변에는 썩을 대로 썩은 구더기가 우글대는 병균 같은 녀석들만 모여 있어 …… 그 녀석들과 깨끗하게 연을 끊지 않는 한, 자네는 답이 없네"

늪 주변의 오물 더미.

그리고 늪 표면의 메탄가스. (【대본63】)

사나다는 마쓰무라의 폐를 불결한 '늪'이라 하고, 더 나아가 마쓰무라의 동료 야쿠자를 '구더기와 같은 병균'이라고 비유하는 바, 이는 '늪'이 신체적 병증을 넘어, 마쓰나가의 도덕적 타락과 그를 둘러싼 부패한 사회적 환경을 은유적으로 표현한다고 할 수 있겠다.

계속해서 도덕적 타락과 허무, 그리고 마쓰나가의 파멸을 의미하는 장소로 댄스홀, 선술집(히사고) 등이 주목된다.

우선 댄스홀은 마쓰나가와 애인 나나에의 관계가 드러나는 장소로, 마쓰나가가 자신의 허세를 유지하기 위해 애쓰는 모습을 보여준다. 댄스홀의 화려한 조명과 흥겨운 음악 속에서 거드름을 피우는 마쓰나가는 겉보기에는 위세가 있고 활기차 보이지만, 실제로는 자신의 병을 숨길 수밖에 없는 공허함과 몰락의 공간으로 조형된다.

댄스홀이 마쓰나가가 타인에게 자신의 위엄과 허세를 드러내는 공적인 장소였다고 한다면, 선술집(히사고)는 자신의 병과 약점을 조금이나마 솔직하게 드러낸다는 의미에서 개인적 장소로 기능한다.

긴 "난, 항상 생각했는데 …… 당신의 성질은 이런 세계에 어울리지 않아 …… 이 기회에 손을 씻는 편이 좋을 거 같아"

마쓰나가 "……"

긴 "그리고, 시골에 내려가 요양이라도 하면 좋을 텐데 …… 아 나도 고향으로 돌아갈까 생각하고 있어 …… 이런 곳 이제 정말 진절머리가 나"

라며, 조금 말을 머뭇거리다가,

마쓰나가 "(왠지 콧속이 찡해진다…… 그것을 숨기려는 듯이) 한 잔 더 줘"
긴 "안돼, 안돼! 그보다 정말로 오지 않을래? 내 삼촌이 말이야, 거기 변두리에서 목장을 하고 있는데…… 그곳에서 요양하면 병 따위는 금방 나을거야"
마쓰나가 "……"
긴 "응? 가자. 어찌 됐든 여기를 벗어나야 해"
마쓰나가 "……"
긴 "응?"
마쓰나가, 조용히 듣고 있다가, 점점 그런 마음이 드는 모습.
(【대본78】)

몰래 마쓰나가를 사모하는 히사고의 직원, 긴은 그에게 요양차 자신의 고향에 내려가자고 권한다. 마쓰나가는 비록 술을 마시며 자신의 허세를 유지하려 하지만, 점차 그녀의 말에 귀를 기울이게 되는 것이다. 위의 장면은 마쓰나가에게도 회생의 기회가 있었음을 암시하며, 라스트 신에서 긴이 그의 죽음을 안타까워하는 장면과 맞물려 관객들로 하여금 마쓰나가의 삶에 동정심을 유발시키는 역할을 한다.

한편, 진료소는 단순히 치료가 이루어지는 물리적 공간을 넘어, 영화에서는 도덕성과 인간성의 회복을 상징적으로 드러내는 핵심 장소이다. 진료소는 우선 사나다의 직업적 신념과 인간적 헌신을 보여주는데, 그의 진료소에는 부유한 환자는 없고, 오로지 진료소의 경영에 도움이 안 되는 가난한 환자만이 찾아올 뿐이다. 이러한 영화의 설정은, 전후 일본 사회의 의료 시스템과 서비스 부족을 반영하면서 경제적 불평등을 풍자적으로 표현한 것이라고 판단된다.

동시에 진료소는 마쓰나가의 내적 갈등과 변화를 상징적으로 보여주는 장소이기도 하다. 처음에는 자신의 병을 부정하며 사나다와 갈등을 빚은 마쓰나가였지만, 점차 사나다의 헌신적인 태도에 영향을 받아 자신의 상태를 인정하게 된다. 이러한 태도는 마쓰나가와 같은 범죄자도 타락한 삶을 처분하고, 도덕성을 회복할 가능성이 있음을 암시한다.

사나다의 노력은 비록 실패로 끝났지만 마쓰나가가 잠시 보여준 치유에 대한 노력은 단순한 신체상의 병의 치유 이상의 의미를 갖는다. "하지만 이 결핵이란 놈은 보통 방법으론 안 돼…… 병원균과 누가 이기는지 계속 겨루는 거지"(【대본22】)라는 대사는 전후 일본 사회가 직면한 도덕적 타락과 이를 극복하기 위한 긴 싸움을 은유적으로 나타낸다. 사나다와 마쓰나가의 관계를 중심으로, 진료소는 타락한 사회 속에서도 치유와 희망이 가능하다는 장소적 상징성의 의미를 갖게 되는 것이다.

2) 《조용한 결투》

이어서 1943년에 개봉된 《조용한 결투》는 기쿠타 가즈오菊田一夫(1908년~1973년)의 희곡 『낙태의墮胎醫』가 그 원작으로, 전후 일본 사회의 혼란 속에서 개인과 사회 간의 갈등을 조명하며, 특히 의료문제와 윤리적 딜레마를 다룬 독특한 접근 방식으로 주목받은 작품이다. 주목되는 장소로는 야전병원, 진료실, 술집(바) 등이 있다.

먼저, 아직 전쟁이 한창인 때의 야전병원은 주인공에게 전쟁이 남긴 깊은 상처와 그 후유증을 상징하는 무대가 된다. 영화 초반, 주인공 후지사키는 전쟁 중 군의관으로 일하며 환자를 수술하다가 부주의로 손을 다쳐 매독에 걸린 환자에게 감염되고 만 것이다. 당시 매독에 감염되는 사건은 매독이 불치의 병으로까지 알려진 만큼, 전쟁이 끝난 뒤에도 지워지지 않는 '보이지 않는 상처'로 후지사키의 삶을 크게 흔들게 된다.

다음으로, 진료실은 전후 사회에서 의사로서의 후지사키의 역할을 상징하는 무대다. 후지사키는 자신의 감염병과 싸우면서도 타인을 구하려는 의사로서의 이타적인 사명감을 보여준다. 특히 관할서 순경인 노자카는 그의 진료실의 경영에 대해서,

노자카 "바보 같은 소리하면 안 돼. 저 선생님은 훌륭한 사람이야. 개업 의사 중에서는 돈만 쫓는 사람이 많은 것 같은데 저 선생님은 달라. 무료 환자를 많이 받고 있지만 경찰로부터 돈을 한 푼도 받지 못하고 있으니까"(【대본14】)

라고 언급한다. 후지사키의 진료실은 특히 가난한 환자들에게 문턱이 낮은 공간으로 설정되어 있으며, 진료실은 단순한 치료 공간을 넘어, 전후 사회 재건 과정에서 개인이 사회적 책임을 통해 공동체를 회복시키려 하는 상징적인 장으로 기능한다.

한편, 나카타가 드나드는 술집(바)은 당시 사회의 윤리적 타락과 혼란을 상징한다. 술집에서 후지사키는 자신을 감염시킨 병사, 나카타와 재회한다.

나카타, 짜증 난 듯이,
"지긋 지긋하네 당신도…… 난 더 이상 당신 환자가 아니야…… "
후지사키 "알고 있네…… 하지만…… 의사로서 너에게 충고하는 것이 의무라고 생각해서"
나카타 "그러니까 말야…… 나는 이제 완치되었다고 하잖아."
후지사키 "네 생각일 뿐이겠지. 그게 위험하다는 거야, 척수액도 확실히 줄어든 건가?"
나카타 "흥, 나는 유쾌하지 않은 일 따위, 생각하지 않는 주의라서."
후지사키 "그렇지만 너 하나의 쾌락뿐만 아니라 다른 사람의 행복이나 평화도 걸려있으니까."(【대본55】)

나카타는 자신의 병이 다른 사람들에게 미칠 영향을 인식하지 못하고, 무책임한 태도를 보인다. 자신 또한 술을 절제하지 못해 방탕한 생활을 계속하다 파멸을 맞이하니, 나카타가 속한 술집의 장은 전후 사회의 모순과 윤리적 과제를 부각시킨다.

이상으로 《조용한 결투》에 등장하는 공간의 의미를 요약하면, 야전병원은 전쟁이 종식되어도 계속 개인에게 남긴 '되돌릴 수 없는 상처'를, 진료실은 자신의 병에도 불구하고 타인을 구하려는 '희생과 재생의 노력'을, 술집은 전쟁이 가져온 '사회적 타락과 모순'을 표현하고 있다고 할 수 있겠다.

4. 《들개》와 《추문》의 공간

1) 《들개》

1949년에 개봉된 《들개》는 전후 도쿄를 배경으로 젊은 형사인 무라카미가 도난당한 권총을 추적하면서 노형사인 사토의 도움을 받으며 자신의 미숙함을 극복하고 성장해 나가는 과정을 그린 작품이다. 이 영화에 등장하는 다양한 장소들은 단순히 이야기를 전개하는 배경 역할에 그치지 않고, 전후 일본 사회의 상황을 상징적으로 보여주며 관객들에게 그 현실을 체감하게 하는 중요한 장치로 작용한다.

영화의 도입부에서는 무라카미가 권총을 도난당하는 버스 장면이 묘사된다. 이 장면에서는 여름의 더운 날씨 속에서 혼잡한 버스 안에서 사건이 발생하는 모습이 생생하게 그려진다. 군중 속에 숨어든 소매치기는 전후 도쿄의 무질서와 혼란을 상징하며, 개인이 그 안에서 얼마나 무방비 상태에 놓여 있는지를 적나라하게 드러낸다.

이후 무라카미가 향하는 경찰서는 질서와 정의를 상징하는 공간이다. 이곳에서는 젊은 형사 무라카미와 노련한 형사 사토의 대조가 인상적으로 그려진다. 사토는 경험이 풍부하고 냉철한 자세를 통해 무라카미에게 형사로서의 직업윤리와 냉정함을 가르치며, 무라카미가 자신의 수사 방식과 태도를 되돌아 반성하게 만든다. 경찰서라는 공간은 전후 혼란 속에서 질서를 상징하는 공간일 뿐만 아니라, 이야기 전체에서 무라카미가 성장할 수 있도록 돕는 출발점으로 기능한다.

그다음으로, 무라카미가 수사를 위해 방문하는 암시장은 전후 일본의 경제적 혼란과 범죄의 온상을 상징하는 중요한 무대이다.[5] 물자가 부족한 상황 속에서 도난품과 밀수품이 일상적으로 거래되는 이 장소는 전후 일본의 황폐화와 경제적 어려움을 현실적으로 그려낸다. 무라카미는 이곳에서 사회의 어두운 단면을 직접 목격하며 범죄의 배경을 이해하게 된다. 암시장의 묘사는 전후 혼란스러운 사회가 범죄를 낳는 토양이 되고 있음을 시각적으로 드러낸다.

그다음으로 영화 중반부에 묘사되는 블루버드 극장은 전후 일본의 서민들이 힘든 일상에서 잠시 벗어나 안식을 찾는 공간으로 그려진다. 그러나 이 극장은 범죄와 연결된 단서가 숨겨진 장소로도 등장하며, 오락과 범죄가 교차하는 상징적인 공간이 된다. 이 극장에서의 장면은 전후 일본 서민 생활의 밝은 측면과 그 이면에 숨겨진 범죄나 사회적 문제를 대조적으로 그려낸다.

또한 영화 중반에 등장하는 야구장은 전후 복구를 상징하는 장소로 묘사된다. 전후 서민적 오락으로서 야구는 평화와 희망을 상징하지만, 그 군중 속에 범인이 숨어 있다는 상황은 도시의 익명성이 범죄 추적을 어렵

---

5 암시장을 배회하는 장면은 대본의 【대본31】에서 "그 후 며칠 동안 오긴의 말을 유일한 단서로 해서, 후줄근한 군복으로 초라하게 변신해서 무라카미는 넓은 도쿄의 번화가라는 번화가를 돌아다닌다. 태양열에 부풀어 오른 아스팔트 위를, 구두가 묻힐 것 같은 변두리의 먼지 길을, 소나기가 쏟아지는 보도를, 진창의 비갠 뒤의 암시장을 무라카미의 너덜너덜한 군화가 걷고 또 걷는다. 밤낮으로 열에 들뜬 듯 헤매며 걷는 동안, 무라카미의 얼굴은 초조와 초췌함으로 완전히 변해 문자 그대로 부랑자처럼 되고 만다 — 여기서 무라카미가 한번 마음먹으면 소처럼 고집스럽고 끈질긴 성격을 표현하고 싶다. 이를 위해 수십 컷의 장면과 많은 현실음의 몽타주를 할 계획입니다."라고 되어 있다. 실제 영화에서는 배회하는 장면이 닳아빠진 군화와 먼지 길을 수없이 클로즈업 쇼트로 처리하여 강조되었고, '암시장' 또한 더욱 수많은 장소의 신으로 조합·구체화되어 혼돈과 무법으로 가득 찬 암시장의 모습을 생생하고 전하는 데에 성공하고 있다.

게 만든다는 현실을 선명히 드러낸다. 야구장이라는 장소는 평화로운 일상과 그 이면에서 벌어지는 형사와 범죄자의 긴장감 있는 공방을 통해 전후 사회의 모순과 양면성을 예리하게 제시한다.

이야기가 전개됨에 따라 무라카미와 사토가 방문하는 범인인 유사의 집은 전후 사회에서 빈곤과 사회적 고립이 어떻게 범죄를 낳는지를 상징하는 공간으로 등장한다. 이 집은 낡고 황폐한 환경이 특징적으로 묘사되며, 유사라는 캐릭터가 처한 상황을 시각적으로 보여준다. 한편 사토 형사의 집은 따뜻함과 안정감을 느낄 수 있는 공간으로 그려지며, 가족과 함께하는 그의 생활은 전후 사회에서 지켜야 할 가치를 상징하고 있다. 이 두 공간의 대비를 통해 영화는 사회에서의 안정과 혼란의 대조를 명확히 그려내고 있다.

절정부에서 사토 형사가 방문하는 호텔이나 게이샤 찻집은 범죄자가 몸을 숨기는 장소로 묘사된다. 이러한 공간은 전후 도쿄의 도시에서 나타나는 익명성과 질서 부재를 상징하며, 서민과 범죄자가 교차하는 사회의 축소판을 보여준다. 이러한 장소들은 이야기에서 긴장감을 높이고 등장인물들의 심리적 움직임을 돋보이게 하는 역할을 한다.

위의 장소들은 각각 전후 도쿄의 사회적 상황을 상징적으로 반영하면서 등장인물들의 심리와 갈등을 돋보이게 하며, 관객에게 이야기의 긴장감을 체감하게 하는 역할을 하고 있는 것이다.

2) 《추문》

1950년에 개봉된 《추문》은 전후 일본 사회의 혼란과 저널리즘의 윤리적 타락을 배경으로, 주요 장소와 무대를 통해 인물의 내적 갈등과 변화를 효과적으로 그려내고 있다.

먼저, 법정은 영화의 중심 무대 중 하나로, 진실과 정의를 위한 투쟁이 펼쳐지는 공간이다. 여기서 아오에는 자신의 명예를 지키고 진실을 밝히기 위해 싸우는 인물이다. 그는 법원에 고소하기를 꺼려하는 여주인공의 어머니에게,

아오에	"저는 이렇게 생각합니다. 저들이 무섭게 능력있게 보이는 것은 저들에게 당한 사람들이 모두 겁쟁이뿐이어서 그런 거라고요. 모두 그저 분하지만 단념해 버리기 때문에 그자들이 날뛰는 겁니다. 아시겠습니까? 우리는 정글 속에서 살고 있는 게 아니에요. 확실하게 여러 방면의 제도가 갖춰진 나라에서 살고 있기 때문입니다"
어머니	"그래서 당신은 어떻게 하실 생각인 건가요?"
아오에	"고소하려고 생각 중입니다"(【대본27】)

라고 말하며 자신의 도덕적 신념과 책임감을 드러낸다.

한편, 히루타 변호사의 사무실은 그의 윤리적 타락과 내적 갈등을 상징하는 공간으로 등장한다. 가령 히루타가 호리의 호출을 받고 가야 할지 말지 망설이는, 즉 배신의 기로에 선 긴박한 순간에, 구로사와는 사무실 안에서 서성이는 히루타를 '창으로 된 문'의 프레임 안에 집어넣는다. 히루타는 결국 호리에게 갈 것을 결심하고 딸의 사진을 바라보다 사진을 뒤집고 나가 버린다. 딸의 사진이 걸려 있는 사무실 내부는 선하고 정화淨化된 공간이며 그 밖은 부정不淨의 공간으로, '창으로 된 문'은 바로 두 공간의 경계적 기능을 한다.

계속해서 히루타의 집은 가족적 사랑과 도덕적 회복을 상징하는 공간으로 묘사된다. 히루타의 딸, 마사코는 폐병으로 누워 지내는데, 마사코는 자신을 자책하는 아버지에게,

마사코	"괜찮아요 …… 괜찮아요 …… 그래도 전 아버지의 상냥함이 기뻐요 …… 이 곰 인형도 멋져요"

히루타 (우물우물 우는 목소리로) "마사코! 아버지는 나쁜 놈이야, 악당이야"
마사코 "아니에요, 좋은 사람이에요"(【대본46】)

라고 위로하며, 자신의 고통도 돌아보지 않고 극도의 순수함으로 아버지의 도덕적 변화를 이끈다. 히루타의 집은 마사코의 사랑으로 히루타의 내적 갈등을 해소하고 윤리적 각성을 일으키는 데 중요한 역할을 한다.

한편, 아무르 잡지사의 사무실은 상업주의와 윤리의 부재를 보여주는 대표적인 공간이다. 호리와 그의 부하들은 대중의 관심을 조작하며, 잡지 판매를 위해 진실을 왜곡한다. 그는 "괜찮아! 괜찮아! 기사 같은 건 조금 엉터리여도 활자로 찍혀 세상에 나오기만 하면 다들 믿기 마련이야. 게다가 거기에 그 사진을 넣기만 하면 금상첨화지. 자네, 현대의 우상이 뭔지 아는가? 사진과 활자야. 하하하!"(【대본10】)라고 말하며, 저널리즘의 윤리가 상업적 이익에 의해 어떻게 훼손되었는지를 적나라하게 보여준다. 사무실은 전후 일본 사회에서 상업주의가 개인의 명예와 진실을 희생시키는 현실을 상징한다.

시궁창(늪, 웅덩이)은 히루타와 아오에가 술에 취한 후 대화를 나누는 장소로, 윤리적 결단을 상징한다. 시궁창에 비친 별을 발견한 아오에가 감격하여 "쉿! 저거 봐! 이 더러운 시궁창에 별이 내리고 있어!" "이 시시한 거리에도 별님이 살고 있어. 당신 같은 시시한 악당에게도 별님 같은 딸이 있잖아"라고 히루타를 향해 큰 소리로 외친다. 이에 히루타가 자신은 그런 딸에 비하면 '개새끼'보다 못하다고 하자 아오에는 그의 말을 막으며 "그만하라고! 당신도 별님일지 몰라! 이제 빛이 날지도 몰라! 하느님은 아량이 크셔! 상상도 할 수 없는 정도로 말이지!"(【대본74】)라며 그를 격려한다.

《주정뱅이 천사》의 시궁창(늪, 웅덩이)이 그저 마이너스 이미지만을 가진 '절망적'인 것이었다고 하면, 《추문》의 '시궁창'은 그곳에 비치는 '별'의 모티브를 가져와서, 히루타 스스로 불법과 부정에 머물지 않고 순수와 정의로 다시 갱생할 수 있다는 가능성을 내포하는 '희망적'인 것으로 질적 변환을 했음을 알 수 있다.

5. 전후의 표상으로서의 인물조형·사회적 메시지

전후의 표상은 단순한 영상의 묘출에 머물지 않고 '전후'상황과 관련된 사회적 비평이나 메시지를 담기 마련이다. 구로사와는 전후사회의 모순이나 문제점을 담아냄으로써 관객들에게 공감을 촉구하고자 하는 바, 그 메시지는 대립되는 등장인물의 성격과 행동, 즉 인물조형을 통해서 구체화된다. 이하 본 장에서는 성립순서대로 주요인물상을 살펴보고 그 안에 담긴 사회적 메시지를 살펴보고자 하는데, 감독의 의도를 명료하게 드러내기 위해, 대립되는 인물을 묶어서 기술하고자 한다.

1) 《내 청춘에 후회 없다》

첫 번째 작품인 《내 청춘에 후회 없다》에 관해서인데 남자 주인공 노모와 이토카와의 갈등, 주인공 유키에와 유키에의 어머니의 대조가 주목이 된다.

노모는 이상주의적 행동파로서 일본의 제국주의와 군국주의에 저항하는 인물이다. 그는 신념을 위해 희생을 마다하지 않으며, 체제의 불의를 폭로하고 사회 정의를 추구하는 강력한 의지를 보여주는데, 야기하라 교수와 유키에 앞에서 일본의 침략적 제국주의를 비판하며 다음과 같이 목소리를 높인다.

> "일본의 군벌은 재벌·관료의 비호아래 만주를 중국에서 빼앗아, 반식민지화했다. 또 국제연맹에서 탈퇴했다…… 즉" (중략) "드디어 대륙 침략을 강행하겠다고 하는 것이지요. 국내정치가 모두 모순뿐이고, 정체 상태에 빠져있으니까, 그 돌파구를 외국의 침략에서 찾으려고 하는 것이지요. 문제는 여기에 있다고 생각해요" (중략) "침략주의에 반대하는 사상은 그들에게는 모두 빨갱이지요"(【대본8~9】)

위의 대사는 노모가 군국주의와 침략주의에 맞서 싸우는 이상주의자의 면모를 단적으로 드러낸다. 그는 시대의 부조리에 저항하는 용기를 가진 행동파로 묘사되며, 이는 전후의 GHQ 점령기 일본이 추구한 민주주의적 가치와 맞닿아 있다.

반면, 이토카와는 현실적이고 체제 순응적인 인물로, 개인적 안정과 사회적 지위를 중요시하며, 체제 내부에서의 안정을 추구하는 인물로 조형된다. 가령 이토카와는 검사가 된 이후, 과거 자유주의를 주창한 야기하라 교수가 결국 교수직을 박탈당하고, 차선책으로 민중에게 법률 무료봉사를 개시하겠다고 하자,

> 단지…… 선생님은 교토대사건의 중심인물로서…… 다른 사람들이 다소 색안경을 쓰고 보는 경향이 있고…… 시기가 시기니까요"(【대본45】)

라고 조심스럽게 만류한다. 과거보다 군국주의적 경향이 강해진 이 시기에 섣부른 행동은 하지 않는 것이 좋다고 조언하는 장면을 통해서 이토카와의 '보신주의' '기회주의적인 성격'을 엿볼 수 있다. 이와 같이 노모와 이토카와는 각각 이상주의자와 현실주의자의 상징으로, 전후 일본 지식인의 두 가지 전형을 보여준다. 구로사와는 이들의 대조를 통해 군국주의의 폐해와 민주주의적 가치의 중요성을 강조하고 있는 것이다.

다음으로는 유키에와 유키에 어머니의 인물 조형에 관해서인데, 영화

속 두 사람은 전통적 여성상과 근대적 여성상의 대비를 통해 구로사와가 지향하고자 하는 전후 일본 사회에 제시한 새로운 여성상을 구체화한다.[6] 유키에는 자아를 추구하며 독립적인 삶을 살아가는 현대적 여성의 전형이다. 그녀는 꽃꽂이 수업에서 그녀는 막 완성된 자신의 꽃꽂이 작품을 갑자기 망가뜨리며,

> "꽃꽂이란 자신이란 것을 솔직하게 표현하는 것이라고 선생님이 말씀하셨어요. 이런 건 내가 아니에요"(【대본40】)

라며, 전통적인 미적 규범을 거부한다. 전술한 유키에의 "평온무사한" 삶보다 "뭔가 반짝거리는, 눈이 부신 생활"을 선택하겠다는 장면은 그녀가 단조로운 삶보다, 역동적인 삶을 선택하며 자신의 자유와 자아를 추구하는 태도를 극명하게 보여준다.

결론적으로, 《내 청춘에 후회 없다》는 인물 간의 대립과 갈등을 통해 일본의 군국주의적 과거를 반성하고, GHQ의 민주주의적 가치를 고양하며, 여성 인권 강화를 촉구하는 구로사와의 메시지를 담고 있다고 할 수 있겠다.

2) 《멋진 일요일》

두 번째 작품인《멋진 일요일》에 관해서인데, 전작인 《내 청춘에 후회 없다》가 전시하의 이데올로기에 의해 파탄을 맞는 청춘과 그것을 극복하는 신여성을 그렸다면, 《멋진 일요일》은 제2차 세계대전 후 암울한 현실

6 이 글에서는 지면상, 유기에의 어머니의 봉건성, 전근대적 성격에 관해서는 생략한다. 성격에 관한 구체적인 내용에 대해서는 이 책의 제1장 2절 참조.

속에서도 꿈을 잃지 않는 유조와 마사코라는 두 청춘남녀를 그리고 있다.

유조와 마사코라는 두 인물은 현실 안주형 비관적 성격과 이상 지향적 긍정적 성격이라는 상반된 태도를 통해 전후 일본의 사회적, 경제적 상황을 상징적으로 드러낸다.

유조는 전쟁 전에는 꿈 많던 청년이었지만, 퇴역군인이 된 이후에는 현실적이고 비관적인 태도로 변모한다. 모델하우스를 구경하며 마사코는 꿈에 부풀어 미래를 상상하지만 유조는 시니컬하기만 하다.

마사코　"(슬픈 듯이) 옛날에는…… 전쟁에 가기 전에는 훨씬 꿈이 있었어요. 당신한테도"

유조　"흠"

마사코　"봐요…… 결혼하면 둘이서 작고 기분 좋은 베이커리를 만들자고 서로 얘기한 적이 있어요. 맛있는 커피나 과자를 싸게 팔자고, 대중의 가게 '히야신스'…… 가게 이름까지 생각했잖아요"

유조　"이 전쟁 때문에 사라져 버렸어, 그런 꿈은…… 지금은 좀 더 현실적으로 우리가 어떻게 하면 같이 살 수 있을지 생각하는 게 선결문제야"(【대본8】)

위 장면은 전후 일본 사회에서 퇴역군인이 처한 고립감과 좌절을 상징적으로 보여준다. 전쟁 경험은 유조에게 상처로 남았으며, 그는 전쟁 전의 꿈을 회복하지 못하고 전후 일본의 암울한 경제 상황 속에서 좌절감을 느낀다.

한편, 마사코는 유조와 달리 어려운 현실 속에서도 꿈과 희망을 잃지 않는 낙관적인 인물로 묘사된다. 그녀는 전쟁 이전의 꿈과 이상을 되살리려 하며, 유조를 격려하고 그의 좌절을 극복하는 데 일조한다.

마사코　"이런 세상이기 때문에 더욱 꿈을 갖고 싶어요. 꿈이 없으면 살 수 없어요, 괴로워서"(【대본8】)

마사코는 유조가 과거에 가지고 있던 꿈을 상기시키며, 그것이 그들의 미래를 다시 회복시킬 수 있다고 믿는다. 그녀의 긍정적 태도는 전후 일본의 새로운 세대가 가진 희망과 가능성을 대변하고 할 수 있겠다.

유조와 마사코는 폐허 속 공터에서 미래에 자신들이 운영할 찻집 '히아신스'를 상상한다. 이 단계에서 비로소 확실히 유조도 희망을 가질 수 있게 된 것인데, '히야시스' 찻집이 다른 여타의 곳이 아닌 '폐허 속 공터'에서 연출된 것은 전후 직후 공습으로 여기저기 폐허로 덥혀 있던 도쿄의 도시풍경을 고려하면 매우 의미심장하다.

'전후의 표상'이라는 시점에서 작품의 메시지를 강조한다면, 퇴역군인인 유조의 전쟁 경험과 그로 인한 좌절은 군국주의 일본의 폐해와 자성을 의미하며, 마사코의 이상적이고 긍정적인 태도는 전후 일본이 나아가야 할 방향성, 즉 젊은 세대가 희망을 통해 사회를 재건해야 한다는 것이 될 것이다. 참고로 전작인 《내 청춘에 후회 없다》의 주제가 전후 일본 사회 속에서의 여성의 역할과 권리 강화였다는 점을 염두에 두면, 마사코 또한 전전의 전통적인 수동적인 여성상을 넘어선 새로운 여성상의 가능성을 상징한다고도 할 수 있다.

3) 《주정뱅이 천사》

세 번째로 《주정뱅이 천사》에 관해서인데, 암시장을 배경으로 폐병을 앓고 있는 야쿠자와 그를 갱생시키고자 하는 의사, 그리고 암시장을 둘러싼 야쿠자 간의 권력투쟁을 그리고 있다. 주요 등장인물인 의사인 사나다, 야쿠자인 마쓰나가, 폐결핵 환자인 여고생에 대해서 살펴보도록 한다.

우선 사나다와 마쓰나가의 갈등은 각각 '도덕적 이성'과 '방탕과 자멸'을 상징하는데,[7] 사나다는 술에 의존하는 가난한 의사지만, 환자를 위해 끝없이 헌신한다. 그는 마쓰나가에게 결핵 치료를 권유하며, 금주와 자기

절제를 강조한다. 진찰 장면에서, 그는 마쓰나가의 총상을 치료하며 결핵 감염 사실을 발견한다. 이 장면에서 사나다는 이렇게 경고한다.

사나다 "겉으로만 보면 잘 몰라…… 폐병은 모두 나미코浪子 씨 같은 사람만 걸린다고 생각하면 큰 착각이야…… 운동선수들이 자주 그러지 …… 본인도 남들도 병에 걸린다고는 꿈에도 생각하지 못할 정도로 좋은 신체를 가지고 있어도 아무것도 눈치채지 못한 사이에 걸리는 것이 결핵이야"

마쓰나가 "흥"

사나다 "폐병이란 놈은 아프지도 가렵지도 않으니까 다루기가 어려워" (【대본4】)

위의 장면에서 사나다는 마쓰나가에게 질병의 심각성을 쉽게 이성적으로 전달하며, 동시에 방탕한 생활을 에둘러서 비판한다. 우리는 여기서 특히, 결핵을 단순한 병이 아닌, 통제되지 않는 삶의 상징으로 그려내고 있다는 점에서 그의 경고는 도덕적 권고로 확장된 것임을 간파할 수 있다.

반면, 마쓰나가는 자신의 야쿠자로서의 자존심에 집착하며 이성적 판단을 외면한다. 그는 사나다의 경고를 비웃으며 방탕한 삶을 지속하는데, 술자리에서 마쓰나가는 사나다에게 "죽든 안 죽든 내 마음이지 …… 당신 신세를 지지는 않아"(【대본14】)라고 빈정댄다. 마쓰나가의 자기 기만적인

---

7 구로사와는《주정뱅이 천사》의 주제에 관해서 자신의 「연출 노트」에서 "이 작품은 야쿠자 부정을 주제로 하고 있다. (중략) 야쿠자의 삶의 방식이 얼마나 인간으로서 아둔한 것인가에 대한 점을 드러내고 싶었다. 나는 봉건적인 일본이 만든, 이상할 정도로 식물적인 인간, 봉건적인 타입에 짓눌려 무기력할 뿐 도덕적이라고 평가받아 온 인간을 부정한다. 그러나 현대의 일본에서 자주 눈에 띄는, 그 반동적인 존재, 순전히 동물적인 인간도 매우 증오한다. 인간은 식물이 아니다. 물론 동물이다. 그 동물적인 욕망이나 활력은 왕성해도 당연하다고 생각한다. 그러나 그것을 이겨낼 정도의 강한 이성을 갖고 있지 않으면 인간이라고 할 수 없다. 이 작품을 관통하는 것은 이러한 의미의 인간부흥의 정신이다."라고 기술하고 있다. 浜野保樹編, 『大系 黒澤明 第1巻』, 講談社 pp.225~226 참조.

위의 대사는 사나다의 이성적 설득과 뚜렷한 대비를 이루며, 방탕함이 파멸로 이어질 수밖에 없음을 암시한다.

계속해서 마쓰나가와 같이 폐결핵을 앓고 있는 인물로 여고생이 등장하는데, 그녀는 사나다의 치료 방침을 충실히 따름으로써 결핵을 극복하여 희망과 이성을 상징한다. 사나다가 그녀의 엑스레이를 보며 병의 회복을 축하하는 장면에서 그녀는 다음과 같이 기뻐한다.

사나다 "(더욱더 당황하며) 그러니까 결핵만큼 …… "
소녀 "이성을 필요로 하는 병은 없다고 말씀하시는 거지요? 벌써 10번이나 들었어요"(【대본22】)

이 장면은 여고생이 단순히 치료를 받은 환자에 그치지 않고, 그녀가 결핵과의 싸움을 스스로 '이성적 노력'의 결과로 인식하고 있다는 점에서 그녀는 영화의 핵심 메시지인 이성의 중시를 구체화하는 역할을 한다. 그녀의 밝고 긍정적인 태도와 극복 과정은 마쓰나가의 자기 파괴적인 행동과 극명한 대조를 이루며, 이성이 개인의 생존과 발전에 얼마나 중요한지가 강조된다.

4) 《조용한 결투》

네 번째 작품인 《조용한 결투》는 전후 일본 사회의 혼란과 도덕적 재생이라는 맥락에서 '이성'이라는 주제를 깊이 탐구한다. 특히 의사 후지사키와 방탕아인 나카타의 대립관계, 그리고 미네기시의 인물상은 이 주제를 입체적으로 구현하는 데 중요한 역할을 한다.

우선 후지사키와 나카타의 갈등 관계에 대해서인데, 두 인물은 전쟁이라는 동일한 경험에서 비극의 씨앗을 공유한다. 교지는 야전병원에서 매독에 걸린 나카타를 치료하는 과정에서 감염되어 자신의 삶에 지울 수 없는 낙인을 받는다. 나카타 역시 전쟁이 일어나지 않았다면, 또한 전후의 혼란한 사회가 아니었다면, 매독을 치료할 수 있었고, 방탕한 생활로 자신과 주변을 파괴하지 않을 수도 있었을 것이다.

하지만 구로사와는 전쟁의 업으로 부여받은 매독에 대해서 두 인물의 선택과 태도를 극명하게 대립적으로 그리는데, 교지는 이성을 통해 희생과 책임을 선택하지만, 나카타는 방탕과 무책임을 선택하게 된다.

전쟁이 종식되어 복귀한 후지사키는 자신의 병을 이성적으로 제어하며, 병의 존재를 감추고 약혼녀와의 관계를 단절하는 선택을 한다. 그의 태도는 매독이 상징하는 전쟁의 피해를 극복하기 위한 개인의 이성적 노력을 반영한다. 반면, 나카타는 전작인 《주정뱅이 천사》의 마쓰무라와 같은 방탕과 자멸의 상징으로 병을 부정하며 방탕한 생활을 지속하여 비극적인 결말을 맞는데, 그의 결말은 '이성의 부재'가 초래하는 비극을 구체화한다.

한편, 간호사인 미네기시와 후지사키의 약혼자인 미사오는 전후 일본 여성의 상반된 초상이라고 할 수 있다. 의사의 자녀로 부유하고 평탄한 생활을 영위한 미사오와 대조적으로 미네기시는 전후 일본 사회의 혼란 속에서 청춘의 방황과 회복의 과정을 보여주는 인물이다. 그녀는 댄서로 일하며 방탕한 생활을 이어갔고, 사생아를 낳은 후 절망에 빠져 자살까지 시도했던 과거가 있다. 이는 전쟁의 여파로 인해 많은 여성이 삶의 기반을 잃고 방황했던 당시 사회의 일단을 반영한다. 하지만 그녀는 교지를 만나 그의 도덕적 헌신과 이성적 태도를 목격한 후, 그에 대해서 연민과 존경의 감정을 품게 된다. 그녀는 교지의 비밀을 알게 된 후 교지를 "정말 훌륭한 분"(【대본43】)이라고 고백하고 중절 수술을 하지 않고 아이를 낳아 소중히 키울 것을 결심한다. 루이는 전후 혼란 속에서도 자신의 방탕을 참회하고 삶을 재건하며, 사회적 재생의 가능성을 보여준다.

5) 《들개》

다섯 번째 작품인 《들개》는 구로사와의 첫 탐정 영화로, 신참인 무라카미와 범인 유사의 대립, 노련한 형사인 사토와 유사의 애인인 하루미의 인물조형을 통해 전후의 사회적 모순 속에서 같은 경험을 한 청년들의 '이성'에 의한 선택의 결과를 적나라하게 보여준다.

무라카미와 유사는 둘 다 퇴역군인으로서 복귀하는 열차에서 소중한 재산을 도난당하는 똑같은 경험을 하지만 무라카미는 전쟁으로 인한 트라우마를 이성으로 극복하고 사회 질서를 지키기 위해 경찰관의 길을 선택한다.

무라카미 "…… 그럴 수도 있네요 …… 저도 군대에서 돌아오는 열차 안에서 배낭을 도난당했거든요"
사토 "호오!"
무라카미 "심하게 엉망진창으로 독살스러운 기분이 들어서요 ……. 강도정도는 아무렇지 않게 했겠죠 ……. 그렇지만 여기가 갈림길이라는 생각이 들어서요. 저는 반대 코스를 골라 지금 이 일을 지원했어요"
사토 "…… 흠 ……. 역시 그렇군"(【대본106】)

한편, 유사는 전후 사회의 혼란과 빈곤으로 인해 생계를 유지하지 못하고 절망 끝에 범죄의 길을 택하는데, 그의 매형의 말에 의하면 그는 "흥, 입만 열면 세상이 나쁘다 …… 전쟁이 나쁘다고 …… 자기 혼자서 일본의 모든 고생을 짊어진 것 같은 얼굴을 해서는 …… "(【대본91】) 뭐하나 적극적으로 하려고 하지 않았다고 한다. 그의 범죄 행위는 단순한 개인의 타락이 아니라 전쟁의 영향을 받은 사회적 구조의 산물로 묘사된다.

한편, 노형사 사토는 전쟁 전부터의 기성의 가치관을 가지면서도 전후 사회의 재건에 힘쓰는 '성숙한 세대'의 상징으로 조형된다. 그는 무라카미에게 "상상은 수사를 혼란시킬 뿐이다! 사실에만 의존해야 한다고!"(【대본

115】), "음, 같은 기분을 나도 느낀 적이 있지. 제일 처음에 잡은 범인은 묘하게도 잊을 수 없는 법이지. 하지만 말이야. 자네가 생각하는 것보다, 그런 녀석들은 잔뜩 있어. 몇 명이나 잡아들이다보면, 그런 감상 따위 없어져 버려."(【대본165】)라고 충고하며 감정에 휩쓸리지 않고 이성을 가지고 행동하여 형사의 직분에 충실할 것을 설파한다. 전전 세대인 사토는 전쟁 때 청춘을 보낸 전후 세대에게 개인의 책임감뿐만 아니라, 더 나아가 냉정한 판단의 중요성을 강조하면서 전후 일본 사회에서의 윤리의 재구축과 사회적 질서의 복원의 가능성을 제시하고 있는 것이다.

《들개》는 전쟁이 일본 사회에 남긴 상처를 그리는 동시에 전후 재건 가능성을 시사하는 작품이라 할 수 있다. 무라카미와 유사의 대립은 전후의 혼란이 개인에게 어떤 영향을 주었는지를 명확히 하고, 그 혼란을 극복하기 위해 필요한 이성과 책임감을 강조한다. 영화를 통해 구로사와는 '전쟁이 어떻게 개인과 사회를 변화시켰는가'를 보여주면서 사회적 도덕성과 이성이야말로 미래를 여는 열쇠임을 호소하고 있는 것이다.

6) 《추문》

마지막으로 여섯 번째 작품 《추문》은 전후 일본 사회의 저널리즘의 폭력성을 배경으로, 인간의 도덕성과 사회적 책임을 탐구하는 작품이다. 주요 등장인물인 아오에와 호리의 대립, 히루타의 개심, 마사코의 순수함은 각각 진실과 정의, 인간성의 회복 가능성을 상징하며, 혼란 속에서도 도덕적 선택이 중요하다는 메시지를 전달한다.

우선 아오에 이치로와 아무르 잡지사의 사장 호리 사이의 대립은 전후 일본 사회에서 진실과 탐욕, 윤리와 상업주의 간의 갈등을 상징한다. 아오에는 잡지사의 날조된 여배우와의 염문설로 인해 명예를 훼손당한 피해자이다. 그는 호리의 왜곡된 기사를 보며 분노하지만, 예술가로서의 정체성을 지키며, 혼란한 사회 속에서도 진실을 밝히기 위해 노력하는 전후 일본의 도덕적 재건을 상징한다.

한편, 잡지사 사장인 호리는 이윤을 위해 진실을 왜곡하며, 대중의 관심을 끌기 위해 자극적인 기사를 양산한다. 그는 기사 내용의 진위보다 독자의 호기심을 자극하고 잡지 판매를 극대화하는 데 초점을 맞추며, 언론의 폭력성과 상업적 동기를 드러낸다.

한편, 히루타 변호사는 처음에는 돈과 권력에 매수된 부패한 인물로 등장하지만, 아오에와 딸 마사코의 영향을 받아 도덕적인 인물로 재탄생한다. 그의 내적 갈등과 개심은 전후 일본 사회에서 개인의 윤리적 회복 가능성을 제시한다. 히루타는 최후의 법정에서 자신이 받은 뇌물을 공개하며 진실을 고백한다. 이는 그의 도덕적 개심을 보여주는 결정적 순간이다.

히루타	(비틀거리며 증인대에 선다. 덜덜 떨리는 손으로 가슴 주머니에서 종잇조각을 꺼낸다) "…… 이, 이건 피고가 제 이름으로 발행해 준 십만 엔어치 수표입니다"(【대본88】)

그의 고백은 인간의 선과 악의 경계를 넘어, 도덕성이 회복될 수 있음을 강조하고, 개인의 윤리적 회복이 사회적 정의 실현에 기여할 수 있음을 보여준다.

히루타의 딸, 마사코는 병으로 고통 받으면서도 히루타의 양심을 깨우는 순수한 존재다. 그녀는 일상에서 작은 기쁨을 발견하며 긍정적인 삶의 태도를 보여준다. 마사코는 자신의 고통을 초월한 순수함으로 주변 인물들에게 선한 영향을 미친다. 영화의 마지막 법정신 직전의 마사코의 죽음은 히루타의 고백에 깊은 영향을 미쳤으며 그의 도덕적 변화를 촉진하는 강력한 계기가 되었다. 그녀의 희생은 작품이 전달하려는 윤리적 메시지와 맞닿아 있다.

호리와 아무르 잡지사의 행태는 전후 일본 사회에서 옐로 저널리즘이 개인의 삶을 어떻게 파괴했는지를 보여준다. 아오에의 용기, 히루타의 개심, 마사코의 순수함은 저널리즘의 폭력에 맞서 도덕성과 인간성을 회복하려는 의지를 상징한다. 감독의 이러한 메시지는 아오에의 법정 승리의 소감, "어찌 되었든 태어나서 처음으로 별이 태어나는 걸 봤습니다 …… 이 감개무량함에 비하면 승리 같은 건 보잘 것이 없어서 문제가 아닙니다"(【대본89】)에서 함축적으로 잘 드러나고 있다.

6. 나오며

이상으로 구로사와의 전쟁 직후의 영화 속에 드러나는 전쟁의 표상을 공간과 감독의 메시지를 중심으로 고찰하였다. 결과를 요약하면 다음과 같다.

첫째, 《내 청춘에 후회 없다》와 《멋진 일요일》은 전후 일본 사회의 혼란과 회복을 공간과 인물을 통해 상징적으로 그려낸다. 《내 청춘에 후회 없다》는 교토, 도쿄, 농촌을 배경으로 유키에가 전통적 여성상을 벗어나 자립과 자유를 선택하며 성장하는 모습을 담고, 전후 민주주의와 여성의 역할 변화를 강조한다. 《멋진 일요일》은 모델하우스와 셋방을 통해 이상과 현실의 대조를, 폐허 속의 '히야신스' 찻집과 음악당을 통해 절망 속에서도 꿈과 희망을 잃지 않으려는 메시지를 전달한다. 두 작품 모두 전후 일본 사회의 재건을 위한 도덕적, 개인적 노력을 상징적으로 드러내며, 희망과 연대의 가능성을 제시하는 데에 있어 공통점이 발견된다.

둘째, 《주정뱅이 천사》와 《조용한 결투》는 전후 일본 사회의 혼란과 도덕적 재건을 공간을 통해 상징적으로 그린다. 《주정뱅이 천사》의 암시장은 경제적 혼란과 도덕적 타락을, 웅덩이(늪, 습지, 진흙탕)는 물리적·도덕적 붕괴를 나타낸다. 진료소는 인간성 회복의 공간으로, 의사 사나다와 야쿠자 마쓰나가의 갈등은 도덕과 방탕의 대립을 상징한다. 《조용한 결투》에서 야전병원은 전쟁이 남긴 지울 수 없는 상처를, 진료실은 희망과 재생의 노력을, 술집은 윤리적 혼란과 타락을 표현한다. 두 작품은 전쟁의 영향과 전후 재건의 필요성을 강조하며, 개인의 도덕적 선택과 사회적 책임을 탐구하는 바, 스토리 및 등장인물의 성격, 그리고 주제가 흡사한 점이 많아 공간의 상징성도 중첩되는 점이 주목된다.

셋째, 《들개》는 전후 도쿄를 배경으로, 다양한 공간이 전후 일본의 사회적 혼란과 개인의 성장 과정을 상징한다. 버스는 무질서와 혼란, 경찰서는 질서와 정의를 나타낸다. 암시장은 경제적 어려움과 범죄의 온상을, 블루버드 극장은 서민적 오락과 범죄의 교차를, 야구장은 평화와 복구를 상징한다. 한편, 유사의 집은 빈곤과 고립을, 사토 형사의 집은 안정과 가족의 가치를 대조적으로 보여준다. 한편, 《추문》에서는 법정이 진실과 탐욕의 대립을, 변호사 사무실은 부패와 회복의 갈등을, 잡지사 사무실은 상업주의와 윤리 부재를 나타내며, 히루타의 집은 도덕적 회복의 공간이다.

넷째, 구로사와의 전후 직후의 영화들은 전쟁의 상흔과 혼란 속에서 일본 사회의 도덕적 재건과 새로운 가치의 가능성을 탐구한다. 《내 청춘에 후회 없다》에서 노게와 이토카와는 이상주의와 현실주의를 대조적으로 보여주며, 유키에는 독립적 여성상을 통해 자아실현과 자유의 가치를 강조한다. 《멋진 일요일》에서 유조는 전쟁의 좌절을 대변하며, 마사코는 희망과 이상을 통해 재건의 가능성을 상징한다. 《주정뱅이 천사》에서는 의사 사나다가 이성을 상징하고, 야쿠자 마쓰나가와 그의 몰락은 비이성적인 방탕의 위험성을 드러낸다. 《조용한 결투》에서는 후지사키 교지의 희생과 도덕성이 나카타의 방탕과 대조되며, 마쓰모토 미사오와 미네기시 루이는 전후 여성의 대조적 초상을 보여준다. 《들개》에서는 형사 무라카미와 범인 유사가 같은 전쟁의 경험에도 불구하고 한쪽은 이성으로 형사를 선택하고 한쪽은 타락하여 범죄를 저지르는 상반된 삶의 모습을 보여준다. 《추문》에서는 아오에와 히루타의 딸 마사코가 진실과 정의를 대변한다면, 호리는 상업주의와 윤리적 타락을 상징한다. 그리고 변호사 히루타는 도덕적 회복과 재생의 가능성을 보여준다.

이상의 내용을 단순화하면, 구로사와가 전후 직후의 사회에 요구한 삶의 태도는 《내 청춘에 후회 없다》와 《멋진 일요일》은 '자아(혹은 꿈) 찾기'를, 《주정뱅이 천사》, 《조용한 결투》, 《들개》는 '이성의 중시'를, 마지막 《추문》은 전작 작품들과 공통분모이기도 한 사회악에 대한 도덕적 책임이라고 할 수 있겠다. 《추문》 이후에 제작된 영화는 시대극 《라쇼몬》(1950)으로, 전후의 사회상을 짙게 반영한 영화는 《추문》으로 마무리된다고 할 수 있겠다.

구로사와의 영화는 전쟁의 결과로 초래된 사회적 혼란과 개인적 고통을 사실적으로 묘사하면서도, 이성과 도덕성, 그리고 새로운 가치를 통해 재건의 가능성을 제시한다. 전후 일본의 경제적 어려움, 도덕적 붕괴, 여성 인권의 문제는 그의 작품 속 다양한 공간과 인물의 상징적 대립을 통해 부각된다. 그는 이 대립을 통해 전후 일본이 나아가야 할 방향을 제시하며, 관객에게 도덕적 책임과 사회적 연대의 중요성을 설득력 있게 전달한다.

결론적으로, 구로사와 아키라의 전후 일본의 현실과 사회적 과제를 제시하는 6편의 작품은 단순한 대중문화로서의 오락을 넘어, 전쟁의 상흔 속에서 재건의 방향성을 모색한 시대적 기록이라고 할 수 있겠다.

제2부

각본에 대한 이해

《내 청춘에 후회 없다》(1946)

1 **타이틀**

만주사변을 계기로 해서 군벌·재벌·관료는 제국주의적 침략의 야망을 강행하기 위해 국내의 사상통일을 기하고, 그들의 침략주의에 반하는 일체 사상을 "빨갱이"라고 규정하여 탄압했다. 1933년 하토야마鳩山 문부대신이 그 뜻을 받아, 자유주의자 다키카와瀧川 교수를 교토제국대학에서 추방하려고 했으나 전 학교 구성원의 항거에 봉착했으니, 교육계의 미증유의 큰 문제로 비화한 '교토대사건京大事件'도 그중의 하나에 속한다.

이 영화는 이 사건을 소재로 한 것이고, 등장인물은 모두 작가가 창조한 것이며, 사건 이후의 탄압과 모욕으로 가득 찬 시대를 필사적으로 살아낸 사람들의 정신적 발전사를 그리려고 것이다.

(F·O)

(F·I)

2 **타이틀**

교토

(O·L)

3 **요시다야마吉田山**

눈이 시리게 푸르른 어린잎.

"선생님!"

"선생님!"

한 무리의 대학생들이 멀리 떨어진 아래쪽을 향해 소리를 지르고 있다.

"아버지!"

그 학생들에게 둘러싸여 손을 흔들고 있는 유키에幸枝(야기하라八木原 교수의 딸, 20세)

산 아래 쪽에서 부인의 손을 잡아주며 올라오고 있는 야기하라 교수(48세)가 이에 대답한다.

학생A "사모님을 모시지 못해서 죄송하네"

학생B "걱정하지 마. 사모님은 선생님께 맡기자고"

"하하하하"

"호호호호"

그 웃음소리 속에서 누가 시작했는지 노래를 부르기 시작한다.

♪ 붉게 타오르는 언덕의 꽃……

신록이 향긋한 언덕의 빛

학생들, 노래하며 걷는다.

완만한 내리막길.

유키에나 학생들의 땀범벅인 얼굴 위로, 어린잎 사이로 쏟아지는 태양의 반점이 물처럼 흐른다.

4 시냇가

일동, 내려와 멈춰 선다.

길은 거기서 시냇물을 건너야만 한다.

학생들 중에서 두 명의 기사가 시냇물 저편으로 건너가 손을 내민다.

── 노게野毛와 이토카와絲川다.

이토카와는 단정한 차림의 학생복. 노게는 아무렇게나 입은 평상복이다.

유키에, 능글맞게 두 사람을 번갈아 보며 잰다.

노게, 손을 거두고 바지를 걷어 올려 물속에 발을 담가 멍하니 있는 유키에를 느닷없이 들어 안아 물을 건넌다.

그 기세에 압도된 학생들은 일순 침묵하더니, 이윽고 일제히 환성과 박수를 보낸다.

이토카와, 획하고 등을 보이며, 묵묵히 걷기 시작한다.

그 이토카와의 모자를 뒤에서 누군가 건드려 떨어뜨린다.

화가 난 듯이 뒤돌아보는 이토카와.

유키에가 놀리듯이 웃으며 획 달아난다.

이토카와, 밝은 얼굴이 되어 쫓아간다.

학생들도 그 뒤를 쫓는다.

달리는 유키에.

달리는 이토카와, 노게 일행.

어린잎 사이로 비추는 태양의 반점이 그들을 격류와 같은 속도로 뒤덮는다.

(O·L)

5 산 위

유키에와 학생들. 뒹굴뒹굴 하늘을 올려다보며 거친 숨을 내쉬고 있다. 그런 유키에와 이토카와와 노게를 어린잎을 타고 온 봄바람이 부드럽게 감싼다.

유키에, 어린잎 속에 얼굴을 묻고서,

"좋구나 …… 땅의 향기"

학생A "하늘도 좋네"

학생B "바람도 좋네"

학생C "모두 다 좋네"

이토카와, 갑자기 연설조로,

"오오 자유여! 자유의 학원, 교토제국대학이여! 눈부신 상아탑이여. 학문의 메카, 자유의 …… "

갑자기 근처에서 엄청나게 큰 기관총 소리.

모두 놀란 듯이 일어선다.

노게, 히죽거리며,

"자유의 학원, 학문의 자유라니, 느긋하게 떠들 수 있는 것도 지금 뿐이야. 파쇼의 폭풍은 불기 시작했어. 만주사변을 계기로 …… "

"또 노게 씨의 18번이 시작됐다!"

유키에는 노게의 일방적인 태도에 반발이 느껴져 일어선다. 그리고 이토카와를 두둔하듯이,

"연습인가보네요, 이토카와 씨. …… 아, 보여요, 저렇게 작게 군대가"

라며 이마에 손을 얹고 바라보며,

"저는 저런 소리가 참 좋아요, 시원시원하고, 리드미컬하고 …… 가슴이 시원해지는 …… "

라며, 산마루터기로 걸어 나가다가 갑자기 말문이 막혀서 꼼짝 못한 채 서있다.

얼룩 조릿대 사이로 불쑥 나와 있는 병사의 발.

"무슨 일이죠?"

"뱀인가요? 아가씨?"

학생들이 다가온다.

하얗게 질려 입을 떼지 못하는 유기에.

얼룩 조릿대 속 병사는 땀으로 하얗게 소금기가 밴 등을 경련을 일으켜 움찔거리고 있고 짐승처럼 땅에 대고 꿈틀거리고 있다.

학생들, 의외의 광경에 아연해한다.

"아아, 힘들다"
"하하하하하. 나이가 들었군"

겨우 올라 온 야기하라 부부도 학생들의 모습을 보고 이상한 얼굴로 멈춰 선다.

다다앙, 타타타타.

총소리는 그들을 모두 에워싸며, 어린잎의 능선에서 능선으로 반향하며 울려 퍼진다.

어린잎으로 뒤덮인 온아한 그 풍경과 갑자기 큰 소리로 울려 퍼지는 총성의 기묘한 대조.

(O·L)

6 타이틀

'쇼와 8년(1933년)'

7 신문기사

"대학에 자유주의 추방의 폭풍
야기하라 교수 파면을 둘러싸고
문부성·교토대 교수단 대립!
'학문의 자유'의 깃발 아래에 전 학생 궐기하나?"

8 야기하라의 집

바람에 소란스러운 어린 잎.

노게의 목소리 "일본의 군벌은 재벌·관료의 비호아래 만주를 중국에서 빼앗아, 반식민지화 했다. 또 국제연맹에서 탈퇴했다…… 즉"

9 야기하라의 집·응접실

노게 "드디어 대륙 침략을 강행하겠다고 하는 것이지요. 국내정치가 모두 모순뿐이고, 정체 상태에 빠져있으니까, 그 돌파구를 외국의 침략에서 찾으려고 하는 것이지요. 문제는 여기에 있다고 생각해요"

마주앉아 그것을 듣고 있던 유키에는 반발하듯이,

유키에 "노게 씨의 이야기는 뭐든지 만주사변과 재벌·군벌뿐이니 …… 좌익이 난 싫어요"

이토카와가 히죽히죽 그 두 사람을 번갈아 비교하며 보고 있다.

노게 "뭐든지가 아니에요. 필연적인 연관성이 있으니까 말하는 겁니다. 즉 밖으로 침략의 야망을 강행하기 위해 국내의 사상을 통일하려는 것이지요"

유키에 "아버지는 자유주의자세요. '빨갱이'가 아니에요"

노게 "침략주의에 반대하는 사상은 그들에게는 모두 빨갱이지요"

유키에 "아버지는 절대로 옳아요. 올바른 것은 최후에 반드시 이길 거예요"
노게 "아버님도 같은 말씀을 하시고 계십니다. 그래서 모든 교수의 연대 사직으로 문부성의 반성을 촉구하고 있으시고요…… 문부대신은 재벌의 비호를 받는 대정당의 영수예요. 아시겠습니까? 그것이 군벌과 결탁해서 강행하고 있는 사상탄압입니다. 반성을 촉구한다는 안이한 생각으로만은…… "
유키에 "그럼 어떻게 하면 좋다는 말인가요?"
노게 "그러니까 이 사건은 군벌의 침략주의를 옹호하기 위해 야기된 사건이니까, 그 침략주의, 군국주의 타도의 깃발 아래에서 싸워야할 것입니다. 아무리 제가 입에 신물이 나도록 말해도 선생님은 들으려 하지 않아요. 잘 보시지요. 반드시 대학 쪽의 패배로 끝날 테니까요"
유키에 "마치 아버지 쪽이 지는 것이 기쁜 것 같네요. 당신은"
노게 "무슨 말씀이세요. 이겼으면 하니까 말하는 겁니다. 단지 아버님 쪽이 사건의 본질을 직시하지 않고, 안일한 생각으로 있는 한 반드시 질 것이라는 말입니다"

유키에, 화가 치밀지만 꾹 참는 얼굴.

유키에 "그만 하지요. 이런 따분한 이야기"

노게, 뭔가 말을 하려다 만다.

유키에, 그것을 무시하며,

"저기요, 이토카와 씨…… 저는 이 세상이 노게 씨가 말한 것 같이 이론만으로 되어 있다고는 생각 안 해요…… 더 아름다운 것이, 즐거운 것이 분명 있다고 생각해요…… 자, 자 이쪽으로 와 봐요"

라고하며, 이토카와의 손을 잡아당겨,

"좋은 걸 들려줄게요"

라며 곤란한 얼굴을 하고 있는 이토카와를 억지로 피아노 앞에 데려가서, 자신은 피아노를 향해 앉는다.

노게는 다소 수선스러운 유키에의 태도에 화를 내며,

노게 "그게 당신의 결점이에요"
유키에 "……?"
노게 "어째서 다른 사람의 말을 순순히 들으려고 하지 않는 거지요. 게다가 당신이 알고 있는 인생이라는 것은 이 창문에서 바라보는 예쁜 것일 뿐이에요. 간살부리는 학생들에게 둘러싸여서"

유키에, '흥' 하고 콧방귀를 뀌며 격한 멜로디를 연주하기 시작한다.

노게 "그 고집이 한번 납작하게 꺾기지 않는 한, 당신에게는 발전은 없을 거예요.

…… 당신은 이론, 이론 하며 깔보지만, 이론이 받쳐 주지 않는 아름다운 것. 즐거운 것, 그런 것은 한낱 거품일 뿐이에요"

유키에, 더욱더 격하게 치면서, 턱으로 악보를 가리키며 이토 카와에게,

"안돼요, 넘겨주지 않으면"

노게, 모자를 집어 조용히 나간다.

이토카와, 뭔가 말을 하려다 만다.

유키에, 한쪽 팔꿈치로 이토카와의 옆구리를 쿡 찌른다.

이토카와, 당황하며 악보를 넘긴다.

더욱 격렬하게 피아노를 계속 치는 유키에.

10 **복도 및 현관**

노게, 복도로 나온다.

차를 가져 온 부인,

"아, 벌써 가나요?"

노게 "네, 선생님께는 안부 전해주시기 바랍니다"

라며 현관 쪽으로 간다.

부인, 배웅하며,

"곧 돌아오실 텐데, 같이 저녁이라도"

노게 "급한 일이 있어서요"

부인 "그러세요? …… 아"

야기하라, 동료인 하코자키筥崎 교수와 함께 흥분한 얼굴로 들어온다.

부인 "어머, 어서 오세요"

하코자키 "부인, 문부대신은 말도 안 되는 부당한 발언을 하고 있습니다"

야기하라 "오늘 석간신문이네"

라며, 주머니에서 한 장의 신문을 꺼내 노게에게 건낸다.

노게, 들여다본다.

하코자기 "교수회가 연대 사직한다면 수리한다. 학생이 강의를 거부하면 그것도 상관없다. 문제해결을 위해서는, 대학의 한 학부 정도 폐쇄해도 물러나지 않겠다 — 고 합니다"

야기하라 (노게에게) "그 대신 자네. 도호쿠東北대학의 교수회도 드디어 움직이기 시작했네"

노게 (신문을 들여다 본 채로) "그렇습니까, 궐기했습니까"

하코자키 "하하하하. 일이 재미있게 됐어. 문부성과 전교수단이 맞붙게 되었으니.

야기하라 "학문의 문제는 학자와 학생에게 맡기면 되는 거지. 아무것도 모르는 미숙한

정치꾼이 마구 헤집으니까 사태가 복잡하게 되는 거지"

노게, 신문에서 눈을 떼서, 그것을 야기하라에게 건네고, 신발을 신기 시작하면서,

노게 "오늘 밤 기차로 도쿄에 갑니다"

야기하라 "도쿄에? …… 뭐 하러?"

노게 "결국 선생님의 찬성을 받지 못했습니다만, 저는 하는 데까지 기필코 하겠습니다"

야기하라 (쓴 웃음을 지으며) "그런 기개는 좋네. 그렇지만 학생의 본분을 잊지 말게나"

노게 "네"(하며 빙긋이 웃고 자리를 뜬다)

격정하듯 뒷모습을 바라보고 있는 야기하라.

11 문

노게, 나온다. 들려오는 피아노소리.

노게, 그 쪽을 잠깐 뒤돌아보지만, 자신을 질책하듯 완고한 얼굴이 되어 자리를 뜬다.

12 응접실

피아노를 치고 있는 유키에.

이토카와는 유키에의 환심을 얻어 기뻐서 다소 홍조를 띠고 있다.

유키에, 갑자기 치던 손을 멈춘다.

이토카와, 의아스러운 듯이 유키에 쪽을 본다.

유키에는 테이블 위에 놓여 있는 이토카와의 담배 케이스에서 한 개를 빼서 입에 물고는, 그것을 이토카와의 코앞에 가져간다.

이토카와, 조금 주저한 뒤, 성냥을 꺼내,

이토카와 "피우시게요? …… 괜찮아요?"

하며 성냥을 그어서 내민다.

유키에는 그런 이토카와를 지긋이 바라보다가, 불을 붙인 담배를 피우지 않고, 재떨이 안에서 비벼 끈다.

이토카와가 어리둥절하고 있자,

유키에 "이토카와 씨. 그쪽에 앉아요. 그리고 머리를 마룻바닥에 대고 저에게 사과해요!"

이토카와 "뭘 사과하라는 거죠?"

유키에 "뭐든 좋으니까, 그렇게 해요! 아셨죠? 부탁이니까. …… 아셨죠?"

이토카와는 히스테리를 부리는 유키에의 기분을 이해한 얼굴로, 말한

대로 마룻바닥에 무릎을 꿇고 발을 모았다. 그것을 몹시 안쓰럽다는 듯이 주시하고 있던 유키에는 갑자기 얼굴을 돌려,

유키에 "그만 둬요. 이제, 괜찮아요. 괜찮아요"

하고, 외치면서 창문 가까이 가서, 가만히 밖을 바라본다. 울 것 같은 얼굴이다.

이토카와는 일어서 유키에 쪽으로 간다. 상대의 기분을 헤아리려는 듯 지긋이 주시한 뒤 위로하듯이,

이토카와 "노게의 말 따위 신경 쓰지 않는 게 좋아요. 그 녀석은 조심성이 없으니까요. 누구한테든 거침없이 무례하게 말하거든요"

유키에 (아무렇지도 않은 듯한 얼굴로 돌아보며) "좋지 않나요. 노게 씨는 진실을 말한 거예요. 당신은 그렇게 말할 수 없어요…… 저는 당신 같은 아첨쟁이는 싫어요"

허를 찔려 창백해진 이토카와.

타는 듯한 눈으로, 지긋이 창밖을 바라보고 있는 유키에의 얼굴.

13 **대학 내 어느 방**

열렬하게 말하고 있는 노게와 그를 빙 둘러싸 앉아 있는 학생들.

문소리에 모두 뒤돌아본다.

소사 할아버지가 산처럼 떡을 담은 쟁반을 안고 들어온다.

노게 "아저씨, 늦게까지 죄송해요"

소사 "무슨 나도 교토대의 소사야. …… 학문의 자유를 위해서, 봐봐, 큰마음 먹고 준비했네. 배고프면 싸움도 못하는 법"

노게 "미안해요, 미안해요"

소사, 자랑스러운 얼굴로 노게를 뒤돌아보고,

소사 "나는 왠지 모르지만, 이 친구가 좋단 말이지. …… 내가 여자였다면 그냥 놔두질 않겠어"

"핫하하하"

"핫하하하"

방 한구석에는 학생들이 벗어놓은 각 학교의 모자가 삼삼오오 놓여있어, 오늘 회합이 각 학교대표의 모임이라는 것을 알려준다.

(O·L)

14 **도쿄 대학**

창문에 걸려있는 큰 현수막. 거기에는,

'학원의 자유를 지켜라!'라고 쓰여 있다. 교정을 가득 메운 학생들이 환성

을 지른다.

(O·L)

15 **게이오慶應 대학**

옥상에서 흩날려 떨어지는 전단지.

경쟁하듯 줍는 학생.

(O·L)

16 **와세다早稻田 대학**

'교토대의 동지가 죽는 것을 방관하지 마라!'

라고 쓰여 있는 큰 현수막 아래에서 연설하고 있는 학생.

그를 둘러싼 얼굴, 얼굴, 얼굴.

(O·L)

17 **메이지明治 대학**

창문이란 창문에 가득 찬 얼굴, 얼굴, 얼굴.

18 **그리고 하늘에**

올라가는 에드벌룬.

'학문연구의 자유, 언론의 자유를 지켜라!'

(O·L)

19 **거리**

현수막을 든 학생의 시위행진.

선두가 경찰과 부딪히기 시작한다.

20 **타이틀**

'한편 문부대신은 재계의 거두와 군부의 중추와 협력하여, 사건처리에 광분했다'

21 **신문기사**

'비열하다! 문부성 와해를 책동하다!'

'와해 책동 효과를 보다!'

'일부 교수·조교수, 사직서를 철회!'

(O·L)

22 **거리**

'배신한 교수를 배격하라!'

'학문의 보루를 사수하라!'

'파시즘반대!'

현수막을 든 학생들과 경찰의 몸싸움.

싸우다가 연행되는 노게.
연달아 검거되는 학생들.

23 신문기사

'문부성, 학생운동을 탄압!'
'사라지는 학문의 자유!'
'교토대 사건, 드디어 종결'

(O·L)

24 교토대 구내

벽의 낙서.
'아아 마침내 언론의 자유는 똥통에만 존재하는구나!'
저쪽으로 줄줄이 강당으로 들어가는 학생무리. 모두 기운 없는 얼굴이 다.
화장실 옆에서 그들을 바라보는 소사,

소사 (혼잣말처럼 실망하며) "뭐 하는 거냐. 이것이 얼마 전까지만 해도 단결해서 힘차게 데모하던 학생들의 모습인가…… "

(O·L)

25 강당

빽빽이 들어찬 학생들.
모든 창문에 들여다보는 학생들의 얼굴로 가득하다.
그리고 그 학생들의 얼굴은 모두 음울한 분함을 띠고 있다.

야기하라 "제군, 부디 냉정하게 사태를 생각해 주길 바란다. 물론, 우리는 패배했다 …… "

학생들 모두 신음과 같은 낮은 불만의 목소리를 내뱉었다. 야기하라 교수는 거기에 대답하는 것처럼,

야기하라 "그러나 제군! 정의는 반드시 이긴다. 올해의 꽃은 졌지만 시기가 되면 다시 만개하게 된다. 우리는 그때까지는 계속 참는 인내를 배워야 한다. 인간은 어떤 사태에 처해도 그 안에서부터 무언가를 배우는 마음가짐이 중요한 것이다. 우리가 반동의 거센 바람에 저항하며 살아남는 것을 통해서 정말로 귀중한 인생 체험을 한다는 것을 깨닫지 않으면 안된다"

어두운 얼굴로 듣고 있는 학생들.

26 대학근처의 대중식당

♬ 여기는 에도를 수백 리
멀리 떨어진 교토대京大도

파쇼의 빛에 비추어져
자치와 자유는 돌 밑에 묻혔다네

술에 취한 학생들은 몇 명씩 그룹으로 나뉘어서 불만이 가득한 괴성을 지르며 노래 부르며 고함을 지르고 있다.

"울어도 괜찮지 않나. 울어도"

"내 꿈이 문부성의 반동 정책에 짓밟혀 가고 있다고 생각하면, 그만 둘 수가 없단 말이야. 나는 말이지 교토대의 자유에 반해서 멀리 아오야마현靑山縣의 하치노헤八戶에서 왔는데 말이지!"

♬ 생각하면 슬프다 어제까지
앞장서서 문부대신文相의
무지를 빠저리게 꾸짖었던
용사의 마음이 변할 수 있을까

"이모, 술이요. 술병 비었어요"

27 야기하라의 집

다섯 명의 학생(처음 신에 나왔던 학생들. 노게와 이토카와의 모습은 보이지 않는다)과 야기하라 교수가 마주 앉아 있다.

학생A "모두 자포자기해서 난폭해져 버렸습니다"

학생B "선생님도 한번 봤으면 좋겠습니다만"

학생C "자포자기하다니 물론 그건 도피입니다. 도피로 문제가 해결되지 않습니다. 저는 끝까지 …… "

유키에가 차를 가지고 들어온다.

그 자리의 긴장된 분위기에 조심조심 차를 돌린다.

학생C "선생님. 저희들은 끝까지 물러서지 않을 결심입니다. 퇴학당한다고 해도 상관없어요"

학생E "그렇습니다. 자치와 자유를 잃은 학원에 미련은 없습니다"

계속 듣고 있던 야기하라, 괴로운 듯이,

"고맙네, 모두의 마음은 고맙지만, 나는 그러한 방향에는 찬성할 수 없네"

학생 A (의욕적으로)"왜입니까, 선생님"

야기하라 (조용히)"자네들의 부모님에게 죄송하네. 졸업을 눈앞에 두고 중도퇴학이라도 하면 얼마나 슬퍼하시겠나 (라며 학생E를 돌아본다) 자네는 분명히 누나의 신세를 지고 있다고 했지. 어렵게 여기까지 열심히 오게 해준 누나의 마음을 생각해 보게 …… "

학생E, 힘없이 고개를 떨궜지만, 갑자기 고개를 들고

"그렇지만 선생님"

야기하라 "마음은 이해하네. 그러나 자네…… "

28 **복도**

유키에가 살짝 나온다. 쟁반 위에 놓여 있는 찻잔 두 개.

부인, 부엌 쪽에서 나오면서 그 찻잔을 보고

"아, 항상 일곱 명 아니었나?"

"맞아요…… 하지만 오늘은 다섯 명뿐"

"아, 별일이네"

"그것도 리더가 빠졌어요…… 어찌 된 일인지, 노게 씨와 이토카와 씨"

29 **이토카와의 집**

변두리의 소박한 여염집.

이토카와, 어머니 앞에서 고개를 떨구고 있다.

어머니 (목소리를 떨며 하소연하고 있다) "아아, 드디어 대학. 이제 앞으로 삼 년 …… 이제 앞으로 이 년 …… 너는 모르겠지만 애미는 말이다, 마음속에서 그것만 계산하고 있었단다. 그랬는데 앞으로 1년도 안 남았는데……"

이토카와, 뭔가 말을 하려 한다.

어머니 (그것을 막으며) "물론 아버지라도 계신다면야, 마음대로 해도 좋지만. …… 생각해 보렴. 남기고 가신 재산도…… 거짓이 아냐…… 저금도 이제는…… "

라고 말하며 일어서서 장롱의 서랍에 손을 댄다.

덜컹덜컹 소리가 나는 서랍 고리의 초라한 소리 속에, 고개를 떨구고 있는 이토카와.

30 **야기하라의 집·현관**

다섯 학생들, 조용히 나간다.

학생A "노게가 있었다면"

학생B "이토카와라도 적어도"

학생C "중요한 순간에 녀석들. …… 녀석들은 대체…… "

부인과 함께 배웅 나온 유키에,

"이토카와 씨, 무슨 일 있어요?"

학생C (우울한 기분을 풀 수 있는 대상을 찾은 듯) "배신자입니다, 그 녀석은…… "

유키에 "배신자?"

학생A "아니에요. 확실하지는 않아요"

학생C　“확실해. 오늘만 해도 그렇지, 자기가 먼저 말을 꺼내놓고는”

유키에는 다른 것에 신경을 쓰고 있는 듯하다가,

“그리고 노게 씨는?”

학생C　(조금 어안이 벙벙한 얼굴로) “노게?”

학생A　(대신 나서서) “노게는 이제 돌아오지 않아요”

유키에　(놀라며) “왜요?”

학생A　“벌써 일주일도 전에 우리 앞에서 모습을 감췄어요”

부인　“아니, 또 경찰?”

학생A　“아니에요, 경찰서에서 나오자 바로”

학생C　“학생운동 따위로 만족할 수 없어요, 그 녀석은”

학생A　“어떤 일에도 철저히 하지 않으면 안 되는 남자니까요”

유키에는 창백한 얼굴을 하고 있다.

그 얼굴을 걱정스럽게 보는 어머니.

31 응접실

묵묵히 팔짱을 끼고 있는 야기하라.

부인이 들어온다.

부인　“저, 걱정이에요”

야기하라 “그게 학생의 좋은 점이기는 하지만…… ”

부인　“아니요, 유키에 말이에요”

야기하라 “ …… ?”

부인　“그 애가 노게 씨를 …… ”

야기하라 “ …… ?”

부인　“아니요, 특별히 좋아한다거나 …… 뭔가 그런 …… ”

야기하라 “하하하하. …… 그런 …… 항상 언쟁만 하지 않았었나”

부인　“그래도 …… 지금 노게 씨가 대학을 그만두고, 좌익운동에 뛰어들었다고 듣고는 …… ”

야기하라 “뭐, 노게가?”

부인　“걱정이에요. 그 아이는 뭔가를 깊이 생각해버리면”

32 현관

계단에 홀로 앉아서, 무릎 위에 턱을 괴고 있는 유키에.

이토카와가 들어온다.

급하게 들어왔는지 숨을 거칠게 몰아쉬며,

이토카와 “모두 와있지요?”

유키에　“돌아갔어요”
이토카와 “돌아갔어요? (불안한 듯) 그래서, 모르나요? …… 어떻게 결론이 났는지?”
유키에　(차갑게) “무슨 얘기요?”
이토카와 “이 학생운동을 학업을 걸면서까지 할지 말지를?”
유키에　“아버지는 안 된다고 …… 결사반대라고”
이토카와 (안심하며) “다행이다!”

유키에, 이토카와를 응시하고 있다.

이토카와 “모두 납득해서 돌아갔지요? …… 다행이다!”
유키에　(비아냥대며) “좋겠네요, 배신자가 안 돼서”
이토카와 “ …… ”

이토카와, 비로소 유키에의 태도를 알아채고, 어색한 듯 서 있다가 가벼운 인사를 하고 풀이 죽어 나간다.

33 **현관 밖**

밖으로 나온 이토카와는, 두세 걸음 가다 멈추고는 석연치 않은 듯 되돌아간다.

34 **현관 안**

이토카와, 들어온다.

계단을 올라가고 있던 유키에가 뒤돌아본다.

이토카와 (말문을 꺼내기 어려운지 우물쭈물하다가) “나는 배신자라도 좋지만 …… 나로서는 그렇게밖에 할 수 없는 깊은 사정도 있어요. 당신은 몰라요 …… 나는 …… ”

라고 말하고, 고개를 숙이고 잠시 서 있다가, 석연치 않은 듯 나간다.

가만히 서 있던 유키에, 끓어오르는 울분과 고독에 휩싸여 급히 계단을 오른다.

35 **유키에의 방**

유키에, 들어와서 차가운 창문 유리에 얼굴을 대고, 가만히 어두운 밖을 응시한다. 노랫소리가 들려온다.

36 **깊은 밤거리**

곤드레만드레 취한 학생들이 몸과 몸을 부딪히면서 비틀거리며 간다. 그들의 자포자기한 합창 소리가 슬프게 절망적으로 울려퍼진다.

♬ 여기는 에도를 수백 리
멀리 떨어진 교토대京大도
파쇼의 빛에 비추어져

자치와 자유는 돌 밑에 묻혔다네

(F·O)

(F·I)

37 타이틀

'쇼와 13년(1938년)'

38 교토의 거리

척, 척, 척.

훈련을 마치고 돌아가는 듯한 군복을 입은 학생무리가 유난히 군가를 힘주어 부르면서 온다.

출정을 축하하는 현수막이 있는 거리에서, 그것을 응시하고 있는 유키에.

(WIPE)

39 어느 타이피스트 학원

선생님, 뭔가 질문한다.

"음…… "

하고 유키에는 생각하는 듯한 모습을 취한다. 그러나 실은 아무것도 생각하고 있지 않다. 그녀의 눈은 멍하니 선생님의 어깨 근처에 멈춰 있다. 한 마리 파리가 기어 다니고 있는 것이다.

선생님, 무의식적으로 그것을 쫓아내고

"왜 그러십니까? 야기하라 씨!"

40 어느 꽃꽂이 스승의 집

"좋군요"

"야기하라 씨 정말 잘하네요"

동료들에게 둘러싸인 유키에. 그녀 앞에는 막 완성된 꽃꽂이 작품이 놓여 있다. 유키에는 짜증을 내면서 잠시 그것을 지켜보고 있다가,

유키에 "이것은 아니야"

라고 하고는 갑자기 꽃꽂이를 망가뜨린다.

"어머나"

"야기하라 씨"

"무슨 일이에요?"

유키에 "꽃꽂이란 자신이란 것을 솔직하게 표현하는 것이라고 선생님이 말씀하셨어요. 이런 건 내가 아니에요"

"그렇다면 본인의 생각대로 해보는 게 어때요?"

유키에, 갑자기 줄기에 달린 꽃을 따고서는 오른손으로 그 꽃잎을 하나씩 뜯어 꽃꽂이용 수반에 내던진다.
놀라서 멍하니 있는 동료들.
수반. —— 그 위에 떠서 선회하는 꽃, 꽃.

(WIPE)

41 **야기하라의 집·응접실**

피아노를 치고 있는 유키에.
조용한 멜로디를 연주하고 있지만, 갑자기 정열적인 멜로디로 바꾸면서 딱 멈춘다. 부인이 엿보고는,
"무슨 일이야?"
라고 하며, 들어온다.
"별일 아니에요 …… "
라며, 유키에는 피아노 뚜껑을 닫고는 일어서서, 갑자기
"그런데 어머니 …… 저 이토카와 씨와 결혼할까요?"

부인 (깜짝 놀라서 유키에의 얼굴을 본다)
유키에 (획 돌아서서는) "거짓말이에요 …… 지금 말은 거짓말!"
라고 말하고는 나간다.
부인 (당황하여 쫓아가는 듯이) "유키에 …… 알고 있지? 오늘 밤 오는 거?"
그 부인의 앞에서 문이 쾅 닫힌다.

42 **사무실 앞·복도**

유키에, 온다.
문을 살짝 열어서 들여다본다.

43 **사무실**

증축한 허름한 건물.
야기하라와 아이를 등에 업은 할머니.

할머니 (일어서서 인사를 하면서) "정말로 걱정을 끼쳤어요. 감사합니다"
야기하라 "천만예요"
할머니 "복채는 얼마인지요"
야기하라 "복채요?"
순서를 기다리고 있는 사람들 가운데에서 한 할아버지가 용감하게 나오면서, 할머니에게
"박사님한테 대고 바보 같은 소리하지 마소. 여기는 점을 보는 곳이 아니라오 …… "

44 사무실·앞

『야기하라 법률사무실』

이란 간판과

『무료법률상담』

이란 나무 표찰.

45 야기하라의 집·응접실(밤)

야기하라와 부인과 이토카와.

야기하라, 약간 흥분한 표정으로 테이블을 치면서

"이 일이 뭐가 안된다는 겐가? 민중에게 무료로 봉사하는 것이 어째서 안 된다는 겐가"

말끔한 청년 관리라는 느낌의 이토카와. 곤란한 듯이,

"안 된다고 말씀드린 것이 아닙니다. 단지 …… 선생님은 교토대 사건의 중심인물로서 …… 다른 사람들이 다소 색안경을 쓰고 보는 경향이 있고 …… 시기가 시기니까요"

야기하라 (비꼬듯이) "흠 …… 그게 이토카와 검사의 견해인가"

부인 "당신!(이라고 말하고 야기하라를 자제시키면서 이토카와에게) 기분 나쁘게 생각하지 말아요"

이토카와 "아니에요. 저야말로 말이 지나쳤습니다"

유키에가 문을 열고 화사하게

"별로 차린 건 없습니다만"

이라고 하고는 식당으로 일동을 안내한다.

46 객실

서먹한 분위기의 식탁.

모두 묵묵히 식사를 하고 있다.

부인 (애써 기분을 전환하려는 듯) "있죠. 이토카와 씨. 이 꽃 …… (이라고 말하고) 장식장을 돌아보고서는) 유키에의 솜씨예요. 어떤가요?"

이토카와 (안도하면서) "저는 아무래도 이 분야에는 안목이 없어서, 멋지다고 밖에 말씀드릴 것이 없습니다만 …… "

부인 "호호호호. …… 왠지 진심이 안 담긴 칭찬 같네요"

이토카와 "하하하하"

부인 "그런데 우리 애는 여자이면서도 이상한 애라서 말이지요. 초등학교 때 미술 시간엔 비행기나 기관차라든가 그런 것만 …… "

유키에, 잠자코 먹고 있다.

또 침묵이 찾아온다.
이토카와 (좋은 이야깃거리가 떠오른 듯이) "조만가 귀한 손님을 데리고 오겠습니다. (이렇게 말하고는 히죽거리며) 놀라실 겁니다"
유키에 살짝 이토카와를 본다.
이토카와 "노게예요"(유키에 의미심장한 시선으로 힐끗 본다)
유키에 (활기차게) "어머니. 오늘 미트볼 드시지 않으면, 저에게 주세요"
부인, 이상한 표정을 짓고 유키에를 응시한 채로 그릇을 내민다.
야기하라 (그리운 듯이) "노게라, 잘 지내나?"
이토카와 "네, 녀석도 변했습니다"
라고 말하며 살짝 유키에를 본다.
유키에는 아래를 응시하며 미트볼을 자르고 있다.

(WIPE)

47 현관

이토카와를 배웅하는 부인과 유키에.
이토카와 "선생님은요?"
부인 "서재에 있어요 …… 손님을 내버려 두고 …… 학자란 이렇다니까요"
이토카와 "하하하하. 실례가 많았습니다. 저는 이대로"
부인 (유키에에게) "앞에까지 배웅해 드리렴 …… "
유키에 나갈 준비를 위해 자리를 뜬다.
부인, 이토카와에게 봄코트를 입히면서,
"이토카와 씨"
이토카와 "네?"
부인 "어떨까요?"
이토카와 "무슨 말씀인지?"
부인 "저는 상관없습니다 …… 하지만 왠지 …… "
라고 말하고는 입을 다문다.
유키에가 코트를 입으면서 나온다.

(WIPE)

48 길

이토카와와 유키에.
잠시 묵묵히 걸어가고 있다.
유키에 (갑자기) "노게 씨를 데리고 오는 거, 그만두세요"
이토카와 (약간 당황하면서) "어째서죠?"

유키에 "저, 무서워요"

이토카와 "뭐가 말이에요?"

유키에 "노게 씨요"

이토카와 "어째서요?"

유키에 "예를 들어서…… 당신의 뒤를 따라가면 평온무사하지만…… 하지만…… 죄송해요…… 조금 지루한 생활일 것이라고 생각해요"

이토카와 (불쾌한 얼굴로) "노게라면요?"

유키에 (가만히 눈앞을 쳐다본 채로) "…… 노게 씨를 따라 간다면 뭔가 반짝거리는, 눈이 부신 생활이 있을 것 같아요…… 무섭지만…… 매력적이에요. 이것은"

이토카와 (갑자기 웃기 시작한다) "하하하하"

유키에 (유감스럽다는 듯이 그 얼굴을 슬쩍 본다)

이토카와 "하하하하. 옛날의 노게와 지금의 노게는 다른 사람이에요…… 5년이란 세월이 인간을 얼마나 바꾸어 놓았는지…… 당신도 이렇게 온화해지지 않았나요?"

유키에, 무언가를 말하려 한다.

이토카와 (기분 좋은 듯이 웃으면서) "하하하하. 게다가 노게에게는 5년 사이에 형무소라는 특별한 세월이 있었으니까요…… "

말없이 걸어가는 유키에의 얼굴.

그 얼굴과 겹쳐 승리에 찬 이토카와의 웃음소리.

(WIPE)

49 야기하라의 집·응접실

굳은 표정으로 차를 내놓는 유키에의 얼굴.

그 얼굴과 겹친 노게의 웃음소리.

노게 "하하하하. 여우에게 홀렸던 게지요. 하하하하, 정말로 그때 일을 생각하면 지금도 식은땀이 나는군요"

노게는 새로 맞춘 양복을 입고, 수염을 깎은 모습도 깔끔한, 이전의 그와는 다른 사람의 얼굴이다. 그러나 말씨나 웃음에는 어딘가 부자연스러운 곳이 있다. 유키에에게 차를 건네 받고는 어색한 인사를 하면서,

노게 "옥중에서는 좋은 공부를 했습니다. 철학사와 일본 고전을 차근히 읽을 수 있었습니다"

같이 있던 사람들은 유키에와 노게 이외에 야기하라, 부인, 이토카와 이다섯 명이다.

부인　　“언제 감옥에서 나왔나요?”

노게　　“나온 지 딱 1년이 됩니다. 작년 겨울 집행유예가 돼서 말이지요”

야기하라 (약간 납득이 안 가는 표정으로) “그러니까 뭐라 하지? 전향이란 것을 하지 않으면 나올 수 없는 게지?”

노게　　“뭐, 그렇습니다만…… 아니, 이토카와 군이 검사국에 있어준 덕분에 이번엔 정말 큰 도움이 됐습니다. 신분을 보증해 줘서 군 쪽의 일을 도와주게 되었습니다”

온몸을 눈과 귀로해서 노게를 관찰하고 있던 유키에는 점차 환멸과 굴욕을 느끼고는 깊이 얼굴을 묻는다. 이토카와 그런 유키에를 슬쩍 곁눈질하면서,

“결국 인간은 약하지요. 저는 질책할 기분이 들지 않습니다. 하지만 이전의 노게는…… 뭐라 하면 좋을까…… 한 단계 높은 곳에서 위압하는 듯한…… ”

노게　　“내 몸에서 후광이라도 비쳤나? 하하하하”

유키에 쓱하고 자리를 뜬다.

야기하라는 팔짱을 낀 채로 조용히 입을 다물고 있다.

이토카와, 그것을 보고는 웃음을 멈춘다.

서먹한 침묵. 노게도 편안하지 않은 듯이 시계를 본다.

50 **유키에의 방**

유키에 우두커니 있다.

51 **복도**

부인, 온다. 문손잡이를 잡았지만 문이 잠겨있다.

부인이 어안이 벙벙한 얼굴로,

“무슨 일 있니, 유키에? 모두 돌아간다는데…… 게다가 노게 씨는 중국에 가서 당분간 만날 수 없다고 하지 않니”

52 **실내**

가만히 앉아 있는 유키에. 갑자기 튕기듯 일어서서 문 쪽으로 간다.

53 **복도**

부인　　“유키에. 유키에”

54 **실내**

유키에, 문에서 도망치듯이 창문 쪽으로 간다.

창을 열고는 밖을 바라본다.

55 **복도**

부인 "이상한 애네. 어떻게 된 거야. 유키에?"

56 실내

유키에는 양손을 꼭 움켜쥐고는 완강히 밖을 쳐다보고 있다.

57 복도

부인 "유키에, 유키에"

58 실내

유키에, 무언가를 결심한 듯이 양손으로 창을 쾅 닫는다.

59 복도

부인, 포기하고 자리를 뜨려 한다.

문이 열리고 유키에가 나온다.

무언가를 말하려고 하는 부인을 제치고 계단을 내려가는 유키에.

60 현관

신발을 다 신고 일어서는 노게와 이토카와.

그들을 배웅하는 야기하라.

유키에 입을 다물고 노게의 앞으로 다가가서, 차갑게 마치 이걸로 끝이라고 하는 듯이

유키에 "또 오세요"

노게 약간 당황한 표정이었으나, 쓸쓸하게 미소를 띠며,

"실례했습니다"

라며 고개를 숙인다.

61 길

노게와 이토카와, 묵묵히 걸어간다.

노게, 거의 혼잣말을 하듯이

"역시 …… 오지 말 걸 그랬어"

이토카와, 그렇게 말하는 노게를 힐끗 보고 나서 침묵.

62 잡목이 자란 숲

유키에, 걸어가고 있다.

가끔 나무뿌리에 걸려 넘어져서 휘청거리며, 그리고 손에 잡히는 대로 나뭇가지를 꺾어대며,

63 사무실내(밤)

야기하라 "뭐라고? 이 집을 나가겠다는 건가? 유키에가?"

부인, 목소리를 떨면서

"저렇게 느닷없는 애가 어디 있어요. 갑자기, 당신 …… "

야기하라, 조용히

"뭘 어떻게 하고 싶다는 건지, 대체"

부인 "도쿄로 나가서 자취하겠다고 해요. …… 정말 무슨 말을 하는지 …… "

라고 말하고는 갑자기 말투를 바꾸어,

"당신 눈치챘나요? 오늘 노게 씨를 배웅했을 때, 그 애 얼굴 말이에요"

야기하라 "음"

부인, 한숨을 쉬는 듯이

부인 "역시, 저 애는 …… "

야기하라 무언가 말하려고 한다.

그것을 막는 듯이,

부인 "아니에요. 유키에의 기분은 저도 잘 알고 있어요"

야기하라 "하지만 …… "

부인 "아니에요, 그 애는 마음에 담고 있는 것과 반대되는 행동을 자주하는 경향이 있어요"

야기하라 " …… "

부인 "생각해 봤는데 …… 그러니까 …… 만일 정말로 …… "

야기하라 "당신은 유키에를 이토카와한테 시집보내려고 하지 않았소?"

부인 "하지만 노게 씨도 이제부터 제대로 된 직장에서 일하고, 진지하게 갱생하려고 하는 것 같고, 유키에도 벌써 25살이니까요"

야기하라 무언가 다른 생각을 하는 듯한 모습으로,

"당신은 그게 노게의 본심이라고 생각하오?"

부인 "네?"

야기하라 조용히 안경을 벗는다.

부인 "하지만 저렇게 확실하게 …… "

야기하라, 그 말을 막고, 안경을 닦는다.

부인은 조금 초조해하면서,

"게다가 노게 씨는 본인은 전향이라고 할 정도의 문제가 아니며 …… 단지 어설픈 사상이었음을 지금은 깨닫게 되었다고 했잖아요 …… "

야기하라 "그게 말이지, 아니 됐소. 어쨌든 나는 그 결혼에는 별로 기분이 내키지 않는구려"

부인 "아니, 당신, …… 그럼 우선 당신이 알고 있는 노게 씨의 본심이란 게 …… "

야기하라, 거기에 답하지 않고 자리에서 일어나면서,

"유키에는?"

부인 "방에 있어요. …… "

야기하라, 방을 나간다.

64 **복도**

부인이 야기하라를 쫓아가 매달리듯이,

"겨우 이제야 꽃꽂이 등을 다닐 마음이 생긴 것 같아서 저도 안심하고 있었는데, 정말로 …… "

야기하라 "암튼, 당신은 여기에서 기다리시오"

65 **유키에의 방**

유키에, 여행용 가방 등을 꺼내서 바쁜 듯이 움직이고 있다. 야기하라, 들어온다.

유키에, 힐끗 아버지를 보지만, 바쁜 듯이 움직이는 것을 멈추지 않는다. 움직여서 뭔가 압박을 받는 기분에서 벗어나려고 하는 듯이 보인다.

야기하라, 의자에 걸터앉으면서,

"집을 나가고 싶다고?"

유키에 애써 당연한 듯이,

"네"

라고 답하고는 무언가를 찾는 듯이, 여기저기 방 안을 돌아본다.

야기하라, 그 모습을 가만히 응시하면서,

"어떻게 된 거냐? 왜 너는 집 없는 사람처럼 갈팡질팡하는 거냐?"

유키에, 흑 하고 울었고, 그것을 계기로 감정이 벅차올라 쏟아질 것 같은 눈물을 당황해하면서 입을 막고 가만히 서 있는다.

야기하라, 마음 아픈 듯이 보면서,

"일단, 앉거라"

유키에, 순순히 가까이 다가와, 야기하라의 앞에 있는 의자에 얼굴을 피하면서 비스듬하게 앉는다.

야기하라, 유키에의 얼굴을 보지 않고,

"집을 나가 잘할 자신 있니?"

유키에, 울음을 참으면서, 띄엄띄엄 대답하는데,

"외국어나 타자 연습도 일단 끝났고, 무역 회사에라도 들어가서 일하면, 비교적 좋은 조건으로 해 나갈 수 있지 않을까 생각해요"

야기하라 "하지만 그 정도의 일이라면 교토에서도 취업할 수 있고 …… 어머니를 생각하면 …… "

유키에, 갑자기 휙하고 일어서서 창가로 간다.
그리고 어깨를 떨면서, 잠시 가만히 있다가 휙 뒤를 돌아보고는 눈물을 가득 담은 눈을 닦지도 않고,
"저는 전부 …… 전부 싫어요. …… 아니, 저는 전부 새롭게 살아가고 싶어요"
야기하라, 다가가며,
"세상은 네가 생각하는 것과 같이 만만하지 않아"

유키에 "알고 있어요. 단지 이런 …… 지금의 저는 죽은 거나 마찬가지라고 생각해요. 적어도 세상 속으로 들어가서 살아간다는 것이 어떤 것인지, 제 자신 직접 확인해 보고 싶어요"
야기하라, 가만히 응시하면서,
"흠 …… 거기까지 생각했다면 괜찮다. 직접 자기가 살길을 개척해 나가는 것은 귀중한 것이다 …… 하지만 그 대신 자신의 행위에 대해서 어디까지 자신이 책임을 져야 한다. 자유는 싸워서 얻어야 하는 것이고, 그 이면에는 고통스러운 희생과 책임이 따른다는 사실을 잊으면 안 된다"

유키에 "네"
복도에서 울음소리가 들린다.
두 사람은 깜짝 놀란 듯이 돌아본다.

66 복도

부인이 문 앞에서 웅크리고 울고 있다.

(F·O)

(F·I)

67 타이틀

'쇼와 16년(1941년)'

68 교토의 거리

간장병을 들고 있는 야기하라와 가방을 안고 있는 하코자키가 걸어가고 있다.

하코자키 "상아탑을 나와서, 이제 8년 …… 배급 행렬 속에서 교수를 보다니, 감개무량하군"

야기하라 "후후후, 집사람이 감기 걸려서 말이지"

하코자키 "참 안 됐군"

야기하라 "별일은 아니지만, 딸이 나가고 나서 부쩍 푸념이 많아져서 말이지"
잠시 둘은 말없이 걸어간다.

하코자키, 슬쩍
"그래서 딸은 잘 지내나? 역시 도쿄에 있나?"
야기하라 "응. 일전까지 무슨 무역 회사에서 일하더니, 그쪽은 최근에 완전히 망해서 이번에는 중국으로 갈까 한다고 하더군"
하코자키 "중국으로?"
야기하라, 혼잣말처럼
"참 걱정이 많네. …… 아니, 그 애 기분도 이해하지만 …… "

69 **타이틀**

'도쿄'

70 **경시청·밖**

유키에, 나온다.
그녀의 주머니 속의 팸플릿이 보인다.
'도항渡航 수속 편람'
"유키에 씨 …… 유키에 씨 아니에요?"
라며, 쫓아오는 남자
유키에 "어머!"
이토카와다.
이토카와 "이런 곳에서 만나네요"
유키에 "오래간만이네요 …… "
이토카와 "도쿄에 계신다고는 풍문으로 들었지만 …… "
유키에 "이토카와 씨는?"
이토카와 "이쪽으로 전근왔어요"
라고 말하며, 그리운 듯이 유키에를 둘러보면서
"지금부터 볼 일이 있어요?"
유키에 "아니요"
이토카와 "저녁 식사라도 같이하지요. 오래간만에 천천히 이야기하고 싶네요"
유키에, 주저하는 듯이,
"글쎄요"
이토카와, 유키에의 얼굴을 쳐다보다가, 자조적인 웃음을 띠고,
"실은 저 결혼했어요. 곧 아버지가 되지요"
유키에, 뭔가 안심한 듯, 밝은 얼굴이 되어서,
"암튼 …… 축하드려요"
이토카와 "아니, 이것도 저에게는 효도 중 하나지요. 하하하하"

(WIPE)

71 어느 레스토랑

이토카와, 술병을 들고는,

"하하하하. 저도 이것이 인생의 최대 즐거움이라고 하는 연령이 되면 좋겠어요"

유키에, 쓸쓸한 듯이 웃으며,

"따라드릴까요?"

이토카와, 순순히 기뻐하면서,

"아, 고마워요"

하고, 한 모금 마시면서

"한 잔 어떠세요"

유키에, 잠자코 고개를 흔들면서, 다시 술병을 들어 올린다.

이토카와 "아, 고마워요…… 하지만 정말로 오래간만이네요. 그 요시다야마에서의 피크닉. …… 그것도 벌써 옛날…… 아니에요. 제가 따라서 마실게요"

하며, 자기 손으로 따라 마시면서,

"그때는 둘 다 어렸지요…… 여러 의미로…… "

유키에, 고개를 숙인다.

이토카와, 당황한 듯이,

"아니에요, 신경 쓰게 할 의도는 없었어요. 그리워서 저도 모르게…… 비꼬는 게 아니에요"

라고 말하고, 핸드백과 함께 책상 옆에 놓아둔 한 권의 잡지를 들고서는,

"그 이후로…… "

라고 말하고, 손에 든 잡지를 휙휙 넘긴다.

── 노게의 논문이 실려있다.

『북중국의 자원과 치안…… 노게 류키치』

이토카와 " …… 그 이후 노게와 만났나요?"

라며, 유키에를 바라본다.

유키에, 계속 고개를 숙이고 있다.

이토카와 "노게는 지금, 도쿄에 있어요…… "

유키에, 고개를 휙 들고는, 당황하며 다시 숙인다.

이토카와 "모르고 계셨던 것 같군요. …… 쓰키지築地에 '동아정치경제문제연구소'란 간판을 걸고 대대적으로 하고 있어요"

유키에 " …… "

이토카와 “중국 문제의 권위자예요. 재계·정계 상층부의 큰 신임을 얻고 있다고 해요 …… ”

라 말하고, 잡지를 홱 던져놓고,

“인간은 겉면만으로는 알 수 없지요…… 당신이 노게의 뒤를 좇아가지 않았던 것은 현명했어요. 분명 그 남자의 인생을 보면 눈앞이 아찔해 지지요. 자기 스스로 절벽의 위를 걷고 싶어 하니까요”

유키에, 재빨리 이토카와를 응시한다.

이토카와는 당황하여, 얼버무리는 듯이,

“하하하하. 하지만 그때는 셋이서 자주 영화를 보러 가거나, 논쟁을 하거나 …… 하지만 저도 언제나 존재감이 없는 들러리였지요. 하하하하”

계속 허공을 응시하는 유키에의 얼굴.

(F·O)

(F·I)

72 노게의 사무실

급사 “손님이 오셨어요”

노게, 뒤돌아본다.

급사 “이름은 말씀하지 않습니다”

노게, 눈을 번뜩인다.

급사 “여자 분입니다”

노게 손으로 벅벅 얼굴을 문지르며 나간다.

73 응접실

들어오는 노게.

아무도 없다.

노게, 큰 목소리로,

“이봐, 어디냐. 손님은…… ?”

74 계단

유키에가 올라가는 사람과 부딪힐 뻔하면서 내려온다.

75 빌딩 밖

유키에 도망가는 듯이 자리를 뜬다.

(O·L)

76 같은 빌딩 밖

비오는 날 ──

그 앞을 우산을 쓴 여자가 지나간다.

그 여자, 되돌아온다. 유키에다.
잠시 안을 들여다보는 듯하다 그냥 지나간다.

77 **같은 빌딩 앞**

바람이 부는 날 ──
강풍에 날리듯이 유키에가 온다.
잠시, 빌딩의 입구에서 질풍을 피하면서 겁먹은 눈으로 주변을 살피고 있지만, 이윽고 떠나간다.

78 **같은 빌딩 앞**

맑은 날 ──
유키에, 서두르는 발걸음으로 온다.
입구 앞에서 잠시 서 있다가, 생각을 바꿔서 되돌아가려고 한다.
그러자 뒤에서 누군가 어깨를 친다.
획하고 뒤돌아본다. 노게다.
유키에, 순간 튕겨 나갈 듯이 몸을 빼지만, 이윽고 단념하고 고개를 숙이고, 양손을 떨구며 선다. 창백한 얼굴이다.

79 **어느 길거리**

노게와 유키에, 아무 말 없이 걷고 있다.

80 **다른 길**

묵묵히 가는 두 사람.

81 **어느 공장 거리**

묵묵히 가는 두 사람
기계 소음.
리벳을 박는 소리.
노게, 혼잣말 하듯
"전쟁은 벌써 시작된 것과 진배없어. …… "
유키에, 노게의 얼굴을 힐끗 본다.

82 **창고 옆 빈터**

목재나 낡은 선구船具가 놓여 있다.
전면을 운하가 흐르고, 그 건너편에는 조선소가 보인다.
그늘진 목재에 노게가 앉아서 담배를 피우고 있다.
그 옆에서 가만히 웅크려 앉아 있는 유키에.
조선소 쪽에서 에어 해머의 소리나 크레인의 삐걱거리는 소리가 사람의 마음을 휘젓는 듯 울려 퍼져 온다.

노게　“용케 허락해 주셨네요, 아버지나 어머니께서……”

유키에, 힐끗 노게를 본다.

노게　“언제부터?”

유키에　“집을 나온 거요? …… 노게 씨가 왔던 그날이요”

노게　(움찔하며) “그날……”

유키에, 상대의 얼굴을 보고 빙긋 웃는다.

유키에　“삼 년이 됐네요. 그동안에 저, 세 번이나 직장을 바꿨지요. …… 그것도 그저 먹고살기 위해서 일했다는 의미밖에 없었어요”

노게, 아무 말 없이 유키에를 바라본다.

유키에　“저는 무언가 진짜를 …… 무엇인가 이 몸도 마음도 모두 던져버릴 수 있는 일이 하고 싶어요”

노게　“……”

유키에　“집을 나올 때, 아버지가 말씀하셨어요. 화려해 보이는 자유의 이면에는 고통스러운 희생과 책임이 따른다는 사실을 알아야 한다고. …… 그런 …… 저는 그러한 일을 하고 싶어요”

노게와 유키에는 타오르는 듯한 눈으로 서로를 가만히 바라본다.

노게의 기분은 복잡하다. 유키에의 고집으로도 보이는 비타협적인 열정과 무언가 왕성한 의욕에 눌려서 당황하면서도 마지막에는 휙 어깨를 으쓱해 보이며,

노게　“어려운 문제네요. 그러한 일은 인간이 일생 동안 한번 마주칠 수 있을지 어떨지 …… 파랑새 같은 것이지요”

유키에의 얼굴에서 순식간에 희망의 그림자가 사라져 간다.

노게, 일어서서 물가 쪽으로 간다.

유키에는 푹 고개를 숙인다.

조선소의 소음.

노게, 작은 돌을 주워 강에 던진다.

수면을 가르며 날아가는 돌멩이.

“노게 씨!”

라고 부르는 강한 목소리에 노게, 놀라서 돌아본다.

유키에가 파리한 얼굴로 서 있다.

유키에　(흥분된 어조로) “당신, 비밀이 있지요. 제가 보면 안 되는……”

노게　“……?”

유키에　“저도 가고 싶어요. …… 데려가 주세요. …… 뭐든지 견딜게요. …… 설령

눈앞이 아찔해지는 절벽의 위를 걷는다고 해도…… "

노게, 얼굴을 돌려 애써 흥분을 가라앉히며,

"당신은…… 당신은 어떻게 된 거예요. 나, 나를 그런 공상적으로 생각하다니…… "

유키에, 말을 듣자 말자 바로

"이제 더 이상 괴롭히지 말아 주세요!"

노게, 무언가 말을 꺼낸다.

유키에 (힘없이 고개를 떨구고) "저야, 예전에는 경솔했어요. …… 뭐든지 깊이 생각하지 않았어요. …… 하지만…… 지금은…… "

라며, 얼굴을 들어 힘없는 눈으로 멍하니 앞을 바라보고 있다.

두 사람 잠시 침묵.

조선소의 불꽃이 그 두 사람의 얼굴에 꺼졌다 켜졌다 한다.

유키에, 의기소침한 낮은 목소리로,

"저, 바보네요. 남의 비밀이 갖고 싶다고 하다니…… 호호호호. …… 뻔뻔하지요. 정말로"

노게, 또 뭔가 말을 하려한다.

유키에 (말을 가로막듯) "됐어요. 이제 됐어요. …… 단지 저는 걱정이 돼요……"

노게 "……?"

유키에 "……이토카와 씨가?"

노게, 순간 눈을 번뜩이며,

"이토카와가……?"

유키에 "아니에요. 이것도 아무것도 아닌 일일지도 몰라요…… 단지 노게 씨는 그런 공공연한 사무실에 있어도 괜찮은지 생각해서. …… "

노게 "무슨 말인지?"

유키에 슬픈 듯이,

"모른다면 됐어요"

노게 (일부러 시치미를 떼며) "그러니까…… 당신이 뭘 말하고 싶은지 잘 모르겠지만…… "

유키에 무언가 말을 하려한다.

노게 "그러니까…… 여기 당국이 감시할 만한, 그런 일을 하고 있는 남자가 있다고 가정해 보지요. …… 아마도 그 남자는 지하에 숨어 지낸다고 하는, 지금은 그런 만만한 시대는 아니라는 것 잘 알고 있겠지요"

유키에 "그럼 어떻게 하지요? 그 사람은?"

노게 "별로 다를 게 없겠지요. 그날은 내일이 될지도, 한 시간 후가 될지도 몰라요. 다만 그동안에 할 수 있는 일을 당황하지 않고 할 뿐이지요"

유키에, 황홀해질 정도로 감동하여 상대의 얼굴을 잠시 응시하다가 갑자기 몸을 돌려 뛰쳐나간다.

"유키에 씨!"

노게의 손이 그 유키에의 어깨를 잡는다.

움직임에 탄력이 있어, 두 사람의 몸이 부딪혀 비틀거린다.

*

크레인 소리

용접 불꽃

*

물가에 떨어져 있는 핸드백.

노게가 떨리는 손으로 그것을 줍는다.

유키에는 옆에 웅크리고 앉아, 격정 뒤의 여진과 같이 호흡을 거칠게 쉬고 있다.

노게 (떠는 목소리로) "이렇게 되는 것을 …… 나는 얼마나 두려워했는지 ……"

유키에 (얼굴을 묻은 체 침묵)

노게 "나는 당신을 행복하게 해줄 자격이 없어 …… "

유키에 (휙 얼굴을 들어 눈물 가득한 눈으로 상대를 바라본다)

노게 "앞길이 그만큼 험난하기 때문이에요 …… "

유키에 (노게의 가슴에 기대어 격하게) "싫어요. 그런 말하면 …… (가슴을 흔들며) 싫어요. 싫어요 …… "

노게, 유키에의 어깨를 격정적으로 감싸 안는다.

(WIPE)

83 노게의 사무실 복도

노게 "그만큼 말했는데, 어째서 온 거예요?"

유키에 결국 정색을 하고,

"무리예요 …… 왜냐하면 저에게는 …… 이 한 시간 …… 일 분간밖에 없을지도 몰라요. 당신과 함께 있을 시간이"

노게(미소를 머금은 눈으로 타이르듯 지그시 바라본다.)

(WIPE)

84 아파트(아침)

노게, 나갈 채비를 하면서,

"편지 썼어요? 아버님께?"

유키에, 거들면서 고개를 흔든다.

노게　"왜요?"

유키에, 상대의 얼굴을 들여다보며,

"어떻게 쓰면 좋죠? ……'즐거운 가정을 꾸렸습니다.'라고요?"

노게, 한숨과 함께 고개를 숙인다.

유키에　(분위기를 바꿔) "거짓말. 지금 말한 것은 거짓말이에요. …… 우리들은 이렇게 서로 신뢰하고 있는걸요. 얼마나 고통스럽더라도 지금 생활에 가장 사는 보람을 느낀다고요. '되돌아보아도 후회 없는 생활' …… 그게 우리들의 모토 아니었나요? …… 단지 편지가 쓰기 어렵다고 말했을 뿐이에요 …… (주제를 바꾸려는 듯) 알았지요? 알았지요?"

노게　" …… "

유키에, 하늘을 보고,

"구름 …… 생각나요?"

노게　"요시다야마? 젊었었지. 그때는 …… '학원의 자유를 지켜라!'고 했지"

라고 말하며, 휘파람을 분다. (♬ 붉게 타오르는)

(WIPE)

85 아파트(밤)

재봉한 옷 위에 내던져진 가위.

노게　"어떻게 된 거예요?"

유키에　"이런 옷을 만들었다고 한들, 입어줄지 어떨지 모르잖아요"(하고 울기 시작한다.)

(WIPE)

86 어느 영화관

뽀빠이 음악.

웃고 있는 관객.

나란히 앉아 있는 노게와 유키에.

노게는 태평하게 웃고 있는 다른 관객과 같이 미소를 띠고 있다.

유키에는 함께 웃지 못하는 자신이 비참하고 괴로워서 눈물이 왈칵 쏟아져 나온다.

관객석에서 또다시 크게 웃는 소리.

유키에는 얼굴을 묻는다.

노게는 그것을 알아차리고는 위로하는 듯이 어깨를 잡고 자리를 일어선다.

(WIPE)

87 들판

♪ 붉게 타오르는 언덕의 꽃,
신록이 향긋한 언덕의 빛

제방 위에 드러누워 힘껏 노래를 부르고 있는 유키에와 노게.

♪ 도읍의 꽃을 시로 읊조리니
요시다야마에 달이 걸리네

노게, 배를 깔고 엎드려, 풀 속에 얼굴을 묻고 무언가 열심히 들여다본다.

유키에 "뭐에요?"

노게 "봐, 이렇게 작은 벌레가"

노게, 눈에 보일까 말까한 벌레를 손 위에 올려놓고 계속해서 정신없이 바라보고 있다.

노게 "예쁘네. 이 띄엄띄엄 있는 반점이 정말로 정교해"

갑자기 그 손바닥에 있는 벌레를 유키에가 확하고 털어 버린다.

"뭐하는 거야!"

유키에, 원망스럽다는 듯이 노게를 바라보고 있다가, 갑자기 얼굴을 가리고 뛰기 시작한다.

(WIPE)

88 아파트

노게 "하하하하. (유키에를 안듯이 해서 그 주위를 걸어가며) 어쨌든, 큰일 하나가 해결됐어요. 기쁘지 않아요? 당신에게 무언가 선물을 주어야 할 거 같아요. 좀 무리를 해서라도 크게 축하하자구요"

유키에 "네. 무슨 일인지 저는 잘 모르지만 왠지 기쁘네요"

노게 "그래요, 그걸로 됐어요"

춤추는 듯 유키에의 몸을 크게 돌린다.

"당신은 아무것도 모르지요. 알려고도 하지 않았지요. 그저 묵묵히 내 곁에서 나를 잘 보살펴 주었지요. 고마워요"

유키에 "……"

눈에서 반짝하고 눈물.

노게, 상대의 얼굴을 지그시 바라보고,

"있지요, 우리들이 하는 일은 10년 후에 진상이 밝혀져서 일본 국민들로 감사를 받는, 그런 일이에요. 알겠지요?"

유키에, 미소로 답한다.

노게, 상대를 끌어안으며 다시 한번 춤추듯 몸을 돌린다.

유키에 "어머!"

노게 "왜 그래요?"

유키에 상대의 가슴 쪽 주머니를 더듬으며,

"뭐예요, 이건?"

노게, 조금 어두운 얼굴이 되어

"이거요? …… 이건 내 약점 …… "

유키에 "약점?"

노게 "네, 내 마음에서 가장 약한 부분 …… "

유키에 "내가 알면 안 되는 거예요?"

노게 "아니. 당신은 알 권리가 있어요"

라며, 주머니에서 두꺼운 종이에 붙어 있는 사진을 꺼내면서, "내 아버지와 어머니예요"

사진 —— 농촌집을 배경으로 소박한 농사꾼 부부가 찍혀있다.

가만히 그것을 들여다보고 있는 노게와 유키에.

노게 "벌써 십 년이나 못 뵙고 있어요. …… 아니 뵐 수가 없어요. 어릴 때와처럼 지금도 아버지께 혼나는 게 무서워요. …… 어머니가 나 때문에 우는 것이 두려워요"

유키에 " …… "

노게, 가만히 사진을 들여다보며,

"가엽게도 …… "

라며, 갑자기 사진을 테이블 위에 엎어 놓으며,

"안 돼 안 돼. 정말이지 나는. …… 부모 자식 문제도 실은 지금 하고 있는 큰 문제를 해결해 가는 과정 속에서 훌륭히 해결된다는 것을 이론적으로는 인식하고 있지만요. …… 역시 아무래도 안 되겠어. 이대로는"

하며, 일어서서,

"그럼 난, 잠깐 나갔다 올게요"

유키에, 갑자기 핏기 가신 얼굴이 되어,

"저녁식사시간 때까지는? …… "

노게 "물론 돌아올게요. 오는 김에 뭔가 찾아 가지고 올게요. 상 말이에요"

노게 "저는 뭔가 맛있는 음식을 준비할게요. 축하하기 위한"

노게 "응. 조금만 기다려요"

노게, 넥타이를 잠깐 매만지고는 휘파람을 불며 나간다.

유키에, 멍하니 남아있다.

사진을 들고, 가만히 들여다본다.

89 어느 다방

노게, 테이블에서 사람을 기다리는 듯한 표정으로 앉아 있다.

옆에는 쇼핑을 한 꾸러미.

뭔가 들뜬 기분으로 레코드에 맞춰 테이블을 두드리고 있는 노게의 손.

그 손이 갑자기 꽉 잡혀 비틀어 올려진다.

우당탕탕 달려오는 구두 소리.

모두 자리에서 일어나는 손님들.

그 발밑에서 구르는 노게의 쇼핑 꾸러미.

90 아파트

테이블 위의 음식과 꽃.

그 꽃을 들뜬 기분으로 매만지고 있는 유키에.

복도의 구두 소리.…… 문소리.

유키에, 활짝 밝게 웃는 얼굴로 뒤돌아보며,

"다녀오셨…… "

라고 말을 꺼내다 말끝을 흐린다.

우르르 난입하는 사복형사들.

(WIPE)

91 어느 경찰서

(이 장면은 연출의 경우, 다수의 순간적·인상적인 커트 커트의 몽타주에 의해 표현될 예정이다. 여기서는 편의상, 메모 방식의 문학적 서술 형식을 취한다)

그 이후 ——

유키에는 어느 음침한 어두운 복도 같은 곳에서 굴욕적인 신체검사를 받은 후에 어두운 방에 처넣어졌다.

철커덩하고 자물쇠가 잠겼다.

그녀는 그저 억울한 심정으로 가득 차 있었다.

같은 방의 여자들은 재잘재잘 소곤거렸지만 그것도 그녀에게는 멀게만 들렸다.

*

어느 날 유키에는 옥상에 끌려갔다. 오랜만의 햇빛으로 눈이 어찔어찔했다.

그녀는 거기서 사진을 찍혔다. 지신의 성명이 적힌 종잇조각을 기모노의 가슴 부근에 붙이고는.

이루 말할 수 없는 굴욕.

*

어느 날 조서실로 불려갔다.

경부보警部補 —— 기름지고, 오돌토돌한 독 딸기 같은 얼굴.

그자가 심술궂은 얼굴로 히죽거리며,

"부인, 사람은 겉보기만으로는 알 수 없는 거요. 그 벌레조차 죽이지 못하게 생긴 남자가 전쟁 반대의 거대한 음모를 지도했다고 하오. 그게 당신 남편이라고"

유키에는 노게의 일행이 하고 있던 일의 중대한 의의를 거기서 깨닫고, 전신의 핏기가 가시는 듯한 느낌을 받았다.

*

조사가 시작됐다.

독 딸기는 자료를 들이밀면서 공술을 강요했다.

그녀의 기억에는 없는 것뿐이었다.

독 딸기는 담뱃불을 코앞에 들이밀거나 연필 끝으로 이마를 쿡쿡 찌르고 그녀를 괴롭히며 사실을 인정하라고 다그쳤다.

그녀는 뭐가 뭔지 몰랐다. 그저 굴욕의 수렁에 갑자기 빠진 자신 —— 그것만은 확실하다.

그녀는 완강하게 침묵을 지켜 나갔다. 그것이 최소한의 항의였다.

*

감방에는 시간이라는 것이 없었다. 길고 긴 밤이 지나 낮이 오고 또다시 밤이 되었다.

비가 내리는 날도 있었다.

바람이 부는 날도 있었다.

눈이 내리기 시작한 날도 있었다.

여자 소매치기, 도둑, 매춘부, 불량소녀가 들어왔다 나갔다.

유키에는 혼자 벽에 기대어 정좌하고는 눈을 감았다. 여러 가지 상념이 떠올랐다 사라졌다.

"우리들이 하는 일은 10년 후에 진상이 밝혀져서 일본 국민들로 감사를 받는, 그런 일이에요" —— 언젠가 노게가 한 말.
"화려해 보이는 자유의 이면에는 고통스러운 희생과 책임이 따른다는 사실을 알아야 한다" —— 아버지께서 집을 나올 때 한 말.
"되돌아보아도 후회 없는 생활!" —— 부부생활의 모토였던 말. 그 말들의 의미를 지금 몸소 터득하게 된 유키에는 움찔움찔 솟구치는 온몸의 전율을 금할 수 없었다.

*

어느 날.

아침 일찍부터 서내署內가 술렁이고 있었다.

무엇인지 라디오 소리가 크게 울리고 있었다.

교대로 들어온 간수는 미친 사람처럼 흥분해서 크게 소리쳤다.

"전쟁이 시작됐다"

유치장의 남녀는 왁자지껄 떠들었다.

유키에만은 깊은 나락에 빠져 버린 듯한 기분이 들었다.

노게의 일행들이 온몸을 바쳐 노력했음에도 불구하고, 결국 전쟁이 터졌다!

*

어느 날.

오랜만에 조서실로 불려갔다.

테이블 위에는 과자나 커피 같은 것이 준비되어 있었다.

"한 개 드시오. 단 게 먹고 싶을 때가 되지 않았소?"

독 딸기가 과도하게 유키에의 기분을 맞추려 한다.

"일본도 드디어 큰일을 치르게 되었소. 더 이상 이런 사건에 신경 쓸 때가 아니지요. 내가 좀 써 봤는데, 여기에 지장 하나 좀 찍으시오. 별거는 아니고, 형식적인 거요"

독 딸기는 부하 두 명에게 눈짓했다.

부하들은 유키에의 손발을 꼼짝 못하게 잡았다. 입에는 재갈을 물리고.

독 딸기의 털 복숭이 손이 획하고 뻗었다.

유키에의 엄지손가락은 진하게 인주로 범벅이 되었다. 눈앞에는 막 찍은 지장의 두툼한 조서가.

*

그리고 며칠인지 지난 어느 날.

교토에서 아버지가 마중 나오셨다.

그녀는 간단히 석방되었다.
그녀는 그저 꿈속을 걷는 기분이었다.

92 기차 안

아버지와 마주 앉아있는 유키에.
말도 없이 창문 유리에 얼굴을 대고, 그녀는 밖의 경치를 멍한 시선으로 보고 있다.

(O·L)

93 신문기사

'전쟁방해대음모사건
기사 해금되다
공산주의자 모르게를 중심으로 하는 국제 스파이단
주모자·노게 류키치 외 조야의 명사 속속 구속'

(O·L)

94 기차 안

그 신문기사를 응시하고 있는 야기하라.
기차는 이전과는 반대 방향으로 그저 쉼 없이 달려가고 있다.

95 검사국

『도쿄지방 재판소 검사국』의 간판.
그 입구를 배낭을 짊어지고 각반을 한 야기하라가 기세 좋게 들어간다.

96 국내의 한 방

계장과 이토카와가 마주 앉아 있다.

계장 "자네, 그런 사적인 사정을 일에 끌어들인다면 곤란하네"

이토카와 "사적인 사정이라고 하시면 곤란하고요, 인권 유린이라는 점은 확실합니다 …… 저는 담당 검사로서 …… "

계장 "검사로서? 히하하하. 자네, 앞으로 사법관은 법문을 만지작거리는 것만으로는 안 된다고. 국가의 최고 명제에 사법적 입장에서 어떻게 협력할지를 생각하는, 그런 시대가 아닐까싶은데. 좀 더 배포를 키워야 하지 않을까 싶네"

이토카와, 석연치 못한 기분으로 얼굴을 숙인다. 무의식적으로 바지를 잡은 손이 떨린다.
노크 소리

계장 "네"

수위, 얼굴을 들이밀고,

"이토카와 검사님께 면회입니다"
이토카와, 돌아본다.

수위 "야기하라라고 하시는 분입니다만"
하고, 명함을 내민다.
계장, 이상하다는 얼굴을 하고,
"야기하라?"

이토카와 "야기하라 유키에의 부친입니다"
하고, 조금 주저한 후,
"그리고 제 은사입니다"
얼굴을 숙인 채로 나간다.

97 同·응접실

야기하라, 창가에 등을 보이고 서 있다.
뭔가 가만히 있을 수 없는 것처럼, 창문에서 다른 창문으로 걷는다.
문소리.
야기하라, 돌아보고, 활기차게,
"여어"
하고, 이토카와에게 다가가서,
"고맙네, 이것저것 폐를 끼쳐서. …… 집사람도 안부 전해달라고 했다네"
이토카와, 그 눈을 피하면서,
"아니에요, 아무런 힘도 되어드리지 못해서 …… "

야기하라 "아니, 이토카와 군. 실은 나는 노게의 변호를 서려고 해서 왔네"
이토카와, 움찔하고,
"노게의 …… "
야기하라, 손에 쥐고 있던 신문을 두드리면서,
"요전에 자네에게 윤곽만 들었던 사건의 내용과는 매우 다른 것 같네. 노게가 한 일이 어째서 매국적 스파이 행위란 말인가?"
이토카와, 시선을 떨어뜨린 채로 힘없이 서 있다.

야기하라 "나는 노게의 성격이나 인품을 잘 알고 있네. 전쟁을 반대했는지는 모르지만 스파이 행위를 할 정도의, 그, 그런 남자가 아니네. 조서를 보고 싶네, 조서를 …… "
이토카와, 점점 곤란해 하면서,
"선생님, 그렇게 감정적으로 …… "

야기하라 "아니, 뭐, 지금 보여 주지 않아도 되네. 언젠가 예심 종결 후, 변호인으로서 철저히 연구하겠네"

"선생님!"

이토카와는 괴로운 입장을 이 한마디에 담아서, 호소하듯이 쳐다본다.

야기하라 "아니, 나는 할 결세. 비록 늙었을지라도…… 있지, 이토카와 군. 상아탑을 나와서 십 년, 나는 도대체 무엇을 했는지. …… 업은 아이의 가르침으로 여울을 건넌다는 말이 있지만, …… 나는 노게에게 …… "

"선생님!"

이토카와는 고민으로 일그러진 얼굴을 깊이 숙이고, 힘 없이,

"노게는…… 실은…… 어젯밤, 경찰 유치장에서 급사했습니다"

야기하라의 망연자실한 얼굴

(WIPE)

98 **야기하라의 집**

망연자실한 유키에의 얼굴.

이윽고, 빙글하고 방향을 돌려, 탁탁하고 달려 나간다.

야기하라 "유키에!"

당황해서 뒤를 쫓아 간다.

야기하라의 목소리 "유키에 …… 유키에 …… "

99 **식당**

야기하라 "유키에!"

유키에는 도망치듯 나간다.

100 **유키에의 방**

야기하라 "얘…… 유키에야…… 아비 말 좀 들어라! 유키에!"

유키에의 뒤를 쫓아 간다.

101 **원래의 응접실**

거기까지 도망쳐 온 유키에는 긴 의자에 상체를 내던지고, 어깨와 등을 들썩이며 큰 소리로 통곡한다.

"유키에! 유키에!"

야기하라, 비틀거리면서 달려오더니 딸 옆에 호되게 맞은 것처럼 자리에 앉는다. 그리고 헉헉 숨을 쉬면서,

"유키에! 너는…… "

유키에 "싫어요! 아무 말도 하지 마세요…… "

의자에 붙잡고 몸부림친다.

야기하라 "하지만 유키에…… "

유키에 “싫어! 싫어! 싫어!”

야기하라 “바보야”

전에 없이 큰 소리를 내더니, 유키에의 어깨를 잡고 일으켜 세우고 흔들면서,

야기하라 “들어라. 너는 노게의 아내가 아니냐. …… 노게가 한 일을 생각해 보렴. 일본을 전쟁에서 구하기 위해서 몸을 바쳐서 싸웠던 거다. 너도 그 반려자로서 마음속에 긍지를 가져야 한다”

야기하라, 그렇게 말하고는 헉헉 괴롭게 숨을 몰아쉰다.

유키에는 의자 위에 양손을 댄 자세로 오열을 계속한다.

야기하라의 거친 숨.

유키에의 오열.

입구에 유골함를 안고 망연히 선 채 꼼짝 않고 있는 부인.

야기하라 “너는 …… 집을 나갈 때 훌륭한 각오를 하지 않았니. …… 자유의 이면에는 고통스러운 희생과 책임이 따른다는 것을 …… ”

유키에, 얼굴을 조용히 든다.

쓱하고 일어서더니, 모친 곁을 지나쳐서 나간다.

이상하다는 듯 지켜보던 부인,

“어떻게 할 거니, 유키에?”

유키에 “노게 씨의 집에 가겠어요”

야기하라 “노게의?”

부인, 질렸다는 얼굴로,

“말도 안 돼, 너!”

유키에 “나이 많으신 아버님과 어머님 둘뿐이에요”

부인 “하지만 …… 노게 씨의 부모님은 …… 유해를 가지러 오지도 않은 ……”

유키에 “알고 있어요. 그래서 …… 그래서 가는 거예요”

라고 말하면서, 총총걸음으로 안으로 들어간다.

그 뒤를 쫓아 가는 야기하라와 부인.

102 **유키에의 방**

유키에는 가방을 꺼내서 짐을 정리하기 시작한다.

부인, 안절부절하며,

“간다고 해도, 너 …… ”

야기하라 “진정해라 …… 유키에!”

유키에 “저는 노게의 아내예요”

라고 말하면서, 고집스럽게 트렁크에 짐을 넣는다.
그것을 망연자실하여 바라보고 있는 야기하라와 부인.

(F·O)

103 **묘지(밤)**

아담한 언덕 사면에 위치한 묘지.
흙덩이가 차례차례로 지면으로 퍼올려진다.
한 손에 유골함을 안고, 한 손에 등을 들고 있는 유키에.
창백한 얼굴로 이를 악물고 있는데, 눈이 충혈되어 있다.
파고 있는 것은 흰머리가 섞인 중년 노파 —— 노게의 모친이다.
움푹 패인 눈을 겁쟁이처럼 두리번두리번하며 입 속에서 웅얼웅얼 중얼거리면서 삽을 쓰고 있는 모습.
그것이 등불의 희미한 빛으로 반쪽을 밝히고 있기 때문에, 그 오싹함으로 이 세상의 사람이라고는 보이지 않는다.
모친, 삽에 건 다리를 힘껏 힘을 주어서,
"이 불효자 놈. 덕분에 내가 다 죽을 지경이다"
파낸 흙, 그것을 밖으로 걷어낸다.
(이하 반복하면서)
"네가 대학을 그만두고 모습을 감췄다고 듣고서는, 아버지도 엄마도 이제 죽었다고 포기했는데. 그걸 살아서 수모를 당하고. …… 지금은 장례식도 할 수 없어, 어둠 속에서 몰래 뼈를 묻어야 하다니 …… 자, 이 정도 하면 되겠지"
유키에가 유골함을 안고, 점점 굳어지면서, 구멍 안을 들여다보니, 모친은 마지막으로 구멍 밑바닥에 떨어진 흙을 모아서 밖으로 걷어내고, 삽을 내던지더니,

모친 "이쪽으로 주지 그래"
하고, 유키에 쪽으로 손을 뻗는다.
유키에, 떨리는 손으로 유골함을 내민다.
모친, 그것을 양손으로 받는다. 그리고 역시 꼭 끌어안고, 뚝뚝 눈물을 흘리면서,
"아아아. 이렇게, 이렇게 …… 무참한 모습이 되어버리다니. 그래, 그래. 잠깐 여기에 들어가 있으렴. 우리도 바로 뒤따라갈 테니까. 온 마을 사람들한테 백안시당해서 겨우겨우 몰래 살아가는 것 보다는 …… "
유키에, 움찔하고 눈을 크게 뜬다.

104 **어두운 길**

유키에와 모친이 말 한마디도 없이 걸어온다.

부스럭부스럭하는 소리. 모친은 싹하고 어둠 속으로 숨는다.

개가 지나가는 것이 등불 빛으로 보인다.

모친, 안심했다는 듯이 나온다.

모친 "우리야말로 들개 같네. 벌벌 떨고, 정말로…… "

105 **문 앞**

모친은 그 앞을 그대로 지나쳐서 가서, 울타리를 따라서 뒷문으로 돌아간다. 유키에도 그것을 따라간다.

모친 "문은 저 상태야, 아버지가 못을 박아놨지. 덧문은 두 달이나 닫아둔 채야. 우리 생활은 올빼미나 마찬가지지"

그 문에는 십자로 긴 나무가 교차로 박혀 있고, 그 위에 아이들의 장난으로 보이는 백묵으로 『스파이의 집』이라고 쓰여 있다.

(WIPE)

106 **집 안**

망가져서 바람에 울고 있는 미닫이문.

먼지가 가득히 쌓여 있는 그릇 씻는 곳.

쥐가 돌아다니고 있는 골방.

거미줄로 가득한 말 없는 마구간.

녹슨 채 나뒹구는 농기구류.

집 안을 바람이 부는 대로 굴러다니는 오래된 신문지.

모든 것이 방치된 채, 황폐해진 이 집의 횅한 화롯가 ──.

약간 검게 그을린 전등 아래의 화롯가 상좌에, 정신적으로 황폐해져 버린 듯한 노인이 약간 비스듬하게, 구부정한 자세로 고집스럽게 앉아 있다. 노게의 아버지이다. ── 뺨은 움푹 들어갔고, 반백의 머리와 수염은 제멋대로 자라있으며, 눈빛만이 강하게 빛나고 있다.

곁에서 다소곳이 앉아 불안한 듯이 남편과 유키에의 얼굴을 번갈아 쳐다보는 모친.

그 유키에는 지금 돗자리에 양손을 대고서 필사적으로 애원하고 있다.

유키에 "…… 집에 머물게만 해주신다면 저는 뭐든 하겠습니다. 어떤 것이라도 …… "

모친 "그 …… 그렇게 말해도 …… "

유키에 "아뇨, 제발 …… "

모친 "우리의 생활이 당신에게 …… "

유키에 "제가 못할 것 같다는 말씀이신가요. 아니요, 뭐든 가르쳐만 주시면 반드시 해내겠습니다. 시켜봐 주세요"

모친 "그것이 말이지 …… "

남편 쪽을 힐끗 본다.

유키에 "힘든 것은 각오하고 있습니다"

모친 "그게 …… 그것만으로 끝나는 것이 아니에요. 당신은 잘 모르겠지만 …… 지금 우리들은 어떤 상황에 놓여있는지 …… 남들은 우리를 스파이의 집, 스파이 …… "

라고, 이야기했을 때, 우르르 조약돌 같은 것이 떨어지는 소리.

모친은 내던져진 물건처럼 몸을 움츠린다.

계속해서 바깥쪽에서 '와' 하며 큰소리로 조롱하는 아이들의 목소리.

유키에, 힘차게 자세를 바로잡더니

"부탁입니다. 꼭 거두어 주십시오"

아버지가 심기가 불편한 듯이 몸을 느리게 움직인다.

유키에, 돗자리에 납작 엎드려,

"저는 …… 노게의 아내입니다 …… 어째서 어째서 저를 거둬주시지 않는지요 …… 저는 돌아가지 않을 겁니다. 돌아가지 않을 겁니다. 부탁입니다"

아버지도 움직이지 않는다.

모친도 움직이지 않는다.

돗자리에 필사적으로 무릎을 꿇고 아버지의 얼굴을 바라보는 유키에도 움직이지 않는다.

그 얼굴 위로,

"뒤돌아봐도 후회 없는 생활" —— 이란 노게의 말.

"화려하게 보이는 자유의 이면에는 고통스러운 희생과 책임이 따른다는 것을 잊으면 안 된다" —— 는 아버지의 말

"노게 씨를 따라 간다면 뭔가 반짝거리는, 눈이 부신 생활이 있을 것 같아요" —— 이전의 자신의 말. 그것이 연속해서 들려온다.

* * *

(이하 짧은 컷의 몽타주. —— 전과 마찬가지로 편의상 메모와 같은 서술로서 대체한다)

이리하여 유키에는 시골에서의 생활이 시작된다.

파마한 머리는 어지럽게 헝클어진 채로 묶여 졌다.

옷은 여기저기 이어 붙인 농부의 작업복으로 바뀌었다.
그녀가 놀란 것은 이 집이 마을로부터 완전히 격리되었다는 점이다.
부친은 화로 상석에서 앉은 채로 움직이지 않고, 밖에서 찾아오는 이도 없었다.
모친은 '부엉이'라고 자신을 표현했던 것처럼, 밤이 되면 수건으로 얼굴을 가리고 세 발 괭이를 짊어지고 뒷문으로 조용히 나간다.
다른 곳들은 봄갈이가 다 끝나고 써레질이 시작되었는데, 노게네 논에는 잡초가 무성히 자라있을 뿐이다.
소도 없고, 말도 없고, 다른 곳에서 빌리지도 못하는 그녀는 잡초가 뿌리박힌 땅을 세 발 괭이로 헤집어 열심히 파서 엎기 시작한다.
그것을 본 유키에는 말할 수 없는 분노를 느끼고 자신도 세발 괭이를 꺼내서 보이는 대로 따라 하며 돕는다.
하지만 이전에 무거운 물건을 든 적도 없고, 피아노를 연주하거나 타이핑만 해왔던 그녀의 손으로는 아무래도 무리였다.
손바닥에서는 피가 섞인 물집이 잡혔고, 허리가 지끈지끈 아파 온다.
유키에는 이를 꽉 물고 누군가에게 항의 하는 듯이 말없이 일한다.

*

이윽고 써레질이 시작되었다.
소와 말이 없는 노게네는 전부를 사람이 할 수 밖에 없었다. 모친이 도구의 손잡이를 잡고, 유키에는 말 대신 밧줄을 끌었다.
발을 헛디뎌 진흙탕에 구르고 말지만, 이내 반항하듯 일어서선 혼신을 다해 밧줄을 잡아끄는 유키에의 모습은 뭔가에 홀린 듯해 무시무시할 정도였다.
방과 후 귀가하는 듯이 보이는 아이들은 지나가면서 '와' 하며 시끄럽게 소리를 친다.
"스파이 집에 말을 빌려주는 사람은 없어"
라는 목소리도 들린다.
어떤 때는 그것이 아이들이 아니라, 카키복을 입은 청년들의 입에서 나오는 경우도 있었다.
유키에는 개의치 않았다.
비 오는 날도 있었다.
바람 부는 날도 있었다.
그리고 진흙으로 더러워진 얼굴을 유월의 햇빛이 타는 듯이 이글이글 비추는 날도 있었다.
유키에의 얼굴은 햇빛에 타서 검게 빛남과 동시에 눈은 경련을 일으키고, 입가는 일그러지고, 광대뼈는 튀어나오게 되었으니, 이것들은 사회의 부조리와 능욕에 대한 결연한 항의의 형상이었다.

*

늦은 감이 있는 모 심기.
유키에는 모친과 나란히 서서 철벅 철벅거리며 심으며 전진한다.
모친은 두세 묶음, 유키에가 담당하는 논에 심어 주어 두 사람의 진행 속도를 맞추어 가고 있었다.
비가 계속 오는 나날.
도롱이를 통과해서 차가운 것이 속옷마저 흠뻑 적신다.
유키에는 가끔 심하게 기침을 했다. 얼굴은 열이 심해 홍조를 띠었다.
모친은 걱정하며,
"나 혼자 해도 된다니까, 무리하지 말고 집에 들어가렴, 들어가렴"
라고, 조언했지만 유키에는 그런 말을 들으면 오히려 의지를 보이고 일에서 손을 떼려 하지 않았다.

*

저녁놀이 비추는 하늘.
어느 정도 모습을 갖춘 논.
열심히 심어 나가는 두 여자.

*

"오오오오, 보렴. 해냈다, 해냈다. 우리 둘이서 전부 심었단 말이야"
논두렁에 서서 허리를 피며 행복한 듯이 논을 멀리 바라보는 모친.
긴장이 풀린 듯이 멀거니 서서 멍한 눈으로 앞을 바라보던 유키에는 그제서야 휘청거리며 쓰러진다.
모친은 깜짝 놀라며 그 몸을 일으켜 세우며,
"유키에, 왜 그런 거야? 유키에, 유키에!"

107 **집 안**

조금 어두운 안방에서 모친은 업어온 유키에를 이불에 눕혀 재우고 간병하면서 널문 저편의 옆방을 향해,
"당신이란 사람은 어떻게 이렇게 박정할 수가 있어요. 좀 괜찮으냐, 얼마나 힘들었느냐, 무슨 일이 있느냐, 한마디도 해 주지 못하나요?"
화로옆 상석에, 변함없이 앉아있는 부친.

그 얼굴을 배경으로,

모친의 목소리 "삼단팔묘三段八畝, 1140평의 넓은 논을 나하고 둘이서 말끔하게 모내기를 했어요. 열이 나는 것도 신경 쓰지 않고 빗속에서 일해서 결국 이렇게 쓰러진 거예요"

부친은 더욱더 완고하게 입을 꾹 다물고 있을 뿐이다. 하지만 왠지 모르게 푹 파인 눈으로 주변을 두리번거린다.

모친의 목소리 "당신이란 사람은 바보예요. 정말로 상바보예요. …… 이런 좋은 며느리 세상에 없어요. …… 세상 사람들도 모두 …… 바보예요. …… 이 애는 훌륭한 애예요. 거짓말할 애가 아니에요. 난 이 애가 일하는 걸 잘 봐서 전부 알았어요. …… 류, 류키치도 말이에요 …… "

라고 말하자, 부친은 느리게 움직이며 '응'하고 긍정하는 듯한 헛기침을 하고는 원래의 그 완고한 자세로 돌아간다.

모친은 더 이상 말하지 않고 침묵한다.

(WIPE)

108 **마찬가지로 집 안(아침)**

안방.

아침 햇살이 비춘다.

자고 있는 유키에.

거세게 문이 열리는 소리. — 유키에, 귀를 쫑긋 세운다.

109 **집의 입구**

바들바들 떨며 모친이 들어와서는 그대로 풀썩 쓰러진다.

화로 상석에 앉아 있던 부친이 그것을 물끄러미 곁눈질로 본다.

모친은 토방에 정중하게 무릎을 가지런히 해서 앉은 채 얼굴을 손으로 가리고 있었다.

그 부들부들 떨리는 듯한 손 틈에서 가슴을 저미는 낮은 울음소리와 횡설수설하는 목소리가 새어 나온다.

"누 …… 누가 한 짓이야. …… 나, 남의 논을 망쳐놓다니. 그, 그래도 농부라고 할 수 있어? …… "

반짝 눈을 번뜩이는 부친.

모친 "잔인한 것들 …… 논이 엉망진창이 됐어요"

안방 쪽에서 우당탕 소리가 나고 이윽고 휘청거리며 걸음에 힘을 주며 마당 쪽을 달려 나가는 유키에의 모습이 보인다.

모친 "아, 유키에. 어디 가니? 그런 …… 그런 몸으로, …… 유키에, …… 유키에"

뒤를 좇으며 달려 나간다.

110 **논의 논두렁**

멍하니 나란히 서 있는 유키에와 모친.
눈앞에는 엉망진창이 된 논.
잡아 뽑힌 모종이 둥둥 수면에 떠올라 있다.
메마른 눈으로 계속 응시하는 유키에.
모친은 위로하듯이 유키에 쪽을 살짝 바라보자, 유키에는 눈썹을 살짝 움직였다 싶더니 아무 말 없이 논 안으로 들어간다.
모친은 걱정하며 그것을 바라본다.
유키에는 허리를 숙여 수면에 떠 있는 모종을 건져서는 한 포기씩 다시 심으며 나아간다.
모친도 정신이 들었는지 자신도 허둥지둥 논 안으로 들어가, 유키에와 보조를 맞추며 다시 모를 심기 시작한다. 유키에는 현기증이 났는지 비틀거린다. 하지만 이를 꽉 물고서 일을 계속한다.
다시 모내기가 진척되는 논.
뒤쪽에서 철벅 철벅 소리가 나서 모친이 뒤돌아본다.

"아"

하고, 우뚝 선 채 꼼짝 않는다.
정신없이 모내기를 하고 있던 유키에도 그 소리에 깜짝 놀라 뒤돌아본다.
…… 꼼짝 않는다. 부친이 도우러 온 것이다.
몇 십일 동안 화로 상석에 앉은 채 꿈쩍도 않던 그 부친이.
부친, 한 포기, 한 포기 다시 심으면서 분노로 몸을 부들거리며,

"바보들이. …… 젠장. …… 두고 봐라 …… 젠장"

모친 "아, 여보!"

맥이 빠진 듯 쳐다보고 있는 유키에.
모친, 그것을 보고

"유키에"

라며 손을 내미는데, 그 손은 진흙투성이고 모종 때문에 발도 제대로 움직이지 못해 달려가서 서로 부둥켜안지도 못하자, 모친은 그 기쁨을 단지 펑펑 흐르는 큰 눈물방울에 맡길 뿐이다.

"바보들이. …… 젠장. …… "

어깨를 들썩이며 모를 심는 부친.

(F·O)

111 시골길

비오는 날.
물이 가득 찬 논의 수면.
흙탕물로 가득한 개천.
도롱이와 갓을 한 유키에가 몸을 수그린 채 흘러내리는 물을 조절하고 있다.
진흙투성이의 양손에 폭포 같은 물길이 쏟아진다. 물은 손가락을 두드리고 그 사이를 빠져나가면서 많은 흰 줄무늬를 만든다. 그것이 유키에에게 피아노 건반 위를 달렸을 때의 손가락의 감각을 상기시킨다.
폭우 소리와 물소리가 어느 순간 사라지고, 감미로운 피아노 소리 속에서 유키에는 멍하니 있다.

"잠깐 길 좀 묻겠습니다"

라는 목소리에, 유키에, 제정신을 차린다. 돌아본 유키에, 깜짝 놀란 듯 쳐다본다.
레인코트의 소매가 비에 젖은 이토카와가 우산을 기울이고 서 있다.
이토카와, 유키에를 알아차리지 못하고,

"저, 노게 씨가 사는 집이 이 근처가 아닌지요?"

유키에, 입을 다물고 이토카와를 쳐다본 채 서 있다.

이토카와 "저 …… 노게 씨가 사는 집 …… "

라고 말하다, 갑자기 눈을 감으며,

"아 …… "

목소리를 삼키고 망연히 서 있는다.
그 둘을 감싸 안으며 내리는 비.

(WIPE)

112 신사

그 처마 밑에서 옷의 물기를 짜는 이토카와와 그것을 도와주는 유키에.

이토카와 "이것 참, 깜짝 놀랐네요. 정말로 …… "

유키에, 하얀 이를 드러내며 미소.
이토카와는 그런 유키에를 위아래로 쳐다보면서,

"저는 늘 당신에게 놀래 왔지만, …… 이번엔 정말로 놀랬습니다. 하하하하. …… 실은 선생님에게, 아니 사모님에게 부탁을 받고 왔습니다만 …… 아니, 저로서도 당신 같은 사람이 이런 촌구석에 묻혀 지내고 있는 건 반대예요. 노게는 불행하게도 길을 잘못 걸었지만, 그래도 당신까지 …… "

유키에, 미소. ── 하지만 그 웃음은 차갑다.

이토카와는 가만히 자신을 바라보고 있는 유키에의 시선에 당황하며 부자연스러운 웃음으로 어물쩍 넘기고자,

"아, 졌습니다. 당신은 하하하하. …… 그 정열이랄까, 고집이랄까, …… 뭔가 강인한 생명력 같은 것이 발휘되면 저 같은 놈은 부끄럽기 그지없지요. …… 아니, 사모님과 선생님에게는 제가 잘 말하겠습니다. …… 당신 같은 사람을 걱정하는 쪽이 바보라고 말이죠. 하하하하"

라고 말하고, 갑자기 진지한 얼굴로,

"그건 그렇고, 노게의 무덤을 좀 안내해 주시겠어요. …… 온 김에라고 하면 좀 그렇지만 성묘를 하고 돌아가고 싶은데요 …… "

유키에. 아무 말 않는다.

비.

낙숫물.

유키에, 순간 눈물을 흘릴 듯한 표정이 되지만, 갑자기 입술을 깨물고, 강경한 얼굴로,

"그만 두세요"

이토카와(의외의 말을 듣고 상대방을 쳐다본다)

유키에 (그런 시선을 받아치듯이) "원래 같으면 고맙다고 해야겠지만 …… 저는 싫어요 …… 노게도 기뻐하지 않을 거예요"

이토카와 (갑자기 핏기가 가시는 얼굴이 된다)

유키에 "이토카와 검사가 본 노게는 불행하게도 길을 잘못 걸었을지는 몰라도, 과연 어느 쪽 길이 올바른 길이었는지는 시간이 판단해 줄 거예요"

이토카와 " …… "

(O·L)

113 시골길

비에 젖는 것을 피하며 가는 이토카와.

(O·L)

114 타이틀

'심판의 날 ── 패전!

그리고

자유가 부활하는 날'

115 교토대 강당 내부

어린 잎.

우레와 같은 박수.

116 **강당**

가득 메운 학생들이 노도와 같이 박수를 보내고 있다.

교수석의 하코자키와 다른 교수도 박수를 친다.

단상에, 조금 쭈그린 자세로 선 야기하라는 빈번히 안경을 닦고 있다가 겨우 입을 뗀다.

야기하라 "오늘 이날을 가장 보여주고 싶은 남자…… 학문의 자유를 위해서 싸우고, 그리고 일본의 평화와 행복을 위해 용감하게 몸 바쳐 싸운, 우리 학원의 자랑…… 그 노게 류키치는 이미 이 세상에 없습니다. …… 하지만…… 그 노게는 이전에 저기에(손으로 가리키며) 여러분이 앉아 있는 그 의자에 앉아 있었습니다. …… 저는 여러분 중에서 장래 제2, 제3의 무수한 노게를 기대하여, 늙은 몸에도 불구하고 교단에 복귀하기로 결심했습니다"

떠나갈 듯한 박수.

입구 근처에 서서 흐르는 눈물을 닦지 않고 가만히 귀를 기울이고 있는 소사. 지금은 머리가 새하얗다.

117 **야기하라의 집·거실**

부인은 소파에 피곤한 듯 깊숙이 걸터앉아 있다.

유키에는 피아노 앞에.

창문으로 보이는 화창한 햇볕.

부인 "몇 년 만인지, 이런 조용한 날은…… 마치 이 십몇 년간의 일이 꿈만 같구나. 잠에서 깨어나 보니 모든 것이 원래의 모습이네. 오늘은 아버지도 학교에 가셨고 너만 안정을 찾아주면 집안도 원래의 모습이 되는데 말이지"

피아노 옆에 놓여있는 트렁크.

부인 "정말이지 나가야겠니? …… 부모님도 노게를 잘 이해해 주셨다고 하면, 너의 목적은 이미 충분히 달성한 것이 아니겠니?"

유키에 (웃으면서) "안 돼요. 저는 이미 그곳 생활에 뿌리를 내렸는걸요. …… 있죠, 어머니 이거 보세요"

유키에는 피아노 위의 자신의 양손을 응시한다. 하얀 건반의 위에 놓인, 울퉁불퉁하고 햇볕에 탄 손가락들.

유키에, 웃음을 띠며 희망에 찬 눈빛으로,

"마을에 많은 일이 기다리고 있어요…… 마을 생활…… 모두 아주 힘들게 살고 있어요. 어떻게 해서든 더 밝고 행복한 생활을 하게 하지 않으면 안 돼요. 저는 이제는 농촌 문화 운동의 빛나는 지도자예요. 후후후…… 마을 여자나 청년들을 위해 일하는 것이 저에게 가장 보람이 된다고 생각해요"

부인 (한숨을 쉬며) "너는 진짜 고생할 인생을 갖고 태어났구나"

유키에 "왜요? …… 저는 그렇게 생각하지 않아요"

부인 "왜냐하면"

유키에 "아니요, 억지가 아니고요 …… 정말로 …… 언제나 노게가 말했던 …… 되돌아보아도 후회 없는 생활이란 마음 …… 저에게는 그것이 기뻐요"

118 **요시다야마**

십몇 년 전 노게에게 안겨 건넌 작은 시내 근처에, 지금
유키에가 여행 차림으로 트렁크를 들고 서 있다.

"여기요"

"여기요, 이쪽이에요"

갑자기 활기 있는 생기발랄한 목소리. 산책하러 온 학생들인 것 같다.
계속해서 뒤얽힌 노랫소리가 어린 잎 속에서 터져 나온다.

♪ 붉게 타오르는 언덕의 꽃 ……
신록이 향긋한 언덕의 빛

유키에, 몸이 저리는 듯한 감동을 받으며 귀를 기울인다.

♪ 도읍의 꽃을 시로 읊조리니
요시다야마에 달이 걸리네

유키에의 얼굴에 눈물이 넘쳐흐른다.

119 **마을 길**

트렁크를 든 유키에가 간다.

《멋진 일요일》(1947)

(F·I)

1 역의 홈

전차[省電]가 도착한다.

우르르 쏟아져 나오는 인파.

그 안에서 몸이 구겨진 채로 뛰어나오는 마사코昌子.

2 계단

인파를 헤집고 달려 내려오는 마사코.

3 지하도

마사코, 달린다.

4 역 앞

마사코, 달려 나온다.

둘러본다.

멍하니 기둥에 기대고 있는 유조雄造.

발밑을 유심히 보고 있다.

유조의 발밑에 떨어져 있는 담배꽁초.

유조, 주변의 눈치를 보며 담배꽁초를 줍는다.

손에 있던 담배가 '탁' 하고 맞아 떨어진다.

유조, 깜짝 놀라 본다.

마사코가 슬픈 듯한 얼굴을 하고 서 있다.

유조 (어색한 듯이) "벌써 사흘이나 피지 않았어"

마사코 (그것으로부터 화제를 돌리듯) "늦어서 미안해요. 전차가…… "

유조 (자학적으로) "오지 않을 걸 그랬어!"

마사코 "네?"

유조 "와도 할 게 없다고!"

마사코 "어째서요?"

유조 "15엔밖에 없어…… 데이트 같은 건 꿈도 못 꿔"

마사코 "저 조금은 가지고 있어요"

유조 "나도 남자야…… 여자 돈으로 노는 건 싫어"
마사코 "그런…… 가지고 있다고 해도 20엔 정도지만…… "
유조 " …… "
마사코 "가장 중요한 건 돈이 아니에요…… "
유조 "옛날에는 나도 그런 식으로 생각 했어…… 하지만, 지금은…… 인간, 한번 나락에 떨어지면 돈의 소중함을 잘 알게 되는 거야"
마사코 "변했네요, 유조 씨"
유조 "조금 현명해진 거지"
마사코 " …… 그만두지요. 그런 이야기 …… 어찌 됐든 저에게 맡겨줘요…… 모처럼의 일요일이에요"
유조 "흠…… 35엔의 일요일인가!"
마사코 "좀 기다려요!"
라며, 잰걸음으로 달려간다.

5 역 앞 광장

즉석 복권 매장.
테이블 위에 쌓여 있는 담배 더미.
마사코, 달려와서 복권을 산다.
복권.
마사코, 또 산다.
복권.
원망스러운 듯이 담배 더미를 보고 있는 마사코.
한 장 더 사려고 한다.
그 어깨를 유조가 잡는다.
"이제, 그만해"
마사코 "호호호…… 31엔의 일요일이 되어버렸어!"
유조 "하하하하"

6 광고판

주택 설계도와 가격10만엔, 신청처 XX주택영단住宅營團이라고 하는 문자.
그것을 보고 있는 유조 와 마사코.

7 실물 견본집

광고판 근처에 설치된 실물가옥 —— 목조로 된 거칠고 약하게 만들어진 문화주택식의 것이다. 옆에 『자유롭게 안에 들어와 구경하세요』라고 하는 팻말.

마사코 "있잖아요, 멋진 기획이네요. 잠깐 들어가 보지 않을래요? 이거라면 무료입장이에요"

유조 "소용없어, 우리한테는…… "

마사코 "그래도 상관없잖아요. 어서 올라가 봐요"

마사코, 신발을 벗고 현관에서 올라가 다음 방으로 간다.

유조, 벗어 놓은 마사코의 신발에 시선이 멈춘다.

마사코의 신발, 상당히 낡았다. 그는 잠깐 들어 올려 보고, 순간 어두운 표정.

마사코의 목소리 "여기요, 빨리 올라와요"

유조, 내키지 않는 표정으로 신발을 벗는다.

8 집의 내부

유조, 느릿느릿 들어온다.

마사코 "조금 느낌이 좋아요. 밝아서"

유조 "형편없는 건축물이군. 옛날 같으면 천 엔 정도밖에 안 되는 집이야"

마사코 "그렇긴 하지만 —— 방 배치도 나쁘지 않아요. 여기가 거실이네. 찻장을 여기에 두고, 밥상 겸용의 화리목花梨木 같은 재료의 책상…… "

유조 "…… "

마사코 "경대랑 장롱은 필요 없지만 거울이 달린 양복장롱 정도는 갖고 싶네요…… (툇마루 쪽으로 가서) 그리고 등나무 의자…… 정원이 있으면 토마토나 그린피스를 듬뿍 재배하는 거예요…… "

유조 "(짜증을 내며) 가자! 시시해"

마사코 "왜 시시해요?"

유조 "너무 로맨틱해 너는. 꿈같은 소리만 하고, 우리는 빈털터리잖아"

마사코 "싫어요! 빈털터리란 말…… "

유조 "빈털터리잖아. 문자 그대로, 무일푼이잖아. 좀 더 현실적이 되어야 해. 이런 세상을 살아가기 위해서는"

마사코 "이런 세상이기 때문에 더욱 꿈을 갖고 싶어요. 꿈이 없으면 살 수 없어요, 괴로워서"

유조 "꿈으로 배가 부르지는 않잖아"

마사코 (슬픈 듯이) "옛날에는…… 전쟁에 가기 전에는 훨씬 꿈이 있었어요. 당신한테도"

유조 "흠"

마사코 "봐요…… 결혼하면 둘이서 작고 기분 좋은 베이커리를 만들자고 서로 얘기 한 적이 있어요. 맛있는 커피나 과자를 싸게 팔자고, 대중의 가게 '히야신스'…… 가게 이름까지 생각했잖아요"

유조 "이 전쟁 때문에 사라져 버렸어, 그런 꿈은…… 지금은 좀 더 현실적으로 우리가 어떻게 하면 같이 살 수 있을지 생각하는 게 선결문제야"

마사코 "그야 그렇지만……"

유조 "나는 하루에 백번도 생각하고 있어! 결국은 집이야. 그게 없는 한 너는 언니 집에서 나는 친구 하숙집에서…… 도대체 언제까지 기다려야 하는 거야!"

마사코 "……."

유조 "너밖에 없어, 나에게 남아있는 건……"

마사코 "……."

유조 "어쨌든 얼마나 좁아도 좋아, 두 사람이 단둘이 있을 수 있는 장소를 원한다는 거야……"

라고 하며, 마사코를 끌어당기려고 한다.

마사코, 본능적으로 막는다.

그때 현관 쪽에서 사람 목소리가 난다.

유조 "쳇"

하고, 마사코에게서 떨어진다.

현관 쪽에서,

남자목소리 "10만 엔이란 거지, 10만 엔은 싸네"

라고 말하면서 언뜻 졸부 같은 남자가 댄서 같은 여자를 데리고 들어온다.

남자, 유조와 마사코를 빤히 쳐다보며,

"아, 실례했습니다"

여자 (집의 창호와 문지방을 둘러보며) "나 싫어요, 이런 성냥갑 같은 집"

남자 "싼 게 비지떡이지…… 어쩔 수 없어…… 그래도 아까 보고 온 셋방을 빌릴 바에야…… 자네"

나가려고 했던 마사코와 유조, 멈춰 서서 얼굴을 마주 본다.

마사코, 되돌아와서 남자에게,

마사코 "저기…… 대단히 실례합니다만"

남자 "네?"

마사코 "지금 이야기하시는 셋방이란 곳이?"

남자 "아니, 안 보는 게 좋아요, 더러워서"

마사코 "그래도…… 어디예요? 그 셋방"
남자 "그래요?…… 그러니까…… "

9 큰 길 —— 골목

마사코, 유조의 손을 잡아끌듯이 하며 달려온다.

10 아파트 앞

네거리를 돌아서 두 사람 달려온다.
마사코, 입구의 접수처 창문 쪽으로 가서,

마사코 "잠깐 여쭙고 싶어서요…… "
접수처의 창문이 열리고 창백하게 부어오른 얼굴의 남자가 얼굴을 내민다.
마사코 "저기 방이……? 있다고 들어서 왔는데요…… "
그 남자 "있기는 있지만요"
마사코 "그렇군요! 다다미 몇 장 정도예요?"
그 남자 (퉁명스럽게) "6장이에요. 햇빛이 절대 비추지 않습니다. 창문에서 보이는 것은 앞 공장의 변소뿐입니다"
마사코 "?"
그 남자 "저런 방에 한겨울 지낸다면 관절염에 걸리는 게 확실하죠. 여름이 또 지독해요. 발진 티푸스가 발생할 위험이 충분해요.
그 남자, 호언장담하면서 종이 꾸러미 속의 담배꽁초를 풀어 헤쳐서 서투른 손놀림으로 담배를 만들고 있다. 초췌한 느낌.
마사코 (유조와 서로 얼굴을 마주 보며) "그래도…… 방을 볼 수 있을까요?"
그 남자 (여전히 담배에 주의를 팔면서) "그건 상관없지만…… 별로 추천하지는 않습니다…… "
마사코 "?"
그 남자 (안쪽을 힐끗 보고 작은 목소리로) "사실 그 방에서 제가 살았어요. 병으로 두 달 동안 방세를 밀렸으니, 짐도 압수를 당하고 쫓겨나서 지금은 목욕탕에서 자고 있죠. 게다가 낮에는 이런 일을…… 아무튼 그런 녀석이니까요. 여기 주인은…… (갑자기 판에 박은 듯한 말투가 되어) 네네, 차용인은 정당한 직업을 갖고 있습니까?"
마사코 (놀란 표정으로) "네?"
라고 대답하고, 살짝 보니 안쪽 방에서 이 아파트의 주인 같은 기름진 남자가 들여다보고 있다.
그 남자 (여전히 판에 박힌 말투로) "아이가 있는 분에게는 방을 빌려드리지 않는 것이 규칙입니다"

마사코 (마침 잘 됐다는 듯이) "네, 아이는 없습니다만…… "

그 남자 "보증인은 도쿄 안의 3명이 필요합니다"

마사코 (열심히) "예, 예, 있습니다"

그 남자 "처음 방값 지불은 전부 현금으로…… (주인이 안으로 들어간 것을 확인하고는 작은 소리로) …… 그만두세요. 나쁜 말은 안 할테니까요"

마사코 "그래도 방값은 얼마인가요?"

그 남자 "제가 좋은 예시입니다…… 이렇게…… "

주인, 다시 얼굴을 내민다.

그 남자 (다시 판에 박힌 어투로) "600엔! 권리금 2천엔!"

11 공터

유조, 마사코 볕이 잘 드는 곳에 나란히 앉아있다.

유조, 수첩을 꺼내서 연신 계산을 하고 있다.

어딘가 근처에서 야구를 하고 있는 아이들의 카랑카랑한 목소리가 들려온다.

유조 " …… 당분간 맞벌이를 한다고 해도 두 사람 월급을 합치면 월 1200엔, 그중의 반을 방세로 내면…… "

마사코 "무리예요. 몇 번을 해도…… 남은 반달을 먹지 않고 살 방법을 못 찾으면 …… 거기에 권리금 2천엔…… "

유조 "쳇! 차용인은 정당한 직업을 갖고 있습니까? 라고 지껄여 대기나 하고 …… 정당한 직업을 갖고 있으면 그런 돈이 나올 리가 없지 않겠어? 누굴 바보로 아느냐고."

마사코 "이제는 불법적으로 생활하는 것이 정당한 건데…… 우리 같은 사람들은 예외…… "

"고맙습니다!"

라고 외치는 아이의 목소리.

공이 굴러온다.

마사코, 공을 던져 돌려주며,

"장관이나 높은 공무원들은 어떻게 생각하고 있을까요?"

유조 "생각이란 걸 하겠어? 자기들은 훌륭한 저택이나 멋진 별장도 있는데"

두 사람, 깊은 생각에 잠겨버린다.

그 발밑으로 공이 또 굴러온다.

아이들의 목소리 "고맙습니다!"

"고맙습니다!"

두 사람, 멍하니 생각에 잠겨있다.

"아저씨!! 감사합니다!"

"아줌마!!"

두 사람, 멍하니 움직이지 않는다.

아이 A, B, C, 살짝 다가와서 석고상 같은 유조와 마사코의 모습을 빤히 쳐다보고 있는데, 그중 한 명이 허리를 구부리고 손을 내밀어 유조의 구두 옆에 굴러온 공을 잡는다.

그 소년 "쳇, 심각하게 있기는"

라고 말하자마자, 원래 있던 쪽으로 달려간다.

B, C도 되돌아간다.

유조, 제정신이 든 듯한 얼굴로 쓴웃음을 짓고 갑자기 일어나서,

"여기, 여기, 아저씨에게도 치게 해주렴"

라며, 아이들 무리 쪽으로 성큼성큼 간다.

마사코, 안심한 듯한 얼굴로 배웅한다.

아이들에게 함성을 받으면서 베이스볼의 일원으로 참여하게 된 유조. 배트를 쥐고 타석에 선다.

어린이 투수, 투구 —— 제1구, 직구.

유조, 크게 헛스윙, 구경하는 아이들, 함성을 올리고 웃는다.

제2구째, 투수가 큰 투구폼으로 뿌린 투구, 탁 —— 힘껏 유조가 날린 공은 엄청난 히트.

아이들 "우와, 엄청나다!"

"히트! 히트! 2루타! 2루타!"

"오 3루타!"

"우와! 홈런"

마사코, 자기도 모르게 박수.

아이들, 하늘을 쳐다보고, 모두 함성을 지르며 새처럼 공을 보며 쫓는다.

12 벌판 외곽에 있는 도로

엄청난 기세로 떨어지는 공, '어!'하는 순간에,

길가의 노점 —— 만두 가게 한가운데에 떨어진다. 사방에 흩어지는 만두.

놀라는 만두가게 주인의 얼굴, 순간, 격분의 표정으로 변한다.

가까이까지 공을 쫓아와서 눈앞에 전개된 뜻밖의 사건에 깜짝 놀란 아이

들, 사방팔방으로 도망친다.

그중의 한 아이만이 멈춰 선 채로 '엉엉' 울기 시작한다.

만두가게 주인 "(일어서서) 어느 놈이냐!"

유유한 발걸음으로 유조가 나타난다.

만두가게의 주인과 유조, 대치한다.

만두가게 주인, 약간 기세에 눌려서,

만두가게 주인 "(유조를 올려다보며) 당신인가? 체격 하나 크네"

유조 "미안합니다"

모자를 들어 올려 꾸벅 머리를 숙인다.

만두가게 주인 "어떻게 변상하겠소! 팔아야 할 물건을…… "

유조, 손가락이 가리킨 쪽을 본다.

공에 맞아 으깨져, 팥소가 튀어나온 만두가 세 개 정도 있다.

유조 "얼마예요?"

만두가게 주인 "10엔으로 깎아 주겠소, 어쩔 수 없지"

유조, 10엔 지폐를 낸다.

만두가게 주인 "흥, 사람 귀찮게 하는군"

하고 말하며, 화가 난 듯, 으깨진 세 개의 만두를 건넨다.

유조, 만두를 받아들고 『두 개 10엔』이라고 쓰인 표찰 옆에 굴러다니고 있는 공을 주워 되돌아간다.

그의 옆에서 울고 있던 소년에게 공과 만두 하나를 주고, 벌판 쪽으로 걷기 시작한다.

13 **공터**

유조, 마사코가 있는 곳으로 온다.

마사코 "호호호호, 엄청난 강타자네요"

유조 (나란히 앉으면서) "덤으로 하나 더 주었어. 그 가게 주인"라고 말하며, 만두를 건낸다.

두 사람, 먹는다.

유조 "이런 일이 없었더라면, 만두 같은 거, 좀처럼 우리 입에 들어올 일이 없을 거야"

마사코 "맛있네요"

유조 "이렇게 돼서 앞으로 21엔…… "

라고, 툭 말하며 주머니에서 신문지를 꺼내 손가락을 닦는다.

마사코, 유조의 주머니에서 떨어진 한 장의 명함을 집어 든다.

마사코 "떨어졌어요 —— 이거, 누구예요?"(하고 건내준다)

유조 "전우야…… 얻어맞기만 했어 …… 경례 하나도 제대로 하지 못했어 …… 하지만 속세에서는 대단한 부자인 것 같아. 얼마 전에 우연히 만났어. 확실히는 모르지만 홀을 하고 있는 것 같아"

마사코 "홀이라면 댄스홀을 말하는 건가? 잠깐 다시 보여줘요"라고 말하며, 한 번 더 명함을 본다.

클럽·엠파이어 사장 세가와 기쿠조瀨川喜久三 교바시구京橋區 니시긴자西銀座 전화

마사코 "댄스홀이라는 곳은 어떤 곳일까요? 한번 가보고 싶어요"

유조 "시시해. 춤도 못 추는데."

마사코 "그냥 보기만 해도 좋아요. 그러니까 데려가 줘요"

유조 "별로 좋아하지 않아. 그 녀석"

마사코 "그래도 친구는 친구잖아요"

유조 "응"

마사코 "그럼, 부탁하면 보여줄 거예요"

유조 "그거야 그렇지만."

마사코 "그러면 됐잖아요, 한 번만 데려가 줘요. 보고 싶어요!"
라고 하며, 천진난만하게 조른다.

14 **거리**

니시긴자西銀座 근처.

15 **엠파이어 앞**

두 사람, 온다.
세련된 빌딩.
입구에는 『클럽·엠파이어』라는 글자.
희미하게 들려오는 댄스 음악.
두, 세 명의 손님이 들어간다.

유조 (명함과 건물을 번갈아 보며) "여기겠지? 엠파이어, 입구에 쓰여 있네.

마사코 (건물을 보며 어색함을 느낀다) "그만둘까요?"

유조 "어째서"

마사코 "왠지 우리 같은 사람이 오면 안 될 거 같아요, 그만 두어요…… "

유조 (그런 말을 듣자 오히려 용기를 내서) "기껏 왔잖아, 신경 쓸 거 없어"

마사코 "그래도……"

유조 "조금만 기다리고 있어봐, 만나고 올 테니까"

라고 말을 내뱉고서는 입구의 돌계단을 올라간다.

16 엠파이어 —— 접수처

『회원 이외의 손님의 입장은 거절합니다』라는 팻말이 붙어 있다.

밴드의 음악 소리.

유조가 와서 접수처의 여자에게,

유조 "세가와 있나요?"

접수처의 소녀, 당황하는 표정으로,

소녀 "네?"

라며, 유조를 의심스럽게 본다.

유조 "사장 말이에요, 사장을 만나고 싶어요. 있어요?"

소녀 (경계하는 듯한 얼굴로) "잠, 잠시만 기다려주세요"

라며, 허둥거리며 안쪽으로 들어간다.

유조, 무언가 마음에 안 드는 듯이 기다리고 있다.

안에서 지배인 같은 남자가 나온다.

지배인 (경계심을 숨기면서 붙임성 있게) "어떤 요건으로 오셨습니까? 제가 전해 드리겠습니……"

유조 (명함을 건내며) "저는 세가와를 만나고 싶어요. 친구거든요"

지배인 "아아, 사장님은 지금 좀……"

유조 (초조해하며) "있어요? 없어요? 확실하게 말해주세요!"

지배인 "자자, 그런 말씀 마시고…… 잠시 이쪽으로…… (라며 곁에 서 있던 보이 A에게 귓속말로) 안내해 드려"

보이 A (무슨 뜻인지 이해하고) "자 이쪽으로, 자……"

하고, 유조를 안내하며 앞장선다.

17 작은 방

유조가 보이에게 안내를 받아 들어온다.

주방 가까이에 있는 변변치 않은 방이다. 두, 세 개의 아무것도 깔려 있지 않은 테이블이 놓여 있고, 그중 하나의 테이블에 앉아 한 남자가 맥주를 마시고 있다.

웨이터A "여기요, 여기서 잠시만 기다리세요……"

그 남자 옆 테이블의 의자를 권한다.

유조, 뭔가 납득이 가지 않는 듯한 표정으로 의자에 앉는다.
옆 테이블의 남자 —— 술에 취해 있다. 유조를 빤히 쳐다보고
"오 새로운 얼굴이네…… 형씨, 어디서 오셨소? 에?!"

유조 (당황해서) "네?"

그 남자 "네가 아니지, 어디 집안사람이냐고! 어디 청년이냐고 묻고 있단 말이요!"
라고, 위압적인 태도로 야단친다.

유조 "?"

그 남자 (유조가 장소에 익숙하지 않은 모습을 보고) "하하하, 뭐야, 자네는 생아마추어가 아닌가? 하하하하"

유조 "?"

웨이터 B가 맥주 한 병과 햄인가 무언가가 담긴 작은 접시를 들고 와서, 유조 앞에 늘어놓는다.
유조, 의아한 얼굴.
웨이터, 맥주의 뚜껑을 따고, 컵에 따라서,

웨이터 B "드시지요, 편안하게…… 곧 매니저가 올 거예요…… "

유조 "자네…… 나는 세가와를 만나러 온 거야…… 세가와가 없으면…… "

웨이터 B "자, 자"
하고, 얼버무리고 가 버린다.

그 남자 "하하하하…… 아마추어치고는, 훌륭했네…… 세가와를 만나고 싶다 …… 라고 허풍을 떨었으니, 제법이야…… (라고 하며, 맥주병을 내민다) …… 뭐 대여섯 병은 내놓을 거라고!"

유조 "?"

그 남자 "그게, 자네…… 사장을 만나고 싶어라고 하고 오면 대부분은 실패한다고 …… (라고, 손을 벌려 보이며) …… 뭐, 5장 정도 손에 쥐어주고 안녕한단 말이지"

유조 (뭔가 말을 꺼낸다)

그 남자 "자…… 기다려 보게…… 무엇보다도 자네…… 배우려는 마음가짐이 중요한 걸세…… 이쪽 길도 말이야, 어설프게 배워서는 안 되네…… 요컨대 …… 사장님을 만나고 싶은데요라고 말해 봐…… 그대로 쫓겨나는 거지 …… 계단 위에서 발로 차여 굴러 떨어질 뿐이라고…… 두 번 다시 오지 말라는 말이지…… "
라며, 한쪽을 보고,
"어이, 여기요 여기!"

라고 허둥지둥 일어나서, 주방 쪽으로 지저분하게 먹어 댄 요리 접시를 두, 세 개 들고 지나가는 보이를 붙잡고,

"헤헤 …… 아깝잖아!"

라며, 먹다 남은 요리를 한 개의 접시에 모아 히죽히죽 웃으며 돌아온다.

그리고 아무래도 조금 부끄러운 듯이 유조 쪽을 살피면서,

"헤헤 …… 정말이지, 벌 받을 일이라고 …… 모두, 자네 …… 백 엔 이하의 음식이 아니라고!"

라며, 게걸스럽게 먹기 시작했다.

어이없이 바라보는 유조.

얼굴에 핏기가 가신 댄서가 비틀비틀 들어온다.

몸 상태가 좋지 않은 듯 방 안을 불안하게 둘러보고 있다.

남자, 급하게 일어나

"안 돼, 안 돼 …… 여기서는 안 돼 …… 화장실은 저쪽이라고"

라며, 허둥지둥 밀어내고는 멀뚱히 보고 있는 유조에게,

"가끔 저렇게 토하러 온다니까 …… 불쌍하게 …… 술 매상이 성과제라 저렇게 무리를 한다고!"

어이없다는 듯한 유조.

지배인이 들어온다.

"사장님은 공교롭게도 …… "

라며, 사무적으로 유조에게 머리를 숙이고,

"그럼, 편하게 계시지요 …… "

라며, 유조 앞 테이블에 종이봉투를 내밀고 서둘러 나간다.

유조는 말을 꺼낼 틈도 없다.

멍하니 그 뒷모습을 바라만 보고 있다.

남자, 다가와서 종이봉투를 손에 들어 보고,

"호 …… 대단해 …… 크게 벌었어, 형씨!"

유조는 말없이 일어선다.

남자, 깜짝 놀라서

"자네 …… 왜 그런가?"

유조는 말없이 나간다.

남자는 서둘러 종이봉투를 들고 뒤를 쫓는다.

18 **접수처 근처**

유조, 온다.

한쪽을 보고 멈춰 서 있다.
남자, 따라와서,
"이거 …… 자네"
하고 종이봉투를 들이댄다.
유조는 그쪽으로는 대답하지 않고 짐을 옮기는 보이 옆의 큰 거울을 보고 있다.
거울 속의 유조와 그 남자의 모습. —— 그리고 그 두 사람을 깜짝 놀란 듯이 지켜보고 있는 신사들과의 대조.

남자 "자네 …… 이거 어떡하려고"
하고, 다시 종이봉투를 들이댄다.
유조, 말없이 그 손을 뿌리친다.

19 **엠파이어·밖**

기다리고 있는 마사코.
그 옆으로 자동차가 멈추고, 차려입은 남녀가 웃고 떠들며 입구로 들어간다.
그것을 바라보고 있는 마사코.
유조가 그 두 남녀와 스쳐 지나오며 나온다.
마사코, 뛰어 달려와,

마사코 "어땠어요? …… 사장님은 계셨어요?"
유조, 어두운 표정으로 외면하면서 걸어간다.

마사코 (실망한 듯이) "안 계셨군요 …… 어쩔 수 없지 …… "

유조 (무언가 말을 꺼낸다)

마사코 (고개를 흔들며) "괜찮아요 …… 다음 일요일에 또 가면 되잖아요"
유조의 우울한 표정.
찰칵!
길거리 사진사가 그런 유조에게 카드를 들이밀며
"헤헤헤 …… 즐거운 일요일의 기념으로 …… 가지세요"
유조, 더더욱 우울해진다.

20 **공원**

벤치에 앉아서 주먹밥을 먹고 있는 유조와 마사코.

유조 "처음 이렇게 만난 것도 벌써 …… 벚꽃이 피어있었지"

마사코 "또, 곧 봄이 올 거예요"

유조 "하지만 점점 더 추워질 거고 …… 눈이라도 오게 되면 …… "

마사코　“눈사람이 두 개 되겠네요”
유조　“후후후 …… 외투 없어?”
마사코　“괜찮아요 …… 이 레인코트 안감이 두꺼우니까요”
유조　“구두도 …… 봤어 …… 큰 구멍이 났던데!”
마사코　“물이 들어가면 빠질 수 있도록 뚫은 거예요”
유조　“ …… ”
마사코　“왜요? 화났어요?”
유조　“아니! …… 그냥 내가 너무 한심해서”
마사코　“왜요!?”
유조　“지금 하고 있는 일이 정말 싫어졌어. 이런 걸 하고 있으면 시간이 흘러도 우리 둘은 지금 그대로 일거야”
마사코　“ …… ”
유조　“차라리 일을 그만둘까 생각해 …… ”
마사코　“그만두고 뭐 하려고요? 다른 데 가게요?”
유조　“아니 …… ”
마사코　“그러면 뭐 할 생각이에요?”
유조　“지금 가장 정당한 …… ”
마사코　“암거래?”
유조　“ …… ”
마사코　“싫어요! 암거래상이라니”
유조　“착하게 살면 전철도 못 타는 세상이잖아”

갑자기 뒤에서

“나한테 줘!”

부랑아가 손을 내민다.

유조　(돌아보며) “뭐야? 돈 달라고?”
부랑아　“돈 따위는 필요 없어. (찢어진 주머니에서 지폐 다발을 꺼내서) 주먹밥이 먹고 싶어 …… 십엔 줄 테니 하나 줘 …… 주먹밥은 파는 곳이 없어서”
마사코　“돈은 괜찮아”

라며, 주먹밥을 꺼림직해하며 건넨다.

부랑아　“무리하지 말고 받아 둬”
마사코　“괜찮아, 먹으렴”
부랑아　“그래? 고마워”

마사코, 유조와 얼굴을 마주 본다.

마사코 "얘야…… 아버지와 어머니는?"

부랑아 "…… "

마사코 "형제는 있니?"

부랑아 "…… " (게걸스럽게 입 안 가득 먹는다)

유조 "안 춥냐? 엉?"

부랑자 "시끄럽네. 다 똑같은 말이나 하고. 왜 쓸데없는 걸 신경 쓰는 건지. 자기 일이나 걱정해. 안 그래? 누님?"

유조 "…… "

부랑아 "누님, 매일 얼마나 벌어? 숙소는 어디야? 공원?"

마사코 "…… "

두 사람, 말문이 막혀 마주 본다.

유조 "…… 안 되겠네, 이건…… "

부랑아 "흥, 잘난 척 하지 마. 퇴역군인이잖아, 너는. 우리랑 다를 게 없어…… 집에 가면 감자만 먹는 주제에!"

두 사람, 아연실색한다.

21 공원의 샛길

두 사람, 가라앉은 기분으로 걸어온다.

마사코는 몸을 구부려 웅크린다.

유조 "바보네, 우리 탓이 아니야"

마사코 (고개를 숙인 채) "그래도 싫다고요. 나는"

유조 "뭐라는 거야? 가자고…… "

라며, 손을 잡고 일으켜 세우려고 한다.

마사코 "뭔가 기분이 처참해요. 엉망이 되어 버렸어요…… "

밝은 아이들의 웃음소리가 들리고, 어머니와 같이 나온 아이들이 두 사람의 앞을 달려 지나간다.

마사코, 그것을 지켜보고 있다가,

"완전 다르네요…… 같은 아이인데…… "

유조 "부랑아는 아이가 아니야…… 적어도 우리보단 어른이지"

마사코 "그만둬요…… 오늘 밤 꿈에 나올 것 같다고…… 그 애"

유조 "그만하자 이제. 자, 가자"

마사코, 머리를 흔들면서,

"이제 그만할래!"

라며, 일어선다.

"그런데 …… 어디로 갈까요?"

유조 "어?"

방금 아이들이 지나간 오솔길 모퉁이에 『동물원 지름길』이라는 팻말이 세워져 있다.

유조 "동물원 가볼래? …… 어? 어린아이처럼 기분 나쁜 일은 다 잊어버리는 거야"

22 **동물원**

두 사람, 들어온다.

유조 "앞으로 20엔 남았어"

마사코 "호호호 …… 있잖아요, 어렸을 땐 여기 오면 다리가 자연스럽게 뛰지 않았어요?"

유조 "코끼리가 있는 곳까지지?"

마사코 "맞아요!"

유조 "뛸까?"

마사코 "호호호"

두 사람, 서로 마주보고 있다가, 확 뛰기 시작했다. 사람들이 많이 모여 있는 어느 우리 앞을 달려서 지나가는 두 사람.

사람들 목소리 "뭐야 뭐야, 소매치기야? 이봐!"

두 사람, 뛴다.

코끼리 우리 앞.

두 사람, 뛰어와 멈춰 선다.

"하하하하"

"호호호호"

두 사람, 잠시 동안 서로 웃고 있다가,

마사코 "맞다 …… 코끼리는 이미 없어졌지요"

유조 "이거 …… 빈집인가"

마사코 "안 돼요!안 돼! 현실적으로 생각하면"

유조 "그런데 이거 아파트로 개조하면, 꽤 넓을 거야!"

텅 빈 코끼리 우리.

돼지.

마사코의 목소리 "어머 사자 우리에 돼지가 살고 있네요"

유조의 목소리 "지금은 어디에 가더라도, 돼지 같은 놈들의 천하란 말이지!"

백조.

마사코의 목소리 "행복해 보여요. 저 부부!"
유조의 목소리 "물 위에서도 잘 수 있으니까"
곰.
유조의 목소리 "멋진 코트를 입고 있네!"
염소.
마사코의 목소리 "편하겠네 …… 종이를 먹고 살 수 있으니까요 …… "
유조의 목소리 "말도 안 되는 소리! 휴지도 한 묶음에 10엔은 한다고!"
기린.
유조의 목소리 "멋진 집에 사는구나"
마사코의 목소리 "난방까지 갖춰져 있어요"
원숭이.
유조의 목소리 "봐봐! 우리가 보고 있는 게 아니라 원숭이가 우리를 보고 있는 것 같아 …… 봐봐. 저 원숭이 —— 인간은 불쌍하다라는 얼굴을 하고 있어"
마사코의 목소리 "그만 해요!"
콘도르.
유조의 목소리 "우울한 얼굴을 하고 있네. 이 새는"
마사코 목소리 "당신이 우울한 거예요"

23 동물원 밖

두 사람, 우울한 듯 나온다.
마사코 "동물은 행복할 지어라. 모든 날짐승, 들짐승의 세계에는 인플레이션이 없으니까"
유조, 조금도 웃지 않는다. 하늘을 올려다보고,
"쳇, 게다가 비까지 오기 시작했네"

24 고가도로 아래

비를 피하고 있는 두 사람.
유조, 하늘을 올려다보고,
"그치려나, 이 비"
마사코 "지금까지의 비는 전부 그쳤어요"
유조 "…… "
마사코 "그렇다고 하더라도 기분 나쁜 비네요 …… 겨울이면 겨울답게 눈이 오면 좋을 텐데"
유조 "…… "
마사코 "그래서 …… 어떡하지요? 지금부터 …… 시간은 아직 많은데 …… "

유조 “돈이 없는 시간 따위, 아무리 있어도 소용없어”
마사코 “하지만 아직 20엔이 있어요…… 영화나 볼까요?”
유조 “영화 보고, 하릴없이 걷고, 그런 데이트는 이제는 질렸어”
마사코 “……”
유조 “그래서 말인데…… 내 하숙집에 오지 않을래?”
마사코 “하지만 친구가 있잖아요”
유조 “오늘은 저녁 늦게까지 돌아오지 않아”
마사코 “……”
유조 “……”
마사코 “그럼, 그것보다, 우리 집에 오지 않을래요?”
유조 “열여섯 가족의, 현관까지 합쳐서 16평 집에 손님으로 가다니 비상식적이야!”
마사코 “정말 싫어요?”
유조 “무엇보다도 그쪽 언니는 거북해”
마사코 “그렇긴 하지요”
유조 “그래도 그렇지, 푸념을 너무 많이 해”
마사코 “나와는 완전히 반대인걸요, 성격이……”
유조 “자, 가자. 더러운 방이지만 차 한 잔 정도는 줄 수 있어”
마사코 “……”
유조 “싫어?”
마사코 “……”
유조 “왜?”
마사코 “그래도……”
유조 “…… 그럼, 여기서 헤어질까…… 이런 곳에서 서 있다가 감기 걸리면 어떻게 하냐고”
마사코 “……”
유조 “35엔의 일요일은 35엔 만큼밖에 안 되는 거였어”
마사코 “……”
유조 “나는 여기서 전철[市電]로 간다. 잘 있어……”
마사코 “기다려요, 이렇게……”
유조 “…… 그럼…… 같이 갈래?”
마사코 “……”
유조 “…… 그럼, 어떡할 건데?”

마사코 궁지에 몰려 뭔가 도망갈 길이라도 찾는 것처럼 눈을 이리저리 돌리다가, 다시 한 방향을 응시하고,

"아 좋은 일이 있어요!"

라며, 밝은 표정이 된다.

"저게 좋아요 …… 저거 들으러 가요!"

라며, 손으로 가리킨다.

비에 맞고 있는 한 장의 포스터.

> 일요 콘서트
> 「슈베르트의 밤」
> 미 완 성 교 향 곡
> 외
> 연주……………………………………………
> 지휘……………………………………………
> 장소 X X 공 회 당

마사코 "생각이 나지 않아요 …… 가장 처음 데이트"

유조 "…… "

마사코 "그때도 음악회였어요 …… 그것도 같은 X 교향악단의 미완성"

유조 "그때랑 지금은 내용이 전혀 다를 거야 …… 듣고 실망할 게 뻔해"

마사코 "그래도 …… "

유조 "그때의 멤버는 대부분 댄스홀에서 돈을 벌고 있을 거야"

마사코 "그래도 …… (라며, 필사적으로) 슈베르트까지 댄스홀에서 돈을 벌고 있는 것이 아니잖아요?"

유조 "…… "

마사코 "미완성 교향곡은 미완성 교향곡이잖아요 …… 네? 같이 가요"

유조 "요즘 같은 세상에 10엔짜리 음악회가 어디 있냐고"

마사코, 걱정스러운 표정으로 빗속으로 뛰어들더니 포스터를 들여다보고,

마사코 "만세! 예술은 대중의 것이에요"

라며, 포스터를 가리킨다.

포스터의 일부.

> B 권 십 엔
> 세금 포함

마사코　“지금부터 빨리 서두르면 시간 안에 도착할 수 있을 거예요”

하고, 뛰어 와서는 듯 유조를 끌어당기듯 하면서,

마사코　“그러니까, 가요”

유조　“전차 값은 어떻게 할 건데”

마사코　“전차 값 정도의 푼돈은 있잖아요. …… 가요”

유조　“ …… ”

마사코　“있잖아요, 빨리 …… 이게 성공하면 35엔의 일요일도 그렇게 나쁘지만은 않을 거예요 …… 그렇죠?!”

25 **역 주변**

뛰어오는 두 사람.

역 안으로 뛰어 들어간다.

26 **비를 뚫고 달리는 전차**

27 **전차 안**

마사코　“늦네, 이 전차”

라며, 발을 동동 구르면서,

“더 빨리 …… 더 …… 알레그로 …… 알레그로모데라토!”

유조, 웃고 만다.

28 **역 출구**

뛰어나오는 두 사람.

빗속을 쏜살같이 달려간다.

29 **거리**

두 사람, 달리고 —— 달리고 …… ,

30 **XX공회당·매표소**

마사코와 유조, 뛰어와서 줄을 선다.

마사코　“잘됐어요. 제 시간에 도착했어요”

유조　“응”

두, 세 명 앞에 서있는 남자가 표를 10장 정도 사 간다.

마사코의 한 명 앞 사람에서 『매진』이라고 쓰인 팻말이 나온다.

마시코와 유조, 실망한다.

사지 못한 사람들, 줄에서 빠져나와,

행렬의 1　“그런데, 저 녀석, 너무하네. 방금 산 표를 팔고 있다고”

행렬의 2　“약삭빠른 놈이구먼”

행렬의 3　“빈틈이 없네요”

행렬의 4 "얼마에 팔고 있는 거야?"

조금 떨어진 곳에서, 표를 몽땅 산 남자, 몰래 프리미엄을 붙여서 팔고 있다.

마사코 "정말로 못된 짓을 하네요. 저 녀석들"

라며, 입술을 깨문다.

유조도 분노의 표정이 되어 그쪽을 바라보다가, 성큼성큼 그 남자의 곁으로 다가간다.

마사코, 말리려고 한다.

그 남자 (작은 목소리로) "있어요. 15엔, 15엔…… "

라며, 표를 보여준다.

유조 "10엔에 파시오!"

그 남자 "바보 같은 소리 마시오…… "

유조 "남들에게 폐를 끼치고 있잖소. 10엔에 모두에게 파시오!"

그 남자 "내가 내 돈으로 산 거야!"

유조 "파시오!"

그 남자 "똥파리 같은 놈! 얼빠진 녀석!"

유조 "뭐라고!"

유조, 화가나서 그 남자를 후려갈긴다.

그 남자, 비틀거렸지만, 유조에게 맹렬하게 달려들어 격투.

두, 세 명의 동료가 나타나 유조에게 다가간다.

마사코, 필사적으로 말리지만 멈추게 하지 못하고, 울면서 지켜본다.

인산인해.

유조, 분발해 보지만, 엉망진창으로 얻어맞는다.

31 거리의 한구석

유조, 흐트러진 복장을 한 채로 처마 끝의 낙숫물로 손의 상처를 닦는다.

마사코, 옷의 진흙 등을 털면서,

마사코 (걱정하며) "괜찮아요?"

유조, 아무 말 없이 끄덕인다.

마사코 "아프겠어요…… "

라며, 유조의 손을 잡고, 자신의 손수건으로 붕대를 해준다.

마사코 "최악의 일요일이 되어 버렸어요"

침묵.

거리의 잡음이 빗소리에 섞여 들려온다.

유조 "나는 돌아갈게…… 너도 돌아가…… "

라며, 툭 말한다. 빗줄기를 보고 있다가 빗속을 걷기 시작한다.

마사코, 슬픈 얼굴로 뒤를 쫓는다.

32 **아파트 복도 —— 세면장**

유조, 세면장에서 피 묻은 손수건을 풀고 묵묵히 손을 씻는다. 뒤를 돌아본다.

마사코, 가만히 옆에 서 있다.

유조, 다 씻고 무표정인 채로 자기 방 앞에 와서 문에 열쇠를 꽂은 후 열고는 힐끗 복도의 마사코를 보지만 그대로 말없이 방 안으로 들어간다.

복도의 마사코, 약간 망설이는 표정이었지만, 급히 방 안으로 들어간다.

33 **방 안**

여느 남자 방처럼 어질러진 방 안에서 유조, 양반다리를 하고 앉아 수건을 찢어 상처 난 손을 묶는다.

마사코, 잠시 옆에서 안쓰럽게 보다가 유조 옆에 앉아 도와주려 한다.

유조, 고집을 부리며 마사코의 도움을 피하고 자신의 입으로 묶는다.

두 사람, 무거운 침묵.

마사코 "왜 그러는데요? …… "

유조 " …… "

고개를 숙인 채 팔을 어루만지고 있다.

오로지 빗소리만 들린다.

마사코 "나 이런 식으로 헤어지는 건 싫어요! …… 이런 기분으로 집에 돌아갈 수 없어요"

유조 " …… "

마사코 "다음 주 일요일까지 못 만나는데 …… "

유조 " …… "

마사코 "그러니까, 왜 그러는데요? …… 팔이 아파요?"

라며, 유조의 얼굴을 들여다본다.

유조 (얼굴을 돌리면서) " …… 아픈 건 팔이 아니야"

마사코 " …… "

두 사람의 바로 옆 다다미에 똑 하고 물방울이 떨어진다.

마사코, 천장을 올려다본다.

천장의, 비가 새서 얼룩진 곳에서 물방울이 …… 똑 하고 또 떨어진다.

유조, 움직이지 않는다.

마사코, 주위를 둘러본다. 새는 비를 받기에 적당한 것이 보이지 않아 조금 일어나서 유리창 밖으로 보이는 선반의 세면통을 가지고 온다. 그것을 비가 새는 곳에 둔다.

똑하고 세면통 속으로 물방울이 떨어진다.

마사코, 원래의 자리에 앉았지만 어떻게 말을 붙여야 할지 모르는 상태.

마사코 "차라도 끓일까요?"

유조 "마시고 싶지 않아"

마사코 (기분을 전환해서) "뭔가 과자라도 사 올까요?"

유조 "필요 없어"

똑.

마사코 "어떻게 하면 돼요? 괴롭히기만 하고…… "

유조 " …… "

마사코 "아, 정말! 그렇게 무서운 얼굴을 하고…… "

유조 "이제는 슬슬 정나미가 떨어졌지?"

마사코 " …… "

유조 "들개 같아, 나는…… "

똑.

유조 "이제 모든 게 싫어졌어…… 이렇게 비참한 내가…… "

마사코 "그래도, 지금은 모두가 비참해요. 이런 세상이라면…… "

유조 "너무 비참하잖아"

똑.

마사코 (슬픈 듯이) "당신은 항상 현재만 생각해요. 언제나……. 미래를 조금이라도 밝게 생각해 보려고 하지 않아요.

유조 "생각할 수 있겠냐고, 이런 형편에. 암흑이라고, 이것도 저것도"

마사코 " …… "

똑.

유조 "참을 수가 없어(하며 머리카락을 쥐어뜯고) 머릿속이……. 엉망진창이야 …… 다 망했어…… 화만 치밀어…… "

마사코 " …… "

똑.

유조 "죄다 내게 등을 돌리고 있어. 나도 내가 점점 주눅 드는 게 느껴져. 나도 날 믿을 수가 없다고. 뭔가 엉망진창 난동을 피우고 싶어…… 참을 수가 없어…… ”

마사코 “…… ”

똑.

유조 (감정을 주체하지 못하고) “마사코! 나한테는 너밖에 없어…… 따뜻한 거는…… 너 한 사람뿐이야…… ”

마사코 “…… ”

가슴이 찡해져 잠자고 귀를 기울인다.

똑.

유조 (충동적으로) “마사코!”

마사코 “…… ”

유조 “…… ”

마사코, 유조의 열정에 깊이 마음이 끌리지만, 유조의 눈을 보고 놀라며 몸을 뒤로 뺀다.

유조, 턱하고 서더니 문 쪽으로 향하고는 철컥철컥 열쇠를 구멍에 끼워 넣는다.

마사코, 본능적인 두려움에 문 쪽으로 달려가 유조의 팔에 매달린다.

마사코 “싫어, 싫어, 싫다고. 싫어, 싫어!”

유조, 굳어진 표정으로 마사코를 제자리로 돌려놓으려고 하지만 마사코의 결연한 표정에 마음이 약해져,

유조 “쳇! 요조숙녀라니까, 언제까지나…… ”

마사코 (굳은 얼굴로) “…… 갈래요, 나…… ”

유조 “흠…… 이걸로 끝인가…… ”

마사코, 안색이 굳어진 채 밖으로 나간다.

유조는 그런 마사코를 등 뒤로 한 채 시치미 떼는 얼굴로 방 한가운데에 서 있다.

문이 닫히는 소리.

얼이 빠진 유조의 얼굴.

똑 —— 세면통에 떨어지는 빗물.

선반 위의 말라서 썩은 화분에 차가운 비가 떨어지고 있다.

유조, 입술을 깨물고 갑자기 발밑에 있던 잊어버리고 간 마사코의 핸드백을 걷어찬다.

그리고 주전자의 물을 선 채로 벌컥벌컥 마시고 방 한가운데에 대자로 누웠다.

가만히 천장을 쏘아보고 있다.
똑,
그 얼굴에 빗물방울이 떨어진다.
유조, 그것을 털지도 않고 가만히 천장을 바라보고 있다.
똑.
유조, 갑자기 일어나더니 문 쪽으로 성큼성큼 간다.
손잡이를 잡는다.
하지만, 그대로 무언가 일그러진 표정을 지으며 생각에 잠긴다.
똑.
유조, 우리 안의 짐승처럼 좁은 방을 아무렇게나 걸어 다닌다.
똑 —— 똑 ——.
문득 한쪽을 보고 가만히 선다.
방의 한구석에 입구가 열린 채로, 굴러다니고 있는 핸드백.
그 입구에서 굴러 나온 작은 봉제 곰 인형.
뭔가 마음의 충격을 받은 느낌으로 그것을 바라보고 있는 유조의 얼굴.
똑.
유조, 그것을 손에 들고 가만히 보고 있다.
큰 손안의 작은 곰 인형.
유조, 그 어린애 같은 곰 인형을 보고 있는 동안, 무언가 참을 수 없이 마사코가 안쓰럽게 느껴진다.
똑 —— 똑 ——.
작은 곰 인형을 바라 본 채로 가만히 움직이지 않는 유조.
똑 —— 똑 ——.
유조, 작은 곰 인형을 핸드백에 다시 넣고 살짝 책상 위에 둔다.
문이 열리는 소리
유조, 힐끗 본다.
파랗게 질린 얼굴의 마사코, 들어온다.
마사코, 떨리는 손으로 문의 열쇠 구멍에 끼워진 채였던 열쇠를 찰칵찰칵 잠근다. 비통한 얼굴. —— 뺀 열쇠를 손에 쥐고 유조의 얼굴을 바라본다.
유조, 뭔가 말하려 하지만 심상치 않은 마사코의 표정에 말도 못하고 바라본다.
가만히 유조를 바라보는 마사코의 얼굴.
마사코, 울면서 레인코트의 단추를 풀기 시작한다.

유조, 멍하니 마사코의 행동을 보고 있다가, 마사코의 진의를 알아차리자 크게 충격을 받은 표정으로,

유조 "마사코…… 괜찮아…… 알았어…… 바보구나, 괜찮아…… 괜찮다고……"

창백한 얼굴로 바들바들 떨고 있는 마사코.

유조, 마사코의 어깨를 잡고,

유조 "바보네…… 괜찮아, 괜찮아, 괜찮아"

라고, 거칠게 흔든다.

마사코, 복받치는 눈물을 흘리며 통곡한다.

유조도 감동해서 울다.

유조 "고마워, 잘 알았어…… 너의 마음을…… "

라며, 강하게 끌어안는다.

마사코 " …… "

마사코, 울음을 멈추질 않는다.

유조 "자"

라며, 단추를 끼워준다.

몸을 맡기며 울고 있는 마사코.

유조도 흐느껴 울면서,

" …… 울지마 …… 바보야 …… "

라며, 마사코의 눈물을 닦아준다.

서로 바라보는, 눈물로 가득한 두 사람의 눈.

" …… 바, 바보야 …… "

라고 하며, 유조, 수줍은 듯 고개를 돌리고 창가에 선다.

창문을 연다.

그리고 무심코 바깥 공기를 마시고, 뭔가 악몽에서 깨어난 듯이,

" …… 아 …… 날씨가 갰네"

"자 …… 다시 한번 밖에 나가자 …… 차라도 한 잔 마시자"

마사코는 아직 막대기처럼 우뚝 선 채로 훌쩍거리고 있다.

처마의 빗물에 옅은 햇살이 비친다.

34 **길거리**

날씨가 갠 뒤 거리에 등이 켜진다.

35 **어느 베이커리**

두 사람, 마주 보고 앉아있다.

침묵.

유조 "무슨 생각 하고 있어?"

마사코 "아무것도…… "

유조 "화났어?"

마사코 "아니…… 행복해요!"

유조 "아니 아까부터 아무 말도 안 하니까…… "

마사코 "나는 행복할 때 아무 말도 안 해요…… "

두 사람, 얼굴을 마주 보며 미소 짓는다.

여자 점원이 커피 두 잔을 두 사람 앞에 둔다. 우유 통에서 찔끔찔끔 우유를 커피에 살짝 떨어뜨리고 가 버린다.

두 사람, 커피를 젓고서는 마신다.

유조 (얼굴을 찡그리며) "심하네, 이거"

마사코 "미지근해요"

유조 "전혀 커피의 맛이 나지 않아…… "

마사코 "한방약 나카쇼유中將湯 같아요"

여점원, 과자를 두 접시 가지고 온다.

유조 (한 입 먹으며) "마치 건조시킨 과자 같아. 조금도 달지 않아…… "

여점원, 전표를 놓고 떠난다.

마사코, 흘끗 전표의 숫자를 보고 안색이 변한다.

유조 "무슨 일이야?"

마사코 "어라? (작은 목소리로) 이상하네…… "

라며, 전표를 유조 쪽으로 밀어준다.

유조 (확인하고) "30엔? 이상하네. 커피도 과자도 5엔이잖아"

하며, 메뉴를 확인한다.

마사코도 들여다본다.

메뉴의 일부.

커피 5엔
과자 5엔

마사코 "역시 5엔이네, 5엔이 4개, 20엔이잖아요"

하고, 고개를 갸웃거린다.

유조 "이상하네"

하고, 전표를 다시 본다.

유조 "아! 밀크커피로 되어 있네. 밀크커피 두 잔에 20엔"

하고, 읽는다.

마사코 "과자 두 개에 …… 맞아, 30엔이네요"

유조 "이건 사기야(분노하는 얼굴로) 우유 한 방울로 …… 게다가 알려 주지도 않고 …… "

마사코 "어떡해요?"

유조 " …… "

입술을 깨물고 생각해 보더니.

유조 "가자!"

라며, 벌떡 일어서 전표를 들고 카운터로 향한다.

마사코, 유조의 흥분된 안색을 보고 조마조마하며 따라간다. 카운터 쪽으로 유조가 온다.

유조, 잠자코 전표와 10엔 지폐 두 장을 내밀고 외투를 벗는다.

카운터의 주인, 전표와 지폐를 보다가 비굴해 보이는 웃음을 짓는다.

주인 "헤헤, 다음번에 오실 때 내셔도 괜찮아요"

유조 (외투를 내던지며) "내일 받으러 오겠소"

라며, 당황하는 주인과 가게 사람들을 힐끗 보고 가게를 나온다. 마사코도 따라나선다.

36 **거리**

북적이는 인파를 헤쳐 나오듯이 유조가 온다.

마사코, 쫓아가듯 따라오고 있다.

유조, 무언가 골똘히 생각하는 표정으로 빠르게 걸어간다.

마사코, 걱정스러운 표정으로,

마사코 "그런 가게에 들어가지 않았으면 좋았을 텐데 …… 모처럼 …… "

유조 " …… "

마사코 "모처럼 …… 잡은 행복한 마음이 다시 엉망진창이 됐어요 …… "

유조 (갑자기 멈춰 서며 화난 듯이) "그건 아니야!"

마사코 "?"

유조 (갑자기 마사코의 어깨를 잡으며) "자!, '히야신스'를 해보자, 둘이서 …… "

마사코 "?"

유조 "3년 뒤든 5년 계획이든 상관없어, 우리 둘이 베이커리를 하는 거야. 아니, 꼭 해야 해, 안 하면 안 돼 …… "

하며, 흥분해서 팔을 휘두르며,

유조 "그건 커피가 아니라 그냥 갈색 물이야. 거기에다 눈병 약처럼 몇 방울 넣어 흐려지게 하고, 20엔이라니 …… 그런 건 장사가 아니라 겉만 번지르르한 사기야 …… 그런 가게를 때려부수기 위해서라도 저렴하고 양심적인 가게를 만들 의무가 있어"

마사코 "와, 멋지다! 옛날의 유조 씨가 돌아왔네요!"

유조 "시끄럽긴 …… ! 누가 뭐라고 해도 난 그런 가게를 만들 거야! 아무리 작은 가게여도 좋아. 텐트라고 해도 상관없어! 아니 지붕 없는 노점이라도 괜찮아!"

마사코 (싱글벙글 기쁜 듯이 유조를 바라보면서) "비 오는 날은 휴일?"

유조 "바보 같은 소리! 그런 짓을 했다간 손님이 용서하지 않을 거야. 비 오는 날이든 바람 부는 날이든, 우리 가게 커피를 마시지 않으면 살 수가 없어라고 말할 정도로 맛있는 커피를 마시게 해줄 거야"

마사코 " …… 거기다 저렴하고 말이죠"

유조 "물론 …… 박리다매로 말이지"

마사코 "대중의 가게 '히아신스'"

유조 "응 장래는 그렇게 가야지. 정면의 폭은 2.7미터 정도라도 좋아"

하고, 성큼성큼 보도에 면한 불탄 자리에 들어가서,

유조 "여기가 유리문이야 (하고 양손으로 그 형태를 그려 보이며) 유리에 '대중의 커피가게 히아신스'라고 금문자로 …… "

마사코 "금문자보다는 코발트블루 같은 에나멜로"

유조 "그래도 금문자의 고딕체는 좋잖아"

마사코 "뭐 색에 대한 건 나에게 맡겨줘요 —— 어쨌든 금문자는 대중의 가게라는 느낌이 아닌걸요"

유조 "그것도 그렇네 …… 뭐 그건 알아서 하기로 하고, 우선 회전문을 미는 거야 (하고 한걸음 들어간다) …… 여기가 카운터야. 손님 눈앞에서 커피를 내리는 거야. 나는 커피 내리는 거는 천재라고"

마사코 "과자가 들어있는 유리 케이스는 이쪽이에요"

유조 "품위 있는 유화의 액자가 이 근처에 하나"

마사코 "창문 커튼은 촉촉한 코발트!"

유조 "또 코발트인 거야?"

라며, 가슴을 두드린다.

사코 "뭐 그건 맡기고"

유조 "객석은 여기 가능한 한 여유가 있게"

마사코 "고객 중심"
유조 "테이블은 대중적인 긴 테이블"
마사코 "절대 반대!"
유조 "왜?"
마사코 "연인용의 작은 테이블도 있습니다"
유조 "흠"
마사코 "어떤 수줍음 많은 분들에게도 편안한 가게"
유조 "아무래도 축음기가 필요하네…… "
마사코 "레코드 음악은 엄선해서"
유조 "유행가는 안 돼!"
마사코 "'사과의 노래' 정도는 괜찮아요…… 너무 고답적인 거는 안 돼요"
유조 "팔 것은 주인이 자랑하는 커피랑 아내가 만든 귀여운 과자 —— "
마사코 "가벼운 마음으로 들어갈 수 있는 가게…… 여기가 문이에요"

하며, 들어간다.

유조 "어서 오세요!"
마사코 "커피 한잔 그리고 과자요"

하고, 불에 탄 돌에 걸터앉는다.

유조 "네"

하고, 가져 온다.

마사코 "어머, 벌써 됐어요?"
유조 "어느 가게처럼…… 느릿느릿…… 거기다 미지근한 물 같은 커피는 마시게 할 수 없지요"
마사코 "그렇군요…… 꽤 마실 만해요"
유조 "우유는 어때요? 우유를 넣어도…… "
마사코 "10엔은 받지 않아요"
유조 "하하하"
마사코 "호호호"

마사코, 웃음을 멈추고

마사코 "잠깐…… (유조의 팔을 쿡 찌르고) 미래의 일 같은 거는 생각할 수 없어 …… 꿈같은 건 절대로 가질 수 없어, 라고 말한 사람이 누구였더라?"
유조 "하하하하"
마사코 "호호호"

하고, 두 사람, 얼굴을 서로 보며 웃으면서 문득 보니, 보도에 사람들이

죽 몰려와서 모두 머리를 갸웃거리며 이쪽을 보고 있다.

두 사람, 아주 부끄러워하며 도망친다.

37 **불탄 자리**

달이 뜬다.

38 **어느 공원**

두 사람, 나란히 그네를 타고 있다.

유조, 발을 구르며,

유조　"자! 힘내! 영차"

마사코도 발을 구르며,

"바보!"

유조　"있잖아"

마사코　"응?"

유조　"꿈만으로는 배를 채울 수 없다고 했잖아, 내가"

마사코　"응"

유조　"그 말 취소할게.…… 오늘은 저녁도 안 먹었는데 조금도 배가 고프지 않아!"

마사코　"호호호…… 당신은 아이 같아요…… 세상에서 제일 작은 아이예요"

유조, 갑자기 큰소리로 노래를 부르기 시작한다.

♪ 떴다 떴다 달이
둥근 둥근 ──

마사코　"호호호"

유조, 발을 구르는 것을 멈추고,

"마사코! 좋은게 있어"

마사코　"뭐예요, 갑자기?"

유조　"봐 봐!"

달빛에 새하얗게 드러나 있는 팻말.

음 악 당 ←

39 **음악당 앞**

유조, 마사코의 손을 잡고 달려온다.

유조, 갑자기 입구의 울타리를 넘으려고 한다.

마사코　"뭐 하려고요?"

유조　"나한테 맡겨!"

마사코　"(주변을 둘러보며) 혼나지 않을까요?"

유조　“혼내면 빌면 돼”

40 음악당

달빛이 비치는, 아주 조용하고 넓은 야외 음악당.

유조, 마사코의 손을 끌어당겨 입구 쪽에서 통로를 거쳐 무대 앞쪽으로 뛰어 내려온다.

무대와 가까운 중앙 자리에 마사코를 앉히고,

유조　“특등석이야”

마사코　(어리둥절하며) “저기, 뭐하는 거예요?”

유조　(마사코의 눈을 가만히 바라보며) “저기 …… 마사코는 꿈을 꿀 수 있지?”

마사코　“ …… ”

마사코, 아직도 그의 말을 이해하지 못하지만, 고개를 끄덕인다.

유조　“좋아! 그러면 ‘미완성 교향곡’을 들려줄게. 알겠지?”

마사코　“?”

유조　(가슴을 펴고) “내가 지휘자야. 악단의 멤버는 투명 인간 …… ”

마사코　“호호호”

유조　(진지하게) “웃으면 안 돼. 봐봐(라며, 무대 쪽을 가리키고) 자, 모두 턱시도 차림으로 악기를 안고 제 위치에 서 있어. 나에게는 확실히 보여. …… 지금 음률을 맞추기 시작해서 …… 들리지? …… 그렇지? …… ”

마사코, 유조의 눈을 응시한 채 그 진지함에 압도된 것처럼 고개를 끄덕인다.

유조　“좋아!”

하고, 몸을 돌려 무대 쪽으로 달려간다.

가만히 보고 있는 마사코.

유조, 무대에 뛰어올라 일단 무대 뒤로 물러가서는 이윽고 옷차림을 단정히 하고 등장한다.

그 진지한 얼굴.

벤치에 앉아 있는 마사코도 자기도 모르게 자세를 바로잡고 무대 위의 유조를 바라본다.

유조, 지휘대에 올라가서 마사코를 향해 고개를 숙이고 보이지 않는 악단원 쪽으로 돌아 선다.

유조, 연주 개시의 호흡을 가늠한다.

── 간격 ──

그는 손을 들어 자세를 취했다가 갑자기 마사코의 곁으로 달려온다.

"마사코!"

마사코의 눈을 들여다보고 더욱 진지하게,

유조　"확실히 들릴 것 같아?"

마사코　"들릴 거예요…… 꼭 들릴 거예요!"

유조　"좋아…… 이건…… 우리 인생에서 가장 아름다운 밤이 될거야!"

하고, 무대 쪽으로 뛰어간다.

그는 지휘대에 올라가 진지한 얼굴로 마사코에 향해 다시 인사한다.

마사코, 열심히 박수를 친다.

고요한 음악당에 쓸쓸하게 메아리치는 박수 소리.

유조, 마사코에게 싱긋 웃어 보이고 빙글 등을 돌린다.

── 간격 ──

긴장하며 유조를 응시하고 있는 마사코의 얼굴.

유조, 진지한 얼굴로 지휘봉을 흔들어 내린다.

그러나 들리는 것은 나뭇가지를 흔들며 광대한 음악당을 휘몰아쳐 빠져나가는 바람 소리뿐.

유조, 실망하여 그만둔다. 힘없이 지휘대에서 내려온다.

마사코, 무대 쪽으로 달려간다. 무대에 올라 유조 옆에 와서,

마사코　"무슨 일이야? 왜 그만두었어요?"

유조　"글렀어. 역시"

마사코　"안될 것 없어요. 나에겐 들렸어요. 당신이 지휘봉을 내리는 순간…… 제1악장이…… 당신이 마음만 먹는다면…… "

유조　"마음만 먹는다면…… "

라며, 고개를 든다.

마사코　"그래요. 그런 마음으로…… (라며, 박수를 친다) 자, 어서, 응? 해 봐요!"

라며, 유조의 기분을 북돋기 위해 박수를 계속 친다.

유조, 의지가 되살아나 일어나려고 한다.

얼어붙을 거 같은 바람, 두 사람 위를 휘몰아친다.

휘잉 하는 바람 소리.

유조, 얼어붙은 얼굴이 되어, 상의의 깃을 세우고, 다시 자리에 앉아 버린다.

마사코, 박수를 계속 치고 있다가,

마사코　"저기, 왜 그래요? 내가 이렇게나 박수를 치고 있는데…… 자, 분명 들리지요? 분명 들릴 거예요. 자, 해봐요! 해봐요!"

유조　"…… "

의기소침한 채로 움직이지 않는다.

바람 소리.

마사코, 참을 수 없는 기분이 되어 성큼성큼 무대 앞에 나와 서, ── (스크린 정면을 보고, 영화관의 객석을 향해 몸을 내밀어)

마사코 (진심을 담아) "여러분! 부탁드립니다! 부디 박수를 쳐주세요! 여러분의 따뜻한 마음으로 제발 격려해 주세요! 부탁입니다! …… 세상에는 저희처럼 가난한 연인이 많이 있습니다. 그런 사람들을 위해 …… 한 조각의 꿈도, 한 줄기의 희망도 빼앗기기 쉬운 수많은 불쌍한 연인들을 위해 …… (눈물이 나온다) …… 세상의 찬바람에 언제나 얼어붙어 있어야 하는, 주눅들어있는, 비뚤어지기 쉬운, 가난한 연인들을 위해 부디 여러분의 따뜻한 마음으로 성원을 보내 주세요! 그리고 저희들이 아름다운 꿈을 꿀 수 있도록 해주세요! 여러분의 따뜻한 마음만이 저희의 주눅 든 마음에 날개를 달게 해주는 겁니다. 꿈을, 희망을, 힘을 주는 겁니다. 부디 박수를 쳐 주세요! 부탁드립니다. 부탁드립니다!"

(박수소리)

유조, 자신감을 얻은 얼굴로 일어선다.

마사코 (울면서 관객 쪽으로) "감사합니다! 감사합니다! 감사합니다!"

하며. 인사하고 자신도 박수를 치면서 유조를 북돋는다.

유조, 상의를 벗어던지고 지휘대 위에 오른다.

마사코, 벤치 쪽으로 돌아가 박수를 계속 치면서 유조를 바라본다.

유조, 마사코에게라기보다는 영화관의 객석에 인사를 하고 빙글 뒤로 돌아 양손을 들고 자세를 취한다.

── 간격 ──

유조, 진지한 얼굴로 지휘봉을 휘둘러 내린다.

거기에 맞추어 ── 장엄하게 흘러나오는 '미완성 교향곡' 제1악장 ── .

환희에 떨고 있는 마사코의 얼굴.

열중하여 지휘봉을 계속해서 휘두르는 유조.

드높이 울려 퍼지는 음악 ──

마사코, 기쁨의 눈물을 흘린다.

음악 ── 인기척이 없는 달밤의 음악당 가득히 울려 퍼진다. 커다란 감동에 젖은 마사코의 눈에 끊임없이 눈물이 흘러나온다.

(F·O)

《주정뱅이 천사》(1948)

(F·I)

1 어느 역 부근

역의 시계는 11시를 지나고 있다.

무더위로 잠들지 못하는 사람들이 역 앞의 광장을 서성거리고 있다 —— 탁하고 생기 없는 한여름 밤.

완전히 불이 꺼진 암시장의 안쪽에서 형편없어 졸음이 쏟아질 것 같은 기타 소리가 흘러나온다. 그 소리는 이 부근의 쓰레기장이 되어버린 습지에 있는 작은 늪을 지나서, 그 건너편 강가에 눌려 찌부러진 듯 타다 남은 주택가 쪽까지 흘러간다.

그 구석에, 한 집에서만 환하게 등불이 새어 나오고 있다. 그리고 그 집을 에워싸듯이 제각각 자리를 차지한 세 남자의 모습이 보인다.

때때로 꺼졌다 켜졌다 하는 담뱃불.

누군가가 정강이를 탁 치며,

남자　“쳇, 모기가 지독하군”

하며, 중얼거린다.

거미줄투성이의 붉은 전등에 비추어져 보이는, 어린아이의 낙서로 가득해서,

사나다眞田 의원

이라고 된 입간판.

2 同·진찰실

몹시 난잡하고 지저분하다.

거의 벌거벗은 모습인 사나다眞田가 들어온다.

술에 쩔어, 붉고 기름진 얼굴을 젖은 수건으로 벅벅 닦으면서,

사나다　“아아…… 덥다, 더워”

라며, 힐끗 본다.

구석에 말쑥한 차림의 남자가 손수건과 헝겊으로 둘둘 감은 왼손을 오른손으로 꾹 움켜쥔 채로 앉아 있다.

사나다와 마주친 시선을 대수롭지 않은 듯 받아내면서 잠자코 앉아있다.
사나다, 한 번 더 얼굴을 젖은 수건으로 닦더니 갑자기,

사나다 "어이, 그 의자는 더러워"

남자 "?"

사나다 "이 근처의 애들은 손이 많이 가. 오늘도 그 위에 커다랗게 실례를 했지"
남자, 불쾌한 표정을 지으며 일어선다.

사나다 "하하하하"
하고, 유쾌하게 웃고서는,

사나다 "할머니! 모기향 좀 가져다줘"
하고, 소리치며 책상 옆에 앉더니 말없이 눈앞의 의자를 가리킨다.
남자, 그곳에 앉는다.

사나다 "어떻게 왔어?"

남자 "문에 손이 끼었어"

사나다 "흠…… "

남자 "못이 나와 있었어"

사나다 "흠…… 못이 말이지 …… 조금 아플 거야"
하고, 상처를 핀셋으로 만져댄다.
남자, 늠름한 얼굴을 조금 일그러트린다.
사나다, 상처에서 핀셋으로 무언가를 꺼내서 전등에 비춰보고,

사나다 "그러니까 이게 못이라는 말이지"
하고, 그것을 달칵하고 쟁반 위에 내던진다. 쟁반 위를 굴러 가는 권총의 총알.

남자 "(쓴웃음을 지으며) 폐는 끼치지 않을게 …… 별거 아닌 사고가 있었어"

사나다 "흠"

남자 "역 앞의 시장에서 마쓰나가松永라고 하면 누구든지 알 거야"

사나다 "흠…… "
하고, 일어서더니 커튼을 살짝 걷어 올리고 바깥을 본다.

3 **바깥**

붉은 전등의 희미한 빛으로, 망을 보고 있는 남자들의 모습이 보인다 — 멀리서 들리는 기타 소리.

4 **진찰실**

사나다, 자리로 돌아가면서 박자를 틀리며 노래한다.
♪ 당신과 둘이 온 언덕은

항구가 보이는 언덕

마쓰나가 "후후후…… 젊은 놈들이 가끔 신세를 지고 있다고 하는데……"

사나다 "(거기에 대답하지 않고 탁, 하고 다리를 때리며 이번에도 갑자기 소리를 지른다) 어이 할머니! …… 어이! …… 어쩔 수 없네 …… 잠들어 버린 건가"

하고, 투덜투덜 불평하면서 치료를 계속 한다.

마쓰나가 "빌어먹을 …… 아파!"

사나다 "(모르는 척하고 서둘러 치료를 하면서) 미리 말해 두지만 …… 치료비는 좀 비쌀 거야 …… 하는 일 없이 빈둥거리는 놈들에게는 될 수 있는 한 바가지를 씌우려고 하거든"

마쓰나가 "(진땀을 흠뻑 흘리며) 으 …… 으윽 …… 어이 …… 뭔가 마취주사 같은 건 없어? …… 으윽 ……"

사나다 "흥 …… 너희들 같은 불효자식에게 놔줄 주사 같은 건 없어"

(O·L)

치료가 끝났다.

마쓰나가, 땀에 젖어 완전히 축 늘어져 있다.

사나다, 그런 마쓰나가에게 물을 가져다준다.

마쓰나가, 그것을 꿀꺽꿀꺽 마신다.

다 마신 후 한숨 돌리고 있더니 가볍게 기침을 한다.

마쓰나가 "내친김에 감기약 좀 받았으면 해. 좀처럼 낫질 않아 ……"

사나다 "(히죽거리며) 너희들처럼 방탕한 생활을 하는 놈은 결핵균에 감염될 확률이 높으니까 조심해"

마쓰나가 "흥, 설마 이런 폐병 따위에 걸릴까"

하고, 옷의 앞가슴을 벌린다.

과연 근육과 골격이 다부진 신체다.

사나다 "겉으로만 보면 잘 몰라 …… 폐병은 모두 나미코浪子 씨 같은 사람만 걸린다고 생각하면 큰 착각이야 …… 운동선수들이 자주 그러지 …… 본인도 남들도 병에 걸린다고는 꿈에도 생각하지 못할 정도로 좋은 신체를 가지고 있어도 아무것도 눈치 채지 못한 사이에 걸리는 것이 결핵이야"

마쓰나가 "흥"

사나다 "폐병이란 놈은 아프지도 가렵지도 않으니까 다루기가 어려워"

마쓰나가 "(콜록거린다)"

사나다 "기침이나 열이 나서 걸린 건가 할 때는 이미 늦는다고"

마쓰나가 "(불쾌한 표정을 한다)"

사나다 "후후후…… 무서운가"

마쓰나가 "무섭다고? …… 내가 말인가? …… 닥치고 있으니까 기어오르고 말이야 …… 흥 …… 이래서 의사는 좋아하지 않아 …… 뭐든지 과장해서 벌어먹을 생각밖에 하지 않는단 말이지"

사나다 "맞아 …… 결핵 환자 5명만 받아도 의사는 걱정 없이 놀고 먹을 수 있으니까"

마쓰나가 "(기침을 하며) 흥 …… 그럼 진찰해 봐 …… 이 기침이 결핵인지 결핵이 아닌지 진찰해 보면 되는 거잖아!"

사나다 "어떻게 진찰을 하란 거지?"

마쓰나가 "뭐?"

사나다 "가슴을 쳐보거나 청진기 대고 고개를 갸웃거려 봐도 알 수 없단 말이다"

마쓰나가 "?"

사나다 "그런 건 주술이야. 의사이니까 어쩔 수 없이 그런 일을 하는 거라고. 뭐 한번 가볍게 봐줘도 괜찮지만 말이지"

하고, 두드려 진찰을 시작하면서,

사나다 "이렇게 해서 확실히 알 수 있을 정도면 그땐 정말 큰일 난 거야"

하고, 갑자기 진찰을 그만두고 입을 다문다.

마쓰나가 "(이상한 듯한 표정을 하며) 왜 그래?"

사나다 "자네, X-레이 한번 찍어봐"

마쓰나가 "(불만 있는 듯한 얼굴로) 왜 그러냐고 묻잖아"

사나다 "X-레이로 보지 않으면 확실한 거는 알 수 없지만 …… 우선 이 정도 크기의 구멍이 뚫려있어"

마쓰나가 "뭐?"

사나다 "이대로 내버려 두면 오래는 못 갈거야"

마쓰나가, 갑자기 사나다에게 달려들어 멱살을 잡는다.

마쓰나가 "젠장 …… 거짓말하는 거면 용서 못해!"

사나다 "윽 …… 뭐하는 거야! …… 나, 나는 거짓말 같은 거 안해"

마쓰나가 "거짓말이나 하고 있고 …… 이 늙은이가!"

사나다 "윽 …… 거짓말은 안 한다니까!"

현관이 열리는 소리.

마쓰나가, 사나다를 내치고 뒤를 돌아본다.

22, 23살 정도의 여자가 들어와서는 방안의 모습을 보고 그 자리에 꼼짝하고 서 있다(미요 美代)

마쓰나가, 상의를 거머쥐고 미요에게 번뜩거리는 눈으로 일별하고 뛰쳐 나가버린다.

그것을 피하듯이 하며 지켜보는 미요.

정신을 차린 듯 사나다를 돌아보며,

미요 "무슨 일이에요, 선생님?"

사나다, 졸린 목을 문지르면서,

사나다 "흠…… 저 녀석 뭔가 인간다움이 있어"

미요 "?"

사나다 "저런 짐승 같은 놈일수록 결핵을 바보 취급하는 놈이 많은데…… 저 녀석은 신경 쓴다는 것만큼은 훌륭하잖아. 아직은 조금이라도 인간다운 부분이 남아있다는 증거지"

5 다리 밑의 길

마쓰나가, 뚜벅뚜벅 걸어가고 있다.

부하들, 그 뒤를 좇아간다.

부하A "저기, 형님…… 괜찮은 년이 들어왔던데, 보셨나요?"

마쓰나가 " …… "

부하 B "그년, 어디서 본 얼굴인데…… 그렇죠, 형님?"

마쓰나가 " …… "

부하A "왜 그러세요? …… 무슨 일 있으셨나요? …… 네?"

마쓰나가, 말없이 빠르게 걸어간다.

그 머리 위를 지나가는 마지막 전차의 굉음.

(F·O)

(F·I)

6 습지

진흙탕의 작은 늪에서 발가벗은 아이들이 물놀이를 하고 있다.

사나다 "이놈들!"

하는 목소리에 일제히 뒤돌아본다.

왕진 차림의 사나다가 맞은편에 서 있다.

사나다 "나오렴, 나와! 티푸스 걸린다!"

아이 "티푸스 따위 무섭지도 않아요"

사나다 "바보…… 나오라니까…… 야, 나오지 않을 거야!!"

라며, 정색을 하며 소리치고, 늪기슭을 돌아서 돌진한다.

아이들은 그 무서운 모습에 겁을 먹는다.

아이 “우와, 돌팔이 의사, 돌팔이 의사”
아이 “술주정뱅이, 술주정뱅이”
라고 외치며 물에서부터 올라와서 도망친다.
사나다, 멈춰서 헉헉 숨을 쉬면서 그것을 바라보고 있다.
한 명, 도중에 모자를 떨어트린 놈이 흠칫거리며 돌아온다.
꾸벅 인사를 한다.
사나다, 그 아이의 얼굴을 보고,
사나다 “뭐야 너, 요전에 배가 아프다고 엉엉 울면서 온 녀석이군…… 그 툭 튀어나온 배꼽 기억하고 있다고”
아이, 황급히 배꼽을 가린다.
사나다 “이제 괜찮은 거냐?”
아이, 쑥스러운 듯 고개를 끄덕인다.
사나다 “(아이의 머리를 만지며) 이런 물 마시면 지난번처럼 아플 거다”
늪의 표면에 메탄 거품이 일고 있다.
(O·L)

7 역 앞의 암시장
쨍쨍 내리쬐는 한여름 태양 아래에서 왁자지껄하게 들끓고 있는 야시장.
왕진 가방을 든 사나다, 땀범벅이 된 채 걸어온다.
사장 “선생님!”
하고 부르는 목소리에 그쪽을 돌아본다.
빼곡히 늘어선 판잣집 가건물의 음식점 중 하나. 『히사고ひさご』의 가게 앞에서 중년의 가게 사장이 손짓하고 있다.
사장 “선생님, 들어왔어요, 좋은 게”
사나다 “흥…… 자네 가게 술은 알코올보다 석유에 가깝다니까”
사장 “에이 자자, 잠깐만요”
라며, 가게로 끈다.
사나다, 망설이다가 결국 들어간다.

8 히사고의 내부
사나다, 들어온다.
대여섯 개의 허름한 의자.
합판 같은 카운터에 위압적인 분위기의 불량배가 혼자 술을 마시고 있었는데 유심히 사나다 쪽을 보고 고개를 움츠린다.
사나다 “(갑자기 소리친다) 바보 같은 놈! 술이나 마시고 있고…… 네 병 따위는 어떻게 되든 이젠 모르네. 아무리 울면서 온다 해도 이제 난 몰라"

불량배, 머쓱해한다.

카운터에 있는 여자(긴ぎん)의 앞에서, 쳇 하고 불쾌한 표정을 지으며 외면한다.

사장 "(상황을 수습하려는 듯 컵에 소주를 따르면서) 헤헤헤 …… 정말이지, 선생님에게는 못 당한다니까. …… 자 …… 한번 맛 좀 보시죠"

사나다 "(술이라면 사족을 못쓰는 듯 입맛을 다시고) 흠 …… (하고, 한입 마시고는) 이 정도면 생명에 지장은 없겠어"

사장 "그렇지요!"

그 사이 불량배, 살금살금 자리를 뜬다.

사나다 "(그것을 눈치채고) 아, 이런 …… 저 녀석에게 물어보려 했는데"

사장 "뭘 말입니까? 대체"

사나다 "마쓰나가라는 녀석을 찾고 있는데 …… "

여자, 반짝하고 눈을 빛낸다.

사나다 "이 부근에선 꽤 얼굴이 통하는 모양인데 …… 조금 옹골차고 야무지게 생겼는데, 불량한 남자를 좋아하는 여자라면 금방 반할 것 같은 남자일세"

사장 "(싱글벙글하며 긴 쪽을 보면서) 알고 있기는 한데요. 근데 선생님, 왜 그런 놈을"

사나다 "만나서 말해 줄 게 있어 …… 어디로 가야 만날 수 있지?"

긴 "(뾰로통한 모습으로) 대낮부터 홀에서 죽치고 있어요"

사나다 "큰길에 있는 건가?"

긴 "네 …… 그 사람 거기에 있는 넘버원한테 홀딱 반했다는데요 …… 어디가 좋은 건지, 그런 삐쩍 마른 애가"

사나다 "흠 …… 자네도 마쓰나가한테 반했나?"

긴 "누가요! (하고 외면한다)"

사나다 "욕하는 게 아냐 …… 그런 남자한테 반하는 게 아닐세. 반할 거라면 나 같은 남자를 좋아해야지. 겉보기엔 지저분하지만, 실속이 있지. 우선 일단 병에 걸렸을 때 공짜니까"

긴 "(웃음을 터트려 버린다)"

9 홀

한산하다.

하지만 한증막 같은 실내.

밴드도 댄서도 늘어져 있다.

재미없다는 듯이 춤추고 있는 마쓰나가와 나나에奈々江.

나나에 "왜 그래요? 굉장히 무겁네요…… "

하고, 마쓰나가의 붕대를 감은 왼손을 조금 들어 올리듯이 하며,

나나에 " …… 납이 들어있어서?"

마쓰나가 "(쓴웃음을 지으며) 바보가!"

하고 멈춰 선다.

마쓰나가, 어슬렁어슬렁 자리로 돌아간다.

나나에, 매달리듯 따라가며,

나나에 "화났어?"

마쓰나가 "(그 말에 대답하지 않고 웨이터에게 마실 것을 가져오라고 신호를 한다)"

나나에, 그것을 곁눈질로 보며,

나나에 "이상해요, 요즘…… 풀이 좀 죽어있고…… 원기 왕성하지 않은 당신은 정말 별로야!"

마쓰나가 "(땀을 닦으면서) 덥다고…… 좀 조용히 하고 있어"

나나에 "(새침하게) 덥다, 덥다 하면서, 마시면 더 더워질 텐데…… 땀에서 위스키 냄새나요"

마쓰나가 "(으름장을 놓으며) 조용히 하라고 했잖아"

나나에 "(입을 다문다. 짜증내며 하이힐 끝으로 바닥을 톡톡 치고 있다)"

마쓰나가의 부하들이 들어온다.

부하 "형님…… 의사가 왔습니다"

마쓰나가 "의사?"

부하 "어젯밤의 돌팔이 말입니다. 녀석이 트집 잡으러 온 거 아닐까요? 한번 손 좀 볼 필요가…… "

10 **홀의 바깥**

사나다가 차양 밑의 종려나무 화분에 걸터앉아 더위에 지쳐있다.

암시장의 혼잡 속에서 화려한 이브닝드레스를 입은 여자가 아이스캔디를 양손에 들고 달려 나온다.

먼지가 많은 길을 횡단에서 홀에 뛰어들다 사나다를 알아보고 조금 부끄러운 듯이 눈인사를 한다.

사나다 "어이(하고 일어서서 다가온다) 어떻게 됐어. 그 뒤로는…… "

여자 "(곤란한 듯 두리번거리며) 죄송해요…… 비밀이라서…… 그러니까"

사나다 "좋아, 좋아…… 나는 자네 같은 사람 모르니까"

여자 "감사해요…… 선생님한테 이거 드릴게요"

하고, 아이스캔디를 하나 사나다에게 쥐어 주며, 휙하고 홀로 뛰어들어 간다.

사나다, 쓴 웃음을 지으며 지켜본다.

여자랑 엇갈리며 마쓰나가가 나온다.

마쓰나가 "무슨 용건이야(하고 다가오며) 돈을 뜯어먹을 생각이라면 상대를 잘못 골랐어"

사나다 "뭐라고? …… 남의 돈을 떼어먹은 주제에 뻰뻰한 얼굴을 하고 있네"

마쓰나가 "후후후 …… 호들갑 떨지 마. 얼마 되지도 않는 돈 떼어먹을 정도로 빈곤하진 않으니까"

사나다 "하하하 …… 뭐 비용은 깎아줄 테니 한잔 마시게 해주게"

마쓰나가 "바보 같은 소리 …… 그쪽이 더 비싸게 먹히겠다"

사나다 "뭐, 그렇게 말하지 말고 한잔 하자고, 형씨"

마쓰나가 "이 사람 보게! …… 홀에 술은 없어. 금지라고"

사나다 "거짓말! …… 너한테 술 냄새가 진동한다고"

하고, 코를 킁킁거린다.

사나다 "좋은 향기다!"

마쓰나가 "쳇 …… 정말 진드기 같은 놈이군"

사나다 "세간에선 너희들을 그러한 식으로 말하곤 하지"

마쓰나가 "후후 …… 말이 많은 녀석이군 …… 따라와"

하고, 밖으로 나간다.

11 암시장 거리

두 사람, 온다.

반짝반짝 흐르는 갈대발의 그림자.

전축이 떠들어대는 유행가.

부르는 소리, 외치는 소리.

마쓰나가, 상인이나 불량배들의 인사를 가볍게 받아넘기면서 걸어간다.

12 꽃집 앞

마쓰나가, 가게 앞의 꽃을 한 송이 집어 간다.

그것을 아첨하는 웃음으로 배웅하는 꽃집의 사장과 직원 여자애.

13 스탠드바 볼레로의 앞

두 사람, 온다.

자숙 휴업 중

이라 쓰여 있는 간판.

마쓰나가는 그 문을 열고 들어간다.

14 同·내부

마쓰나가가 들어온다.

소곤소곤 모여서 얘기하고 있던 양아치들을 턱으로 지시하여 내보내고 위스키병을 꺼내며,

마쓰나가 "자, 화해하자고. 특별한 것을 마시게 해 주지. 어젯밤은 당신이 너무 말도 안 되는 말을 지껄여서(라며, 힐끗힐끗 사나다의 얼굴을 본다)"

사나다 "하하하…… 자네같이 난폭한 환자는 처음이었어(라며, 목을 어루만진다)"

마쓰나가 "(안심한 듯이) 그건 그렇고 어젯밤 당신의 목을 조르고 있을 때 들어온 여자 말인데…… 어디서 본 것 같아서"

사나다 "빠르네…… 벌써 눈독을 들이고 있었나…… 그러나 그 친구는 손을 대면 안 돼…… 그 친구는 내 애인이라 말이지"

라며, 잔을 핥고,

사나다 "음, 이건 진짠데!"

마쓰나가 "이봐…… 사실대로 말해봐…… 그 여자, 원래 어디에 있었지? …… 계속 신경 쓰인다고(라며, 자신의 잔에 술을 따른다)"

사나다 "(그것을 저지하고) 스톱! 자네는 안돼"

마쓰나가 "?"

사나다 "자네 술도 내가 마셔주지…… 폐에 구멍이 뚫린 자가 술을 마신다는 건 자살이나 다름없다고"

마쓰나가 "(안색이 바뀐다)"

사나다 "그래도 별로 신경 쓰지말게…… 요전에는 조금 놀라게 했지만…… 그저 내 말만 잘 들으면…… "

마쓰나가 "관둬…… 당신 같은 엉터리가 말하는 것을 누가 믿겠어?"

사나다 "믿을 수 없으면 엑스레이를 찍어보게"

마쓰나가 "후후…… 시덥지 않은 트집이나 잡고…… 엑스레이라니 엿이나 먹어라 …… 빨리 꺼져"

사나다 "바보 같은 소리…… 네 몸이잖아"

마쓰나다 "죽든 안 죽든 내 마음이지…… 당신 신세를 지지는 않아"

사나다 "그래, 그건 그렇지…… 자네가 어떻게 되든 난 상관없어. …… 하지만 말이지 나는 자네의 폐에 둥지를 튼 결핵균에 관심이 있는 거야…… 그것을 한 마리라도 더 죽이고 싶은 거지…… 자네가 지금 여기서 뻗어 죽어 화장해

버리는 게 제일 편하겠지만"

마쓰나가 "이 자식! 다신 오지 마!"

라고 하며, 사나다를 방에서 끌어낸다.

15 볼레로 앞

사나다, 나가떨어져 내동댕이쳐진 개구리처럼 인파 속에 쓰러진다.

(O·L)

16 사나다 의원의 진찰실

저녁.

사나다, 짜증 난 듯이 팔의 찰과상을 소독액으로 씻고 있다. 옆에서 미요가 붕대를 준비하고 있다.

사나다 "젠장! …… 남의 마음도 모르고 …… 그런 녀석은 다리가 부러진 말같이 단번에 때려 죽이는 수밖에 없어 …… 이젠 몰라 …… 그딴 놈!"

미요 "호호호 …… 그런 소리해도 소용없어요. 선생님은"

사나다 "뭐가 소용없는데"

미요 "호호호 …… 선생님은 자기가 진찰한 환자의 일은 자신 일보다 걱정하시니까요"

사나다 "(풀이 죽다)"

미요 "옆에서 보고 있으면 바보 같을 정도예요"

사나다 "흥 …… 원래 의사란 장사가 모순적인 바보 같은 거라 어쩔 수 없어 …… 이 세상에 환자가 없어지면 곤란한 게 의사잖아 …… 그런데도 의사란 그 환자를 치유하는 것만 생각하고 있으니까"

미요 "아니에요 …… 선생님은 특별해요"

사나다 "바보 같은 소리 …… 이게 당연한 거야"

미요 "그래도 …… 다른 의사 선생님들은 더 편하게 …… 적당히 하고 있어요"

사나다 "흥 …… 그런 녀석들은 의사가 아니야 …… 남의 비위나 맞추는 놈들이다"

미요 "그래도 …… 선생님 …… 선생님은 사실을 너무 그대로 말해버리세요 …… 아니 …… 거짓말을 하라는 게 아니에요 …… 그래도 사실을 말하는 데도 더 좋은 방법이 있다고 생각해요 …… 저도 처음엔 정말 대하기 힘든 선생님이라고 생각했어요 …… 바로 무섭게 호통을 치시니까"

사나다 "내버려 두게 …… 설교를 듣고 고치기에는 나이를 많이 먹어서 말이지"

미요 " …… 그런"

사나다 "나도 알고 있어, 알고 있다고 …… 천성이야 …… 이렇지 않았으면 어딘가의 큰 병원의 원장님 정도는 됐겠지 …… 저기 다카하마병원高松病院 ……

미나미초南町의 …… 그 병원의 다카마쓰와는 같은 반에 있었지 …… 하지만 생각해 보면 그때부터 다카하마와 나는 하늘과 땅 차이였어 …… 녀석은 매사에 착실하고 꼼꼼했어 …… 그에 비해 나는 옷을 전당포에 맡겨서라도 여자와 노는 걸 좋아했지"

미요 " …… "

사나다 "천성이라곤 하지만 그때에 엇나가지 않았다면 …… 그래도 말이지 엇나가는 건 다 이유가 있다고"

미요 " …… "

사나다 " …… 그 마쓰나가란 놈을 보고 있으면 아무래도 자꾸만 그 때의 나를 보는 것 같아서 …… 그 녀석도 불쌍한 놈이지 …… "

라며, 가볍게 가슴을 두드리고,

사나다 " …… 여기가 나빠서, 폐가 망가지는 것만으로 끝나지 않아. …… 뭐랄까, 중심축이 망가지고 있는 거야 …… 엉망진창 터무니없는 얼굴하고 으스대고 있지만 가슴 속은 바람이 휭휭 불 정도로 텅 비어서 쓸쓸할 것임에 틀림없어 …… 목 졸라 죽이려고 해도 죽일 수 없는 이성이 때때로 꿈틀거리는 거지 …… 아직 손볼 수 없을 정도까지 악하지는 않으니까"

미요 " …… "

사나다 "악이라고 하면 …… 그 후로 오카다岡田 소식은 들었어? 이제 슬슬 출소할 시기 아닌가. 미결이 반년으로 3년 8개월이니 …… (라고, 손가락을 접으며 센다) 음 …… 금방이군"

미요 " …… (깊은 한숨을 쉰다)"

사나다 "음, 출소했다 해도 아무 걱정할 필요 없어 …… 설마 이런 데 있다고는 상상도 못할 테지"

미요 "(두려운 듯이) …… 하지만 분명히 냄새를 맡을 거예요 …… 이런 데에 전문인 사람이니까 …… 무엇보다 …… 이 지역이 활동 영역이고 …… "

사나다 "찾아낸다고 해도 무서워할 필요 없어 …… 자네만 확실히 그놈과의 사이를 정리할 생각이라면 …… 어떤가?"

미요 "(휙 고개를 들고) 그야 …… 선생님은 모르시겠어요? 제가 얼마나 그 사람을 미워하는지 …… 몸서리가 처질 정도예요 …… 저의 인생을 훔쳤잖아요"

사나다 "아직 반은 남아 있잖아"

미요 "(흥분해서) 그래도 …… "

사나다 "자자 …… 그럼, 괜찮아 …… 자 밥이다 밥이다. 이봐요, 할머니"

라며, 거실 쪽으로 간다.

미요, 고개를 떨군 채 홀로 남는다.

(O·L)

17 거실

밤.

반 정도 쓰러진 울타리 너머로 습지와 늪과 암시장.

등불이 보인다.

밥상으로 가는 사나다와 미요.

사나다 "(매우 기분이 좋아서) 이봐요, 할머니. 한 병만 더 줘 …… 이봐요, 할머니!"

할머니, 부엌에서 나와 재빨리 밥을 퍼서 사나다에게 준다.

할머니 "밥이다, 밥이라니까 …… 이렇게라도 하지 않으면 식사를 안한다니깐"

사나다 "이봐요 …… 딱 한 병만"

할머니 "안돼, 안돼 …… 대낮부터 넘어져서 다칠 정도로 마셨잖아요"

사나다 "무슨 소리야 …… 이 상처는 …… "

할머니 "난 안 믿어요"

라며, 재빨리 술병을 치우고 들어간다.

사나다, 어쩔 수 없이 밥공기를 두드리며 노래를 부른다.

♪ 할아버지가 술 먹고 취해 넘어졌다.
할머니는 그걸 보고 놀라서 ……

할머니 "난 절대 안 놀라요"

라며, 할머니 얼굴을 내밀다.

할머니 "그런 거에 하나하나 놀라면 이 집에서 모시고 살림을 해나갈 수가 없으니까요"

사나다, 포기하고 밥공기를 들었는데, 맥없는 미요를 눈치 채고.

사나다 "왜 그래 …… 너무 우울해 있는 거 아니야?"

미요 "(고개를 숙인 채 견딜 수 없다는 듯이) 그러니까 …… 저 한번 만나 보는 것도"

사나다 "(의아하다는 얼굴로) 누구를?"

미요 " …… 출소하면 …… 오카다를 …… "

사나다 "(미요의 얼굴을 뚫어지게 쳐다보며) 왜?"

미요 "감옥이라도 갔다 오면 조금은 사람이 달라질지도 모르니까 …… "

사나다 "바보 같긴 …… 그럴 놈이라고 생각해? …… 훈장이라도 받은 것처럼 의기양양하게 나올 놈이지"

미요 "그래도 …… 전 …… 여자로서 …… "

사나다 "뭐라고?"

미요 " …… 그러니까 …… 나와서 …… 만약 …… 내가 없으면 …… "

사나다 "바보! 그건 노예근성이야, 그건 …… 방금 자네가 스스로 말했잖아 …… 그 놈이 자네의 인생을 날치기한 것이라고 …… 그렇게 지독히 공갈쳐서 빼앗고, 괴롭히고, 말도 안 되는 병까지 옮기고서는 결국 강아지처럼 버리질 않았는가 …… "

미요 "(입술을 깨물다)"

사나다 "(흥분해서 떨면서) 그런데도 …… 다시 꼬리치면서 따라갈 생각이냐 …… 흥 …… 따라가서 들개같이 피부병에 걸려 죽어버리는 게 낫다!"

미요 "(훌쩍훌쩍 울기 시작한다)"

사나다 "(미요의 모습을 분노와 연민이 뒤섞인 눈으로 가만히 응시하고 있다)"

할머니가 살짝 들여다보더니 다시 들어간다.

두 사람, 움직이지 않는다.

멀리서 들리는 기타 소리.

사나다 "흥, 또 시작이군 …… 저 녀석이 기타를 치면 모기들이 더 꼬인다니까"

라며, 부채질을 하더니 갑자기 일어서서,

사나다 "할머니 …… 잘 거야 …… 모기장 좀 쳐줘 …… "

라며, 옆방으로 간다.

18 **늪**

탁하게 고여 있고 잔물결 하나 없다.

그 수면 위를 기어 오는 기타 소리.

19 **사나다 의원·거실**

똑바로 피어오르는 모기향 연기.

20 **同·부엌**

미요, 저녁 식사 설거지를 하고 있다.

할머니 "선생님 …… 선생님 …… 모기장 안에 들어가지 않으면 안 돼요 …… 어쩔 수 없다니까 …… 선생님 …… 선생님도 참 …… "

라는, 할머니의 목소리.

이윽고 할머니가 들어와서,

할머니 "이런, 이런 …… 이제야 됐다 …… 진짜 아이가 따로 없다니까"

하고, 미요의 눈치를 보듯,

할머니 "그렇게 소리를 지르거나 잔소리를 해대니 말이지 …… 자네를 진짜 딸처럼 생각하고 있으니까 그러는 거야 …… 자네가 사라지는 게 가장 괴로운 거라고"

미요 "……"

기타 소리.

(F·I)

21 습지

비.

22 사나다 의원

사나다가 세일러복의 소녀 앞에서 엑스레이 사진을 살펴보면서,

사나다 "음…… 많이 좋아졌네…… 기흉이 계속 있는 거지?"

소녀 "네"

사나다 "(엑스레이 사진을 돌려주며) 조금만 더 참으면 돼, 꽤 성과가 있다고(라며 눈을 가늘게 뜬다)

소녀 "네, 기뻐요"

사나다 "하지만 이 결핵이란 놈은 보통 방법으론 안 돼…… 병원균과 누가 이기는지 계속 겨루는 거지. ♪저 넘어 산기슭까지, 란다"

소녀 "호호호"

사나다 "하지만 정말로 뛰면 안 돼. 모든 걸 거북이의 심정으로 말이지…… 천천히 꾸준히 해야 해…… 다만 토끼처럼 잘 자는 것도 아주 좋지"

소녀 "선생님. 저, 벌써 17살이에요"

사나다 "어?"

소녀 "그런 유치원생한테 말하는 것처럼 하시면 부끄러워요"

사나다 "(당황해서)…… 미안, 미안"

소녀 "호호호, 선생님은 좋은 사람이세요"

사나다 "(더욱 더 당황하며) 그러니까 결핵만큼……"

소녀 "이성을 필요로 하는 병은 없다고 말씀하시는 거지요? 벌써 10번이나 들었어요"

사나다 "……"

소녀 "오늘 감사했습니다…… 다음에 올 때는 꼭 더 좋아질 거예요…… 안미츠 내기하실래요?"

사나다 "(쓴웃음을 지으며) 후후후"

소녀, 환하게 웃으며 나간다.

사나다, 신난 듯 콧노래가 나온다.

♪ 당신과 둘이 온 언덕은

항구가 보이는 언덕

라며, 책상 위에 있는 차를 마시려다가 생각을 바꾸고 그것을 반 정도 남아있는 알코올 병에 따라서 잘 섞어 마신다. 그리고,

사나다 "네, 다음 분(하며, 뒤돌아본다)"

입구에 마쓰나가가 서 있다.

사나다 "(새침한 불만스러운 얼굴이 되어) 뭐야, 자넨가"

마쓰나가도 불만스러운 얼굴을 한다.

사나다 "왜 왔어, 뾰로통한 얼굴을 하고"

마쓰나가 "(가만히 서 있다)"

사나다 "흥…… 슬슬 자각증상이라도 나왔겠지…… 자, 여기 와서 앉아봐…… 열이라도 났나?"

마쓰나가 "열 따위 없어…… 봐…… 이렇게 팔팔하다고"

사나다 "그럼, 뭐 하러 온 건데"

마쓰나가 "(어깨를 으쓱하고 무시하는 듯) 비가 오니 좀 짜증이 나서, 당신의 웃긴 얼굴을 안주로 해서, 한잔하러 갈까 해서 온 거지"

사나다 "됐네, 됐어, 불쌍한 놈이구먼…… 왜 솔직해지지 못하는 건가"

마쓰나가 "뭐라고"

사나다 "후후…… 병이 두려운 게지?"

마쓰나가 "(무엇인가 말한다)"

사나다 "(그 말을 듣지 않고, 호통친다) 바보 같은 녀석…… 난 자네가 병을 무서워하는 걸 비웃는 게 아니야…… 무서운 걸 무서워하는 건 당연한 거야…… 그걸 부끄러워하는 자네의 근성이 우습단 말이야…… 자네들은 그걸 용기라고 여기고 있어…… 흥…… 내가 보기엔 자네들 같은 겁쟁이도 없지"

마쓰나가 "뭐라고!!"

사나다 "흥…… 그럼, 왜 위협적으로 보이게 문신을 하거나 은어를 사용하거나 어깨를 으쓱거리고 위세 부리며 걸어 다니지 않으면 안 되지?…… 흥…… 자기가 자기를 믿지 못하니깐 그렇지…… 나한테는 그런 위세 따윈 안 통해"

마쓰나가 "이 자식!!"

사나다 "흥…… 자네보다 방금 전에 나간 그 작은 여자애가 얼마나 더 강한 근성을 가지고 있는지 몰라…… 그 소녀는 병과 직면하면서도 참으로 의젓해…… 그런데 자네는 그런 용기 따윈 요만큼도 없지…… 깜깜하면 무서워서 눈을 감고 뛰어가는 부류에 불과하지"

마쓰나가 "에잇…… 젠장!!"
사나다 "뭘 하는 거냐!"
소리를 듣고 미요가 뛰어온다.
놀라서 사나다를 보호하고 마쓰나가를 째려보며,
미요 "당신은 뭐 하러 온 거지요?! 돌아가요! 돌아가!"
마쓰나가, 손을 들어 때리려 했지만 그대로 미요의 살벌한 표정을 잠시 바라보며 서 있다.
손을 내리고 갑자기 뒤돌아 나간다.
사나다 "이런 미친 개 같은 놈!"
라며, 마쓰나가의 뒤통수에 컵을 내던진다.
미요 "선생님, 안 돼요…… 선생님"
사나다 "이거 놔…… 이거나 먹어라!"
라며, 가장 가까이 있던 즉석에서 만든 위스키병을 치켜들지만 이것은 도저히 던질 수 없다. 그 대신 한입 마시고,
사나다 "그런데…… 저놈이 왜 온거지?"
라며, 창문으로 밖을 본다.

23 습지

빗속을 걸어가는 마쓰나가의 쓸쓸한 모습.

24 진찰실

가만히 떠나는 걸 지켜보는 사나다.
사나다 "쳇…… 열이 있을 텐데…… 우산도 안 쓰고…… 바보 같은 녀석!"
(F·O)

(F·I)

25 마을

왕진 차림의 사나다가 땀을 연신 닦으며 걸어온다.
한 대의 자동차가 닿을 듯 말듯 다가와 멈춘다.
문이 열리고,
다카하마 "사나다!"
라는 목소리.
사나다 "?…… 앗!"
다카하마 "잘 지냈나?"
사나다 "응 고맙네…… 자네는 어떤가…… 여전히 잘 사는 거 같은데"
라며, 자동차를 빤히 둘러본다.

다카하마 병원

이라고 쓰여 있는 자동차의 이름판.

사나다 "그 후, 또 꽤 죽였구먼"

다카하마 "하하하 …… 여전하군 …… 어디로 가나?"

사나다 "돌아가는 길인데 …… "

다카하마 "그럼 나랑 같네, 태워다 줄까?"

사나다 "음 좋지. 택시는 더우니까"

하고. 올라탄다.

26 자동차 안

사나다 "(쿠션을 확인해 보면서) 팔자가 좋구나, 자네는 …… 내가 탈 수 있는 것은 장례식 자동차 정도라고"

다카하마 "하하하"

운전사도 웃음을 터뜨리고, 엑셀을 밟는다.

사나다 "흠 …… 이거 멋지군. 자동차를 타면 걷는 놈이 바보로 보이니 묘하다니까"

다카하마 "하하하"

사나다 "그런데 …… 자네 병원에 알코올 여분은 없나?"

다카하마 "안 돼, 안 돼 …… 마실 생각이지?"

사나다 "아니 …… 환자용이야"

다카하마 "흠 …… 배급이 없나?"

사나다 "배급받은 건 마셔 버렸단 말이지"

다카하마 "(어이없다는 듯이) 이제 나이도 들었으니 너무 무리하지 말라고"

라고, 진지하게 말한다.

사나다, 곤란한 듯이 얼굴을 돌린다.

다카하마 "(화제를 바꾸려는 듯) 아, 맞다 …… 3일 전에 자네 병원에, 마쓰 …… 마쓰나가라는 환자가 갔었지?"

사나다 "마쓰나가?"

다카하마 "응, 결핵환자야"

사나다 "아 …… 역시나(하고, 몸을 앞으로 내밀어) 자네 병원에서 엑스레이 찍었지?"

다카하마 "응 …… 오른쪽이 심하네"

사나다 "(직업적인 열정을 보이며) 그 사진 좀 나한테 보여줄 수 없는가?"

다카하마 "이상하네 …… 우리 병원에서 나갈 때 사진을 가지고 자네 병원에 가라고 했을 텐데 …… 비가 오는 날이었지"

사나다　"(짐작이 가는 듯) 흠"

다카하마 "그런 놈들은 자네가 전문가니까 …… 자네한테 목숨을 맡길 생각으로 가서 부탁해 보라고 한 거네"

사나다　"흠"

(O·L)

27 홀·앞

전기 간판에 불이 켜진다.

사나다, 기다리고 있다.

홀 쪽에서 들리는 음악.

왔다갔다 하며 기다리고 있는 사나다.

전기 간판의 깜박거림.

입구에서 마쓰나가가 나온다.

마쓰나가 "(유심히 보며) 뭐야, 당신이었어? …… (하고, 불만스러운 얼굴이 되어) 술이라면 이제 없다고!"

사나다도 불만스러운 얼굴이 되어,

사나다　"그냥 뭐 …… 좀 춤을 출까 해서"

마쓰나가, 무시하듯, 어깨를 움츠린다.

사나다　"그렇게 무시할 것이 아니야, 이래 보여도 춤 솜씨는 상당하다고 …… 흠 …… 저건 탱고네 …… 좋지, 탱고는 …… 퀵, 퀵, 슬로였나? …… 하하하"

마쓰나가 "바보! 탱고가 아니야, 블루스야, 저건"

사나다　"블루스? 흠 …… 밴드가 서투르면 블루스가 탱고로 들릴 수도 있지"

마쓰나가 "쳇 …… ! 귀찮은 녀석이구먼 …… "

사나다　"아니, 그렇게 말하지 말라니까 …… 하지만 정말로 고맙게 생각하지 않으면 천벌 받을 거야 …… 이렇게 부탁도 안 받았는데 남의 몸을 걱정해 주잖아 …… 나 스스로도 가끔 생각한다고. 나는 천사나 다름없다고 말이지.

마쓰나가 "쳇 …… 추잡스러운 천사구먼"

사나다　"흠 …… 자네들은 호색가니까 천사라고 하면 뭔가 카페나 댄스홀의 누님 같은 걸 상상하고 있겠지만 …… 실제로는 나 같은 …… "

마쓰나가 "흥 …… 역귀疫鬼가 무슨 소리를 하는 건지!"

사나다　"뭐야!(하고 화를 내다가) 자, 침착하고 조용히 얘기하자고"

마쓰나가 "난 당신한테 할 얘기 따윈 없어"

사나다　"(발끈해서) 내가 이렇게까지 말하는데도 아직도 모르겠나? 이 천벌 받을 놈이!"

마쓰나가 "뭐라고!"

사나다 "자네의 비뚤어진 근성은 결핵균의 둥지로는 안성맞춤이라는 거야…… 잠자코 엑스레이사진을 가져와서 보여주는 건 어떤가…… 바보 자식!"

마쓰나가 "……(뜨끔 한다)"

사나다 "(기력이 다한 느낌으로 힘없이) 다카하마를 만나서 전부 들었네. 쓸데없는 억지는 그만 부리고 오늘 밤에라도 오게…… 늙은이를 그렇게 애태우는 것이 아니야, 알았나!"

마쓰나가 "……"

사나다 "그럼, 기다리고 있으마"

하고, 지친 듯 뒤도 보지 않고 터벅터벅 자리를 뜬다.

마쓰나가, 멍하니 선 채로 가는 것을 본다.

전기 간판의 깜박임.

28 **사나다 의원·거실**

시계는 11시쯤.

사나다, 짜증난 듯이 부채질을 하고 있다.

미요 "(시계를 보고) 슬슬 잘 준비를 할까요…… 오늘 밤은 안 올 것 같아요"

사나다 "아니, 올 거야"

미요 "그래도…… 벌써"

사나다 "자네는 잘 몰라…… 꼭 올 거야"

할머니 "술 취한 사람처럼, 선생님도 여인을 기다리듯…… 그런 못난 놈을……"

사나다 "시끄러워!"

벨 소리.

사나다 "(일어나며) 봐봐, 왔어!"

29 **현관**

마쓰나가가 곤드레만드레 취해서,

마쓰나가 "어…… 아저씨…… 있어요? 아저씨……"

하고 구르듯 들어온다.

나와 본 미요, 깜짝 놀라서 그 자리에 멈춰 선다.

마쓰나가 "(문턱에 축 늘어진 채) 이봐…… 아저씨…… 당신이 와달라고 부탁해서 와 준거야…… 야쿠자는 의리가 끈끈하니까…… 약속하면 반드시 온다고…… 끅"

사나다도 나와서 어이없다는 듯이 서 있다.

사나다 "쳇…… 진상을 부려도 유분수지"

하고, 마쓰나가를 안아 일으키면서,

사나다 "술에 취해 고주망태가 되지 않으면 올 수 없었던 거겠지…… 한심한 녀석"

마쓰나가 "뭐?…… 한심하다고…… 무슨 소리냐…… 한심한 건 당신이잖아…… 거지처럼 내 뒤만 쫓아다니고…… 뭐야…… 이 집은…… 추레해…… 완전 돼지우리잖아"

사나다 "어쩔 수 없군…… 암튼, 됐어…… 이리 오게"

30 **거실**

사나다, 미요와 함께 마쓰나가를 끌듯이 데리고 온다.

마쓰나가, 축 늘어져 넘어진다.

할머니 "어이가 없네…… 이런 자도 부모가 있을까"

마쓰나가 "뭐?…… 부모라고?…… 부모 따위가 있을 리 없지"

할머니 "없어서 좋겠구먼"

미요 "할머니, 할머니"

마쓰나가, 그 목소리에 유심히 미요를 바라보고,

마쓰나가 "넌 누구냐?…… 숨겨도 소용없어…… 이봐…… 너 어디선가 나와 만난 적 있지"

미요, 자리를 뜬다.

마쓰나가 "이봐"

하고 쫓으려 한다.

사나다 "(그걸 보고 혼내며) 이봐, 적당히 하라고"

마쓰나가 "뭐야, 당신은…… 아, 돌팔이지?…… 이봐, 아저씨, 저번에 다카하마라는 녀석이 당신을 엄청 칭찬해대더라고, 헤헤헤…… 하지만 나는 믿지 않아…… 알고 있다고…… 그놈이랑 당신은 한패잖아"

사나다 "(상대하지 않고) 뭐, 그런 건 아무래도 좋아. 사진이나 보여주게"

마쓰나가 "사진? 흥, 그런 건 찢었어…… 꼴 좋다"

사나다 "찢었다고? 바보 자식!"

마쓰나가 "하하하…… 나는 목숨 따위 아깝지 않아…… (라며 점점 작은 목소리가 되다가 끝에는 중얼거리듯이) 언제든지 죽어주지 (하고 엎드려 잔다)"

사나다 "구제 불능 녀석이야(라며 미요에게) 뭔가 덮어 줘라"

미요, 이불을 꺼내 마쓰나가에게 덮어 준다.

문득, 마쓰나가의 주머니에서 삐져나온, 종이에 싸인 사진을 발견하고,

미요 "선생님, 사진 이거 아니에요?"

사나다, 서둘러 펼친다.
엑스레이 사진이다.
사나다, 전등에 비추어 본다. 슬픈 표정.
이윽고 사진을 놓고 가만히 마쓰나가의 얼굴을 바라보고 있다.
── 간격 ──
늘 들려왔던 기타 소리가 들린다.

사나다 "또 시작했군…… 어느 바보인지 모르지만, 조금도 늘지 않았어. 저 만돌린"

마쓰나가 "(갑자기 고개를 들고) 무슨 소리야…… 저건 기타라고 하는 거야…… 만돌린이 아니라고"

사나다 "(쓴웃음을 지으며) 일일이 그렇게 노인한테 거스르는 게 아니야…… 가끔은 노인이 말하는 것도 들어야 한다고…… 듣는다면 지금이야…… 봐라(사진을 보여주며) 이렇게 큰 구멍이 뚫려 있어"

마쓰나가 "구멍이 뚫려 있으면 통풍이 잘 돼서 좋네…… 하하하"

하고 허무한 듯 웃는다. 그리고 갑자기 진지하게 앞을 바라보다가 조용해진다.
사나다, 그 모습을 가만히 보고 있다.
미요도 할머니도 불길한 듯이 멀리서 그 모습을 바라보고 있다.
기타 소리.

마쓰나가 "(갑자기 고개를 들고 진지하게 사나다를 노려보며) 이봐…… 진짜 나을 수 있는 거냐?"

사나다 "(그의 눈을 바라보고) 나을 거야"

마쓰나가 "(직업적으로 위협하는 태도로) 적당히 꾸며서 말한 것이라면 가만두지 않겠다"

사나다 "(조용히) 나을 거야"

마쓰나가 "(몹시 의심하는 듯이) 지금이라도 말이야?"

사나다 "(미소 짓고) 나을 거야"

마쓰나가 "왜 웃지?"

사나다 "(상대하지 않고) 그 대신 내 말대로 해야 하네"

마쓰나가 "무슨 소리야…… 잘난 체나 하고…… 흥…… 당신 말대로 하라고? …… 웃기지도 않아…… 흥…… (하고, 점점 중얼거리듯 하다가 갑자기 큰 소리로) 이봐…… 나는 말이지…… 목숨이 아까워서 이런 말 하는 게 아니야 …… 어차피 죽어…… 흥…… 뭘 지껄이는지…… 누가 당신 말 따위…… 누가…… "

하고, 또 점점 중얼거리듯이 소리가 작아져, 그대로 엎드려 잠들어 버린다.

세 사람, 조용히 그걸 지켜보고 있다.

기타 소리.

31 습지

그 수면 위를 기어 오는 기타 소리.

32 암시장 뒤쪽

쓰레기장의 구석.

토관에 걸터앉은 양아치가 1명, 어설프지만 열심히 기타를 치고 있다.

그 앞에 불쑥 사람의 그림자가 진다.

양아치, 고개를 든다.

낯선 남자(오카다岡田)는 예의가 없이 양아치를 보는 것처럼 보이기는 하지만 실은 기타를 내려다보며 서 있다고 하는 편이 낫겠다.

양아치, 뭔가 서늘한 기분이 들었지만, 허세를 부리며.

양아치 "뭐야?"

남자, 그 질문에는 대답하지 않고

오카다 "빌려줘 봐"라고 손을 내민다.

양아치 "뭐라고?"

남자, 뭔가 조용하게, 그 위에 무섭게 위협적인 목소리로 반복한다.

오카다 "빌려줘 봐"

양아치, 기가 눌려 기타를 내민다.

남자, 잠시 기타를 만지작거리다가, 이윽고 연주하기 시작한다…… 맥 더 나이프(Mack the Knife)의 노래.

33 사나다 의원의 거실

잠자리를 준비하던 미요가 깜짝 놀란 듯이 꼼짝 않고 서 있다.

사나다 "(의아한 얼굴을 하고) 왜 그래?"

미요 "(새파랗게 질린 얼굴을 하고) 선생님…… 오카다예요"

사나다 "뭐라고?"

미요 "(겁에 질려) 저 기타 소리…… "

사나다 "그러고 보니 갑자기 느낌이 바뀌었네…… "

미요 "오카다는 언제나 저 노래를 연주했어요"

라며, 겁에 질려 있다.

사나다 "(쓴웃음을 짓고) 바보 같이…… 오카다가 아니라도 연주할 수 있잖아"

미요 "하지만…… "

34 암시장 뒤쪽

오카다, 갑자기 연주를 그만둔다.

감탄하며 듣고 있던 양아치,

양아치 "형님, 방금 건 무슨 노래입니까?"

오카다 "그렇지 …… 너희들은 모르겠지 …… 너희들이 어렸을 때 유행했던 노래야"

양아치 "아 …… 무슨 …… "

오카다 "살인자의 노래야"

하며, 자리를 뜬다.

양아치, 멍하니 배웅하다가, 황급히 뒤를 쫓아

양아치 "형님 …… 형님은 어디 소속이십니까?"

오카다 "(그 질문에는 대답하지 않고) 변해버렸구나, 정말"

하고, 주위를 둘러보면서,

오카다 "변하지 않는 것은 더러운 이 웅덩이뿐이야"

하고, 감회가 깊은 듯이 시커먼 늪의 수면을 바라본다.

(F·O)

(F·I)

35 사나다의원·현관

깨끗이 청소한 현관 바닥에 눈부신 아침 햇살이 비춘다.

미요가 마쓰나가의 구두를 솔로 닦고 있다.

사나다, 마쓰나가를 배웅하러 나온다.

사나다 "암튼, 고향이 있으면 돌아가 요양하는 것이 가장 좋은데 …… 있다고 해도, 의리를 저버리고 돌아갈 사람도 아니고"

마쓰나가, 쓴웃음을 짓고 있다.

사나다 "뭐 …… 그것보다 마음가짐이지 …… 일찍 자고 일찍 일어나고, 음식은 딱히 고급스럽게 먹을 필요 없으니까 잘 씹는 것 …… 그리고 …… "

마쓰나가 "흥 …… 술이랑 여자는 금물이라고 말하고 싶은 거지?"

사나다 "술은 물론 안 되지만 …… 여자는 …… 뭐, 그만큼 기운이 있다면 대단한 거지 …… 꽉 막힌 말은 하지 않겠네 …… 말해봤자 자네 같은 의지가 박약한 …… "

마쓰나가 "알았다고 …… 나이 든 사람은 집요해서 말이지"

사나다 "뭐라고?"

미요 "선생님 …… 또"

하고, 조마조마한다.

사나다 "(쓴웃음을 짓고) 내일 와…… 소개장을 써 놓을 테니 결핵 상담소에 가는 거야…… 제대로 대응책을 배워 와서 결핵균이랑 싸우는 거야…… 결핵균이란 놈은 무섭게 머리가 좋은 악당이니까, 완력으로는 어찌할 도리가 없어"

마쓰나가 "응"

하고, 얌전히 구두를 신는다.

미요, 손수건을 내밀며,

미요 "아직 좀 젖어 있지만"

마쓰나가 "?"

미요 "너무 더러워서 …… 제가 …… "

마쓰나가, 가만히 미요의 얼굴을 보고, 잠자코 받고 사나다에게 고개를 숙이고 나간다.

사나다 "후후 …… 참 그 녀석 …… "

몰래 보고 있던 할머니,

할머니 "그러니까 말했잖아…… 쓸데없는 친절이야…… 저런 못난 놈은 고맙다는 말 따윈 잊어버렸다고"

사나다 "조만간 생각날 거야"

미요 "그랬으면 좋겠는데"

하고, 가는 것을 바라본다.

36 **길**

걸어가는 마쓰나가.

37 **어느 아파트의 어느 방**

마쓰나가가 문을 열고 들어온다.

나나에 "바람둥이가!"

하고, 갑자기 슬리퍼가 날아온다.

나나에가 단정치 못한 잠옷 차림으로 침대에 앉아 있다.

나나에 "어젯밤에 어디서 잔 거예요?"

마쓰나가, 가만히 서 있다.

나나에 "나쁜 짓을 하고 왔군요 …… 자, 이리 와요 …… 벌을 받아야지요"

마쓰나가, 아무 말 않고 나간다.

(O·L)

38 **히사고**

마쓰나가 무심히 들어온다.

청소를 하고 있던 긴, 뒤돌아보고

긴 "어머, 아침 일찍부터 유령 같아요"

마쓰나가 "(불쾌한 표정으로) 그렇게 안색이 안 좋아?"

하고 뺨을 쓰다듬는다.

긴 "흥…… 글쎄, 너무 오랜만이라서요"

하고, 뚫어지게 얼굴을 쳐다보고,

긴 "근데…… 장난이 아니라 진짜 살이 많이 빠졌네요…… 누군가에게 과하게 귀여움을 받아서겠지요"

사장이 억지웃음을 띄우면서 나와서, 항상 그랬던 모양으로 마쓰나가 앞에 위스키와 잔을 늘어놓는다.

마쓰나가, 불쾌한 표정으로 나가버린다.

39 **꽃집 앞**

마쓰나가, 온다. 거의 습관처럼 가게 앞의 꽃을 집어 간다.

그것을 아첨하듯이 웃으며 배웅하는 꽃집의 사장과 점원 여자애.

40 **습지**

마쓰나가, 온다. 멍하니 늪의 수면을 바라본다.

누군가가 어깨를 두드려서 뒤돌아본다.

오카다가 엷은 웃음을 지으며 서 있다.

마쓰나가, 눈을 크게 뜬다.

오카다 "뭐야 그 표정은…… 2, 3일 전에 나왔다고"

마쓰나가 "(정중히) 마중도 나가지 못해 실례했습니다. 오랫동안 고생하셨습니다…… "

오카다 "후후…… 너, 지금은 꽤 잘 나간다던데…… "

하고, 빤히 쳐다본다.

마쓰나가 "덕분에…… "

오카다 "뭐…… 천천히 이야기를 들어보자고…… 어디 아는 데 가세"

41 **히사고**

긴 "이상한 사람이네…… 사라졌다가 나타났다가"

사장 "헤헤헤…… 은단 광고도 아니고 말이야"

라며, 다시 위스키병과 잔을 꺼낸다.

마쓰나가 "별것 아니라 죄송합니다만, 한잔하시죠"

라며, 따른다.

오카다, 그것을 꿀꺽 마시며,

오카다 "한 잔 하세"

라며, 마쓰나가에게 권한다.

마쓰나가 "아, 형님 …… 모처럼이지만 오늘은 좀 …… "

오카다 "뭐냐? 임질이라도 걸렸냐?"

마쓰나가 "아니요"

오카다 "뭔데, 그럼"

마쓰나가 곤란해하며,

마쓰나가 "정말로 모처럼입니다만"

오카다 "흠 …… 정말 시대가 변해버렸구먼 …… 4년 전에는 인의仁義의 교제에서 이렇게 얼빠진 말은 못했는데 말이지"

마쓰나가, 매우 곤란해한다.

그 모습을 놀라며 보는 긴과 사장.

오카다 "(직접 술을 따르며) 뭐, 내가 주는 술을 못 받겠다면 그것도 좋지 ……"

마쓰나가 "아니 그건, 형님 …… 조금 몸이 안 좋아서요"

오카다 "흠 …… 그러고 보니 얼굴색이 안 좋아보이는군"

마쓰나가 "뭘요, 별일 아닙니다 …… 그럼, 한 잔만 …… "

(O·L)

42 홀

밴드의 음악.

오가타와 마쓰나가, 마쓰나가의 부하들에게 둘러싸여 들어온다.

마쓰나가, 거나하게 취해있다.

비틀거리는 그를 부하가 부추겨 세우려 한다.

마쓰나가, 그걸 뿌리치고,

마쓰나가 "형님, 여기요!"

라며, 의자를 권한다.

오카다 "음 …… "

라며, 의자에 걸터앉는다.

오카다 "아무래도 오랜만에 속세에 나와서인지, 여자가 모두 예뻐 보여서 안 되겠구먼"

라며, 실내를 힐끗 둘러본다.

지명 받지 못한 댄서들.

댄서A "잠깐 …… 저 사람, 굉장하네"

댄서B "마쓰나가가 양아치로 보이다니 …… 누굴까?"

나이든 댄서 "조심해…… 저런 거에 반했다간 골수까지 빨아 먹힌다고…… 4, 5년 전이야…… 저쪽 다리 밑에서 저 녀석에게 얼굴을 엉망진창으로 칼로 베인 남자가 있었지"

댄서B "(떨며) 그 사람 죽었어?"

나이든 댄서 "아니, 죽지 않았어…… 그러니 저렇게 나올 수 있었던거지"

옅은 웃음을 지으며 실내를 둘러보는 오카다. 그 오카다의 시선은 춤추고 있는 나나에에게 착 빨려들어 떨어지지 않는다.

나나에도 춤추는 와중에 그 시선을 눈치채고 신경을 쓴다.

곡이 끝난다.

나나에, 마쓰나가가 있는 테이블로 다가간다.

나나에 "아아, 더워, 더워"

하며, 갑자기 마쓰나가의 컵을 들이킨다.

마쓰나가 "형님, 나나에라는 아이입니다. 잘 부탁합니다"

나나에 "(요염한 미소로) 잘 부탁해요"

오카다 조금도 웃지 않고, 지긋이 나나에를 바라본다.

나나에, 뭔가 자력을 띤 듯이 몸을 움츠린다.

밴드의 연주…… 퀵스텝.

마쓰나가 "(나나에에게) 이봐! 형님을 상대해 드려"

나나에와 오카다, 춤추기 시작한다.

마쓰나가도 서서 혼자 있는 댄서에게,

마쓰나가 "이봐, 춤추자고"

댄서 "나나에 씨에게 혼날 거예요"

마쓰나가 "뭐라는 거야"

댄서 "그보다, 이렇게 해도 괜찮아요? 왠지 힘들어 보이는데"

마쓰나가 "헤…… 병은 마음먹기 나름이라잖아"

라며, 망설이는 댄서를 끌고 가듯 해서 춤추기 시작한다. 눈이 돌아갈 것 같은 지르박. 화려하게 춤을 추어댄다.

(F·O)

(F·I)

43 사나다 병원·진료실

사나다 "바보 녀석이!"

사나다 갑자기 마쓰나가를 때린다.

마쓰나가 무언가 말하려고 한다.

사나다 "(듣지 않고) 변명 따위는 그만둬…… 어제 저녁 뭘 한 거지? …… 술 냄새나 지독하게 난단 말이야!"

미요가 깜짝 놀란 얼굴로 들여다본다.

사나다 "흥, 여긴 동물병원이 아니라고…… 목줄을 걸지 않으면 섭생하나 하지 못하는 녀석은 거절이다!"

마쓰나가, 말을 잇지 못하고 가만히 서있는다.

사나다 "돌아가, 돌아가…… 네놈의 얼굴 따위 두 번 다신 보고싶지 않아"

마쓰나가, 화가 나서, 성큼성큼 걸어 나간다.

미요 "마쓰나가 씨, 마쓰나가 씨"

사나다 "바보…… 내버려 둬…… 바보 녀석"

하며, 책상 위의 물건을 내던진다.

44 다리 밑

빨리 걸어온 마쓰나가, 갑자기 스쳐 지나가는 학생의 멱살을 잡는다.

마쓰나가 "이봐…… "

학생 "?"

마쓰나가 "뭘 잘난 체하는 거야…… 바보 녀석!"

하며, 때리고는 지체 없이 자리를 뜬다.

멍하니 있는 학생.

45 사나다 병원·부엌

부서져 흩어져 있는 도자기 그릇과 그것을 정리하는 미요와 할머니.

할머니 매우 화를 내고 있다.

할머니 "그릇이 무슨 죄가 있어…… 어처구니가 없어서"

미요 "(조마조마하며) 할머니"

할머니 "아니…… 들려도 상관없어…… 선생님도 너무 모르고 계신다고……"

미요 "할머니도 참"

할머니 "그런 못난 놈이 어떻게 되든 신경 쓸 일이 아니지 않나? 자기 아들도 아닌데 말이야"

미요 "그래도 선생님은 그런 성격이시라…… 환자는 모두 가족 같은 거라고요 …… 그리고요, 변변치 않은 아이가 가여운 것처럼, 그 마쓰나가라는 사람이 가여운 거라고요"

할머니 "흥…… 변변치 않은 녀석을 때린다고 나아지지 않는다고…… 변변치 않은 녀석은 그냥 놔두면 되는 거야"

미요 "(혼잣말 하듯이) 그래도…… 이걸로…… 끝이야…… "

할머니 "속 시원하구먼"

46 진료실

사나다, 소개장을 발기발기 찢고 있다. 그것을 던져버리고 쓸쓸히 창문으로 가서 밖을 바라보며 선다.

47 습지

늪…… 탁한 한여름의 오후.

(F•O)

(F•I)

48 同

늪…… 강한 바람이 휘몰아치는 한겨울의 오후.

49 댄스홀

남은 댄서들은 스토브에 달라붙어 모두 한쪽을 유심히 보고 있다.

테이블 —— 나나에가 —— 마쓰나가와 오카다를 마중한다.

댄서A "저기…… 나나에 씨, 누구랑 처음에 춤출 거라 생각해?"

나이든 댄서 "바보네…… 당연하잖아…… 한물간 쪽이 나중일 거라고"

음악이 시작된다.

마쓰나가와 오카다, 같이 일어서서 나나에를 본다.

나나에, 잠깐 고민하다가 오카다와 춤추기 시작한다.

마쓰나가, 참을 수 없는 불쾌한 표정을 하며 앉는다.

그 얼굴은 이상하게 피곤해 보인다.

50 도박장

밤 —— 마쓰나가, 오카다와 필사적으로 경쟁하고 있다.

둘러싼 일동은 그 살기를 띤 승부를 침을 삼키며 바라보고 있다.

나나에도 있다.

"자, 걸어라! 걸어!

"홀"

"짝"

불꽃이 튀는 몇 번의 게임.

밀리는 낌새인 마쓰나가. 갑자기 창백한 얼굴을 일그러뜨리더니,

마쓰나가 "우, 우, 우"

하며, 입을 억누르고 돗자리 위에 갑자기 쓰러진다.

일동 소란스러워진다.

나나에, 순간적으로 사람을 헤치고 나아가,

나나에 "어떻게 된 거예요…… 이봐요"
하고, 들여다보고는 놀라며 물러선다.
"앗…… 피!"
"뭐?!피라고?"
"어떻게 된 거야?!"
"어떻게 된 거야?!"
오카다 "소란 피우지 마!!"
오카다, 차갑게 엷은 웃음을 띠며,
오카다 "흥…… 영화에 나오는 비련의 주인공이군"
두려운 듯이 몸을 움츠리는 나나에.
(O·L)

51 **사나다 병원**
똑, 똑, 똑. 창문을 강하게 두드리는 손.
미요 "네, 네…… 지금 나가요…… "
잠옷을 입은 미요가 문을 열고 얼굴을 내민다.

52 **사나다 병원·거실**
사나다, 졸린 표정으로 나오면서,
사나다 "어떤 놈이냐! 이런 시간에 귀찮게 굴고!"
미요, 현관에서 허둥지둥하며 돌아와서,
미요 "선생님, 마쓰나가 씨가 각혈을 했대요!"
사나다 "각혈? (하고, 긴장하지만) 흥…… 꼴 좋구먼…… 멋대로 죽어버려! 난 안 간다…… 누가 저런 놈을!"
미요, 그 말에 신경 쓰지 않고 재빨리 양복을 건넨다.
사나다 "이봐…… 나는 안 간다고 하잖아…… 절대로 안 가!"
(O·L)

53 **아파트**
나나에의 침대에서 가만히 자고 있는 마쓰나가.
사나다, 마쓰나가의 가슴에 주사를 놓고 있다.
곁에서 멍하니 서서 그것을 보는 부하A, B를 돌아보며,
사나다 "이봐, 바보 같이 서있지 말고 세면대에 물을 받아와"
부하A, B 허둥지둥 나가려고 한다.
사나다 "쳇…… 그런 일도 혼자서 못하는 거냐…… 이봐, 꼬맹이…… 너는 어디든 가서 얼음주머니랑 얼음을 사와라"

부하B "이런 밤중엔 무리라고"

사나다 "뭐라는 거야…… 항상 무리한 짓만 하는 주제에…… "

B, 불만이 가득한 표정으로 나간다.

사나다, 그를 불러 세워,

사나다 "앗…… 기다려 봐. 이 방은 여자방 같은데…… 여자는 어디 있는 건가?"

부하B "뭔가…… 무섭다고 친구 집에 자러 갔다고"

사나다 "흥…… 이놈이고 저놈이고 대단한 성품이시구먼"

라며, B에게,

사나다 "뭘, 멍하니 서 있는 건가…… 얼른 갔다 와!"

B, 불만이 가득한 표정으로 나간다.

사나다, 맥을 보면서 유심히 마쓰나가의 얼굴을 보고 있다.

이윽고 마쓰나가, 희미하게 눈을 뜨고 사나다를 보고 곤란한 표정을 짓고 시선을 돌린다.

사나다 "신경 쓰지 말라고…… 뭘, 자네 같은 녀석은 피를 토하는 게 약이야…… 조금은 조심할 생각이 들 테니까"

마쓰나가, 뭔가 말하려 한다.

사나다 "말하면 안 돼…… 편하게 잠이나 자게…… 자면서 어릴 때의 꿈이라도 꾸라고"

마쓰나가, 얼굴을 돌린다.

(O·L)

54 마을

아침이 된 마을을 사나다, 지친 발을 질질 끌면서 돌아간다.

55 다리 아래 길

사나다, 다리 아래 길에 접어든다.

쇼핑백을 가진 미요가 뒤를 돌아보면서 뛰어와서 사나다와 부딪칠 뻔한다.

사나다 "어이, 왜 그래"

미요 "아 선생님! (창백한 얼굴)"

사나다 "뭔가…… 무슨 일인가?"

미요 "만났어요. 그 사람을…… "

사나다 "누구를…… 오카다?"

미요 "네"

사나다 "어디서? 오카다가 널 본 겐가?"

미요　　“아니요 …… 마켓이 있는 길에서 …… 그쪽은 눈치채지 못했어요. 댄서 같아 보이는 사람과 둘이서 …… 분명히 오카다였어요!”

머리 위를 통과하는 전차의 굉음.

미요, 깜짝 놀라 올려다본다.

56 **아파트**

침대 위에서 어쩐지 으스스할 정도로 구슬땀을 흘리며 자고 있는 마쓰나가.

소리에 번뜩하고 눈을 뜬다.

나나에가 발소리를 죽이며 발끝으로 걸으면서 신변의 물건을 작은 여행용 가방에 담고 있다. 서양식 옷의 수납장의 문을 열어, 드레스를 3, 4벌 꺼내려 한다.

마쓰나가 “뭐하는 거야”

나나에, 움찔하지만,

나나에　　“갑자기 일이 생겨서 …… 당분간 방을 비울 거예요”

나나에, 시선을 둘 곳을 찾지 못해 곤란해 하며,

나나에　　“어떻게 해야 할지 모르겠어요, 정말로 …… 운이 없을 때는 왜 이렇게 …… ”

마쓰나가, 침묵하며 지켜본다.

나나에　　“(쩔쩔매며) 그런 얼굴 하지 마요. 내가 나쁜 게 아니에요”

마쓰나가, 침묵하며 지켜본다.

나나에　　“(더욱 허둥대며) …… 나, 홀 일은 쉬고 당신 간병을 할 생각이었어요 …… 하지만, 갑자기 이사 얘기가 나와서 …… 너무 좋은 조건이에요 …… 그래서 …… ”

마쓰나가 “그럼, 당분간 이별이구나”

나나에　　“(안심하며) 그런 거예요 …… 마음이 아프지만 어쩔 수 없어요”

마쓰나가, 싱긋 웃으며,

마쓰나가 “그럼, 이별의 키스를 해줘”

나나에　　“네?”

하고, 자기도 모르게 싫은 얼굴을 확실하게 보여 버린다.

마쓰나가 “(엷은 미소를 띠며) 너 …… 그렇게 내 병이 무서운 거야?”

나나에　　“(횡설수설하며) 그럴 리 없잖아요 …… 나는 그저”

마쓰나가 “그럼, 이리 와봐”

마쓰나가, 갑자기 나나에를 끌어당겨 억지로 키스한다.

나나에, 확 뿌리치고 퉤, 퉤 침을 뱉는다.
마쓰나가, 그것을 히죽히죽 바라보며 일어선다.
나나에, 자신을 방어하려는 듯이 한발 물러선다.
마쓰나가, 비틀거리며 침대에서 내려오면서,

마쓰나가 "오랫동안 신세를 졌네 …… 이 은혜는 잊지 않겠어"

나나에, 창백해진 얼굴로 그 자리에 서 있다.

57 사나다 병원·현관

미요와 부하A, B.

미요 "아시겠지요? …… 이걸 4시간 마다 마시게 해요"

A "식사는 뭘 먹게 합니까?"

미요 "(작은 종잇조각을 건네며) 이 증명서를 가지고 약국에 가면 우유를 살 수 있을 거예요. 차갑게 해서 마시게 하면 돼요"

A와 B, 말똥말똥 미요의 얼굴을 바라본다.

A " …… 누님, 어딘가에서 본 적이 있나요? …… 우리"

미요 "(허둥대며) …… 그럼 몸조리 잘하세요 …… 선생님은 왕진 갔다가 들르실 거예요"

라며, 자리를 뜬다.
고개를 갸웃하며 가는 것을 바라보는 A, B.

(O·L)

58 아파트·복도

사나다, 계단을 올라온다.
계단 위에 멀뚱멀뚱 부하 A, B가 걸터앉아 있다.
곁에는 마쓰나가 것처럼 보이는 작은 여행용 가방 등.

사나다 "바보 녀석 …… 환자 곁에 있어 주지 않으면 안 되잖아!"

A "곁에 있으려고 해도 …… 그 환자가 없어졌어요"

사나다 "뭐라고?"

B "약 받으러 돌아와 보니 이미 사라졌다고요"

사나다 "? …… "

문을 여니 손수건으로 마스크를 한 나나에가 마쓰나가의 잠옷이나 수건을 기분 나쁜 듯이 손에 들고 가지고 나온다.

사나다 "(다가가며) 이봐요 …… 마쓰나가가 어디에 갔는지 모르는가?"

나나에 "잘 몰라요 …… 그런 건 (라며, 부하A, B에게) 이거 가지고 있어 줘요"

사나다, 문을 통해 실내를 들여다본다.

59 **실내**

시트가 벗겨져 있는 침대.
창문에 걸려 있는 이불.

60 **복도**

사나다 "(어이없다는 듯, 나나에에게) 쫓아낸 거로군…… 당신이…… "
나나에, 말을 하지 않고 방으로 들어가 문을 닫으려고 한다.
사나다 "(나나에의 팔을 잡으며) 기다려!"

61 **실내**

나나에 "뭐하는 거예요? …… 대체 당신은 누군데요?"
사나다 "뭐라고!"
나나에 "여기는 내 방이에요…… 사람을 부를 거예요"
사나다 "이…… 이 사람 같지도 않은 것이"
라며, 옥신각신한다.
오카다 "대체 무슨 일이야"
라는 목소리.
오카다가 우두커니 문에 서 있다.
놀라는 사나다.
나나에 "이 사람이 무슨 말인지도 모르는 이유로 시비를 걸어요…… 쫓아내 주세요"
오카다, 방으로 쓱 들어간다.

62 **복도**

부하A, B, 서로 쳐다본다.
사나다, 내던져져 쫓겨 나온다. 팽개쳐진 왕진 가방을 줍고,
사나다 "젠장…… 그럼, 그렇지. 매춘부 같으니라고!"
라며, 허둥지둥 계단을 내려가려고 한다.
오카다 "기다리게…… "
오카다가 나온다.
오카다 " …… 물어보고 싶은 게 있네"
사나다, 긴장하며 멈춰 선다.
오카다 "내가 감옥에 들어가기 전에, 분명 당신 집에서 신세 진 여자가 있었지? …… 그 여자 지금 어디에 있는지 모르는가?"
사나다 "알 리가 있나…… 환자 얼굴을 일일이 기억하고 있을 리가 없잖아"
오카다 "미요라고 하는데"
사나다 "몰라 (라며 허둥지둥 내려간다)"

부하A, B "(서로 바라보며) 아, 생각났다!"

방에 들어가고 있던 오카다, 반짝 눈을 빛내며 뒤돌아본다.

63 습지 부근

사나다, 생각에 잠긴 채로 온다. 한쪽을 보고 멈춰 선다.

늪의 한구석에서 의기소침하게 웅크리고 있는 마쓰나가의 뒷모습.

메탄 거품.

마쓰나가는 그것을 멍하니 바라보고 있다.

그 옆에 사나다가 조용히 앉는다.

마쓰나가, 보고 곤란하다는 듯이 시선을 돌린다.

두 사람, 잠시 침묵.

이윽고, 마쓰나가, 툭 말을 건넨다.

마쓰나가 "아저씨 …… 화내지 말아 줘. 난 그런 성냥갑 같은 방에서 가만히 있을 수 없는 성품이야"

사나다 "(조용히) 알고 있어 …… 그런 더러운 도둑고양이 소굴은 깨끗하게 오카다에게 줘 버려"

마쓰나가, 번쩍 눈을 반짝이며 사나다를 보다가, 다시 늪의 수면을 바라본다.

사나다 "하지만 …… 자네도 불쌍하게 됐군"

마쓰나가, 무언가 말하려고 한다.

사나다 "뭐, 내 말을 잘 듣게 …… 자네 폐는 딱 이 늪 같은 거야!"

늪 속으로 짐수레가 쓰레기를 한가득 쏟아 낸다.

사나다 "자네 폐만 깨끗이 하는 걸로는 소용없어 …… 자네 주변에는 썩을 대로 썩은 구더기가 우글대는 병균 같은 녀석들만 모여 있어 …… 그 녀석들과 깨끗하게 연을 끊지 않는 한, 자네는 답이 없네"

늪 주변의 오물 더미.

그리고 늪 표면의 메탄가스.

(O·L)

64 늪의 꿈

늪 …… 물결이 일고 있다.

그 물가에 올려진 하얀 관.

하늘에는 까마귀 …… 떼 지어 시끄럽게 운다.

도끼를 든 남자가 나온다.

관을 쪼개기 시작한다.

바람에 흩날리는 남자의 머리카락…… 관처럼 하얀 얼굴.
남자는 마쓰나가다.
쫙 관이 갈라져서 시체가 나온다.
그 시체도 마쓰나가다.
마쓰나가, 비명을 지르며 미친 것처럼 도망간다.

(O·L)

65 사나다 병원·어느 방

밤 —— 마쓰나가, 가위눌리다가 깨어난다.
큰 소리로 떠드는 소리가 현관 쪽에서 들린다.
할머니에게 안겨 장지문 뒤에서 떨고 있는 미요.

66 同·현관

오카다와 사나다, 대치하고 있다.
오카다의 뒤에 부하A, B.

사나다 "없다면 없는 거야!"

오카다 "시치미 떼지 마라. 지금 오늘 여기서 미요를 봤다는 사람을 데리고 왔다 …… 그렇지, 어이"

부하A, B, 난처해하며 어설프게 고개를 끄덕인다.

오카다 "확실히 하라니까!"

부하A "네 …… 네 맞습니다 …… 그렇지? 자네랑 내가 4개의 눈으로 확실히 봤지?"

하고, B를 돌아본다.

사나다 "흥 …… 아마도 사람을 잘못 본 거겠지"

오카다 "시치미 떼는 것도 적당히 해 …… 남의 아내를 숨기고 있다면 가만히 두지 않겠다고"

사나다 "잠깐 기다려 …… 당신 뭔가 착각하고 있는 거 아냐? …… 당신이 감옥에 들어가기 전과 지금은 시대가 다르다고 …… 당신과 같은 봉건주의의 괴물은 요즘 세상에 통용되지 않아!"

오카다 "뭐라고!!"

사나다 "모른다면 설명해 주지 …… 당신 혼자만 아내라고 불러도 안 된다는 거지 …… 여자가 동의하지 않으면 그걸로 끝이라고 …… 남녀평등이란 것이다 …… 잘 기억해 둬!"

오카다 "뭐!"

사나다 "돌아가, 돌아가! 만약 그 여자가 이 집에 있다고 해도 …… 당신 목소리를 듣고 나오지 않는다면 가망이 없는 거라고!"

오카다 "자, 자식 …… 목숨이 아깝지 않냐?"

사나다 "무슨 소리냐 …… 대단한 살인자인 척하지 마! 당신보다 내가 훨씬 더 많이 사람을 죽였다고!"

오카다 "이 자식!"

마쓰나가, 그림자처럼 나온다.

사나다 "뭐냐고 …… 환자가 나올 데가 아니야! 자고 있어, 자고 있으라고!"

오카다 "(기가 막힌 듯이) 뭔가, 자네가 이런 곳에서?"

부하A, B도 깜짝 놀란다.

마쓰나가 "(오카다 앞에서 허리를 굽히며) 저, 이 선생님에게 여러 가지 은혜를 입었습니다 …… 아우 주제에 건방진 말씀입니다만 …… "

사나다 "흥 …… 은혜 따위 느끼지 않아도 괜찮으니까, 환자는 환자답게 굴어 주었으면 하네"

마쓰나가 "(온 힘을 다해) 형님 …… 오늘 밤만은 제발 …… 저의 목숨을 걸고서라도"

사나다 "어이, 적당히 하지 않으면 목숨이고 뭐고 없어 …… 이상한 고전연극에서나 하는 짓 그만두라고 …… 속이 뒤집어 지니까(하며, 오카다에게) 당신도 아우를 비참하게 죽이고 싶지 않다면 빨리 돌아가는 게 좋아 …… 그러니까 …… 이야기는 내일하면 될 테고"

오카다, 맥 빠진 듯 멍하니 서 있다.

67 **거실**

떨면서 귀를 기울이고 있는 미요.

기타 소리.

(O·L)

미요와 할머니, 불안한 듯 침울해 있다.

마쓰나가, 이불 안에서 가만히 천장을 노려본다.

사나다만은 술을 마시면서 흥이 나있다.

사나다 "하하하, 고전연극에서 나오는 악역·사다쿠로定九郎 녀석이 드디어 나타났군.

할머니 "무서워. 아아, 싫어 싫어"

사나다 "뭐가 무서워?(라며, 담백하게) 내일 경찰에 갔다가 올게. 걱정하지 말게"

마쓰나가 "(일어나자마자) 이 건은 내가 해결해. 경찰에 부탁하면 내 체면이 서지 않아"

사나다 "바보 녀석. 환자하고 야기는 세울 체면이고 뭐고 없다고 …… 입 다물고

자고 있으면 돼"

마쓰나가 "아니 내일 오야붕에게 부탁해 보겠어 …… 지금까지 내 말은 거의 다 들어 주셨으니까"

사나다 "그야 그렇겠지 …… 자네가 돈벌이에 도움이 되는 한은 …… 하지만 지금은 틀림없이 오카다를 더 소중히 할 거야"

마쓰나가 "그럴 리 없어! …… 우리들의 동료 중에는 오카다 같은 놈들만 있는 게 아니야 …… 인의의 세계가 있다고"

사나다 "흥 …… 그건 자네, 악당 동료끼리의 안전 보장 조약 같은 거지 …… 결국은 …… (하고, 손을 쥐며) 이렇게 돼"

마쓰나가 "바보 같은 소리 …… (하고 기침한다)"

사나다 "이런, 이런 …… 그래서 얌전히 자라고 했잖아"

마쓰나가, 조용히 눈을 감는다.

할머니 "그래도 …… 신고라도 해서 나중에 보복이라도 당한다면 …… "

미요 "(고심하는 모습으로) 저, 저에게 오카다에게 가는 결심만 서면 …… "

사나다 "바보 녀석!"

미요 "그래도 혹시 …… "

사나다 "얼간이! 그런 말만 하고 있으니까 저런 녀석들이 활개치는 거 아냐 …… 야쿠자가 무섭다는 건 전설이야 …… 직업상, 겁주기를 잘할 뿐이야! 자, 잠이나 자게!"

마쓰나가, 가만히 천장을 노려본 채 움직이지 않는다.

(F·O)

(F·I)

68 **늪**

아침 해.

69 **사나다 병원·거실**

사나다 "알았나? 움직이면 안 돼 …… 오카다 쪽은 내게 맡기게 …… 뭐 바이러스 둥지 같은 이 마을을 조금 소독하는 거야 …… 그럼, 경찰서에 갔다가 바로 집으로 돌아올게"

라며, 나간다.

미요, 따라간다.

가만히 지켜보는 마쓰나가의 얼굴.

70 **현관**

사나다, 구두를 신으며 미요에게,

사나다 "자네, 어젯밤에 뒤척이기만 한 거 같은데…… "

미요 " …… "

사나다 "그만두게…… 오카다에게 가겠다는 바보 같은 생각만은 하지마…… 인신공양 같은 거, 요즘 시대에는 안 한다고…… 일본인이라고 하는 것들은 하여튼 별 볼 일 없는 것에 몸을 바치려고 하니까 안 되는 거야"

라며, 일어서서는 안쪽을 향해,

"알았나? …… 움직이면 용서하지 않겠어! 오늘 움직이면 난 더는 책임지지 않을 테니까!"

라고, 큰 소리로 말하고 나간다.

배웅하던 미요, 발길을 돌리려고 하다가 똑바로 선다. 복도에 마쓰나가가 서 있다.

미요, 달려가서,

미요 "안 돼요…… 그런"

마쓰나가 "(말을 듣지 않고) 아니, 짭새가 끼어들면 내 얼굴이 뭐가 되겠어"

미요 "그래도, 그런 몸으론…… "

마쓰나가 "흥, 자기 몸만 감싸고 있으면, 야쿠자는 끝난 거야. 몸을 버리고 덤비는 것이야말로 체면을 세우는 것이라고"

미요 "안 돼요…… 안 돼요…… "

마쓰나가 (갑자기 미요를 벽장에 밀어 넣고 걸쇠를 건다) 조금만 참으면 돼…… 할머니가 곧 돌아올 테니까"

미요 "마쓰나가 씨, 마쓰나가 씨"

마쓰나가 "걱정하지 마. 당신들은 인의의 세계를 몰라"

(O·L)

71 웅장한 어느 집의 문

맹렬한 개 짖는 소리…… 현관 기둥에 묶여 있는 송아지만한 도사견이 이를 드러내고 있다.

부하A가 쑥 얼굴을 내밀고 눈을 크게 뜬다.

A "오오, 형님…… "

마쓰나가가 들어온다.

마쓰나가 "오야붕은 계시나?"

A 에에(하고, 유령이라도 보는 것처럼 마쓰나가를 바라보면서) …… 별채에 계십니다만…… "

마쓰나가, 그것을 흘려들으면서 정원의 나무문을 밀고 정원으로 들어간다.

72 **별채**

정원의 한구석에 있는 별채. 덧문이 닫혀 있다.

마쓰나가, 한 자 정도 덧문이 열린 툇마루 쪽으로 간다.

방 안에서 마작의 패를 휘젓는 소리와 네다섯 남녀의 웃음소리가 들린다.

마쓰나가, 신발을 벗는다. 그 귀에,

오카다 "오야붕, 왜 마쓰나가 같은 애송이를…… "

라고 하는 오카다의 목소리가 날아와 꽂힌다.

마쓰나가, 자기도 모르게 귀를 기울인다.

73 **다다미방**

식기류와 위스키병 등이 흩어 널려져 있고, 마작 탁자에 둘러앉아 있는 오야붕, 오야붕 부인, 오카다, 나나에가 각각 내의 한 장만 걸치고 패를 늘어놓고 있다.

오카다 "저는 오야붕의 뜻을 모르겠습니다…… 어째서 저런 죽다만 녀석에게 그 지역을 맡기는 겁니까? 네? 오야붕?"

두목 "하하…… 자네는 아직 어리구나. 폐병이 난 녀석은 아껴야만 한다고"

74 **복도**

마쓰나가, 기쁜 듯한 얼굴.

75 **다다미방**

오야붕 "특히 피를 토한 녀석은 목숨을 아끼지 않으니까 여차할 때 도움이 된다고"

오카다 "흠"

오야붕 "그 지역은 머지않아 기타지마北島 일가가 공격할 것이라고 각오해야 해 …… 그때 마쓰나가를 내세우는 거야. 알겠나?"

오카다 "그렇군요"

오야붕 "어차피 오래 가지는 않을 거야. 딱 마쓰나가가 죽기에 좋은 장소지. 그다음에 그 지역은 자네 걸세. 난 가만히 있으면서, 앞일 하나만은 확실하게 생각하고 있지"

거친 발자국 소리.

일동 놀란 듯이 뒤를 돌아본다.

탁하고 장지문이 열리고, 창백해진 마쓰나가가 구둣발로 들어온다.

가만히 오야붕을 노려보며 서 있다.

오야붕 "(조금 기세에 눌렸지만) 무…… 무…… 무슨 짓이냐! …… 그 꼴로……"

마쓰나가 "아…… (하고 무심코 습관적으로 고개를 숙인다)"

오카다 "(일어서며) 오야붕, 이런 떠돌이 녀석, 그냥 놔두면 안 됩니다. 단단히 손봐

쥐야 합니다"

오먀봉 "(넓은 아랑을 보여 주면서) 뭐 …… 기다려 …… 아마 열이 나서 정신이 없나 보다(하며, 품에서 지갑을 꺼내) …… 계란이라도 먹어라(하고, 돈다발을 던져준다)"

마쓰나가, 우뚝 서 있지만 울 거 같은 얼굴이 되어 뛰쳐나간다.

(O·L)

76 거리

혼란스러워하며 돌아다닌다.

(O·L)

77 히사고 앞

완전히 기력을 잃은 듯한 마쓰나가가 온다.

훌쩍 들어간다.

78 同·내부

카운터에 있는 긴, 관찰하듯 마쓰나가를 보고.

긴 "아 마쓰나가, 당신 도대체 뭘 하고 있었어! 다들 떠들어 대던데 …… 오야붕, 엄청 화났다고"

마쓰나가 " …… 한 잔 줘"

긴 "안 돼, 안 돼 …… 뭣보다, 당신 피를 토했다고 하던데 …… 정말 설상가상이네"

마쓰나가 "(짜증내며) 상관없으니까, 한 잔 줘"

긴 "어쩔 수 없지 …… 그럼 한 잔만(하며, 술을 따르면서 마쓰나가를 유심히 본다) 당신 같은 사람이 추락하니까 너무 가여워서 볼 수가 없어"

마쓰나가 " …… "

긴 "난, 항상 생각했는데 …… 당신의 성질은 이런 세계에 어울리지 않아 …… 이 기회에 손을 씻는 편이 좋을 거 같아"

마쓰나가 " …… "

긴 "그리고, 시골에 내려가 요양이라도 하면 좋을 텐데 …… 아 나도 고향으로 돌아갈까 생각하고 있어 …… 이런 곳 이제 정말 진절머리가 나"

라며, 조금 말을 머뭇거리다가,

긴 "저기 …… 나와 함께 가자 …… 조그만 마을이지만 길 한복판에 깨끗한 물이 흐르고 있어"

마쓰나가 "(왠지 콧속이 찡해진다 …… 그것을 숨기려는 듯이) 한 잔 더 줘"

긴 "안돼, 안돼! 그보다 정말로 오지 않을래? 내 삼촌이 말이야, 거기 변두리에서 목장을 하고 있는데…… 그곳에서 요양하면 병 따위는 금방 나을 거야"

마쓰나가 "…… "

긴 "응? 가자. 어찌 됐든 여기를 벗어나야 해"

마쓰나가 "…… "

긴 "응?"

마쓰나가, 조용히 듣고 있다가, 점점 그런 마음이 드는 모습.

히사고의 사장이 들어온다.

사장은 마쓰나가를 보더니 싫은 표정을 한다.

눈이 마주 치자 겉으로만 아첨하는 웃음을 지으며 긴을 한 쪽 구석으로 불러,

사장 "사무실에서 명령이 온 직후잖아"

긴 "그치만, 내가 지불하면…… "

사장 "뭐?"

마쓰나가, 욱하며 일어선다.

긴, 당황하며 따라 나선다.

마쓰나가 "쳇…… 뭘 그렇게 속닥대는 거야…… 그 자식"

긴 "으응…… 아무 것도 아니야"

마쓰나가 "흥…… 재미없어"

긴 "신경 쓰지마…… 부탁이야"

마쓰나가, 입을 다물고 나간다.

긴 "(뒤따라가 매달리며) 저기…… 지금 어디서 지내고 있어?"

마쓰나가 "사나다라는 의사네 집에서"

긴 "아, 알아…… 그건…… 잘됐어…… 나, 밤에라도 또 얘기하러 갈게"

마쓰나가, 자리를 뜬다.

긴 "꼭이야…… 그런 몸 상태니까 욱하고 행동하면 안 돼(떠나는 마쓰나가를 바라본다)"

79 꽃가게 앞

마쓰나가, 온다. 습관처럼 가게 앞의 꽃을 한 송이 꺾어 간다.

여자애 "저어…… "

라는 목소리에 뒤돌아본다.

꽃집의 직원 여자애가 서 있다.

여자애 "(머뭇거리며) 저기…… 30엔입니다"

마쓰나가, 이상하다는 표정을 짓는다.

꽃집의 소녀, 곤란하다는 표정으로 뒤돌아본다.
마쓰나가, 그쪽을 본다.
서둘러 시선을 돌리는 꽃집 사장.
마쓰나가, 화가 치밀어올라 사장 옆으로 가서 사장의 멱살을 느닷없이 잡는다.

마쓰나가 "이 자식…… "
하고, 조르며 들어 올린다.
사장, 마쓰나가의 손을 괴롭다는 듯이 풀려고 하면서,

사장 "저…… 저는 아무것도…… 사…… 사무실에서 명령…… "

마쓰나가 "뭐라고?"

사장 "이…… 이 구역은 오카다 씨가 관리한다고…… 당신한테는 신경 쓰지 말라고…… "
마쓰나가, 갑자기 사장을 내던지고 쥐고 있던 꽃을 사장의 얼굴에 내던진다.

80 늪

메탄 거품.

81 아파트·어느 방

오카다, 침대에 앉아서 기타를 치고 있다. 맥 더 나이프(Mack the Knife)의 노래.
나나에, 거울 앞에서 화장을 고치며 교태를 과시하고 있다.
쾅! 하고 갑자기 마쓰나가가 문을 부수고 굴러들어 오듯 들어온다.
마쓰나가, 말없이 단도를 들고 오카다에게 달려든다.
나나에, 비명을 지르며 도망치려 한다.
오카다, 그런 나나에를 방패삼아 부끄러운 줄도 모르고 여기 저기 도망친다.
나나에, 그런 오카다를 밀쳐내고 방에서 뛰쳐나간다.
오카다도 따라서 뛰쳐나가려 하지만 마쓰나가에게 저지당한다.
침을 삼키며 서로를 노려보는 두 사람.

오카다 "(가까스로 단도를 뽑아 들고 자세를 취하며) 뭐, 뭐야…… 불만이 있으면 당당히 말해…… 비, 비겁한 짓은 하지 말라고"
마쓰나가, 거친 호흡. 무언가 말을 꺼내려 하다가 갑자기 기침을 하며, 입을 막고 비틀거린다.
오카다, 갑자기 그런 마쓰나가에게 달려든다.

야수들이 서로 물어뜯는 것 같은 추악한 몸싸움.

82 길거리

노점에서 계란을 사고 있는 사나다.

사나다 "신선한 거겠지 …… 환자에게 먹일 거니까."

라며, 계란을 햇빛에 비춰보고 있다.

83 아파트·복도

마쓰나가, 상처 입은 짐승처럼 기어 나온다.

그런 마쓰나가를 비틀거리며 쫓는 오카다.

도망치는 마쓰나가.

쫓는 오카다.

혀를 내밀고 신음하며 울부짖는다. 그 두 사람의 짐승 같은 형상.

84 계단

결국 오카다, 마쓰나가를 올라타서 푹 찌른다.

마쓰나가, 그럼에도 여전히 기어서 도망치려 하지만 힘이 다 한다.

85 다리 밑

계란을 양손에 든 사나다가 터벅터벅 걸어온다.

사이렌 소리.

구급차가 황급히 달려온다.

길을 비키고 아무 생각 없이 그것을 보고 있는 사나다.

(F·O)

(F·I)

86 사나다 병원·거실

혼자서 깊은 생각에 빠져있는 미요.

부엌문 쪽에서 장바구니를 들고 들어온 할머니, 거실로 들어오며,

할머니 "어쩔 수 없어 …… 우리 주정뱅이 선생님도 …… 술에 취해서 포장마차에서 나오는 걸세, 억지로 끌고 오려 하니 나를 밀쳐내고 길모퉁이에 있는 밀주업자 집에 들어가서 말이지 …… "

미요 " …… "

할머니 "(담뱃대로 한 모금하면서) 어제부터 뭘 그렇게 골똘히 생각하는 거야 …… 이상해, 선생님도 미요도. 그런 마쓰나가 같은 모자란 녀석이 죽었다고 해서 그렇게 홧김에 술 먹거나 우울해할 거까진 없잖아? 난 후련하다고"

미요 " …… 마쓰나가 씨는 나를 위해 …… 아니 나 때문에 그렇게 돼 버린 걸까요 …… "

할머니 "멍청한 소리. 마쓰나가가 그럴 녀석이냐고 …… 그런 녀석들은 짐승이야, 짐승끼리 서로 물어뜯은 것뿐이야(문득 무엇인가 떠올린 듯이) …… 그러고 보니 오카다가 붙잡혔다고 하네. 꼴 좋다"

미요, 순간 얼굴색이 바뀐다.

할머니, 그것을 보고,

할머니 "흠 …… 오카다를 생각하고 있었구먼(담배연기를 내뿜으면서) 무리도 아니지. 미요에게는 첫 남자였으니까. 어찌어찌해도 마음속에 남아있을 테니까"

미요 "(강하게) 아니에요, 할머니. 이번에야말로 확실해졌어요. 확실히 미워하고 있어요 …… 지금이니까 진짜로 말할 수 있는데요, 이제까지는 할머니, 저 아무리 선생님이 말씀하셔도 계속 스스로가 그 녀석을 미워하고 잊어보려고 해도, 역시, 응어리 같은 것이 가슴속에 남아있었어요 …… 그게 이번에야말로 완전히 깔끔하게 …… 네 그래요 …… "

라며, 몸을 재빠르게 돌려 벽장으로 가 후스마문을 열고 트렁크 바닥에서 주홍색 손거울을 꺼내어 불결한 것을 집은 것처럼 창문으로 가서 장지문을 연다.

할머니 "(어안이 벙벙해서 지켜보고 있다가, 황급히) 왜 그래! 어쩌려고, 그걸 …… (하며, 말리려고 한다)"

미요 "(막는 것을 피하면서) 이런 건! (하고 말하자마자 손거울을 창밖 —— 늪 속으로 던진다)"

할머니 "아까워라 …… 대체 왜 그러는 건데"

미요 "그 시절 오카다가 사준 단 하나의 선물이에요. 지금까지 몇 번이고 버리려고 했는데 …… 뭔가 미련이 남아서 …… 하지만, 이걸로 전부 다 깨끗이 정리됐어요 …… "

처음 씻은 것처럼 개운해 보이는 미요의 얼굴.

(F·O)

(F·I)

87 **습지**

어느 눈이 녹고 있는 날.

진흙탕이 되어 엉망진창이 된 거리를 사나다가 걷고 있다.

한쪽을 보고 멈춰 선다.

완전히 여행 준비를 마친 긴이 멍하니 늪을 바라보며 서 있다.

사나다 "(가까이 다가가서) 왜 그렇게 풀이 죽어 있어? 몸을 던진다면 좀 더 깨끗한 물이 좋겠지"

긴 "(쓴웃음을 지으며) 여전히 말투가 거치네요"

사나다 "흥…… 거칠게라도 말하지 않으면 우울해지는 걸 어떡하나…… 이것도 저것도 모든 것이 어처구니없어서 말도 안 된다고…… 구역질이 날 정도야…… 흥…… 전부 그 모자란 녀석 덕분이지"

긴 "(괴로운 듯이) 선생니, 고인에게 욕은 하지 말지요"

사나다 "어? …… 그런가…… 자네, 그 녀석한테 반했었지"

긴 "…… 그런 게 아니에요…… (라며, 가슴에 품고 있던 작은 보따리를 보이며) 이거 그 사람의 유골이에요, 그러니까…… "

사나다 "(조금 숙연해지며) 들었어…… 자네, 그 녀석의 장례를 치러주었다며, 꽤 들었지?"

긴 "(고개를 끄덕이며) 6천 엔 좀 더…… 그렇지만, 너무 불쌍해요…… 오야붕이라니, 참 편한 자리예요…… 마쓰나가는 인의를 져버렸다, 뭐다 지껄이며 떠맡을 생각도 안 하니까…… 그런 주제에 오카다가 붙잡혔을 때는 모금까지 하면서 난리를 쳤잖아요"

사나다 "하여튼 모두 한심한 일뿐이야"

라며, 옆에 있는 토관에 지쳐서 힘없이 주저앉아 머리를 마구 문지른다.

긴 "정말로, 이런 거, 단 하루라도 싫어요. 이번엔 진짜 정나미가 떨어졌어요…… (라며, 갑자기 정색하며 인사를 한다) 선생님…… 감사합니다, 오랫동안…… "

사나다 "고향에서 틀어박혀 있으려고?"

긴 "네…… 마쓰나가의 유골도 고향에 묻어주려고 생각하고 있어요…… 그날, 그런 일이 있기 조금 전, 마쓰나가와 얘기한 적 있어요."

사나다 "?"

긴 "저, 이제 손 떼고, 나랑 같이 시골에 가지 않을래? 라고 설득해 봤어요"

사나다 "흠…… 소용없는 말이었네…… 나도 그런 식으로 생각했는데…… 그 녀석이 야쿠자를 그만두게 할 수 있을 거라 생각했어…… (라며, 점점 흥분하며) 근데, 저렇게 됐다…… 결국, 짐승은 짐승인 거야…… 짐승을 사람으로 만들려는 생각이 애초에 물러 터진 거야"

긴 "아니에요…… 마쓰나가는 그때…… 분명히"

사나다 "자네가 좋아해서 그런 식으로 보인 거야…… "

긴 "아니에요, 저, 좋아했기 때문에 더 잘 알아요…… 분명히, 마쓰나가는 조금만 있었더라면 그런 일을 당하지 않았을 거예요. …… 그 마쓰나가가 제 이야기를 평소와는 다르게 진지하게 듣고 있었다고요…… 기분 탓인지 모르지만 우는 거 같기도 했어요…… 그런데도…… "

사나다 (폭발하며) " …… 그런데도 그런 멍청한 짓을 하는 게 야쿠자라고! …… 그게 한심하다고 하는 거야…… 어리석다고 하는 거라고!"

긴, 사나다의 얼굴을 가만히 바라보다가 이윽고 훌쩍훌쩍 울기 시작한다.

사나다 "왜 울어…… 자네 기분은 나도 잘 알아…… 그러니까, 그 녀석을 용서할 수 없는 거야"

긴, 계속해서 운다.

사나다, 달래주는 말도 찾지 못하고 늪의 수면을 바라보며 서 있다.

소녀 "선생님"

늪의 저편에서 밝은 목소리가 들려 온다.

사나다, 본다.

여학생 교복의 소녀가 손에 뭔가 들고 달려온다.

소녀 "선생님, 안미츠예요!"

사나다 "?"

소녀 "여기, 졸업장!"

라며, 손에 들고 있던 것을 건넨다.

사나다, 본다…… 엑스레이 사진.

사나다, 유심히 햇빛에 비추어 들여다본다.

소녀 "봐요, 안미츠 사주시는 거 맞죠?"

사나다 "(밝은 표정이 되어) …… 안미츠라는 건 어디서 파는 거야?"

소녀 "선생님도 참, 아무것도 모르시네…… 단팥죽 집이라고요"

사나다 "흠…… 그래, 그래 (라며, 걷기 시작하다 긴에게) 이봐, 자네도 같이 가세. 송별의 의미로 안미츠를 사줄테니"

긴 "(고개를 숙이며) 말씀은 고맙지만…… 저는 여기서…… "

사나다 "그래…… 그럼, 건강하게 지내게"

긴 "선생님도…… 안녕히 계세요"

라며, 배웅한다.

사나다, 소녀에게 손을 이끌려 가는 것처럼 자리를 뜬다.

사나다, 빠르게 이끌려 걸어가면서 다시 여느 때처럼 콧노래를 부른다.

♪ 당신과 둘이 온 언덕은

항구가 보이는 언덕 가 나온다.

《조용한 결투》(1949)

(F·I)

1 타이틀

「1944년」

(O·L)

2 야전병원 앞

폭우가 몰아치는 밤.

진흙탕 속에 빠진 것처럼 트럭 한 대가 멈춰있다.

흠뻑 젖은 병사가 모든 걸 포기한 듯 엔진을 돌리고 있다.

비가 폭포수처럼 흐르는 유리창 너머로 운전기사가 무언가 호통을 치고 있다.

엔진의 어수선한 소음.

고지마부대 야전병원

이라고 적힌 간판이 옆으로 들이치는 빗속에서 흔들리고 있다.

(O·L)

3 同·복도

부상병이 누워있는 들것들로 발 디딜 틈도 없다.

부상병들의 몸 위로 군데군데 세숫대야가 놓여 있고, 새는 비에 물방울이 튀고 있다.

4 同·수술실 앞

수술을 끝낸 듯한 눈도 코도 붕대 투성이인 부상병이 실려 나온다.

5 同·수술실 안

창문에 모기장을 늘어뜨리고 램프를 묶어서 매달아 둔 수술실의 한구석에, 피투성이 고무장갑을 낀 육군 군의관 중위 후지사키 교지藤崎恭二가 맥없이 걸터앉아 있다.

맨몸 위에 입은 수술복이 피부에 달라붙어 있다.

새 환자가 실려 온다.

위생계장 호리구치堀口

"군의관님! 군의관님!"

후지사키는 꾸벅꾸벅 졸고 있다.

몸을 흔들어 깨우자 겨우 고개를 든다.

호리구치 "괜찮으세요?"

하고 그 마스크를 벗겨주며 담배를 물려준다.

후지사키, 담배를 깊게 피우며 휘청휘청 일어선다.

고무장갑을 낀 손을 물로 씻고 소독액에 담그면서,

"── 몇 명이나 남았나?"

호리구치, 안쓰러운 듯이,

"……몇 명이냐고요……끝이 안 보입니다"

하고 초췌한 후지사키의 옆모습을 바라보며,

"근데……아무래도 오늘 밤 안에 수술하지 않으면 죽을 것 같은 사람은 이 남자뿐입니다"

반쯤 의식을 잃고 있는 그 환자의 얼굴.

육군 상등병 나카타 다쓰오中田龍夫다.

후지사키의 목소리 "상처는?"

호리구치의 목소리 "하복부 관통입니다 ── 내장이 튀어나와 있어요"

후지사키, 물끄러미 상처를 바라보고 나서, 입에 문 담배를 병사에게 건네고,

"── 링거"

(WIPE)

링거의 유리관을 두 손으로 머리 위에 든 병사가 수술대 반대편으로 고개를 돌린다.

눈을 감고 부채로 파리를 쫓고 있는 병사.

후지사키가 땀투성이인 얼굴을 그 앞으로 들이민다.

병사, 얼굴의 땀을 닦아준다.

후지사키 "맥박은?"

나카타의 얼굴 옆에서 맥을 짚고 있는 병사,

"좋아요"

후지사키, 복잡한 수술과 피로로 일이 잘 풀리지 않아 점점 초조해진다.

혀를 차며 두 손을 내밀고,

"벗겨줘"

맞은편에 선 조수 호리구치 오장伍長, 후지사키의 장갑을 벗겨준다.

후지사키, 맨손으로 수술을 계속한다.

후지사키, 옆의 트레이를 보지 않고 메스를 잡으려다가 손가락 끝에 상처를 낸다.

깜짝 놀라 상처를 램프의 빛에 비춰본다.

조수 병사 중 한 명이 요오드를 적신 탈지면을 내밀면서,

"괜찮으세요?"

후지사키, 잠자코 상처에 요오드를 적시고 있는데, 맥을 짚고 있던 병사가 재촉하듯,

"맥박이 약해졌어요"

후지사키, 헉 하고 환자의 얼굴을 본다.

실눈을 부릅뜬 나카타의 창백한 얼굴.

후지사키, 불안과 초조에 사로잡혀 손가락 상처를 신경 쓰면서도 다친 손으로 수술을 계속한다.

창밖은 여전히 비가 거세게 쏟아지고 있다.

축축하게 젖은 모기장에 달라붙어 있는 한 마리의 큰 도마뱀.

(F·O)

(F·I)

6 병실

창밖은 햇빛이 따갑게 비추고 있다.

이따금씩 트럭이 먼지를 휘날리며 달려 지나간다.

나카타 옆에 누워 있는 보충병,

"아아아…… 엄마 보고 싶다…… 벌써 3년이야"

나카타 "흥…… 여자라면 어디든지 있잖은가"

라며 역겹게 웃는다.

보충병 "── 헤, 말만 살아가지고. 아직 언제 죽을 지도 모르는 주제에. ── 근데 말이지 자네……"

라고 무슨 말을 하다가 입을 다문다.

나카타, 이상한 얼굴로 돌아본다.

입구에 후지사키가 서 있다.

나카타, 굳어진다.

후지사키, 저벅저벅 다가와,

"나카타, 자네 매독에 걸린 적이 있는가?"

나카타, 그 진지한 모습에 기가 죽은 듯 잠자코 있다.

후지사키, 다시 한 번
"── 걸린 적이 있군"
나카타, 히죽히죽 웃는다.
후지사키, 긴장한 표정으로 나카타의 얼굴과 자기 손가락 상처의 붕대를 번갈아 보더니 그대로 나가 버린다.

7 **후지사키의 방**

후지사키, 소리치며 들어온다.
"호리구치 오장, 호리구치 오장!"
"네……"
라는 소리가 들리며 호리구치 오장이 온다.
후지사키 "그 나카타라는 병사 말이야……"
호리구치 "네……?"
후지사키 "그 환자 혈액 검사 좀 해줬으면 하는데"
호리구치 "네……?"
후지사키 "이상하게 상처가 잘 아물지 않는다고 했더니, 매독인 것 같아"
호리구치 "네…… 바서만 반응이군요"
라고 하고 나가려고 한다.
후지사키 "음, 그리고 나중에 내 것도 부탁하네"
호리구치, 뒤돌아서
"네?…… 군의관님도 혈액 검사……"
후지사키, 아무 말 없이 손가락의 상처를 보이고
"이 손가락 상처는 그 녀석의 핏속에서 2시간이나 잠겨 있었어"
라며 손가락을 호리구치 앞에 내민다.
호리구치, 무슨 말인지 알아채고 숙연해진다.

(F·O)

(F·I)

8 **의무실**

밤 ──.
한쪽 구석 테이블에서 호리구치 오장, 가만히 종이 한 장을 바라보고 있다.
"호리구치 오장! 호리구치 오장!"
하고 소리치는 후지사키의 목소리.
깜짝 놀란 호리구치, 종이를 책상 서랍에 감추고,

"네"

하고는 자리에서 일어나 간다.

9 **후지사키의 방**

창문 모기장에 또 도마뱀이 있다.

그것을 어두운 눈으로 보고 있는 후지사키.

호리구치, 들어온다.

후지사키 "혈액 검사 결과는 아직 본부에서 안 온 건가?"

호리구치 "── 네"

후지사키 "검사한 지 벌써 2주나 지났는데 아직도 안 왔군"

호리구치 "…… "

후지사키 "아침에 본부에서 온 서류는 뭐지?"

호리구치 "…… 네, …… "

후지사키 "왜 숨기는 거지?"

호리구치 "…… "

후지사키 "자네가 숨기는 걸 보니 검사 결과는 명확하군"

호리구치 "…… "

후지사키 "그러니까 나도 분명한 양성인 거지?"

호리구치 "── 군의관님! …… "

후지사키 "알고 있어"

호리구치 "…… 네"

라고 하며 고개를 떨군다.

후지사키 "이런 곳에서 살바르산을 구하는 건 무리겠지"

호리구치 "…… "

후지사키 "창연제蒼鉛劑가 들어올 희망도 없나?"

호리구치, 고개를 떨군다.

후지사키 "알겠네, 그럼 가보게"

호리구치, 맥없이 떠난다.

말없이 남아있는 후지사키.

이윽고, 수첩에 끼워져 있는 사진을 꺼내 응시한다.

마쓰키 미사오松木美佐緒의 사진.

후지사키, 갑자기 수첩을 탁 닫고 손가락의 상처를 바라본다.

(O•L)

10 **야전병원 앞**

타는 듯한 햇살.

석회 같은 먼지 속에 환자 호송 트럭이 멈춰 서 있다.

그 주변에 의무병이 모여들어 왁자지껄 떠들고 있다.

마지막으로 나카타가 누워있는 들것이 와서 트럭에 실린다.

의무병들, 저마다,

"쳇! 나도 병이나 걸려서 고향으로 돌아가고 싶구나!"

"글쎄, 이놈도 저놈도 기합이 빠진 얼굴들을 하고 말이지!"

라며 시끄럽게 떠들다가, 이윽고 조용히 길을 트며 흩어지기 시작한다.

후지사키, 호리구치 오장을 데리고 다가와서,

"나카타! 나카타 상등병 있나?"

나카타, 고개를 들어 아리송한 표정을 하고,

"아 군의관님! 죄송합니다. 이런 부상을 입어서…… 유감입니다! 낫는 대로 바로 돌아와서 ——"

후지사키 쓴웃음을 지으며

"알았네. 마음에도 없는 소리 하지 말게, 나카타. 그것보다 고향에 돌아가면 제대로 치료해야 하네. 알겠는가?"

나카타, 갑자기 친숙한 태도로 바뀌어서

"아아, 그 치료말입니까 —— 꼭 하겠습니다. 이 나이에 여자를 끊는 것은 괴롭지만요"

호리구치 오장, 나카타의 얼굴을 노려보고 있다.

후지사키 "농담이 아니라 돌아가자마자 전문의와 상담하고 꾸준히 치료하는 거야. 제대로 치료하기만 하면, 반드시 완치할 수 있으니까 —— 다만, 그러기 위해선 상당한 끈기와 이성이 필요하네"

나카타 "…… 네"

후지사키 "알겠나…… 자네가 걸린 이 매독균이라는 녀석은 타액으로도 감염되는 거야…… 그 균을 퍼트리는 일만은 하지 말게나…… 그건 사람을 절벽에서 밀어 떨어뜨리는 것과 같네…… "

나카타, 그 진지한 태도에 압도되어 얼굴을 쳐다본다.

후지사키, 환자들을 향해

"자 모두 건강하고! …… 그럼"

하고, 손을 들어 신호를 보낸다.

트럭, 모래 섞인 먼지 저편으로 달려간다.

후지사키와 호리구치, 덩그러니 남는다.

호리구치, 참을 수 없다는 듯이
"군의관님! 왜 확실하게 말해주지 않는 겁니까? 우선 저 녀석 때문에 벼랑에서 떨어진 것은 군의관님 아닙니까? …… "
후지사키, 달래듯이
"그건 내 과실이야"

호리구치 "아닙니다! 군의관님은 나카타를 돕기 위해 자신의 위험에도 개의치 않았던 거예요. 생명의 은인에게 매독을 옮겨 놓고 본인은 그 병 덕분에 송환되다니 너무하잖아요! 무엇보다도 군의관님은 어떻게 합니까, 약도 아무것도 없는 이런 전선에서 …… "

후지사키 "고맙네 …… 근데 이런 몸이 열 개나 있어도 모자랄 판에 …… "

호리구치 "그래도 …… 난 의사야 ……. 환자를 버리는 짓은 할 수 없어"

(F·O)

(F·I)

11 타이틀

「1946년」

(O·L)

12 후지사키병원 전경

불에 타지 않은 채 한 모퉁이에 세워진 개업 의원.

13 병원 문 앞

문 앞에 흰색 페인트 간판이 세워져 있다.

산부인과 내과 방사선과 원장: 의학 박사 후지사키 고노스케藤崎考之輔 전공의 후지사키 교지

14 현관과 대합실

음악 방송 시간인 듯, 근처 라디오에서 댄스 음악이 들려온다.
접수처 입구로 가져온 의자에 앉아 허탈한 표정으로 그것을 듣고 있는 미네기시 루이峯岸るい
하얀 간호사 복장이 이상하게 아마추어 같다.
관할서의 순경인 노자카野坂가 들어온다.
루이, 힐끗 보고 목례는 하는데, 이상하게 뾰로통한 느낌.

노자카 "진료부를 보고 싶은데"

루이, 일단 진찰실에서 환자 명부를 가져와 대기실 테이블 위에 털썩 올려놓는다.

노자카, 쓴웃음을 지으며

"후후… 자살하려는거 말린 걸로 아직도 화내는 거야?"

루이, 말없이 다시 접수처 입구의 의자에 귀찮다는 듯이 걸터앉는다.

노자카 "선생님 말씀처럼 간호사가 돼서 다시 시작할 생각도 없나?"

루이 "애는 어떻게 해요… 이런 배로…… "

노자카 "나쁜 얘기는 하지 않을게. 낳아 보지 않으면 아이의 좋은 점은 알 수 없어"

루이 "남자란 제멋대로 말하는구나. 자기가 낳는 것처럼 말이야. 여기 선생님도 그래요. 나를 도울 생각이라면 이 배 속의 아이를 지워주는 게 제일 좋은데"

노자카 "어리석군!"

미사오가 현관에서 꽃을 들고 들어온다.

두 사람에게 잠시 인사하고, 진찰실을 들여다보고 나서 루이에게,

"교지 씨는 안 계신가요?"

루이 "수술실이에요"

미사오 "오래 걸릴까요"

루이 "금방 끝나요, 앗페アッペ래요"

미사오 "그렇군요"

하고 안쪽으로 들어간다.

노자카 "앗페가 뭔데?"

루이 "맹장염이요"

노자카 "흥…… 앗페라…… 그래도 꽤 간호사다운 말을 하게 되었네"

루이, 외면한다.

노자카 "그건 그렇고, 방금 그 아가씨, 여기 젊은 선생님의 부인이 될 사람이었나?"

루이 "약혼자였대요"

노자카 "였다고?"

루이 "이마이 씨가 그랬어요. 6년이나 기다리게 해놓고, 지금은 선생님 쪽에서 결혼할 마음이 없는 것 같더라고요. 남자란 다 그래…… "

노자카 "바보 같은 소리하면 안 돼. 저 선생님은 훌륭한 사람이야. 개업 의사 중에서는 돈만 쫓는 사람이 많은 것 같은데 저 선생님은 달라. 무료 환자를 많이 받고 있지만 경찰로부터 돈을 한 푼도 받지 못하고 있으니까"

루이 "이상한 사람이에요. 이마이 씨가 말했었는데요. 여기도 옛날은 깨끗한 병

원이었다고……"

그 때,

"미네기시 씨 미네기시 씨, 도와주세요"

라고 하는 이마이의 목소리.

루이, 힘없이 일어서서 간다.

15 수술실 앞·복도

이마이가 환자(13세 정도의 소년)를 실은 환자용 침대를 밀고 나온다.

뒤이어, 수술복 차림의 후지사키와 아버지가 나온다.

복도에 서 있던 중년 부부, 허둥거리면서 소년을 들여다본다.

마스크를 벗으면서

"걱정할 필요 없어요"

부부는 들입다 꾸벅꾸벅 고개를 숙인다.

아버지는 인사를 하고 떠난다.

후지사키, 부부에게

"24시간 동안 아무것도 먹이지 마세요. 물도 안 됩니다"

"네……"

라며 남편이 머뭇거리면서

"집에 데리고 가면 안 될까요?"

후지사키 "그건 안 됩니다. 일주일은……"

남편, 갑자기 아이를 향해 큰소리로

"꾸역꾸역 먹으니까 이렇게 되는 거야! 이 자식!"

이라고 소리쳐놓고 이번에는 후지사키를 향해 굽신거리며

"……저흰 정말이지 하루 삼백 엔도 사백 엔도……"

소년 "아빠 나 집에 갈게! 돌아갈게! 우리 집에서 치료할게! 그 대신 글러브 사줘!"

남편, 기뻐하며

"그래!"

소년, 후지사키에게 부탁하듯이

"선생님! 집에서는 안 나아요? 네? 저, 글러브가 더 좋아요"

후지사키, 쓴웃음을 지으며

"얘, 몇 번 타자야?"

소년 "3번이요!"

후지사키 "그래, 잘 자고 홈런 치는 꿈이라도 꿔. 병이 나빠지면 야구 못해"

하고 남편을 향해

"뭐, 입원료는 걱정하지 마세요. 어차피 병실은 비어 있으니까요"

라고 말하고 떠난다. 배웅하는 부부, 이마이, 루이.

16 **후지사키의 서재**

어두컴컴한 책장뿐인 것 같은 방.

과학자의 서재처럼 현미경이나 표본 등이 있다.

한 구석의 꽃병에는 미사오가 가져온 꽃이 있다.

미사오, 쓸쓸한 듯이 앨범을 보고 있다.

"이야—"

하는 소리에 뒤돌아본다.

수술복을 갈아입은 후지사키의 아버지가 들어온다.

"오늘도 출근했어? 전혀 몰랐네"

미사오, 당황한 듯 앨범을 닫고 옆으로 밀며, 쓸쓸히 웃는다.

아버지, 꽃을 보고

"호오…… 예쁘구나. 네 덕분에 이 창고도 꽤나 사람이 사는 방다워졌어"

미사오 "……"

아버지, 다가와서

"뭘 보고 있었니?"

라고 물으며 미사오가 보고 있던 앨범을 펼친다.

미사오, 시선을 피한다.

앨범—그곳에는 예전 후지사키와 미사오의 즐거운 추억이 담긴 날의 사진이 여러 가지 늘어져 있다.

아버지와 후지사키, 미사오 세 사람의 사진도 있다.

아버지, 그것을 보면서 미사오의 옆모습을 엿보고, 억지로 밝게

"하하하, 모두 젊었군—"

미사오도 억지로 밝은 체하고

"아저씨의 머리카락, 이렇게 새까맸군요…… "

아버지 "허허허…… 이 사진의 교지…… 꼭 개구쟁이 같네"

미사오, 한숨을 쉬듯이

"—전쟁이란, 이렇게도 사람을 바꿔 버리는 것일까요…… "

아버지, 꺼내기 힘들었던 말을 큰맘 먹고 꺼낸다.

"미사오…… 교지 말이야…… 무슨 일인지, 나도 최근 그 녀석의 마음속을 훤히 들여다볼 수 없어"

미사오, 마주하고 싶지 않은 상황을 마주하고 몸이 굳는다.

아버지, 진지하게

"정말 미안하게 생각하고 있어 …… 몇 년 동안이나 기다리게 하고, 무슨 이유인 건지, 당분간 결혼할 생각은 없다고 하니 …… 자네에게도, 자네 부모님께도 뭐라고 해야 할지 …… "

미사오, 뭐라도 말해야 하는 것처럼

"아저씨, 그런 걱정이라면 부디 …… 전 그런 일, 조금도 …… "

아버지 " …… "

미사오, 애써 밝게

"뭐랄까 …… 스스로도 이상해요. 교지 씨와의 일은 마치 먼 옛날의 동화 같은 기분이 들어서 …… "

아버지 "동화 …… "

미사오 " …… 그야 저, 교지 씨와 함께 걸어갈 미래라는 것을 즐겁게 생각한 적도 있지만 …… 더 이상 어린애가 아니에요 …… 아무렇지도 않아요. 스스로도 신기할 정도로 …… "

순간적으로 흐느끼며 우는 소리가 봇물 터지듯 흘러나왔기 때문에, 미사오는 엉겁결에 자신의 입을 막고, 몸을 홱 돌려 나간다.

17 복도

종종걸음으로 떠나는 미사오.

후지사키와 스치듯 지나간다.

찔리는 듯이 떠나는 것을 바라보는 후지사키.

"교지!"

아버지가 후지사키의 방 앞에 서 있다.

"배웅하러 가"

후지사키, 곤란한 듯이

"그렇지만 5호실 환자의 치료가 아직 남아있어요"

아버지, 강하게

"그건 내가 할게 …… 배웅하러 가!"

(WIPE)

18 길

후지사키와 미사오, 아름답게 핀 산울타리 길을 걸어온다.

후지사키 "예쁘네요"

미사오, 꿈에서 깬 것처럼

"네?"

후지사키 "예뻐요"

미사오 "어머, 정말! 저는 조금도 알아차리지 못했어요"

아름답게 핀 산울타리를 길을 걷는다.

— 정적 —

미사오 "…… 저희 아버지도 나이가 드셔서요"

후지사키 "…… "

미사오 "아버지는 우리들의 결혼을 이미 오래전부터 포기하신 것 같아요"

후지사키 "…… "

미사오 "…… 요즘에는 다른 적당한 후보자를 찾을까, 라고 …… (웃는다)"

후지사키, 미사오의 얼굴을 보지 않고

"…… 그래서, 다른 후보자는 …… 있나요?"

미사오 "있을 거라고 생각하세요?"

후지사키 "…… 그래도 …… 만약에 있다면 …… "

미사오 "제 마음먹기 나름이라고 말씀하세요. 그래서 제가 …… 무슨 일이 있어도 당신과 결혼할 수 있을 때까지 기다리겠다, 고 말씀드린다면 …… "

후지사키 "그것에 대한 내 생각은 전역하고 얼마 안 됐을 때 당신에게 ……"

미사오 "하지만 당신은 저와 결혼할 수 없는 이유를 아직도 말씀해 주시지 않았어요"

후지사키 "…… "

미사오 "…… 저도 묻는 게 무섭지만 …… 그래도, 어떤 잔인한 일이라도 각오하고 있어요 …… 말씀해 주세요!"

후지사키, 마음을 돌리고 냉정하게

"…… 예를 들어, 한 남자가 있다고 해요. 이건, 다른 얘기예요. 남자든 여자든 상관없어요. 그 인간은, 그 인간의 육체는 말이에요. 순결하지만 순결하지 않고 더럽혀졌어요. 그런 경우도 있다는 걸 당신은 상상해 본 적 있어요?"

미사오 "…… 어떤 병을 말하는 거예요?"

후지사키, 얼굴을 일그러뜨리고 웃으면서

"그럴지도 몰라요 …… "

라며 자기 손가락의 상흔을 지그시 바라본다.

19 조제실

이마이, 약 찬장을 뒤지며

"미네기시, 미네기시"

루이, 들어온다.

"뭐야?"

이마이 "이상하네…… 또 살바르산이 한 박스 없어졌는데…… 넌 몰라?"

루이 "살바르산?"

이마이 "매독용 주사약이야"

루이, 화내며

"뭐라고! 그런 약이랑 나랑 무슨 상관이야! 날 우습게 보면 가만 안 둬"

이마이 "?"

루이 "아무리 나라도…… 거기까지 망가지진 않았어…… 매춘부가 될 거라면 누가 이런 고생을 해!"

이마이 "?"

20 다른 길

후지사키와 미사오, 괴로운 표정으로 서 있다.

미사오, 억지로 웃는 얼굴로

"당신은 아까 순결한데도 더러워진 몸이라고 말씀하셨는데, 당신에게는 그런 병이 없다는 것을, 저는 잘 알고 있어요"

후지사키 "……"

미사오, 격해져서

"왜! 어째서 저를 사랑하지 않는다고 분명히 말씀해 주시지 않는 거예요!"

꼼짝 않는 후지사키.

—정적—

미사오, 눈물을 거두고

"저, 내일부터 더 이상 여기에 오지 않을게요…… 아저씨께 안부 전해주세요……"

라며 도망치듯 떠나간다.

후지사키, 움직일 수 없다—

(O·L)

21 진찰실

밤, 일을 끝낸 후의 텅 빈 진찰실.

후지사키, 책상 서랍을 열고 살바르산의 주사약을 꺼내 주사기에 채워 넣는다.

스스로 고무를 팔에 묶고, 한 손으로 주삿바늘을 정맥에 찌른다.

주사액을 체내에 천천히 주입한다.

루이가 조제실에서 나온다.
후지사키, 움찔하며 뒤돌아보고
"너구나 …… 내가 할게 …… 이제 쉬어"
라며 황급히 주사기를 가린다.
루이, 가까이 가면서
"선생님도 힘드시겠네요 …… 피곤하시겠어요 …… 저도 홀에 있었을 때 주사 자주 맞았어요 …… B·C죠?"
라며 주사기 박스를 손에 들고, 움찔하게 된다.
살바르산
루이, 노골적인 냉소를 띄우며 후지사키를 바라본다.
후지사키, 고개를 돌린다.
루이, 무시하는 듯한 기색으로 떠난다.
후지사키, 묵묵히 계속 주사한다.

(F·O)

(F·I)

22 병실 복도

조리도구와 빨래로 뒤죽박죽이다.
풍로로 뭔가 끓이고 있는 여자.
얼음을 깨고 있는 남자.
후지사키, 치료 기구를 든 이마이를 데리고 같은 방에서 나와 옆방으로 들어간다.

23 병실

맹장염에 걸린 소년이 자고 있다.
곁에 있던 그의 어머니, 여전히 콜록콜록하며 후지사키를 맞이한다.
후지사키, 소년에게
"어때, 개구쟁이 …… 홈런 꿈 꿨어?"
소년 "아뇨 …… 깨끗한 물이 흐르고 있는 꿈만 꿨어요"
후지사키 "?"
소년 "물 마셔도 돼요? …… 벌써 24시간이 지났어요"
후지사키 "좋아, 아주 조금만이야"
소년, 어머니를 돌아보고
"그거 봐 …… 이미 24시간이 지났다고 말했는데 …… 엄마는 비과학적이야"

소년의 배를 들여다보던 후지사키, 무심코 웃음을 터뜨린다.

소년, 어머니로부터 주전자를 받아 마시면서

"쳇! 고작 이거뿐이야! 선생님! 뭘 먹을 수 있는 건 언제예요?"

후지사키 "가스가 나오면"

이라고 하며 방을 나간다.

옆 침대에 있는 깁스한 청년, 의기양양하게

"꼬마야, 맹장 수술은 가스만 나오면 다 나은 거야. 그래서 가스가 나오면 다 같이 축하하는 거지"

소년, 뒷정리하고 있는 이마이에게

"가스가 뭐예요?"

이마이, 웃으면서

"방귀야"

소년 "쳇! 뭐야! 하하"

하고 웃기 시작하다

"앗"

하고 환부의 통증에 당황하여 배를 누른다.

24 아버지의 방

아버지, 골동품상을 불러서 뭔가 팔고 있다.

골동품상, 세고 있던 지폐 다발을 내놓고

"그럼, 좀 알아보시고—"

아버지

"음"

하고 대수롭지 않게 책상 서랍에 지폐 다발을 마구 집어넣는다.

골동품상, 돌아갈 채비를 하면서

"아주…… 큰일이군요…… 저 실례지만, 이 정도로 인기 있는 병원은 돈이 넘칠 거라고 생각했어요…… "

아버지 "후후…… 대부분 무료 치료 환자야…… 아들이 좀 별나서…… 뭐, 취미 치고는 질 좋은 취미라고 생각해서 체념하고 있는 거야…… "

골동품상 "이야, 사람을 돕고 계시는군요…… 도둑놈뿐인 세상에, 그런데, 뭐랄까 구청이라던가 도쿄도라던가, 그런…… 그니까 국가에서 보조는 안 해주나요?"

아버지 "아니, 있긴 있는데 절차가 귀찮기도 하고…… 아, 자네, 이 일도 아들에게는 비밀이야"

25 진찰실

후지사키, 손을 씻고 있다.
다 씻고 의자에 앉는다.
담배를 꺼내 입에 문다.
라이터를 꺼내지만, 그대로 가만히 정면을 응시하며 생각에 잠겨버린다.
현관 벨 소리.
후지사키, 움직이지 않는다.
미사오가 살며시 들여다본다.
정면을 응시하고 움직이지 않는 후지사키.
절망적이고 어두운 그림자에 휩싸여 있다.
미사오, 가슴이 죄이는 것처럼 그 뒷모습을 바라보며 서 있다.
—정적—
후지사키, 문득 뒤돌아본다.
미사오를 보고 깜짝 놀란 듯 무언가 말을 건넨다.
미사오, 책임을 넘기듯이

"저 …… 또, 또 와버렸어요. 다리가 …… 저절로 이쪽으로 향하게 돼요"

후지사키 " …… "

미사오, 갑자기 격정적으로

"교지 씨 …… 당신은 행복하지 않군요 …… 왜요? …… 무엇 때문인지 알려 주세요 …… "

후지사키, 고개를 돌린 채 잠자코 있다.

미사오 "어째서 그렇게 괴로운 얼굴을 하고 계신 거예요 …… 왜 그렇게 변해버린 거예요 ……"

후지사키, 억지로 차갑게

" …… 별로 …… 그냥 나이가 들었을 뿐이에요"

미사오 "아뇨 …… 가끔 당신은 어딘가 특별한 다른 세계에서 온 사람처럼 보여요 …… "

루이가 붕대를 안고 들어온다.

"어머, 방해되셨는지……"

미사오, 작은 소리로

"아니요 …… "

루이, 아무렇지도 않게 붕대를 소독기에 넣기 시작한다.
세 사람 사이에 어색한 침묵이 이어진다.

후지사키, 정적을 참을 수 없었던 것처럼
"시험 준비는 하고 있나?"
루이, 알면서도 일부러
"무슨 시험이요?"
후지사키, 조용히
"간호사 시험 말이야…… 평생 수습 간호사로 있을 순 없잖아"

루이 "아, 그거요……? 음, 하고는 있어요…… 근데 저 같은 댄서 출신이 이런 신성한 직업을 감당할 수 있을까요…… 이마이 씨처럼 똑똑한 사람도 인제 그만둔다고 하니까요"

미사오 "저도…… 교지 씨가 하는 일의 가치를 알아주시면 안 되겠냐고 부탁드려 봤지만……"

후지사키 "강요하지 않는 게 좋겠어요…… 간호사 수입으로는 꽤 힘들거든요"
루이, 경멸하듯이
"곱게 자란 아가씨들이 머릿속으로 생각하시는 것처럼…… 세상은 만만하지 않으니까요"
미사오, 반발하며
"네, 그럴 수도 있어요. 그러니 저에 대해 나쁘게 말씀하시는 건 상관없지만요——"
루이, 시치미를 떼며
"어머? 제가 아가씨에 대해 욕을 했나 봐요"
미사오, 당황하여
"아니요, 욕은 아니지만…… 그니까, 비판하셔도 상관없어요. 하지만 당신, 교지 씨께는 감사해야 한다고 생각해요"

루이 "물론이죠. 임신하고 먹고 살 길이 없어 자살하려고 했지만 도움을 받았으니. 게다가 여기서 살게 해 주시고…… (하이톤으로 웃는다) …… 하지만 그때 제게 돈만 있었다면 어딘가에 가 부탁해서, 여기 있는 이런 (배 위를 손바닥으로 세게 탁탁 두드리며) 아이 따위는 낙태해 버리고, 지금은 아무렇지도 않게 또 재미있게 돈벌이 했겠죠…… 간호사 시험 따위를 보기 위해 아득바득하지 않고……"
라며 자포자기해 웃는다.
후지사키, 격노해서
"너! 그렇게 낳기 싫은 아이라면 왜 처음부터 스스로 조심하고, 상대도 조심시키지 않았어!"

루이 "댄서를 호텔에 데리고 들어가는 남자예요…… 아이가 생기면 도망쳐 버릴 남자가…… 그런 조심을 하겠어요?"

후지사키 "여성의 권리로서 그만한 주의를 상대방에게 요구하는 게 어때?"

루이 "귀찮아요"

후지사키, 흥분해서

"너희가 짐승이야?"

미사오가 두 사람의 대화를 듣기도 전부터 조용히 살짝 떠나려는 걸 보고,

루이 "아가씨, 도망가실 건가요?

후지사키, 세차게

"미네기시!"

미사오, 도망치듯 떠난다.

루이 그 뒷모습에 냉소를 퍼붓는다.

26 **복도**

미사오, 종종걸음으로 안채 쪽으로 돌아간다.

계단을 내려온 아버지, 그런 미사오를 미심쩍은 듯이 바라보고 진찰실 쪽으로 향한다.

27 **진찰실**

후지사키 " …… 어쨌든, 네 배 속에 있는 아이에게는 이미 눈도 있고 배도 있어"

루이 "인도주의네요, 선생님의 특기인…… 그런 하느님 같은 사람이 왜 살바르산 주사 같은 걸 맞고 있는 거죠!"

28 **복도**

루이의 말을 듣고 굳어져 멈춰 선 아버지.

29 **진찰실**

루이 " …… 세상일 참 재밌네…… 이면에는 또 다른 이면이 있어"

후지사키 " …… "

30 **복도**

굳어진 아버지

(O·L)

31 **병실 복도 (밤)**

이마이, 각 병실의 문을 열고는 일일이

"별 일 없으세요?"

라고 말을 걸며 돌아다니고 있다.

(O·L)

32 진찰실 앞·복도

이마이, 진찰실의 불을 끈다.

지나가려고 하자,

"이봐"

하는 소리.

이마이, 어머 하고 문을 열어 본다.

어둑어둑한 어둠 속에 마주 앉아 있는 아버지와 아들

이마이, 꾸벅 인사하고 당황해서 스위치를 켠다.

33 간호사 방

루이, 이불을 깔고 있다.

이마이, 들어온다.

이마이 "아아, 깜짝 놀랐어…… 아무도 없는 줄 알고 진찰실 불을 껐는데 갑자기 '이봐'라고 해서…… 선생님들 아직 안 주무셔…… 근데 왜 어두운 데서, 무슨 이야기를 하고 계신 걸까…… 뭔가 중대 회의인 것 같아…… 끝내 경영난이 심각한가 봐"

루이 "넌 사람도 좋다. 저 부자가 뒤에서 뭔 짓을 하는지 알 리가 있어?"

이마이 "에이 설마"

루이 "그럼 너, 살바르산 훔친 범인 누구인지 알아?"

이마이 "?"

루이 "칫, 그래서 사람이 좋다는 거야"

하고, 나간다.

이마이 "어디 가?"

루이 "엿들으러"

이마이 "?"

루이 "엿듣는 건, 가끔 진실을 가르쳐줘서 좋단 말이지…… 나, 저런 위선자는 철저하게 혼내주고 말 거야. 사람을 짐승 취급해 놓고, 정작 자기야말로 ——"

하고, 살금살금 나간다.

34 진찰실

어색하게 마주 보고 있는 두 사람.

아버지 "…… 물어보는 게 아니었다…… 난 네가 미네기시가 한 말은 거짓말이라고 말해줬으면 했다…… 네가 살바르산을 맞고 있다니 믿고 싶지 않아!"

후지사키 "…… "

아버지 "믿을 수가 없어 …… 나는 믿을 수가 없다!"

하고 서성이는데,

"내가 조금 이성을 잃은 것 같다 …… "

하고 다시 자리에 앉아서,

"그래서, 증상은?"

후지사키 "예상대로 제3기입니다"

아버지, 또 흥분하고, 후지사키를 노려본다.

아버지 "교지! 넌 부끄럽지도 않은 거냐 …… 용서 못 해! 용서 못 한다! 난 미사오를 위해서 용서할 수 없다!"

후지사키 "아버지 …… 저는 아버지가 생각하시는 것과 같은 이유로 이렇게 된 게 아니에요"

아버지 "변명은 듣고 싶지 않다"

후지사키 "변명이 아니에요 …… 감염경로는 이 손가락의 상처예요"

아버지 "?"

후지사키 "제 몸에 있는 매독균은 수술 중에 메스에 찔린 상처를 통해 들어갔어요"

아버지 " …… "

후지사키 "그 환자가, 심한 매독 환자라는 걸 알았을 때 …… 심장이 얼어붙을 것 같은 공포 속에서 …… 순간 …… 저는 제일 최악의 경우를 상상했어요 …… 그런데 …… 그대로 된 거예요"

두 사람 사이에 잠시 정적이 흐른다.

아버지 "교지, 나 자신이 부끄럽구나 …… 부끄러운 오해를 해 버렸다"

후지사키 "아버지 …… 그렇지 않—— "

아버지 "아니 …… 부모와 자식이라도 사과할 일은 제대로 사과해야 한다 …… 아무쪼록 용서해 주렴"

후지사키 "……"

아버지 "그나저나 교지 …… 그렇다면 왜 진작 털어놓지 않았니 …… 제대 후의 넌, 나로서는 도저히 이해할 수가 없었다 …… 쓸쓸했어"

후지사키 " …… "

아버지 " …… 이제야 네가 미사오를 계속 거부하는 이유도 알겠고 …… 불우한 사람들을 위해 헌신적으로 노력하게 된 마음도 이해한다 …… 하지만 …… 나도 그런 경험이 있어서 아는데, 불행은 사람을 완고하게 만든단다"

후지사키 " …… "

아버지 " …… 미사오 문제도 말이야, 너무 완벽히 하려고 하는 건 아닐까?"

후지사키 "완치되려면 3년이 걸릴지, 5년이 걸릴지 몰라요…… 약이 부족한 전선을 여기저기 전전하는 동안, 대충대충 치료해서 아주 심각해져 버렸어요"

아버지 "…… 미사오가 지금 몇 살이나 됐지?"

후지사키 "스물여섯입니다"

아버지 "──흠"

후지사키 "……"

아버지 "그런데 교지…… 그래도 솔직하게 사실대로 미사오에게 말해야 하지 않을까…… 너를 포기하게 하기 위해서라도"

후지사키 "전 얘기 못 해요…… 많이 생각해 봤는데…… 말 못 해요"

아버지 "왜지?"

후지사키 "제가 만약 솔직하게 전부 이야기했다고 해요. 그 사람은 분명 5년이든 10년이든 나을 때까지 기다리겠다고 할 겁니다…… 아니, 제가 병에 걸렸다는 걸 알면, 곧 죽어도 다른 사람에게 시집을 가지 않을 거예요. 누구와도 결혼하지 않고, 평생 저를 돌보겠다고 할 게 틀림없어요"

아버지 "……"

후지사키 "전 그런 일에, 그 사람의 청춘을 몰아넣을 용기는 없어요"

아버지 "……"

후지사키 "그렇지 않아요, 아버지?"

아버지, 한숨과 함께 미간을 찌푸리고, 힘없이 고개를 떨군다.

—정적—

돌연, 와 하는 함성과 박수.

하모니카의 쾌활한 소리.

35 간호사 방 창문

이마이, 창문을 열고,

이마이 "곤도 씨! 곤도 씨! 안 돼요! 벌써 11시예요!"

하고 병실 쪽으로 소리친다.

36 병실 창문

깁스를 한 청년.

청년 "나왔다구요, 나왔어요"

37 간호사 방 창문

이마이 "뭐가 나왔어요?"

38 병실 창문

청년 "녀석 방귀요! 만세!"

하고 다시 하모니카를 연주한다.

39 **간호사 방**

이마이 쓴웃음을 지으며,

"적당히 하지 않으면 선생님께 혼날 거예요"

하고 창문을 닫는다.

루이가 느릿느릿 들어온다.

이마이 "어땠어? 무슨 얘기였어?"

루이, 말없이 반대편에 눕더니, 이불을 머리끝까지 덮어버린다.

40 **진찰실**

마주 본 채 움직이지 않는 부자.

하모니카의 쾌활한 멜로디.

(F•O)

(F•I)

41 **후지사키의 서재**

후지사키와 미사오.

미사오, 꽃을 갈면서,

미사오 " …… 어제 아저씨께서 오셔서요 …… 약혼을 정식으로 거절하셨어요 …… "

후지사키 " …… "

미사오 " …… 몇 번을 여쭤 봐도 당신이 거절하는 이유가 저는 이해되지 않아요 …… "

후지사키 "……"

미사오 "제 마음, 절반은 이미 포기했지만 …… 나머지 절반은 이유를 듣고 싶어, 이유를 알고 싶어, 라고 외치면서 받아들이지 못하고 있어요 ……"

후지사키 "……"

미사오 "교지 씨 …… 결혼을 약속하고 6년 동안이나 기다린 여자는, 정신적으로나 육체적으로나 …… 아직 아무런 육체적 관계를 맺지 않았음에도 불구하고 …… 이미 마음으로는 남편이 되기로 했던 그 사람의 것이 되어있어요 …… 당신은 그렇게 생각하지 않으세요?"

후지사키 "미안하게 생각하고 있어요 …… 나는 당신에게 너무 의지했던 것 같아요. 여자도 없는 우리 집에 이렇게 매일 같이 와서 보살펴 준 당신을 …… 몇 번이나 거절했어요 …… 그러면서도 여전히 의지하고 있던 모양이에요 …… 이제 그만 와 주세요 …… 제멋대로 말하는 것 같지만요 …… "

미사오 "저 내일도 모레도…… 계속 올 거예요"

후지사키 "……"

미사오 "오늘 반찬은 뭐로 할까요?"

하고, 울 것처럼 후지사키를 바라본다.

노크 소리.

후지사키 "네"

루이가 들어온다.

루이 "저기, 맹장염 꼬마가 퇴원 인사드리고 싶다고——"

후지사키 "알겠어, 바로 갈게"

루이 "아뇨, 여기 와있어요"

42 **복도**

후지사키, 나온다.

미사오, 옆을 스치며 지나간다.

소년과 부모, 한 줄로 서서 깍듯이 인사한다.

후지사키 "얘 꼬마야, 얌전히 있으니까 예정보다 3일이나 빨리 나왔잖아…… 잘됐네"

부인 "네, 덕분이에요 정말로요"

남편 "그리고 이거, 별건 아니지만 저희 집에서 난건데, 좀……"

하고, 흙이 묻은 감자 보따리를 내민다.

후지사키 "이거 참, 고마워요"

남편 "이거 뭐, 약 값도 안 되지만"

하며, 루이에게 보자기와 돈을 건넨다.

후지사키 "고마워요, 사양하지 않고 받겠습니다"

부인, 연신 고개를 숙여 인사한다.

남편 "얘야, 선생님께 인사 드려야지"

소년, 꾸벅 고개를 숙인다.

후지사키 "꼬마야, 아직 당분간은 캐치볼 같은 건 하면 안 된다. 알겠지! 아, 잠깐만"

하고, 방 한구석의 책장 아래를 뒤적여, 먼지투성이의 글러브를 꺼내 소년에게 준다.

후지사키 "자, 내가 학창 시절에 쓰던 거야"

부인 "어머나, 이게 웬일이야——"

소년, 세상에서 제일 기쁜 듯이 활짝 웃으며 선생님의 얼굴을 본다.

두 사람의 얼굴을 번갈아 보는 루이.

(O·L)

43 부엌

갓포기割烹着(집안일을 할 때 기모노가 더러워지지 않도록 입는 앞치마의 일종, 역자주)를 입은 미사오가 냄비 앞에 시무룩하게 있다.

루이, 감자 꾸러미를 들고 들어와서 입구의 기둥에 멍하니 기댄다.

루이 "(잠시 미사오가 하는 일을 보고 있다가 불쑥) 아가씨"

미사오, 뒤를 돌아본다.

루이 "(다가오며) 저, 간호사 시험을 볼 생각이에요"

미사오 "그래요…… 교지 씨가 좋아할 거예요, 분명"

루이 "아이도 꼭 낳을 생각이에요"

미사오 "큰 심경의 변화네요"

루이 "아가씨…… "

미사오 "네?"

루이 "……이상한 부탁이지만…… 선생님은 정말 훌륭한 분이라고 생각한다고 …… 제가 그렇게 말했다고…… 선생님께 전해주실 수 있을까요?"

미사오 "?"

루이 "저, 여러 가지로 오해를 했었어요…… 직접 사과하는 게 제일 좋겠지만 …… 이제 와서 뭘…… 그래도 아가씨에게만이라도 털어놓으니, 아주 개운하네요"

루이, 할 말만 하고 서둘러 나간다.

미사오, 다시 가만히 창밖을 바라본다.

44 정원

꽃이 활짝 피어있다.

(F·O)

(F·I)

45 정원

황량한 겨울

46 대합실

루이, 화로에 몸을 숙이고 의학서를 외우고 있다.

노자카 순경 "(들어오며) 어! 공부 중인가?"

루이 "언제까지나 수습 간호사면 대우받을 수 없으니까요"

노자카 "자네도 변했군…… 근데, 아기는 잘 있나?"

루이 "간호사 방에서 자고 있어요"

노자카 "어때, 귀엽지 않나?"

루이 "저한테 아이 같은 건 귀찮기만 해요"
노자카 "쳇, 그 독설만은 여전하군"
루이 "환자 명단 드릴까요?"
노자카 "아니, 선생님께서 경찰서까지 와 주셨으면 하는데, 부상자가 있어서"

(WIPE)

47 길

노자카 순경과 교지.

노자카 "…… 어처구니없는 일이 있는데요…… 자동차 검문 중이던 동료가 승객에게 갑자기 얻어맞았습니다…… 게다가 상대는 어엿한 신사였어요"

(WIPE)

48 경찰서·한쪽 방

후지사키가 순경의 머리 상처 치료를 끝낸 상황.

동료 두세 명이 있다.

후지사키 "뜻하지 않은 재난이었네요"
부상당한 순경 "정말 어처구니가 없습니다…… 면허증을 확인하고 있는데 갑자기 문을 열고 빨리하라고 소리 치길래, 저도 화가 났죠…… 그래도 제 일이니까 잠시 기다려 달라고 했더니 무서운 얼굴로…… 마치 미친개처럼 …… 들고 있던 지팡이로 갑자기…… "
후지사키 "그럼 진찰해야 하는 건 그 사람의 머리인가 보군요"
노자카 "그 자식! (후지사키에게) 정말 수고하셨습니다"
후지사키 "비번일 때 들러주세요"

49 조사실

담당관 앞에 풍채가 좋은 신사가 등을 보이며 기운 없이 앉아있다.

담당관 "주소는?"
신사 "미나토구港區 아타고초愛宕町 1-11"
담당관 "이름은?"
신사 "나카타 다쓰오"

50 복도

지나가던 후지사키, 그 이름에 문득 걸음을 멈추고 본다.

51 조사실

담당관 "(후지사키를 보고) 아, 수고하셨습니다. 상태는 어떻습니까?"
후지사키 "(들어와서) 별일 아닙니다. 전치 1주 정도예요…… 잠시 실례합니다만, 방금 분명히 나카타라고"

하고 남자를 들여다보며

후지사키 "오! 역시 당신이군"

나카타, 고개를 든다.

잠시 침울하게 후지사키를 올려다보던 나카타의 얼굴, 갑자기 환해진다.

(O·L)

52 바(BAR) 럭키

후지사키, 나카타와 여종업원.

나카타, 위스키를 마시며 히죽히죽 웃고 있다.

여종업원 "소름 끼치네요, 왜 혼자서 웃고 있어요?"

나카타 "아니, 황송해하고 있어. 이봐! 어리바리하지 말고 이쪽에 술 좀 따라봐. 후지사키 씨는 말이야…… 내 생명의 은인이야… 오늘도 또 도움을 받고 말야"

여종업원 "여기…… "

후지사키 "나는…… "

나카타 "좋잖아요"

후지사키 "오후에 수술이 있거든요"

여종업원 "어머, 의사 선생님이세요?"

나카타 "외과 선생님이야. 이봐 미이, 네 턱도 조금 깎아 달라 하는 게 어때"

여종업원 "무례하네요…… 여기, 과일이라도 가지고 올까요"

나카타 "음…… 마침 먹고 싶다고 생각했지만…… 하나에 천오백 엔이나 하는 사과는 싫어!"

여종업원 "때릴 거예요…… "

하고 떠난다. 두 사람은 잠시 말을 잇지 못한다.

나카타 " …… 그나저나, 그때는 정말 신세를 졌습니다"

후지사키 "그 후…… "

나카타 "상처도 고향으로 돌아가고 나서 금방 아물었어요"

후지사키 " …… 그 부분은 전문의에게 진찰을 받았겠지요?"

나카타 "아, 꽤 다녔어요…… 이제 완전 괜찮아요"

후지사키 "의사가 그렇게 말했습니까?"

나카타 "의사가 시키는 대로만 하면 끝이 없어요"

후지사키 "그렇지만 매독균이란 철저하지 않은 치료가 제일 위험해요"

나카다 "아니, 증상도 없다니까요…… "

하고 옆에 있는 라디오의 스위치를 켠다.

흘러나오는 음악 속에서 나카타는 들뜬 모습으로 위스키를 마시고, 후지사키는 아연실색하여 그런 나카타를 보고 있다.

(O·L)

53 **진찰실**

후지사키, 생각에 잠겨 있다.
루이가 들어온다.

후지사키 "아기는 자나?"
루이 "큰 선생님이 안아주신다고…… "
후지사키 " …… "
루이 "정말 안됐어요…… 원래라면 자신의 손자를 안을 수 있었을 텐데요"
후지사키 " …… "
루이 "주사 놓아드릴까요?"
후지사키 "음, 부탁해"
루이, 살바르산 병을 열면서,
"지난번 혈액 검사 결과는 어땠어요?"
후지사키 "양성이야"
루이 "이 주사는 언제까지 맞아야 해요?"
후지사키 "한번 치료할 때 3개월 계속해서 맞고 한 달 쉬고…… 또, 다음 치료도 …… 그걸 반복하는 거지…… 균이 없어질 때까지"
루이 "그래서 완치가 되려면 얼마나 걸려요?"
후지사키 "그게 말이야…… 심하게 악화돼서 얼마나 걸릴지 …… "
루이 " …… "
루이 "얄밉네요…… 선생님에게 이런 병을 옮긴 녀석…… 살아있나요?"
후지사키, 이상한 표정으로 루이를 올려다본다.
루이 "저, 다 들어버렸거든요"
후지사키 "아버지께?"
루이 "아니요, 아기가 아직 배에 있었을 무렵이에요. 밤늦게 여기서 이야기하셨잖아요…… 큰선생님이랑"
후지사키 " …… "
루이 " …… 그 시절에 비하면, 여기도 쓸쓸해졌어요… 이마이 씨는 가버리고 …… 아가씨도 오시지 않고…… "
후지사키 "결혼 상대를 찾은 것 같아"
루이 " …… "

후지사키 "…… "
루이 "저기, 선생님…! 선생님은 원망스럽지 않아요?"
후지사키 "?"
루이 "선생님께 병을 옮긴 남자 말이에요 …… 나라면 저주해 죽여버리겠어요"
후지사키, 침묵한다.

(F·O)

(F·I)

54 나카타 상사

나카타 상사

라고 쓰인 유리문을 열고, 후지사키가 들어온다.
정석대로 접수처가 있고, 테이블이 늘어서 있는데, 직원들은 한쪽 구석에 있는 스토브에 신문지나 나무상자를 짓밟아서 던져 집어놓고 잡담하고 있다.
우두커니 서 있는 후지사키의 뒤에서, 화려한 여직원이 근처 가게에서 가져온 것 같은 커피를 쟁반에 얹어서 들어온다.
후지사키, 뒤돌아보고,
"저 …… 나카타 씨는요?"
여직원 "사장님이요 …… ? 사장님이라면, 아마 '럭키'에 계실거예요"
하고 발로 문을 쾅 닫는다.
후지사키 "'럭키'라면 …… 그 말굽 모양 마크를 단 술집입니까?"
여직원 "맞아요 …… 여자 종업원도 말처럼 생겼죠!"
"질투하지 마, 질투하지 마!"
스토브의 주위에서 야유가 날아온다.

(WIPE)

55 바(BAR) 럭키

후지사키와 나카타.
나카타, 상당히 취해있다.
후지사키는 아직 모자도 벗지 않았다.
나카타, 짜증 난 듯이,
"지긋 지긋하네 당신도 ……. 난 더 이상 당신 환자가 아니야 …… "
후지사키 "알고 있네 …… 하지만 …… 의사로서 너에게 충고하는 것이 의무라고 생각해서"
나카타 "그러니까 말야 …… 나는 이제 완치되었다고 하잖아"

후지사키 "네 생각일 뿐이겠지. 그게 위험하다는 거야, 척수액도 확실히 줄어든 건가?"

나카타 "흥, 나는 유쾌하지 않은 일 따위, 생각하지 않는 주의라서"

후지사키 "그렇지만 너 하나의 쾌락뿐만 아니라 다른 사람의 행복이나 평화도 걸려있으니까"

나카타 "그게 무슨 뜻이죠, 군의관님"

후지사키 "4년 전…… 수송 트럭 안에 누워 있는 너에게 내가 얘기한 적이 있을 거야, 매독균이란 놈은…… "

나카타 "하하하…… 침으로도 감염된다는 말인가…… 하지만 말이야, 자네, 내 마누라는 아무렇지도 않아"

후지사키 "부인?"

나카타 "하하하…… 그거 봐, 아기도 순조롭게 자라고 있는 걸…… 뱃속에서 말야…… 하하하, 하여간 이제 반년이 지나면 3킬로 정도 되는 아기를 안고 자네에게 인사하러 갈 거야"

후지사키 " …… "

나카타 "어때? 놀랐지?"

후지사키 "놀랐어…… 너의 무모함에"

나카타 "?"

후지사키 "나 이런 말은 하고 싶지 않지만…… 네가 진지하게 생각해 주었으면 해서 하는 말인데…… 너와 같은 매독균이 내 안에도 있어"

나카타 "?"

후지사키 "그 야전병원에서 네 창자를 봉합하는 수술을 할 때, 이 손가락의 상처를 통해 들어간 거야"

나카타 "그런 바보 같은…… !"

후지사키 "뭐, 들어봐…… 이따위 거짓말을 할 거라고 생각해?"

나카타 " …… "

후지사키 "나카타…… 그 내가, 아직 낫지 않았어…… 그리고 지금까지도 치료를 계속하고 있는 거야……"

나카타, 갑자기 난폭한 얼굴이 되어,

"젠장! 엉뚱한 트집 잡지 마!"

하며 맥주병을 잡는다.

후지사키, 그 손을 꾹 누르고,

"내일이라도 오게. 아내를 데려오는 거야"

나카타, 무서운 눈으로 후지사키를 노려보고 있다.
"빌어먹을! 누가…… "
후지사키 "우리 아버지가 부인과 의사야 …. 네 아기가 무사히 태어나기 위해서, 가능한 한 최선을 다할걸세"
라고 말하고는 훌쩍 떠나간다.
나카타, 불안한 얼굴로 멍하니 바라본다.
물결치고 있는 맥주병 안의 맥주.

(F·O)

(F·I)

56 병원 앞

차가운 빗속에 자동차 한 대가 서 있다.

57 대합실

나카타가 차분히 창문의 비를 보고 있다.
아기의 울음소리.
나카타의 아내 다키코多樹子가 창백한 얼굴로 들어온다.
나카타, 달려들듯이,
"진찰은 끝났어?"
라고 말한다.
다키코 "네…… "
나카타 "뭐라고 하던가?"
다키코 "당신에게 이야기하고 싶다고…… "
나카타, 불안한 듯이 다키코를 바라보다가 허둥지둥 나간다.
다키코, 덩그러니 남는다.
그 발치의 연탄 화로에 걸려 있는 작은 약통이 덜그럭덜그럭 소리를 내고 있다.
루이, 빠른 걸음으로 나와서 작은 냄비로 분유를 타기 시작한다.
다키코 "힘드시겠네요… 입원한 분의 아기인가요?"
루이 "아뇨, 제 아기예요"
다키코, 조금 놀랐지만,
"그렇군요. 언제 태어났어요?"
루이 "오늘이 딱 52일째예요"
다키코 "어머…… 태어난 날부터 매일 세고 계시는군요"
루이 "?"

다키코 " …… 그게, 바로 대답하셔서 …… "

루이 "네 …… 그냥요 …… 달력에 표시를 해두니 자연스럽게 오늘은 며칠 째라고 계산하게 되더라고요 …… 사모님도 곧 출산하시죠?"

갑자기 뭔가 크게 고함치는 소리가 들려와서 두 사람의 대화를 방해한다.

다키코, 불안한 듯이 일어선다.

58 진찰실

나카타와 후지사키와 아버지.

나카타, 후지사키에게 대들고 있다.

"이봐, 너는 나에게 창피를 주려고 여기에 불렀나?"

후지사키 "바보 같은 소리하지 마 …… 그러니까 나는 …… 부인에게 직접 알리지는 않았잖아"

나카타, 부들부들 떨고 있다.

아버지 "기분이 상하셨다면 죄송해요. 하지만 의사로서는 솔직한 말씀을 드릴 수밖에 없습니다, 산모가 이런 상태라면, 여러 가지로 불행한 경우를 생각하지 않을 수 없습니다"

나카타 "뭐 …… ? 그건 무슨 의미야 …… 내 아이가 바보 장님이라는 말이야?"

아버지, 욱 하지만 온화하게,

"그런 경우도 있을지도 모릅니다 …… 물론 가능한 한 치료는 하겠습니다. …… 하지만 조산이나 사산의 위험도 높다고 말씀드리고 싶습니다"

나카타 "흥 …… 부인과 의사는 여기만 있는 게 아니야 …… "

아버지, 화가 나서 안색이 변한다.

후지사키, 끼어들며,

"아버지 …… 제가 얘기할게요 …… 제발 …… "

아버지, 나카타에게 말없이 인사하고 떠난다.

나카타, 아직도 화난 표정으로 방 안을 서성인다.

후지사키 "나카타, 조용히 얘기를 하자니까 …… 불행을 최소화할 생각을 해야지"

나카타 "자네는 …… 남의 일이라고 생각하고 대단히 침착하지만 …… 나는 그렇지 않아 …… 나에게 있어서는 첫 아이라고"

아기의 울음소리.

후지사키 "그러니까 …… 그러니까 나는, 이런 불행이 일어나지 않도록, 너에게 주의를 주었던 거야 …… 부인의 몸이 청결했던 만큼 감염의 정도가 강했어 …… 이건 누구의 죄도 아닌 네 죄야"

다키코, 조용히 들어온다.

"저도 같이 얘기해도 될까요?"

나카타 " …… 듣고 있었나 …… 우리가 하는 이야기 …… "

다키코 "네"

나카타 "쳇 …… 매독이래. 당신 …… 평범하게 낳을 수 있을지 없을지 모르겠다고 하네"

다키코 "(차갑게)그렇지 않을까 싶었어요"

나카타 "……"

다키코 "저, 병인 것 같다고 깨닫고 여러 책을 찾아봤어요"

나카타 "알고 있었나 …… 방심할 수가 없네"

다키코, 격한 분노를 억누르고

"그게 무슨 뜻이에요?"

나카타 "뭐가?"

다키코 "저, 이런 부끄러운 일에 대해서 조금이라도 지식을 갖고 있었던 것은, 당신이 말하는 그런 경험 때문이 아니에요. 그런 경험이 제게 있을 정도라면, 저, 이런 비참한 일에 …… "

나카타 " …… "

세 사람이 어색하게 입을 다물고 있다.

— 정적 —

아기의 울음소리.

다키코, 감정을 억누른 목소리로

" …… 저, 당신이 계신 곳에 가기 전에 중매인 통해서 당신의 건강에 대해 여쭤보았어요. 당신도 기억하실 거예요"

나카타 "기억하지 …… 불쾌한 걸 묻는 여자라고 생각했으니까"

다키코 "하지만 …… 중매인으로부터 받은 건강진단서에는 단지 양호라고만 쓰여 있더군요"

갑자기 심하게 울기 시작한다.

후지사키 "부인 …… 나카타 씨에게만 제 생각을 말하고, 두 분 사이가 원만하게 해결되길 바랐어요"

나카타, 위로하듯이, 그러나 뻔뻔스럽게,

"다키코, 일어난 건 어쩔 수 없잖아. 이 다음부터는 나도 조심하는 거지"

다키코, 눈물을 거두고 차갑게,

"마치 남의 일인 듯 말하시는군요"

나카타 "남자는 이런 식으로 말하는 거야. 실제 마음속으로는 여러 가지 생각하고 있지만…… 그렇지 후지사키"

다키코 "나도 당신이 무릎을 꿇고 사과하는 것은 바라지 않아요…… 그렇게 해도 이제 어떻게 해결될 일이 아니니까요…… "

후지사키 "부인, 원만하게 해결할 수는 없겠습니까"

다키코, 냉정하게,

"조금 전까지, 저도 그렇게 생각하고 있었어요…… 보통 여자처럼……"

나카타, 조금 당황해서,

"야, 너…… 어쩌자는 거야"

후지사키 "부인… 독신인 저는 부부생활의 미묘한 사정을 알 수 없습니다만, 두 분이 차분히 의논하면 훨씬 다른 감정이 생길 수도 있지 않을까요……?"

다키코 "그럴지도 모르죠. 하지만 저는 이 격양된 감정에서 안정시키고…… 어디에나 있는…… 온순하고 비굴한…… 지금까지와 같은 비참한 유부녀가 되어 버리는 것이 싫은 거예요!"

나카타, 벌써 반쯤 포기한 듯이, 그렇지만 아직은 자신감을 가지고

"자… 어쨌든 같이 돌아가자"

다키코, 일어서서 정중하게,

"선생님, 걱정 끼쳐드려서…… "

(O·L)

59 후지사키 병원 앞·현관

차를 타고 떠나는 나카타 부부.

현관문을 열고 부부를 배웅하는 루이.

자동차와 엇갈리게 우산을 쓴 미사오가 한 손에 꽃을 들고 온다.

루이 "오랜만에 뵙네요"

미사오 " …… 예식 날짜가 정해져서요…… "

루이 "결혼하시는군요"

미사오 " …… 아버지가 많이 쇠약해지셔서요…… 여자는 이래서 안 돼요"

루이 "하지만 아가씨는 강하신 분이잖아요…… "

미사오 "스스로도 강하다고 자신했는데…… "

라며 쓸쓸하게 웃고,

"교지 씨 계신가요?"

60 진찰실

후지사키, 멍하니 창밖의 비를 본다.

미사오, 후지사키를 보고, 열려 있는 문을 노크하고 들어온다.

후지사키, 뒤돌아보며
"아 …… 오랜만이네요 …… 편지 봤어요"
미사오, 등 뒤로 문을 닫으며
" …… 예식 날짜가 정해져서 …… 이것저것 바빴어요 …… 저녁은 드셨어요?"

후지사키 "걱정 말아요 …… 미네기시가 해주고 있으니까 …… 근데 미네기시는 요리를 그다지 잘 하진 않아요"

미사오 "마음에 걸렸어요 …… 저녁이 되면 바쁜 와중에도 안절부절못해요 …… 여기 부엌이 자꾸만 생각나서"
하고 씁쓸하게 웃으며, 꽃병에서 시들어 있는 오래된 꽃을 빼고 가지고 온 새 꽃을 꽂기 시작한다.
후지사키, 그 모습을 가만히 보다가 정신을 차리고
"차 한 잔 드릴까요?"

미사오 "네 …… 저 오늘은 손님으로 있을게요 …… 이 집에 처음 왔을 때처럼 ……"

후지사키 "잠깐 실례할게요……"
미사오, 혼자가 된다.
혼자가 되자 털썩 의자에 앉아 멍하니 앞을 응시한다.
노크하는 소리.
미사오, 황급히 일어나 꽃병 쪽으로 향한다.
루이가 들어온다.

루이 "선생님은 어디 가셨나요?"

미사오 "차 준비하러요 …… 저 오늘은 손님이거든요.
루이, 억지로 밝게
"가끔은 좋아요 …… "
라며 뭔가 말을 건네지만, 문득 그만두고 떠난다.
후지사키, 서투르게 찻잔을 들고 차를 가져온다.
미사오는 멍하니 꽃을 보며 서 있다.

후지사키 "무슨 생각해요?"

미사오 "아무것도 아니에요"

후지사키 "걱정 되잖아요"

미사오 "역시 …… (미소) …… 당신이 다른 분을 사랑하고 있고, 그런 이유로 오늘과 같은 이별이 찾아왔다면 지금보다는 당신을 포기하기 쉬웠을 텐데 …… "

후지사키 "미사오 씨 성격이라면 그럴 수도 있겠네요…… (찻잔에 차를 따르며) …… 차 준비됐어요"

미사오, 슬픔을 억누르고

"이렇게 납득되지 않는 기분인 채로 이별이 찾아오다니…… "

후지사키 " …… "

미사오 " …… "

후지사키 "결혼식은 언제예요?"

미사오 "내일이요…… "

후지사키 "내일이라…… 꽤나 서둘렀네요"

미사오 "급하게 정해졌어요"

후지사키 "분명 행복할 거예요"

미사오 "고마워요"

후지사키 "신세를 많이 졌어요. 당신이 만약 나와 결혼했더라도, 그 이상은 할 수 없었을 거예요"

미사오, 차를 마시면서

"노력했어요…… 어쩌면 그 감정에 매달려 본 것도 사실이지만…… 할 만큼 했다고 체념하는 기분도 맞아요…… "

후지사키 " …… 내일은 몇 시에? …… "

미사오 "식은 두 시요…… 다섯 시에 신혼여행을 떠나요…… "

후지사키 "기차가 붐비겠네요"

미사오 " …… 그렇겠네요…… "

—정적—

미사오, 정열적으로

"교지 씨! …… 웃어줄래요?!"

후지사키, 모른척하고

"뭘요?"

미사오 "전 교지 씨의 마음이 갑자기 변해서 지금 날 데리고 어디론가 떠나길 바랐어요…… 모든 걸 다 버리고! …… "

두 사람, 불타오른다……

가까이 다가간다……

서로의 몸을 정신없이 껴안는다……

가까이에서 바라보는 큰 눈…… 코…… 입술

입맞춤하려는 후지사키, 깜짝 놀란 듯 입술을 피하고 몸을 뗀다.

덩그러니 남겨진 듯 서 있는 미사오.

후지사키, 창문에 다가가 차가운 유리에 이마를 갖다 댄다.

—정적—

미사오, 가방에서 통조림을 꺼내어

"오늘은 시간이 없어서 반찬도 만들어 드릴 수 없어요…… 여기에 둘게요……"

후지사키 "가실 건가요…… (정적) …… 행복해야 해요…… 몇 번을 말해도 부족하지만"

미사오 "…… 어쩌면 저는 행복해질 수도 있겠죠…… 하지만 당신 마음은 모르겠어서……"

라며 갑자기 흐느껴 운다.

후지사키 "…… 이만 돌아가요……"

미사오, 눈물을 닦으며

"네…… 아저씨는요?"

후지사키 "미네기시 아이를 놀아주고 있어요……"

미사오 "작별 인사는 드리지 않는 편이 좋겠죠……"

후지사키 "…… 그게 좋겠어요…… 아버지가 속상해하시니까……"

미사오 "…… 그럼 잘 부탁해요……"

후지사키 "잘 가요…… 배웅하지 않을게요……"

미사오 "저도 그게 편해요……"

미사오, 떠난다.

후지사키, 움직이지 않는다.

61 **현관 앞**

루이가 미사오를 배웅한다.

루이 "이런, 눈이 왔네요"

미사오, 우산을 편다.

루이 "…… 그럼 행복하세요…… 아가씨"

미사오 "고마워요…… 루이 씨도 잘 지내요…… 교지 씨 잘 부탁해요"

루이 "글쎄요…… 제가 할 수 있을까요……"

미사오 "…… 그리고 저기, 교지 씨…… 야채를 엄청 좋아해요…… 그러니까——"

라고 말을 꺼내다 말고 불쑥 눈물이 솟아오른다.

우산으로 얼굴을 가리며 떠난다.

가는 것을 바라보는 루이.

떠나가는 미사오를 감싸듯 고요히 내리는 눈.

62 **진찰실**

창문의 눈.
후지사키, 의자에 앉은 채 움직이지 않는다.
루이가 들어온다.
"주사 놓아드릴까요"

후지사키 "응"
루이, 소독기에서 주사기를 꺼내며
"이걸로 아가씨와도 이별이네요"

후지사키 " …… 좋은 사람이었어"
—정적—
루이, 주사기 안의 기포를 밀어내며
"이마이 씨가 그랬어요. 왜 …… 다른 남자들처럼 하시지 않는 걸까, 설령 그분과 결혼하시지 않는다고 해도 …… 그걸 평생 참을 수는 없지 않냐고 …… "

후지사키 "이마이는 현실적이니까"
루이, 담담하게
"선생님, 남자의 육체적인 욕구라는 게 그렇게 쉽게 억제할 수 있는 건가요?"

후지사키 "왜 그런 걸 묻지?"

루이 "선생님이 너무 아무렇지 않아 보여서요 …… "

후지사키 "환자의 경우도 두 종류가 있잖아 …… 괴롭다고 소리치는 사람도 있는 반면, 진땀을 흘리며 묵묵히 참는 사람도 있어 …… "

루이 "선생님은 그 진땀을 흘리는 분이시군요"

후지사키 "난 무언가에 지는 것도 싫고 …… 의사이기도 하니까"

루이 "하지만 의사도 사람이잖아요"
후지사키, 괴로운 듯이
"음 …… 그 사람이 다른 남자의 것이라는 게 정해진 오늘, 어쩌면 모든 것을 포기할 수 있을 거라고 생각했는데 …… 안되겠어!"

루이 " …… "
후지사키, 점점 격정적으로 되어간다.
" …… 나는 지금 스스로 욕망과 필사적으로 싸우고 있어 …… 전쟁이 시작되기 전, 내 불쌍한 욕망은 젊고 결백한 감정으로 짓눌러졌었고 …… 전쟁 중에는 돌아가기만 하면 미사오와의 행복한 결혼이 기다리고 있다고 타이르며 짓눌렀어…… 그런데 어느 날, 내 몸은 파렴치한 한 남자의 더러운 피 때문에…… 아무런 쾌락도 없이 더럽혀졌어…… 그리고 이렇게 더러워진 몸속에서, 지금까지 인간의 욕망만이…… 이렇게 활발하게 살아 있어! 게다가 이 욕망을 철저하게…… 철저하게 때려눕히려는 도덕적 양심만이 진을 치고 있는 거야…… 보잘것없는 양심이라는 놈이 설치고 있어!"

루이, 후지사키를 바라본다.

눈물이 나온다.

후지사키, 고개를 떨군 채 움직이지 않는다.

루이, 눈물을 닦고

"그런데 선생님……"

후지사키, 고개를 들고

"……?"

루이, 담담한 태도로

"누군가가…… 선생님의 그런 욕구를…… 충족시켜 줄 수 있는 입장이 된다고 하면, 선생님은 어떻게 하실 건가요? 병 같은 건 상관하지 않는…… 그런 경우라면 마음이 있고 없고는 아무 문제도 되지 않겠죠?"

후지사키 "그게 무슨 뜻이야?"

루이, 담담하게

"저는 이제 평생 남편을 갖지 않을 거예요. 저는…… 제가 그런 입장이 되어도 좋다고 생각해요"

후지사키 "희생적인 마음으로 그런 말을 하는 건가…… 쓸데없는 소리하지 말게"

루이, 변함없이 담담하게

"저 선생님을 사랑하고 있는지도 몰라요"

주사를 다 놓은 후 정리하며,

"병원이란 정말 이상한 곳이네요. 요즘 들어 일을 핑계로 뭐든지 말할 수 있다는 게 재밌게 느껴져요"

후지사키, 갑자기 모든 것을 중단하듯 일어나

"어제 수술한 노인의 진료기록부 좀 보여줘"

루이, 진료기록부를 집어 건넨다.

후지사키, 진료기록부를 보며

"다시 한 번 상처를 봐야겠어. 아무래도 열이 높네…… 준비 부탁해…… 아, 그리고 페니실린이랑 거즈도……"

라며 서둘러 나간다.

(F·O)

(F·I)

63 정원

그늘의 녹지 않은 눈 밑으로 쪼르르 물이 흐르고 있다.

64 진찰실

후지사키와 루이.

후지사키, 엽서를 보며

"미사오 씨에게 엽서가 왔어"

루이 "행복해 보여요?"

후지사키 "응. 눈이 쌓인 하코네箱根가 아름답다고 써 있어……"

루이 "아가씨도 오기가 있군요……"

후지사키 "……이 사람은 스스로 행복을 개척해 나갈 수 있는 사람이야"

루이, 동정심을 가지고

"진땀을 흘리면서 말이죠……"

라며 나간다.

65 대합실

루이, 대합실로 나오더니 이상한 얼굴로 멈춰 선다.

현관의 긴 의자에 웅크려 앉아 있는 다키코가 있다.

루이 "사모님, 오셨어요?"

다키코 "선생님은요?"

루이 "계세요……이쪽으로 오세요……오신 줄 전혀 몰랐어요……"

다키코, 일어서려다 비틀거린다.

루이, 당황해서 다키코를 지탱하며 소리 지른다.

"선생님! 선생님!"

(WIPE)

66 수술실 앞

교지의 아버지가 황급히 나온다.

"교지! 교지!"

"네"

진찰실에서 후지사키가 나온다.

"수술이야. 도와줘"

후지사키 "그 정도로 악화한 건가요?"

아버지 "음"

후지사키 "하지만 낙태 수술을 한다는 건…… "

아버지 "낙태가 아니야…… 이미 태아의 심장은 멈췄어"

후지사키 " …… "

(WIPE)

67 수술실 앞

손수레 위의 다키코.

가만히 천장을 응시한 채 움직이지 않는다.

타닥타닥 작은 발소리가 다가온다.

어른용 슬리퍼를 신은 작은 발이 손수레 앞에 멈춘다.

환자의 친척으로 보이는 7살 정도의 남자아이다.

다키코의 얼굴을 들여다보며

"아줌마 어디가 아파요?"

다키코, 조용히 미소 짓는다.

남자아이 "나도 이 손수레 타고 싶다!"

다키코 " …… "

남자아이, 한쪽을 보고 황급히 뛰어가 버린다.

진찰실에서 나온 후지사키가 가까이 다가온다.

다키코의 옆에 선다.

안쓰러운 듯이

"부인, 남편분과 연락이 되지 않아요…… 회사에도…… 다른 짐작 가는 곳에도 전화해 보았습니다만…… "

다키코 " …… "

후지사키 "남편분은 어떻게 생각하실까요…… 부인의 상태에 대해서…… "

다키코 "그 사람은 자신에게 괴로운 일이나 고통스러운 일은 진지하게 생각하려고 하지 않아요…… "

후지사키 " …… "

다키코 "…… 나카타 말로는, 이런 일은 세상에 흔히 있는 일이라고 해요…… 어디에나 있는 일인데 이러니저러니 하는 제가 촌스럽다네요…… 그런 터무니없는 논리가……(눈물을 글썽인다)"

후지사키 "……"

수술실 문이 열리고 루이가 얼굴을 내민다.

"준비됐어요"

후지사키 " …… 부인 …… 남편분이 오시지 않더라도 수술하시겠습니까?"

다키코 " …… 저, 이제 나카타가 있는 곳에는 돌아가지 않을 작정으로 온 거예요"

후지사키 " …… 하지만 …… "

다키코 "선생님 …… 나카타가 선생님에게 무언가 큰 민폐를 끼친 건 아닌가요?"

후지사키 "어떤 민폐요?"

루이, 두 사람의 이야기에 주의를 기울인다.

다키코 "전쟁 중의 일로 인해 뭔가 …… 선생님이 트집을 잡는다며, 그건 지어낸 이야기라고 했는데 …… 저 요즘 나카타가 말하는 것의 반대로 믿게 되는 것 같아요 …. 바보 같은 부부죠"

아버지, 수술복을 입고 얼굴을 내밀며

"교지 …… 서두르는 게 좋을 것 같구나 …… "

후지사키 "네 …… 남편 분이 제시간에 못 오신다면, 부모님이나 형제분이라도 …… "

다키코 "저는 도쿄에 친척이 없어요"

후지사키 " …… "

다키코 "선생님 …… 저 지금은 선생님을 가장 의지하고 있어요"

후지사키, 암담한 표정으로 손수레를 민다.

루이가 돕는다.

수술실 안으로 사라지는 손수레.

(WIPE)

밤.

수술실 문이 열린다.

루이가 손수레를 밀며 나온다.

후지사키, 뒤따라오며 다키코 얼굴의 땀을 거즈로 닦아준다.

마취에서 깬 다키코, 눈을 뜨고 두리번거리며 주위를 살핀다.

후지사키 "이제 다 끝났습니다, 완전히 …… "

다키코, 드디어 후지사키를 알아보고

" …… 저기 …… 아이는 …… "

후지사키, 얼굴을 돌린다.

다키코 " ………… 역시 ………… "

조용히 눈을 감는다.

눈가에서 스르륵 눈물이 떨어진다.

그대로 잠시 흔들리는 손수레에 실려 간다.

갑자기 눈을 뜨고
다키코 "…… 저기 …… 보여주실 수 없을까요 …… 한 번만"
덜컹하며 손수레가 멈춘다.
"안 됩니다!"
루이가 화난 듯이 말하고, 다시 손수레를 밀기 시작한다.
다키코, 그 얼굴을 깜짝 놀란 듯이 바라보다가, 애원하듯 후지사키에게 눈을 옮긴다.
하지만, 후지사키의 얼굴도 냉정하고 차갑기만 하다.
다키코, 후지사키와 루이를 번갈아 보다가, 참을 수 없다는 듯이
"하지만 …… 저는 …… "
후지사키 "부인 …… 보시지 않는 편이 좋다고 생각합니다"
다키코, 모든 걸 포기한 듯 눈을 감는다.
벨 소리.
루이, 환자의 병실 쪽을 향해
"잠깐! 지금 괜찮으신 분 …… 좀 도와주세요!"
라고 외치고 현관 쪽으로 간다.
후지사키, 루이를 대신해 손수레를 밀고 간다.
병실에서 사람들이 줄줄이 나온다.

68 **현관**

집요하게 울리는 벨.
루이가 와서 문을 연다.
만취한 나카타가 넘어지듯이 들어와서 고함을 지른다.
"이봐! 후지사키 이봐!"
루이, 어이가 없다는 듯이 바라보며,
"취했군요"
나카타 "취해서 미안해 …… 이봐 후지사키!"
루이 "조용히 해 주세요 …… 여긴 대합실이 아니니까 …… "
갑자기 나카타, 루이를 밀쳐 내고
"이봐! 후지사키!"
하며 흙 묻은 발로 들어간다.
후지사키가 급한 걸음으로 나온다.
나카타, 그 앞을 가로막은 채로 휘청거리면서
"이봐! …… 네놈, 무슨 권리로 남의 가정을 파괴하는 거야 …… 너 때문에

내 가정은 엉망진창이 됐어…… 네 놈이 쓸데없는 소리를 해 대니까……"

후지사키 "나는!"

나카타 "이봐! 세상은 너 같은 도련님 생각대로 흘러가지 않아. 너 같은 녀석이 어찌 인간의 고충을 알겠어"

후지사키 "그걸 모르는 건 너야"

나카타 "뭐라고!"

후지사키 "자네는…… 자네가 이렇게 취해 있는 동안에, 부인이 얼마나 곤욕을 치렀는지 알고 있나?"

나카타 "뭐야? 네놈, 내 마누라를 수술하겠다고 떠들어댔다고 하던데…… 멋대로 굴면 용서 못해…… 이봐 다키코는 어딨어!"

후지사키 "기다려! 이런 상태인 자네를 부인과 만나게 할 순 없어"

나카타 "내버려 둬! 내 마누라를 내가 만난다는데……"

후지사키 "자네 부인에게는 지금 절대 안정이 필요해…… 그러니까 의사로서 나는 …… "

나카타 "시끄러워! 날 왜 걸고 넘어지는 거야!"

후지사키 "걸고 넘어지는 건 너야"

나카타 "뭐라고! 내 자식을 비난한 게 누군데! …… 손가락 상처로 병이 옮았다고 지껄인 게 누군데!"

루이, 안색이 바뀐다.

나카타 "네 놈이 몰래 재미 보고 나서, 의사랍시고 그럴듯하게 엉터리 이야기를 만들어서는!"

루이, 나카타에게 따지고 들며,

"너구나! 선생님께 병을 옮긴게!"

나카타 "쳇! 뭐야 그 표정은! 그 의사에 그 간호사네!"

루이, 갑자기 나카타의 얼굴을 찰싹 세게 친다.

갑작스러운 일에 나카타, 순간 멍해진다.

루이, 막아서는 후지사키의 품안에서 날뛰며,

"망할 놈! 넌 인간도 아니야! 너 때문에 선생님이 얼마나 고생하시는지 알아? 선생님뿐만 아니야…… 부인도 네 자식도 그래. 네 자식이 어떻게 태어났는지 한번 봐 봐!"

나카타, 감전된 것처럼 루이를 바라본다.

갑자기 난폭해지더니 지팡이를 치켜들고 루이에게 덤벼든다.

후지사키 "이봐! 나카타 군! 나카타 군!"

이라며 루이를 제치고 나카타를 막아선다.
나카타, 계속해서 덤벼든다.
그의 무서운 얼굴.
루이, 그 얼굴에 내뱉듯 소리친다.
"거짓말 같으면 수술실에 가봐. 이딴 놈한테는 어떤 애가 태어났는지 보여주는 게 좋겠어!"
나카타, 난폭한 힘으로 후지사키를 뿌리친다.
엉겁결에 뒷걸음질 치며 벽에 착 달라붙는 루이.
하지만 나카타는 멍하니 다른 곳을 보며 그 앞을 지나간다.
큰 소란에 달려온 사람들이 겁먹은 표정으로 지켜보는 가운데, 나카타는 뭔가에 이끌리듯 진찰실 쪽으로 간다.
후지사키 "나카타 군! 나카타 군!"
이라 외치며 쫓아간다.

69 **수술실 앞**

나카타, 다가온다.
의아한 표정으로 서있는 아버지를 밀어내고, 비틀거리며 문안으로 사라진다.
급하게 안으로 들어가는 후지사키.
—정적—
기괴한 절규.

70 **대기실**

격정 끝에 망연자실한 채 서 있는 루이, 깜짝 놀라 고개를 든다.

71 **수술실 앞**

숨을 죽인 채 수술실 문을 응시하고 있는 사람들을 헤치고 루이가 앞으로 나온다.
얼어붙은 듯한 표정으로 수술실을 바라보며 선다.
고요한 수술실 문이 안쪽에서 조용히 열린다.
아버지와 후지사키에게 양쪽 팔을 잡힌 채 비틀거리는 발걸음으로 나카타가 나온다.
그의 눈은 이미 초점을 잃고, 입가에는 공허한 웃음을 짓고 있다.
루이, 그 얼굴을 쳐다본 채로 몸을 움츠리고
"선생님………… 그 사람……"
후지사키, 암담히

"난처한 것을 보여주고 말았다……"

아버지, 위로하듯이

"아니, 시간문제였어…… 매독균이…… 뇌수까지 퍼져있었던 거야……"

루이, 꼼짝 않고 서 있다.

이 소동으로 뛰어나온 사람들 사이로, 이제 완전히 다른 세계로 뛰어들어 버린 나카타가 후지사키와 아버지에게 도움을 받으며 공허한 눈동자를 크게 뜨고 히죽히죽 웃으며 비틀거리며 걸어간다.

(F·O)

(F·I)

72 병실

화창한 봄 날씨.

병상에서 상체를 일으키고 있는 다키코.

루이가 들어온다.

루이 "어떠세요?"

다키코 "네, 이제 몸은 괜찮아요…… 그래도 가끔 아직도 아기를 낳을 수 있을 것 같다는 생각도 들고……"

루이, 미소 짓는다.

다키코 "……그리고, 미네기시 씨"

루이 "네?"

다키코 "……솔직히 말해줘요! 저도 결국은 나카타와 같은 상태가 되지 않을까요……"

루이 "그런 바보 같은!…… 제대로 싸우기만 하면 아무리 심한 매독이라도 걱정 없어요. 냉정하고 계획적으로…… 참을성 있게 치료하기만 하면…… 예를 들면…… 선생님처럼……"

다키코 "정말요?…… 그럼 아직 희망을 가져도 되는 거죠?"

루이 "당연하죠. 사모님에겐 아이도 없고, 정말 뭐든지 지금부터예요"

다키코 "……"

루이 "아이가 있는 저조차도 지금부터라고 생각하고 있는데요…… 사람은 고개를 숙이고 다니면 안 돼요…… 언제나 가슴을 펴고 위를 보고…… 모두 선생님이 해주신 말이지만——"

다키코의 얼굴에 고요한 희망의 빛이 흐르기 시작한다.

73 복도

병에서 막 회복한 소녀가 맑은 목소리로 노래하고 있다.

74 **창문**

봄 하늘에 양떼구름이 하나.

75 **현관 및 대기실**

노자카 순경과 루이의 아기를 안은 아버지.

노자카, 환자 명부를 보면서,

"날씨도 많이 풀렸네요"

아버지 "어제 정원 청소하다가 발견했는데 튤립 싹이 나왔더라고요"

루이가 차를 가지고 들어와 아버지께 드린다.

아버지께 아기를 받고 옆에 앉아 부드러운 표정으로 두 사람의 이야기에 귀를 기울인다.

노자카, 차를 마시면서

"…… 그건 그렇고, 우리 서장님이 여기 젊은 선생님을 뭐라고 부르는지 아세요? 의사 중에는 때로는 저런 성자도 있다고 하더군요"

아버지 "성자요?"

노자카 "네"

아버지 "글쎄 그건 뭐랄까…… 그 녀석은…… 그냥…… 자신보다 불행한 사람의 곁에서 희망을 되찾으려 하고 있을 뿐이에요"

노자카 "?"

아버지 "행복했다면 의외로 속물이 되었을지도 모르죠…… "

76 **뒷골목**

기저귀 따위가 널려있는, 가난한 사람들의 집이 빽빽이 들어선 뒷골목을 환자의 집이라도 방문하고 있는 듯, 좌우를 들여다보면서 걸어가는 후지사키의 뒷모습.

《들개》(1949)

(F·I)

1 사격연습장

그 표적.

사격의 굉음과 함께 표적을 관통한 탄환이 제방위에 흙먼지를 일으킨다.

일렬로 늘어서 사격연습을 하고 있는 경찰관들.

그중에 사복을 한 무라카미村上 형사가 있다.

성적이 안 좋은지 땀으로 흥건한 얼굴을 연신 닦으며 찌푸린 표정을 하고 있다.

(WIPE)

나무그늘에서 쉬고 있는 동료들 곁으로 무라카미가 온다.

동료A “이봐, 몇 점 땄나?”

무라카미 “형편없네. 어젯밤 잠복으로 차출되어서 잠을 못 잤거든”

동료B “허허허, 모두 탄흔조차 확인이 안 되는구먼…… ”

무라카미 “아니, 한 발은 저 표적 위의 그루터기에 명중했네”

동료A “하하하…… 빨리 가서 자게. 눈이 빨갛다네”

무라카미 “그러게, 모두 노랗게 보이는군”

하고, 씁쓸하게 웃으며 탄환이 든 탄창을 콜트 권총에 장착하고는 아무렇게나 웃옷 포켓에 쑤셔 넣고 일어선다.

“그럼 먼저 가네”

(WIPE)

2 연습장 뜰

사람 그림자 하나 없는 뜰을 무라카미가 뚜벅뚜벅 가로지른다. 새하얀 흙에 이글이글 쬐는 태양빛이 반사되자, 무라카미는 얼굴을 찡그린다.

(WIPE)

3 아스팔트길

불볕더위에 녹아버린 아스팔트 위에, 득득 소리를 내며 큰 뱀의 비늘 같은 자국을 남기며 가는 버스의 타이어.

4 **버스 안**

엄청난 혼잡함 ──.

사람들의 체온에 찌는 듯한 더위 속에서 꼼짝도 못하는 무라카미.

그 널찍한 어깨에 짙은 화장의 중년여성이 매우 자연스러운 모습으로 얼굴을 가까이 대고 방정맞게 부채를 부치고 있다.

무라카미, 불쾌한 듯 얼굴을 찡그리고 겨우 꺼낸 손수건으로 코를 막는다.

여자의 싸구려 향수의 냄새가 견딜 수 없다는 듯한 모습이다.

포장도로를 가는 하얀 파라솔 ── 창밖을 흐르는 풍경이 토할 것 같이 밝다.

무라카미, 눈을 감고 숨쉬기 곤란한 듯 여민 넥타이를 느슨하게 한다.

덜컹하고 버스가 멈춘다.

반동에 비틀거리는 무라카미.

그대로 오르고 내리는 승객들에게 밀리면서 겨우 자세를 바로 잡았을 때 갑자기 생각난 듯 포켓에 손을 넣는다.

콜트권총이 없다!

무라카미 "머, 멈춰 주게!"

하고, 정신없이 소리를 지르며 승객들을 헤치고 뛰어 내린다.

5 **거리**

뛰어내린 무라카미, 둘러본다.

재빨리 차도를 건너가는 남자가 힐끗 뒤돌아본다.

무라카미와 눈이 마주치자 휙하고 뛰기 시작한다.

무라카미, 뒤쫓는다.

남자, 길을 가로지른다.

무라카미, 필사적인 얼굴이 되어 쫓는다.

6 **거리의 길**(A)

도망가는 남자.

뒤쫓는 무라카미.

7 **거리의 길**(B)

도망가는 남자.

뒤쫓는 무라카미.

8 **거리의 길**(C)

도망가는 남자.

뒤쫓는 무라카미.

9 **어느 사거리**

무라카미. 달려온다.

멈춰 서서 둘러본다.

어느 길에도 인기척이 없다 —— 텅 빈 조용한 찌는 듯한 길 —— 어디서인지 들려오는 경쾌한 라디오 음악.

무라카미, 거친 숨을 몰아쉬며 폭포처럼 흘러내리는 땀을 닦으려고도 하지 않고 망연히 서 있다.

(WIPE)

10 **문**

경시청 수사제1과

11 **同·실내**

"뭐야? 권총을 소매치기 당했다고?!"

서류를 조사하고 있던 계장인 나카지마中島 경감이 번쩍 눈을 빛내며 책상 앞에 직립한 무라카미를 올려다본다.

무라카미 "넵, 죄송합니다"

무라카미, 구멍이 있으면 들어가고 싶은 심정이다.

나카지마, 자기도 모르게 무엇인가 고함을 친다.

바로 그때 책상위의 전화가 울린다.

나카지마, 3대 있는 전화를 잠시 어림잡더니 양손으로 한 대씩 잡아 귀로 가져갔지만, 나머지 한 대가 따르릉 울리고 있다.

탕~하고 불쾌한 듯 내려놓고 남은 한 대를 들어올린다.

나카지마 "응? 뭐라고? 아, 알고 있네! 지금 간다!"

하고, 또 탕~하고 수화기를 내려놓는다.

그 동작으로 나카지마가 격노하고 있음을 알 수 있다. 그러나 어조는 의외로 조용하다.

나카지마 "그래서 …… 그 도난당한 권총에 탄환은 몇 발 장전되어 있었던 겐가?

무라카미 "전부 …… 일곱 발입니다"

나카지마 "콜트였지?"

무라카미 "네"

나카지마 "흠"

무라카미 "본인은 어떤 처분을 받아도 할 수 없다고 생각합니다"

나카지마 "흠"

무라카미 "본인은…… "

나카지마 "(자기도 모르게 큰 소리가 된다) 그 본인은, 본인이라고 하는 건 그만두지 않겠나. 여긴 군대가 아니네."

나카지마 "네"

나카지마, 일어나서 방을 나가려고 한다.

무라카미 "(매달리듯이) 계장님…… 본인은…… 저는 어떻게 하면……"

나카지마 "어떻게 하면이라니…… 처분이 내려질 때까지 그렇게 우두커니 서있을 수도 없고"

무라카미, 매우 실망한다.

나가지마, 그 모습을 힐끗 본다. 나가면서,

"나라면 말이지, 소매치기 전담반에 상담을 받을게야"

(WIPE)

12 문

경시청 수사제3과

13 同·실내

소매치기 전담반의 노형사 이치카와市川와 무라카미.

이치카와, 담뱃대 청소를 시작하면서 싱글벙글하며,

"흠흠, 그 참 큰일을 당했군…… 그래서(목을 베는 시늉을 하고는) 이건가?"

무라카미 "네…… 아마도"

이치카와 "흠…… 자네가 있는 곳의 계장이 분명……"

무라카미 "나카지마 경감입니다"

이치카와 "그 친구, 얼굴 한번 고약하게 생겼지"

무라카미 "……"

이치카와 "하지만 말이지…… 그렇게 물어뜯을 얼굴을 하고 있어도, 그 친구, 이해심이 있으니까 말이지…… 아마도 면직 따위의 어처구니없는 처분은 안할 걸세"

무라카미 "……"

이치카와 "…… 그런데, 자네 그 소매치기 얼굴을 기억하고 있다고 했지?"

무라카미 "네"

이치카와 "…… 그럼, 우선 감식과에 가서 범죄수법 카드를 조사해 보게…… 전과자라면 사진도 딸려있네…… 연령을 말하고…… 그러고 나서 수법은 차량쓰리…… 차량을 타고 소매치기를 하는 녀석들이지…… 우선 그 두 가지로 카드를 살펴보게"

(WIPE)

14 **감식과**

카드 정리함이 양쪽 선반에 꽉 차 있다.

무라카미, 수법카드를 눈을 크게 뜨고 주의 깊게 살펴보지만 못 찾았는지,

"이보게 …… 다른 건?"

하고 감식과 계원을 올려다본다.

계원 "연령, 성별, 수법, 도난물건별 …… 이게 전부입니다만 ……"

무라카미, 당혹한 표정으로 다시 카드를 뒤집어엎고 살펴본다.

"찾았는가?"

하는 소리에 뒤돌아본다.

이치카와와 노형사가 싱글벙글하며 가까이 다가온다.

이치카와 "그 친구, 괜찮은 구석이 있어"

무라카미 "? ……"

이치카와 "자네 상관인 계장말이네. 나한테 잘 부탁한다고 전화를 했더구만"

무라카미, 머리를 떨어뜨리고 의자에 앉더니 그대로 움직이지 않는다.

이치카와 "무슨 일인가?"

무라카미 "찾아봐도 없습니다"

이치카와 "흠 …… 그런데 말이지, 소매치기란 훔친 자가 가지고 도망가란 법이 없지. 이외에 그 버스 안에 수상쩍은 자는 없었나?"

무라카미, 잠시 생각하더니

"그러고 보니 …… 이상한 양장차림의 중년여성이 있었습니다 …… 제 옆에요"

이치카와 "흠 …… 어느 쪽? …… 이쪽인가?"

하며, 무라카미의 오른쪽으로 다가선다.

무라카미 "그렇습니다. 오른 쪽이었습니다 …… 권총을 넣은 포켓쪽입니다"

이치카와 "흠 …… 냄새가 나 …… 여자도 보통내기가 아닌 자가 있거든(하고, 계원에게) 자네, 여자 쪽 카드"

계원, 익숙한 행동으로 여자 정리함을 빼내 가지고 온다.

무라카미, 달려들어 카드를 뒤진다.

이치카와, 담뱃대 끄트머리에 담배를 끼우고 뻑뻑 피우며, 무라카미를 바라본다.

카드를 뒤지고 있는 무라카미의 화난 듯한 얼굴.

이치카와, 그 땀에 흥건한 옆얼굴을 보고 있는 동안 문뜩 위로해 주고

싶은 마음이 든다.
부채를 펴고 부쳐준다.
무라카미가 놀란 듯 이치카와를 본다.
이치카와, 겸연쩍어서 옆의 카드를 훌훌 넘기며,

이치카와 "허허 …… 이것도 저것도 익숙한 얼굴들이군"
그중에 한 장을 꺼내고는 계원에게,
"자네, 이 차량소매치기는 중풍으로 죽었네"
몰두해서 카드를 뒤지고 있던 무라카미가 큰 소리를 지른다.
"이……있다!"
하고, 한 장의 카드를 꺼내든다.

무라카미 "이, 이자입니다!"
이치카와 그 카드를 보고 의외라는 듯,
"응? 이 자가?"

무라카미 "분명히 이 여자입니다"

이치카와 "양장 차림이었다고 했지 …… 이상하군. 이 오긴お銀이라는 자는 기모노를 잘 입는 멋쟁이로 유명한 자라네 …… 활동범위는 변두리 번화가이고"

무라카미 "틀림없습니다. 파마를 했고 싸구려 향수 냄새가 진동했습니다"

이치카와 "오! 오긴이 파마를 했단 말이지 …… 시대가 바뀌긴 했군"
무라카미, 다짜고짜 계원에게,
"이 여자에 관한 카드를 모두 꺼내주세요"

이치카와 "(그것을 제지하고) 아니, 그럴 필요 없네. 오긴이라면 어디에 점이 몇 개인지도 알고 있네, 그런데 현금전문털이가 권총에 손을 대다니, 그 여걸의 인생도 꽤나 한 물 갔군"

무라카미 "어디 있습니까?"

이치카와 "그런데 말이지, 자네. 소매치기는 현행범이 아니면 손쓸 도리가 없네!"

무라카미 "……"

이치카와 "그 자의 소굴은 알고 있지만 만나봐야 실토할리 만무하고 …… 어찌할 생각인가?"

무라카미 "어떻게든 해 보겠습니다!"

이치카와 "어떻게든이라 ……"

무라카미 "아무튼 만나게 해주십시오"

이치카와 "아무튼이라 ……"
하고, 의욕이 충만한 무라카미를 어이없다는 듯 바라보면서,

"자 …… 알겠네 …… 내일 그 소굴로 안내하겠네"

무라카미 "…… 잘 부탁드립니다"

이치카와 "허허 …… 오긴의 양장차림 모습도 한번 볼 가치도 있으니까 말이지"

수법으로 분류한 카드의 오긴 사진.

(F·O)

(F·I)

15 어느 거리

(불타고 남은 변두리의 번화가 일각, 시대를 되돌린 듯한 허름한 주택가)

이치카와와 무라카미가 온다.

이치카와는 밀짚모자풍의 모자 뒤 쪽에 햇빛 가리개로 수건을 매달아 놓고 있었다.

어디선가, 나른한 샤미센三味線 소리 —— 오늘도 덥다.

(WIPE)

16 어느 추어집

(집의 구조는 보기 드물게 에도의 정취가 남아 있다. 간판 역할을 하는 출입구의 장지문은 특히 그러하다. 요리하는 장소와 가게 경계에 걸려 있는 많은 새끼줄을 드리워 만든 포렴, 먼지투성이의 달마인형이 늘어져 있는 집안에 신을 모셔 놓은 신단, 신등[御神燈]이라 쓰여있는 작은 등불)

가게의 여기저기를 신기하다는 듯 둘러보는 무라카미.

요리하는 곳에서 이치카와가 질주전자와 다완 2개를 가지고 나온다.

이치카와 "가게 주인아저씨는 더위를 먹어서 자고 있네 …… 그도 그럴 것이 78살이니까"

하고, 차를 따르고 있다.

무라카미 "(초초해하며) 올 것 같습니까 ……"

이치카와 "오긴말인가? 매일 한번 얼굴을 내민다고 하네만 …… 녀석들은 희한하게 범행을 저지르는 주제에 사소한 일엔 의리가 두텁단 말이지 …… 오긴은 이 가게가 한창 잘나갈 때부터 단골이었네"

그렇게 말하면서 이치카와는 안경을 끼면서 느긋하게 신문을 읽기 시작하다가 초조해하는 무라카미를 보고 신문 한 장을 말없이 내민다.

무라카미, 할 수 없이 신문에 눈을 돌리다가 덜컥 놀랐는지 신문을 거칠게 움켜쥔다.

이치카와 "왜 그런가?"

무라카미 "아닙니다…… 권총 강도 기사가 있어서요……"
이치카와 "제1과 형사가 권총 강도에 놀라서야 되겠나"
무라카미 "아니요…… 혹시 그것이 저의 권총이면 어쩌나 했습니다"
이치카와 "?!"

그때 바깥 장지문에 확하고 밝은 양산의 반사가 드리우더니 오긴이 들어온다.

흠칫하며 무라카미가 일어선다.

오긴, 덜컥 놀라 그 자리에 우뚝 선다.

이치카와, 잠시 두 사람을 둘러보고,

"이보게, 오랜 만일세"

하고, 둘 사이에 끼어든다.

오긴 "(곧바로 자세를 고쳐 잡고 아무렇지도 않은 듯한 얼굴로) 뭐야, 이치카와 씨구나. 이미 죽은 줄 알았는데"
이치카와 "허허허…… 인사도 참…… 그런데 상상한 것보다 어울리는군"
오긴 "뭐 말이야?"
이치카와 "그 양장차림말이야…… 이 동료가 말이지, 자네가 양장을 입었다는 말을 듣고 갑자기 보고 싶어져서…… 자네 알잖아, 이 남자"
오긴 "그런데 말이야…… 이 나이가 되면 젊은 남자 얼굴 따위 전혀 흥미가 없어져서"
이치카와 "허허, 미꾸라지를 좋아해서 역시나 구렁이 담 넘어가듯, 달변이야"
오긴 "무슨 소리인지…… 뭔가 도망쳐야 할 일도 없고……"

무라카미가 다짜고짜 오긴 앞에 머리를 조아린다.

무라카미 "어제의 권총을 돌려주게나. 그 일에 대해서 다른 것은 생각지 않기로 하겠네"
오긴 "그게 무슨 말이지. 이상한 트집 잡지 마시게"
무라카미 "부탁하네. 권총을 되찾기만 하면 되네…… 어디로 가면 찾을 수 있을까 …… 그 힌트만이라도 좋네"

이치카와, 보다 못해 가세한다.

이치카와 "도와주게나. 이 친구 신참이야. 출세 전의 남자에게 인색하게 굴면 성불하지 못할 걸세"
오긴 "모른다니까, 끈질기긴…… 인권유린으로 고소할거예요"
이치카와 "호~, 그런 말도 아시네"
오긴 "훨씬 그럴듯한 말도 알지요"

이치카와 "허, 뭐라는거야"
오긴 "바이바이"

하고, 묘한 교태를 부리며 손을 흔들고 얼른 떠난다.

이치카와, 속이 메스껍다는 듯한 표정의 얼굴을 손수건으로 벅벅 문지르고는,

"어떻게 안 되는군, 그렇지?"

무라카미 "어떻게 해 보겠습니다"

하고, 모자를 집고는 일어선다.

이치카와 "하지만 자네"
무라카미 "아니요. 저자에게 뭔가 듣기 전까지는 달라붙어서 떨어지지 않을 작정입니다"
이치카와 "?"
무라카미 "정말 감사합니다"

하고, 이치카와에게 정중하게 머리를 숙이고 뛰어나간다.

이치카와, 당황해서 뒤쫓아 가며, 소리친다.

"이봐, 출입구가 2개 있는 건물은 주의하게!"

(WIPE)

17 **길(A)**

오긴이 때때로 뒤돌아보며 간다.

18미터정도 간격을 두고, 무라카미가 뒤쫓아 간다.

(O·L)

18 **길(B)**

오긴, 갑자기 골목으로 꺾어 들어가 종종걸음으로 달린다.

무라카미, 지체 없이 따라붙어 떨어지지 않는다.

뒤돌아보며 샐쭉 신경질을 내는 오긴의 얼굴.

(O·L)

19 **미용실입구**

오긴이 짐짓 태연한 척하며 들어간다.

20 **미용실 뒷문**

오긴이 슬그머니 나오다.

주위를 둘러보고 히죽히죽 골목으로 나오려고 하다가 달려온 무라카미와 맞부딪친다.

(O·L)

21 **길**(C)

오긴 —— 이후, 9미터정도 거리를 두고 무라카미가 간다.

(O·L)

22 **어느 역의 계단**

뛰어올라가는 오긴.

조금 간격을 두고 뛰어 올라가는 무라카미.

(O·L)

23 **성선省線 전차 안**

등을 맞대고 흔들리고 있는 오긴과 무라카미.

오긴, 짜증을 내고 있다.

(O·L)

24 **길**(D)

무척 화를 내며 걷는 오긴의 얼굴.

묵묵히 따라가는 무라카미의 얼굴.

(O·L)

25 **빙수 가게**

오긴, 땀을 닦으면서 사이다를 꿀꺽 꿀꺽 마시고 있다.

무라카미는 입구 근처에서 라무네(탄산에 레몬향을 첨가한 일본특유의 탄산음료, 역자주)를 마시고 있다.

(O·L)

26 **노면전차[市電]**

달려가기 시작하는 전차에 오긴이 승차한다.

안도의 한숨을 내쉬며 좌석에 앉지만, 발돋움하여 뒤를 살피며 조마조마해 한다.

무라카미가 전차를 좇아와서 뛰어오른다.

오긴, 실망한다.

(O·L)

27 **길**(E)

나란히 걷고 있는 오긴과 무라카미.

오긴 "끈덕진 남자네. 그만 좀 해줘요"

무라카미 "그쪽이 말해 줄 때까지 떠나지 않을 게요"

오긴 "인권유린으로 고소할 거야"

무라카미 "그쪽이 가는 방향으로 내가 가는 것은 자유지"

오긴 "흥, 마음대로 해!"
무라카미 "부탁해. 힌트만이라도 좋네!"

28 어느 역 근처의 술집

밤이 깊다.
입구 유리문에 불빛이 번쩍이고 큰 울림으로 열차가 지나가는 소리.
텅 빈 가게 한쪽에서 만취한 오긴이 고개를 든다.

오긴 "(졸린 듯이) 지금 몇 시지?"
가게 정리를 하던 주인.
"지금 11시 반 넘었소"
오긴 "그 애송이 아직 있는 거야?"
주인 "있을 거요. 아까 들여다봤더니 역시 침목 더미 위에 앉아 있더라구"
오긴 "……"
주인 "그런 곳에 있으면 모기에게 물릴 테니, 가게에 들어오는 것이 어떻겠느냐고 했는데. 술 마시는 게 아니니까, 여기가 좋다고…… 보기 드문 젊은이네"
오긴 "……"
주인 "무슨 사연이 있는지 모르지만, 뭔가 이야기를 해 주는 게 어떤가?"
오긴 "맥주 좀 줘"
주인 "이제 그만 마시는 게 좋겠네"
오긴 "내가 마시는 게 아니고."

29 침목 더미 위

무라카미가 무릎을 보듬어 안고 앉아 있다.
멀리 기적 소리
"이거 들어 줘"
갑자기 밑에서 맥주를 든 손이 불쑥 나온다.
"배고프잖아, 자, 들어!"
닭 꼬치 두어 개를 내민 오긴이 올려다보고 있다.

오긴 "자, 들어 달라니까!"
무라카미, 어리둥절하고 있다가 맥주와 닭 꼬치를 받아든다.
오긴 기어 올라와서 무라카미와 나란히 걸터앉는다.

오긴 "졌어, 당신에게"
무라카미 "……"
오긴 "자, 먹어요! 맥주도 차갑고"
무라카미 "그런 것보다……"

오긴　　　“알고 있어 …… 그래서 졌다고 하잖아 …… 하지만 “나는 누구일까”는 아니지만, 정말로 힌트뿐이야 ……”

무라카미 “응”

오긴　　　“권총상을 찾아보시게”

무라카미 “권총상?”

오긴　　　“불법 매매꾼을 말하는 거요 …… 싸게 나온 권총이 흘러가는 곳이 있지 …… 거기서 사고팔거나 사용료를 받고 빌려주거나 …… 위험한 이야기지”

무라카미 “어디지?”

오긴　　　“몰라 …… 다만 변두리의 번화가 근처를 후줄근한 차림으로 어슬렁거리고 있으면 권총상의 호객꾼이 소매를 끈다는 얘기를 들은 적이 있어”

무라카미 “……”

오긴　　　“자, 이 정도로 놔주시게 …… 정말로 오늘이 무슨 날인지 …… 강력계 형사에게 하루 종일 미행당한 것은 처음이야 …… 너무 지쳤어”

그렇게 말을 마치며 벌렁하고 침목 위에 하늘을 보고 나자빠진다.

그리고 느닷없이 말한다.

“호우! 예쁘네! …… 별님이 좋다는 것, 난 지난 20년 동안 까맣게 잊고 있었어!”

무라카미, 그 오긴을 맥주와 닭 꼬치를 양손에 들고 멍하니 내려다보고 있다.

길게 늘어지는 기적 소리

(F·O)

(F·I)

30 어떤 쇼윈도

사람의 왕래가 비치고 있는 유리

다 낡아빠진 퇴역군인 차림의 무라카미가 잠시 우뚝 서서 자신의 모습을 둘러보고 방향을 바꾸어 걷는다.

31 다 떨어진 구두로 걷기

(그 후 며칠 동안 오긴의 말을 유일한 단서로 해서, 후줄근한 군복으로 초라하게 변신해서 무라카미는 넓은 도쿄東京의 번화가라는 번화가를 돌아다닌다. 태양열에 부풀어 오른 아스팔트 위를, 구두가 묻힐 것 같은 변두리의 먼지 길을, 소나기가 쏟아지는 보도를, 진창의 비갠 뒤의 암시장을, 무라카미의 너덜너덜한 군화가 걷고 또 걷는다. 밤낮으로 열에 들뜬 듯 헤매며 걷는 동안, 무라카미의 얼굴은 초조와 초췌함으로 완전히

변해 문자 그대로 부랑자처럼 되고 만다——여기서 무라카미가 한번 마음먹으면 소처럼 고집스럽고 끈질긴 성격을 표현하고 싶다. 이를 위해 수십 컷의 장면과 많은 현실음의 몽타주를 할 계획입니다)

(O·L)

32 **어느 거리(저녁)**

광고탑에서 시끄럽게 흘러나오는 유행가.

노점상의 호객소리.

인파에 휩쓸려 오는 무라카미, 그 패인 볼, 자라난 수염, 움푹 패인 눈꺼풀 속에서 오직 눈만 반짝반짝 빛나고 있다. —— 부랑자의 모습 그대로다.

무라카미는 문득 걸음을 멈추고 한쪽을 본다.

거짓말처럼 한산한 한 채의 파친코 가게.

가게의 안쪽 계산대에서 진한 립스틱을 칠한 여자로부터 뭔가를 받아 주머니에 쑤셔 넣으며 하와이안 셔츠를 입은 무서운 얼굴을 한 사람이 나온다.

33 **파친코 가게 안**

무라카미, 들어와 느릿하게 돌아다니며 계산대를 날카롭게 쳐다본다.

담배를 피우고 있는 여자와 눈이 마주친다.

여자는 히죽히죽 웃는다.

무라카미, 갑자기 여자에게 다가가서 무뚝뚝하게,

"나 좀 도움 받고 싶은데……"

여자 "돈은 충분해요?"

무라카미는 고개를 끄덕인다.

여자 "비싸요, 알은 충분히 있으니까……"

무라카미 "어, 얼마야?"

여자 "쇼트타임이……"

무라카미 "뭐야?"

여자 "파친코 하겠다는 거잖아요?"

무라카미 "치! 난 이걸 말하는 거야"

하고 손으로 권총 모양을 만든다.

여자 "(놀라며) 아 잘못 찾아 왔어요"

무라카미 "거짓말, 동료들한테 확실하게 듣고 온 거야"

여자 "(창백해져서) 도, 돌아가! 그렇지 않으면 경찰을 부를 거야"

하고, 큰소리를 친다.

무라카미, 어쩔 수 없이 나올 수밖에 없다.

(O·L)

34 **어느 공원**

주변은 이미 어두워져 있다.

메마른 분수의 분출구. 연못의 고인 물은 잔물결 하나 없이 고요하다.

첨벙! 조약돌이 날아와 물결이 번진다.

조약돌을 던진 건 무라카미였다. —— 가만히 초췌해진 표정으로, 그 물결을 보며 서 있다.

갑자기 뭔가 중얼거리더니 머리를 싸매고 주저앉는다.

35 **공원의 전등불**

나방 두, 세 마리가 날아다닌다.

36 **동일한 분수 앞**

무라카미, 아직 머리를 감싸고 있다. —— 허름한 모습을 하고 있다.

"어이, 퇴역군인"

하는 목소리.

무라카미, 고개를 들고 뒤를 돌아본다.

섬뜩한 눈을 가진 양아치가 서 있다.

양아치 "그런 좋은 체격을 가지고서 초라한 표정 짓지 마."

무라카미 "……"

양아치 "파친코 필요 없어?"

무라카미 "(깜짝 놀라 금방은 목소리가 나오지 않는다.)"

양아치 "왜 이렇게 얼빠진 얼굴이야…… 권총 필요 없는 거냐고"

무라카미 "(두근대는 마음을 숨기며) 얼마야?"

양아치 "빈털터리 주제에 무리하지 마…… 쌀 통장(1942년(쇼와 17년) 4월 1일부터, 일본에서 식량 관리제도 하에 쌀의 배급을 받기 위해 발행되었던 통장)이나 가져와"

무라카미 "쌀 통장? 배급통장 말인가?"

양아치 "그것도 없으면 꿈도 꾸지 말고"

무라카미 "있어."

양아치 "9시에 — 골목길의 콩가라는 찻집으로 와. 하얀 터번을 한 여자가 기다리고 있을 테니."

(WIPE)

37 **찻집·콩가**

무라카미, 들어온다.

좁은 실내는 축음기로부터 흘러나오는 룸바로 시끄럽다.
무라카미, 실내를 둘러본다.
앉는다 —— 다방 한쪽에 하얀 터번을 두른 여자가 레코드에서 나오는 곡에 맞춰 발로 장단을 치며 립스틱을 고쳐 바르고 있다.
무라카미, 테이블을 돌아 그 여자에게 가까워진다.
조용히 그 여자 앞에 앉는다.
여자, 그것을 살짝 눈을 치뜨고 보고, 무릎에 올려두었던 봉지를 테이블 밑에 넣는다.
"통장……"
무라카미 "음……"
하고 조금 그럴듯한 몸짓을 하다가 참을 수 없다는 듯 갑자기 테이블 밑 봉지를 가져간다.
"뭐 하는 거지?"
하고 여자도 봉지를 잡는다.
무라카미 "경찰이다!"
여자가 휙하고 도망간다.
무라카미가 쫓아간다.
의자가 쓰러지고 음료수 컵이 깨진다.
당황한 손님들 사이로 빠져나가 도망가는 여자는 의자에 부딪혀 우스꽝스럽게 넘어진다.

(WIPE)

38 어느 파출소·앞

순경이 양동이로 물을 뿌리고 있다.
무라카미가 터번을 쓴 여자를 데리고 온다.
"본청 사람입니다…… 이 여자를 조사하고 싶습니다만, 안쪽을 잠깐"
순경은 나른한 듯이 무라카미가 내민 수첩을 들여다보면서
"더워요. 무엇보다도 양철지붕이라서요. 밤이 되어도 오븐 안에 있는 것 같네요"

39 파출소의 숙직실

역시 좁고 답답하다.
더운 한구석에 폼폼달리아가 삶은 듯 시들어 있다.
무라카미는 여자에게서 뺏은 블로닝형의 권총을 조사한다.
"네가 취급하는 권총은 이 종류뿐이냐?"

여자 "(반항적인 모습으로) 권총이라면 뭐라도 장사가 되지"
무라카미 "최근에 콜트를 취급한 적이 있어?"
여자 "콜트가 뭔데."
무라카미 "이정도 크기로……"
하고 수첩에 콜트의 형태를 그려 보여준다.
무라카미 "…… 이런 모양의 녀석인데."
여자 "아아, 그거라면 알지 …… 어제 빌려준 것인데"
무라카미 "뭐라고?!"
하고 자기도 모르게 큰소리를 내며,
"그거, 언제 어디서 돌려주기로 약속이 되어 있는 거지?"
여자 "오늘밤 거기서 …… 당신이랑 거래한 후에 돌려받으려고 했지"
무라카미 "……?!"
여자 "입구에서 스쳐 지나쳤단 말이야. 당신에게 끌려 나갈 때 말이야 …… 깜짝 놀라 보고 있었단 말이지"
무라카미, 황급히 뛰쳐나간다.
하지만 곧 돌아온다.
무라카미 "이봐 …… 그러면 너는 그 남자의 통장을 갖고 있겠군 …… 꺼내봐"
여자 "(히죽히죽 웃으며) 넌 초짜구나 …… 권총 돌려주려고 올 때, 몫을 받는 거야……. 거기서 실컷 쪼아서 조금이라도 더 받아내는 것이 이 장사에서 이문을 남기는 방법이지……. 아무튼, 강도를 쪼는 것이니 …… 간단히 될 리가 없지 …… 나 따위는 나설 자리가 아니야"
무라카미 "그러면……"
여자 "거기서 나랑 등을 맞대고 신문을 보던 남자가 있었지? 그자가 감시역이야 …… 그자가 통장을 가지고 있다고."
무라카미, 일어선다.
여자 "서둘러도 늦었어. 이미 다들 도망쳤지"
무라카미 "……"
여자 "뭘 멍하니 있는 거야 …… 어서 어딘가에 가둬버리라고 …… 왜 이렇게 더운 거야, 여기 완전 찜통이네!"
하고 가슴에 달라붙은 블라우스를 징그러운 듯이 떼어내면서 일어선다.
여자 "흥 …… 어차피 별거 아니거든!"

40 **파출소·앞**

무라카미, 여자를 데리고 밖으로 나온다.

"실례했습니다."

밖에 물을 뿌리고 의자를 들고 나와 쉬고 있는 순경에게 말을 건다.

순경 "정말 더우셨지요"

하고 일어나 거수경례를 한다.

순경의 발치에 보기에도 더울 것 같은 털이 텁수룩한 잡종개가 쓰러져서 금방이라도 숨이 넘어갈 듯 심하게 혀를 내밀고 있었다.

(F·O)

(F·I)

41 수사 제1과·실내

나카지마 경감과 무라카미.

나카지마 "흐음…… 근데 아무래도 자네는 너무 콜트에 집착하고 있어. 간단하게 이야기하면 한 정의 자네의 콜트보다 많이 가지고 있는 권총상을 검거하는 것에 주안점을 둬야하네"

무라카미 "……"

나카지마 "…… 여자를 그 자리에서 검거한 건 잘못이었어."

무라카미 "근데……"

나카지마 "자네의 마음은 아는데…… 그렇지만 그 여자가 빌려준 콜트가 자네 것이라고는 단정할 수는 없어…… 콜트는 자네의 콜트 외에도 많이 있어 …… 어젯밤 요도바시淀橋에서 강도상해 사건이 있었네…… 그때 다친 딸의 팔뚝에서 나온 탄환이 감식과로 왔는데…… 이놈도 콜트야"

무라카미, 안색이 바뀐다.

나카지마 "(쓴웃음을 지으며) 그만두지 않겠는가, 바보 같은 상상은 그만두게…… 첫째, 살인을 취급하는 형사가 그런 소심한 성격이어선 안 되네"

무라카미 "……"

나카지마 "…… 꽤 야위었군…… 많이 걸어 다녔겠지……"

무라카미 "네"

나카지마 "…… 하지만 젊었을 때 고생을 사서하라고 하질 않나"

하고 책상 서랍에서 서류 한 통을 꺼내 무라카미 앞으로 내민다.

나카지마 "지령이야."

무라카미 "에?"

나카지마 "3개월 월급 반액 감봉이야…… 아, 그리고 오늘은 쉬는 게 어때?"

하고 급히 나가 버린다.

무라카미는 뭔가 말을 하려다 만다.

(WIPE)

42 문

감식과 총기연구실

43 문·실내

쾅!

젊은 감식과 직원이 시험발사를 하고 탄피를 주워 조사한다.

뒤를 돌아보며 귀에 꽂은 솜을 빼곤 들어온 무라카미에게

"누구세요?"

무라카미 "요도바시의 사건을 조사하신 분은?"

감식과 직원 "전데요…… 그 콜트의 탄환은 지금까지의 기록에는 없습니다…… 탄환이란 놈은 기록으로 확인되지 않는 한 크게 수사에 도움이 되지 않지요…… 지문과 같아, 탄환 표면에 새겨진 발사흔의……"

무라카미, 뒷말은 듣지 않고 뛰쳐나간다.

어리둥절한 얼굴로 배웅하는 감식과 직원.

(WIPE)

44 사격연습장

무라카미가 달려와서 제방에 올라간다.

사격 연습이 막 끝났는지 표적을 정리하던 경찰관이 어리둥절한 얼굴로.

"무슨 일 있습니까?"

무라카미, 표적 위의 나무의 그루터기를 조사하며

"얼마 전에 여기에 총을 잘못 쐈거든요."

경찰관 "네, 그런데요?"

무라카미, 경찰관에 물음에는 대답하지 않고 칼을 꺼내 묵묵히 찾아낸 탄흔을 도려내기 시작한다.

(WIPE)

45 총기연구실

"아아, 같은 종류의 탄환이네요."

감식과 직원은 무라카미가 내민 탄환을 보며 말한다.

무라카미 "(잠긴 목소리로) 조사 부탁드립니다……"

감식과 직원 "근데 어디서 이걸?"

무라카미 "됐으니까 빨리 봐주세요."

아무것도 모르는 감식과 직원은 내키지 않는 얼굴로 비교 현미경 밑에

두 발의 탄환을 놓고 들여다본다.
책상 위에 널브러져 있는 갖가지의 권총
── 선반에 진열된 갖가지 탄환 ── 엄청난 탄흔을 보이고 있는 여러 증거품 ── 그런 것에 둘러싸인 무라카미는 선고를 기다리는 피고인처럼 몸이 굳어 있다.

"축하합니다!"
감식과 직원이 고개를 든다.
"똑같은 콜트의 탄환이에요."
무라카미, 입술을 깨물고 고개를 떨군다.

감식과 직원 "오 이건 수훈입니다. 한번 보세요."
무라카미 "아, 고맙소."
하고 힘없이 나간다.
감식과 직원은 이상하다는 얼굴로 그를 배웅한다.

(WIPE)

46 수사 제1과·실내

무라카미가 뭔가 곤혹스러운 얼굴로 나카지마 경감 앞에 선다.

나카지마 "책임을 지겠다는 말인가?"
책상 위의 사표.
무라카미 "…… 죄송합니다"
나카지마, 주임경관은 그렇게 말하는 무라카미로부터 시선을 떨어뜨리고는 묵묵히 사표를 찢었다.
무라카미 "?"
나카지마 "불운은 인간을 단단하게 하거나 찌부러트리든가 둘 중의 하나다. 자네는 찌부러질 셈인가?"
무라카미 "……"
나카지마 "마음먹기에 따라 자네의 불운은 기회가 될 수 있네! 왜 이 사건을 담당하게 해달라고 하지 않는 겐가?"
무라카미, 고개를 숙인다.
나카지마 "요도바시 경찰서에 수사본부가 설치됐네 …… 이쪽에서 아베阿部 경관보가 수사주임으로서 가 있는데 …… 가볼 생각은 있는 겐가?"
무라카미 "네"
나카지마 "요도바시에는 사토佐藤라고 하는 유명한 실력자가 있네 …… 파트너로 일할 수 있도록 전화해 놓겠네"

무라카미 "네"

나카지마 "…… 그리고 가기 전에 자네가 검거한 권총상의 여자 말이야, 그 자를 다시 한 번 조사해 보는 게 어때 …… 좋은 선물이 될지도 모르지"

무라카미 "네, 다녀오겠습니다."

(WIPE)

47 유치장 입구

무라카미 "13번으로 부탁드립니다."

책상 위에 늘어선 유치인의 번호표를 찾고 있는 담당 경찰관.

"13번은 이미 나갔는데요 ……"

무라카미 "나갔다고요?"

담당 경찰관은 장부를 넘기며,

무라카미 "요도바시? 아베 경감의 조회로 요도바시 쪽에서 조사하고 있는데요."

경찰관 "네, 조사실 4호입니다."

48 조사실 뒤 계단

무라카미, 계단을 올라간다.

49 조사실 앞 복도

무라카미, 온다.

문이 열려 있는 4호실에서 몹시 즐거운 듯 웃음소리가 들린다.

무라카미, 의아한 듯 그 안을 들여다본다.

50 4호실 내부

어젯밤의 여자와 반백 머리의 나이 든 형사가 사이좋게 아이스캔디를 핥고 있다.

"실례하겠습니다."

하고 무라카미가 들어온다.

"제1과의 무라카미입니다."

여자 "나 이 사람한테 잡힌 거야."

라고 친숙하게 말을 한다.

반백 머리의 형사가 힐끗 무라카미를 올려다보며,

"요도바시의 사토라고 합니다."

무라카미 "(놀라서)사토 씨?"

사토 "왜 그러시죠?"

무라카미 "아니, 어젯밤의 사건을 담당하라는 명령을 받아서 …… 그것도 당신과 함께 파트너를 하라고 하는 명령을 막 받고 왔습니다!"

사토 "아!"

그러나 사토는 별로 흥미 없다는 듯이 부채를 움직이고 있을 뿐이다.

무라카미 "아무쪼록 잘 지도해주시기 바랍니다."

사토는 입안에서 무언가 중얼거리더니 고개를 숙인다.

매우 붙임성이 안 좋다.

무라카미 "이 여자가 빌려준 콜트 건으로?"

사토 "뭐 네…… 아베 씨한테서 조금 들었어요…… 콜트를 가지고 있는 강도도 드물고……"

하고 졸린 듯한 눈으로 여자를 본다.

사토 "…… 그런데 당신이 콜트를 빌려준 놈은 어떤 남자인가?"

여자 "어떻다니…… 그래요, 이 더운 날씨에 겨울 양복을 입고 있었어요"

사토 "검은 옷일 거야."

여자 "어머 잘 아시네요……"

사토 "후후후…… 왼손잡이인 것도 알고 있다고"

여자 "어머, 그랬던가요? ……"

사토 "흠…… 자 한 대 피우면서 천천히 생각해 내자고"

하고 자신도 담배에 불을 붙이고는 여자에게 건넨다.

성냥을 그어 여자의 입가로 가져다주었다.

허겁지겁 담배를 피우던 여자, 갑자기 큰소리를 낸다.

여자 "아…… 맞다, 그 남자 왼손으로 성냥불을 켰어요…… 그 손이 덜덜 떨리던 것이 생각이 났어요…… 당신 설마 이 총으로 본인 머리에 총을 쏘지는 않겠지? 라고 말했지요"

사토 "그 남자 이름, 뭐라고 하지?"

여자 "그런 건 몰라요"

사토 "거짓말하지 마. 통장 안 봤을 리가 없지"

여자 "봤지요…… 그런데 이상하게 어려운 글자라서 못 읽었지요…… 후후, 난 학교를 정말 싫어해서 말이지"

사토 "통장은 누가 가진 겐가?"

여자 "……"

사토 "이름은?"

여자 "몰라요"

사토 "(무심하게) 기무라木村지?"

여자 "(엉겁결에) 아니에요!"

하고 멋지게 걸려들었다.

사토 “(히죽거리며) 그럼 누구지?”

여자 “……”

사토 “흠, 숨기는 거 보니까, 네 애인이네”

여자 “그런 거 아니에요”

사토 “거짓말하네!”

여자 “거짓말이 아니라니까요……”

사토, 무시하고 무라카미에게 말을 건다.

“이런 식으로 남자의 이름을 숨기는 자는 필시 그 남자의 애인인 게야. 자네”

여자 “(정색을 하고) 혼다本田라고 해요”

하고 끝내 사실을 말한다.

사토 “(지체 없이) 자, 내친김에 전부 자백하는 거야”

여자, 각오를 하고는 사토의 담배에 손을 대며,

“한 대 더 줘요”

사토 “응, 혼다의 숙소는?”

여자 “몰라요…… 정말로 모른다고…… 나 같은 정부에게 숙소 따위 알려줄 턱이 없지요”

사토 “잘 가는 곳은?”

여자 “몰라요…… 맞다, 맞다…… 야구광이라는 소문이 있으니, 야구장에 자주 갈 거예요”

사토 “전과자인가?”

여자 “음…… 여자를 반쯤 죽여 놔서 2년 정도 수감된 적이 있었다고 화를 낸 적이 있어요”

사토 “언제쯤이지?”

여자 “몰라요”

사토 “좋아!”

하고 일어선다.

여자 “이 담배 다 피울 때까지 기다려줘요……볼일이 끝났다고 너무하네”

하고 원망스러운 듯이 사토를 올려다본다.

사토, 쓴웃음을 짓고 그 능란한 심문에 망연 실색하고 있던 무라카미를 돌아본다.

사토 “자네, 수고스럽지만 혼다라는 녀석의 카드 좀 찾아주겠나……. 혼다라고 하는 것은 가명일지도 모르지만, 색인자료로는 충분할 거네”

무라카미 "네 …… 그래서 어디로 가시는 ……"

사토 "여기서 제일 시원한 곳이 어디인 게지?"

(WIPE)

51 경시청의 옥상

무라카미, 혼다의 카드를 가지고 기세 좋게 뛰어 올라온다. —— 휴우 하고 한숨 돌린다.

이 정도의 높이가 되면 역시 바람이 분다. 슬슬 저녁 바람이 불기 시작하는 시각.

무라카미, 심호흡을 하고, 주위를 둘러본다. 사토는 그늘에 있는 벤치에 누워있다.

무라카미 "(가까이 다가가 깨우며) 사토 씨 있었어요. 그 녀석 본명은 다치바나立花라고 합니다."

사토, 큰 하품을 하고 일어나서, 딱히 보려고도 하지 않는다.

사토 "그 사진을 많이 복사해 달라고 하게 …… 그리고 체포장 ……"

무라카미 "저는 현장 상황도 조사방침도 아직 아무것도 모릅니다만 ……"

사토 "…… 자네가 그 여자를 검거해 주어서 큰 도움이 되었어 …… 거의 해결한 거와 진배 없네 …… 혼다를 잡아서 통장만 찾는다면 범인의 지명수배이지 …… 아마 틀림없을 것이네 …… 검정 겨울 양복 …… 콜트 …… 그것을 왼손에 쥐고 있었어 …… 그 손은 떨고 있음에 틀림없지 …… 필요도 없는데 거품을 물고 쏴댄 녀석이기 때문이지 …… 초짜가 무턱대고 침입한, 뻔한 사건이지 … 하기야 피해자에게는 엄청난 사건인 것 같지만 말이지"

무라카미 "따님이라고 하더군요"

라고 하는 목소리가 떨리고 있다.

사토 "응, 훔쳐간 건 단지 4만 엔이지만, 결혼하기 위해 3년이 걸려 모은 돈이라지 …… 또, 3, 4년 일하지 않으면 안 되겠지. 그때쯤이면 여자의 한창 아름다운 때가 지나버리고, 사위될 사람도 전쟁에 이어서 10년이나 기다려야만 하고"

무라카미 "……"

사토 "되돌려달라고, 상처의 아픔도 잊고 울고 있다네 ……"

무라카미 "……"

사토 "정말 무자비한 콜트야."

무라카미, 머리를 싸매고 주저앉는다.

사토 "(들여다보며) 무슨 일이야?"

무라카미, 뭔가를 골똘히 생각하는 얼굴을 들어

"그거 …… 제 콜트예요"

사토 "?"

무라카미 "…… 도난당했어요 …… 저만 그런 바보 같은 짓만 안 했다면"

사토, 잠시 말을 잃는다. 이윽고 입을 떼며

"콜트가 없었다면 브라우닝으로 했을 걸세."

무라카미 "……"

가만히 먼 하늘을 바라보고 있다.

우르릉 쾅쾅!

내장에 스며드는 듯한 멀리서 울리는 천둥소리.

무라카미 "…… 뭐랄까 …… 더 불길한 일이 일어날 거 같은 기분이 듭니다. 저는 ……"

그 옆모습을 가만히 바라보고 있는 사토.

먼 곳을 보고 있는 무라카미의 어두운 눈빛.

우르릉 쾅쾅! 또다시 멀리서 울리는 천둥소리.

(F·O)

(F·I)

52 고라쿠엔後樂園

와아!!

온통 하얗게 내외야를 꽉 채운 5만 명의 관중이 지금 자이언츠의 수비동작에 열광하고 있다. ── 여기는 뙤약볕 아래 고라쿠엔 스타디움.

53 同·벤치 옆 통로 (1루 쪽)

부채를 펄럭거리며 사토가 온다.

통로의 빛과 그림자의 경계에 서서 그라운드를 바라보고 있다.

"…… 수배, 전부 끝났습니다"

하고 무라카미가 보고하러 온다.

무라카미 "오늘은 혼다의 사진을 아이스캔디 파는 사람들에게도 보여주며 돌았습니다"

사토 "수고했네"

백네트 근처에서, 후지무라藤村선수가 토스배팅의 퍼포먼스를 보여주며 팬 서비스를 하고 있다.

사토 "정말 잘 하는군 …… 그렇지?"

하고 돌아보니 무라카미는 또 생각에 잠겨있다.

사토 "또 그러고 있군, 자네 ……"

무라카미 "…… 아니요, 마음에 걸리는 것이 하나 있습니다"

사토 "뭘 말인가"

54 同·더그아웃 옆의 지하도

조금 어두운 터널 너머에, 쨍하게 햇빛이 드는 그라운드가 스크린처럼 보이고, 배팅 소리나 객석의 웅성거림이 이상하게 멀게 들린다.

무라카미 "그 범행이 있던 저녁, 범인은 일단 콜트를 돌려주러 왔습니다……"

사토 "응."

무라카미 "그런데, 거기서 범인은 제가 그 여자를 검거하는 것을 목격했습니다 …… 통장도 빼앗겼다고 생각한 게 틀림없어요…… 그래서 자포자기 상태로 그날 밤, 그 범행이 일어났다고 하면……"

사토 "아이구야, 자네는 피해자뿐만 아니라, 범인한테까지 책임감을 느끼기 시작한 겐가."

무라카미 "하지만 조사해보았습니다만, 그 전날 밤 권총 강도의 피해보고는 없었습니다. 즉 그 남자는 권총을 빌리기는 빌렸지만, 사용하는 것은 주저했던 겁니다 …… 그리고 되돌려 주려고 왔어요…… 그런데."

사토 "쓸데없는…… 그런 걸 캐기보다는, 다음 일을 막아야 하네"

무라카미 "……"

사토 "범인은 4만 엔을 훔쳤어…… 아끼면서 쓸 수 있는 돈이 아니니…… 바로 탕진할 거야…… 그 돈을 다 쓰면 무슨 일이 일어날 거라고 생각해? …… 또 집을 터는 거지…… 한번은 습관이 아니라고 하지만 두 번이 되면 이야기가 달라…… 들개가 미친개가 되는 거지"

무라카미 "……"

사토 "내 말이 틀린가?"

무라카미 "아닙니다."

사토 "그럼 우선 혼다를 잡는 일에 전력을 다하는 거네."

무라카미 "……"

사토 "오늘은 분명 왔을 거야, 야구팬이라면 이 시합을 놓칠 리가 없으니까"

하고 통로에서 객석 쪽으로 걸어가기 시작한다.

55 同·객석

눈이 부실 정도의 밝기.

객석의 흥분된 분위기가 통로에서 나오는 두 사람을 감싼다.

사토 "어때…… 관객이 엄청나지 않나?"

내외야의 관람석을 가득 메운 관중 —— 그 부채의 파도.

사토 "대체 얼마나 관객이 들어갈 수 있을까, 여기는?"
무라카미 "5만 명이라고 들었습니만"
사토 "5만 명 중에 한 명인가"
하고 눈이 부신 듯 장내를 둘러본다.
"네네 …… 아이스캔디 ……"
아이스캔디 판매상이 지나간다.
사토 "어이, 두개 주게"
아이스캔디 판매상 "네 두개에 …… 20엔"
하고 아이스캔디를 사토에게 건네주면서, 돈과 함께 쥐고 있던 사진과 사토의 얼굴을 유심히 비교해 살펴본다.
사토, 코끝이 가려운 듯한 얼굴을 하고 있다.

(O·L)

56 同·그라운드

"플레이볼"
심판이 오른손을 든다.
관중의 박수.

57 同·관중 뒤의 통로(프로세스)

(통로에 서서 경기를 보고 있는 사람들의 머리 너머로 쨍하고 흰색 일색의 그라운드가 보인다.)
군중 뒤에서 엿보며 박수치고 있는 사토.
그것을 이상한 듯 여기며 보고 있는 무라카미.

58 同·그라운드

후지모토, 제1구.
가네다金田, 친다.
2루 땅볼 — 지바千葉, 잡아서 1루에 던진다.
가와카미川上, 잡아서 아웃.
환호성.

59 同·객석 뒤의 통로(프로세스)

사토, 싱글벙글 웃으며 보고 있다.
무라카미는 그럴 정신이 없다.
쌍안경으로 관객을 이 잡듯 주시하고 있다.

60 同·객석

가득 찬 객석의 부채 파도.

(O·L)

61 同·스코어보드

0대 0인 채로, 3회말.

62 同·1루측·내야석

"이봐 …… 아이스캔디!"

W대 럭비부라고 쓰인 완장을 두른 각모를 쓴 아이스캔디 판매상이 걸어온다.

학생 "에에……아이스캔디!"

"이봐!"

하고 부르는 소리에 뒤돌아보고, 순간 심장이 철렁 내려앉는 듯한 얼굴. 불러 세운 남자는 검은 자외선 차단 안경을 쓰고 있었지만 돈과 함께 쥐고 있는 사진의 남자임에 틀림없다.

혼다 "이봐 …… 아이스캔디 한 개."

학생 "죄송합니다 …… 다 팔렸어요."

혼다 "쳇 …… 다 팔렸는데 팔러 다니는 녀석이 있어?"

63 同·그라운드

킹!

지바가 1, 2루 간을 뚫었다.

64 同·객석

와 하는 관중이 술렁거린다.

혼다도 반쯤 일어난 자세로 공의 방향을 본다.

아이스캔디 판매상인 대학생, 그사이에 허둥지둥 되돌아간다.

(O·L)

65 同·스코어보드

4회초.

66 同·객석 뒤의 통로(프로세스)

아이스캔디 판매상인 대학생이 가리키는 곳을 몸을 뻗어 보고 있는 사토, 무라카미, 그 외 도와주러 온 형사들.

무라카미 "(의욕적으로) 좋아!"

사토 "기다려 …… 어려운 것은 지금부터야."

무라카미 "제가 잡겠습니다."

사토 "자네에겐 혼다밖에 안 보이나?"

무라카미 "?"

사토　　"이 관중을 위험에 처하게 할 순 없어. 혼다는 흉기를 가지고 있다고 생각해야 해…… 권총의 탄환은 파울 볼 같을 수는 없네"

무라카미 "……"

사토　　"아무튼 녀석을 관중에게서 떼어놓고 잡아야 하네."

무라카미 "하지만, 어떻게……"

사토　　"생각해야지…… 아직 시합은 5회 남아있어!"

(O·L)

67 同·그라운드

가와카미川上의 2루타.

(O·L)

68 同·객석의 통로

초조하게 걸어 다니고 있는 무라카미.

(O·L)

69 同·그라운드

벳토別當의 3루타.

(O·L)

70 同·객석의 통로(프로세스)

가만히 팔짱을 끼고 있는 사토와 초조해하며 도와주러 온 형사들.

(O·L)

71 同·그라운드

아오타青田의 멋진 플레이.

(O·L)

72 同·객석의 통로(프로세스)

달려들 것 같은 얼굴을 하며 쌍안경을 보고 있는 무라카미.

73 同·망원렌즈로 찍은 객석

시합을 열중해서 보고 있던 혼다 —— 일어난다.

74 同·객석의 통로(프로세스)

깜짝 놀라는 무라카미.

확성기 소리 "여러분…… 럭키 세븐입니다"

75 同·망원렌즈로 찍은 객석

혼다, 크게 기지개를 켜고 있다.

76 同·객석

웅성웅성 일어나 허리를 피거나 심호흡을 하거나 하는 관중.

77 同·객석의 통로(프로세스)

무라카미, 실망한 듯이 쌍안경을 놓고 사토에게 속삭인다.

무라카미 "어떻게 하죠! 앞으로 3회 남았습니다."

사토 "음."

확성기 소리 "미아를 찾습니다. 미아를 찾습니다…… 야마모토 히로시山本ヒロシ 군의 아버님…… 어린이가 방송실 지붕 위에 있습니다…… 급히 오시기 바랍니다"

와 하는 관중의 웃음소리.

사토와 무라카미, 유심히 본다.

78 同·방송실의 지붕

야구모자를 쓴 어린이가 울고 있다.

타순을 기다리며, 뭔가 말하며 달래고 있는 아오타와 가와카미.

박수와 웃음소리 —— 야구광인 할아버지가 나타나서 엄청 쑥스러워하며 어린이를 안고 퇴장한다.

79 同·객석의 통로(프로세스)

쓴웃음을 짓는 사토와 무라카미.

사토, 갑자기 웃음을 멈추고 무라카미를 가볍게 찌른다.

사토 "…… 이보게, 우리도 해보세"

무라카미 "네?"

사토 "확성기로 혼다를 불러내 보는 거야."

무라카미 "?!"

80 同·스코어보드

7회말.

81 同·확성기

"우에노上野의 혼다 씨, 우에노의 혼다 씨. 서둘러 정면 입구까지 와주시기 바랍니다. 친구 분이 기다리고 있습니다"

82 同·객석 뒤의 통로(프로세스)

가만히 쌍안경을 보고 있는 사토와 무라카미.

83 同·망원렌즈로 본 객석

혼다, 잠깐 확성기 쪽을 돌아보고 일어서려다가 다시 앉아 버리고 만다.

84 同·객석 뒤의 통로(프로세스)

실망하는 사토와 무라카미.

사토 "…… 실패인가?"

하고 중얼거린다.

무라카미 "…… 다시 한 번 더 불러봅시다."

사토 "음…… 이번에는 본명으로 해보는 거야."

(O·L)

85 同·스코어보드

8회초.

86 同·확성기

"우에노의 다치바나 씨, 우에노의 다치바나 씨, 서둘러 정면입구까지, 친구 분이 기다리고 계십니다."

87 同·망원렌즈로 본 객석

혼다, 확성기를 올려다보고 고개를 갸우뚱 하지만, 일어나서 통로를 올라가기 시작한다.

88 同·객석 뒤의 통로(프로세스)

쌍안경을 보고 있던 사토와 무라카미 ── 무심코 얼굴을 마주본다.

(WIPE)

89 同·객석 아래의 복도

아무도 없다 ──

어두컴컴하고 이상하게 조용하다. ── 가끔 들려오는 땅울림 같은 대관중의 함성.

혼다, 그곳으로 쿵쿵 계단을 내려온다.

빠르게 정면 입구 쪽으로 간다 ── 구두소리가 이상하게 메아리친다.

갑자기 호루라기 소리.

혼다, 깜짝 놀라 멈춰 서고는 뭔가 짐승 같은 날렵함으로 뒤돌아본다.

사토와 무라카미가 권총을 쥐고, 혼다가 내려온 계단 아래에 서 있다.

혼다, 본능적으로 반대편으로 달리기 시작한다.

그러나 문이란 문이 전부 열리며, 각각 권총을 쥐고 응원하러 온 형사들과 경찰관들이 나오는 것을 보자 우뚝 선다.

사토 "(고함을 치며) 손들어"

혼다, 불만스럽게 힘없이 손을 든다.

우우우우!

다시 땅울림처럼 들려오는 객석의 함성.

(F·O)

(F·I)

90 요도바시 경찰서의 취조실

미곡통장　신주쿠新宿구 — 정町 — 번지 유사 신지로遊佐新二郎

라고 하는 통장이 담당 주임인 아베경감의 책상 위에 놓여있다.
사토와 무라카미, 그리고 형사 5-6명.

아베　"(일단 안심하는 얼굴로) 그런데 혼다가 다행히 이것을 안 찢고 있었군."

사토　"무엇보다도 콜트를 가지고 도망친 것을 용서할 수 없었겠지요. 언젠가 이걸 미끼로 해서 어떻게 할 작정이었겠지요"

아베　"세살 버릇 여든까지란 거지 …… 그럼 고생스럽지만, 이 유사라는 남자를 철저히 조사해 주시오."

사토　"지금부터 착실히 기본적인 것부터 조사하고, 그런데 잡는데 며칠정도 걸릴지 ……"

아베　"그건 그렇고 한바탕 비가 오면 좋겠네요."

사토　"이렇게 더우면 감도 떨어지지요"

아베, 창문에서 시선을 돌리고

"그러면 수사는 사토랑 무라카미에게 ……"

(WIPE)

91 유사 집·가게 앞

(어느 불탄 자리에 덩그러니 세워져 있는 초라한 판잣집의 나무통 가게)
사토와 무라카미가 그 가게 앞에 앉아 있다.
응대하고 있는 것은 여름 원피스를 입은 아주머니.
모퉁이에서 성실해 보이는 아저씨가 언짢은 듯 말없이 일을 하고 있다.

무라카미　"그렇다면 유사 긴지로遊佐金二郎라는 사람은 당신의 남동생이군요"

아주머니　"(불안에 떠는 목소리로) 네 …… 남동생이 무슨 짓을 …… 벌써 일주일째 집에 안 왔어요 ……"

사토　"뭐, 대단한 건 아니지만"

어딘가에서 저녁 매미가 울기 시작한다.

아주머니　"그 애는 퇴역을 하고난 후 완전히 사람이 변해버려서 …… 불쌍하게도 퇴역할 때 기차 안에서 전 재산인 배낭을 도둑맞고 …… 그때부터 엇나가기 시작한 거예요"

"당신이 너무 봐주니까 이렇게 된 거야 ……"

하고 아저씨가 뒤돌아본다.

아주머니　"당신처럼 엄하게만 한다고 해서 ……"

아저씨 "흥, 입만 열면 세상이 나쁘다…… 전쟁이 나쁘다고…… 자기 혼자서 일본의 모든 고생을 짊어진 것 같은 얼굴을 해서는…… 대나무 한 토막 쪼개려하지 않고."

아주머니 "아니에요……친구가 나빠요"

무라카미, 귀를 기울이며

"친구요?"

아주머니 "그러니까…… 불량배가 한 명 가끔 찾아와서…… 리젠트 스타일이라고 하나요? 추잡한 머리를 하고…… 그 녀석이 나쁜 거지요"

무라카미 "뭐라고 하는 남자예요?"

아주머니 "세이淸, 세이라고 불렀었는데요…… 군대에서 함께 있었다고 했어요"

무라카미 "어디에 있는지 아나요?"

아주머니 "글쎄요."

사토가 일어나고,

"남동생의 짐, 좀 보여줄 수 없는지요."

아주머니 "짐이라 해봐야, 저기 귤 상자 안에 있는 잡동사니뿐이에요"

사토 "그럼 잠깐 보겠습니다"

하고 무라카미를 재촉해서 구두를 벗기 시작한다.

92 同·다다미 여섯 칸 방

사토와 무라카미가 들어온다.

다다미가 없고 판자로 된 좀 더러워진 방구석의 귤 상자 안을 사토가 조사하기 시작한다.

안절부절 따라온 아주머니가

"그 아이는 원래는 온순한 아이라니까요…… 마음이 너무 약해서……"

가게 앞에서 아저씨가 입 속으로 뭔가 투덜거리며, 나무통을 마구 두드린다.

아주머니는 그걸 곁눈질로 노려보더니, 부엌 쪽에서 뛰어 들어온 피부가 새까만 아이들에게 갑자기 호통 친다.

아주머니 "집 앞쪽에서 놀거라!"

유사의 짐이라고는 정말 아무것도 없다. 너덜너덜한 속옷류와 오래된 잡지 2~3권, 거기에다 꾀죄죄한 말린 각반.

사토, 고개를 들어 방 안을 둘러보다가,

"남동생도 이 방에서 자는 건가요?"

아주머니 "아니에요…… 뒤쪽의……"

아저씨가 또 투덜투덜 중얼거리고 나무통을 마두 두드린다.

사토 “뒤쪽에 방이 있어요?”

아주머니 “아니에요, 그 애가 직접 지은 거예요…… 오래된 재목을 사와서……”

사토 “그 방 좀 보여주겠어요?”

아주머니 “방이라니…… 그건…… 너무 지저분해서……”

하고 방을 완전히 보여주는 것을 부끄러워하고 있다.

그러나 사토가 성큼성큼 부엌 쪽으로 가니 따라간다.

93 同·유사의 방

부엌 옆으로 넓힌 방 —— 한 마디로 말하면 다다미 두 장 넓이의 닭장이다. 번들번들하게 기름진 구멍투성이의 이불이 깔려진 채 있었다.

뭔가 괴로운 것이라도 보는 것처럼 어두운 얼굴을 하고 들여다보고 있는 무라카미.

그 후 아주머니가 궁시렁궁시렁 말한다.

“어떻게 해주고 싶어도…… 워낙 애가 많아서요……”

또, 저녁 매미가 운다.

사토 “가출하기 전에 어땠나요?”

아주머니 “…… 글쎄요…… 아 맞다, 맞어…… 그게 가출한 날이었던가…… 밥을 먹으라고 해도 나오지 않아서 들여다보니…… 그 얘가 글쎄 어둑어둑한 속에서 머리를 싸매고 울고 있는 거예요…… 저는 왠지 무서워져서”

사토 “흠”

하고 듣는 둥 마는 둥 끄덕이면서 머리맡에 구겨진 종이 쪼가리를 주워서 펼치고 아무렇지도 않게 본다.

뭔가 쓰여 있다.

무라카미가 들여다본다.

94 종잇조각

편지지에 화가 난 것 같은 서투른 글씨로

오늘은 잠이 안 온다. 빗소리 속에서 그 버려진 고양이 소리가 들려오는 것 같다. 빗속에서 엉겨 붙어 온 그 녀석, 어차피 괴로워하다 죽는 것이다. 눈 딱 감고 죽여주지 라고 생각해, 짓밟은 그 발의 느낌이 아직도 남아 있다.

뒤는 찢어져 있다. (그것을 읽고 있는 무라카미의 머릿속에 억수 같이 내리는 빗속에서 꺅! 하고 이상한 소리를 지르며, 흠뻑 젖은 채 몸부림치

는 유기묘의 불쌍한 모습이 스친다.)

95 유사의 방

사토　　 "(얼굴을 들고) 이 글씨는 남동생의 글씨인가."

아주머니 "(들여다보고) 네."

사토, 편지지의 마크를 가리키고

"이 메트로 호텔이란 것은?"

아주머니 "맞아 맞아 …… 그건 그 불량배가 …… 뭐라더라 그 호텔의 지배인 어쩌고 말했지만 …… 어차피 거짓말일 거예요"

사토　　 "흠."

하고 무라카미 쪽으로 돌아본다.

무라카미는 뭔가 심한 충격을 받은 것처럼 가만히 종잇조각을 바라보고 움직이지 않는다.

사토, 그런 무라카미의 어깨를 두드린다.

(WIPE)

96 지하철 입구

사토와 무라카미, 땀을 연신 닦으면서 계단을 내려온다.

97 메트로 호텔 앞

쿠궁쿠궁! 지하철 소리.

"여긴 약간 시원하군"

사토, 셔츠 깃을 잡아당겨 부채로 바람을 보내며, METRO·HOTEL이라고 써진 문을 민다.

98 同·로비

"어서 오십시오."

말쑥한 복장의 남자가 두 사람을 맞이한다.

무라카미, 경찰수첩을 살짝 보여주고,

"지배인 좀 불러주시오 ……"

남자　　 "저입니다만 ……"

무라카미 "세이라는 남자를 아시나요?"

지배인　 "네 …… 보이로 일하고 있습니다만 …… 그 녀석 또 뭔가?"

사토　　 "(옆에서) 호 …… 이렇게 가끔 무슨 일을 저지르는 건가?"

지배인　 "(쓴 웃음을 하고) 헤헤 …… 워낙 드나드는 여자가 많아서 ……"

사토　　 "어쨌든, 그 플레이보이를 뵙고 싶군"

지배인　 "그런데 …… 지금은"

사토　　“아니, 우리가 가지”

99 同·욕실

세이, 욕실준비를 하고 있는 중인지 활짝 튼 수도꼭지 옆에서 거울을 보고 번들거리는 머리를 빗질하고 있었다.

“어이 …… 경찰 분이다”

하는 지배인의 목소리에 뒤돌아, 서 있는 사토와 무라카미를 보고 뭔가 당황해서 발밑의 들통에 걸려 넘어져, 주변을 물바다로 만들어 버린다.

세이　　“칫! ……미도리ミドリ 녀석, 울며 매달린 거군요?”

두 사람　“?”

세이　　“사장님 앞입니다만, 그건 사실 합의해서 한 거니까요 …… 걔가 맘대로 돈을 쏟아 부어서 ……”

사토　　“미도리 일이 아닐세”

세이　　“에? …… 그러면 가오루薫 일인가요? …… 그건 사장님 ……”

사토　　“(조바심이 난 듯) 자네의 미도리나 가오루의 일은 어떻든 상관없어”

이 싸구려 포마드의 냄새를 풍풍 풍기는 돈 주앙은 정말이지 용서할 수 없다.

사토　　“유사에 대해 묻고 싶은데 …… 네 전우이자 나무통가게의 남동생이야.”

하고 도끼로 자르듯 단도직입적으로 말한다.

잔뜩 겁에 질린 플레이보이는 직립부동의 모습으로 서 있다.

사토　　“자네는 군대에서 꽤나 맞았을 듯하군 ……”

세이　　“……”

사토　　“안심해, 우리는 때리지 않아. 그런데 그 수도꼭지 이제 잠그는 것이 어때?”

욕조의 물이 넘칠 것 같았다.

세이, 황급히 수도꼭지를 잠근다.

사토는 상대의 태세를 철저히 흐트러뜨리고, 그다음 사무적인 심문을 시작한다.

사토　　“자 그러면 …… 유사를 마지막으로 만난 건 언젠가?”

세이　　“11일 …… 토요일 밤입니다. 엄청 취해 여기에 왔습니다”

사토　　“음, 주머니 사정이 좋았지?”

세이　　“새 옷을 입고 있었습니다”

사토　　“어떤 옷이지?”

세이　　“흰 삼베 양복입니다.”

사토　　“혼자 왔어?”

세이 "네 …… 그 녀석은 여자한텐 겁쟁이라 ……"
사토 "너 같은 남자만 있는 건 아니야"
세이 "……"
사토 "자고 갔지?"
세이 "네."
사토 "어떤 모습이었지?"
세이 "글쎄요."
사토 "빈털터리가 주머니 사정이 좋은 모습이었지? …… 이상하게 생각하지 않았나?"
세이 "……"
사토 "어떻게 된 일인지 물었을 텐데 …… 뭐라고 하던가?"
세이 "뭘 물어도 입을 다물고 있는 거예요 …… 안색이 안 좋은 얼굴을 하고 눈을 부릅뜨고는 …… 그 녀석 무슨 일 저질렀나요?"
사토 "그 남자를 엇나가게 한 게 자네하고 하던데, 사실인가?"
세이 "(당황하며) 그런 …… 누가 그런 말을 했습니까? …… 전 단지 ……"
사토 "전 단지 …… 어쨌는데?"
세이 "전 단지 …… 가끔 그 녀석과 여기저기 돌아다닌 것뿐이에요"
사토 "그런 빈털터리를 친구로 삼아 무슨 득이 있었지?"
세이 "전 단지 …… 친구니까 ……"
사토 "거짓말하지 마 …… 자네 같은 남자한테 득이 없는 우정이라니 말도 안 되지"
세이 "……"
사토 "녀석과 같이 있어서 득이 되는 건 뭐야? 응?"
세이 "…… 그 녀석, 블루버드 극장의 분장실에서 조금 인기 있어요 …… 그래서 ……"
사토 "흥 …… 또 여자네 …… 그러면 뭐냐 …… 자네는 무대 무용수와 가까워지고 싶어서 그 녀석을 패스처럼 이용했다는 거네"
세이 "네."
사토 "하지만 빈털터리가 어떻게 ……"
세이 "소꿉친구가 있어요 …… 나미키 하루미並木ハルミ라고 라인댄스를 무용수입니다"

사토, 무라카미를 재촉해서 돌아간다.

안심한 세이가 아부하듯 말한다.

"이제 더 이상 물어 보실 거는 없습니까?"

사토, 힐끗 뒤돌아보고

"자네가 그렇게 말했다고 불량소년 담당경찰에게 말해 놓겠네!"

(WIPE)

100 블루버드 극장·내부

6명 정도의 팀이 부기(미국 흑인 음악에서 나온 리듬이 빠른 재즈의 하나, 역자주)를 추고 있다.

한증탕 같은 열기에 가득 녹초가 된 객석의 천장에 이상하게 합이 안 맞는 밴드 소리가 메아리치고 있다.

열중해서 무대를 바라보고 있던 알로하셔츠를 입은 청년이 누군가 어깨를 두드리자 무슨 일이야?라고 하는 얼굴로 돌아본다.

사토다.

"나미키 하루미는 어느 애지요?"

청년 "왼쪽에서 세 번째……"

사토 "귀여운 애군"

하고 옆에 있는 무라카미에게 속삭인다.

그 옆모습을 알로하셔츠를 입은 청년이 나잇살이나 먹은 사람이, 라고 하는 표정을 노골적으로 짓고 빤히 보다.

이윽고 무대는 피날레의 급템포——무용수의 땀을 다 짜내고 끝이 난다.

101 同·대기실·댄서의 방

(벽에 달린 형형색색 의상과 경대를 제외하면 판잣집 호텔의 쪽방 같은 대기실)

알몸에 가까운 여자 아이들이 물에서 뭍으로 올라온 듯한 모습으로 달려온다.

한동안은 제각기 몸을 던져 뭍으로 내던져진 물고기처럼 헐떡이고 있다. 하지만 그렇게 몸을 쉬게 하니 다시 땀이 왈칵 나온다. 이런 석양의 햇빛이 정면으로 내리쬐는 방에서는 땀을 닦을 엄두가 나지 않는다. 아니, 무엇을 하는 것도, 말을 하는 것도 싫은 것이다.

모두가 불쾌한 듯 쓰러져서 습관처럼 기분 나쁘게 들러붙은 머리카락이나 의상을 쓰다듬고 있을 뿐이다.

지배인이 들어온다.

"나미키 양"

하루미 "(나른한 듯이 일어난다) 네"

지배인　“어제 왜 쉬었어?”

하루미　“몸이 좀……”

지배인　“이 더위에는 누구라도 조금은 상태가 안 좋아!”

하루미, 뾰로통해진다.

접수원 남자가 명함을 들고 온다. 지배인에게,

“이 분이 나미키 씨에게……”

지배인　“(명함을 보고) 나미키 양, 면회다…… 경찰이야”

하루미　“?!”

지배인　“흠…… 철부지 같은 말을 하면서 뭘 하고 있는지 알 수가 없어”

라고 내뱉듯이 말하고 자리를 뜬다.

억울한 듯 배웅하는 하루미, 입술을 깨물며 완강한 얼굴로 나간다.

102 同·접수대

(이곳도 비좁아서 답답하고 무덥다. 게다가 마치 무대로 통하는 통로처럼 되어 있어서, 끊임없이 사람이 들락날락 해서 어수선하다)

사토와 무라카미, 한 구석에서 짜증이 나는 듯 부채질을 하고 있다.

(하루 종일 지독히 더운 날씨에 걸어 다녀 지쳐, 그렇지 않아도 불쾌해져 있는 두 사람에게는 이곳의 어수선한 분위기가 견딜 수 없다.)

그곳에, 뾰로통한 하루미가 들어온다. 이것도 불쾌한 듯이 이상하게 완강한 얼굴을 하며 말없이 선다.

언짢은 사람끼리의 대화.

(그 대화를 더욱더 불편하게 만드는 제3자의 호기심 어린 시선)

사토　“나미키 양이지?”

하루미　“(아래를 향한 채 고개를 끄덕이고 신발 끝으로 짜증스럽게 바닥을 두드리고 있다)”

사토　“유사라는 남자 알고 있지?”

하루미　“네.”

사토　“소꿉친구라고 하는데……”

하루미　“소꿉친구라니……”

사토　“어렸을 때, 친구였지?”

하루미　“친구라니요, 반년 정도 이웃사이로 말한 적 있을 뿐이에요”

사토　“솔직히 말해주지 않으면 곤란한데.”

하루미　“거짓말 안 했어요”

사토　“어쨌든 좋아…… 그래서 최근에는 어떤 관계였지?”

하루미 "어떤 관계라니요?"
사토 "예를 들면 …… 연인이라든지 ……"
하루미 "그런 거 아니에요"
사토 "그럼 그냥 팬인가?"
하루미 "그런 것도 아니에요."
사토 "그럼 뭐지?"
하루미 "……"
사토 "매일같이 왔었다면서?"
하루미 "하지만, 쫓아낼 수도 없잖아요. 알긴 아니까."
사토 "그런 건 안 물어봤어"
하루미 "……"
사토 "마지막으로 만난 건 며칠이지?"
하루미 "……"
사토 "이봐."
하루미 "생각하고 있는 거예요."
사토 "생각하고 있다니, 자네"
하루미 "……"
사토 "…… 이봐 …… 왜 그래?"

하루미는 고개를 숙여버린다.

사토 "이봐 ——"
하루미 "…… 저 …… 아무런 나쁜 짓 안 했는데 ……"

하며, 결국 울음을 터뜨리고 만다.
사토, 무라카미와 얼굴을 마주본다.
도저히 방법을 찾을 수 없다.

(WIPE)

103 **어느 공중전화 앞**

그 기둥에 기대어 멍하니 사람들을 보고 있는 무라카미.
안에서 사토가 나온다.

사토 "서에는 보고해 두었네 …… 피곤하군 …… 다음 일은 내일로"
무라카미 "…… 그럼, 저는 여기서 ……"
사토 "아니, 한 집 더 같이 가줬으면 하는데."

(WIPE)

104 **교외의 길**

(군데군데 논이 보인다. ── 벼이삭 너머로 불어오는 바람과 개구리의 소리 ─ 저녁노을)

사토와 무라카미, 나란히 걸으면서

무라카미 "(툭치며) 그 여자, 왜 울고 그랬을까요"

사토 "지쳤겠지, 그 애도 우리들도…… 괜한 짓을 해버렸네. 지치면 참을성이 없어지니까 말이지."

무라카미 "……"

사토 "신문하는 건 어려워…… 위압적으로 나가면 이쪽이 지는 거야…… 씨름이랑 같아."

무라카미 "내일 한 번 더 그 여자에게 부딪쳐보고 싶은 생각이 듭니다만……"

사토 "음…… 그것도 좋은데 그 여자에게 뭔가 얻어내기란 어려울 거야…… 그런 예민한 여자아이만큼 완고한 것은 없는 법이네…… 기분을 상하게 하면 정말이지 돌덩이야"

무라카미 "…… 그런데, 어디에 가는 겁니까?"

사토는 싱글벙글하고 있다.

105 사토의 집·출입문·정원

여러 가지 잡다한 세탁물이 널려 있는 대여섯 평의 마당.

그곳을 통해 들어오는 사토와 무라카미.

금방이라고 무너질 것 같은 지저분한 툇마루 안쪽으로 사토가 말을 건다.

"어이"

라고 하자마자

"오셨어요"

라고 하는 귀여운 목소리가 나더니 10살 정도의 큰 아이를 앞세우고 세 명의 여자아이가 뛰어나와 사토를 덥석 안았다.

사토 "덥다, 애들아!"

목소리는 크지만 사토는 귀여워 견딜 수 없다는 얼굴이다.

사토 "아저씨에게 인사 안 하니?"

아이들, 일제히 무라카미에게 머리를 숙인다.

무라카미 "아니…… 저는 아직 일을 계속하는지 알고……"

사토 "후후후…… 자, 안 들어가?"

젖먹이를 업은 여름용 원피스를 입은 사토의 아내 도미とみ가 나온다.

사토 "본청의 무라카미 군이다."

무라카미 "신세 지고 있습니다."

도미 "아뇨, 저야말로…… 누추한 곳이지만 어서 들어오세요"

106 同·다다미 여섯 장 방

다다미가 닳은 방.

사토와 무라카미, 식탁 앞에 앉는다.

사토 "배급 맥주가 있는 게 생각나서"

무라카미, 상인방을 올려다본다.

낡은 액자에 들어간 표창장이 쭉 늘어서 있다.

무라카미 "대단하시네요."

사토 "뭐가? 그저 열심히 돌아다녔을 뿐이야…… 25년 전에 13엔 50전의 초봉을 받고 나서, 그런데 몇 켤레나 구두를 바꿨을까……"

무라키미 "하나하나에 여러 가지 추억이 있겠군요"

사토 "그러게…… 암튼 꽤 많은 일이 있었어"

담담하게 말하는 사토.

도미가 맥주를 들고 들어와서,

"여보, 잠깐만……."

하며, 사토의 귓전에 대고 속삭인다.

사토 "응, 그래? …… 자네, 갑자기라서 아무것도 없지만 호박이라도 먹지 않겠나?"

밤 —— 맥주 두 병으로 취한 두 사람.

"우리 집도 보다시피 쓰러져가는 집이지만, 유사가 사는 곳도 심하더라고. 인간이 사는 집이 아니야, 그건…… 더러운 곳에는 구더기가 끓는다고 하지 않나……"

무라카미 "세상에 악인은 없다, 나쁜 환경이 있을 뿐이다…… 잘도 그런 말이 있지만, 유사라는 남자도 생각해보니 불쌍합니다"

사토 "안 되네 안 돼. 그런 생각은 우리들에게는 금물이야. 범인만을 쫓아다니다 보면 자주 그런 착각을 일으키지만 한 마리의 늑대 때문에 상처받은 수많은 양을 잊어버리면 안 되는 것이네…… 이 액자의 절반은 사형수인데…… 많은 행복을 지켰다는 확신이 없었다면 형사 따위 할 게 못되네 ……"

무라카미 "……"

사토 "범인의 심리 분석 같은 것은 소설가에게나 맡기고…… 자신은 그저 그 녀석들을 미워해야 한다…… 나쁜 놈은 나쁜 거야! ……"

무라카미 "저는 아직 도저히 그런 식으로 생각 못 합니다…… 오랫동안 전쟁에 가 있는 동안에 인간이라는 것은 극히 간단한 이유로 짐승이 되는 것을 몇 번이나 봤거든요"

사토 "자네와 나의 나이 차이일까? …… 아니면 시대 차이일까? …… 뭐라고 했는데 …… 아프 … 아프레 ……."

무라카미 "아프레게르"

사토 "아, 그거 그거 …… 그 전후파라는 사람이야 자네는 …… 유사도 그럴지도 몰라 …… 자네는 유사의 마음을 지나치게 잘 아는거야"

무라카미 "…… 그럴 수도 있네요 …… 저도 군대에서 돌아오는 열차 안에서 배낭을 도난당했거든요"

사토 "호오!"

무라카미 "심하게 엉망진창으로 독살스러운 기분이 들어서요 …… 강도정도는 아무렇지 않게 했겠죠 …… 그렇지만 여기가 갈림길이라는 생각이 들어서요. 저는 반대 코스를 골라 지금 이 일을 지원했어요"

사토 "…… 흠 …… 역시 그렇군"

무라카미 "에?"

사토 "아니 …… 결국 …… 아프, 아프레 ……"

무라카미 "아프레게르"

사토 "응 …… 아프레게르에도 두 종류가 있는 게지 …… 자네 같은 것과 유사 같은 것과 …… 자네의 것이 진짜지 …… 유사 같은 것은 …… 아프 …… 아프 …… 아프레가에루!('가에루'는 일본어로 개구리를 뜻함, 역자주) …… 아키레케르야('아키레케르'는 일본어로 '질렸다'라는 뜻을 가진 '아키레루'를 연상시킴, 역자주) …… 하하하"

무라카미 "하하하"

무라카미도 오랜만에 웃는다. 그러나 이내 미간을 찌푸리고

"그런데 내일은 어떻게 할까요?"

사토 "뭐 그렇게 초조해하지 말게"

무라카미 "하지만 유사가 그 돈을 다 써버리면 …… 그렇게 생각하니 가만히 있을 수가 없습니다"

사토 "흠 …… 옷을 산 것만으로 반은 날라갔으니 ……"

무라카미 "범행일로부터 벌써 일주일이 지났으니까요"

사토 "하루에 6천 엔 페이스라면 …… 우리라면 한 달은 견딜 수 있지 ……"

하며, 중얼거리면서 털이 많은 정강이에 들러붙은 모기를 때렸다.

무라카미 "그럼 …… 이제 가보겠습니다."

하며, 일어서려고 한다.

사토 "그러겠나 …… 이봐 …… 도미 …… 도미 ……"

라며, 옆방에 말을 건다.

답이 없다.

사토 "이봐 …… 손님 가요 …… 도미 ……"

하며, 일어서서 맹장지를 연다.

도미가 원피스를 입은 채로 아기 옆에서 곁 잠을 자고 있다.

재울 셈으로 있다가 낮의 피로로 인해 잠들어버린 것 같다. —— 새근새근 조용한 호흡이다.

사토, 손으로 모기를 쫓아내면서 살짝 유카타를 덮어 준다.

그 모습을 왠지 훈훈해져서 바라보고 있는 무라카미.

개구리 울음소리가 한바탕 시끄러워졌다.

(F·O)

(F·I)

107 **주택가**

조용한 아침 —— 그 표정이 갑자기 바뀐다.

길모퉁이를 돌아 길을 안내하는 경관이 매달려 있는 경찰차를 선두로 본청의 자동차나 응급차가 삼엄하게 급히 들어온다.

비상선이 쳐져 있다.

경계하는 순경들이 빙 둘러싸 울타리를 이룬다.

그 안에서의 수군거림.

"권총 강도라면서요?"

"어여쁘다고 소문난 부인이었죠"

"부부 사이가 너무 좋아서 가정부가 붙어 있지 못한 집이었어요"

"남편은 출장을 갔었다고요 …… 그게 아침에 돌아왔더니"

"인간이란 한 치 앞도 알 수 없다니까"

"봐 봐 ……. 저 흰 백일홍이 핀 집이에요 …… 백일홍이라는 녀석은 불길하다니까"

108 **나카무라中村의 집**

만개한 백일홍 너머의 지붕 —— 매미소리.

(O·L)

109 **同·거실**

젊고 유능해 보이는 경찰 소속 의사.

"난처하네요 …… 당신입니까? 시체를 옮긴 것은?"

"…… 주치의인 저에게조차도 피부를 보여주기 꺼려했던 사람이라 …… 저 모습을 남에게 보이면 …… 틀림없이 속상해 할까봐 ……"

경찰소속 의사 "……"

마을 의사 "어렸을 때부터 단골이라 …… 음, 처음에 봤을 때는 분명 백일해였어요"

110 同·옆방

현장 검증이 검사 입회 하에 행해지고 있다.

나카지마, 아베, 두 경감도 있다.

사진 담당 팀에 의한 플래시 —— 감식과 직원이 여러 각도에서 현장 사진을 찍고 있다.

범인의 침입구인 덧문 주변을 조사하고 있는 사토에게 무라카미가 속삭인다.

"사토 씨 …… 또 제 콜트가 아닐까요?"

사토 "자네 콜트라고 한다면 뭐 어쨌다고 하는 겐가?"

사토는 몹시 기분이 안 좋다.

무라카미, 말문이 막힌 채, 꼴사납게 서서 신경질적인 눈으로 안방을 들여다본다.

111 同·안방

내던져진 여행 가방 옆에 멍하니 앉아 있는 나카무라 ——

퍽하고 감전이라도 된 듯 일어서서 펄쩍 정원으로 뛰어 나간다.

112 同·정원

나카무라, 갑자기 텃밭에 탐스럽게 여문 토마토를 깡그리 뽑기 시작했다.

113 同·실내

망연히 그 모습을 바라보고 있는 일동.

무라카미, 다가가서

"왜 그러십니까?"

114 同·정원

미친 듯이 토마토를 뽑아내던 나카무라는 갑자기 뒤돌아보고 약간 냉정해지며

"…… 집사람이 …… 집사람은 토마토 재배의 달인입니다 …… 제가 출장을 간 날에는 모두 시퍼랬습니다 …… 그게 …… 돌아와 보니 토마토는 이렇게 빨갛게 익었습니다! 그런데도 아내는 이 세상 사람이 아닙니다! 형사님 이게 무슨 일입니까! 겨우 5만 엔의 돈 때문에 ……"

무라카미 "……"

나카무라 "아침저녁으로, 이걸 보고 있을 수 있다고 생각하세요?"
하며 잡아뗀 토마토를 내리치면서, 그대로 머리를 감싸 쥐고 쭈그린다.
정원석에 맞은 잘 익은 토마토가 검붉은 속을 드러내고 있다.
무라카미, 그 토마토를 응시한 채 움직이지 않는다.

(WIPE)

115 요도바시 경찰서의 한 방

석양이 내리쬐는 방 안을 마치 우리에 든 동물처럼 오가고 있는 무라카미.
나카지마 계장, 아베 수사 주임 이하, 수사 본부 전원, 뭔가 정보를 기다리고 있는 모습으로 가끔 무라카미 쪽을 신경질적으로 곁눈질하고 있다.
사토도 난처한 표정으로 눈앞에 날아오는 파리를 돌돌만 종이로 묵묵히 때리고 있었다.
무라카미, 갑자기 사토 앞에 멈춰서
"제 상상으로는……"

사토 "상상은 수사를 혼란시킬 뿐이다! 사실에만 의존해야 한다고!"

무라카미 "안심시키려는 말은 하지 마세요!"
라며, 다시 걷기 시작한다.
그 신경을 북돋우는 듯한 구두 소리.
일동은 굳게 입을 다물고 잠자코 있다.
따르릉! 나카지마 책상 위의 탁상전화가 울린다.
일동의 시선이 거기에 모인다. 나카지마가 수화기를 들고,

나카지마 "여보세요…… 나카지마다. 감식과? ……"
무라카미, 퍼뜩 멈춰 선다.

나카지마 "음……뭐라고? …… 고마워"
하고, 수화기를 놓고 숨을 죽여 바라보고 있는 무라카미의 시선을 피한다.
"계장님."
하며 무라카미가 달려온다.

무라카미 "제 탄환이군요, 역시……"

나카지마 "(난처해서) 아니, 유사의 탄환이다!"
형사들은 그 말에 일제히 일어선다.
무라카미, 고개를 푹 숙이고 무너지듯이 의자에 걸터앉고 머리를 감싸 안는다.
입을 다물고 있던 사토가 일어선다.

사토 "(무라카미의 어깨를 위로하듯이 두드리며) 가세"

무라카미, 움직이지 않는다.

사토 "생각에 잠길 때가 아니야. 아무튼 그 유사라는 녀석을 잡지 않는 한 문제는 해결되지 않아……. 유사의 권총에는 아직 다섯 발이 남아 있어!"

무라카미, 번쩍 일어선다.

116 同·바깥

특별수사본부

라고 벽보가 붙어있는 문에서 둘이 나온다.

대기하고 있는 신문 기사 네, 다섯 명이 그들을 둘러싸고 재빨리 묻는다.

기자A "뭔가 정보가 있었습니까?"

기자B "어디 가십니까?"

사토 "어디라니 집에 돌아가 한 잔 먹고 잘 거야"

기자C "말은 그러시면서 사토 씨는 약삭 빠르니깐요. 집에 가는 거라면 둘이서 나가지는 않겠죠"

사토 "뭐, 좀 비켜줘…… 더워 죽겠어."

기자A "저기, 용의자는?"

사토 "오늘은 날씨가 흐려서 안 올 거야."

기자A "그거다!"

117 길

걸어가는 둘의 그림자가 길다.

사토 "(하늘을 올려다보며) 진짜 올 것 같네. 오늘 밤쯤……"

무라카미 "누가 오나요?"

사토 "누구? 나는 소나기를 말한 건데……"

무라카미 "……"

사토 "안 되겠는데, 신경만 곤두세운 형사라니 난감하군"

무라카미 "전 신경 쇠약에 걸릴 것 같아요…… 사토 씨."

사토 "그런 말을 하는 걸 보니 벌써 신경쇠약에 걸린 거야"

무라카미 "……"

사토 "난 말이지, 여기가 승부의 갈림길이라고 생각하네…… 그 녀석은 사람을 죽였지……. 사람을 죽인 인간은 말하자면 미친개야…… 자네, 미친개가 어떻게 움직이는 아는가?"

무라카미 "……"

사토 "센류川柳에 이런 게 있다네…… 기분 나쁠 정도로 정곡을 찌르고 있네만 ……♪광견의 눈에는 쭉 뻗은 길뿐♪……"

무라카미 "……."

사토 "유사에게는 이제 쭉 뻗은 길밖에 보이지 않아…… 유사는 하루미에 빠져 있어…… 유사에게는 이제 하루미 밖에 보이지 않아…… 그 녀석은 틀림없이 하루미한테 올 거야"

(WIPE)

118 **블루버드 극장의 네온**

소나기를 배경으로 확 네온이 켜진다.

119 **同·접수처(분장실 출입구)**

사토와 무라카미와 젊은 남자.

젊은 남자 "(명함을 비틀면서) 마침 지배인이 없어서…… 저는 문예부 사람인데…… 용건은?"

사토 "나미키 양을 만나고 싶은데요."

"나미키 양은 오늘 하루는 쉬는 날이에요……"

그렇게 대답하는 젊은 연출가도 뭔가 피곤한 느낌이다 —— 젊은 주제에 묘하게 늙은이 같은 분위기이다. 그러고 보니, 여기 분장실 전체가 지친 화원 같은 냄새가 난다. 소품의 조화나 꽃 같은 의상으로 가득하지만 그것이 모두 시든 느낌이다.

젊은 연출가가 중년 여성처럼 말한다.

"그 애는 말이지요…… 정말 처치 곤란한 애예요…… 좀 잔소리를 하면 바로 쉬는 거예요. 얌전한데 얌전한 애일수록 고집이 센 법이죠…… 게다가 지금 마침 아프고……"

사토 "…… 어디 아픈가요?"

젊은 연출가 "아니…… 매달 하는…… 그거예요."

사토 "……"

젊은 연출가 "항상 그때는 속을 썩이죠"

사토 "주소는 아세요?"

젊은 연출가 "네…… 아마 고엔지高円寺일 텐데요…… 어머니 혼자 있는 애죠……"

하며, 한 구석의 테이블 위에서 종업원 명부를 집어들고 느릿느릿 살펴보기 시작한다.

무대에서 가냘픈 목소리로 "센티멘털·다이나"를 부르는 소리가 들려온다.

(WIPE)

120 **고엔지에 있는 빌라·하루미의 방**

문을 연 것은 하루미의 어머니 —— 언제나 이웃과의 교제만 이상하게 신경을 쓸 것 같은 마흔 살 정도의 여자다. 사토와 무라카미를 올려다보고 이상한 표정을 짓는다.

"따님을 잠깐……"

하며 사토가 명함을 꺼낸다.

어머니, 그것을 받자마자 허둥지둥하며 두 개 밖에 없는 짝짝이 방석을 방 입구 쪽에 늘어놓는다. 별거 아니다. 개구리를 노려보는 뱀의 형국이다.

어머니 "(안절부절 못하며) 들어오세요……"

유카타浴衣에 붉은 허리띠를 맨 하루미가 조금 놀란 모습을 보였을 뿐, 새침하게 고개를 돌리고는 걸터앉았던 창문에서 일어나려고도 하지 않는다.

어머니가 그 사이에 끼인 상황에서

"얘……"

하며 히루미를 노려본다.

하루미, 외면한다.

어머니, 벌벌 떨면서 차를 준비하기 시작한다.

사토 "괜찮습니다"

하며, 자리에 앉아서 담배를 물고

"…… 잠깐 성냥 좀 빌리겠습니다……"

사토, 다리가 낮은 작은 밥상으로 손을 뻗는다. 작은 밥상 위에는 재떨이 대신 작은 접시가 나와 있다 —— 거기에 피우다 만 담배와 성냥갑이 있다.

어머니, 서둘러 그 성냥을 사토에게 건넨다.

사토 "…… 아무래도 한바탕 비가 올 것 같군요."

라며, 담배에 불을 붙여 성냥갑을 만지작거리며 돌린다.

아즈마 호텔

이라고 쓰여 있는 성냥.

무라카미가 초조해져서 하루미에게 말을 건다.

"나미키 양, 조금 물어보고 싶은 것이 있는데……"

하루미 "(히스테릭한 목소리로) 유사라는 사람에 대해 전 아무것도 몰라요…… 경찰은 끈질겨서 정말 싫어!"

"아니…… 얘……"

하고, 어머니가 당황해서

"…… 얘는 정말로 ……"

하루미 "엄마는 가만히 있어 …… 우리들은 말하고 싶지 않은 것을 말하지 않을 권리정도 있는 거야"

무라카미, 자기도 모르게 감정이 격해져서

"자네 …… 상대가 강도 살인 용의자라도 감싸줄 권리가 있다는 건가?"

하루미 "?! ……"

역시 얼굴이 창백해진다. 하지만 바로 완강한 표정이 되어 중얼거린다.

"…… 하지만 모르는 것은 몰라요"

"…… 거짓말 말거라! ……"

하며 그저 벌벌 떨고 있던 어머니가 갑자기 강해진 것처럼 몰아붙인다.

어머니 "…… 지금까지 여기 있었잖아!"

무라카미, 움찔한다.

사토는 지극히 당연하다는 얼굴로

"이 성냥은 유사가 가지고 왔군요"

라며 만지작거리던 성냥을 가리킨다.

어머니 "그렇습니다 …… 따라다녀서 싫다, 싫다고 하던 주제에 ……"

사토 "(하루미에게) 유사가 지금 어디 있는지 모르는가?"

하루미, 고집스럽게 외면하고 움직이지 않는다.

"자, 말해 보렴 …… 말해 보라니까!"

이제는 어머니가 필사적이다.

하루미 "……"

어머니 "하루미! 아는 걸 전부 다 말씀드려!"

하루미 "모른다면 모르는거야"

어머니 "진짜 모르는거지? …… 정말로 ……"

하루미 "모른다니까!"

어머니 "거짓말하면 용서 안 할 거야!"

자신의 역할을 빼앗긴 사토는 쓴웃음을 지으며 무라카미를 재촉해 일어선다.

121 同·복도

사토와 무라카미가 나온다.

호기심 어린 눈으로 하루미의 방에 시선을 모으고 있던 이웃사람들과 관리인 노인. 사토가 힐끗 노려보자 슬그머니 물러난다.

사토 "이제 막판 총력전이다 …… 저 아가씨의 변덕에 놀아줄 시간은 없어 ……

나는 이 성냥갑의 호텔부터 조사하러 가겠네"

무라카미 "저는 어떻게 할까요?"

사토 "자네는 좀 더 이 방에서 버텨봐…… 어머니란 딸에 관해서는 멋진 검사지"

무라카미 "그리고요?"

사토 "…… 아래에 전화기가 있었지 …… 거기로 연락할게 …… 아, 그리고 자네, 권총 가지고 있나?"

무라카미 "네."

사토 "그놈 좀 빌려주게 …… 하필이면 놓고 왔지 뭔가 ……"

무라카미, 안주머니에서 권총을 꺼내 건넨다.

사토, 받아서 아무렇게나 주머니에 넣고

"유사는 이제 막 돌아갔어 …… 아마 오늘 밤 여기에는 나타나지 않을 걸세"

122 **同·하루미의 방**

무라카미, 들어온다.

들여다보니, 하루미와 어머니가 원수처럼 서로 노려보고 있다.

어머니 "됐어, 더 이상 묻지 않을게 …… 엄마한테조차 솔직하게 말하지 못하는 자식은 마음대로 하는 것이 좋아 …… 아니 …… 내가 잘못한 거야 …… 아빠가 없어 응석을 받아 준 것이 나빴던 거야 ……"

하루미 "……"

어머니 "좋아 엄마를 얼마든지 바보로 만들어 봐 ……"

하며 울기 시작한다.

하루미도 덩달아 눈에 눈물을 잔뜩 머금는다.

그러나 입술을 깨물고 울지 않는다.

무라카미, 나설 수도 물러설 수도 없어 두 사람에게 등을 돌리고 현관 문턱에 앉는다.

기둥시계 소리가 갑자기 크게 들려왔다.

123 **아즈마호텔의 프론트**

"흰 삼베옷을 입은 창백한 얼굴의 남자다"

사토가 언뜻 보기에 게이샤출신인 듯한 마담에게 물어보고 있다.

마담 "글쎄요 ……"

하며 의례적으로 숙박부를 꺼낸다.

사토 "본명을 쓰는 녀석은 없으니까."

하며 무관심하듯 페이지를 넘기고 있었는데, 문득 그 눈이 한 점에 집중된다.

나미키 하루오並木春夫(28)

라는 서명.

사토 "후후, 나미키 하루오인가…… 과연."

마담 "?"

사토 "이거야 마담……"

마담, 잠깐 생각하더니

"아, 그 분이요? …… 이틀 밤 묵었습니다만, 계속 술에 취해 있었습니다 …… 상대를 데리고 오지도 않았고, 몹시 음울한 분위기로 취해 있었어요 ……"

사토 "음……"

마담 "그저께 밤이었어요. 갑자기 떠나신다고 하시며 차를 불러……"

사토 "어디 차인지 알 수 있을까요?"

마담 "전철거리의 평화택시입니다. 분명히 마쓰松라고 하는 운전사예요."

사토 "아, 고맙습니다"

하고 자리를 뜨려 한다.

마담 "뭐예요, 그분?"

사토 "미친개입니다(라며 나간다)"

124 아파트·하루미의 방

시계 소리만 살아 있는 것 같은 침묵.

서로 견제하고 있는 무라카미, 하루미, 하루미의 어머니.

너무나도 답답한 분위기를 견딜 수 없었던지 하루미가 얼굴을 들었다.

"형사님."

눈이 이상하게 메말라 있다.

하루미 "언제까지 그렇게 우리를 괴롭힐 거예요?"

무라카미 "괴롭히고 있는 건 자네 쪽이네"

하루미 "아니야, 그 유사라는 사람, 무슨 일을 했는지 모르겠지만, 저한테는 아무것도 나쁜 짓은 안 했어요. 가끔 분장실에 와서 슬픈 듯한 눈으로 저를 보고 있었던 것뿐이었어요. 전 그런 사람을 내 손으로 잡히게 하는 짓은 못해요"

무라카미 "그럼 자네는 유사의 거처는 알고 있지만 말할 수 없다는 거구나"

하루미 "그래요. 당신들이 잡는 건 당신들 마음이지요. 하지만 제가 잡게 하는 건 싫어요!"

하며 갑자기 일어서서 벽장을 열고 안쪽에서 큰 종이 상자를 꺼낸다.

하루미 "…… 자, 이걸 돌려줄 테니까 돌아 가줘요"

상자의 뚜껑이 열리자 눈이 번쩍 뜨일 것 같은 화려한 파티 드레스가 방 한 가운데로 확 펼쳐진다.

125 **평화택시 앞**

"…… 오! 강도 살인이라고요. 어쩐지 팁이 많다고 생각했었거든요"

운전수인 마쓰松 씨가 수리 중인 자동차 타이어 사이로 얼굴을 내밀며 말했다.

웅크리고 앉아 듣고 있는 사토

"어디로 안내했나요?"

"후지미초富士見町의 고게쓰光月라는 곳의 게이샤찻집이에요.

사토 "네 …… 고맙습니다"

하며 떠나고, 온통 기름투성이 얼굴을 한 동료가 불쑥 차체 밑에서 몸통을 내밀고,

"자네, 그 돈으로 아기 배내옷을 산 거 맞지?"

마쓰창 "응"

동료 "후후 애가 잘 자라겠네"

마쓰창 "칫! 이상한 생트집 잡지 말라고!"

126 **아파트·하루미의 방**

내던져진 화려한 드레스에 둘러 앉아 묵묵히 있는 세 명.

이번에는 하루미의 어머니가 그 침묵을 견디지 못하고 말을 꺼낸다.

어머니 "…… 너 …… 언제, 이런 것을 ……"

하루미 "…… 그 사람이 줬어요 …… 둘이 걷고 있을 때 쇼윈도에서 봤어요. 저, 이런 예쁜 옷을 한번 입어보고 싶다고 했어요. 그 때 그 사람, 너무 슬프게 내 얼굴을 보고 있었어요 …… 그리고 일주일 지나고 분장실에 이걸 가지고 왔어 ……"

어머니 "하루미 … 그럼, 너 ……"

하루미 "맞아요 …… 그 사람 날 위해서 나쁜 짓을 했나봐요 …… 하지만, 저도 용기가 있었으면 제가 훔쳤을지도 몰라요 …… 쇼윈도에 이런 것을 보여주는 게 나쁜 거예요. 우리 이런 걸 사기 위해서는 훔치는 것보다 더 나쁜 짓을 하지 않으면 안 돼요!"

어머니 "하루미!"

하루미 "전부 세상이 나쁜 거야. 퇴역군인의 배낭을 훔치는 이 세상이 ……"

무라카미 "그건 유사가 말한 거지?"

하루미 "…… ? …… 맞아요"

무라카미 "하지만 퇴역 때 배낭을 도둑맞은 것은 유사뿐이 아니야."
하루미 "……"
무라카미 "나도 도둑맞았어!"
하루미 "?!"
무라카미 "난 이렇게 생각해…… 이 세상도 나빠…… 하지만 모든 걸 세상 탓하며 나쁜 짓을 하는 녀석은 더 나빠"
하루미 "그치만 나쁜 녀석은 엄청 으스대며 맛있는 것을 먹고, 예쁜 옷을 입고 있어요…… 나쁜 짓을 하는 게 이기는 거예요"
무라카미 "정말 자네는 그렇게 생각해? 그럼 왜, 그렇게 안 하는 거지? 이 옷도 입으면 되잖아."
하루미 "……"
무라카미 "자, 입어봐!"
하루미 "……"
무라카미 "왜 안 입는 건가!"
하루미, 무라카미를 잔뜩 노려보고 있는데, 확 옷을 잡고 방구석으로 도망친다.

127 게이샤찻집·고게쓰의 툇마루 끝

여주인과 사토.
여주인 궐련을 손가락으로 비벼 묘한 소리를 내면서
"…… 늦게 와서, 아침에 엄청 빨리 돌아갔으니까요…… 그리고 뒤는 잠깐"
사토 "상대한 게이샤는?"
여주인 "맞아요, 맞아. 그 게이샤가 길거리까지 바래다주었어요"
사토 "뭐라고 하는 게이샤예요?"
여주인 "긴타로金太郎…… 와케히사마쓰分久松입니다…… 맞지?"
하고, 차를 가져온 하녀를 바라본다.
여자 "에에…… 근데 아까 전화를 걸었더니 나갔다고 해요"
사토 "오 잘 나가는 게이샤군…… 게이샤사무소를 통해 행선지를 알아봐 주시오. 경찰이라고 하시고요"
여종업원, 고개를 끄덕이고 떠난다.
여주인 "큰일이군요…… 자, 드시지요……"
사토는 "흠" 하고 차를 마시려다 눈을 동그랗게 뜨고,
"술이잖아……"
여주인 "호호호 더위를 식히시라고요"

사토 "미안하네……"

하고, 꿀꺽꿀꺽 마신다.

여종업원이 와서,

"무사시야 씨의 연회라고 합니다."

갑자기 번개가 번쩍인다.

계속해서 지축을 뒤흔드는 천둥소리.

"아이쿠, 무서워라!"

여주인, 눈을 감고 귀를 막는다.

128 **아파트·하루미의 방**

화려한 드레스를 입은 하루미와 무라카미가 서로 노려보고 있다. 번개와 천둥소리.

── 사이 ──

하루미, 눈을 반짝이며 이를 악물고, 또 휙 돌아서 보여준다.

하루미 "즐거워!"

무라카미 "……"

하루미 "너무 즐거워"

무라카미 "……"

하루미 "마치 꿈만 같아!"

하고 빙글빙글 돈다.

새파랗게 질린 얼굴로 보고 있던 하루미의 어머니가 갑자기 일어난다.

어머니 "바보!"

갑자기 하루미의 뺨을 때리며

"바보. 바보. 바보."

하고, 울며 말하고, 옷을 잡아 뜯는다.

망연히 우뚝 서 있는 하루미.

속치마 한 장만을 입고 있는 하루미는 밀랍 인형처럼 새파랗게 질렸다!

갑자기 얼굴을 일그러뜨리며

"앙!"

하고, 어머니에게 달려가 매달려 울기 시작한다.

쏴!! 비가 대야로 퍼붓듯이 내린다.

129 **요릿집·무사시야의 현관**

빗발이 현관 주차장에 물보라를 일으키고 있다.

사토가 그것을 바라보면서 모자의 빗물을 털어내고 있다.

심한 음치가 부르는 유행가가 가까이 다가온다.

사토가 뒤돌아보니 어지간히 취한 게이샤가 서 있다. (아주 뚱뚱하다)

"제가 긴타로인데요……"

사토 "호우! 큰 도끼를 들면 필시 어울리겠는데"

긴타로 "에?"

사토 "후후, 흠뻑 젖었어. 농담이라도 해야 하지"

긴타로 "뭐예요, 나리님"

사토 "그저께 밤, 고게쓰에 묵었던 손님에 대해 묻고 싶은데……"

긴타로 "그저께 밤, 고게쓰? 아, 그런 손님, 나 진짜 싫어"

사토 "어째서?"

긴타로 "그게, 이상하게 침울해서, 같이 있어도 혼자 있는 것 보다 외로울 정도로 …… 무슨 짓 했어요? 그 사람?"

사토 "음…… 전차거리까지 배웅해줬지?"

긴타로 "어머, 어떻게 잘도 아시네요……"

사토 "남자는 그러고 나서 어디로 갔어?"

긴타로 "몰라요……"

사토 "호텔 같은 거 못 들었나?"

긴타로 "어머! 보고 있던 것처럼 잘 아시네요!"

사토, 여자의 초점이 맞지 않는 대답에 초조해져서

"어디지?"

긴타로 "간다神田의 야요이彌生호텔…… 저는 이제 안 말해……"

사토는 이미 빗속에 나가 있다.

130 **아파트·하루미의 방**

흐느껴 울고 있는 하루미에게 엄마가 옷을 입혀주고 있다.

"바, 바보야…… 너는……"

그러면서, 어머니도 울고 있다.

무라카미를 돌아보고,

어머니 "…… 지금 …… 바로, 말하게 할 테니까요"

무라카미는, 지친 기색으로

"아니요, 죄송합니다. 저도 너무 심하게 말했어요. 어쨌든, 이번 사건은 …… 유사가 갖고 있는 권총은 제 부주의 때문에 도둑맞은 권총입니다 …… 그러니까……"

하루미와 어머니, 깜짝 놀란 듯이 무라카미를 본다.

무라카미 “…… 제 권총으로 두 명이나 총에 맞았습니다. 게다가 1명은 죽었어요 …… 저는 ……”

무라카미를 바라보고 있는 하루미와 어머니.

무라카미 “게다가 오늘 밤은, 이상하게 두근거립니다. 뭔가가 일어난 듯한 기분이 ……”

번개와 천둥.

131 **간이호텔 야요이·현관**

흠뻑 젖은 사토가 뛰어 들어온다. 정신없이 빗물을 털어내고 허름한 카운터로 다가가,

“경찰입니다만 ……”

“네?”

와이셔츠의 지배인이 눈살을 찌푸린다.

그의 아내인 듯한 사람이, 불이 붙은 듯 울고 있는 아이를 복도에서 달래고 있다.

사토 “나미키 하루오라는 남자가 머물고 있지요?”

지배인 “네”

사토의 바늘처럼 빛난 얼굴이 무심코 빙긋 웃었다.

“6호실이에요 …… 2층입니다”

사토 “음 …… 전화실은요?”

지배인은 현관 옆의 복스를 가리킨다.

사토 “경찰이 왔다고 말하면 안 돼요”

하고, 계단을 올려다보면서 유유히 담뱃불을 붙인다.

사토 “출입문은 여기뿐인가요?”

지배인 “뒷문이 하나 있습니다만 ……”

사토 “자물쇠는요?”

지배인 “오늘은 아직 ……”

사토 “잠그고 와 주시오!”

지배인, 열쇠를 가지고 나간다.

사토, 그를 배웅하고 전화실의 복스로 들어간다.

지배인, 아내와 스쳐지나가면서 투덜투덜,

“어이, 언제까지 울게 놔 둘꺼야 …… 정신이 이상해지겠어”

아내 “어떻게 할 수가 없잖아요 ……”

지배인 “젠장! 가끔 돈 좀 있는 손님이다 하면 경찰이 등장하니”

하며 떠난다.

아이가 계속 운다.

아내는 아이를 달래면서 계단 아래 방으로 들어간다.

아내 "그만 울어! 사내잖아…… 봐봐, 저기 좀 뚱뚱한 아저씨 있지? 경찰아저씨야! 말 안 들으면 감옥에 갈 수 있으니까……"

계단을 쿵쿵 내려오던 발이 갑자기 멈춰 선다.

폭포 같은 빗소리.

132 **同·전화실 안**

사토, 자기도 모르게 큰 소리로

"네…… 시급…… 비상…… 비상 수배 바랍니다…… 네…… 네…… 그럼 잘 부탁합니다"

하며 수화기를 일단 걸어 놓고서는 다시 집어 든다.

사토 "여보세요…… 고엔지의……"

133 **아파트 관리실**

때르르릉…… 때르르릉! 하고 전화벨이 울리고 있다.

관리인 노인이 귀찮다는 듯이 수화기를 든다.

"네…… 네?…… 그렇습니다…… 네? 여보세요. 잘 안들려요……"

134 **야요이호텔·전화실**

사토, 초조해져서

"무라카미입니다…… 네? 무…… 라…… 카…… 미…… 몰라요?…… 나미키의…… 나미키 하루미의 방……"

135 **아파트 관리인실**

노관리인 "네, 나미키 씨입니까? 네"

하고, 그제야 알아듣고 수화기를 놓고 자리를 떴다.

놓여 있는 수화기에서, 사토의 고성이 들린다.

사토의 목소리 "여보세요…… 나미키 말고, 무라카미 바꿔!"

136 **同·하루미의방**

"하루미 씨, 전화야"

하고, 노관리인이 얼굴을 내민다.

무라카미, 딱 고개를 든다. 그 눈이 번쩍 일어서는 하루미와 딱 마주친다.

하루미, 시선을 돌려 방을 나온다.

137 **同· 복도**

하루미, 나온다.

"자네, 혹시 유사가 걸었다면……"
하며, 무라카미가 쫓아온다.
함께 쫓아온 어머니가,
"너, 그 사람이면……"
하루미, 무라카미를 돌아본다.
"그 사람이면, 뭐라고 해야 하지요?"
하루미의 눈은 눈물로 가득하다.
무라카미 "내일 놀러가자고 하세요"
"그런……"
하며, 어머니가 무라카미를 노려본다.
무라카미 "괜찮습니다…… 따님 대신 우리가 가는 겁니다!"

138 **同·관리인실**

세 명, 들어온다.
걸려 있지 않은 수화기가 몹시 섬뜩해 보였다.
하루미, 조심조심 수화기를 집어 들었다.
"여보세요…… 하루미입니다…… 네? 사토 씨?"
무라카미 "사토?"
하고, 다가간다.

139 **야요이호텔·전화실**

사토 "여보세요, 무라카미 군을 불러줘……"
하고, 퍼뜩 뒤돌아본다.
전화실 앞을 흰 양복을 입은 사람이 가로지른다.
사토, 자기도 모르게 수화기를 놓고, 잽싸게 문을 연다.

140 **아파트·관리인실**

탕!!
하루미가 무라카미에게 건네주려 했던 수화기가 두 사람의 얼굴 사이로 전하는 권총의 발사음.
깜짝 놀라는 두 사람.
이어서 또 한 발.
무라카미, 미치광이처럼 송화기에 매달리며 소리쳤다.
"사토 씨!! 사토 씨!!"

141 **야요이호텔·전화실** *20

허무하게 흔들리고 있는 수화기.

142 아파트·관리인실

전화기에서 떨어진 무라카미는 종이처럼 새파랗다. 짓눌린 듯한 목소리로 하루미에게 말한다.

무라카미 "유사의 숙소는?"

하루미의 얼굴도 새파랗다.

하루미 "……"

대답하려 했지만 이제는 목소리가 안 나온다.

143 야요이호텔·현관

엎드려 쓰러져 있는 사토.

문이 열린 채인 입구에서 거센 소나기가 불어 닥쳐온다.

(WIPE)

144 경찰병원·복도(수술실 앞)

아직 때때로 물방울이 떨어지는 창문 너머로 휘영청 달이 떠 있다.

조금 전까지 쏟아진 폭우는 마치 다른 세상의 것인 듯, 긴 복도는 아주 고요하다.

창가의 긴 의자에 걸터앉아, 가만히 침묵하고 있는 나카지마, 아베 외 세, 네 명의 형사.

한쪽 방의 문이 열리고, 간호사에게 부축을 받은 채 무라카미가 비틀거리며 나온다.

그 셔츠를 말아 올린 감은 왼팔의 정맥에 하얀 카테터가 달려있다.

간호사 "좀 쉬지 않으시면……"

무라카미 "내버려 두세요!"

거칠게 간호사를 뿌리치고 긴 의자에 앉는다.

아무도 말을 하는 사람이 없다.

무라카미의 흥분한 거친 호흡이 침묵을 한결 무겁고 답답하게 한다.

수술실

이라고 적힌 팻말이 달려 있는 문에서, 가끔 금속이 닿는 소리가 새어 나온다.

나카지마 "(톡 치며)…… 몇 그램 뽑았는가?"

무라카미 "…… 모르겠습니다……"

핏발이 선 눈. 쉰 듯한 목소리.

다시, 원래의 침묵.

무라카미, 참을 수 없어서,

"계장님! …… 말씀해 주세요! 또 …… 제 콜트의 탄환이 나오는 겁니까?"

나카지마 "(시선을 돌려) ……"

무라카미, 옆에 있는 아베에게 매달린다.

"아베 씨! 말씀해 주세요!"

아베 "……"

무라카미 "히로세廣瀨 씨!"

히로세 "……"

형사들은 아무도 대답하지 않는다. 아니 차마 대답할 수가 없는 것이다.

무라카미 "…… 듣지 않아도 알겠어요! 저의, 저의 탄환이 나올게 뻔해요!"

하고, 미친 듯이 소리치며 일어나 수술실 문에 매달린다.

무라카미 "(쥐어짜는 듯한 목소리로) 사토 씨! 죽지 말아주세요! 오, 부탁이에요! 사토 씨! 살아야 해요!"

형사들, 일어선다.

"무라카미 군 …… 무라카미 군!"

무라카미를 껴안고 떠난다.

묵묵히 남은 나카지마와 아베.

사토의 이름을 부르며 멀어지는 무라카미의 절규가 긴 복도에 메아리가 되어 울린다.

(O·L)

145 同·복도(병실 앞)

새벽.

쥐 죽은 듯이 조용하다.

갓 없는 전구의 빛이 묘하게 희끄무레하다 —— 어디선가 얼음을 깨는 소리가 들린다.

면회사절

이라고 쓰여 있는 방문이 열리고, 졸린 듯한 눈을 비비며 나온 간호사가 한쪽을 보고 멈춰 선다.

계단 아래에 무라카미가 쭈그리고 앉아 있다.

한 점을 응시한 채로 꼼짝도 하지 않는다.

간호사 "(창문의 빛과 무라카미를 비교해보며) …… 아직까지 계셨어요?"

무라카미 "……"

간호사 "이제 위험한 상태는 지났어요."

무라카미 "……"

뭐라고 말해도 반응이 없다. 지금의 무라카미의 머릿속은 일종의 진공상태이다.

간호사는 어깨를 조금 움츠리고, 슬리퍼 소리를 남기며 걸어간다.

쿵!

하는 소리에 간호사가 퍼뜩 돌아본다.

무라카미가 콘크리트 벽에 머리를 부딪치고 있다.

간호사는 놀라서 달려온다.

"뭐 하시는 거예요!"

하고, 그런 무라카미를 벽에서 떼어놓는다.

무라카미는 또 머리를 싸매고 웅크려 앉는다.

(O•L)

창문에 아침햇살.

아직 웅크리고 있는 무라카미.

"무라카미 씨!"

하는 가느다란 목소리.

무라카미, 얼이 빠진 채 얼굴을 든다.

옆으로 비치는 아침 해 속에 하루미가 서 있다.

하루미, 무라카미와 눈을 마주치고는 당황해서 눈을 내리깐다.

"뭐하러 온 거야!"

무라카미의 눈이 그렇게 외치고 있다.

── 사이 ──

하루미는 번쩍 고개를 들며 필사적으로 말한다.

"유사가…… 유사가 6시에 고이즈미小泉역에서 기다리고 있어요"

무라카미 "뭐야?"

하루미 "…… 아까 전화로."

무라카미, 말없이 확 뛰어간다.

하루미 "저도 가겠어요!"

하고 쫓아온다.

무라카미 "안돼! 아직 세 발, 탄환이 남아있어!"

하고, 하루미를 내치고 쏜살같이 달려간다.

(WIPE)

146 고이즈미 역 홈

전차에서 뛰어내리는 무라카미.

둘러보다가 한쪽으로 ──

147 同·대합실

6시가 조금 넘은 시간.
무라카미, 온다.
대합실에는 전차를 기다리는 15, 16명의 손님이 있다.
무라카미, 깜짝 놀란다 ── 누가 유사인걸까.
무라카미는 살기 어린 눈을 감추듯 내리깔더니, 한쪽 구석에 앉는다.
진정하려고 생각해, 담배에 불을 붙이는데, 그 손이 약간 떨린다. 담배를 한 숨 깊게 빨아들이면 조금 진정이 된다 ── 아무렇지 않게 주변 사람들을 관찰하기 시작한다.
먼저 흰 삼베옷을 입은 남자 ── 이건 4명이나 된다.
28살 정도의 남자라면 8명이나 된다.
어느 쪽이 유사일까 ──
── 두려운 시간의 흐름 ──
무라카미, 진땀에 젖은 얼굴을 양복 소매로 쓱쓱 문지른다.
그때 무라카미의 옆에 앉아 있던, 선글라스를 쓴 감색 바지의 남자가 담배를 꺼낸다.
거기에 이끌리듯이, 흰 삼베옷의 남자가 담배를 물고, 라이터를 주머니에서 꺼낸다.
슉! 하고, 불을 붙인다.
왼손이다.
놀라는 무라카미.
딱 마주친 두 사람의 시선.
무라카미, 순간적으로 안주머니의 권총을 더듬어 찾는다.
없다! 사토에게 빌려준 것이다.
무라카미, 순간 당황한다.
그것이 흰 삼베옷의 남자에게 대합실을 뛰쳐나갈 여유를 주었다.
남자는 스르르 밖으로 나간다.

"유사!"

무라카미는 그렇게 외쳤다고 생각했지만, 목소리가 안 나온다.
획 쫓는 무라카미.
(그것은 그 자리에 있던 손님 누구도 눈치 채지 못한 한 순간의 팬터마임이었다)

148 **역 앞의 길**

도망가는 유사.

쫓는 무라카미.

149 **주택지**

도망가는 유사.

쫓는 무라카미.

150 **밭길**

도망가는 유사.

쫓는 무라카미.

151 **잡목숲**

유사, 도망친다.

그를 따라 뛰어드는 무라카미, 갑자기 우뚝 선다.

유사가 콜트를 왼손에 쥐고 아주 무서운 얼굴로 서 있다.

두 사람의 거리는 5.5미터 정도밖에 되지 않는다.

두 사람, 숨을 헐떡이고 있다.

숨 막힐 듯한 눈싸움 ──

그때, 둘 사이를 뚫고, 오이 밭 너머로 보이는 문화주택에서 이상하게 느긋한 피아노 연습곡이 들려온다 ──

그 평화로운 멜로디 ──

유사, 갑자기 울 것 같은 얼굴을 하고, 병적으로 눈을 부릅뜨고 콜트의 방아쇠를 당긴다.

탕!

무라카미의 왼팔이 씰룩 움직인다.

피아노 소리가 뚝 멈춘다.

152 **문화주택의 창문**

피아노를 치고 있던 부인이 이상한 표정을 지으며 일어서서 창문으로 밖을 본다.

153 **창밖**

오이 밭 건너편 숲에 무언가 남자의 머리 두 개가 보일 뿐이다.

154 **문화주택의 창문**

부인, 아랑곳하지 않고 다시 피아노를 치기 시작한다.

155 **잡목숲**

무라카미와 유사는 조금 전과 같이 서로 노려보고 있다.

다른 것이라면, 무라카미의 왼팔에서 피가 흘러내리고 있는 것뿐이다.
이윽고, 무라카미는 그대로 쭉 밀고 나간다.
유사, 기죽은 듯 한 걸음 물러선다.
무라카미, 또 한 걸음 나간다 —— 무릇 공포 같은 것은 그냥 날아가 버렸고, 온몸이 분노로 불타올랐다!
유사는 압도된 듯 비틀비틀 물러선다.
한 걸음, 또 한 걸음, 무라카미의 발걸음은 변함없다.
진땀을 흘리며 터질 듯한 호흡을 하고 있는 것은 유사 쪽이다 —— 나무뿌리에 걸려 비틀거리더니 공포로 얼굴을 일그러뜨리며 방아쇠를 당긴다.
탕!
탄환이 빗나가, 잔가지 하나가 흩날린다.
피아노 소리가 다시 딱 멈춘다.
순간 —— 무라카미가 온몸을 내치듯이, 한 걸음 성큼 나간다.
유사, 도망치려고 하면서, 다시 방아쇠를 당긴다.
탕.
이번에는 나무줄기를 깎는다.
무라카미, 히죽 웃는다.
유사, 이를 드러내며, 방아쇠를 당긴다.
철컥!
공허한 소리다.
당황해서 다시 방아쇠를 당기는 유사.
탄환은 이제 없다!
무라카미, 확 덤벼든다.
두 사람은 한 덩어리가 되어 서로 부딪쳤다.
무라카미는 분노의 덩어리였다.
그리고 유사는 그에 압도되어, 겁에 질려 가냘픈 정신 그 자체였다.
유사는 도망쳤다, 그저 짐승처럼 도망쳤다!

156 **제충국화의 풀숲**

157 **덤불 속**

158 **밭길**

159 **잡초 언덕**

유사의 흰 삼베옷은 아침 이슬과 진흙과 땀으로 끈적끈적해져서, 시커멓게 변했다 —— 소매가 떨어지고, 바지는 찢어졌다. 그리고 마침내 너덜너덜한 몸을 무라카미의 발치로 내던졌다.

철커덕!

무라카미는 다 죽어가는 짐승처럼 쌕쌕거리는 유사의 양손에 수갑을 채우고, 비틀거리며 되돌아갔다.

내 콜트! —— 내 콜트!

160 **짓밟힌 잡초**

161 **뭉개어 반죽이 된 웅덩이**

162 **밀려 넘어진 덤불 속**

163 **제충국화의 풀숲**

있다! 무라카미의 콜트 —— 이 불행한 숙명으로 몇 명의 피를 빨아들인 콜트식 7연발총은 제충국회의 풀숲 속에서 그저 조용히 빛나고 있었다.

무라카미는 그것을 정신없이 줍는다.

그 때, 이상한 외침 소리가 무라카미의 등 뒤에서 들려온다.

164 **잡초 언덕**

다 죽어가는 짐승이 숨어있는 것처럼, 웅성거리는 풀숲 —— 인간의 목소리라고는 생각되지 않는 소리가 그 속에서 들린다.

"오우, 오우, 오우."

달려온 무라카미는 소름 끼쳐하며 잡초 속을 들여다본다.

유사가 숨 막히는 열기의 풀숲 속을 뒹굴며 부르짖고 있다.

무라카미, 숙연하게 꼼짝 않는다 —— 이렇게 무서운 울음은 본 적도 없다. 가슴에서 피를 뿜어내는 듯한 울음소리 —— 어찌할 수 없는 회한 속에서, 진흙투성이가 된 그 모습 —— 수갑만이 냉연히 빛나고 있다!

더군다나 그런 유사를 둘러싸고 있는 것은 —— 푸르고 맑게 갠 하늘과 흰 구름 —— 나비 —— 들꽃 —— 먼 곳에서 지나가는 아이들의 노랫소리!

그것은 무서운 광경이었다.

무라카미는 그 무서운 광경에서 눈을 뗄 수 없었다.

(깊은 —— O·L)

165 **경찰병원의 어느 방**

팔을 흰 천으로 매단 무라카미와 반쯤 일어나 있는 사토가 이야기하고 있다.

사토 "축하하네! 표창장을 받았다며 …… 나카지마 씨에게 들었네"

무라카미 "아뇨……전부 사토 씨 덕분이에요"

사토 "아냐, 아냐…… 표창장 제1호의 감상은 어떤가"

무라카미 "…… 아무래도…… 제 실책에서 시작된 사건이고…… 뭔가……"

사토 "아직도 콜트에 집착하는 건가…… 세상은 생각하기 나름이야…… 자네 콜트 덕분에 혼다의 권총을 열 몇 개나 압수할 수 있었네"

무라카미 "네…… 하지만, 왠지 그 유사라는 남자의 일이……"

사토 "음…… 같은 기분을 나도 느낀 적이 있지…… 제일 처음에 잡은 범인은 묘하게도 잊을 수 없는 법이지…… 하지만 말이야…… 자네가 생각하는 것보다, 그런 녀석들은 잔뜩 있어…… 몇 명이나 잡아들이다보면, 그런 감상 따위 없어져 버려"

무라카미 "……"

사토 "…… 그 무용수…… 뭐라 했더라?"

무라카미 "나미키 하루미 말인가요?"

사토 "그래그래…… 그 애 같은 감성만 해도 이해 못하는 건 아니야…… 하지만 …… 창문으로 밖을 보게…… 오늘도 저 지붕아래에서 여러 가지 사건이 일어나겠지…… 그리고 몇 명인가 선량한 인간들이 유사 같은 녀석의 희생양이 되는 거야!"

무라카미 "……"

사토 "유사의 일 따윈 잊어버리는 걸세…… 아니 그 팔이 나으면 다시 바빠지겠지…… 유사 따윈 자연스럽게 잊을 거야."

무라카미, 창문에 서서 내려다본다.

166

거리의 지붕. 오늘도 덥다.

그 거리 위로 힘차게 부풀어 펼쳐진 새하얀 적란운.

167 **경찰병원 창문**

무라카미, 가슴을 펴고 눈이 부신 듯이 올려다본다.

《들개(소설)》

1. 발단

그것은 7월의 어느 무섭게 더운 날에 생긴 일이었다.

권총사격 연습을 끝낸, 경시청 수사 제1과의 신임 형사 무라카미 고로村上五郎는 귀가하는 만원 버스 안에서 콜트식 권총을 소매치기당하고 말았다.

주임 경감으로부터 눈에서 불이 날 정도로 호통을 받은 끝에, 향후 3개월 50% 감봉을 지시받았다.

무라카미는 진지한 얼굴로 말했다.

"꼭 되찾겠습니다. 일주일 정도 시간을 주셨으면 합니다만……"

"어떻게 되찾겠다는 말인가. 뜬 구름 잡는 이야기가 아닌가"

"그렇지만……"

무라카미는 버텼다. 특별히 방법이 있는 것은 아니다. 단지, 이 큰 실수로 인해, 만약 자신의 권총으로 흉악한 범죄가 일어난다면 하고 생각하니 안절부절못하게 된 것이다.

쓴웃음을 짓고 있는 '주임 경감으로부터 무라카미는 절하듯이 일주일간의 자유행동을 졸라서 얻어냈다.

2. 소매치기부서

무라카미는 우선 소매치기부서의 형사와 상담했다.

형사는 전과가 있는 소매치기의 카드를 이것저것 보여주었지만 그 안에는 버스에서 뛰어내려 군중 속에서 놓쳐버린 젊은 남자의 사진은 보이지 않았다.

"소매치기는 훔친 당사자가 도주한다고는 할 수 없지. 릴레이식으로 넘겨 버리는 일이 있으니까 말이지. 그 외에 그 버스 안에 자네의 인상에 남아 있는 자는 없었나"

형사가 그런 말을 하자 생각나는 것은 찌는 듯한 버스 안에서 싸구려 향수 냄새를 풍기던 중년여성이다.

"여자 중에도 유명한 놈이 있으니까"

그렇게 말하고 형사는 여자의 카드를 꺼냈다.

무라카미는 정신없이 조사했다. 있다

"이놈입니다!"

그것은 소매치기 전문 형사들이 모두 알고 있는 오긴お銀이라고 하는 베테랑이다.

"하지만 자네 …… 그 여자는 양장을 입고 있다고 했잖아 …… 오긴이라 자는 완전히 순일본풍의 옷을 입는 것으로 유명한 자지 …… 활동장소는 서민적 분위기의 번화가이고"

"하지만 분명히 이 여자입니다. 파마를 하고 싸구려 향수 냄새를 풍겼습니다"

"흠, 그 오긴이 파마를 했다는 말이지 …… 세상이 변했어 …… 우선 현금털이 전문가가 총에 손을 대다니, 한물갔군"

수사는 일견 행운의 스타트를 끊은 것처럼 보였다. 그러나 오긴이 범행을 저지른 것이 틀림없다고 해도 소매치기는 현행범이 아니면 손댈 수 없다.

"그자라면 조사해 보면 바로 거처를 알 수는 있지만, 만난다고 자네에게 실토할 리는 없고 …… 어쩌자는 건가"

"어떻게든 하겠습니다, 아무튼 만나게 해주십시오"

"정말인가"

소매치기부서의 노형사는 진지한 얼굴을 하고 있는 무라카미를 유심히 응시하고, 느긋하게 말한다.

"알겠네 …… 그럼 내일, 그 자의 둥지로 안내하지 …… 오긴의 양장차림도 한 번 구경할 만한 가치도 있고 말이지"

3. 여자 소매치기

그 다음날 무라카미가 소매치기부서의 노형사의 안내로 다다른 곳은 불에 타 남아 있는 어느 서민적 분위기의 번화가에 위치한 추어집이었다. 집의 구조에 드문 에도江戸의 정취가 남아 있다. 간판으로 되어 있는 출입구의 장지문, 요리장과 가게의 경계에 걸려 있는 밧줄로 된 포렴, 먼지투성이의 달마인형이 줄지어 있는 신단, 신등[御神燈]과 걸려 있는 작은 등불 등.

그러한 정경과 거기에 들어온 오긴의 양장은 너무나도 대조적이었다.

"어이, 오랜만이군"

노형사와 무라카미를 보고 움찔하며 막대기처럼 멈춰 선 오긴에게 노형사는 친구처럼 아는 체를 했다.

"흠, 상상했던 것보다 잘 어울려"

"뭐가 말이에요"

오긴도 곧 태세를 갖춘다.

"그 양장 말이야…… 이 동료가 자네가 양장을 입었다는 말을 듣고 갑자기 보고 싶어져서…… 자네 알잖아, 이 남자"

"그런데 말이야…… 이 나이가 되면 젊은 남자의 얼굴 따위 전혀 흥미가 없어져서"

"허허, 미꾸라지를 좋아해서 역시나 구렁이 담 넘어가듯 달변이야"

"무슨 소리인지…… 뭔가 도망쳐야 할 일도 없고……"

"정말인가…… 버스 안에서 엉뚱한 무자비한 장난을 한 것 같은데"

무라카미는 뾰족한 방책도 없어 오긴 앞에 고개를 숙인다.

"어제의 권총을 돌려주게나, 그 일에 대해서 다른 것은 생각하지 않기로 하겠네"

"그게 무슨 말인지. 이상한 트집 잡지 마시게"

"부탁하네, 권총을 되찾기만 하면 되네…… 어디로 가면 찾을 수 있을까…… 그 힌트만으로도 좋네"

노형사도 옆에서 도와준다.

"도와주게나. 이 친구, 제1과의 신임이야. 출세 전의 남자에게 인색하게 굴면 성불하지 못할 걸세"

"모른다는데 끈질기긴…… 인권유린으로 고소할거예요"

"호, 그런 말도 아시네"

"더 그럴듯한 말도 알지요"

"허, 뭐라는거야"

"바이바이"

오긴은 묘한 교태를 부리며 손을 흔들고 얼른 떠난다.

노형사, 속이 메스껍다는 듯한 표정의 얼굴을 손수건으로 벅벅 문지르고는

"어떻게 안 되는군, 그렇지?"

라고 무라카미를 본다.

“어떻게 해보겠습니다”

무라카미, 모자를 집고는 일어서다.

“하지만 자네”

“아니, 정말 감사했습니다”

무라카미, 노형사에게 정중하게 머리를 숙이고 뛰쳐나온다.

그로부터 얼마 지나지 않아 오긴은 노면전차[市電]에 몸이 흔들리고 있었다. 앞에 서 있던 대여섯 명의 손님이 내리자, 놀랍게도 그곳에 무라카미가 앉아 있었다.

오긴은 쳇하고 혀를 차며 전차에서 내렸다.

별로 품위가 없는 미용실의 대기실, 격에 맞지 않게 머리를 세트라도 했는지, 문득 나온 오긴은 기분 나쁜 얼굴로 있는 무라카미를 발견하고 눈살을 찌푸렸다.

“끈질긴 남자네, 그만 좀 해줘요”

“나는 자네가 말해 줄 때까지 떨어지지 않을 게요. 이건 불법이 아니니까”

“흥, 맘대로 해요”

“힌트만이라도 좋네”

여전히 같은 말을 되풀이하는 무라카미였다. 이렇게 그날 하루 종일 오긴이 있는 곳에는 반드시 무라카미가 있었다. 제아무리 오긴이라도 이래서는 애를 먹지 않을 수 없었다. 마침내 오긴 쪽이 다가와서는

“졌어, 당신에게는”

라고 말을 걸었다.

“권총상을 찾아보시게”

“권총상?”

“불법 매매꾼을 말하는 거요…… 싸게 나온 피스톨이 흘러가는 곳이 있지…… 거기서 사고팔거나 사용료를 받고 빌려주거나…… 위험한 이야기지”

“어디지?”

“몰라…… 다만, 변두리의 번화가 근처를 후줄근한 차림으로 어슬렁거리고 있으면 권총상의 호객꾼이 소매를 끈다는 얘기를 들은 적이 있어”

“자, 이정도로 놔주시게…… 정말로 오늘이 무슨 날인지…… 강력계 형사에게 하루 종일 미행당한 것은 처음이야”

오긴은 내뱉듯이 말하고서는 때마침의 러시아워의 군중 속으로 사라져 갔다.

4. 권총 빌려 드립니다

그로부터 5일간, 오긴의 말을 유일한 단서로 해서 후줄근한 군복으로 초라하게 변신해서, 무라카미는 넓은 도쿄의 번화가란 번화가는 모두 걸어 다녔다. 태양열에 부풀어 오른 아스팔트 위를, 구두가 묻힐 듯한 변두리의 먼지 길을, 소나기가 쏟아지는 보도를, 진창의 비갠 뒤의 암시장을 고열로 의식이 몽롱해진 듯한 모습으로 걷고 또 걸었다.

하지만 콜트의 단서는커녕 권총상의 호객꾼도 만나지 못했다. 그리고 주임 경감으로부터 받은 일주일째 되는 날의 태양이 허망하게 지려고 하고 있다. 초췌하게 움푹 패인 눈, 길게 자란 턱수염, 솜처럼 퍼져 지진 몸, 말 그대로 부랑자와 같이 되어 버린 무라카미는 우에노 히로코지上野廣小路의 어느 파친코 가게 앞에서 발을 멈추었다. 다른 곳과 비교해서 매우 한산한 뭔가 사연이 있을 것 같은 가게이다. 언뜻 불량배풍의 남자가 주머니에 무엇인가 쑤셔 넣으면서 후미진 계산대로부터 나왔다. 의외로 이런 곳이 …… 무라카미의 날카로워진 신경이 그의 다리를 계산대에서 담배를 문 수상한 여자 앞으로 향하게 했다.

“나 좀 도움 받고 싶은데”

무라카미는 단도직입적으로 물었다.

여자는 담배연기를 훅하고 내뱉고 대답했다.

“돈은 충분해요? 비싸요, 알은 충분히 있으니까 ……”

“얼마야?”

무리카미는 크게 뛰는 고동을 억누르며 말했다.

“쇼트타임이 ……”

“뭐야?”

“파친코 하겠다는 거잖아요?”

“치! 난 이걸 말하는 거야”

하고 손으로 권총 모양을 만든다.

“아, 잘못 찾아 왔어요”

“거짓말, 동료에게 확실하게 듣고 온 거야”

“도, 돌아가, 그렇지 않으면 경찰을 부를 거야”

여자는 떨면서 큰 소리로 외쳤다.

무라카미는 웃으려 해도 웃을 수 없는 심정으로 나올 수밖에 없었다.

거리는 벌써 저물어 가고 있었다.

모든 노력이 허사로 되었고, 모든 정력을 소진한 무라카미는 망연자실한 모습을, 어스레한 어둠에 잠겨 있는 공원의 한 구석에 노출시키고 있었다. 그것은 그대로 속세의 때를 무겁게 짊어질 대로 짊어진 밥줄이 끊긴 자 그대로의 모습으로 보였다.

"어이, 퇴역군인"

묘하게 어른스러운 소리가 났다. 뒤돌아보니 섬뜩한 눈초리의 양아치가 서 있다.

"파친코(권총) 필요 없어?"

옳지! 이거구나, 무라카미는 그렇게 느끼고는

"얼마야?"

하고 주저 없이 물었다.

"빈 털털이주제에 무리하지 마…… 쌀 통장이나 가져와"

"쌀 통장? 배급통장 말인가?"

"그것도 없으면 꿈도 꾸지 말고"

"있어"

"7시에 ○○골목길 ○○라는 찻집으로 와, 빨간 상의를 입은 여자가 기다리고 있을테니"

5. 빨간 블라우스의 여자

그 찻집 한구석에서 입술만이 유난히 눈에 띄는 빨간 블라우스의 여자가 싸구려 축음기에서 흘러나오는 박자가 맞지 않는 브루스에 발로 박자를 맞추고 있다.

그때 쓱 하고 들어온 무라카미, 밖에서 여자가 있는 것을 확인했는지, 곧장 여자의 테이블로 다가가 앉았다. 여자는 사무적으로 진지한 얼굴로 오른손으로 봉지를 테이블 밑에 넣고

"통장……"

"음……"

무라카미는 잠깐 그럴듯한 몸짓을 하고는 갑자기 테이블 아래의 봉지를 집어 들었다.

"뭐 하는 거지?"

"경찰이다. 서까지 가자!"

무라카미는 여자의 굵은 팔을 잡고 소리쳤다.

손님들이 일제히 시선을 돌렸다.

"쳇"

여자는 부루퉁해져서 일어섰을 때, 입구에 들어서던 한 남자가 몹시 당황해서 나가는 것을 보았다.

무라카미는 그 여자를 가장 가까운 파출소로 데리고 갔다. 양동이로 물을 뿌리고 있는 순경에게

"본청 사람입니다…… 이 여자를 조사하고 싶습니다만, 안쪽을 잠깐"

순경은 나른한 듯이 무라카미가 내민 경찰수첩을 들여다보면서

"더워요, 무엇보다도 양철지붕이라서요. 밤이 되어도 오븐 안에 있는 것 같네요"

무라카미는 흥하고 부루퉁한 여자를 재촉하여 안쪽의 방으로 들어갔다. 역시 덥다. 컵에 꽂아 놓은 폼폼달리아가 삶은 듯 시들어 있다.

무라카미는 여자에게서 빼앗은 블로닝형의 권총을 조사하면서

"네가 취급하는 권총은 이 종류뿐이냐?"

"권총이라면 뭐라도 장사가 되지"

"최근에 콜트를 취급한 적이 없어?"

"콜트가 뭔데"

"이 정도 크기로……"

무라카미는 수첩에 콜트의 형태를 그려 보여준다.

"…… 이런 모양의 녀석인데"

"아 그거라면 알지…… 어제 빌려준 것인데"

"뭐라고?!"

무라카미는 자기도 모르게 큰 소리를 낸다.

"…… 그거 언제 어디서 돌려주기로 약속이 되어 있는 거지?"

"오늘 밤 거기서…… 당신이랑 거래한 후에 돌려받으려고 했지"

"…… ?!"

"입구에서 스쳐 지나쳤단 말이야…… 당신에게 끌려 나갈 때 말이야…… 깜짝 놀라 보고 있었단 말이지"

무라카미, 황급히 밖으로 뛰쳐나간다.

하지만 곧 돌아온다.

"이봐…… 그러면…… 너는 그 남자의 통장을 가지고 있겠군……… 꺼내봐"

여자는 히죽히죽 웃고 있다.

"넌 초짜구나…… 권총 돌려주려고 올 때, 몫을 받는 거야…… 거기서 실컷 쪼아서 조금이라도 더 받아내는 것이 이 장사에서 이문을 남기는 방법이지…… 아무튼 강도를 쪼는 것이니…… 간단히 될 리가 없지…… 나 따위는 나설 자리가 아니야"

"그러면……"

"거기서 나랑 등을 맞대고 신문을 보던 남자가 있었지? …… 그자가 감시역이야 …… 그자가 통장을 가지고 있다고"

무라카미, 일어선다.

"서둘러도 늦었어…… 이미 다들 도망쳤지"

"……"

"뭘 멍하니 있는 거야? …… 어서 어딘가에 가둬버리라고…… 왜 이렇게 더운 거야, 여긴 완전 찜통이네!"

하고, 여자는 가슴에 들러붙은 빨간 블라우스를 징그러운 듯이 떼어내면서 일어선다.

"…… 총화기법 위반…… 어차피 별 거 아니거든!"

무라카미, 여자를 데리고 밖으로 나온다.

"실례 했습니다"

밖에 물을 뿌리고 의자를 들고 나와 쉬고 있는 순경이 일어서 거수경례를 한다.

"정말 더우셨지요"

순경의 발치에 보기에도 더울 것 같은 털이 텁수룩한 잡종개가 쓰러져서 금방이라도 숨이 넘어갈 듯 심하게 혀를 내밀고 있었다.

6. 콜트의 탄환

그 다음날 아침, 무라카미는 어젯밤까지의 경위를 주임경감에게 보고했다.

"흠, 하지만 그 남자의 콜트가 자네 것이라고는 단정할 수 없네. 아무래도 자네는 너무 콜트에 집착하고 있어. 간단하게 이야기하면 한 정의 자네의 콜트보다 많이 가지고 있는 권총상을 검거하는 것에 주안점을 둬야지…… 그렇지 않나"

"……"

"오래 쌓은 공로가 마지막의 사소한 일로 실패했으니…… 참으로 아깝네"

"하지만……"

"조금 콜트는 잊어버리지, 미쳐버릴 거야…… 콜트는 자네의 콜트 외에도 많이 있어…… 어젯밤, 요도바시淀橋에서 강도상해 사건이 있었네…… 그때 다친 딸의 팔뚝에서 나온 탄환이 감식과로 왔는데…… 이놈도 콜트야"

무라카미, 안색이 바뀐다.

주임경감 쓴웃음을 지으며

"그만두지 않겠는가, 바보 같은 상상은 그만두게…… 첫째, 살인을 취급하는 형사가 그런 소심한 성격이어선 안 되네…… 그것보다 어제 검거한 여자라도 다시 조사해 보게"

하지만 무라카미의 뇌리에는 도둑맞은 콜트의 일이 박혀서 떨어지지 않는다.

무라카미는 감식과의 문을 두드렸다.

"…… 아, 요도바시 사건의 콜트의 탄환? …… 제가 조사했습니다만……"

현미경이 늘어선 테이블에서 젊은 감식과 직원이 나른한 듯이 일어나서 왔다.

"…… 그 콜트의 탄환은 지금까지의 기록에는 없습니다…… 탄환이란 놈은 기록으로 확인되지 않는 한 크게 수사에 도움이 되지 않지요…… 지문과 같아, 탄환 표면에 새겨진 발사흔의……"

감식과 직원의 결론은 허공을 헤맨다.

무라카미가 눈빛을 바꾸고 갑자기 어디론가 뛰쳐나갔기 때문이다.

사격 연습장에는 오늘도 두세 명의 경관이 표적을 향하고 있다.

"조금, 조금만 기다려 주시겠습니까?"

손을 들며 그렇게 말을 건네고 표적 옆에 나타난 것은 땀범벅의 무라카미였다. 사격 자세를 하고 있던 경관들은 의아한 표정으로 무라카미를 바라보았다. 그것도 그럴 것이 무라카미는 표적 옆 기둥에 나이프를 대고 자꾸만 뭔가 파내고 있는 것이다.

"?!"

경관들은 무라카미에게 다가와

"무슨 일 있습니까?"

"일전에 여기에 잘못 쐈습니다"

"그래서요?"

무라카미는 대답하지 않고 겨우 파낸 탄환을 쥐고 뒤도 돌아보지 않고 달려갔다.

멍하니 그를 바라보던 경관들은 쨍쨍 타는 듯한 태양을 올려다보며 어깨를 움츠렸다.

7. 아이러니한 기회

"아아, 같은 종류의 탄환이네요"

감식과 직원은 무라카미가 내민 탄환을 보며 말했다.

"조사 부탁드립니다……" 쉰 목소리였다.

"근데 어디서 이걸?"

"됐으니까 빨리 봐주세요"

아무것도 모르는 감식과 직원은 내키지 않는 얼굴로 비교현미경 밑에 두 발의 탄환을 놓았다.

무라카미는 선고를 기다리는 사형수처럼 몸이 굳은 채 침을 삼키고 있다. 비교현미경을 들여다보고 있던 감식과 직원은 갑자기 고개를 들고

"축하합니다! 똑같은 콜트 탄환이에요"

"?!"

"이건 수훈입니다. 한번 보세요"

역시 그랬단 말인가. 기대하지 않은 기대가 실현되자 무라카미는 새삼 들여다볼 마음도 생기지 않아 힘없이 방을 나갔다. 감식과 직원은 의아해 하며 그를 배웅한다.

그 후 시간이 흘러,

무라카미는 골똘히 생각하는 얼굴로 주임경관 앞에 직립부동의 모습으로 서 있다.

"책임을 지겠다는 말인가?"

책상 위에는 무라카미의 사표가 놓여 있다.

"…… 죄송합니다"

주임경관은 그렇게 말하는 무라카미로부터 시선을 떨어뜨리고는 묵묵히 사표를 찢었다.

"?"

"불운은 인간을 단단하게 하거나 찌부러트리든가 둘 중의 하나다. 자네는 찌부러질 셈인가?"

"……"

"마음먹기에 따라 자네의 불운은 기회가 될 수 있네! 왜 이 사건을 담당하게 해달라고 하지 않는 겐가?"

무라카미, 고개를 숙인다.

"요도바시 경찰서에 수사본부가 설치됐네…… 이쪽에서 아베阿部 경관보가 수사 주임으로서 가 있는데…… 가볼 생각은 있는 겐가?"

"네"

무라카미에게는 주임 경관의 따뜻한 마음이 엄한 채찍처럼 느껴졌다.

"요도바시에는 사토佐藤라고 하는 유명한 실력자가 있네…… 파트너로 일할 수 있도록 전화해 놓겠네"

"네"

"…… 그리고 가기 전에 자네가 검거한 권총상의 여자 말이야, 그 자를 다시 한 번 조사해 보는 게 어때…… 좋은 선물이 될지도 모르지"

"다녀오겠습니다"

무라카미는 방을 나오자, 새로운 정열과 용기에 불타 유치장으로 연결된 계단을 내려갔다.

많은 유치장의 열쇠를 철렁철렁 소리를 내며서 쥐고 담당 순경이 올라왔다.

"아…… 어젯밤 여자를 조사하고 싶은데요……"

"네? …… 아, 그 빨간 상의의? 그 자라면 아까 아베 경감보의 전화연락이 있어서 요도바시 쪽이 조사하고 있습니다만……"

"요도바시 쪽이?"

"네, 그 방입니다"

순경은 계단 아래의 한 방을 가리켰다.

무라카미는 한 발 늦었다는 느낌으로 조사실을 들여다보았다.

8. 늙은 너구리

조사실에서는 어젯밤의 여자와 반백 머리의 나이든 형사가 사이좋게 아이스캔디를 핥고 있다.

"실례 하겠습니다"

하고 무라카미는 방으로 들어간다.

"제1과의 무라카미입니다"

"나, 이 사람한테 잡힌 거야"

라고 친숙하게 말을 한다.

반백 머리의 형사가 힐끗 무라카미를 올려다보며

"요도바시의 사토라고 합니다"

무라카미, 깜짝 놀란다.

"사토 씨?!"

"왜 그러시죠?"

"아니 어젯밤의 사건을 담당하라는 명령을 받아서 …… 그것도 당신과 함께 파트너를 하라고 하는 명령을 막 받고 왔습니다!"

"아!"

그러나 사토는 별로 흥미 없다는 듯이 부채를 움직이고 있을 뿐이다.

"아무쪼록 잘 지도해 주시기 바랍니다"

사토는 입안에서 무언가 중얼거리더니 고개를 숙인다.

매우 붙임성이 안 좋다.

"…… 이 여자가 빌려준 콜트 건으로?"

"뭐 네 …… 아베 씨한테서 조금 들었어요 …… 콜트를 가지고 있는 강도도 드물고 ……"

라고 말하며, 사토는 졸린 듯한 눈으로 여자를 본다.

"…… 그런데 당신이 콜트를 빌려준 놈은 어떤 남자인가?"

"어떻다니 …… 그래요, 이 더운 날씨에 겨울 양복을 입고 있었어요"

"검은 옷일 거야"

"어머 잘 아시네요 ……"

"후후후, 왼손잡이인 것도 알고 있다고"

"어머, 그랬던가요?"

"흠 …… 자 한 대 피우면서 천천히 생각해 내자고"

사토는 자신도 담배에 불을 붙이고는 여자에게 건넨다.

성냥을 그어 여자의 입가로 가져다주었다. 허겁지겁 피우던 여자, 갑자기 큰 소리를 낸다.

"아 …… 맞다, 그 남자 왼손으로 성냥불을 켰어요 …… 그 손이 덜덜 떨리던 것이 생각이 났어요…… 당신 설마 이 총으로 본인 머리에 총을 쏘지는 않겠지? 라고 말했지요”

“그 남자 이름, 뭐라고 하지?”

“그런 거 몰라요”

“거짓말하지 마…… 통장 안 봤을 리가 없지”

“봤지요…… 그런데 이상하게 어려운 글자라서 못 읽었지요…… 후후, 난 학교를 정말 싫어해서 말이지”

“통장은 누가 가진 겐가?”

“……”

“이름은?”

“몰라요”

사토는 아무렇지도 않은 듯

“기무라木村지?”

“아니에요!”

여자는 멋지게 걸려들었다!

사토는 히쭉거리면서

“그럼 누구야?”

“……”

“흠, 숨기는 걸 보면 네 애인이네”

“그런 거 아니에요”

“거짓말하네!”

“거짓말이 아니라니까요……”

사토, 그것을 무시하고 무라카미에게 말을 건넨다.

“이런 식으로 남자의 이름을 숨기는 자는 필시 그 남자의 애인인 게야. 자네”

여자, 정색을 하고

“혼다本田라고 해요”

하고 끝내 사실을 말한다.

사토, 지체 없이 바로

“자, 내친김에 전부 자백하는 거야”

여자, 각오를 하고는 사토의 담배에 손을 댄다.

"응, 혼다의 숙소는?"

"몰라요…… 정말로 모른다고…… 나 같은 정부에게 숙소 따위 알려줄 턱이 없지요"

"잘 가는 곳은?"

"몰라요…… 맞다, 맞다…… 야구광이라는 소문이 있으니 야구장에 자주 갈 거예요"

"전과자인가?"

"음…… 여자를 반쯤 죽여 놔서 2년 정도 수감된 적이 있었다고 화를 낸 적이 있어요"

"언제쯤이지?"

"몰라요"

"좋아!"

사토, 일어선다.

"이 담배 다 피울 때까지 기다려줘요…… 볼일이 끝났다고 너무하네"
하고 여자가 원망스러운 듯이 사토를 올려다본다.

사토, 쓴웃음을 짓고, 사토의 능란한 심문에 망연 실색하고 있던 무라카미를 돌아본다.

"자네, 수고스럽지만 혼다라는 녀석의 카드 좀 찾아주게나…… 혼다라고 하는 것은 가명일지도 모르지만, 색인자료로는 충분할 거네"

"네…… 그래서 어디로 가시는……"

"여기서 제일 시원한 곳이 어디인 게지?"

9. 멀리서 울리는 천둥소리

경시청 옥상 ── 이 정도의 높이가 되면, 역시 바람이 분다. 게다가 무라카미가 전과자의 카드에서 혼다의 기록을 찾아내어, 기세 좋게 올라온 것은 슬슬 저녁 바람이 불기 시작하는 시각이었다.

무라카미는 안심한 듯 심호흡을 하고 주위를 둘러본다.

사토는 그늘에 있는 벤치에 누워있다.

"사토 씨…… 찾았어요"

무라카미는 크게 하품을 하고 일어난 사토의 눈앞에 혼다의 기록을 들이민다.

사토는 딱히 보려고도 하지 않는다.

“그 사진을 많이 복사해 달라고 하게 …… 그리고 체포영장 ……”

“저는 현장 상황도 수사회의의 방침도 아직 아무것도 모릅니다만 ……”

“…… 자네가 그 여자를 검거해 주어서 큰 도움이 되었어 …… 거의 해결한 거와 진배 없네 …… 혼다를 잡아서 통장만 찾는다면 범인의 지명수배이지 …… 아마 틀림 없을 것이네 …… 검정 겨울 양복 …… 콜트 …… 그것을 왼손에 쥐고 있었어 …… 그 손은 떨고 있음에 틀림없지 …… 필요도 없는데 거품을 물고 쏴댄 녀석이기 때문이지 …… 초짜가 무턱대고 침입한, 뻔한 사건이지… 하기야 피해자에게는 엄청난 사건인 것 같지만 말이지”

“따님이라고 하더군요”

무라카미의 목소리는 떨고 있었다.

“응, 훔쳐간 건 단돈 4만 엔이지만 결혼하기 위해서 3년 걸려 모은 돈이라지 …… 또, 3~4년 일하지 않으면 안 되겠지. 그때쯤이면 여자의 한창 아름다운 때가 지나버리고, 사위될 사람도 전쟁에 이어서 10년 동안이나 기다려야만 하고”

“……”

“되돌려달라고, 상처의 아픔도 잊고 울고 있다네 ……”

“……”

“정말 무자비한 콜트야”

무라카미, 머리를 싸매고 주저앉는다.

“왜 그런가?”

하고 사또가 들여다본다.

무라카미, 뭔가를 골똘히 생각하는 얼굴을 들었다.

“그거 …… 제 콜트예요”

“?”

“…… 도난당했어요 …… 저만 …… 그런 바보 같은 짓만 안했다면”

사토, 잠시 말을 잃는다.

그리고 툭하고 말을 건넨다.

“콜트가 없었다면 다른 것으로 했을 걸세”

“……”

가만히 먼 하늘을 보고 있다.

우르릉 쾅쾅!

내장에 스며드는 듯한 멀리서 울리는 천둥소리.

"…… 뭐랄까 …… 더 불길한 일이 일어날 거 같은 기분이 듭니다. 저는 ……"

혼잣말처럼 중얼거리는 무라카미의 옆얼굴이 어둡다.

우르릉 쾅쾅! …… 또다시 멀리서 천둥소리가 울렸다.

10. 5만 명 중의 한 사람

우와!!

온통 하얗게 내야를 가득 채운 5만 명의 관객이 지금 자이언츠의 수비동작에 열광하고 있다 —— 여기는 뙤약볕 아래 고라쿠엔後樂園 스타디움.

이 1루 쪽 벤치 옆 통로에서 부채를 펄럭거리며 나타난 것은 사토.

통로의 빛과 그림자의 경계에 서서 그라운드를 바라보고 있다.

"…… 수배, 전부 끝났습니다"

하고 무라카미가 보고하러 온다.

"오늘은 혼다의 사진을 아이스캔디 파는 사람들에게도 보여주며 돌았습니다"

"수고했네"

백네트 근처에서 후지무라藤村 선수가 토스배팅의 퍼포먼스를 보여주며 팬 서비스를 하고 있다.

"정말 잘 하는군 …… 그렇지?"

하고 돌아보니 무라카미는 또 생각에 잠겨 있다.

"또 그러고 있군, 자네 ……"

"…… 아니요, 마음에 걸리는 것이 하나 있습니다"

"뭘 말인가"

두 사람은 더그아웃 옆의 조금 어두운 지하도로 들어갔다.

터널 건너편에 쨍하게 햇빛이 드는 그라운드가 스크린처럼 보이고, 배팅 소리나 객석의 웅성거림이 이상하게 멀게 들린다.

"그 범행이 있던 저녁, 범인은 일단 콜트를 돌려주러 왔습니다 ……"

"응"

"그런데 거기서 범인은 제가 그 여자를 검거하는 것을 목격했습니다…… 통장도 빼앗겼다고 생각한 게 틀림없어요…… 그래서 자포자기 상태로 그날 밤, 그 범행이 일어났다고 하면……"

"아이구야…… 자네는 피해자뿐만 아니라 범인한테까지 책임감을 느끼기 시작한 겐가"

"하지만 조사해 보았습니다만, 그 전 날밤 권총 강도의 피해보고는 없었습니다. 즉 그 남자는 권총을 빌리기는 빌렸지만 사용하는 것은 주저했던 겁니다…… 그리고 되돌려 주려고 왔어요…… 그런데"

"쓸데없는…… 그런 걸 캐기보다는 다음 일을 막아야 하네"

"범인은 4만 엔을 훔쳤어…… 아끼면서 쓸 수 있는 돈이 아니니…… 바로 탕진할 거야…… 그 돈을 다 쓰면 무슨 일이 일어날 거라고 생각해? …… 또 집을 터는 거지 …… 한번은 습관이 아니라고 하지만 두 번이 되면 이야기가 달라…… 들개가 미친개가 되는 거지"

"……"

"…… 범인에게 책임을 느낀다면 하루라도 빨리 그 녀석을 잡아야 하네…… 그것이 범인에 대한 최고의 친절이야……"

"……"

"내 말이 틀린가?"

"아닙니다"

"그럼 우선 혼다를 잡는 일에 전력을 다하는 거네"

"오늘은 분명 왔을 거야. 야구팬이라면 이 시합을 놓칠 리가 없으니까"

두 사람은 터널에서 객석으로 나간다.

갑자기 객석의 흥분된 분위기가 두 사람을 감싼다.

"어때…… 관객이 엄청나지 않나?"

내외야를 가득 메운 관중.

부채의 물결.

"대체 얼마나 관객이 들어갈 수 있을까, 여기는?"

"5만 명이라고 들었습니다만"

"5만 명 중에 한 명인가"

사토는 눈이 부신 듯 구장을 둘러본다.

"네네 …… 아이스캔디 ……"

아이스캔디 판매상이 지나간다.

"어이, 두 개 주게"

사토가 불러 세운다.

"네 두개에 …… 20엔"

아이스캔디 판매상은 아이스캔디를 사토에게 건네주면서 돈과 함께 쥐고 있던 사진과 사토의 얼굴을 유심히 비교해 살펴본다.

사토는 코끝이 가려운 듯한 얼굴을 하고 있다.

이윽고 시합이 시작되었다.

관중의 눈은 구장으로 빨려 들어갔다.

사토도 언뜻 보면 열심히 플레이를 즐기고 있다고 밖에 보이지 않는다. 이 5만 명중에 객석에만 주의를 집중하고 있는 인간은 무라카미와 아이스캔디 판매상뿐이다.

3회말.

누군가 와세다 대학 럭비부라고 쓴 완장을 한 아이스캔디 판매상을 1루 측의 내야석에서 불러 세웠다.

"이봐 ……"

아이스캔디를 파는 대학생은 순간 가슴이 철렁 내려앉았다. 불러 세운 남자는 검은 자외선 차단 안경을 끼고 있었지만 아이스캔디박스에 붙여 둔 사진의 남자임에 틀림없다.

"이봐 …… 아이스캔디 주게"

"죄송합니다 …… 다 팔렸어요"

"쳇 …… 다 팔렸으면서 팔러 다니는 녀석이 있어?"

킹!

지바千葉가 1,2루 간을 뚫었다.

와 하고 1루 쪽 객석이 술렁거리다. 검은 안경을 쓴 남자도 일어선다. 아이스캔디 판매상인 남자 대학생은 그사이에 허둥지둥 되돌아간다.

11. 럭키 세븐

아이스캔디 판매상인 대학생의 보고를 듣고 무라카미는 흥분했다. 그러나 어려운 것은 지금부터다.

사토는 혼다를 멀리서 포위하고 바로 체포하려고 하지 않는다. 무엇보다 이 군중이다. 게다가 혼다는 흉기를 가지고 있다고 생각하지 않으면 안 된다. 일요일 오후를 즐기는 선량한 시민들을 위험에 빠뜨릴 수는 없는 것이다.

어떻게든 혼다를 이 군중 속에서 끌어낼 것을 생각하지 않으면 안 된다.

무라카미는 정말 참을 수 없는 초조한 시간이 경기 진행과 평행하게 흐른다.

럭키 세븐.

관중은 여느 때처럼 일어나 기지개를 켜거나 심호흡을 한다.

그때 확성기가 소리쳤다.

"미아를 찾습니다. 미아를 찾습니다…… 야마모토 히로시山本ヒロシ 군의 아버님…… 어린이가 방송실 지붕 위에 있습니다…… 급히 오시기 바랍니다"

과연 방송실 지붕 위에서 야구모자를 쓴 어린이가 울고 있다. 그것을 타석을 기다리고 있는 가와카미川上가 뭔가 말하며 달래고 있다.

박수와 웃음소리

야구광의 할아버지가 나타난 것이다. 엄청 쑥스러워하며 어린이를 안고 퇴장한다.

폭소 —— 유머러스한 야구장의 촌극.

사토가 —— 갑자기 무라카미를 가볍게 찌른다.

"…… 이보게, 우리도 해보세"

"네?"

"확성기로 혼다를 불러내 보는 거야"

7회 말.

확성기가 울렸다.

"우에노上野의 혼다 씨, 우에노의 혼다 씨. 서둘러 정면 입구까지 와주시기 바랍니다. 친구 분이 기다리고 있습니다"

군중 뒤에서 노려보고 있는 사토와 무라카미에게 혼다가 살짝 확성기 쪽을 돌아보는 것이 보인다. 그러나 본격적으로 일어나는 기색은 없다.

"…… 실패인가?"

하고 사토가 중얼거린다.

"…… 다시 한 번 불러봅시다"

무라카미, 답답해하며 혼다의 뒷모습을 노려보고 있다.

8회초.

확성기가 다시 외친다.

"우에노의 혼다 씨, 우에노의 혼다 씨. 서둘러 정면 입구까지, 친구 분이 기다리고 계십니다"

혼다, 고개를 갸웃거리다가 일어선다.

사토와 무라카미는 무심코 얼굴을 마주본다.

12. **회랑**

고라쿠엔의 객석 아래는 어두컴컴한 회랑으로 되어 있다. 아무도 없다. 이상하게 으슥하고 왠지 습기 찬 창고 냄새가 난다.

혼다는 그곳으로 빠른 걸음으로 내려왔다.

빠르게 바깥 입구 쪽으로 간다.

갑자기 호루라기 소리가 들렸다.

혼다는 깜짝 놀라 멈춰 서고는 뭔가 짐승 같은 날렵함으로 뒤돌아본다.

사토와 무라카미가 권총을 쥐고 혼다가 내려온 계단 아래에 서 있다.

혼다는 본능적으로 반대쪽으로 도망치려고 했다.

그러나 문이라고 하는 문이 전부 열리며, 각각 권총을 쥐고 응원하러 온 형사들과 경관들이 나오는 것을 보자 우뚝 선다.

"손들어!"

사토가 소리친다. 혼다는 불만스럽게 힘없이 손을 든다.

객석의 환성이 땅울림처럼 들려왔다.

13. **유사遊佐라고 하는 남자**

다음 날 아침.

여기는 요도바시 경찰서의 특별수사본부.

아베 수사 주임 앞에 미곡통장이 한 권 놓여 있다.

"그런데 혼다가 다행히 이것을 안 찢고 갖고 있었군……"

아베 경감보가 한시름 놓았다는 얼굴이다.

"무엇보다도 콜트를 가지고 도망친 것을 용서할 수 없었겠지요. 언젠가 이걸 미끼로 해서 어떻게 할 작정이었겠지요"
라고 사토가 말한다.

"세살 버릇 여든까지란 거지 …… 그럼 고생스럽지만, 이 유사라는 남자를 철저히 조사해 주시오. 체포영장이 필요하면 절차를 밟고 ……"

"아직은 괜찮습니다 …… 지금부터 착실히 기본적인 것부터 조사하고, 그런데 잡는데 며칠정도 걸릴지 ……"

"그건 그렇고 한바탕 비가 오면 좋겠네요"

"이렇게 더우면 감도 떨어지지요"

"그럼 피해자의 인간관계나 교우관계 조사는 사토 씨와 무라카미 군이 하는 것으로 ……"

그로부터 몇 시간 후 ── 어느 불탄 자리의 판잣집 나무통가게 앞에 사토와 무라카미가 걸터앉아 있었다.

정직해 보이는 아저씨가 언짢은 듯이 말없이 있다. 두 사람의 응대는 여름 원피스를 입은 아주머니이다.

"그렇다면 유사 긴지로遊佐金二郎라는 사람은 당신의 남동생이군요"

"네 …… 남동생이 무슨 짓을 …… 벌써 일주일째 집에 안 왔어요 ……"
하고 불안에 떠는 목소리다.

"뭐, 대단한 건 아니지만 ……"

"그 아이는 퇴역을 하고난 후 완전히 사람이 변해버려서 …… 불쌍하게도 퇴역할 때 기차 안에서 전 재산인 배낭을 도둑맞고 …… 그때부터 엇나가기 시작한 거예요"

아저씨가 투덜투덜 말하다.

"당신이 너무 봐주니까 이렇게 된 거야"

"당신처럼 엄하게만 한다고 해서"

"흥 …… 입만 열면 세상이 나쁘다 …… 전쟁이 나쁘다고 …… 자기 혼자서 일본의 모든 고생을 짊어진 듯한 얼굴을 해서는 …… 대나무 한 토막 쪼개려 하지 않고"

"아니에요 …… 친구가 나빠요"

무라카미, 귀를 기울인다.

"친구요?"

"그러니까 …… 불량배가 한명, 가끔 찾아 와서 …… 리젠트 스타일이라고 하나요?

추잡한 머리를 하고…… 그 녀석이 나쁜 거지요"

"뭐라고 하는 남자예요?"

"세이淸, 세이라고 불렀었는데요…… 군대에서 함께 있었다고 했어요"

"어디 있는지 아나요?"

"글쎄요"

사토가 일어선다.

"남동생의 짐, 좀 보여줄 수 없는지요?"

"짐이라 해봐야, 저기 귤 상자 안에 있는 잡동사니뿐이에요"

"그럼 잠깐 보겠습니다"

사토는 무라카미를 재촉해서 좁은 다다미 6장 크기의 방에 들어가서는 귤 상자위의 짐을 살펴보기 시작한다.

아주머니가 안절부절 따라 들어온다.

"그 아이는 원래는 온순한 아이랍니다…… 마음이 너무 약해서……"

아저씨가 입속으로 뭔가 투덜거리며, 나무통을 마구 두드린다. 아주머니는 그것을 곁눈질로 노려보더니, 부엌 쪽에서 뛰어 들어온 피부가 새까만 아이들에게 갑자기 호통 친다.

"집 앞쪽에서 놀거라!"

유사의 짐이라고는 정말 아무것도 없다.

너덜너덜한 속옷류와 야한 잡지가 2~3권, 거기에다 꾀죄죄한 말린 각반.

사토, 고개를 들어 방안을 둘러보다가

"남동생분도 이 방에서 자는 건가요?"

"아니에요…… 뒤쪽의……"

아주머니가 또 투덜투덜 중얼거리고 나무통을 마구 두드린다.

"뒤쪽에 방이 있어요?"

"아니에요…… 그 애가 직접 지은 거예요…… 오래된 재목을 사와서……"

"그 방 좀 보여주겠어요?"

"방이라니요, 그건…… 너무 지저분해서……"

아주머니는 방을 완전히 보여주는 것을 부끄러워하고 있다. 그러나 사토가 성큼성큼 부엌 쪽으로 가니 어쩔 수 없이 따라간다.

유사가 자는 방은 역시 너무 심하다. 한마디로 말하면, 한 장짜리 다다미 넓이의 닭장이다.

번들번들 기름진 구멍투성이의 이불이 깔려진 채 있었다.

뭔가 괴로운 것이라도 보는 것처럼 어두운 얼굴을 하고 들여다보고 있는 무라카미의 뒤로 아주머니가 궁시렁궁시렁 말한다.

"어떻게 해 주고 싶어도…… 워낙 애가 많아서요……"

"가출하기 전에 어땠나요?

"…… 글쎄요…… 아 맞다, 맞어…… 그게 가출한 날이었던가…… 밥을 먹으라고 해도 나오지 않아서 들여다보니…… 그 얘가 글쎄 어둑어둑한 속에서 머리를 싸매고 울고 있는 거예요…… 저는 왠지 무서워져서"

"흠"

사토, 머리맡의 담배통 대용의 빈 깡통 속에서 텅 빈 광고성냥을 집었다.

메트로 호텔이라고 쓰여 있다.

안주인이 내뱉듯이 말한다.

"맞아, 맞아…… 그건 그 불량배가 가지고 온 것입니다…… 뭐라더라. 그 호텔의 지배인 어쩌고 말했지만…… 어차피 거짓말일 거예요"

14. **리젠트 보이**

긴자銀座 —— 덥든 춥든 여기는 인간의 홍수다!

교바시京橋 지하철 입구 계단을 땀을 연신 닦으며 사토와 무라카미가 내려간다.

"여기는 약간 시원하군"

셔츠 깃을 잡아당겨 부채로 바람을 보내며 사또가 중얼거린다.

우웅! 지하철이 땅을 울리며 미끄러져 들어온다.

METRO·HOTEL이라고 쓴 금빛문자.

두 사람은 그 입구의 로비를 가로질러 프런트로 발을 옮긴다.

"어서 오십시오"

말쑥한 복장의 대머리가 정중하게 맞았다.

무라카미는 경찰수첩을 살짝 보여주고

"지배인 좀 불러주시오"

"저입니다만……"

"세이라는 남자를 아시나요?"

"아…… 보이로 일하고 있습니다만…… 그 녀석 또 뭔가……"

"호…… 이렇게 가끔 무슨 일을 저지르는 건가?"

라고 말하는 사토.

지배인 쓴웃음을 짓고

"헤헤…… 워낙 드나드는 여자가 많아서……"

"어쨌든 그 플레이보이를 뵙고 싶군"

"그런데…… 지금은……"

"아니, 우리가 가지"

세이는 욕실에 있었다 —— 욕실준비를 하고 있는 중인 것 같다. 활짝 튼 수도꼭지 옆에서 거울을 보고 머리를 빗질하고 있었다.

"어이…… 경찰분이다"

라는 말을 듣고 되돌아보더니 뭔가 당황해서 발밑의 들통에 걸려 넘어져, 주변을 물바다로 만들어 버린다.

"칫…… 미도리ミドリ 녀석, 울며 매달진 거군요?"

"?"

"사장님 앞입니다만, 그건 사실 합의해서 한 거니까요…… 걔가 맘대로 돈을 쏟아부어서……"

"미도리 일이 아닐세"

"에?…… 그럼 가오루薫 일인가요?…… 그건 사장님……"

"자네의 미도리나 가오루 일은 어떻든 상관없어"

사토가 조바심이 나는 듯 말한다.

이 싸구려 포마드의 냄새를 풍풍 풍기는 돈 주앙은 정말이지 용서할 수 없다. 그 이상하게 희고 번들거리는 말상은 법랑 삽입 변기와 꼭 닮았다.

"유사에 대해 묻고 싶은데…… 네 전우이자 나무통가게의 남동생이야"

사토는 도끼로 자르듯 단도직입적으로 말한다.

잔뜩 겁에 질린 플레이보이는 직립 부동의 모습으로 서 있다.

"자네는 군대에서 꽤나 맞았을 듯하군"

"……"

"안심해, 우리는 때리지 않아…… 그런데 그 수도꼭지 이제 잠그는 것이 어때?"

욕조의 물이 넘칠 것 같았다.

플레이보이 종업원은 황급히 수도꼭지를 잠근다.

사토는 상대의 태세를 철저히 흐트러뜨리고, 그다음 사무적인 심문을 시작한다.

“자 그러면…… 유사를 마지막으로 만난 건 언젠가?”

“11일…… 토요일 밤입니다. 엄청 취해 여기에 왔습니다”

“음, 주머니 사정이 좋았지?”

“새 옷을 입고 있었습니다”

“어떤 옷이지?”

“흰 삼베 양복입니다”

“혼자 왔는가?”

“네에…… 그 녀석은 여자에게 겁쟁이라……”

“너 같은 남자만 있는 건 아니야”

“……”

“자고 갔지?”

“네”

“어떤 모습이었지?”

“글쎄요”

“빈털터리가 주머니 사정이 좋은 모습이었지? …… 이상하게 생각하지 않았나?”

“……”

“어떻게 된 일인지 물었을 텐데…… 뭐라고 하던가?”

“뭘 물어도 입을 다물고 있는 거예요…… 안색이 안 좋은 얼굴을 하고 눈을 부릅뜨고는…… 그 녀석 무슨 일 저질렀나요?”

“그 남자를 엇나가게 한 게 자네라고 하던데, 사실인가?”

“그런…… 누가 그런 말을 했습니까? …… 전 단지……”

“전 단지…… 어쨌는데?”

“전 단지…… 가끔 그 녀석과 여기저기 돌아다닌 것뿐이에요”

“그런 돈 한 푼 없는 자를 친구로 삼아 무슨 득이 있었지?”

“전 단지…… 친구니까”

“거짓말하지 마…… 자네 같은 남자에게 득이 없는 우정이라니 말도 안 되지”

“……”

"녀석과 같이 있어서 득이 된 건 뭐야? 응?"

"…… 그 녀석, 블루버드 극장의 분장실에서 조금 인기가 있어요 …… 그래서 ……"

"흥 …… 또 여자네 …… 그러면 뭐냐 …… 자네는 무대 무용수와 가까워지고 싶어서 그 녀석을 패스처럼 이용했다는 거네"

"네"

"하지만 빈털터리가 어떻게 ……"

"소꿉친구가 있어요 …… 나미키 하루미並木ハルミ라고 라인댄스 무용수입니다"

사토, 무라카미를 재촉해서 돌아가려고 한다.

안심한 플레이보이가 아부하듯 말한다.

"이제 더 이상 물어 보실 거는 없습니까?"

사토는 힐끗 돌아보며 말했다.

"자네가 그렇게 말했다고 불량소년 담당경찰에게 말해 놓겠네!"

15. **센티멘털 부기**

6명 정도의 팀이 부기를 추고 있다. 한증탕 같은 열기에 녹초가 된 객석의 천장에 이상하게 합이 안 맞는 밴드 소리가 메아리치고 있다.

열중해서 무대를 바라보고 있던 알로하셔츠를 입은 청년이 누군가 어깨를 두드리자 무슨 일이야?라고 하는 얼굴로 돌아본다.

"나미키 하루미는 어느 애지요?"

"왼쪽에서 세 번째 ……"

"귀여운 애군"

하고 사토가 무라카미를 돌아보며 속삭인다.

그 옆모습을 알로하셔츠의 청년이 나잇살이나 먹은 사람이, 라고 하는 표정을 노골적으로 짓고 빤히 보다.

이윽고 무대는 피날레의 급템포 —— 무용수의 땀을 다 짜내고 끝이 난다.

벽에 달린 형형색색의 의상과 경대를 들여다보니 판잣집 호텔의 쪽방 같은 분장실로 알몸에 가까운 여자 아이들이 물에서 뭍으로 올라온 듯한 모습으로 달려온다.

한동안은 제각기 몸을 던져 뭍으로 내던져진 물고기처럼 헐떡이고 있다.

하지만 그렇게 몸을 쉬게 하니 다시 땀이 왈칵 나온다. 이런 석양의 햇빛이 정면으로 내리쬐는 방에서는 땀을 닦을 엄두가 나지 않는다. 아니, 무엇을 하는 것도 말을 하는 것도 싫은 것이다.

모두가 불쾌한 듯 쓰러져서 타성에 젖어 기분 나쁘게 들러붙은 머리카락이나 의상을 쓰다듬고 있을 뿐이다.

그런 중에 나미키 하루미가 지배인에게 불려가서, 사토와 무라카미 앞으로 나섰다.

사토도 무라카미도 하루 종일 지독히 더운 날씨에 걸어 다녀 뭔가 짜증이 날 정도로 피곤하다.

언짢은 사람끼리의 대화.

"유사라는 남자 알고 있지?"

"네"

"소꿉친구라고 하던데……"

"소꿉친구?"

"어렸을 때 친구였지?"

"친구라니요, 반년 정도 이웃사이로 말한 적이 있을 뿐이에요"

"솔직히 말해주지 않으면 곤란한데"

"거짓말 안 했어요"

"어쨌든 좋아…… 그래서 최근에는 어떤 관계였지?"

"어떤 관계라니요?"

"예를 들면 말이지…… 연인이라든지……"

"그런 거 아니에요"

"…그럼 그냥 팬인가?"

"그런 것도 아니에요"

"그럼 뭐지?"

"……"

"매일같이 왔었다면서?"

"하지만 쫓아낼 수도 없잖아요. 알긴 아니까"

"그런 건 안 물어봤어"

"……"

"마지막으로 만난 건 며칠이지?"

"……"

"이봐"

"생각하고 있는 거예요"

"생각하고 있다니, 자네"

"……"

"…… 이봐 …… 왜 그래?"

하루미는 고개를 숙여 버린다.

"이봐"

"…… 저 …… 아무런 나쁜 짓 안 했는데 ……"

하루미, 결국 울음을 터뜨리고 만다.

사토, 무라카미와 얼굴을 마주본다.

도저히 방법을 찾을 수 없다.

16. **아프레 개구리**

해질녘.

사토와 무라카미는 군데군데 논이 보이는 교외의 길을 걷고 있었다. 벼이삭 너머로 불어오는 바람과 개구리 소리가 두 사람을 감싼다.

"그 여자, 왜 울고 그랬을까요?"

"지쳤겠지, 그 애도 우리들도 …… 괜한 짓을 해 버렸네. 지치면 참을성이 없어지니까 말이지 ……"

"……"

"죄 없는 인간을 신문하는 것은 어려워 …… 기분이 서로 어긋나 있으면 틀린 거지 …… 순진한 사람일수록 신문을 받으면 당황하는 거라네 …… 그러니까 …… 신문을 받고 있는 사람의 태도에서 문제를 풀 열쇠를 찾으려고 하는 것은 위험하다는 거지"

"하지만 내일 다시 한 번 그 여자에게 부딪쳐보고 싶은 생각이 듭니다만 ……"

"음 …… 그것도 좋지만 …… 그 여자에게서 뭔가 얻어내기란 어려울 거야 …… 그런 예민한 여자아이만큼 완고한 것은 없는 법이네 …… 기분을 상하게 하면 정말이지 돌덩이야"

"…… 그런데, 어디에 가는 겁니까?"

사토는 싱글벙글하고 있을 뿐이다.

이윽고 두 사람은 여러 가지 잡다한 세탁물이 널려 있는 대여섯 평의 마당이 있는 나무로 된 뒷문을 통과했다.

“어이”

금방이라도 무너질 것 같은 지저분한 툇마루 안쪽에서

“오셨어요”

귀여운 목소리가 나더니 10살 정도의 큰 아이를 앞세우고 세 명의 여자아이가 뛰어나와 사토를 덥석 안았다.

“덥다, 애들아!”

목소리는 크지만, 사토는 귀여워 견딜 수 없다는 얼굴이다.

“아저씨한테 인사 안 하니?”

아이들은 일제히 머리를 숙인다.

“아니 저는 아직 일을 계속하는지 알고……”

“…… 후후후 …… 자, 안 들어가나?”

젖먹이를 업은 여름용 원피스를 입은 사토의 아내 도미とみ가 나온다.

“본청의 무라카미 군이다”

“신세 지고 있습니다”

“아뇨, 저야말로 …… 누추한 곳이지만 어서 들어오세요”

낡은 다다미 6장짜리 방으로 안내되었다.

“배급 맥주가 있는 게 생각이 나서”

낡은 표창장이 상인방에 죽 늘어서 있다.

“대단하시네요”

“뭐가? 그저 열심히 돌아다녔을 뿐이야…… 25년 전에 13엔 50전의 초봉을 받고 나서, 그런데 몇 켤레나 구두를 바꿨을까”

“하나하나에 여러 가지 추억이 있겠군요”

“그러게 …… 암튼 꽤 많은 일이 있었어”

담담하게 말하는 사토.

“여보, 잠깐만”

맥주를 가지고 온 도미가 사토를 불러 귓전에 대고 속삭인다.

“응 그래? …… 자네, 갑자기라서 아무것도 없지만 호박이라도 먹지 않겠나?”

“네, 너무 신경 쓰지 마세요”

사토는 맥주를 따르며

"우리 집도 보다시피 쓰러져가는 집이지만 유사가 사는 곳도 심하더라고. 인간이 사는 집이 아니야, 거긴…… 더러운 곳에는 구더기가 끓는다고 하지 않나……"

"…… 세상에 악인은 없다. 나쁜 환경이 있을 뿐이다…… 잘도 그런 말이 있지만, 유사라는 남자도 생각해보니 불쌍합니다……"

"안 되네 안 돼. 그런 생각은 우리들에게는 금물이야. 범인만을 쫓아다니다 보면 자주 그런 착각을 일으키지만 한 마리의 늑대 때문에 상처받은 수많은 양을 잊어버리면 안 되는 것이네…… 이 액자의 절반은 사형수인데…… 많은 행복을 지켰다는 확신이 없었다면 형사 따위 할 게 못되네……"

"……"

"범인의 심리분석 따위는 소설가에게나 맡기고…… 자신은 그저 그 녀석들을 미워해야 한다……"

"저는 아직 도저히 그런 식으로 생각 못 합니다…… 오랫동안 전쟁에 가 있는 동안에 인간이라는 것은 극히 간단한 이유로 짐승이 되는 것을 몇 번이나 봤거든요"

"자네와 나의 나이 차이일까? …… 아니면 시대 차이일까? …… 뭐라고 했는데 …… 아프 … 아프레 ……"

"아프레게르……"

"그거 그거…… 그 전후파란 거 말이지. 자네는…… 유사도 그럴지도 모르지 …… 자네는 유사의 기분을 너무 잘 이해하고 있는 거야"

"…… 그럴지도 모릅니다…… 저도 퇴역 때 기차 안에서 배낭을 도둑맞았어요"

"오!"

"정말 터무니없이 분노가 치솟아서…… 강도짓 정도는 아무렇지도 않게 했을 거예요…… 하지만요, 여기가 위험한 분기점이라고 생각해서요…… 저는 그 반대 코스로 방향을 바꾸어 지금의 직업을 지원한 것입니다"

"…… 음…… 역시 그랬군……"

"네?"

"아니…… 그러니까, 그…… 아프…… 아프레……"

"아프레게르"

"응…… 아프레게르에도 두 종류가 있는 게지…… 자네 같은 것과 유사 같은 것과 …… 자네의 것이 진짜지…… 유사 같은 것은…… 아프…… 아프…… 아프레가에루!('가에루'는 일본어로 개구리를 뜻함, 역자주) …… 아키레케르야('아키레케르'는 일본어로 '질렸다'라는 뜻을 가진 '아키레루'를 연상시킴, 역자주) …… 하하하"

"하하하"

무라카미도 오랜만에 웃는다. 그러나 이내 미간을 찌푸리고

"…… 그런데 내일은 어떻게 할까요?"

라고 말한다.

"뭐 …… 너무 초조해하지 말게"

"하지만 유사가 그 돈을 다 써버리면 …… 그렇게 생각하니 가만히 있을 수가 없습니다"

"흠 …… 옷을 산 것만으로도 반은 날라갔으니 ……"

"범행일로부터 벌써 일주일이 지났으니까요"

"하루 6천 엔 페이스라면 …… 한 달은 견딜 수 있지 ……"

사토는 무언가 중얼거리면서 털이 많은 전강이에 들러붙은 모기를 때렸다.

"그럼 이제 가보겠습니다"

무라카미는 일어선다.

"그러겠나 …… 이봐, 도미 …… 도미 ……"

사토는 옆방에 말을 건다.

"……"

"이봐 …… 손님 가요 … 도미 ……"

맹장지를 열자 원피스를 입은 채로 아기 옆에서 곁잠을 자고 있다. 재울 셈으로 있다가 낮의 피로로 인해 잠들어 버린 것 같다.

새근새근 조용한 호흡이다. 사토가 손으로 모기를 쫓아내면서, 유카타를 덮어 주었다.

이것이 오니형사 사토의 또 다른 얼굴이다! 무라카미는 왠지 훈훈해져서 바라보고 있었다. 개구리 울음소리가 한바탕 시끄러워졌다.

17. 토마토

그 다음날 아침.

요도바시 경찰서 관내의 어느 주택가. 울타리로 둘러싸인 특징이 있는 해당화 나무

가 보이는 중산층 주택 앞에 경찰차가 세워져 있다. 열 대 여섯 명의 구경꾼이 소근소근 이야기하고 있다.

"권총 강도라면서요?"라고 세탁소 주인.

"사모님은 어제 우리 집에 머리 세트하러 오셨었는데…… 행복한 분이라고 생각했는데요"

"인간의 운명은 죽을 때까지 알 수 없군요"라고 관리풍의 사나이.

"남편은 출장을 갔었다고요…… 깜짝 놀라셨겠어요"라고 이발소 아저씨.

"그러니까 내 말 들었어야지! 해당화 나무는 불길하다니까 소나무로 바꾸라고 그렇게 말했는데……" 이 말은 집에 드나들었던 정원사.

"부부 사이가 너무 좋아서 가정부가 붙어 있지 못한 집이었어요"라고 이웃집 아주머니.

그 고바야시小林집 안에서는——

눈뜨고 볼 수 없는 난동의 흔적.

"당신입니까? 시체를 움직인 것은?"

젊고 유능해 보이는 경찰소속의 의사가 마을 노인 의사를 추궁하듯 말했다.

"…… 어렸을 때부터 단골인 저에게조차도 피부를 보여주기 꺼려했던 사람이라…… 저 모습을 남에게 보이면…… 속상해 할까봐……"

"어처구니가 없군요! 다시 살아나는 건 아니니까요"

경찰소속의 의사는 화를 내며 흰 천이 걸린 시체를 돌아본다.

"바나나를 먹고 이질로 죽어가는 것을 제가 고쳐주고 난 이후로 저의 약이 아니면 듣지 않는 분이었습니다……"

동네 의사는 슬픈 듯이 중얼거렸다.

옆방에서는 검사나 형사들이 바쁜 듯이 현장 검증을 하고 있는 중에, 여행가방과 선물을 앞에 이 집의 주인 고바야시小林가 영혼이 빠진 사람처럼 멍하니 생각에 잠겨 있다. 잘 가꾸어진 정원부터 범인이 침입한 덧문 주위를 조사하고 있는 사토 —— 무라카미는 신경질적인 눈을 고바야시로부터 돌리고 참을 수 없다는 듯

"사토 씨…… 또 제 콜트가 아닐까요……"

"자네 콜트라고 한다면 뭐 어쨌다고 하는 겐가?"

사토는 몹시 기분이 안 좋다.

무라카미가 무언가 말을 걸려고 할 때, 머리를 싸매고 웅크리고 있던 고바야시가

팍하고 감전이라도 된 듯 버둥버둥 마당으로 뛰어내려, 텃밭에 탐스럽게 여문 토마토를 깡그리 뽑기 시작했다.

"?……"

일동은 잠시 망연히 그것을 바라보았다. 무라카미가 다가가서

"왜 그러십니까!?"

고바야시는 갑자기 몸을 돌리고 약간 냉정해지며

"…… 집사람이 …… 집사람은 토마토 재배의 달인입니다 …… 제가 출장을 간 날에는 모두 시퍼랬습니다. …… 그게 …… 돌아와 보니 토마토는 이렇게 빨갛게 익었습니다! 그런데도 아내는 이 세상 사람이 아닙니다! 형사님 이게 무슨 일입니까! 겨우 5만 엔의 돈 때문에 …… 아침, 저녁, 이것을 바라볼 수 있을 것 같습니까!"

"……"

고바야시는 마지막 토마토를 내리치더니, 비통한 듯 머리를 싸매고 웅크리고 앉았다.

정원석에 맞은 잘 익은 토마토가 검붉은 속을 드러내고 있다. 끔찍한 시체를 연상시키듯!

무라카미는 그 토마토를 응시한 채 움직이지 않는다.

18. 남은 다섯 발의 탄환

그날 저녁——

여기는 요도바시 경찰서의 수사본부.

무라카미는 석양이 내리쬐는 방 안을 마치 우리에 든 동물처럼 오가고 있었다.

아베 주임은 가만히 팔짱을 끼고 생각에 잠겨 있다.

사또는 때때로 그 무라카미를 곁눈질하며 눈앞으로 날아오는 파리를 돌돌 만 신문지로 때리고 있었다.

무라카미가 멈춰 서서 말하기 시작한다.

"제 상상으로는 ……"

"상상은 수사를 혼란시킬 뿐이다! 사실에만 의존해야 한다고!"

"안심시키려는 말은 하지 마세요!"

무라카미는 다시 걷기 시작한다.

사토도 아베도 이제는 입을 다문다.

따르릉! 탁상전화가 울린다.

아베가 수화기를 든다.

“여보세요 …… 아베다, 감식과? ………”

무라카미, 퍼뜩 멈춰 선다.

“음 …… 뭐라고? 고마워”

아베는 수화기를 놓고 무라카미의 시선을 피하듯 앉았다.

“아베 씨!”

무라카미가 달려와 아베를 응시했다.

“제 탄환이군요, 역시 ……”

“아니, 유사의 탄환이다!”

중얼거리듯 아베가 말했다.

사토도 입을 다물고 있다.

무라카미는 고개를 푹 숙이고 허탈하게 바닥을 응시하고 있다.

“무라카미 군, 가세”

무라카미, 움직이지 않는다.

“생각에 잠길 때가 아니야. 여하튼 그 유사란 놈을 잡지 않는 한 문제는 해결되지 않아 …… 유사의 권총에는 아직 다섯 발이 남아 있어!”

무라카미, 번쩍 일어선다.

19. 미친 개

오늘은 또 바람이 없다 …… 어디선가 번개가 치고, 공기가 이상하게 묵직하게 바닥에 가라앉아 있다.

“올 것 같네. 오늘 밤쯤 ……”

뭔가 기분이 답답해져서 집을 나온 사람들이 그림자처럼 어슬렁거리는 거리를 빠져나가면서 사토가 말했다.

“누가 오나요?”

무라카미는 병적으로 신경질적으로 되어 있다.

“누구? 난 소나기를 말한 건데 ……”

"……"

"안되겠는데, 신경만 곤두세운 형사라니 난감하군"

무라카미는 울음을 터뜨릴 것 같다.

"전 신경쇠약에 걸릴 것 같아요…… 사토 씨"

"그런 말을 하는 걸 보면 벌써 신경쇠약에 걸린 거야"

"……"

"난 말이지, 여기가 승부의 갈림길이라고 생각하네…… 그 녀석은 사람을 죽였지…… 사람을 죽인 인간은 말하자면 미친개야…… 자네, 미친개가 어떻게 움직이는지 아는가?"

"……"

"센류川柳에 이런 게 있다네…… 기분 나쁠 정도로 정곡을 찌르고 있네만……♪광견의 눈에는 쭉 뻗은 길뿐♪……"

"……"

"유사에게는 이제 쭉 뻗은 길밖에 보이지 않아…… 유사는 하루미에 빠져 있어…… 유사에게는 이제 하루미 밖에 보이지 않아…… 그 녀석은 틀림없이 하루미한테 올 거야"

20. 생리학

블루버드 극장의 네온이 거대한 검은 새와 같은 소나기구름을 등지고 떨고 있다.

그 분장실에서 사토와 무라카미는 연출가라는 젊은 남자를 만났다. 지배인은 부재중인 것이다.

"나미키 하루미 오늘은 쉬는 날인데요……"

이 남자도 피곤하구나, 라고 사토는 생각했다.

젊은 주제에 묘하게 늙은이 같은 분위기이다. 그러고 보니 여기 분장실 전체가 지친 화원 같은 냄새가 난다. 소품의 조화나 꽃과 같은 의상으로 가득하지만 그것이 모두 시든 느낌이다.

"…… 그 애는 말이지요…… 정말 처치 곤란한 애예요"

젊은 연출가가 중년 여성처럼 말한다.

"…… 좀 잔소리를 하면 바로 쉬는 거예요…… 얌전한데 얌전한 애일수록 고집이

센 법이죠…… 게다가 지금 마침 몸이 아프고……"

"…… 어디가 아픈가요?"

"아니…… 매달 하는…… 그거예요"

"……"

"항상 이때는 속을 썩이죠"

"주소는 아세요?"

"네, 아마 고엔지高円寺일 텐데요. 어머니 혼자 있는 얘죠"

젊은 연출가는 사무실 테이블 위에서 종업원 명부를 집어 들고 느릿느릿 살펴보기 시작한다. 무대에서 가냘픈 목소리로 센티멘털 다이나를 부르는 소리가 들려온다.

21. **작은 새의 보금자리**

문을 열자 단칸방이 훤히 들여다보였다. 문을 연 것은 하루미의 어머니일 것이다. 언제나 이웃 간의 교제만 이상하게 신경을 쓸 것 같은 마흔 살 정도의 여자다.

사토와 무라카미가 경찰이지만 따님을 잠깐, 하고 말하자, 그야말로 허둥지둥 두 개밖에 없는 짝짝이 방석을 방 입구 쪽에 늘어놓는다. 그저 작은 새의 둥지를 구렁이가 들여다보는 형국이다.

그러나 딸은 조금 놀란 모습을 보였을 뿐, 새침하게 고개를 돌리고는 걸터앉았던 창문에서 일어나려고도 하지 않는다.

유카타에 아이가 하는 붉은 띠를 두른 것을 보면 아직 어린애다.

"얘……"

양쪽으로 압박을 받고 있는 하루미의 어머니는 벌벌 떨면서 차를 준비하기 시작한다.

"괜찮습니다……"

사토는 그렇게 말하면서 자리에 앉아서는

"…… 잠깐 성냥 좀 빌리겠습니다……"

하며 다리가 낮은 작은 밥상 쪽으로 손을 뻗었다.

작은 밥상 위에는 재떨이 대신 피운 담배를 담은 작은 접시와 광고성냥갑이 놓여 있었다. 하루미 어머니가 서둘러 그 성냥을 사토에게 건넨다.

"…… 아무래도 한바탕 비가 올 것 같군요……"

하고, 사토는 담배에 불을 붙여, 성냥갑을 만지작거리며 돌린다.

무라카미가 초조해져서 하루미에게 말을 건다.

“나미키 양, 조금 물어보고 싶은 것이 있는데……”

“유사라는 사람에 대해 전 아무것도 몰라요…… 경찰은 끈질겨서 정말 싫어!”

하루미가 히스테리적인 목소리를 낸다.

“아니…… 얘……”

하루미 어머니가 당황한다.

“…… 얘는 정말로……”

“엄마는 가만히 있어…… 우리들은 말하고 싶지 않은 것을 말하지 않을 권리정도 있는 거야”

“하지만…… 너……”

무라카미, 감정이 격해진다.

“자네…… 상대가 강도 살인 용의자라도 감싸줄 권리가 있다고 하는 건가?”

하루미는 역시 얼굴이 창백해진다. 하지만 바로 완고한 표정이 되어 중얼거린다.

“…… 하지만 모르는 것은 몰라요”

“…… 거짓말 말거라……”

하루미의 어머니가 호되게 꾸짖는다. 그저 벌벌 떨고 있는 것처럼 보여도 역시 어머니다. 딸이 뭔가 위험한 상태에 있는 것을 느끼면 본능적으로 강해진다.

“…… 지금까지 여기 있었잖아!”

무라카미, 움찔한다.

사토는 지극히 당연하다는 얼굴로

“이 성냥은 유사가 가지고 왔군요”

라며 만지작거리던 성냥을 가리킨다.

“그렇습니다…… 이 딸은 정말 무슨 생각인지…… 좋아하지도 않으면서…… 아니…… 따라다녀서 싫다, 싫다고 하던 주제에……”

“유사는 지금 어디에 있는지 모르는가?”

하루미는 고집스럽게 외면하고 움직이지 않는다.

“자, 말해 보렴…… 말해 보라니까……”

이제는 어머니가 필사적이다.

“하루미! 아는 걸 전부 다 말씀드려!”

"모른다면 모르는 거야"

"진짜 모르는 거지? …… 정말로 ……"

"모른다니까"

"거짓말하면 용서 안 할 거야"

자신의 역할을 빼앗긴 사토는 쓴웃음을 지으며 일어서자, 무라카미를 재촉하여 복도로 나갔다.

이웃의 눈이 이 작은 새의 둥지에 모여 있다. 사토가 힐끗 째려보자, 모두들 수군수군 문 뒤로 숨는다.

걱정스럽게 다가온 관리인을 쫓아내 놓고 사토가 말한다.

"이제 막판 총력전이다 ……… 저 아가씨의 변덕에 놀아줄 시간은 없어 …… 나는 이 성냥갑의 호텔부터 조사하러 가겠네 ……"

"저는 어떻게 할까요?"

"자네는 좀 더 이 방에서 버텨봐 …… 어머니란 딸에 관해서는 훌륭한 검사지!"

"그리고요?"

"접수대에서 잠복 하겠네 …… 전화가 있었지 …… 거기로 연락할게 …… 아, 그리고 자네, 권총 가지고 있나?"

"네"

"그놈 좀 빌려주게 …… 하필이면 놓고 왔지 뭔가 …… 유사는 이제 막 돌아갔어 …… 아마 오늘 밤 여기에는 나타나지 않을 걸세"

22. 커트 백

사토와 헤어지고 나미키 하루미의 방을 다시 찾은 무라카미는 깜짝 놀랐다. 어미와 자식이 원수처럼 노려보고 있는 것이다.

"됐어, 더 이상 묻지 않을게 …… 엄마한테조차 솔직하게 말하지 못하는 자식은 마음대로 하는 것이 좋아 …… 아니 …… 내가 잘못한 거야 …… 아빠가 없어 응석을 받아 준 것이 나빴던 거야 ……"

"……"

"좋아, 엄마를 얼마든지 바보로 만들어 봐 ……"

하루미도 덩달아 어미의 말에 울기 시작했다.

무라카미는 나설 수도 물러설 수도 없어 두 사람에게 등을 돌리고 현관 문턱에 앉는다. 기둥 시계소리가 갑자기 크게 들려왔다.

"흰 삼베옷을 입은 창백한 얼굴의 남자다"

허술한 프런트에서 언뜻 보기에 게이샤출신인 듯한 마담을 방문하고 있는 것은 사토.

"글쎄요……"

마담은 숙박부를 의례적으로 꺼낸다.

"본명을 쓰는 녀석은 없으니까……"

사토는 무관심하듯 페이지를 넘기고 있었는데, 문득 그 눈이 한 점에 집중된다. 나미키 하루오並木春夫(2인)라는 서명.

"후후, 나미키 하루오인가…… 과연"

"이거야, 마담……"

마담은 잠깐 생각하더니

"아, 그 분이요? …… 이틀 밤 묵었습니다만, 계속 술에 취해 있었습니다…… 상대를 데리고 오지도 않았고, 몹시 음울한 분위기로 취해 있었어요……"

"음……"

"그저께 밤이었어요, 갑자기 떠나신다고 하시며 차를 불러……"

"어디 차인지 알 수 있을까요?"

"전철거리의 평화택시입니다. 분명히 마쓰松라고 하는 운전사예요"

"아, 고맙습니다"

"뭐예요, 그분?"

"미친개입니다……"

침이라도 뱉듯이 말하고는 사토는 나갔다.

시계소리만 살아있는 것 같았다.

어미와 자식과 무라카미, 세 사람이 서로 견제하며 꼼짝 못하는 나미키 하루미 방의 공기는 너무나도 무겁고 답답했다. 그 분위기에 견딜 수 없었던지 하루미가 얼굴을 들었다.

"형사님!" 눈이 이상하게 메말라 있다.

“언제까지 그렇게 우리를 괴롭힐 거예요?”

“괴롭히고 있는 건 자네 쪽이네”

“아니야, 그 유사라는 사람, 무슨 일을 했는지 모르겠지만, 저한테는 아무것도 나쁜 짓은 안 했어요. 가끔 분장실에 와서 슬픈 듯한 눈으로 저를 보고 있었던 것 뿐이었어요. 전 그런 사람을 내 손으로 잡히게 하는 짓은 못해요……”

“그럼 자네는 유사의 거처는 알고 있지만 말할 수 없다는 거구나”

“그래요. 당신들이 잡는 건 당신들 마음이지요. 하지만 제가 잡게 하는 건 싫어요!”

어머니가 뭐라고 말을 건다. 무라카미는 그것을 손으로 제지한다.

“제가 얘기하겠습니다”

그러나, 이 고집스러운 아이에게 어떤 식으로 말하면 좋을까.

어딘가에서 서툰 바이올린을 켜기 시작했다.

“오! 강도 살인이라고요, 어쩐지 팁이 많다고 생각했었거든요”

평화택시의 마쓰는 수선중인 자동차 타이어 사이로 얼굴을 내밀며 말했다. 웅크리고 앉아 듣고 있는 사토.

“어디로 안내했나요?”

“후지미초富士見町의 고게쓰光月라는 곳의 게이샤찻집이에요”

“네 고맙습니다”

사토가 일어서자 온통 기름투성이 얼굴을 한 동료가 불쑥 차체 밑에서 몸통을 내밀고

“자네, 그 돈으로 아기 배내옷을 산 거 맞지?”

“응”

“후후 애가 잘 자라겠네”

“칫? 이상한 생트집 잡지 말라고”

중간 중간 끊어지는 바이올린 소리.

무라카미와 하루미의 중간 중간 끊어지는 논쟁.

“자네는…… 자기 자신의 감정만을 소중하게 생각하면 그것으로 된다고 생각하는 거군”

“적어도 그럴 권리는 있어요”

"그건 맞아. 하지만 그와 함께 의무가 있을 터. 다른 사람에 대해서 세상에 대해서 ……"

"저는 세상 따위 정말 싫어요! 저, 엄마와 친구들 두 세 사람, 그리고 음악과 춤만 있으면 그 외에 아무것도 필요 없어요"

"그렇게 이야기 하면 안 되지. 자네 어머니도 친구들도, 음악과 춤도 또 자네 자신부터 세상과 떨어져서 존재할 수 없는 거네. 자네의 유사에 대한 고집스러운 감상도 그러하네. 그 감상 때문에 타인이 어떤 피해를 받고 있을 수도 있는 것이야"

"……"

"물론 어제는 우리들도 잘한 게 없어. 피곤해서 그만 자네를 화나게 하는 말을 한 거 같아. 그러나 그 때, 자네가 유사의 거처를 알려주기만 했다면 아마도 한 사람이 죽지 않아도 됐을 거야"

"…… 하지만 …… 저, 어제는 몰랐어요"

"그렇다면 다행이고. 만일 그렇지 않았다면 자네는 자신의 감정만을 생각해서 어쩌면 자신을 엉망진창으로 파멸시킬 뻔 했어"

"……"

"자, 말해 주렴. 오늘 밤은 이상하게 가슴이 두근거린단 말이야. 뭔가 일어날 듯한 느낌이 ……"

어머니가 참다못해 말을 꺼내다.

"뭘 머뭇거리는 거냐, 하루미 …… 자, 말하렴 …… 오늘 밤 만약 무슨 일이 생기기라기도 하면 그야말로 너 ……"

하루미, 고개를 들고 말하려 한다.

그때 와자지껄 하루미의 친구 세 명이 뛰어 들어왔다.

"하루미 …… 어딘가 아팠어?"

무라카미, 실망한다.

"늦게 와서 아침에 엄청 빨리 돌아갔으니까요 …… 그리고 잠깐 ……"

중년의 고게쓰의 여주인이 궐련을 손가락으로 비벼 묘한 소리를 내면서 말했다.

"상대한 게이샤는?"이라고 사토

"맞아요, 맞아요, 그 게이샤가 길거리까지 바래다주었어요"

"뭐라고 하는 게이샤예요?"

“오키누小絹 와케히사마쓰分久松입니다…… 맞지?”

차를 가지고 온 여종업원을 바라본다.

“에에…… 근데 아까 전화를 걸었더니 나갔다고 해요”

“호, 잘 나가는 게이샤군…… 게이샤사무소를 통해 행선지를 알아봐 주시오. 경찰이라고 하시고요”

“네”

“큰일이군요… 자, 드시지요……”

사토는 “흠” 하고 차를 마시려다 눈을 동그랗게 뜨고,

“술이잖아……”

“호호호, 더위를 식히시라고요”

“미안하네……”

사토, 꿀꺽 꿀꺽 마신다.

여종업원이 와서

“무사시야 씨의 연회라고 합니다”

갑자기 번개가 번쩍인다!

계속해서 지축을 뒤흔드는 천둥소리.

“아이쿠, 무서워라!”

여주인은 눈을 감고 귀를 막는다.

하루미의 방에서도 번개가 칠 때마다 여자아이들이 서로 껴안고 교성을 질렀다.

무라카미는 초조해서 그 여자아이들의 교성을 바라보고 있다.

피곤한 머리에 그것은 뭔가 이상한 연극의 장면처럼 보였다.

좁은 방에 가득 찬 여자아이의 체취와 병문안으로 가지고 온 백합꽃의 강렬한 냄새로 머리가 희미해진다. 몹시 졸립다. 천둥소리도 여자아이의 교성도 점점 멀어져 들리지 않는다. 바람에 펄럭이는 창문의 커튼, 서로 껴안거나 떨어지거나 하는 여자아이들의 움직임, 번개, 백합 꽃 —— 그런 것이 아방가르드의 무성영화와 같은 무라카미의 의식을 두서없이 통과한다.

나는 지금 어디에 있는 건가? …… 여기는 어디인지 …… 무엇을 하고 있는지 …… 어디서부터 시작했지? …… 그래, 싸구려 향수 냄새가 풍겼다…… 버스 안이다 …… 창밖은 쨍쨍 내리쬐는 대낮이었다…… 흰 파라솔의 여자가 지나갔었던 거 같은데

…… 주머니가 갑자기 가벼워졌다…… 내 콜트!!

무라카미는 번뜩 눈을 떴다.

여자아이가 킥킥 웃고 있다.

싸악!! 장대비인 듯한 빗소리가 무라카미의 귀에 갑자기 뛰어들어 왔다.

여기는 요릿집 현관이다.

빗발이 현관 주차장에 물보라를 일으키고 있다.

사토는 그것을 바라보면서 모자의 빗물을 털어내고 있다. 심하게 음치인 유행가가 가까이 온다. 사토가 뒤돌아보니 어지간히 취한 게이샤가 서 있다.

"제가 고키누입니다만……"

엄청나게 몸집이 큰 고키누다.

"그저께 밤, 고게쓰에서 묵었던 손님에 관해 묻고 싶은데"

"네? ……"

"천차거리까지 배웅해줬지?"

"어머, 어떻게 잘도 아시네요……"

"남자는 그리고 나서 어디로 갔어? ……"

"몰라요……"

"호텔 같은 거 못 들었나?"

"어머! 보고 있던 것처럼 잘 아시네요!"

사토, 여자의 초점이 맞지 않은 대답에 초조해져서

"어디지?"

"간다神田의 야요이彌生 호텔…… 저는 이제 안 말해……"

사토는 이미 빗속으로 나가 있다.

"좀처럼 멈출 것 같지 않네요"

"곤란한데. 전차가 끊어지는데"

여자아이들이 창문에 서서 비를 보고 있다.

한 아이가 뒤돌아보고

"그러고 보니…… 그 형사님, 어디로 갔을까?"

라며 문을 열고 복도를 들여다보더니 이내 닫았다.

“뭐야, 복도를 어슬렁거리고 있어”

“꽤, 끈기가 있네 …… 이봐, 하루미. 도대체 어떻게 된 일이야?”

하루미, 잠자코 자포자기를 한 듯이 내리치고 있는 비를 노려보고 있다.

“그런데 그 형사님, 조금 멋지지 않아?”

한 여자아이가 그렇게 말하고 다시 복도를 들여다본다.

무라카미는 복도를 곰처럼 걷고 있었다.

싸구려 호텔, 야요이 현관.

흠뻑 젖은 사토가 뛰어 들어온다.

정신없이 빗물을 털어내고 카운터로 다가가,

“경찰입니다만……”

“네?”

와이셔츠의 지배인이 눈살을 찌푸린다. 그 아내인 듯한 사람이 불이 붙은 듯 울고 있는 아이를 복도에서 달래고 있다.

“나미키 하루오라고 하는 남자가 머물고 있지요?”

“네”

있다! 드디어 찾았다! 사토의 바늘처럼 빛난 얼굴이 무심코 빙긋 웃었다.

“6호실이에요 …… 2층입니다”

“음 …… 전화실은요?”

남편은 현관 옆의 복스를 가리킨다.

“경찰이 왔다고 말하면 안 돼요”

사토는 계단을 올려다보며 유유히 담뱃불을 붙인다.

“출입문은 여기뿐인가요?”

“뒷문이 하나 있습니다만……”

“자물쇠는요?”

“…… 오늘은 아직 ……”

“잠그고 와 주시오!”

지배인, 열쇠를 가지고 나간다.

사토는 그를 배웅하고 전화실로 들어간다.

지배인은 아내와 스쳐지나가면서 투덜투덜 말한다.

"이봐, 언제까지 울게 놔 둘꺼야…… 정신이 이상해 지겠어"

"어떻게 할 수가 없잖아요……"

"젠장! 가끔 돈 좀 있는 손님이다 하면 경찰이 등장하니"

아이가 계속 운다.

아내는 아이를 달래며 계단 아래 방으로 들어간다.

"그만 울어! 사내잖아. 봐봐 저기 좀 뚱뚱한 아저씨 있지? 경찰 아저씨야! 말 안 들으면 감옥에 갈 수 있으니까……"

계단을 쿵쿵 내려오던 발이 갑자기 멈춰 선다.

폭포 같은 빗소리.

전화실 안에서 사토는 자기도 모르게 소리를 질렀다.

"네…… 시급…… 비상…… 비상 수배바랍니다…… 네…… 네…… 그럼 잘 부탁합니다"

사토는 수화기를 일단 걸어 놓고서는 다시 집어 든다.

"여보세요…… 고엔지의……"

때르르릉…… 때르르릉.

난레이소南嶺莊 아파트 관리실의 전화벨이 울리고 있다.

관리인 노인이 귀찮다는 듯이 수화기를 든다.

"네…… 네?…… 그렇습니다…… 네? 여보세요. 잘 안들려요……"

사토는 조금 초조해졌다.

"무라카미입니다…… 네? 무…… 라…… 카…… 미…… 몰라요?…… 나미키의…… 나미키 하루미의 방……"

"네, 나미키 씨입니까?"

관리인 노인은 그제야 알아듣고 수화기를 놓고 자리를 떴다.

"여보세요. 나미키 말고, 무라카미 바꿔!"

수화기에서 사토의 고성이 들린다.

"하루미 씨. 전화야"

노인이 작은 새집을 들여다본다.

복도를 걷던 무라카미가 우뚝 섰다. 방에서 나온 하루미와 눈이 딱 맞는다.

"혹시 유사한테 걸려온 전화라면……"

하루미의 뒤를 무라카미도 함께 계단을 내려갔다. 어머니도 따라갔다.

"너, 그 사람이라면……"

하루미가 무라카미를 돌아본다.

"유사라면 뭐라고 해야 하지요?"

눈은 눈물로 가득하다.

"내일 놀러가자고 하세요"

"그런……"

어머니가 무라카미를 노려본다.

"괜찮습니다…… 따님 대신에 우리가 가는 겁니다!"

세 사람은 관리실로 들어갔다.

걸려있지 않은 수화기가 세 사람에게는 몹시 섬뜩해 보였다.

하루미는 조심조심 수화기를 집어 들었다.

"여보세요…… 하루미입니다…… 네? 사토 씨?"

맥 빠진 듯이 뒤돌아본다.

"사토?"

무라카미가 다가온다.

"여보세요, 무라카미 군을 불러줘……"

그렇게 말하던 사토가 퍼뜩 뒤돌아본다. 전화실 앞을 흰 양복이 가로지른다. 사토는 수화기를 놓고 잽싸게 문을 연다.

하루미가 무라카미에게 건네주려던 수화기가 두 사람의 얼굴 사이로 탕 하는 발사음을 전해왔다.

깜짝 놀라는 두 사람.

이어서 또 한 발!!

무라카미가 미치광이처럼, 수화기에 매달려 소리쳤다!

"사토 씨!! 사토 씨!!"

야요이호텔의 전화실에서는 수화기가 허무하게 흔들리고 있다. 그 밑에 엎드려 쓰러져 있는 사토. 문이 열린 채인 입구에서 거센 소나기가 불어 닥쳐온다.

전화기에서 떨어진 무라카미는 종이처럼 새파랗다. 짓눌린 듯한 목소리로 하루미에게 말한다.

"유사의 숙소는?"

하루미의 얼굴도 새파랗다.

"……"

"……"

대답을 하려고 했지만 이제는 목소리가 안 나온다.

23. 지옥의 밤

그로부터 1시간정도 지났다.

경찰병원의 복도 -------- 아직 때때로 빗물이 떨어지는 창문 너머로 휘영청 달이 뜬 것이 보인다. 조금 전까지 쏟아진 폭우는 마치 다른 세상의 것인 듯하다. 그리고 복도는 거짓말처럼 조용하다. 복도의 창문을 배경으로 수술실 앞의 긴 의자에 아베 주임과 두세 명의 형사가 가만히 앉아 있다.

한쪽 방에서 비틀비틀 간호사의 부축을 받으며 무라카미가 나온다.

샤쓰를 말아 올린 오른 팔의 정맥에 하얀 카테터가 달려있다.

"좀 쉬지 않으시면……"

"내버려 두세요!"

무라카미는 거칠게 간호사를 뿌리치고 긴 의자에 앉는다.

아무도 말을 하는 사람이 없다.

무라카미의 거친 호흡이 침묵을 한결 무겁고 답답하게 한다.

수술실에서 가끔 금속이 닿는 소리가 새어 나온다.

"…… 몇 그램 뽑았는가?"

아베 주임이 툭 말을 했다.

"…… 모르겠습니다……"

핏발이 선 눈으로 내뱉듯이 말한 무라카미.

다시, 원래의 침묵,

무라카미가 참을 수 없어서,

"주임님! 말해주세요! 또…… 또…… 제 콜트의 탄환이 나오는 겁니까?"

"……"

"니시카와西川 씨! 말씀해 주세요!"

"히로세廣瀬 씨!"

"……"

형사들은 아무도 대답하지 않는다, 아니 차마 대답할 수가 없는 것이다.

"…… 듣지 않아도 알겠어요! 저의, 저의 탄환이 나올게 뻔해요!"

"……"

무라카미는 미친 듯 소리치며 수술실 문에 매달렸다!

"사토 씨! 죽지 말아주세요! 오, 부탁이에요! 사토 씨! 살아야 해요!"

쥐어짜는 듯한 절규다.

형사들이 일어선다.

그러나 아베는 그것을 제지했다.

사토의 이름을 계속 외치는 무라카미의 절규가 복도에 메아리가 되어 울릴 뿐이다.

24. 새벽

날이 새기 시작했다.

입원실 앞 긴 복도는 쥐죽은 듯 조용하고 갓 없는 전구 빛이 묘하게 희끄무레하다.

가끔 어디선가 얼음을 깨는 소리가 들린다.

면회 사절이라고 적힌 사토의 방문이 열렸다.

졸린 듯한 눈을 비비며 나온 간호사가 한쪽을 보고 멈춰 선다.

죽은 사람 같은 창백한 무라카미가 쭈그리고 앉아 있다.

한 점을 어렴풋이 바라보는 눈은 살아있는 사람이라고는 생각되지 않을 정도로 초점이 없다.

"…… 아직도 계셨어요?"

간호사는 창문 빛과 무라카미를 번갈아 보았다.

"……"

"이제 위험한 상태는 지났어요"

"……"

뭐라고 해도 반응이 없는, 지금의 무라카미의 머릿속은 일종의 진공상태다.

간호사는 살짝 어깨를 움츠리고, 슬리퍼 소리를 남기고 두세 걸음을 뗐다.

무라카미가 정신을 차린 듯 갑자기 일어섰다.

쿵! 하는 소리에 간호사가 퍼뜩 돌아본다.

무라카미가 콘크리트 벽에 머리를 부딪치고 있다.

"뭐 하시는 거예요!"

간호사가 무라카미를 벽에서 떼어놓는다.

무라카미는 다시 머리를 싸매고 웅크려 앉는다.

그리고 얼마나 지났을까?

"무라카미 씨!"

하는 가느다란 목소리를 꿈결에 듣고 무라카미가 고개를 들었다. 옆으로 비치는 아침 해 속에 하루미가 서 있다. 무라카미와 눈을 마주치고는 당황해서 눈을 내리깐다.

"뭐, 뭐하러 온 거야!"

무라카미의 눈이 그렇게 외치고 있다.

하루미는 고개를 떨군 채 필사적으로 말한다.

"유사가…… 유사가 6시에 ○○역에서 기다리고 있어요"

"뭐야?"

"…… 아까 전화로"

"제길!"

무라카미는 온몸에 투지가 타 올랐다.

"저도 가겠어요!"

하루미가 쫓아온다.

"안 돼…… 아직 세 발 탄환이 남아있어!"

무라카미는 하루미를 내쳤다.

"제가 가지 않으면 얼굴이……"

하루미가 그렇게 말하고 일어섰을 때, 무라카미는 이미 먼 복도의 모퉁이를 돌고 있었다.

25. 라이터

교외 전철의 OO역의 작은 대합실. 무라카미가 여기로 달려온 시간은 시계가 6시를 조금 지나고 있었다.

대합실에는 전차를 기다리는 15명 정도의 손님.

무라카미는 당황했다. 도대체 누가 유사란 말인가.

쫓아다니는 사이에 제멋대로 상상한 유사의 이미지밖에 없는 것이다. 사진을 본 적도 없다. 얼굴이 창백한, 그늘진 28세 정도의 흰 삼베옷의 남자…… 알고 있는 것은 그 정도이다. 그러나 이 대합실 안에는 흰 삼베옷의 남자가 4명이나 있다. 아니 양복을 다시 샀을지도 모른다. 그렇다면 —— 28세 정도의 남자라면 8명이 있다.

무라카미는 초조해졌다. 무심코 둘러보고 있는 무라카미의 눈이 점점 핏발이 선다.

무라카미는 비지땀이 맺힌 이마를 양복 소매로 쓱쓱 문질렀다.

그때 무라카미 바로 옆에 걸터앉아 있던, 선글라스를 쓴 감색 바지의 남자가 담배를 꺼내 불을 붙였다. 거기에 이끌리듯이 그 앞에 걸터앉아 있던 흰 삼베옷의 남자가 담배를 물고 라이터를 주머니에서 꺼냈다.

슉! 하고 불을 붙인다.

왼손이다!

놀라는 무라카미.

딱 하고 두 사람의 시선이 마주쳤다.

무라카미는 습관적으로 안주머니의 권총을 더듬어 찾는다.

없다! 사토에게 빌려준 것이다. 조금 당황스러워졌다.

그것이 흰 삼베옷의 남자에게 역을 뛰쳐나갈 여유를 주었다.

"유사!"

무라카미는 그렇게 외쳤다고 생각했지만 목소리는 나오지 않았다.

쫓아라!

그것은 그 자리에 있던 손님 누구도 눈치 채지 못한 한순간의 팬터마임이었다.

남자는 재빨리 밭길을 뚫고 나무가 거칠게 난 숲으로 뛰어들었다.

이어서 뛰어든 무라카미는 갑자기 우뚝 섰다.

도망친 줄 알고 있던 유사가 콜트를 왼손에 쥐고 아주 무서운 얼굴로 서 있다.

두 사람의 거리는 5.5미터 정도밖에 되지 않는다.

26. 연습곡

두 사람, 숨을 헐떡이고 있다.

숨 막힐 듯한 눈싸움 ──

그러나 이때 서로 노려보고 있는 둘 사이를 뚫고, 오이 밭 너머로 보이는 문화주택에서 이상하게 느긋하게 피아노 연습곡이 들리기 시작했다. 그것은 이상한 분위기였다.

나는 지금 어쩌면 죽임을 당할 지도 몰라 ── 그런데도 거기에는 뭔가 즐거운 인생이 있다 ── 이런 생각이 무라카미의 머리에 순간 떠올라 사라졌다.

아마도 유사의 머릿속에서도 그런 애감哀感이 떠올랐을 것이다. 유사의 광적으로 치켜 올라간 눈에 순간, 무언가 두려워하는 그림자가 떠올랐다.

그러나 다음 순간 ── 유사는 병적으로 눈을 부릅뜨고 콜트의 방아쇠를 당기고 있었다.

탕!

무라카미의 왼팔이 씰룩 움직였다.

피아노의 소리가 뚝 멈춘다.

피아노를 치던 부인이 이상한 얼굴을 하고 일어서서 창문에서 온 들판을 보았다. 오이 밭 건너편 숲에 무언가 남자의 머리 두개가 보일 뿐이다.

부인은 아랑곳하지 않고 다시 피아노를 치기 시작했다.

무라카미와 유사는 조금 전과 같이 서로 노려보고 있다. 다른 것이라면, 무라카미의 왼손에서 피가 흘러내리고 있는 것뿐이다.

이윽고 무라카미는 그대로 쭉 밀고 나갔다. 유사는 기죽은 듯 한 걸음 물러섰다.

무라카미는 또 한 걸음 나갔다.

무릇 공포라는 것은 그냥 날아가 버렸다.

온몸이 분노로 불타올랐다.

유사는 압도된 듯 비틀비틀 물러선다.

한 걸음, 또 한 걸음, 무라카미의 발걸음은 변함없다.

진땀을 흘리며 터질 듯한 호흡을 하고 있는 것은 유사 쪽이다.

울 것 같은 얼굴이 되어, 비틀거리며 방아쇠를 당겼다.

탕!!

탄환이 빗나가, 잔가지 하나가 흩날렸다.

피아노 연습곡이 다시 딱 멈춘다.

순간, 무라카미는 온몸을 내치듯이 한걸음 성큼 나갔다.

유사는 도망치려고 하면서, 다시 방아쇠를 당겼다.

탕!!

이번에는 나무줄기를 깎았다.

무라카미가 히죽 웃었다.

유사는 이를 드러내며, 다시 방아쇠를 당겼다.

철컥!

공허한 소리다.

당황해서 다시 방아쇠를 당기는 유사.

탄환은 이제 없다.

무라카미가 확 달려들었다.

27. **분노**

두 사람은 한 덩어리가 되어 서로 부딪쳤다. 무라카미는 분노의 덩어리였다. 그리고 유사는 그에 압도되어, 겁에 질려 가냘픈 정신 그 자체였다. 유사는 그저 도망쳤다. 밭으로, 잡초가 자라 무성한 들판으로 도망쳤다! 그냥 짐승처럼 도망쳤다.

흰 삼베옷은 아침 이슬과 진흙과 땀으로 끈적끈적해져서, 시커멓게 변했다. 소매가 떨어지고, 바지는 찢어졌다. 그리고 마침내 너덜너덜한 몸을 무라카미의 발치로 내던졌다.

철커덕!

무라카미는 다 죽어가는 짐승처럼 휙휙 하고 목을 울리고 있는 유사

두 손에 수갑을 채우고는 비틀거리며 되돌아갔다.

내 콜트 —— 내 콜트!

짓밟힌 잡초 —— 뭉개어 반죽이 된 웅덩이 —— 밀려 넘어진 덤불 속까지 헐떡이며 더듬었다.

있다! 무라카미의 콜트 —— 이 불행한 숙명으로 몇 명의 피를 빨아들인 콜트식 7연발총은 제충국화의 풀숲 속에서 그저 조용히 빛나고 있었다.

무라카미가 그것을 정신없이 주웠을 때, 그는 이상한 외침 소리를 등 뒤에서 들었다.

그것은 유사가 쓰러져 있는 잡초 속에서 들린다.

"오우, 오우, 오우"

무라카미는 이런 무서운 인간의 목소리를 들은 적이 없었다. 달려온 무라카미는 소름 끼쳐하며 잡초 속을 들여다보았다.

유사는 메마른 눈을 힘껏 부릅뜬 채 울고 있다. 이렇게 무서운 울음은 본 적도 없다. 가슴에서 피를 뿜어내는 듯한 울음소리다. 어찌할 수 없는 회한 속에서 전심전령으로 곡하고 있다.

더군다나 그런 유사를 둘러싸고 있는 것은 푸른 하늘이다! 나비다! 들꽃이다!

먼 곳에서 지나가는 아이들의 노랫소리다!

그것은 무서운 광경이었다.

무라카미는 그 무서운 광경에서 눈을 뗄 수 없었다.

28. 적란운

그리고 며칠 후.

경찰병원에서 팔을 흰 천으로 매단 무라카미와 반쯤 일어나 있는 사토가 이야기하고 있다.

"축하하네! 표창장 받았다며 …… 아베 씨에게 들었네"

"아뇨 …… 전부 사토 씨 덕분이에요"

"아냐, 아냐 …… 표창장 제1호의 감상은 어떤가 ……"

"…… 아무래도 …… 제 실책에서 시작된 사건이고 …… 뭔가 ……"

"아직도 자네의 콜트에 집착하는 건가 ……"

"…… 그것도 그렇습니다만 ………… 왠지 그 유사라는 남자의 일이 ……"

"음 …… 같은 기분을 나도 느낀 적이 있지 …… 제일 처음에 잡은 범인은 묘하게도 잊을 수 없는 법이지 …… 하지만 말이야 …… 자네가 생각하는 것보다, 그런 녀석들은 잔뜩 있어 …… 몇 명이나 잡아들이다보면, 그런 감상 따위 없어져 버려"

"……"

"…… 그 무용수 …… 뭐라 했더라?"

"나미키 하루미 말인가요?"

"그래그래 …… 그 애 같은 감성만 해도 이해 못하는 건 아니야 …… 하지만 ……

창문으로 밖을 보게…… 오늘도 저 지붕아래에서 여러 가지 사건이 일어나겠지…… 그리고 몇 명인가 선량한 인간들이 유사 같은 녀석의 희생양이 되는 거야!"

"……"

"유사의 일 따윈 잊어버리는 걸세…… 아니 그 팔이 나으면 다시 바빠지겠지…… 유사 따윈 자연스럽게 잊을 거야."

무라카미는 창문에 서서 가만히 도쿄의 거리를 내려다보았다. 그리고 그 거리 위로 힘차게 부풀어 펼쳐진 새하얀 적란운을 눈이 부신 듯이 올려다보았다.

《추문(스캔들)》(1950)

(F·I)

1 어느 산길

정적

다! 다! 닥!

갑자기 거칠고 시끄러운 소음을 내며 오토바이가 달려와 멈춰 선다.

아오에 이치로青江一朗가 오토바이의 뒤에서 유화 도구를 놓고 앞의 산을 향해 이젤을 세운다.

(WIPE))

캔버스를 바라보고 있는 아오에.

그런 아오에를 나무꾼 할아버지 셋이 둘러싸고 담배를 한 대 피우고 있다.

할아버지A "젊은 양반, 화가인가?"

아오에 "화가 같이 보이지 않나요?"

할아버지A "이 근처엔 화가들이 자주 오지만 자네처럼 오토바이를 타고 와서 그림을 그리는 사람은 본 적 없다네"

아오에 "화가가 오토바이를 타면 이상한가요?"

할아버지A "조금 특이하다는 거지. 그림도 특이하군!"

할아버지B "봐봐, 구모토리산雲取山이 춤추고 있는 것을"

아오에 "산은 움직여요"

할아버지B "응?"

아오에 "잘 보면, 산은 움직이고 있어요"

할아버지들, 유심히 산을 본다.

할아버지A "흠, 그러고 보니 움직이고 있네"

할아버지B "거짓말쟁이! 산이 움직일 리가 있나!"

할아버지C "음, 저 구모토리산이라면 움직일지도 모르지. 저 산은 구름을 먹는다는 이야기가 있으니까"

♪ 당신은 아시나요 남쪽 나라 ……

아름다운 노랫소리에 다들 돌아본다.

노래를 부르며 짐가방을 든 사이조 미야코西條美也子가 나타난다. 아오에 일행을 보며 깜짝 놀란 듯이 노래를 멈추고 가까이 다가와 그림을 본다.

할아버지 (다시 그림을 살펴보며) "흠, 어쨌든 이런 화풍의 그림은 본 적도 없어"

아오에 "이건 제 그림이에요. 남의 그림과 닮지 않은 것은 당연하지요"

할아버지B "……"

아오에 "저의 그림은 제 방식대로 그립니다. 아저씨는 아내를 어떤 식으로 사랑할지 남하고 상의합니까?"

할아버지A·B "하하하하"

미야코도 무심코 미소 짓다가, 할아버지A에게 슬쩍,

미야코 "XX 여관은 어떻게 가지요?"

할아버지A "조금 가면 버스가 다니는 길이 나오네. 거기서 그 길을 따라 북쪽으로 가는 걸세"

미야코 "얼마나요?"

할아버지A "그야, 금방이지"

아오에 "이 사람들한테 금방은 5킬로미터는 될 거예요"

미야코 "……?"

아오에 (미야코에게) "왜 버스로 오지 않았나요?"

미야코 "다음 버스까지 3시간이나 기다려야 한데서, 저……"

아오에 "그 가방은 두고 가세요"

미야코 "네?"

아오에 "차에 실어줄게요. 어차피 오늘 밤은 XX 여관에서 묵을 거니까요. 아, 이 산. 마음에 든다"

하며, 맹렬하게 화필을 휘갈긴다.

할아버지B (불만이 있는지 중얼거린다) "너무하네! 너무 빨개. 구모토리산은 그렇게 빨갛지 않아"

아오에 "그만 하세요. 제 마음속엔 이런 새빨간 산이 있는 거예요. 이 산을 보고 있으면 그런 이미지가 떠올라요"

할아버지A "그림이란 그런 게로군"

아오에 "네"

라며, 그리기에 몰두한다.

미야코, 뒤돌아서서 머뭇거린다.

아오에 (뒤돌아보며) "아 맞다, 조금만 더 기다려 주세요. 뒷자리에 태워드릴게요"

(WIPE)

2 버스길

미야코를 오토바이 뒤에 태우고 달리는 아오에.
── 버스를 추월한다.

3 버스 안

플래시램프를 들고 있는 카메라맨 두 명, 오토바이를 바라보고 깜짝 놀란 듯이 얼굴을 마주 본다.

(WIPE)

4 XX 여관·현관

한쪽 구석에 세워져 있는 오토바이.
지배인과 카메라맨 A, B가 이야기하고 있다.

지배인　“오, 저분이 사이조 미야코 씨 …… 그 유명한 성악가인 …… 오, 그렇군요 ……”
카메라맨A “아무튼 사진 찍는 것을 굉장히 싫어한다고 해요”
지배인　“오”
카메라맨 B “같이 온 사람은 누구지요?”
지배인　“…… 아니에요 …… 방은 따로따로 잡으셨어요”
카메라맨A, B는 얼굴을 마주 본다.
탕탕거리며 계단을 내려온 여종업원이,
“저기, 사진에 대해서는 전에 거절하였다고 말씀하십니다만 …… ”
카메라맨A “그건 알아요. 이런 데까지 찾아왔으니 …… 자네가 어떻게든 ……”
여종업원 “그렇게 말씀을 드렸는데 ……”
카메라맨B “부탁하네. 빈손으로 회사에 돌아갈 수 없네. 한 번 더 부탁 좀 해주게”
여종업원 “그래도 곤란해요 ……”
라며, 자리를 뜬다.
카메라맨A “쳇!”
카메라맨B “하루 더 묵으면서 버티면 어떻게든 될 텐데”
카메라맨A “그럴만한 예산은 없단 말인가가 ……”

5 同·어느 방

목욕 후의 미야코가 복도의 등나무 의자에 걸쳐 앉아 오후의 산줄기를 바라보고 있다
“실례합니다”
미야코　“네”
맹장지가 열린다. 수건을 걸친 아오에가 싱글벙글 웃으며 서 있다.
미야코　“아까는 정말 감사했습니다 …… 덕분에 살았어요”

아오에 "차비 받으러 왔습니다"

미야코 "에?"

아오에 "하하하, 잠시 실례해도 괜찮을까요? 차비 대신……"

미야코 (무심코 웃어버리고 만다) "들어오세요"

아오에 "네 그럼, 실례합니다"

하며, 미야코 앞의 등나무 의자에 앉아 손에 쥔 수건을 무심코 난간에 건다.

두 개가 나란히·걸려있는 수건.

아오에 "당신, 사이조 미야코 씨지요?"

미야코 "네"

아오에 "실은 여종업원이 소곤소곤 이야기하는 것을 들어서요. 그래서 생각이 난 거지요…… 눈이 크시네요"

미야코 "……"

아오에 "소개가 늦었습니다. 저는 아오에 이치로라는 화가입니다"

미야코 "아아 저도 생각났어요. 미술 잡지에서 본 적이 있어요"

아오에 "오토바이 이야기 말이지요? 블라맹크 흉내를 낸다, 뭐다 하면서…… 자신들이 남의 흉내만 내고 있으니 남들도 다 그런 줄 알지요"

미야코 "……"

아오에 "제가 오토바이를 좋아하는 건 타는 동안 남을 의식하지 않을 수 있기 때문이지요. 그렇게 살 수만 있다면 얼마나 좋겠어요"

미야코 "……"

아오에 "그런데 지금 어째서 이런 곳에…… 요양하기 위해서요?"

미야코 "네. 뭐…… 여러 가지 시끄러운 일이 많아서요"

아오에 "그쪽처럼 유명해지면 시끄러운 일도 많겠지요. 사람들이 힐끔힐끔 쳐다보는 것도 지칠 것이고…… 무엇보다 저도 그중 한 사람인지라 죄송하지만……"

미야코 "……"

아오에 "이곳은 여름에는 시끄럽지만, 지금 시기는 좋아요. 조용해서…… 아, 내일쯤 한번 가보세요. 이 근처에 작은 늪이 있거든요. 물빛이 신비로운 초록빛이에요. 가끔 비취색 중에 그런 게 있는데. 아, 저 수풀. 안 보이시나요?"

하며, 일어선다.

미야코도 따라 일어선다.

아오에 "저기 저 시커먼 삼나무 수풀…… 저 너머에 있어요"

팟! 하는 소리.

미야코 (의심스러운 듯이) "저 소리……"

아오에 "사진기 셔터 소리 같군요…… 신혼부부라도 왔나 보지요"

하고, 내려다본다.

6 同·담장 밖

카메라를 한 손에 들고 담장의 나무 덤불 속에서 살금살금 내려오는 카메라맨 2인조.

A "흥, 방을 따로 잡았다고?"

B "헤헤, 특종이다. 특종!"

(F·O)

(F·I)

7 아무르사 편집실

근대인의 오아이스

라고 금빛 글씨로 쓰인 문이 힘차게 열린다.

배달부가 들어와서 노끈으로 묶인 잡지 뭉치를 거칠게 내던진다.

배달부 "반품된 잡지…… 500부"

"조용히 놔둬요. 아직 팔 것들이란 말이요"

입구 사무실 책장에서 일하고 있던 직원 한 명이 돌아본다.

방 한구석에는 각 달의 반품된 잡지들이 산더미처럼 쌓여있다.

"안녕하세요, 매번 신세를 집니……"

라며, 인쇄소의 영업사원이 들어와 방을 둘러본다.

한쪽 구석에서 타이핑을 하는 여자가 있을 뿐, 12개에서 13개의 책상이 비어 있다.

영업사원 "?…… 사장님은요?"

사무원 "저기, 현상실이요…… 인쇄비 재촉이라면 만나봤자 소용없어요. 우리도 2개월 치 월급 아직 못 받았으니까요……"

배달부가 줄줄이 잡지 뭉치를 나른다.

영업사원, 기죽은 얼굴로 방의 한쪽을 본다.

8 同·현상실의 문

주의 현 상 중

이라고 쓰인 나무표가 걸려 있다.

9 同·실내

붉은 꼬마전구 아래에서, 현상을 하는 카메라맨A, B와 그것을 들여다보고 있는 호리堀 사장과 아사이朝井 기자.

카메라맨A "사장님 오늘 밤은 양주라도 사주셔야겠습니다"

호리 "흥, 그건 너무 비싸. 두 달이나 월급을 받지 못하는 놈들이 마시러 갈 곳은 아니지"

카메라맨A, B, 서로 얼굴을 마주 본다.

호리 "우선 완성된 것을 보지 않으면 말이야…… 상이 제대로 나타나지 않으면 꽝이야…… 나카야마中山 여사가 유가와라湯河原에서 연하남과 같이 있는 걸 찍은 건 당신이었지?"

아사이 "상이 나타나도 얼굴인지 얼룩인지 알 수가 없었잖아"

카메라맨A "그야 그날은 비가 많이 와서……"

호리 "왜 플래시를 터뜨리지 않은 건가!"

카메라맨A "그래도……"

호리 "불쌍하다고 생각하면 이런 장사는 못해. 모든 건 생각하기 나름이야. 그 스캔들 덕분에 여사의 재미없는 소설이 불티나게 팔렸지"

카메라맨B "아 나왔다…… 여기요, 사장님 보세요"

현상액 접시의 인화지 —— 점차 뚜렷하게 떠오르는 이미지.

호리 (인화지 속 상을 들여다보며) "그런데 스캔들의 가치는 상대가 누구냐에 달렸지…… 아무리 사이조 미야코라고 해도 상대가 어디서 굴러 들어온 개뼈다귀인지 모른다면 양주는커녕 막소주 한 잔 거리야"

인화지에 선명하게 떠오르는 이미지 —— 한쪽을 손으로 가리키고 있는 아오에 곁에 미야코가 바짝 붙어있다.

카메라맨A "어때요?"

호리 "흠"

아사이 "마치 포즈를 취하고 찍은 것 같은데…… 게다가 이 수건의 효과가 대단해. 난간에 두 개가 나란히 걸려 있는 것이 아주 세심한 연출이라 할 수 있지"

카메라맨A "어때요, 사장님?"

호리 "제기랄!"

카메라맨A "에?"

호리 "나는 말이야, 숨어서 이런 짓을 하는 주제에 겉으로는 고고한 척하는 자들은 참을 수가 없어"

아사이 "그나저나 이 남자의 정체는 뭐일까요?"

호리 "음…… 어디선가 본 것 같은데……"

아사이　(카메라맨 A에게) "센스가 없군. 왜 여관에서 캐묻질 못한건가?"
카메라맨A "화가라는 사실은 알고 있습니다만"
카메라맨B "독특한 화가인 듯해요. 왜냐하면 오토바이……"
호리　(뛰어오른다) "알았다! 아오에 이치로다!"
카메라맨A "아오에……? 사장님 막소주인가요, 양주인가요?"
호리　"양주다!"

10 同·편집실

호리 일행, 몰려나온다.

호리　(아사이에게) "자, 다음 달 호는 1만 부 증쇄를 하도록"
아사이　"그래도……"
호리　"당장 누구에게 기사를 쓰게 해…… 여류 성악가와 신진 화가의 연애 도피행 ── 사랑은 오토바이를 타고……"
아사이　"그렇지만 조금 더 조사해 봐야……"
호리　"괜찮아! 괜찮아! 기사 같은 건 조금 엉터리여도 활자로 찍혀 세상에 나오기만 하면 다들 믿기 마련이야. 게다가 거기에 그 사진을 넣기만 하면 금상첨화지. 자네, 현대의 우상愚像이 뭔지 아는가? 사진과 활자야. 하하하!"

(O·L)

11 포스터

인기 폭발!!
"사랑은 오토바이를 타고"
미모의 여류 성악가 사이조 미야코와 서양화계의
신예 아오에 이치로의 연애비화!
그 외 걸작 읽을거리 가득
아무르　12월 특별호

(O·L)

12 전철 안에 걸려 있는 광고 전단지

당장 서점으로!
여러분!
사이조 미야코의 애인을
알고 계십니까?
"사랑은 오토바이를 타고"
아무르 12월호

13 거리의 광고탑

장안의 화제를 휩쓸다! 아무르 12월호 정염의 아리아! 미친 연애의 팔레트! 사이조 미야코와 신진 서양화가의 연애 르포 "사랑은 오토바이를 타고"

스피커 소리.

"여러분, 정열의 여류 성악가 사이조 미야코의 연인을 아십니까? 요즘 장안의 화제인 아무르 12월호. 자, 품절되기 전에 당장 가까운 서점에서 구입하세요!"

(O·L)

14 긴자 거리

샌드위치맨이 지나간다.

단 두 사람뿐! 온천 여관의 밤은 깊어 가고! 정염의 아리아! 사랑의 나이팅게일 —— 사이조 미야코 정염의 비화 "사랑은 오토바이를 타고"

(O·L)

15 어떤 교차로

미야코와 아오에의 사진이 들어간 입간판.

아무르 12월호의 히트 기사 사이조 미야코의 애욕 비화 "사랑은 오토바이를 타고"

다다다다!

오토바이를 탄 아오에가 그 입간판 앞에 선다.

아무렇지도 않게 그 간판을 보고 있다가 갑자기 눈을 부릅뜬다.

둘의 사진.

아오에, 놀라서 멍하니 바라본다.

호루라기 소리 —— 자동차 경적.

아오에, 얼이 빠져 둘러본다.

화를 내며 전진하라고 신호하는 교통경찰.

경적을 사납게 울리며 뭐라고 소리치는 트럭 운전사.

아오에, 힘껏 가속장치를 회전시켜 속도를 높인다.

(WIPE)

16 **어떤 서점**

오토바이 소리.

서서 책을 읽고 있는 손님들 사이를 가르며 아오에가 뛰어든다.

아오에　“아무르 주시오!”

여점원　“죄송합니다. 품절입니다”

17 **아무르 사·편집실**

전화를 걸고 있는 사원.

“여보세요, 닛신日新 인쇄지요? 여기 아무르입니다만, 12월호 원본 남아 있나요? …… 아, 그렇군요. 살았다 …… 지금 그쪽에 담당자가 방문하겠습니다만 …… 네, 네 …… 1만 부 더 증쇄해 주셨으면 해서 …… 네네, 종이는 이쪽에서 마련하겠습니다 …… 네, 네 …… 잘 부탁드립니다(하며, 호리 쪽을 쳐다보고는 수화기를 내려놓으며) 사장님, OK예요”

호리　“오! 다행히 원본이 남아 있었군”

사원　“운이 좋다는 게 이런 거인가봐요”

호리　“음, 다들 어때. 망년회는 하코네箱根 근처에서 화려하게 할까?”

여직원　(작은 목소리로) “그것보다 3개월분 월급 부탁드립니다”

호리　“누구야, 초 치는 소리를 하는 사람이”

일동, 웃음.

호리　“3개월 치 월급은 물론, 보너스도 생각 중이야!”

일동, 박수.

카메라맨A (카메라를 두 손으로 번쩍 들고) “이봐, 다들. 이 콘탁스 카메라에 감사하시라고”

박수 —— 모두 신나서 떠들고 있다.

그중 걱정스러운 얼굴을 하고 있는 단 한 사람, 아사이.

아사이　(호리에게 슬며시) “사장님, 괜찮을까요?”

호리　“뭐가?”

아사이　“아니요, 그 스캔들 기사, 사실이면 좋을 텐데요”

호리　“자네가 쓴 주제에 그게 무슨 소리야?”

아사이 "그런…… 전 사장님이 억지로 쓰라고 해서…… 저 사진을 보고 상상해서 날조한 것뿐이에요"

호리 "남녀관계에서 원칙은 하나뿐이야…… 사소한 건 조금 틀려도 큰 문제가 아닐세"

아사이 "만약에 항의가 들어오면 어떻게 하지요?"

호리 "아무도 읽지 않을 것 같은 곳에 사과 광고를 내면 그걸로 오케이지"

아사이 "만약에 고소라도 당한다면"

호리 "좋은 선전이 되지, 1만 부 더 찍어 내면 돼"

아사이 (고개를 숙인다) "……"

호리 "이봐, 왜 사서 걱정을 하나. 스캔들을 취급한 것이 이번이 처음도 아니고 …… 생각해 보게, 지금까지 고소당한 글이 한 개라도 있었냐고. 한 번도 항의 들어온 적 없잖아"

아사이 "…… 그건 그렇지만"

호리 "걱정하지 말라고! 고맙게도 우리들의 먹잇감이 되어주는 고상한 친구들은 품위가 있어서 법률에 호소할 수 있는 경우에도 실질적으로 그러지는 않으려고 하거든. 기껏해야 자존심을 세우면서 경멸만 하고 말겠지"

다! 다! 다!

오토바이 소리.

호리와 아사이, 얼굴을 마주 본다.

아오에가 들어온다.

아오에 (접수처 여성에게) "아무르 12월호를 보여주게"

접수처 여성 "판매점에서 구입하시기 바랍니다"

아오에, 그 말에 대답하지 않고 책상 위의 잡지를 집어 페이지를 넘기고 선 채로 읽기 시작한다.

호리, 허둥지둥 다가와,

"아오에 선생님이시군요. 자 이쪽으로 오셔서 앉으세요"

아오에, 힐끗 호리를 노려보고는 아무 말 않고 잡지를 계속 읽는다.

호리, 머쓱해져 흥미진진하게 보고 있는 사원들을 둘러보고는 짜증 난 듯이 호통친다.

"이봐, 차는 누가 끓여올 건가?"

잡지를 먹어 치울 것 같은 기색으로 읽는 아오에.

이윽고 얼굴을 들어 주위를 둘러보다가,

아오에 "이 잡지의 책임자는?"

호리 "접니다. 잘 부탁드립……"

퍽!!

아오에, 갑자기 호리의 턱에 주먹을 꽂는다.

(WIPE)

18 신문 기사

아오에 화백, 아무르 사장을 때리다!!

"사랑은 오토바이를 타고"

후일담

(O·L)

19 이야기하고 있는 호리

호리 "무슨 이야기를 하기도 전에, 그저 잘 부탁드린다고 고개를 숙이고 있는데 갑자기…… 저는 어디까지나 언론의 자유를 위해서 싸울 것입니다"

(O·L)

20 이야기하고 있는 아오에

아오에 "폭력을 휘두른 것은 확실히 잘못입니다. 하지만 말입니다. 주먹을 휘두르는 것만이 폭력이 아닙니다. 저 잡지의 기사는 뭡니까. 폭력 그 이상이 아닌가요? 옛날에 무사가 무예를 연마하기 위해 밤거리의 통행인을 마구 베던 행태를 현대에 재현한 것입니다"

(O·L)

21 이야기하고 있는 호리

"제 생각으로는 아오에 군도 끝까지 자기 잘못을 인정하지 않고 깨나 고집을 부리는 것 같습니다. 본인이 뿌린 씨앗은 본인이 거둬야지요"

(O·L)

22 이야기하고 있는 아오에

"이건 솔직히 유감스럽습니다만, 저는 사이조 씨와 사귀고 있지 않습니다. 그 기사는 전혀 사실이 아닙니다. 만약 저에게 그런 예쁜 애인이 있었다면 숨기거나 하지 않습니다"

(O·L)

23 이야기 하고 있는 호리

"저는 항상 진실을 있는 그대로 보도하는 것을 신조로 삼아 왔습니다. 그 기사가 거짓인지 진실인지, 그 사진을 보면 한눈에 알 수 있지 않나요?"

(O·L)

24 이야기 하고 있는 아오에

"언제 찍혔는지는 모르겠지만, 그 사진은 분명 진짜입니다. 자못 연인 사이 같아 보인다는 것도 저도 인정합니다. 하지만, 그렇다고 해서 사이조 씨와 연인 사이인 것은 아닙니다. 당사자인 제가 이렇게 말하니 틀림없지 않습니까. 그 사진이 찍힌 뒤 5분 뒤에, 제방으로 올라가 맥주를 두 병 마셨습니다. 그리고 저녁을 먹고 목욕을 한 후 잠이 들었지요. 그게 답니다. 그게 사실입니다. 그런데, 생각지도 못하게 이야기가 날조되어, 그것이 사실인 것처럼 크게 선전해서 요란을 떨며 팔리고 있는 것입니다. 이것은 저로서는 사이조 씨에게 죄송한 마음뿐이고, 우선 말도 안 되는 거짓말이 진실로서 유포되는 것을 당사자로서 가만히 보고만 있을 수가 없습니다. 아무르사가 그 사진을 앞세워 기사를 내리지 않는다면, 저는 소송을 해서라도 싸울 것입니다"

(O·L)

25 **이야기 하고 있는 호리**

"그런데 말이지요, 봐봐요 …… 좀 이상하지 않나요? …… 고함을 지르는 것은 아오에 선생님뿐이잖아요 …… 사이조 미야코 씨는 이에 대해서는 침묵을 지키고 있잖아요 …… 사랑에 대해서는 남자보다 여자가 정직하다고 하는데, 이건 진리라고 생각해요"

(O·L)

26 **미야코의 집 앞**

세워져 있는 아오에의 오토바이.

27 **同·응접실**

초조하게 기다리고 있는 아오에.

미야코의 어머니가 굳은 표정을 하고 들어온다.

미야코의 어머니 "오래 기다리셨습니다 …… 저는 미야코의 어미입니다"

아오에 "네, 저는 아오에 이치로라고 합니다. 이번에 말도 안 되는 일로 폐를 끼쳐서 …… "

어머니 "아니에요 …… 그 아이가 경솔했어요 …… 부모 말은 듣지도 않고 혼자서 온천 따위에 간 것이 실수의 원인이지요"

아오에 "아닙니다, 제가 경솔하게 방에 찾아가는 게 아니었습니다"

어머니 "아니에요 …… 그 아이가 부주의했습니다"

아오에 "…… 실은 조금 드리고 싶은 이야기가 있어서 …… 미야코 씨는 ……"

어머니 "…… 미야코는 만나실 수 없을 것 같습니다"

아오에 "네?"

어머니 "그렇게 하는 편이 좋을 듯 해서……"

—— 어색한 분위기의 오랜 시간 ——

어머니 (한숨을 쉬며) "…… 모든 것이 엉망이에요"

아오에 "네?"

어머니 "…… 여자 혼자서, 그 아이를 여태까지 얼마나 어렵게 어렵게 키웠는지 모릅니다…… 그런데도"

아오에 "……"

어머니 "뭐라 해도 여자아이니까요…… 그런 소문이 나면 흠집이 난거나 마찬가지예요. 저만 하더라도 장을 보러 나가지도 못해요……"

아오에 "……"

어머니 (갑자기 고개를 들고, 아오에를 딱 쳐다본다) "……"

아오에 "네?"

어머니 "저는 요즘 젊은 사람들의 생각을 도무지 알 수가 없어서…… "

아오에 "?"

어머니 "아닙니다, 혹시 당신이 정말로 미야코를 좋아하시는 거라면……"

아오에 "?!"

갑자기 문이 열리고, 미야코가 뛰어 들어온다.

미야코 "실례예요, 어머니…… 미안해요, 아오에 씨…… 사실, 어머니는 우리를 의심하고 있어요. 자기 딸이 하는 말보다 인쇄된 사진과 기사를 더 믿고 있어요"

어머니 "미야코!!"

미야코 "바보 같은 얘기예요. 아무리 거짓말이라고 해도 아무도 우리를 믿어주지 않아요. 큰아버지께서는 세상에 결백을 증명하기 위해서 결혼해야 한다고도 하셨어요"

아오에 "말도 안 돼요. 그렇게 하면 그야말로 그 기사가 진실이라고 인정하는 것이 돼버려요"

미야코 "맞아요! 그런데도 어머니께서는 그저 세상의 소문이 무서우신 거예요. 제가 항의하겠다고 하면"

어머니 "조용히 하렴! 너는 세상의 무서움을 모른다. 이런 재난은 꾹 참을 수밖에 없는 게다. 잡지사같이 그런 산전수전 다 겪은 사람들을 상대로 도대체 네가 뭘 할 수 있겠니?"

아오에 "저는 이렇게 생각합니다. 저들이 무섭게 능력있게 보이는 것은 저들에게 당한 사람들이 모두 겁쟁이뿐이어서 그런 거라고요. 모두 그저 분하지만 단념해 버리기 때문에 그자들이 날뛰는 겁니다. 아시겠습니까? 우리는 정글 속에서 살고 있는 게 아니에요. 확실하게 여러 방면의 제도가 갖춰진 나라에서 살고 있기 때문입니다"

어머니 "그래서 당신은 어떻게 하실 생각인 건가요?"

아오에 "고소하려고 생각 중입니다"

미야코 "고소요?"

어머니 "당치도 않아요"

아오에 "미야코 씨, 두 사람이 고소하는 것 외에는 그런 악당을 물리칠 방법이 없어요"

어머니 "그, 그런 무모한…… 더 이상 상처받기는 싫습니다. 지금도 견디기가 힘든데……"

미야코 "고소라니 저, 거기까지는 생각하지 않았어요…… 법정에 가면 또 창피를 당할 거예요"

아오에 "그자들을 창피하게 만드는 거예요"

미야코 "……"

아오에 "왜 그러시나요. 우리가 옳다는 것을 알면서도 왜 법정에 서는 것을 무서워하는 겁니까?"

미야코 "……"

아오에 "아시겠습니까? 말하자면 이건 우리의 의무예요. 그 기사가 거짓말만 가득하다는 걸 제일 잘 아는 것은 우리뿐이니까요"

미야코 "……"

아오에 "그런가요. 당신도 결국은 타협하는군요…… 당신도 당신 어머니나 큰아버지처럼 그저 세간의 비난이 무서운 거네요"

미야코 "그런 게 아니에요"

아오에 "그럼 왜 법정에서 싸우는 것을 그렇게 싫어하는 건가요?"

미야코 "……"

아오에 "알겠습니다. 저 혼자 할게요. 저는 자신의 마음을 속이고 자신만이 아니라 세상 전체가 어설프게 적당한 것이 되는 것이 싫습니다"

라고, 말하고 나간다.

(WIPE)

28 **길**

일직선으로 오토바이로 달리는 아오에.

(WIPE)

29 **아오에의 아틀리에(밤)**

(구석은 오토바이 차고지로 되어있다.)

아오에와 모델 스미에.

스미에는 기모노를 입은 채 추워하며 포즈를 취하고 있다.

아오에는 데생을 한다 —— 가끔 바깥에 부는 찬바람 소리.

스미에 "개인 전람회 한다면서요?"

아오에 "15일부터 일주일 동안요"

스미에 "연말이 다가오니…… 마치 연말 바겐세일이네요"

아오에 "팔릴 거라고는 생각 안 해요"

스미에 "활기가 없어 보여요. 아오에 씨답지 않아요"

아오에 "징글징글해"

스미에 "아무르 사건요?"

아오에 "당신은 어떻게 생각해요?"

스미에 "뭐를요?"

아오에 "사이조 미야코 말이에요"

스미에 "예쁜 사람 아니에요"

아오에 "그런 얘기 말고요. 그 스캔들이 진짜라고 생각하냐고요?"

스미에 "당신과 어울리지 않아요"

아오에 "왜요?"

스미에 "왜냐면, 당신은 스캔들을 낼만한 소질이 없다고 생각해요…… 가와무라河村 선생님 같은 사람과는 달라요…… 당신이라면 안심이에요…… 맨 처음에 알몸으로 포즈를 취할 때 보통은 조금은 신경이 쓰이는데 당신에게는 아무렇지도 않았던 걸요"

아오에 "……"

스미에 "그건 그렇고 당신 요즘, 누드는 조금도 그리지 않네요…… 내 누드로는 안되나요?"

아오에 "아니 딱히 그런 건……"

스미에 "됐어요. 역시 아이를 낳으면 안 되나 보네…… 뱃살이 쳐져서…… 하지만 아오에 씨…… 누드화를 그리고 싶다면 주저하지 말고 다른 사람을 부르세요…… 나에게 의리를 지키지 않아도 좋아요…… 물론 당신 같은 단골을 또 찾는 것은 힘들겠지만…… 괜찮아요. 어떻게든 되겠지요"

아오에 "저기 그런 게 아니라니까요…… 바보 같긴…… 나는요, 요즘 일본의 누드화라는 것에 의문이 들기 시작했어요…… 일본에는 누드화의 역사가 없어요…… 당당히 누드를 경쟁했던 건전한 정신이 없단 말이지요…… 일본인의 누드는 균형이 안 잡혔냐느니 어쩌니 하기 전에 정신적으로 빈곤하다는 것이지요"

스미에 "알았어요…… 당신은 나한테 창피를 주지 않기 위해서 억지로 핑계를 대는군요"

아오에 "그런 게 아니라……"

스미에 "괜찮아요…… 당신은 좋은 사람이에요…… 있잖아요, 꼭 기억해 주세요. 언제든지 당신 편이니까…… 아무르를 고소한다는 얘기 말인데요 …… 그때는 날 증인으로 부르세요…… 내가 재판장에게 큰 소리로 말해줄게요 …… 아오에 선생님은 무조건 결백하다고 굳게 믿습니다…… 제 경험으로 말씀드려도 그것은 틀림없습니다…… 왜냐하면, 저의 벌거벗은 모습을 한 번도 이상한 눈으로 보지 않은 것은 아오에 선생님뿐이기 때문입니다. 다른 선생님들은 정도의 차이는 있었지만요, 모두…… 꺅!"

아오에 "무슨 일이에요?"

스미에 "…… 저기 …… 저 유리의 갈라진 틈으로 누가 들여다봤어요"

아오에 "…… 어느 쪽?"

스미에 "벌써 사라졌어요…… 우, 기분 나빠"

벨 소리가 울린다.

강풍과 함께 이상한 남자가 들어온다.

전신이 검은 옷에 넥타이까지 검다.

어째서인지 한쪽 발만 비에 젖어있다.

이상할 정도로 궁상맞은 모습으로 명함 지갑에서 명함을 꺼낸다.

아오에, 본다.

변호사 히루타 오토키치 사무실 도쿄토 다이토구 오카치마치3-6 (이구치 빌딩 4층) 전화 간다 3761번 자택 도쿄토 다이토구 류센지초 45

(O·L)

작은 난로를 둘러싸고 아오에, 스미에, 히루타.

히루타蛭田, 난로로 흠뻑 젖은 한쪽 신발과 양말을 난로에 쬐고 있다.

히루타 (코를 훌쩍거리며, 주절주절 말한다) "춥네요. 도호쿠東北에는 눈이 올 거 같고…… 느낌으로 알지요. 저는 류마티스 관절염이 있어서…… 그래도 혼났습니다. 이 근처에는 외등이 하나도 없어서 하수로에 한쪽 발이 빠져버렸네요…… 뭐든 조심하고 경계하는 게 제일이에요. 밤중에 용무가 있을 때는 불안하시지요. 사모님"

스미에 "저는 아무렇지도 않아요. 그리고 전 사모님이 아니에요"

히루타 (황급히) "아, 아, 실례했습니다"

스미에 (뭔가 말을 하려다)

히루타 (그것을 손으로 막고) "아니에요, 아니에요. 당신이 누구시든지 간에, 아오에 선생님과 어떤 관계든 저는 모르는 일입니다. 그러니까 저는 남의 사생활을 존중하고 있지요. 그런데 제가 정말 참을 수 없이 화가 나는 것은 현대에선 사생활을 폭로하는 것을 즐기는 바람직하지 않은 풍조가 만연하고 있다는 사실입니다. 행복한 사람을 불행하게 만드는 일이 꽤 재미있다고 생각하나 봅니다. 그렇지만 이래서는 세상이 암담해질 뿐이지요. 아니, 옛날에는 그래도 선악이라는 관념이 분명했습니다. 하지만 언제부턴가 명확하지 않게 되고 무엇이 좋은 일인지 나쁜 일인지 도무지 알 수 없게 되었습니다. 저는 벌써 50년이나 살았지만, 요즘만큼 선악의 구분이 확실하지 않은 시대는 없어요"

아오에·스미에 (멍하니 히루타를 쳐다보고 있다)

히루타 (갑자기 말투를 바꿔서) "그런데, 아오에 선생님. 당신이 아무르 사장을 때렸다는 소식은 최근 본 것 중 가장 통쾌한 뉴스였어요. 아니 그건 확실히 무분별한 행동이었는지는 모르지만, 저는 때때로 무분별한 행동이 인간의 천성이라고 생각합니다. 언제까지나 사려 깊은 척하는 인물은 천박하다니까요. 아까도 말씀드렸다시피 명확하지 않은 혼돈의 세상이니까요. 거기서 이상을 실현하기 위해서는 다소의 무분별함도 필요합니다. 그런데 그 밸런스를 맞추는 건 상당히 어렵지요. 즉, 이 때문에 법률이 존재한다는 겁니다. 이런 경우 아무르 사장이 아오에 선생님을 고소한다면 어떻게 될까요. 어쨌든 악당일수록 법률에 밝답니다. 위험해요. 정말로 위험합니다. 당신은 주치의가 있습니까?"

아오에 (멍하니 고개를 끄덕인다)

히루타 "흠흠, 조심성이 많은 사람들은 담당 주치의를 두고 계십니다. 그렇지만 생활의 상담 상대로 변호사를 두고 있는 사람은 거의 없습니다. 일본에는 변호사가 6,900명밖에 안 되지만, 미국에는 17만 명이나 있습니다. 일본에서는 소송이 제기된 후에야 황급히 변호사를 찾지요. 이게 또 위험합니다. 제 입으로 말하는 것도 뭐합니다만, 변호사만큼 나쁜 녀석이 또 없습니다. 위험해요, 정말로 위험합니다"

아오에 (겨우 입을 연다) "그래서, 무슨 용건이지요?"

히루타 "앗 실례했습니다(라며, 황급히 주머니를 뒤적거리더니 구겨진 신문을 꺼낸다) 흠흠, 여기에 아무르사를 고소한다는 당신의 담화가 나와 있습니다만, 정말인가요?"

아오에 "사실입니다"

히루타 "흠흠. 큰일이군요. 15년 정도 전입니다만, 순경에게 노상 방뇨 의심을 받은 것이 억울해서 소송을 제기한 남자가 있었습니다. 결국 최고 재판소까지 가서야 이겼습니다만…… 그런데 변호사는 정하셨습니까?"

라고 하며 눈을 크게 뜬다.

아오에 "아니요, 아직입니다"

히루타 "자, 그럼 제가 맡아보겠습니다. 저는 사실, 저 잡지를 읽고 정말 화가 났습니다. 그것은 일종의 마녀사냥 같은 거예요. 그런 것이 허용된다면 기본적 인권도 뭣도 없는 겁니다. 실은…… 전부…… 뭐라고 해야 될지 …… 저는 말입니다. 무보수라도 좋으니 꼭 변호를 했으면 하고…… 그렇게 생각했어요…… 괘씸합니다, 정말로 괘씸합니다…… 저는 솔직히 말해서, 저 호리라는 남자를 인류의 일원으로 인정하고 싶지도 않아요 …… 그 녀석은 기생충이에요…… 뒤에서 무슨 꿍꿍이인지 …… 구려요, 정말 구려요!"

히루타의 수다는 끝나지 않고 계속된다.

(WIPE)

아오에와 스미에, 둘만 있다.

스미에, 정신이 나간 것처럼 껄껄 웃고 있다.

스미에 "하하하…… 뭐야, 저 사람(히루타의 말투를 흉내 내며) 구려요, 정말 구려요! …… 아니, 그 사람 양말 냄새가 훨씬 구려"

아오에 "하하하, 그래도 했던 말은 꽤 맞지 않았나요?"

스미에 "그런 걸로 좋은 사람이라고 증명할 수 있는 건 아니잖아…… 히루타라는 이름도 이상하고…… 얼굴도 이상하고"

아오에 "하지만 말이야…… 자세히 보면, 의외로 눈이 맑았어요 (명함을 만지작거리며) 내일 집 쪽으로 가봐야겠어요…… 집을 보면 대부분 어떤 인물인지 알 수 있으니"

스미에 "당신도 청개구리네요…… 그래도 저런 사람을……"

아오에 "하지만, 나한텐 잘 아는 변호사고 없고"

스미에 "그럼 그 남자에게 속지 않도록 조심해요…… (또 히루타의 말투를 흉내 내며) 위험해요, 정말로 위험합니다!"

(WIPE)

30 **어떤 골목**

좁고 복잡한 골목을 아오에가 오토바이를 끌고 두리번두리번 둘러보며 온다.

그 노지의 막다른 곳에 틈새투성이의 널빤지 울타리로 둘러싸인 문을 닫은 옛 가겟집.

히루타 오토키치

의 문패.

아오에, 현관의 격자문에 손을 대지만 자물쇠가 잠겨있는 것을 눈치채고 소리친다.

아오에 "히루타 씨…… 안계세요?"

집 안에서,

"뒷문으로 돌아오세요"

라고 하는 가녀린 목소리.

31 **히루타의 집·뒷문**

아오에, 들어온다.

맹 견 주 의

라는 나무 표찰.

아오에 (꺼림칙한 듯이) "개는 괜찮나요?"

청아한 목소리가 들린다.

"네, 걱정 마세요"

32 **同·정원**

아오에, 들어와서 둘러본다.

가녀린 손이 장지문을 연다.

눈이 큰 열일곱 살 정도의 딸, 마사코正子가 마루에 엎드린 채 장지문을 연 것이다.

아오에 "아오에라고 합니다만, 히루타 씨는요?"

마사코 "아버지는 사무실에 계세요……"

아오에 "(꺼림칙한 듯이) 괜찮으세요? 개는 어디 있나요?"

마사코 "개는 3년 전에 죽었어요"

아오에 "네?"

마사코 "위험하니까 표찰을 그대로 남겨둔 거예요"

아오에 “?!”

마사코는 방긋방긋 웃고 있다.

아오에도 자기도 모르게 이끌려 미소를 짓고 툇마루에 앉는다.

아오에 “어디가 아프니? 감기?”

마사코 “아니에요. 결핵이에요”

아오에 “?!”

마사코 “계속 누워있어요. 5년이나……”

아오에 “(무슨 말을 해야 할지 모르면서) 힘들겠네……”

마사코 “이제 익숙해졌어요. 모두 지루할 거라고 생각하겠지만, 이것저것 공상하는 것만으로도 바쁠 정도예요”

아오에 “……”

마사코 “게다가 이런 작은 정원이라도 꽃이 피거나 구름의 그림자가 지나가거나, 작은 새들도 온다고요”

아오에 “……”

마사코 “지금은 말이에요, 멋진 것을 보고 있었어요. 그 장지문을 열어보세요”

아오에, 열어서 본다.

마사코의 시선에 가장 잘 닿는 위치에 눈이 번쩍 뜨일만한 새색시 의상이 걸려 있다.

마사코 “어머니가 만드신 거예요. 내일까지 다른 곳에 보낼 예정이라 그때까지 이렇게 바라보고 있는 거예요. 정말 예쁘지요. 지금은 겨울이지만 이걸 입는 사람은 분명 봄날의 꽃밭을 걸어가는 듯한 기분으로 시집을 가겠지요. 혼례는 이번 주 일요일이래요. 비가 오지 않기를!”

아오에, 멍하니 마사코의 얼굴을 바라보고 있다.

(WIPE)

33 **이구치 빌딩 앞**

국철 고가 아래 다리와 등을 지고 서 있는 고목 같은 빌딩.

그 밑에 아오에의 오토바이.

34 **同·계단**

사람 한 명이 겨우 지나갈 수 있는 좁은 계단을 올라가는 아오에.

올라온 남자와 스쳐 지나간다.

아오에 “잠깐 묻겠습니다만, 4층 히루타 사무실은……”

남자 “이 빌딩은 3층까지예요”

아오에 “?”

명함을 다시 보고는 고개를 갸웃거린다.
창문을 흔들며 창밖으로 국철이 통과한다.

35 同·옥상

아오에, 올라온다. 멍하니 둘러보곤 어이없어한다.
좁은 옥상 위 구석에 작은 가건물이 서 있다.

히루타 오토키치 법률사무소

라고 눈에 띄게 요란하게 써 있다.
옥상에 불어치는 찬바람에 상태가 좋지 않은 문이 덜컥덜컥 소리를 내고 있다.
아오에, 가까이 간다.

36 同·사무실

아오에, 들어온다.
아무도 없다.
장식 하나 없는 살풍경한 방 안에 사무실 책상 하나가 썰렁하게 놓여있다.
아오에, 둘러본다.
책상 위에 서너 장의 타블로이드판 신문과 카탈로그 같은 것이 어지럽게 놓여있다.
우승마 예상, 경륜 입문서 등등.
그중 한 개의 책자를 펄럭펄럭 넘기고 있는 아오에, 실망한 듯 그것을 내팽개치고 밖으로 나오려다가, 문득 벽의 한 곳을 보고 멈춰 선다.
작은 액자 속에 웃고 있는 마사코의 사진.
응시하는 아오에.
얼굴을 벅벅 문지르고 벽에 있는 칠판에 다가가서 각오한 듯 큰 글씨를 쓴다.

소송 건 의뢰합니다 자세한 사항은 면담 아오에 이치로

(F·O)

(F·I)

37 미야코의 방

♪ 당신은 아시나요 남쪽 나라……
미야코가 피아노를 치며 노래를 부르고 있다가 뚝 하고 멈춘 뒤 앞을 응시한다.
뒤쪽 의자에서 따분한 듯이 앉아 있던 매니저 아라이荒井, 허둥지둥 미야코에게 가까이 다가간다.

“있잖아요, 이번 리사이틀을 중지한다니 너무해요…… 그런 스캔들 따위 홍보 효과는 있을지언정, 인기에는 영향을 안 미칠거예요”

미야코 “그 팬레터들 읽어보세요”

테이블 위에 있는 편지 더미.

미야코 “모두 나에게 침을 뱉고 있어요. 제가 음란하고 부도덕하고 천박한 여자래요”

아라이 “……그렇지만 예매권은 불티나게 팔리고 있어요”

미야코 “일이 이렇게 되니 제가 어떤 얼굴을 하고 노래할지 그게 보고 싶은 거지요”

아라이 “……”

미야코 “존경 없는 인기 같은 건 이제 됐어요. 저, 구경거리가 되는 건 질색이에요. 당신은 제가 오토바이를 타고 무대에 선다면 더할 나위 없겠지요”

아라이 “그…… 그런……”

♪ 당신은 아시나요 남쪽 나라……
미야코, 다시 부르기 시작한다.
아라이, 의기소침해져서 뒤쪽 의자에 자리를 잡는다.
미야코가 또 갑자기 노래를 끊는다.

미야코 “이 피아노, 소리가 이상해요”

아라이, 또 허둥지둥 다가간다.

아라이 “이상한 건 당신이에요. 그 여행에서 돌아오고부터는 이 노래만 계속 부르고……”

♪ 당신은 아시나요 남쪽 나라……
미야코, 다시 부르기 시작한다.
아라이(어깨를 으쓱하고 또 뒤쪽 의자에 간다)
미야코, 무언가 멀리 바라보며 노래 부른다.

(O·L)

38 **거리**

사랑의 나이팅게일! 사이조 미야코 애욕비화 “사랑은 오토바이를 타고” 아무르 12월호

라는 광고를 맨 샌드위치맨이

아오에 이치로 개인 전람회장

의 입간판이 나와 있는 화장품점과 도로에 대어 있는 아오에의 오토바이 사이를 어슬렁거리고 있다.

아오에가 화장품 가게에서 튀어나온다.

샌드위치맨을 붙잡고 호통친다.

아오에 "이봐요, 적당히 좀 하시지요"

샌드위치맨 "?"

아오에 "이 앞에서 어슬렁거리지 말란 말이에요"

샌드위치맨 "왜요?"

아오에 "왜냐니 …… 당신, 아무 생각 없이 그러고 있을 진 몰라도 지금 한 남자를 엄청나게 놀리고 있는 겁니다"

샌드위치맨 "왜요?"

아오에 (짜증을 내며) "그러니까 말이죠 ……"

39 전람회장·대기실(화장품 가게 2층)

관객이 많이 몰린 회장에서 칸막이를 쳐놓은 한 귀퉁이.

창문에서 아오에의 친구 3명, 히죽히죽 밖을 내려다보고 있다.

스미에, 옆 의자에 앉아있다.

친구A "저 녀석, 좀 자의식 과잉이야"

친구B "저렇게 정색하는 걸 보면 수상해"

스미에 "엉터리 논리예요. 아오에 씨는 당신하고는 달라요"

친구B "여전히 입이 거치셔"

친구C "하하하 …… 나는 이렇게 생각해. 그 온천에서 그린 그림은 정말 최고야. 구모토리산은 정말 녀석의 걸작이라고 할 수 있어. 뭔가 생명력 같은 것이 뿜어져 나오는 느낌이지. 남자라는 건 그런 상태일 때 자칫하면 여자한테 빠져버리는 법이야"

스미에 "그럴지도 몰라요. 아오에 씨는 그 온천에서 만난 사이조라는 사람을 좋아하게 된 걸지도 몰라요. 그렇지만 제가 분명히 말씀드릴 수 있는 것은 그 사람은 사랑의 종착점이 온천이라고는 꿈에도 생각해 본 적 없는 사람이라는 거예요. 당신들과는 다르게 말이지요"

친구C "이런, 이런. 이번엔 우리한테 뭐라 하네"

친구B "그래도 말이지. 스미에, 그 사진은 아무리 봐도 사랑의 종착점을 보여주는 그림이야"

화를 내며 아오에가 들어온다.

친구A (창문을 내려다보며) “뭐야, 아직도 있네. 저 샌드위치맨”

아오에 “끝이 없어”

친구A “그래도 그 기사 덕분에 말이지. 개인전이 이렇게 관객이 몰리다니 드문 일이잖아”

아오에 “그러니까 화가 나는 거야. 지금도 말이야 여학생이 사인 해달라고 하는 거 있지”

친구A “그것 참”

아오에 “게다가 ‘사랑은 오토바이를 타고’라고 써달라는 거야. 너무하지 않나?”

“실례합니다”

과도하게 굽실거리는 작은 체구의 남자가 들어온다. 아오에 앞으로 쫄래쫄래 나아가서,

“아오에 선생님이시지요. 저는(명찰을 내밀며) 도쿄 스쿠터의 홍보부에 있는 사람입니다만”

하며, 스쿠터의 사진이 들어있는 카탈로그를 꺼낸다.

남자 “지금 막 새로운 스쿠터를 홍보 중이라……”

아오에 “저는 오토바이가 있어서……”

남자 “아뇨, 판매하려는 건 아닙니다. 사실은 선생님에게 증정해드리려고 해서……”

아오에 “?”

남자 “교환 조건이라고 하면 실례입니다만, 사진을 한 장…… 가능하다면…… 그…… 사이조 미야코 씨와 같이……”

아오에 (호통친다) “돌아가세요!!”

남자 “?…… 저……”

아오에 (절규한다) “돌아가시라고요!!”

입장객, 깜짝 놀라 칸막이 안을 들여다본다.

(WIPE)

40 어느 다방

구석의 박스 석.

아오에와 스미에.

아오에, 험악한 얼굴을 하고 포크로 애플파이를 뭉갠다.

스미에 “그만 하세요, 더럽잖아요”

아오에 “음(이라고 하며 포크를 내팽개친다)”

스미에　“커피 식어요”

아오에　“음”

스미에　“정신 차리세요…… 그 기분 이해하지만요……”

아오에　(갑자기 툭) “이딴 전람회 이제 그만둘래요”

스미에　“또 성급하게 구네요”

아오에　“그렇지만 매일 구경거리가 되는 건 싫어요. 무엇보다도 그림이 불쌍해요. 다들 그림 속에서까지 스캔들을 찾아내려고 생각하고 온다니까요”

스미에　“설마요…… 약간 신경이 곤두섰을 뿐이에요”

아오에　(머리를 벅벅 긁는다)

스미에　“저기, 제가 전람회의 사무를 해줄까요? …… 그냥 앉아만 있으면 되지요?”

아오에　“그래도……”

스미에　“괜찮아요. 모델보다 편한데요. 그런데 말이지요, 그림이 팔린다면 조금은 떼주세요…… 이제 곧 크리스마스잖아요. 아가한테 뭐라도 사줘야 해서”

아오에　“과연 팔릴까요”

스미에　“안 팔리면 안 팔리는 대로 괜찮아요. 그러면 저, 그 구모토리산 그림을 받을게요. 그게 좋아요”

아오에　“그건 안돼요”

스미에　“왜요?”

아오에　“왜냐니……. 나도 좋아해요, 그 그림은. 그러니까 비매품으로 해둔 거예요”

스미에　“뭔가 추억이 있나 보네요”

아오에　“그런 건……”

스미에　“…… 있나 보네요…… 얼굴에 떡하니 쓰여 있어요”

아오에, 갑자기 애플파이를 우적우적 먹기 시작한다.

스미에　“무리하지 마세요. 이제 더는 안 괴롭힐 테니까요. 접시까지 먹으면 곤란하잖아요”

아오에　“바보!”

스미에　“후후후…… 그런데 그때 이후 소송은 어떻게 됐어요?”

아오에　“음, 순조롭게 진행 중이에요”

스미에　“정말이요? 그날 낮에 봤던 히루타라는 사람한테 다 맡겨버린 거지요? …… 속지 않으려면 정신 똑바로 차려야 해요…… 선불리 돈을 건네주거나 하면 안 돼요”

아오에　“걱정 말아요…… 교통비로 5천 엔을 건네줬을 뿐이에요……”

스미에　“어머, 기막혀…… 왜 그렇게나 많이……”

아오에 "그 사람도 딱해요. 딸은 병상에 있고 …… 한번 당신한테 얘기했었잖아요. 그 아이(갑자기 얼굴에 생기가 돌며) 훌륭한 아이예요 …… 그 아이는 신께서 기분이 정말로 좋았을 때 만든 창조물일 거예요 …… 별님 같은 아이예요 …… 맞다. 나 그 집에 가봐야겠어요"

스미에 "정신 차려요. 그 아이가 당신 변호사라도 되는 것처럼 굴지 말고 ……"

아오에 "걱정 말아요! 그런 아이의 아버지가 나쁜 사람일 리 없어요!"

41 아무르 회사·어느 방

응접실에서 마주보고 있는 호리와 히루타.

히루타 "…… 역시 저널리즘의 승리는 다 이런 날카로운 통찰력에서 시작되지요. 정말 대성공입니다 …… 6, 7만 부 정도 팔렸다고 하는데 보수적으로 잡아도 2백만 부는 넘겼겠네요. 히히 …… 출판계 불황 같은 건 다 남 얘기지요 …… 돈 벌었다는 이야기는 남의 일이어도 기분이 좋지요. 좋아요, 너무 좋습니다. 요즘 세상에 이런 짓 한다는 건, 정말 아무나 할 수 있는 건 아니지요. 상당한 수완이 없으면 불가능하지요. 하지만 수완에 너무 의지하면 이 또한 위험합니다. 당신은 헨리 포드를 아시나요?"

호리 "……"

히루타 "물론, 알고 계시겠지요. 유명한 자동차 왕입니다. 그런데 유명한 건 그뿐만이 아닙니다. 어떤 언론인이 그에 관해서 '미성숙', 즉 '정신적 미성숙자'라고 썼습니다 …… 아시겠습니까? 그걸 명예훼손으로 고소해 결국 승소했습니다. 손해배상금은 겨우 7센트, 7센트였지요! 더군다나 그걸 위해 수 만 달러의 소송비를 들이고도 아쉬워하지 않았습니다. 인권을 지키기 위해서라면 싸다는 거지요. 훌륭합니다"

호리 (흠하는 얼굴)

히루타 "그런데 그 아오에라고 하는 인물이 이 포드와 조금 닮았습니다. 게다가 이쪽은 오토바이이지만, 그저 옆도 보지 않고 돌진해 버립니다. 이게 또 무섭지요. 고소를 하고, 끝까지 이기기 위해서 최고 재판소까지 끌고 갈지도 모르지요(헌 가방에서 소송장을 꼼실꼼실 꺼내면서) 사람이 별나면 소송 내용도 별나지요. 기사가 난 잡지, 광고를 하나도 안 남기고 회수해서 원고에게 넘기라고 주장합니다. 이게 불가능하다면 거기에 해당하는 경비 수천만 엔을 원고에게 지불해야 합니다 …… 조그만 회사는 한 방에 날라 갑니다. 즉, 파산이지요. 법률은 사람을 보호하기 위해서 있는 거지만, 한편으로는 사람을 나락으로 떨어뜨리기도 하지요. 위험해요, 정말로 위험해요"

불쾌하게 이야기를 듣고 있던 호리.

"좀 보겠소"

하고 소장을 손에 든다. 가만히 읽고 있다가 갑자기 웃기 시작한다.

호리 "하하하, 하하하"

히루타, 어리둥절해서 호리를 본다.

호리 "이상하네요. 명예훼손으로 고소하던가 손해배상을 청구하거나 한다고 되어 있지만, 그 기사의 주인공은 사이조 씨니까요. 사이조 씨가 침묵을 지키는 한 아오에 씨는 주변 인물일 뿐이지요. 소송할 거면 둘이 같이 해야 맞는 거잖아요"

히루타 (손을 올리고) "아니요, 당신 생각은 어설퍼요"

호리 "?"

히루타 "아시겠습니까? 아오에 씨가 미야코 씨와 연명으로 소송하지 않는다는 것에는 주도면밀한 의도가 있지요. 제 입으로 말하는 것도 그렇습니다만, 이 케이스는 사이조 미야코 양의 증언이 승패의 중요한 열쇠예요. 즉, 연명으로 소송하면 원고의 한 사람인 사이조 미야코의 증언은 결국 원고 본인의 주장이니까 증언의 가치가 적어요…… 주도면밀하다고 한 건 바로 이 지점입니다. 아시겠습니까? 사이조 미야코 양이 증인대에서 그 큰 눈에 눈물을 글썽거리며 재판장님! 하고 서 있다고 생각해 보세요…… 어떤 재판장이라도 동정의 눈물을 흘릴 수밖에 없을 겁니다"

호리, 히죽히죽하다가 갑자기 일어서서 문을 연다.

42 同·편집실

호리, 고개를 내밀고,

"이보게, 아사이 군. 마루빌딩의 가타오카片岡 선생님의 법률사무소에 전화 좀 해주게. 돌아가시는 길에 잠시 들러달라고 부탁 드려줘"

아사이, 어리둥절해서 뭔가 말을 걸려고 한다.

호리, 그에게 윙크를 하고 들어간다.

43 同·원래의 방

히루타, 안절부절 못하고,

"오, 가타오카 박사님을 알고 계세요?"

호리 "박사님은 회사의 고문 변호사입니다…… 이런 일을 하고 있으면 자주 소송을 하겠다는 얼굴을 하고 돈을 뜯어내려는 질 나쁜 놈들이 나타나서 말이지요"

히루타 (기가 꺾여 코털 같은 것을 뽑는다)

호리 "하지만 선생님, 법정에서는 멋지고 화려하게 변호해 주셨으면 좋겠네요.

회사에서는 진상을 밝힌다는 특별호를 낼 겁니다. 히트는 의심할 필요도 없지요. 재판만큼 좋은 선전은 없거든요. 하하하하"

히루타 (눈을 꿈뻑꿈뻑하고 있다)

호리 (히루타의 어깨를 두드리며) "그건 그렇고 선생님, 모처럼 와주셨는데 이대로 가시라고 하는 것도 섭섭하고 …… 한잔 어떻습니까?"

히루타 (풀이 죽어 콧물을 훌쩍거린다)

(WIPE)

44 히루타의 집·밖(밤)

아무르사라고 쓰여 있는 트럭이 도착한다.

선물 보따리를 가득 안은 히루타가 휘청거리며 차에서 내린다.

(WIPE)

45 同·현관과 거실

"어머나, 여보 또 곤드레만드레 취해서……"

아내인 야스에게 안기는 듯이 히루타가 다가온다.

히루타 "마사코! 마사코!"

야스 "쉿! 이제 겨우 잠들었어요(라고 작은 목소리로) 여보, 오늘은 열이 38.5도까지 올랐어요."

히루타 "어?"

하고, 순간 깜짝 놀란 듯이 야스 얼굴을 바라보다가 갑자기 얼굴을 쓱쓱 문지르고 비틀비틀 옆방으로 들어간다.

야스, 그를 한숨을 쉬면서 바라보고서는 전등 아래에 추운 듯이 앉아서 하던 바느질을 한다.

46 同·마사코의 방

선물 보따리를 안고 히루타가 새근새근 자고 있는 마사코를 내려다보면서 가만히 서 있다.

둥근 화로에 뚜껑이 걸쳐 있는 주전자가 부글부글 소리를 내고 있는 것이 이상하게 쓸쓸하다.

히루타, 조용히 짐을 내려두고 불안스레 마사코의 이마에 살짝 손을 댄다.

마사코가 문득 눈을 뜬다.

열 때문에 눈물이 고인 큰 눈이 잠시 비몽사몽한 채로 있다가 안개가 걷힌 것처럼 맑아진다.

마사코는 그 눈으로 히루타를 가만히 바라보면서 생긋 웃어 보인다.

히루타, 뭔가 쭈뼛쭈뼛 눈을 내리깔면서 갑자기 소란스럽게 짐을 끌어당겨 포장지를 뜯는다.

히루타 "선물이야. 큰 곰 인형도 있어. 아버지는 말이야, 이걸 이전부터 눈독을 들이고 있었어. 장난감 가게 같은 곳이 아니야. 훌륭한 양품점 쇼윈도에 나와 있었던 거야. 사실은 말이지, 조마조마했어. 팔릴까봐서. 어때 예쁘지. 만져 봐봐, 촉감이 마치 새끼 곰 같단다. 발바닥은 벨벳이야. 목도 움직여. 그리고 말이지, 곰 인형만 있는 게 아니야. 네가 좋아할 만한 예쁜 걸 많이 사 왔어."

마사코 (조용한 목소리로) "아버지"

히루타 (몸을 움츠리고) "응?"

마사코 "아까 아오에 씨가 오셨어요. 이 사과는 아오에 씨가 준 선물이에요."

히루타 (마사코를 슬쩍 보고는 몸을 더욱 움츠린다)

마사코 "아오에 씨는 아버지가 좋은 사람이라고 좋은 사람이라고 했어요. 그런데 마음속으로는 아버지가 나쁜 일을 하지 않았으면 바랬어요…… 전 잘 알아요…… 오늘 밤처럼 열이 있을 때는 사람의 마음이 무서울 정도로 잘 알 수 있어요…… 그런데 아버지는…… 뭔가 또 나쁜 짓을 하고 오셨나 봐요"

히루타 (눈을 씀벅거리면서 무언가 말을 건넨다)

마사코 (그 얼굴을 바라보면서 고개를 흔든다) "안 돼요…… 전 잘 알 수 있어요…… 오늘 밤의 아버지는 엄청 상냥하시네요…… 모든 것이 슬프시지요? …… 누구에게든지 좀 더 상냥해야 할 것 같아서 가슴이 답답할 정도로…… 아버지가 나쁜 일을 한 날은 항상 그래요."

히루타 (울음소리를 낸다) "마사코!"

마사코 "괜찮아요…… 괜찮아요…… 그래도 전 아버지의 상냥함이 기뻐요 …… 이 곰 인형도 멋져요"

히루타 (우물우물 우는 목소리로) "마사코! 아버지는 나쁜 놈이야, 악당이야"

마사코 "아니에요, 좋은 사람이에요"

히루타 "아니, 아빠는 나쁜 놈이야…… 하긴 그렇게까지 아주 나쁜 놈은 아닐지도 몰라. 그래도 나쁜 놈이야. 언제 이런 사람이 되어버린 걸까. 아빠는 예전에는 남에게 속기만 했어. 속고 나서는 바보 취급당하고, 바보 취급을 당하고는 또 속기만 했지. 그러다가 이러면 안 된다는 생각에 남에게 속지 않기 위해 남을 속이는 걸 배워버렸지."

"여보, 또!"

라고, 하면서 야스가 들어온다.

야스 "이 정도면 알아들었을 거예요. 마사코가 피곤해하잖아요."

마사코 "괜찮아요, 어머니. 아버지는 하고 싶은 말을 다 하셔야 마음이 편해지세요"

히루타 "그래, 마사코 말이 맞아. 여보, 인간은 말이야. 누군가에게 마음을 털어놓지 않으면 마음이 복잡해서 살아갈 수 없는 법이야"

야스, 한숨을 쉬고 다시 바느질을 한다.

히루타 "엄마는 말이다, 아무 말도 안 해. 누구에게도 마음속을 털어놓지를 않지. 그렇지만 엄마는 말하는 대신에 저렇게 바느질을 해. 자신의 마음속에 차 있는 것을 바늘 한 땀 한 땀에 뱉어내고 있는 거야…… 그런데 아버지는 말을 하지 않으면 안 되는 성질이지…… 그건 그렇고 마사코, 아버지가 어디까지 이야기했지?"

마사코 "사람에게 속지 않기 위해서 사람을 속이는 것을 배웠다는 것 까지요"

히루타 "맞다, 거기까지 했지. 인간은 말이지, 그런 슬픈 동물이야. 착한 게 부끄러워지기도 하고 그래. 나쁜 일을 할 수 없는 것이 참을 수 없을 정도로 불쾌해지기도 해. 그래서 울며 겨자 먹는 기분으로 말도 안 되게 나쁜 짓을 저지르곤 하는 거야. 인간은 약하거든. 약하니까 센 척하는 거야. 센 척을 하니까 또 위험해지는 거고. 정말 위험해(라며 점차 평소의 연설할 때와 같은 말투가 되어) 나는 신문을 보고 아오에라는 남자가 불쌍해졌어. 내 자식이 맞은 것처럼 화가 났어. 정말이야…… 이것만큼은 틀림없어…… 그에게서 뜯어먹을 생각은 추호도 없었어…… 정말로…… 사람을 도우면서 수수료를 받을 수 있다니 너무 좋은 기회다…… 그렇게 생각했어. 그렇게 생각하던 중에 이건 위험하다, 여기서 잘 하지 않으면 바보 취급을 당할거라고 생각하게 되었어…… 손해배상이 우선 100만…… 성공보수는 그 1할, 10만. 혹여나 지더라도 수수료와 차비로 2만은 번다…… 그런데 그 아오에라는 남자는 손해배상 청구를 하지 않겠대…… 자신의 결백만 밝혀지기만 하면 된다고…… 훌륭하지, 정말 훌륭해…… 하지만 이래서는 돈을 못 벌게 되니 아빠가 설 자리가 없어…… 곤란하지, 엄청 곤란해…… 그런데 여기에 호리라는 악당이 있어…… 이 사람이야말로 진정한 나쁜 놈이야…… 이 녀석이 버는 돈은 그야말로 천하의 나쁜 돈이야…… 이걸 실토하게 하는 게 하늘의 심판이다, 아빠는 그렇게 생각했어…… 하지만 이것이 모든 실수의 근원이었다…… 정말…… 참…… 이 호리라는 사람은 이상적인 악당이야…… 천부적으로 뻔뻔한 사람이야…… 아빠가 말이지, 이런 식으로 뻔뻔하게 살았다면 분명 성공했을 거야! 생각한 바를 행동으로 그대로 옮기는 남자야…… 그러니까 정말 꼴 보기 싫은 놈이지…… 아니꼬운 남자야…… 하지만 이 비열함…… 이 순금 같은 비열함에 아버지는 졌어…… 졌단 말이야…… 깨달은 순간엔 이미 늦었더구나…… 쭈욱…… 갑자기 발 디딜 데가 없어진 것처럼 아버지는 떨어지고 있어…… 뭔가 이렇게 캄캄한 밑바닥 없는 늪에 떨어지는 거야…… 이제는 안 돼…… 깜깜해…… 아무것도 보이질 않아……"

히루타, 앞으로 꼬꾸라지더니 그대로 코를 골기 시작한다.

(F·O)

(F·I)

47 히루타의 사무실

히루타가 풀이 죽어 생각에 잠겨 있다.

책상 위에는 뚜껑이 열린 도시락통, 발밑의 전열기 위에는 터져 벌어진 명란 두 개.

입구 문이 여전히 강한 바람에 열렸다 닫혔다 삐걱거리는 소리를 낸다.

48 옥상 입구

계단을 뛰어 올라온, 이상하게 되바라진 태도의 촌놈 같은 녀석이 강한 바람에 몸을 떨면서 외친다.

"히루타 씨 …… 전화 …… 아무르라는 잡지사래요"

49 히루타의 사무실

히루타 (움찔하고 일어나면서) "없다고 전해주세요"

라고, 큰소리로 대답한다.

50 옥상 입구

촌놈 (작은 목소리로) "첫, 뭐라고 하는 거야. 자기 집 전화도 아니면서, 건방진 녀석"

이번에는 큰소리로,

"전언만 남기고 바로 끊었어요. 고라쿠엔後樂園의 경륜장에서 기다리고 있겠다고 하네요"

라고, 큰 소리로 외치고는, 침을 퉤 뱉고 자리를 뜬다.

51 히루타의 사무실

히루타, 안절부절 못한다.

방을 서성이다가 전열기의 코드에 걸려 넘어지기도 한다.

마지막에는 책상 위 경륜 특집 기사를 슬쩍슬쩍 넘겨 가며 보다가, 모자를 잡고 나가려다 벽에 붙어 있는 마사코 사진을 보고는 움직이지 않는다. 잠시 동안 마사코 사진을 쳐다보며 서 있다가, 얼굴을 쓱쓱 문지르고 갑자기 마사코의 사진을 반대로 뒤집고는 비틀비틀 걸어 나간다.

52 이구치 빌딩 계단

내려오는 히루타.

오토바이 소리.
히루타, 황급히 한쪽 구석으로 숨는다.
뛰어 올라오는 아오에를 지나치게 하고 몰래 내려간다.

53 아오에의 개인전 회장

여전히 많은 입장객.
칸막이로 공간을 나눈 한 구석.
의자에 앉은 스미에가 추운 듯이 화로 주변에 몸을 숙인 채로 있다.
커다란 마스크를 쓴 미야코가 살며시 칸막이 안을 들여다본다. 잠시 망설이지만 스미에와 눈이 마주치자 마음의 결정을 하고 들어온다.

미야코 (마스크를 쓴 채로) "저 …… 아오에 씨는요?"
스미에 "안 계세요. 이쪽으로는 안 오시거든요"
미야코 "…… 그렇군요 ……"(라고 눈인사를 하고 쓸쓸하게 나가려 한다)
스미에 (누군지 궁금해하는 얼굴로 배웅한다)
미야코 (멈춰 섰다 다시 돌아온다) "저기 …… 구모토리산 그림 …… 비매품이라고 되어 있는데 꼭 사고 싶은데 어떻게 안될까요?"
스미에 "그게 …… 안 됩니다. 아오에 씨는 그 그림에 뭔가 소중한 추억이 있는 것 같아요"
미야코 (부끄러운 듯이 고개를 숙인다)
스미에 (갑자기 큰 목소리로) "아, 당신, 사이조 미야코 씨군요"

회장의 관람객이 일제히 이쪽을 쳐다본다.
"사이조다" "사이조다"
희한한 동물이라도 보는 것처럼 관람객이 둘러싼다.

54 경륜장

와와!!
시끄러운 함성 속에 경륜 레이스가 펼쳐지고 있다.
경륜 배팅 티켓을 쥐고 핏발 선 눈으로 레이스를 바라보는 관객들의 얼굴, 얼굴 ──.
객석 앞줄에서 뭔가에 홀린 듯한 눈으로 레이스를 쫓는 히루타.
옆에서 호리가 그 모습을 히죽거리며 보고 있다.

55 同·트랙

심각한 표정으로 골로 향하는 선수들.
함성.

56 同·객석

히루타, 풀이 죽어 있다.
그 코앞에 들이 밀어지는 현금 뭉치.
호리가 턱으로 경륜 배팅 티켓 구매 창구를 가리킨다.
히루타, 잠시 눈을 씀벅거리다가 휘몰아치듯 그 돈다발을 빼앗듯 돈을 움켜쥐고 경륜 배팅 티켓 구매 창구 쪽으로 밀어닥치는 인파 속을 파고든다.

57 아오에의 개인전 회장

스미에가 앉아 있었던 의자에 친구B가 앉아 크게 하품한다.
친구A가 그의 얼굴을 들여다보고는,
"이봐, 왜 그래. 그렇게 불만스러운 얼굴을 하고"

친구B "허, 그러게 말이야. 요 앞길을 지나가는데 말이지, 스미에가 모르는 여자의 손을 잡고 튀어나와서는 잠깐 회장을 비우니까 자기 대신 회장 좀 봐달라고 해서. 그런데 그 친구, 담배 한 갑을 다 피웠는데도 아직 안 돌아왔어!"

58 어느 찻집

찻집의 구석진 박스.
스미에와 미야코.

스미에 (혼자서 마구 떠든다) "요컨대 아오에 씨는 혼자 내버려 두면 실이 끊어진 사람 모양의 전통 연처럼 어디로 어떻게 날아가 버릴지 몰라요. 이번 소송도 혼자 하게 내버려 두면 어떻게 될지 알 수 없어요. 무엇보다 부탁한 변호사라는 사람이 하필이면 썩은 통조림 마냥 투덜거리기만 하는 노인이라는 거예요. 그분 따님이 좋은 사람이니까 그의 아버지도 틀림없을 거라고 말하지를 않나, 신의 걸작이라니, 별님 같은 아이라고 하질 않나, 엄청나게 그 아이를 마음에 들어 해요"

미야코 "그래요? 그렇게 좋은 사람은 저도 보고 싶네요"

스미에 (문뜩 터져 나오는 괴이한 소리로) "참, 아가씨도 참…… 질투하시는군요"

미야코 (얼굴이 빨개져 뭐라고 말하려 한다)

스미에 (신경 쓰지 않으며) "하하하하…… 그런 건 아니에요. 그 아이는 아직 한참 어리거든요. 무엇보다 결핵으로 누워있다고 하니까 괜찮아요…… 하지만 너무해요…… 왜 저한테는 질투하시지 않는 건지…… 아가씨, 저 같은 건 신경 쓸 대상도 아닌가요?"

미야코 (곤란한 듯이) "…… 저…… 당신…… 저를 오해하고 계신 거 아니에요? …… 저는, 딱히 아오에 씨에게 특별한……"

스미에 "어머, 아가씨 화나셨나요…… 그야, 저는 조금 덜렁거리는 편일지도 몰라요. 하지만 저는 괜히 돌려 말하는 거 싫어하거든요. 단도직입적으로 아가씨에게 여쭤볼게요. 왜 저런 곳에 아무 생각도 없이 오셨나요? 아오에 씨에게 특별한 마음이 있었기 때문은 아닌가요? 아가씨 같은 성격이 이런 상황에 저렇게 사람들의 눈이 모이는 곳에 나온다는 것은 보통 각오가 아닐 거예요."

미야코 "……"

스미에 "소문은 소문…… 그런 거랑 상관없이…… 좋아하면 좋아하는 대로 좋은 거잖아요. 저는 연애 소설을 읽을 때마다 화가 나거든요. 서로 좋아한다고 말해버리면 좋을 텐데, 우물쭈물 거려요. 그래서 언제까지나 질질 짜는 이야기들뿐, 지긋지긋해요"

미야코 "……"

스미에 "저는 아오에 씨를 존경하는 사람으로서 솔직히 말씀드리자면요. 아가씨가 솔직하게, 아무것도 숨기지 않고 진심 그대로 아오에 씨에게 협력하신다면 멋질 거라고 생각해요. 마치 그 구모토리산의 그림처럼 대담하고 솔직하게, 뭔가 이렇게…… 시원하게 일을 해줬으면 좋겠어요."

미야코 "……"

59 **경륜장·경륜 배팅 티켓 판매장 부근**

호리와 기가 죽어 듯이 무릎을 끌어안고 있는 히루타.

히루타 (속삭인다) "…… 운도 없지, 정말 운도 없지……"

호리 "후후…… 얼굴이 튀어나온 선수는 바람의 저항이 적기 때문에 빠르다는 이상한 논리를 앞세웠기 때문이에요"

히루타 (다리를 떨면서) "우, 우…… 춥다…… 돈을 잃으니까 갑자기 추워지기 시작했네!"

호리 (아무 말 없이 지갑을 내민다)

히루타 (손을 흔들며 거절하지만, 지갑을 계속해서 바라보며) "아니 이젠 안 돼…… 그러면 내가 너무 신세를 지게 돼서"

호리 "괜찮잖아요, 얼마 안 되는 돈 가지고…… 선생님께 조금 부탁드리고 싶은 것도 있고……"

히루타 (몸을 긴장시키며) "우, 우…… 춥다"

호리 (히죽히죽 웃으면서) "……그 아오에 소송 말인데요, 연말 바쁜 시기에 법원에 끌려다니는 것은 현실적인 문제로 꽤 힘들어요. 선생님 힘으로 …… 그러니까 솔직히 말하면, 그 귀중한 시간을 버리지 않기 위해서 수표책도 준비할 수 있다는 거예요"

히루타 "우? …… 음……"(하며, 구겨진 손수건을 꺼내 얼굴을 닦는다)

호리 "선생님 왜 그러세요…… 이제는 더워지셨나?"

히루타 "우…… 우"

호리 "들어보세요. 저는요, 고소당하는 게 무서워서 이런 말을 하는 게 아니에요. 원래 기가 약한 편이 아닙니다, 소송까지 가면 반드시 이길 거예요. 하지만 정말 시간이 아까워서…… 선생님께……"

히루타 "하지만…… 저는…… 원고의 변호사지, 피고의 변호사는 아닙니다…… 이걸 헷갈리면 큰일이 나게 될 겁니다……"

호리 "융통성 없는 말은 그만합시다! 솔직히 선생님도 저랑 합의하시는 편이 돈 벌기 쉬우실 겁니다…… 그렇게 하는 것이 저도 좋고, 시간도 절약할 수 있습니다…… 아오에 씨도 더 부끄러운 일을 당하지 않고 끝낼 수 있고요…… 셋 다 좋게 좋게 되는 게 아닙니까…… 원고도 피고도 없습니다…… 민사소송에는 이런 융통성이 필요하지요"

히루타 "…… 하지만…… 어떤 생각인지 저 아오에라는 남자만큼 융통성 없는 남자도 없어요. 무엇보다 민사 제1부라든가 형사라든가 하는 제도도 구별을 못해요. 법이라는 것은 옳은 사람을 지키기 위해 있는 것이라고 그저 어린아이처럼 믿고 있지요. 그래서 곤란해요, 정말 곤란해요!"

호리 "그렇군요. 어린애니까 잘 구슬리면 어떻게든 되지 않을까요? 사이조 미야코와 같이 연명으로 소송하지 않으면 소송은 불가능하다고 질질 끄는 거예요. 그걸 자장가처럼 계속 반복하는 거지요…… 그러면 조만간 잠들 거예요"

히루타 "……"

장내에서 함성이 터진다.

호리 "오! 누가 크게 딴 거야?(라며, 지갑을 히루타 코끝에 들이밀고) "선생님, 어떠세요. 한 번 더 거시는 건"

(WIPE)

60 아오에의 아틀리에·밖(밤)

히루타가 기가 죽어 온다.

무엇인가 즐거운 듯한 노랫소리(동백 공주의 건배가)가 들려와 살며시 옆으로 돌아 들여다본다.

61 同·실내

정성스럽게 빵을 자르고 있는 스미에.

테이블 장식을 하면서 노래하고 있는 것은 미야코.

그것을 싱글벙글 보면서 난로 위의 스튜 냄비를 휘젓고 있는 아오에.

스미에, 다 자른 빵을 들고 창문 옆을 지나간다.

순간 놀라서 멈춰 서서 들여다보고 있는 히루타에게 소리를 지른다. "어머! 히루타 씨네. 왜 언제나 몰래 보는 거예요. 개가 있으면 코끝을 물어버릴 거예요"

히루타, 잘 들리지 않는 소리로 뭔가 중얼거리고는 창문을 떠나 입구로 몸을 움츠리고 들어온다.

히루타 "밖이 춥네요"

스미에 "당연하지요, 겨울인데요"

히루타 (눈을 깜박인다)

이오에 (가까이 와서) "히루타 씨 소장은 제출했어요?"

히루타 "그게 말이지요 …… 그 …… 그러니까"

아오에 "아직 안 하신 거지요, 다행이다"

히루타 "네, 네 맞아요. 여러 방면으로 선배에게 조원을 구해봤는데 …… 사이조 미야코 씨와 같이 연명으로 소송하지 않으면 어려울 거 같아요 …… 그러니까 ……"

아오에 "그러니까 말이에요. 소개할게요. 이쪽은 사이조 미야코 씨. 이쪽은 히루타 변호사 …… 실은 오늘 사이조 씨가 일부러 찾아와 주셨어요. 둘이서 연명으로 소송을 제기하는 데 동의하셨어요"

히루타 "?!"

아오에 "저로서도 뭔가 가슴 속 꽉 막혔던 것이 뚫린 느낌이에요. 이렇게 우리끼리 파티를 하려던 참이에요 …… 차린 건 많이 없지만 …… 어서요, 어서"

히루타 (콧물을 훌쩍이며 우두커니 서 있다)

(WIPE)

62 **신문 기사**

아무르사 사장 고소 당하다.

아오에 이치로·사이조 미야코 연명으로 ……

(O·L)

언론의 자유인가

언론의 횡포인가

논란이 불거진 잡지 아무르 12월호

(O·L)

추문은 사실 무근

아오에 이치로·사이조 미야코 연명으로 소송하기로

(O·L)

소송을 당한 잡지 아무르사 사장
가스토리 잡지, 자극과 충격의 연속!
꺄악! 꺄악!

(O·L)

63 아무르 사·어느 방

"이런, 망할"

본 모습을 드러낸 호리가 험악한 얼굴로 히루타를 호통치고 있다.

히루타, 몸을 움츠리고 투덜거린다.

"…… 이래저래 참 공교롭게도 일이 이렇게 흘러가 버렸습니다 …… 아니, 인간, 한번 믿어버리면 이제 도망갈 구석도 없어지는 거지요 …… 아무튼 그 아오에라는 남자는, 그 ……"

호리 "그만해요! 이제 됐어요! …… 고소하고 나서 변명해봤자 소용없다고요! 모르는 척도 정도가 있지"

히루타 (목을 움츠리고 눈을 찡그리고 자주 깜빡인다)

호리 "이봐요! 수표 그냥 준 거 아니에요. 법정에서 할 수 있는 것은 모두 해야 할 거예요. 어이, 아저씨. 원고, 피고 둘 다의 변호인이라는 사실을 잊지 않도록"

하고, 나간다.

히루타, 완전히 뱀에게 잡아먹히기 일보 직전인 개구리 같은 모습.

64 同·편집실

창백해진 아사이가,

"사장님 …… 괜찮을까요?"

호리 "바보! 재수 없는 소리 하지 말게. 바로 가타오카 박사 사무실에 전화해 주게"

아사이 "가타오카 박사라니, 사장님, 그때는 허세 부리신 거 아니셨어요?"

호리 "허세면 뭐 어때"

아사이 (기가 막혀서) "하지만 사장님 …… 다른 분께 소개장도 받지 않은 상태에서 박사님이"

호리 "계속 전화해서 억지로라도 승낙을 받아야지(라고 했지만, 역시 주눅 든 모습으로) 그렇게라도 하지 않으면 방법이 없단 말이야!"

(WIPE)

65 가타오카 법률 사무소

가타오카 박사와 호리.

가타오카 박사 (조용한 눈으로 창밖을 보면서) "…… 그래요 …… 관계 서류를 자세하게 훑어보지 않는 상황에서 확실히 말씀드릴 수 없습니다만 …… 이야기를 들어보니, 이 소송의 쟁점은 결국 그 기사의 묘사와 출판 방식이 명예훼손에 해당하는지 아닌지가 아니라, 그런 사실이 있었는지 없었는지 하는 점까지 갈 것이라고 생각합니다 …… 즉, 제가 말씀드리고 싶은 것은 그 점에 자신이 있다면 적극적인 조치를 취해야 하며, 만약 그렇지 않다면 손해를 최소한으로 한다는 소극적인 조치를 취해야 한다고 생각합니다 …… 어떠시지요, 그 부분에 대해서는?"

호리 (자신이 없다. 그러니까 더 당당한 태도로) "저는 항상 진실을 있는 그대로 보도하는 것을 모토로 해왔습니다. 그 기사가 거짓인지 진실인지는 저 사진을 봐주시면 한눈에 알아보실 것 같은데……"

가타오카 "그래요 …… 그렇게 생각할 수도 있군요. 그러나 원고로서도 고소하는 이상은, 그 점을 해명하기 위해서 만전을 기하고 있을 것이고 …… 아무튼, 재판이라는 뚜껑을 열어 보지 않으면 알 수 없는 부분이 있는 것입니다 …… 이것은 변호사로서의 저의 신념입니다만 …… 저는 어떤 변호라도 맡겠습니다. 하지만 무모한 싸움만은 하고 싶지 않습니다 ……"

호리 "선생님, 무모한 건 저쪽이에요 …… 뭐, 저는 자신 있습니다. 저는 아무르사의 명예를 걸고 ……"

(WIPE)

66 마루빌딩 앞

호리, 괜히 음침하게 골똘히 생각하며 나온다.

팔짱을 끼고 거리 한복판에 선다.

그의 눈앞에 산타클로스 복장을 한 샌드위치맨이 전단지를 내민다.

"메리 크리스마스!"

호리, 그 산타클로스의 싱글벙글 웃는 얼굴을 빤히 쳐다보다가 다짜고짜 전단지를 낚아챈다.

67 길

♪ 징글벨 징글벨

징글 올 더 웨이

등에 크리스마스트리를 업은 아오에가 빠른 속도로 오토바이로 내달려 간다.

(WIPE)

68 히루타 집 앞

아오에, 오토바이를 타고 온다.

격자문을 연다.

"아오에 씨, 아오에 씨"

라고 하는 가녀린 목소리.

아오에 (큰 소리를 지른다) "아니에요. 산타클로스예요"

(O • L)

밤 —— 환하게 불이 켜진 히루타의 집.

안에서 들려오는 홀리 나이트의 노랫소리.

위스키를 품에 안은 히루타가 비틀비틀 집으로 돌아온다.

노랫소리를 알아차리고, 깜짝 놀란 것처럼 눈을 크게 깜빡거리며 집 안으로 들어간다.

69 同·집안

히루타, 들어와서 들여다본다 —— 눈이 휘둥그레진다.

맹장지를 떼어낸 두 개의 좌식 방은 마치 작은 별자리이다.

은종이의 별! 꼬마전구의 별!

그러나 이 별자리의 여왕별은 장식한 크리스마스트리 아래에 앉아 있는 마사코이다.

은종이의 왕관을 머리에 얹은 그 얼굴은 아오에가 연주하는 작은 탁상 피아노 반주로 노래하고 있는 미야코를 바라본 채 그저 황홀하게 빛나고 있다.

야스가 그 모습을 방구석에서 눈시울을 붉히며 바라보고 있다.

"개다! 짐승이다! 나는 구더기다!"

히루타가 갑자기 큰 소리를 내며 이 낙원에 뛰어든다.

다들 순간 멀거니 히루타를 바라본다.

히루타는 다다미방 한가운데에 털썩 주저앉아 목뼈라도 부러진 것처럼 푹 머리를 숙인 채 움직이지 않는다.

향연은 엉망이 됐다.

야스 (가까이 다가와) "왜 그래요, 여보"

아오에도 가까이 다가간다.

"무슨 일입니까"(라며, 들여다본다)

히루타 (갑자기 아오에의 손을 잡고) "…… 저는 말이에요 …… 정말로 …… (울고 있다) …… 오늘 같은 날은 저 자신에게도 정나미가 싹 떨어집니다 …… 정말…… 하등 동물이에요!"

야스 "여보, 또…… 모처럼 크리스마스 파티를 해주고 있는데…… (라며, 아오에에게)…… 이 사람은 취하면 언제나 이러거든요"

히루타 "아니야…… 그런 게 아니야…… 오늘의 내 감정은 그 누구도 알 수 없어…… 나는 이 방에서 벌어지고 있는 일을 보았을 때 눈이 멀 것만 같았어…… 멀지 않는 게 되려 이상하다고 생각했어…… 하지만 방에 들어가 같이 노래를 부르고 싶어서 견딜 수가 없었어. 그런데 들어갈 수가 없어. 여기는 내 집이다, 그래도 들어갈 수가 없어(하염없이 운다)…… 나는 여기에 들어갈 수 없는 놈이야. 나한테는 바깥의 시궁창 정도가 딱 맞아 …… 우……우……"

라며, 갑자기 일어서더니 나간다.

일동, 망연해진다.

히루타, 다시 비틀비틀하며 돌아오더니 굴러다니는 위스키를 들고 자리를 뜬다.

"아버지"

마사코가 외친다.

"여보!"

야스가 쫓아간다.

"뒤는 잘 부탁드립니다"

아오에, 미야코에게 그렇게 말하고는 뛰쳐나간다.

70 **히루타의 집 앞**

비틀비틀 뛰쳐나오는 히루타.

그를 쫓아가는 야스와 아오에.

야스 "마사코가 불쌍하잖아요. 여보, 여보"

아오에 (히루타를 제지하며) "저기, 왜 그러는 거예요. 히루타 씨"

히루타 (아오에의 손을 떼어내며) "몰라요, 당신은 몰라요"

아오에 "그럼 같이 마셔요. 마시고 나서 얘기를 들어보자고요"

히루타 (아오에를 뿌리치며) "안 돼! 나는 개자식이다! 구더기다!"

하고 달려 나간다.

야스 "여보, 여보!"

아오에 (야스에게) "일단 제가 따라갈게요. 괜찮을 거예요"

라며, 쫓아간다.

야스, 홀로 남는다. 배웅하면서 깊은 한숨을 쉰다.

(WIPE)

71 **어느 바**

한쪽 구석에서 마주 보며 묵묵히 마시고 있는 히루타와 아오에.

히루타는 술 한 잔을 들이키고는 머리를 감싸 안는다.

화장을 진하게 한 여종업원이 한 명, 두 사람 사이에서 마땅히 할 게 없어 빈둥거리며 앉아 있다.

여종업원 "저기, 뭐 좀 시켜요. 본인이 가져온 술만 마시면 장사가 안 돼요"

아오에 "응? 미안, 미안. 뭐 좀 적당히 갖다 주시오"

여종업원 "칠면조 어때요?"

머리를 감싸 쥐고 있던 히루타, 갑자기 고개를 들더니 크게 손을 흔들며, "닭이면 충분해"

아오에 "크리스마스잖아요. 칠면조로 해요, 히루타 씨"

히루타 (고개를 흔들며) "당신은 아직 젊어서. 이런 데서는 칠면조나 닭이나 똑같아. 다른 것은 가격뿐이지"

라고 하며, 한 잔을 쭉 들이켜고 머리를 감싸 안는다.

여종업원, 부루퉁하게 자리를 떠난다.

아오에, 불안한 듯 위스키를 홀짝이면서 머리를 싸매고 있는 히루타를 쳐다보고 있다.

갑자기 옆 테이블에 축 늘어져 있던 주정뱅이가 일어선다. 휘청거리며 큰 소리로 연설을 시작한다.

"…… 여러분! …… 올해도 일주일 남았습니다. 일주일 뒤면 1950년이 옵니다 …… 내년이야말로 20세기의 딱 중간입니다. …… 내년이야말로 우리는 20세기의 분수령에 서게 될 것입니다 …… 내년이야말로 …… 그렇습니다, 여러분들 …… 인간이란 내년이야말로, 내년이야말로, 라면서 생각하는 동물입니다 …… 그렇게 생각하지 않습니까 …… 여러분들 …… 인간은 말입니다 …… 매년, 매년 …… 올해의 일은 몰라 …… 올해는 모르겠지만 내년이야말로 잘해야지, 라고 생각하며 살아갑니다 …… 그렇게라도 생각하지 않으면 살아갈 수 없습니다 …… 여러분들! …… 저에게는 아이가 5명 있습니다 …… 게다가 저는 백수입니다 …… 오늘도 …… 친구들을 찾아가서 절하듯 해서 돈을 빌려왔습니다 …… 그 돈이 없으면 올해를 넘길 수 없습니다 …… 그러나 …… 그 돈의 대부분을 술 마시는 데 썼습니다 …… 아내의 얼굴을 볼 면목이 없습니다 …… 저는 집에 가면 혼날 겁니다 …… 혼나는 것은 두렵지 않지만, 아내가 우는 건 무섭습니다 …… 저는 아마 두 손을 땅바닥에 대고 사과할 겁니다 …… 저는 사과할 겁니다 …… 이렇게 사과할 겁니다 …… 그러나, 여러분들 …… 내년이야말로 …… 내년이야말로 저는 해낼 거 넙다 …… 열심히 할 겁니다 …… 내년이야말로 작게나마 집을 한 채 지을 겁니다 …… 그리고 아내를 편안하게 해줄 겁니다 …… 내년이야말로 반드시 해낼 겁니다 …… 해냅시다, 여러분 …… 약속하겠습니다 …… 내년이야말로 단연코 해낼 겁니다 …… 올해 따위는 엿이나 먹어라 …… 반딧불이의 빛 …… 창문의 눈 …… 여러분들, 함께 노래해 주십시요 …… 그리고 내년에 야말로 제대로 해내는 겁니다! ……"

"맞아요!"

히루타가 비틀거리며 일어선다.

"그래요, 정말 그래요 ……! 이봐요, 저도 해낼 겁니다 …… 내년이야말로 반드시 해낼 겁니다 …… 올해는 구더기였지만, 내년이야말로 멋진 인간이 될 겁니다 …… 올해는 악당이었지만, 내년이야말로 …… 그래요 …… 약한 모습 보이지 않고 …… 저기! 저한테도 딸이 하나 있어요 …… 착한 아이입니다 …… 저 같은 사람에게는 아까워요 …… 예쁜 눈인데 …… 그 예쁜 눈으로 저를 보면 저는 쥐구멍이라도 있다면 숨고 싶을 정도예요 …… 하지만, 내년이야말로 …… 그 예쁜 눈으로 저를 보더라도 부끄럽지 않은 인간이 될 거예요 …… 그래요, 올해는 그러지 못했지만, 내년이야말로 …… 저기, 노래합시다 …… 반딧불이의 빛 …… 그래, 아오에 씨 …… 당신도 노래해 주세요 …… 이 늙은 악당을 위해 …… 모두 …… 노래를 불러주세요 …… 반딧불이의 빛 …… 창문의 눈 ……"

히루타와 주정뱅이 남자, 뒤엉켜 노래를 부른다.

여기저기에서 노랫소리가 더해진다.

바에 들어온 유랑 밴드가 때는 이때다 싶어 신나게 연주한다.

여종업원도 높고 날카로운 목소리를 낸다.

멍하니 그 모습을 보던 아오에도 위스키를 들이키고, 굵은 목소리를 낸다.

큰 소리로 산산조각이 날 것 같은 작은 가게 …… 내년이야말로, 내년이야말로 …… 저마다의 생각을 담아 노래를 부르는 사람들의 얼굴.

히루타와 주정뱅이는 부둥켜안고 노래를 부르고 있다.

둘 다 하염없이 울면서 ——

(O·L)

72 **교회의 탑**

크리스마스의 종소리가 울리고 있다.

73 밤의 거리

심하게 취한 아오에와 히루타가 걸어온다.

히루타, 비틀거리며 사람들이 지나갈 때마다

"메리 크리스마스!"

를 외친다.

74 시궁창 부근

두 사람, 둘이 뒤얽혀서 온다.

히루타 "메리 크리스마스!"

아오에가 외친다.

"어이, 봐봐. 아저씨! 기적이 일어났다고!"

히루타 "메리 크리스마스!"

아오에 "쉿! 저거 봐! 이 더러운 시궁창에 별이 내리고 있어!"

히루타 (몽롱한 눈빛으로 본다)

시궁창에 비친 밤하늘.

아오에 "어이, 아저씨! 인생이란 눈물겨워. 이 시시한 거리에도 별님이 살고 있어. 당신 같은 시시한 악당에게도 별님 같은 딸이 있잖아"

히루타 "뭐야? 마사코가 별님이라고? 고마워, 고마워! 정말…… 정말…… 그 아이는 별님이야! 그리고 나는 개새끼다!"

아오에 "그만하라고! 당신도 별님일지 몰라! 이제 빛이 날지도 몰라! 하느님은 아량이 크셔! 상상도 할 수 없는 정도로 말이지!"

히루타 "메리 크리스마스! 에브리바디"

히루타, 절규하며 갑자기 땅바닥에 몸을 내던진다.

(F·O)

(F·I)

75 신문 기사

주목받는 아무르 사건

오늘 제1회 변론

(O·L)

76 도쿄지방 재판소·복도

오후 1시 법정개시

77 同·법정

꽉 찬 방청석.

그 앞줄에 스미에, 아오에의 친구A, B.

친구A (걱정스러운 듯이) "아오에 녀석, 괜찮을까?"

스미에 "괜찮아요…… 이것으로 아오에 씨가 질 것 같으면, 법 같은 건 없는 게나아. 그런데 변호사가 믿음직스럽지 못해서……"

친구B "그래? 이봐…… 어찌 될지 긴장되잖아"

다른 한 구석에는 기자석.

무리 지어 대기하고 있는 신문 기자, 카메라맨, 뉴스카메라 맨 등 ──.

기자A "그런데 가타오카 박사가 아무르사의 변호를 맡았다니 의외인데"

기자B "음, 호리란 사람 수완이 좋아…… 그런데 원고의 히루타 변호사라는 자는 별로 들어본 적이 없는데……"

왔다, 왔어! 하는 웅성거림에 기자들, 출입구를 본다.

팍하고 라이트가 켜지고 돌아가기 시작하는 뉴스 카메라.

당당한 관록의 가타오카 박사와 호리가 플래시를 받으며 입장한다.

이어서 아오에와 미사코 일행이 들어오고, 그 뒤로 히루타가 두리번거리며 걸어온다.

놀랍게도 낡은 법복을 입고 게다가 덤으로 관모까지 쓰고 있다.

기자A (히루타를 가리키며) "어, (어이가 없어서 한동안 목소리가 안 나온다) 저건 좀 너무했네!"

기자B "퓹! 요즘 시대에 법복에 관모까지 쓰고 나오는 자가 있다니!"

기자C "저 남자, 법정에 서는 게 이번이 처음인 거 같은데"

기자A "엉터리 변호사한테 부탁한 거야! …… 이건 벌써 승부가 났어!"

안절부절 침착하지 못한 원고석의 히루타.

유유히 침착한 피고석의 가타오카.

그 두 사람의 대조.

법원 직원, 일어선다.

"조용히! 조용히 해 주십시요"

재판관석의 문이 삭 열리고 재판장, 배석판사와 같이 들어온다.

법원 직원 "기립!"

일동, 일어선다.

(O·L)

78 신문 기사

아무르 사건공판 제1보

원고 대리인

횡설수설

(O·L)

유치한 원고 측의 주장
가타오카 박사, 소장 제기의
미흡한 점을 잡아내다

(O·L)

기괴!
미아가 된 원고측 증인

(O·L)

79 법정

말을 하고 있는 아오에.

"그게 산속에서 만났기 때문에 주소도 이름도 모릅니다…… 지금 찾고 있는 중입니다"

크게 소란스러워지는 방청석.

조마조마한 스미에.

재판장, 아오에를 손으로 제지하고, 히루타에게

"원고 대리인은 그 건에 대해 원고와 서로 이야기하지 않았나요?!"

히루타, 몸을 움츠리고 고개를 떨군다.

80 신문 기사

아무르 사건 제3회 변론
피고측 유력 증인
속속 법정에 출석하는가

(O·L)

81 법정

증인석의 XX 여관 지배인.

"네, 두 분 다 오토바이로 오셨어요. 여자 분은 뒤쪽에 짐을 싣는 곳에 앉으시고. 네"

(O·L)

XX 여관 여종업원 "네, 방은 따로따로였습니다. 하지만 신분을 감추고 오시는 분들은 서로 모르는 사람인 척하면서 묵으신답니다"

(O·L)

아무르사 카메라맨A "기껏 거기까지 출장을 갔는데 쫓겨났어요. 나 참 제가 얼마나 바보 같았는지"

(O·L)

아무르사의 카메라맨B "네, 툇마루의 등나무 의자에 마주 앉아 즐겁게 대화하고 있었습니다. 둘 다 씻고 나온 것 같았습니다. 젖은 손수건 두 개가 난간에 걸려 있었습니다. 사진에도 찍혀 있습니다"

재판장 "그럼 원고 측 심문하세요"

히루타, 손을 들려고 하다 앞을 본다.

호리가 히루타를 힐끗 째려본다.

히루타 "없습니다"

방청석, 소란스러워진다.

"재판장님!"

스미에가 손을 들고서는 일어선다.

"…… 너무해요! 제가 증인이 될게요. 아오에 씨는 그럴만한 사람이 아닙니다……"

법원 직원, 뛰어나온다.

법원 직원 "조용히! 조용히!"

이 말을 계기로 방청객들이 야유하기 시작한다.

"뭐 하는 짓이야! 변호사!"

"변호사! 제대로 해!"

"뭐든 말하라고!"

법원 직원이 큰 소리로 외친다.

"조용히! 조용히 해주십시요!"

히루타, 진땀을 흘린다.

82 신문 기사

크게 소란스러워지는 방청석!
원고 대리인에게 비난 집중!

(O·L)

문제의 중심인 히루타 변호사
법조계에서도 비난의 목소리가!

(O·L)

83 히루타의 집·마사코의 방

팍 하고 던져지는 꽃다발.

마사코가 눈물을 뚝뚝 흘리며 소리친다.

"선물 따위 필요 없어요!"

야스가 어찌할 바를 몰라,

"너, 그런……"

라며, 움직이지 못하고 서 있는 아오에에게

야스 "……기분 나빠 하지 마세요……열이 조금 높아서 그런 거니까……"

마사코 "거짓말이에요! 열 같은 거 없어요……어머니도 아오에 씨도 다 저쪽으로 가세요!"

아오에 "왜 그러는 거니……마사코……내가 전혀 오질 않아서?……미안해……그런데 그건 말이지, 재판이 바빠서……"

마사코 "가만히 내버려 둬요!"

라며, 아오에로부터 획 등을 돌린다.

야스, 한숨 쉬고는 아오에를 걱정하며 아무 말 없이 꽃을 줍기 시작한다.

멍하니 마사코를 바라보는 아오에.

마사코의 가녀린 어깨가 움찔거리더니 참을 수 없는 울음소리가 흘러나온다.

조용히 꽃을 줍고 있던 야스, 갑자기 멈추더니 아오에 앞에 엎드려 양손을 짚는다.

"죄송해요, 더는 오지 말아주세요"

아오에 "네?……어째서……"

야스 "마사코가 안쓰러워서요……"

아오에 "왜요?……제가 뭐라도……"

야스 "아니요……당치도 않아요……매일 당신이 오기만을 기다렸어요……그런데 직접 만나면, 그저, 더 힘들어지기만 해서……사실 그건 저도 똑같아요……그저, 마사코는 저보다는 훨씬……훨씬 솔직하고 쉽게 동화되는 사람이니까, 참아내질 못하는 거예요"

아오에 "그래도……어째서……"

야스 "……이 아이는 만약 아버지가 당신을 속였으면 어쩌나 해서, 속이 타서 가만히 있지 못해서 그런 거예요. 아니요, 이 아이는 재판이 그렇게 되어버린 건 모두 아버지 탓이다……아버지가 당신을 속였기 때문이라고 한 치의 의심도 없이 믿고 있어요……그러니까……이 아이에게 있어 당신의 친절만큼 감사하면서 괴로운 것은 없어요……저는 잘 알아요……당신이 떠난 후에 이 아이는 분명 던졌던 꽃들을 하나하나 살펴볼 거예요……보고는 울고, 또 보고는 울고……마사코는 그런 아이예요"

아오에 (훌쩍훌쩍 울면서) "내가 솔직히 말할게……너 같은 아이에게 세상 사람들에게나 말하는 진부한 말을 던지고 싶지는 않아……나도 네 아버지가 어딘가 나를 속이고 있다는 것 같다는 것 정도는 알아 …… 그래도 말이지, 네 아버지는 나쁜 사람이라서 그런 게 아니야, 약해서 그런 거야 …… 누군가를 속인다 해도 끝까지 속일 수 있는 사람은 아니야 …… 나는 그것만큼은 믿고 있어 …… 너도 이건 믿어줘 …… 내가 약속할게 …… 나는 절대로 네 아버지에게 그런 나쁜 짓을 하게 하지 않을게 …… 그럴만한 자신이 없었다면 처음부터 네 아버지에게 의뢰하지도 않았을 거야 …… 괜찮아 …… 걱정하지 않아도 돼 …… 가장 중요한 건 무조건 우리가 옳다는 거야 …… 질 리가 없어 …… 저기 말이지 …… 찾고 다녔던 우리 쪽 증인도 찾아냈어 …… 이제는 우리가 이긴 거야 …… 있지 …… 더는 울지마 ……"

마사코, 아오에의 손을 잡고서는 훌쩍훌쩍 울며 아오에의 손에 얼굴을 비빈다.

(O·L)

84 **신문 기사**

나타난 원고 측 증인

관심을 모으고 있는 아무르 사건

오늘 제4회 재판 개정

(O·L)

85 **법정**

첫 장면에 나왔던 할아버지A·B·C가 몸에 익지 않은 기모노 차림으로 주변을 두리번거린다.

재판장 "모르는 건가요, 증인은 한 명씩 심문합니다. 호명되지 않은 증인은 부를 때까지 복도에서 기다려 주십시오"

할아버지A "이상한 소리 하지 마시오. 그때도 셋이 같이 있었으니까, 지금도 셋이 같이 있는 게 말이 맞잖아요"

크게 소란스러워지는 방청석.

재판장 (쓴웃음을 짓고는 배석 판사와 이야기를 나눈다) "그렇다면 심문은 한 명씩 할 테니 나머지 분도 재판장에 있어도 됩니다 …… 그러면 한 명이 셋을 대표해서 선언서를 낭독하십시오"

법원 직원 "기립!"

일동, 기립.

할아버지 셋만 멍하니 주변을 둘러본다.

재판장 "당신들, 당신들 …… 누구 한 명이 선언서를 읽어야 ……"

할아버지A "선언서라니 그게 뭐야"

크게 소란스러워지는 방청석.

법원 직원 "조용히! 조용히!"

재판장 (곤란해 하며) "그러니까, 심문에 있어 절대 거짓말하지 않겠다고 선언하는 겁니다"

할아버지A "무슨 말이야! 어이, 이 나이 될 때까지 한 번도 거짓말해 본 적 없소!"

또 크게 소란스러워진다.

(WIPE)

방청석, 히루타가 할아버지A를 심문하고 있다.

히루타 (아오에와 미야코를 가리키며) "여러분들은 이 사람들을 알고 있습니까?"

할아버지A "알고 말고요…… 아니까 부른 거잖아!"

또 크게 소란스러워진다.

법원 직원 "조용히! 조용히!"

히루타 (식은땀을 닦아내며) "…… 그럼 …… 어디서 만나셨나요?"

할아버지A "갓파자와河童澤 주변에서, 구모토리산을 그리고 있었지요"

할아버지B "난 그런 그림은 처음 봤어 …… 구모토리산은 그렇게 빨갛지 않다고!"

또 시끄러워지는 방청석.

히루타 "…… 그럼 증인에게 물어보겠습니다 …… 그 당시에 이 사람들이 같이 있었나요?"

할아버지A "여자는 조금 뒤에 왔소(라며, 동료들에게) 틀림없지?"

할아버지B·C(동시에) "그랬지!"

히루타 "어쩌다가 두 사람이 같이 오토바이에 타게 되었는지 알고 계시나요?"

할아버지A "그야, 이런 거겠지 …… 여자는 버스도 안타고 걸어 왔으니까 엄청 지쳤던 거야"

할아버지B "그렇지. 그걸 가만두고 볼 수는 없으니까 짐이라도 옮겨주겠다고 화가 양반이 말을 꺼낸 거고"

할아버지C "그렇지. 그러고는 차라리 뒤에 타는 건 어떠냐고 말하게 된 거야"

할아버지A "맞아! 그 말 그대로야"

짝 짝 짝!

방청석에서 박수가 흘러나온다.

법원 직원 "조용히! 조용히!"

피고석에서 히루타를 험악한 얼굴로 째려보는 호리.

히루타 (그 시선을 느끼고는 고개를 숙인다) "이걸로 제 심문을 마치겠습니다"

라며, 자리에 앉는다.

재판장 “다음 피고 측 심문하세요”

가타오카 (조용히 일어서) “딱히 없습니다”

방청석, 의외라는 듯 소란스러워진다.

가타오카 “…… 대신 방금 증언에 대한 원고 대리인의 해명을 요청하고 싶습니다”

재판장 “하십시오”

가타오카 (히루타 쪽을 바라보고) “원고 대리인은 어떻게 이런 중요한, 더구나 하나밖에 없는 증인을 재판 초반부에 데려오지 않았던 겁니까? 현장을 우연히 지나쳤던 사람이었기에 주소도 이름도 알 수 없었다고 합니다. 그러나 조사하지 않은 채 그 상태 그대로 재판을 신청했습니다. 저, 피고 대리인으로서는 그 이유를 이해하기 어렵습니다. 그게 진정 공정한 재판을 바라는 자의 태도입니까? 저는 원고 대리인에게 이 점에 대해 설명을 요구합니다”

히루타, 대답하지 못한다.

재판장 (히루타에게) “원고 대리인, 따로 답변 안 할 겁니까”

히루타, 그저 식은땀을 닦아내고 있다

재판장 (가타오카에게) “원고 대리인은 따로 답변하지 않으려는 것 같습니다(라며, 양옆의 배석 판사와 무엇인가 이야기하고는) 그러면 오늘은 여기서 폐정하겠습니다. 다음은 ……”

(WIPE)

86 아오에의 아틀리에

난로 주변에 앉은 아오에, 미야코, 스미에. 셋, 생각에 잠겨 잠시 무언無言——밖은 바람이 세다. 얼마 지나지 않아 스미에가 연기가 거꾸로 흐르기 시작하는 난로를 무턱대고 흔들면서 말을 꺼낸다.

“…… 그러니까 제가 말했잖아요. 그런 너구리같은 남자를 믿으니까 이렇게 되는 거예요”

아오에 (무언가 말을 하려한다)

스미에 (그 말을 듣지 않고) “그야, 당신은 좋겠지. 당신은 당신 맘대로 해왔으니까 …… 그래도 아가씨가 안쓰러워요”

아오에, 갑자기 일어서서는 방 한구석에 놓여있던 오토바이로 다가간다.

갑자기 엔진 페달을 밟는다.

부릉! 부릉! 부릉!

엄청난 소음에 유리창과 유리 위 천정까지 흔들리기 시작해 방 안이 산산조각이 날 것 같다.

스미에, 귀를 막으며 일어나 큰 소리로 무엇인가 외친다.

아오에 (당황해서 엔진 페달을 밟는 걸 멈추고는) "뭐가?"

스미에 (크게 화가 난 채로) "뭐가?라니요. 정신이 나갈 것 같아요…… 제가 하는 말이 싫으면 싫다고 말하면 되잖아요…… 조용히 할게요…… 방금 같은 짓 안 해도……"

아오에 "(황당하다는 듯이) 저는…… 저는 왠지 자신감이 없어지는 거 같아서 갑자기 저 소리가 듣고 싶어졌던 거예요…… 거슬렸다면 사과할게요"

스미에 "?!"(금방이라도 울 것만 같은 얼굴로 의자에 털썩 주저앉고는 머리를 부여잡는다.)

아오에도 시무룩해져 자리로 돌아간다.

아오에 (미야코에게) "그래도, 진심으로 미안해요. 당신한테는……"

미야코 "괜찮아요…… 저도…… 고등 재판소도, 최고 재판소도 있잖아요"

아오에 "……"

세 사람, 다시 생각에 잠긴다.

바람 소리.

입구가 열리더니 히루타가 들어온다.

문을 닫지 않은 채로 멍하니 우뚝 서 있다.

스미에 (화를 낸다) "문 닫으세요! 춥잖아요"

히루타 (아무것도 들리지 않는 듯 앞만 쳐다보고 있다)

스미에 (조급해 져서) "문 닫으라니까요! 어쩔 수가 없는 사람이네"

히루타 (진흙이 잔뜩 묻은 신발로 터덜터덜 들어온다) "마사코가…… 마사코가 죽었어요!"

아오에, 미야코, 스미에, 가만히 서서 움직이질 못한다.

히루타 (멍한 눈을 크게 뜨고 가슴을 쥐어뜯는다. 조끼에 달린 단추를 뜯으면서 가슴 깊은 곳에서 나오는 신음소리를 낸다) "…… 우…… 우…… 아, 아버지…… 아, 아오에 씨가 이겼다! …… 아오에 씨가 이겼다라고 소리치면서 마사코는 죽어 버렸어요"

입구 문에서 들어오는 바람이 방 안을 휘몰아친다.

종이가 날아오른다! 커튼이 펄럭인다!

그 바람을 맞으며 아오에와 미야코, 스미에는 히루타에게 시선을 고정한 채 얼어붙은 듯이 움직이지 못한다.

(O·L)

87 신문 기사

종국에 다다른 아무르 사건

드디어 오늘 결판인가
원고 측 패소 확실

(O·L)

88 법정

어딘가 초연한 원고석 —— 갑자기 늙어 버린 히루타의 비통한 옆얼굴이 인상적이다.

피고석은 밝다 —— 그러나 여전히 침착한 가타오카 박사의 태도와 호리의 들떠서 불성실한 태도가 서로 어울리지 않는 느낌이다.

방청석은 쥐 죽은 듯이 조용하다.

재판장 (느리게) "음…… 재판소는 이전까지의 변론으로 양쪽이 신청했던 증거에 대한 조사는 끝났다고 봅니다. 오늘은 지금까지의 변론 결과를 바탕으로 마지막으로 한 번 더 원고, 피고 양측의 주장을 듣고 이번 사건의 쟁점을 명확히 해 재판의 공평을 기하려고 합니다. 그러면 원고 측부터 발언해 주시기 바랍니다"

라며, 히루타를 바라본다.

히루타, 앞을 바라본 채 움직이지 않는다.

재판장 "원고 대리인, 무언가 발언은 없습니까"

히루타 (어리둥절한 표정으로 얼굴을 들며) "네?"

방청석의 불만스러운 동요.

재판장 "원고 아오에에 대한 심문을 하지 않을 겁니까"

히루타 (여전히 멍한 얼굴이다)

아오에, 그런 히루타를 보고는 일어선다.

"재판장님, 제가 말할 수 있도록 해주십시오"

재판장 "하십시오"

아오에 (당당하게, 그러나 솔직하게 말한다) "오늘까지의 공판 결과는 명백하게 저희에게 불리합니다. 신문에서도 저희의 패소가 확실하다고 합니다. 그러나 저는 절대로 지지 않을 거라고 믿습니다. 왜냐하면 저희가 옳기 때문입니다. 그 기사가 거짓말이기 때문입니다"

방청석에서 울고 있는 스미에.

아오에 "…… 가타오카 박사는 이전 공판에서 저희의 유일한 증인을 보기 좋게 역으로 이용해 저희가 재판 자체를 가볍게 보고 있다는 것을 증명하기 위해 노력했습니다. 그러나 제가 잘못했다고 한다면 그건 법률이라는 것을 단순히 믿기만 했다는 것뿐입니다. 저는 옳습니다. 이건 저희가 가장 잘 알고 있습니다. 그러니까 자신 있게 법정에 나온 겁니다…… 그러나, 지금의 저희에게는 저희의 주장을 뒷받침할 증거가 없을 지도 모릅니다. 있는 건 저와 여기 있는 사이조 씨의 얼굴뿐입니다. 재판장님, 잘 봐주십시오. 이게 거짓을 진실이라고 말하는 얼굴로 보이십니까?(자리에 앉는다)"

방청석에서 박수가 터져 나온다.

재판장 "조용히! …… 그밖에 할 말은 없습니까?"

아오에 "없습니다"

재판장 (미야코에게) "원고 사이조는 따로 발언이 있습니까?"

미야코 (아무 말 없이 목례한다)

재판장 "그러면 피고 측 발언해 주십시오"

가타오카 (일어나서 온화하게) "지금 원고 본인의 발언은 대단히 예술가다운 솔직한 논지였기에 가슴이 뭉클해졌습니다. 그러나 참으로 지당하다고 여기지만, 재판이라는 것에 대해 조금의 오해를 하고 계신다는 것을 알게 되었습니다. 그건 잠시 차치하고, 피고 대리인인 제가 여기서 특히 지적 드리고 싶은 것은 이 소송의 상대로서 원고 대리인의 생각입니다. 혹여나 대리인으로서 변호사가 법정에 서는 이상 변호사도 그 재판에 대해 막중한 책임이 있는 겁니다. 저는 원고 대리인에게 그 점에 대한 견해를 듣기를 바랐던 것입니다. 아쉽게도 답변은 듣지 못했습니다. 또 원고 본인 아오에 씨는 자신이 옳다, 그것은 자기 스스로가 가장 잘 알고 있다고 말하셨는데, 그것은 대개 결론 없는 논의로 끝나게 될 뿐이겠지요. 피고도 자신이 옳다고 생각할 만한 증거가 있었던 겁니다. 피고도 자신이 옳다고 믿고 있는 겁니다(앉는다)"

재판장 "양쪽, 그밖에 진술할 말은 없습니까?"

오들오들 떨고 있는 히루타.

"이 …… 있습니다"

라며, 비틀거리며 일어선다.

히루타 "지 …… 지금 가타오카 박사는 피고도 자신이 옳다고 믿고 있다고 말하셨지만, 그, 그건 사실이 아닙니다 …… 그렇다는 명확한 증거를 …… 제가 가지고 있습니다!"

방청석의 사람들이 일제히 긴장한다.

뉴스 카메라의 스포트라이트가 일제히 히루타에게 집중되어 조용해진 법정에 카메라 셔터 소리만이 벌 울음소리 마냥 울려 퍼진다.

히루타 (식은땀을 손수건으로 닦아내면서 상기된 목소리로 계속해서 말한다) "재, 재판장님, 워, 원고 측 증인으로 저, 저 히루타를 심문해주시기 바랍니다.

다행스럽게도 원고 본인이 재판장에 있으니…… 저는…… 허락을 얻고 원고 대리인 자리에서 물러나…… 증인대에 서고 싶습니다"

소란스러워지는 방청석.

재판장 "조용히 (가타오카에게) 피고측 이의 없습니까?"

가타오카 (뒤돌아 호리를 쳐다본다)

호리 (놀라 당황한 듯 히루타를 째려보고 있다)

가타오카 (그 팔꿈치를 건들며) "어떻게 하고 싶으세요?"

호리 (고개를 강하게 내젓는다)

가타오카 "이유는? 이의를 제기하기 위해서는 그 이유를 확실히 할 필요가 있습니다만"

호리 (자포자기한 듯이 어깨를 움츠린다)

재판장 "피고 측 반론 없습니까?"

가타오카 (호리를 미심쩍은 듯이 바라보면서) "없습니다"

재판장 (히루타에게) "그렇다면 증인대에 서주시기 바랍니다"

히루타 (비틀거리며 증인대에 선다. 덜덜 떨리는 손으로 가슴 주머니에서 종잇조각을 꺼낸다) "…… 이, 이건 피고가 제 이름으로 발행해 준 십만 엔어치 수표입니다"

가타오카, 깜짝 놀라 호리를 쳐다본다.

호리, 창백하다.

소란스러운 방청석.

법원 직원, 히루타가 내민 수표를 가져가 재판장에게 보여준다.

재판장, 수표를 조사해 보고는 법원 직원에게 돌려준다.

법원 직원, 아오에가 있는 곳으로 가서 아오에에게 수표를 보여준다.

재판장 (아오에에게) "지금 보여주신 수표를 원고 측 증거로서 제출하시겠지요?"

아오에 (수표를 쳐다보던 시선을 들어 멍한 얼굴로 히루타를 본다)

증인대의 난간 손잡이를 꽉 쥐고는 긴장한 채 눈을 감고 있는 히루타 ── 이상하게 뭔가 의연함이 엿보인다.

아오에 (히루타를 본 채로) "네"

재판장 "그렇다면 증인을 심문하겠습니다. 지금 보여주신 수표는 원고 측 증거로서 어떤 의미를 가집니까?"

히루타 "제, 제가…… 저, 저번 공판에서 가타오카 박사의 질문에 대답하지 못했던 이유가 이겁니다…… 저, 저는 이 수표 때문에…… 증인 신청을 하지 않았습니다…… 이 법정을 더럽혔습니다…… 재판장님께도 가타오카 박사님에게도 제 의뢰인에게도 면목이 없습니다…… 저, 저는, 여기서 저의 부정과 함께 피고의 부정을 주장합니다"

재판장 (좌우 배석 판사와 무엇인가 얘기를 나누고는, 피고 측을 향해) "피고 측 반론 없습니까?"

그 사이, 법원 직원이 들고 온 수표를 조용히 살펴보던 가타오카 박사. 수표를 직원에게 돌려주고는 힐끗 호리에게 시선을 주고는 탁 하고 서류를 닫는다.

가타오카 "성립을 인정합니다"

우와! 방청석의 뜨거운 열기.

기자들, 제각기,

"이겼다!"

"이겼다!"

"원고의 승리다!"

멍한 모습의 아오에와 미야코.

플래시! 플래시! 플래시!

창백한 얼굴을 일그러뜨리며 자포자기한 듯이 웃는 호리.

스미에 (뛰어 오르며 소리친다) "아오에 씨, 만세!"

재판장도 법원 직원도 망연한 모습이다.

(WIPE)

89 **법정의 어느 곳**

신문 기자들에게 둘러싸인 아오에와 미야코.

기자A "지금 느낌은요?"

기자B "이기신 느낌은 어떠신가요?"

아오에 "기쁩니다. 우선 이걸로 저희는 아무런 제약 없이 자유롭게 사귈 수 있게 되었어요"

라며, 미야코를 돌아본다.

미야코는 정겹게 웃고있다.

기자C "무슨 의미입니까, 그건"

아오에 "그러니까, 오늘 이후로 저희는 이상한 취급 받지 않으면서 연애할 수 있게 되었어요"

기자들, 놀라서 잠시 동안 무언.

이윽고, 시끌벅적해진다.

기자A "우리가 완전 당했네"

기자B "연애 공식 성명이라는 거지, 말하자면"
기자C "기사로 낼게요. 괜찮지요?"
아오에 "음…… 그런데 그것보다도"
기자A "그것보다도…… 무슨 말인가요"
아오에 "이건 기사에 못 올라갈 거예요"
기자B "말씀해 주세요, 뭔가요, 그건?"
아오에 "저희는 말이지요, 지금 별이 태어나는 장면을 본 겁니다"
기자A "네? 조금 더 자세히 설명해주세요"
아오에 "못해요. 다르게 표현할 방법이 없어요"
기자A "히루타 변호사 말씀이신가요?"
아오에 "네, 그렇지요"
기자B "지저분한 별이네요"
다들 웃는다.
아오에 (미소 한점 없이) "어찌 되었든 태어나서 처음으로 별이 태어나는 걸 봤습니다…… 이 감개무량함에 비하면 승리 같은 건 보잘 것이 없어서 문제가 아닙니다"

90 **거리**

바람 속을 콧물을 훌쩍이며 오는 히루타.
이윽고 한순간에 나이 들어버린 쓸쓸한 뒷모습을 하고 터벅터벅 인파 속으로 사라져 갔다.

제3부

감독·제작에 대한 관심 (1946~1950)

1. 연합군 최고사령부와 도호 쟁의

1945년 8월 6일의 히로시마의 원폭 투하. 8일의 소련의 선전포고, 9일의 나가사키 원폭 투하. 전의를 상실한 일본은 포츠담 선언을 수락하고 15일, 천황은 라디오 방송을 통해 무조건 항복을 선언했다. 구로사와 아키라黑澤明, 당시 나이 35세. 그는 당시 《호랑이 꼬리를 밟는 남자들虎の尾を踏む男達》을 제작하고 있었는데, 패전으로 잠시 촬영이 중단되었지만 패전 후 3, 4일 만에 재개되었고 이후 무사히 완성되었다. 구로사와는 전쟁 중의 자신에 대해서 회고하며 “전쟁 중의 나는 군국주의에 대해서 무저항이었다. 애석하게도 적극적으로 저항할 용기도 없어, 적당히 영합하든가 혹은 도피했다고 하지 않을 수 없다.”라고 기술하고 있다.

초토화된 국토와 공허한 정신적 황폐 속에서, 그간 군국주의 하에서 오로지 국책영화를 만들 수밖에 없었던 영화인들은 새 시대에 적합한 어떤 ‘이야기’가 가능한지 모색하였고, 구로사와도 역시 이러한 질문과 정면으로 마주한 인물 중 한 사람이었다.

패전 직후 일본에 진주한 연합군 최고사령부GHQ는 철저한 비군국주의화와 민주화 정책을 주도하였다. 그 일환으로 검열 제도를 강화하는 형태로 영화 통제 정책이 시행되었다. 영화는 ‘대중을 계몽하는 수단’인 동시에, ‘전쟁 책임을 은폐할 수 있는 위험한 선전 매체’이기도 했기 때문이다. 1945년 9월 22일 자로 GHQ의 민간정보교육국(CIE)은 일본의 영화제작자들에게 ‘민주주의적 가치를 장려하는 영화’를 제작할 것을 권고하였다. 그 권장 주제로는 여성의 지위 향상, 봉건 제도의 부정, 개인의 존엄성, 자유로운 토론, 직업 선택의 자유 등이 포함되었다.

한편, 패전 일본의 문화 전략을 담당한 민간정보교육국의 영화반 초대

반장 데이비드 콘데David Conde는 촬영소에 노동조합 결성을 서두르게 했으며, 회사와의 교섭 방법 등에 대해서도 조합을 지도하였다

1945년 12월, 도호東寶 촬영소에서는 전후의 혼란과 사회주의 운동의 고조에 따라 도호종업원조합東寶從業員組合이 결성되어, 여러 차례 파업을 벌였다. 이마이 다다시今井正나 야마모토 사쓰오山本薩夫 등 일본공산당원이 전쟁 중부터 재직하고 있었기 때문에, 노동운동은 급속히 고조되었고, 약 5,600명의 조합원을 가진 거대한 세력으로 성장하여 회사와 정면 대결하게 되었다. 이러한 배경에는, 도호가 전쟁 전부터 인재 부족으로 인해 학생운동가, 노동운동가, 사회주의자들을 다수 채용해 왔으며, 이것이 전후 일본공산당의 합법화와 함께 일시에 폭발한 것이다. 1946년 3월의 임금 인상 투쟁(제1차 쟁의)에서 도호종업원조합은 일본공산당의 지도 아래 승리를 거두었고, 같은 해 4월 결성된 일본영화연극노동조합日本映畫演劇勞動組合(약칭은 '일영연')에 가입하였다.

조합은 회사 측만이 아니라 노동자 측에게도 영화를 기획 제작할 수 있는 권리를 달라고 주장하였다. 이 운동의 중심이 된 것은 물론 좌익 영화인들이었지만, 이 당시 구로사와는 조합과 의견을 같이 하였다.

2. 《내 청춘에 후회 없다》

《내 청춘에 후회 없다》는 1946년 10월 29일 공개된, 흑백, 스탠다드 사이즈(1:1.33), 110분 작품이다. 제작 및 배급은 도호 주식회사. 촬영은 1946년 4월 6일, 제1차 도호쟁의가 종결된 뒤부터 그 해 10월 15일, 제2차 도호쟁의가 시작되기 전, 약 6개월간에 걸쳐서 급히 진행되었다. 『신영화新映畫』 독자상. 『키네마순보キネマ旬報』 베스트텐 2위.

1946년, 전후의 혼란이 여전히 가시지 않은 봄, 도호 촬영소의 한 모퉁

이에서 하나의 기획이 태동하고 있었다. 바로《내 청춘에 후회 없다》이다. 모든 시작은 프로듀서 마쓰자키 게이지松崎啓次의 발안이었다. 마쓰자키는 전후 일본의 청년상을 영화로 담아낼 수 있는 기획을 구상하고, 시나리오 집필을 히사이타 에이지로久板榮二郎와 구로사와에게 의뢰한다. 전후 민주주의화의 일환으로 GHQ가 의뢰한 것이 아닌가 하는 설도 있지만 마쓰자키의 발안이 결정적인 제작의 동기가 되겠다. 구로사와와 히사이타 두 사람은 약 20일에 걸쳐 빠른 속도로 제1고를 완성하지만, 이 대본은, 기묘한 방식으로 제동이 걸리게 된다.

그해 4월, 제1차 도호쟁의가 끝나고, 도호종업원조합은 영화 제작의 결정권에 실질적으로 관여하게 된다. 즉 '기획심의회企畫審議會'라는 이름의 조직을 통해, 영화의 방향성과 주제에까지 영향을 미치게 된 것이다. 《내 청춘에 후회 없다》의 대본 역시 이 심의회에 제출되었다. 그런데, 심의회는 이 대본이, 구스다 기요시楠田清 감독의《생명이 있는 한命ある限り》(1946·8)과 소재가 유사하다고 판단하였다. 두 작품이 모두 조르게 사건의 오자키 호쓰미尾崎秀實를 모델로 다루고 있었기 때문이다. 그러나 문제는 그 이상의 정치적 배경에 있었는바, 구스다 감독의《생명이 있는 한》은 조합 간부였던 야마가타 유사쿠山形雄策 자신이 각본을 쓴 작품이었던 것이다. 심의회의 결정은 이미 처음부터 정해져 있었던 셈이다. 구로사와는 두 작품은 전혀 다른 것이라고 반론을 제기했으나, 받아들여지지 않았고, 결국 그는 대본의 마지막 20분을 새롭게 써야 했다.

《내 청춘에 후회 없다》는 교토대 사건의 다키가와 유키토키瀧川幸辰와 조르게 사건의 오자키 호쓰미라는 역사적 사건과 인물을 소재로 하여, 파시즘의 시대에 탄압받았던 교수와 학생들의 사제 관계, 그리고 그런 시대에 자아에 눈뜨는 여성의 모습을 그린다.

줄거리는 이하와 같다.

사상탄압으로 교토제국대학에서 파면 된 야기하라八木 교수의 딸 야기하라 유키에八木原幸枝가 좌익 활동가 노게 류키치野毛隆吉와 결혼하지만, 남편은 간첩사건으로 연루되어 체포되어 옥사한다. 남편의 죽음을 안 유키에는 시골에서 농사를 짓고 있는 남편의 부모 밑에서 생활한다. 노게의 부모는 스파이의 부모라고 해서 마을에서 비난을 받으며 집에서 나오지도 못하고 농사일도 할 수가 없었다. 주위의 차가운 시선에도 유키에는 시어머니와 같이 농사일을 시작한다. 마을 사람이 모내기해 놓은 벼를 모두 망쳐놓지만, 유키에는 이에 굴하지 않고 묵묵히 자신의 일을 계속한다. 이윽고 종전을 맞게 되고 유키에는 그 지역의 농민운동 지도자로서의 삶을 살아갈 것을 결심한다.

스태프는 다음과 같다.

• 감독 : 구로사와 아키라
• 각본 : 히사이타 에이지로久板榮二郎
• 제작 : 마쓰자키 게이지松崎啓次
• 촬영 : 나카이 아사이치中井朝一
• 미술 : 기타가와 게이지北川惠司
• 녹음 : 스즈키 이사무鈴木勇
• 음악 : 핫토리 다다시服部正
• 연출보조 : 호리카와 히로미치堀川弘通
• 조명 : 이시이 조시로石井長四郎
• 음향효과 : 미나와 이치로三繩一郎
• 편집 : 고토 도시오後藤敏男
• 제작책임 : 다케이 료竹井諒 등

등장인물과 배우는 다음과 같다.

• 야기하라 유키에八木原幸枝 : 하라 세쓰코原節子
• 노게 류키치野毛隆吉 : 후지타 스스무藤田進
• 야기하라八木原 교수 : 오코치 덴지로大河内傳次郎
• 노게의 어머니 : 스기무라 하루코杉村春子

- 야기하라 부인 : 미요시 에이코三好榮子
- 이토카와糸川 : 고노 아키타케河野秋武
- 노게의 어머니 : 고도 구니노리高堂國典
- 독 딸기 : 시무라 다카시志村喬
- 문부대신 : 후카미 다이조深見泰三
- 하코자키筥崎 교수 : 시미즈 마사오清水將夫
- 학생 : 다나카 하루오田中春男
- 형사 : 히카리 하지메光一, 미사키 요지岬洋二
- 이토카와의 어머니 : 하라 히사코原緋紗子
- 검사 : 다케무라 신武村新
- 소사 : 가와사키 다테오河崎堅男
- 노파 : 도마 후사코藤間房子 등

요시다야마吉田山 장면은 기누가사야마衣笠山와 다카라가이케寶ヶ池에서 촬영되었으며, 학생운동 장면은 교토대학과 도쿄대학의 캠퍼스를 빌려 이루어졌고, 특히 야기하라八木原 교수의 기념강의는 도쿄대학 법학부 125번교실에서 이루어졌다. 이 모든 로케이션이 가능했던 배경에는, 감독 보조였던 호리카와 호리미치堀川弘通가 도쿄대 출신이었고, 그의 인연을 통해 법학부장 와가쓰마 사카에我妻榮의 허락을 받아낼 수 있었다.

기술적으로도 흥미로운 시도가 있었다. 구로사와는 노게와 유키에의 재회 신에서 두 사람 모두에게 핀트를 맞추는 팬 포커스를 시도하고자 했다. 팬 포커스는 조명을 환하게 해야 하는데, 당시 심각한 전력부족으로 조명 장비를 충분히 돌릴 수 없어, 결국 이 시도는 중단되었다.

시나리오를 쓴 히사이타 에이지로 씨는 "(이것은) 분명 마쓰자키 군이 제안한 것이었습니다. 전후의 무기력한 사람들에게 자아가 강한 인물을 통해 활력을 넣어야 생각으로 배우로 하라 세쓰코 씨로 정해졌습니다. 지금 생각해 보면 꽤 특이한 인물상이었다고 생각합니다. 하지만 그 강함이 젊은 사람들의 공감을 얻은 것은 아닐까요? 대본은 최종본까지 3개월 걸렸습니다. 실제로 쓰는 작업은 20일 정도였습니다. 테마를 결정하고 인물 검토를 거쳐 제1고가 완성되었습니다. 그러나 당시 도호에서 구스다 기요시 씨가 같은 소재로 영화를 만들고 있어서 트러블이 생겼습니다. 그래서 후반을 수정했습니다."라고 회고한다.

1946년 10월 29일 개봉되었지만 제2차 도호쟁의의 영향으로 닛카쓰日活 계열의 극장에서 상영되었다. 이처럼 『내 청춘에 후회 없다』는 순탄치 않은 제작 과정을 거쳤고, 정치와 예술, 전후 혼란이 교차하는 장소에서 만들어졌다. 이 영화는 단순한 멜로드라마를 넘어서, 패전의 결과 갑자기 찾아온 민주주의에 대한 물음을 과감하게 관객에게 던지면서, 그 속에서 여성의 자아의 자각을 철저하게 규명한 획기적인 작품이라 할 수 있다.

3. 《멋진 일요일》

《멋진 일요일》은 1947년 7월 1일 공개된, 흑백, 스탠다드 사이즈(1:1.33), 109분 작품이다. 제작 및 배급은 도호 주식회사. 우에쿠사 게이노스케가 제1고를 맡았고, 1947년 1월 8일, 촬영소 근처의 기숙사에서 구로사와와 프로듀서인 모토키 소지로本木莊二郎와 함께 제1고의 검토에 들어갔다. 그리고 이후 10일 간에 걸쳐 구로사와와 우에쿠사는 그곳에서 최종본을 집필했다.

마이니치每日영화콩쿨 감독상·각본상(우에쿠사 게이노스케). 『영화세계映畫世界』감독상. 『키네마순보キネマ旬報』 베스트텐 6위.

《내 청춘에 후회 없다》가 완성될 즈음, 쇼치쿠松竹, 니치에이日映, 다이에이大映의 조합보다 먼저, 1946년 10월 15일, 도호 촬영소에서는 제2차 도호쟁의가 발생하였다. 다른 영화사의 조합보다 조합원 수나 단결력이 앞서 있었지만 내부에서는 공산당에 대한 혐오감과 불만이 커져 가고 있었다. 전술한 '기획심의회'의 결정도 그러했지만 무리하게 조합을 운영하는 경우가 많아졌다. 그리고 무엇보다도 전쟁 중에는 전쟁에 협조하고 찬양하던 자가 패전 후 좌익적인 발언을 하고 공산당원을 자처한 자들이 많았기 때문이다.

회사 측에서는 조합의 불만을 품은 보수적인 조합원들을 중심으로 제2의 노동조합을 만들도록 유도하였고, 조합에 대한 불만 세력이 규합되어 촬영소 조합원 1,300명 중 450명이 반조합파가 되어 도호를 떠났다. 이 중에는 「십인의 깃발 모임十人の旗の會」이라 해서 당시 회사를 대표하는 간판스타도 함께 했다. 회사 측은 구도쿄발성촬영소舊東京發聲撮影所와 구해군항공자료제작소를 개방해서 촬영소제2제작부를 두어 이들을 수용하였다. 바로 신토호新東寶의 발족이다. 이후 신토호는 이후 1961년 5월 사실상 해산하게 된다.

한편, 반조합파가 신토호로 갈라선 뒤, 조합은 회사와 교섭을 계속하여 1946년 12월 3일 새로운 단체협약서를 체결한다. 조합대표가 참여하는 제작위원회는 제1차 쟁의 때보다 권한이 강화되어, 영화의 내용, 배역, 예산도 회사가 자유롭게 결정할 수 없게 되었다. 가령, 1947년의 제작편수를 회차 측에서는 24편으로 예상했으나 실제로는 14편으로 감소했다. 좋은 영화를 만들겠다는 조합 측에 의해 제작에 걸리는 시간, 비용이 크게 늘었기 때문이다. 회사는 경영상의 부담을 안을 수밖에 없었고 공산당을 싫어하는 강경파에 의해, 1947년 3월, 도호 사장이 이상주의였던 오사와 요시오大澤義夫에서 창립자 고바야시 이치조小林一三의 동생·다나베 가타마루田邊加多丸로 교체되었다.

조합에 반대한 스타배우가 도호를 떠난 후, 도호에서는 조합이 주도하여 5편의 감독주의 작품을 기획하고, 이즈伊豆의 나가오카長岡 온천 여관에 합숙하여 시나리오를 집필했다.

《멋진 일요일》은 그 기획 중 한편으로 기획되었지만, 구로사와는 같은

기획 작품인《은령의 끝銀嶺の果て》,《네개의 사랑이야기四つの戀の物語》의「첫사랑初戀」의 각본도 써야 했기 때문에, 초등학교의 학우 우에쿠사 게이노스케植草圭之助에게 시나리오의 대강을 이야기해 주고 우에쿠사에게 제1고를 맡겼고, 이후 두 사람이 최종본을 집필했다.

줄거리는 다음과 같다.

유조와 마사코는 어느 일요일 데이트를 하는데, 수중에 있는 돈은 단돈 35엔뿐. 10만 엔짜리 견본 주택은 그들에게는 먼 나라의 이야기로, 아파트 셋방조차도 둘이 살기에 돈이 턱없이 부족하다. 아이들의 야구 놀이에 끼어든 유조가 친 공은 만두 가게에 날아 들어가 손해배상을 한다. 이제 남은 돈은 20엔. 문득 군대에서의 전우가 지금 댄스홀의 사장을 하고 있는 것이 생각난 유조는 댄스홀에 찾는데, 그곳에서 친구라는 명목으로 돈을 갈취하러 온 자로 오해를 받고 실망하여 나온다. 남은 20엔으로 두 사람은 콘서트를 보러 갔는데, 공연표를 암표상이 사재기 한 탓에 매진이 되어 버린다. 유조는 화가 나서 암표상에게 대들지만, 오히려 구타를 당한다. 참담한 심정으로 유조의 하숙집으로 돌아온 두 사람. 자포자기의 심정이 된 유조가 갑자기 마사코를 안으려 한다. 일단 본능적인 두려움으로 하숙집을 뛰쳐나간 마사코였지만 마음을 다시 먹고 다시 하숙집으로 돌아온다. 유조는 마사코의 진심을 알고 자신의 행동을 반성한다. 두 사람은 비가 갠 뒤의 거리로 다시 나온다. 그리고 어느 찻집에 들어갔지만 비싼 커피 값에 다시 참담해진다. 두 사람은 폐허가 된 공터에서 미래의 이상적인 작은 찻집을 열겠노라고 다짐한다. 이윽고 날이 저물어 두 사람은 조용한 음악당을 찾았고 그곳에서 둘만의 콘서트를 시도한다. 지휘자가 된 유조가 가슴을 펴고 무대에 섰다. 쓸쓸히 메아리치는 마사코의 단 한 사람의 박수 소리. 마사코가 아무도 없는 음악당에서 화면을 향해 애절한 목소리로 "제발 박수를 쳐주세요, 부탁드립니다"라고 외쳤다. 그 순간, 놀랍게도 음악 소리가 점점 커지고 유조가 양 손을 들고 지휘봉을 움직이자 웅장한 미완성 교향곡이 음악당에 울려 퍼진다.

스태프는 다음과 같다.

- 감독 : 구로사와 아키라
- 제작 : 모토키 소지로本木莊二郎
- 각본 : 우에쿠사 게이노스케植草圭之助
- 촬영 : 나카이 아사카즈中井朝一
- 미술 : 구보 가즈오久保一雄
- 녹음 : 야스에 시게토安惠重遠
- 음악 : 핫토리 다다시服部正
- 연출보조 : 고바야시 쓰네오小林恒夫
- 조명 : 기시다 구이치로岸田九一郎
- 음향효과 : 미나와 이치로三繩一郎
- 편집, 감독조수 : 이마이즈미 요시타마今泉善珠
- 촬영조수 : 사이토 다카오齋藤孝雄
- 현상 : 도호 필름 래버러토리
- 특수효과 : 도호 특수기술부

등장인물과 배우는 다음과 같다.

- 유조雄造 : 누마사키 이사오沼崎勳
- 마사코昌子 : 나카키타 지에코中北千枝子
- 불량배(댄스홀의 부랑자) : 와타나베 아쓰시渡邊篤
- 만두집 주인 : 나카무라 제코中村是好
- 길거리 사진사 : 우쓰미 돗파內海突破·나미키 이치로並木一路
- 암거래상 같은 남자(주택전시장 손님) : 스가이 이치로菅井一郎
- 댄스홀의 지배인 : 시미즈 마사오清水將夫
- 아파트 접수창구 남자 : 고바야시 도쿠지小林十九二
- 부랑아 : 미즈타니 시로水谷史朗
- 댄서 : 히다카 아구리日高あぐり

주인공은 '평범하고 눈에 띠지 않는 연인'이라고 설정하였다. 그래서 배역으로 징병에서 막 복귀한 누마자키 이사오와 경력 4년 차의 나카키타

지에코를 기용했다. 두 사람 다 아직 유명하지 않은 무명의 배우였다.

도호 촬영소는 본 작품을 포함해 4작품을 동시에 촬영하고 있었다. 도호노동조합으로부터 경비 절약을 위해 세트를 사용하지 않고 전부 로케이션으로 촬영하도록 요구받았던 구로사와는 본 작품을 세미 다큐멘터리적인 방법으로 만들기로 했다. 촬영은 신주쿠新宿나 우에노上野 등에서 이뤄졌으나, 연기 경험이 적은 누마자키가 로케이션 장소에 몰려든 구경꾼들 앞에서 긴장하여 연기를 잘 하지 못했다. 이에 모토키가 제작부와 교섭하여 남아 있던 신인 히비야日比谷 야외 음악당은 세트 촬영으로 변경했다.

마지막 신에서는 마사코가 관객을 향해서 말을 걸고 박수를 요청한다고 하는 실험적 연출이 시도되었다. 구로사와는 이 연출로 영화를 관람하는 관객이 박수를 쳐서 영화에 참여하는 것을 기대했다. 한편, 우에쿠사는 마사코의 요청 뒤, 아무도 없는 무대에서 박수 소리가 들리고, 사실은 주인공과 비슷한 처지의 연인들이 앉아 박수를 치고 있었다는 설정으로 연출할 것을 주장했지만, 구로사와는 자신의 안을 관철시켰다.

4. 《주정뱅이 천사》

《주정뱅이 천사》는 1948년 4월 27일 공개된, 흑백, 스탠다드 사이즈(1:1.33), 98분 작품이다. 제작 및 배급은 도호 주식회사. 1947년 11월, 준비. 11월 하순, 촬영개시. 1948년 1월, 로케이션 촬영 및 세트 촬영. 3월 10일, 촬영을 종료한다.

마이니치毎日영화 콩쿨 일본영화상·촬영상·음악상. 도민都民영화 콩쿨 금상. 『영화세계映畫世界』 영화세계사상·작품상, 『신영화新映畫』 신영화상 1위. 『키네마순보キネマ旬報』 베스트텐 1위.

1947년 3월에 도호의 사장으로 취임한 다나베 가타마루는 같은 해 12월에 사임하고 새롭게 반공反共 사상을 가진 와타나베 데쓰조渡邊鐵藏가 사장으로 취임한다. 다나베의 재임 기간이 짧았던 이유는 이 기간 동안, 조합은 이전 오사와 사장 때 조인했던 조약의 권리를 최대한 확보하려 하고자 회사 측과 83회에 걸친 철야 교섭으로 다투었기 때문이다.

한편, 도호의 보수화는 미국의 일본점령 정책의 보수화와 무관하지 않다. 미국과 소련의 대립이 심하지 않았던 제2차세계대전 직후, GHQ의 민간정보교육국(CIE)의 주요인사들은 일본을 민주화시키기 위해 본국에서도 실현시킬 수 없었던, 사회경제의 근본적인 변혁을 꾀하려고 노력하였다. 하지만 그들의 이상주의는 세력을 잃게 되었는데, 가장 큰 이유는 대외정책의 변화, 즉 미국과 소련의 대립, 냉전이 첨예화되었기 때문이다. 일본의 민주화를 대의명분으로 삼았던 점령정책은 중국 대륙에서 미국이 기대했던 국민당정권이 부진하자 이를 대신하여 일본을 반공 기지로 삼는 쪽으로 수정된다.

GHQ의 민주화 정책의 일환으로써 노동조합의 결성이 인정되어, 급속히 노동운동이 활발해졌다는 점은 전술한 바와 같다. 특히 1946년 말부터 1947년 초에 걸쳐, '산별회의(산업별 노동조합 회의)' 등 좌파 세력을 중심으로 2월 1일 총파업(전국 동시 파업)이 계획되었는데, 이 파업은 공무원을 포함해 약 400만 명이 참가하는 등, 정부를 뒤흔들 수 있는 대규모 행동으로 예상되었다. 이전까지 노동조합에 관대했던 GHQ의 정책이 수정되었다는 점은 GHQ를 이끌던 더글러스 맥아더 원수가 1947년 1월 31일, '맥아더 서한'을 발표함으로써 명백해진다. '맥아더 서한'은 정부 기관의 노동자가 파업을 하는 것이 공공의 안전과 질서에 대한 중대한 위협이며, 허용되어서는 안 된다는 것을 골자로 하기 때문이다. 이 성명으로 인해 총파업은 실행 직전에 철회되었고, 일본 노동운동, 특히 공무원의 파업권이 부정되면서, 큰 타격을 받았다. 총파업의 배후에는 좌파, 공산당 계열

세력이 개입하고 있었기 때문에, 소련과의 냉전 초기에 미국은 이러한 세력을 억제하려는 의도도 있었다. 결과적으로 GHQ는 한편으로는 '민주화'를 내세우면서도, 사회 불안을 막고 공산주의 확산을 억제하기 위해 보수적인 조치를 취하는 이중적 태도를 보였다고 할 수 있다.

반공 사상을 가진 와타나베 신임 사장은 이듬해인 1948년 1월, 나는 두 개의 '아카'와 싸우겠다라고 선언한다. 아카란 적자라는 뜻을 가진 '아카지赤字'의 아카, 그리고 공산당을 의미하는 '아카赤'를 의미한다. 그리고 조합이 가지고 있었던 권한인 '기획심의회'를 폐지하고 조합의 기획으로 제작되는 영화를 중지시켰다.

《주정뱅이 천사》의 제작은 이러한 혼란스러운 상황 속에서 진행되었다.

야마모토 가지로山本嘉次郎의 《신바보시대新馬鹿時代》(전편·후편)는 1947년에 10월에 개봉되었다. 이 영화에는 미술감독인 마쓰야마 다카시松山崇가 디자인한 도호 기누타촬영소砧撮影場의 암시장의 오픈세트가 사용되었다. 회사 측은 거액을 들여 만든 오픈세트인 만큼 이것을 사용해 새로운 작품을 한편 더 만들어 보자는 제안을 하였고, 이 제안에 호응한 것이 구로사와, 우에쿠사 게이노스케(각본), 모토키 소지로(제작)의 《멋진 일요일》의 스텝진이었다.

그런데, 각본 작업에 들어간 우에쿠사와 구로사와 사이에 주인공인 야쿠자에 대한 인식의 차이가 생겼다. 우에쿠사는 구로사와에게 청년 야쿠자가 어릴 적 친구인 창부娼婦인 소녀와 자살을 하는 스토리를 제안했다. 하지만 구로사와는 주인공인 야쿠자가 사회의 희생자로서 동정적으로 그려져서는 안 된다며, 그 제안을 받아들이지 않았다. 우에쿠사는 야쿠자의 '악'은 그만의 책임이 아니라 사회 또한 책임을 져야 한다는 입장이고 한편 구로사와는 그런 사회에서도 정직하게 생활하는 선량한 사람도 있으니, '악'은 용서할 수 없다는 입장이었던 것이다. 결국 구로사와의 의견대로 야쿠자를 부정하는 주제로 가닥을 잡았다.

하지만 결과적으로 작품의 주제가 구로사와가 처음 의도한 바와는 조금 달리 대중들에게 받아들여진 측면이 있었다. 그 이유로는 야쿠자 역을 맡은 미후네 도시로三船敏郎의 존재가 가장 큰데, 연기라기보다는 마치 평소 자기 본연의 모습을 보여주는 듯 야쿠자 역할을 열연했고 그의 등장만으로도 영상은 힘이 넘쳤다. 구로사와는 보기 드문 미후네의 매력을 억제하는 데에 주저하였고, "나는 이러한 미후네의 매력에 기뻐했고 동시에 당혹스러웠다. 《주정뱅이 천사》라는 작품은 이 딜레마 속에서 탄생했고 영화의 구조도 불안정한 부분도 있고, 주제도 애매하게 되었다."고 회상한다.

영화의 줄거리는 다음과 같다.

> 패전 후 쓰러져가는 빈민가에서 가난한 의사로 살아가는 사나다眞田. 어느 더운 날, 그의 앞에 손에 총상을 입은 야쿠자 마쓰나가松永가 등장한다. 그를 치료해 주다 우연히 마쓰나가가 폐결핵에 걸린 것을 안 사나다는 요양과 치료를 권하지만, 야쿠자로서의 자존심에 마쓰나가는 방탕한 생활을 버리지 못한다. 그러던 어느 날, 마쓰나가의 선배격인 오카다岡田가 출옥하고, 그는 조금씩 마쓰나가의 위치를 위협한다. 돈과 정부情婦, 권력을 모두 오카다에게 빼앗긴 마쓰나가는 각혈을 하며 심각한 상태에 이른다. 사나다의 도움으로 얼마간 요양을 하나, 마쓰나가는 자신을 소모품으로 여긴 야쿠자 조직에 대한 배신감에 오카다와 싸움을 하다 칼에 찔려 죽게 된다. 사나다는 그의 죽음에 슬픔에 잠기지만, 마쓰나가와 달리 씩씩하게 결핵을 이겨낸 여고생과 조우하며, 다시 희망을 품고 활기 넘치는 거리로 향한다.

스태프는 다음과 같다.

- 감독 : 구로사와 아키라
- 제작 : 모토키 소지로本木莊二郎
- 각본 : 우에쿠사 게이노스케植草圭之助, 구로사와 아키라

- 촬영 : 이토 다케오伊藤武夫
- 미술 : 마쓰야마 다카시松山崇
- 녹음 : 오누마 와타루小沼渡
- 연출 보좌 : 고바야시 쓰네오小林恒夫
- 조명 : 요시자와 긴조吉澤欣三
- 음향효과 : 미나와 이치로三縄一朗
- 편집 : 고노 아키카즈河野秋和
- 현상 : 도호 필름 래버로토리
- 특수효과 : 도호 특수 기술부
- 음악 : 하야사카 후미오早坂文雄
- 주제가 : 「정글 부기」(작사 : 구로사와 아키라, 작곡 : 핫토리 료이치服部良一, 노래 : 가사기 시즈코笠置シヅ子)
- 기타 연주 : 이토 오스케伊藤翁介
- 연주 : 도호 교향악단, 도호 모단냐즈

등장인물과 배우는 다음과 같다.

- 사나다眞田 : 시무라 다카시志村喬
- 마쓰나가松永 : 미후네 도시로三船敏郎
- 오카다岡田 : 야마모토 레이자부로山本禮三郎
- 나나에奈々江 : 고구레 미치요木暮實千代
- 미요美代 : 나카키타 지에코中北千枝子
- 긴ぎん : 센고쿠 노리코 千石規子
- 부기를 노래하는 여자 : 가사기 시즈코笠置シヅ子
- 다카하마高浜 : 신도 에이타로進藤英太郎
- 두목親分 : 시미즈 마사오清水將夫
- 히사고ひさご의 사장 : 도노야마 다이지殿山泰司
- 세일러복의 소녀 : 구가 요시코久我美子
- 할머니 : 이다 조코飯田蝶子
- 양아치 : 우부카타 고生方功

- 야쿠자의 부하 : 다니 아키라谷晃
- 기타 치는 불량배 : 사카이 사치오堺左千夫
- 야쿠자의 부하 : 오무라 센키치大村千吉
- 꽃집 주인 : 가와사키 가타오河崎堅男
- 꽃집의 소녀 : 모쿠쇼 구미코木匠久美子
- 댄서 : 가와구보 도시코川久保とし子, 도야마 하루코登山晴子, 난부 유키에南部雪枝
- 두목의 애인 : 시로키 스미레城木すみれ

영화의 주요 무대인 암시장은 《신바보시대新馬鹿時代》의 오픈세트가 사용되었다는 것은 전술한 바와 같은데, 구로사와는 이곳에 땅을 파서 커다란 더러운 늪을 만들었고 그 크기가 오프세트의 반 정도나 될 정도였다. 더러운 늪은 등장인물의 내면을 반영하는 공간으로, 특히 마쓰나가가 점점 파멸로 향하는 과정에서 중요한 상징으로 사용되었다.

시나리오상의 계절은 여름이었는데 실제 촬영 시기는 겨울이었는지라, 구로사와는 여름의 무더위의 계절감을 표현하기 위해서, 늪의 얼음을 제거하는 등 다양한 방법을 강구하였다. 이렇게 해서 '전후일본의 축도縮圖와 같은 더러운 습지가 있는 암시장'을 배경으로, 암시장을 배회하는 젊은 야쿠자와 가난한 주정뱅이 중년 의사의 갈등을 통해 전후 일본의 풍경을 생생하게 그려낸 걸작이 탄생하게 되었다. 구로사와, 미후네 콤비의 최초의 작품임과 동시에 시무라가 구로사와 감독 작품에서 처음으로 주연을 맡았다. 전후의 동란기를 그린 결정판이라고 할 만한 작품으로 감독도 자신의 스타일을 정한 중요한 작품이다.

5. 《조용한 결투》

《조용한 결투》는 1949년 3월 13일 공개된, 흑백, 스탠다드 사이즈(1:1.33), 95분 작품이다. 제작은 다이에이大映 주식회사 도쿄촬영소, 배급은 다이에이 주식회사.

1948년 12월 상순에 《죄없는 벌罪なき罰》로 준비 중, 1949년 1월 6일 《조용한 결투》로 제목 변경, 1월 18일 오픈세트로 야전병원 신부터 촬영, 2월 21일 눈이 오는 중에 병원을 떠나는 미사오美佐緒의 장면으로 촬영을 종료한다. 특정 장소나 거리에서 촬영한 경우가 거의 없고, 다이에이의 다마가와多摩川 촬영소 세트에서 이루어졌다.『키네마순보キネマ旬報』 베스트텐 7위.

1947년 12월, 도호 사장으로 취임한 와타나베 데쓰조는 1948년 1월 '기획심의회'를 폐지하고 조합이 기획한 영화제작을 금지시킨다. 그리고 《주정뱅이 천사》의 완성을 기다렸다는 듯, 4월 8일, 도쿄 기누타砧 촬영소의 종업원 270명을 갑작스럽게 해고하였고, 이어 발표된 1,200명의 해고 계획은, 조합 측에 전면전을 선언하는 것과 다름없었다.

이에 맞서, 4월 15일, 조합은 생산관리 투쟁에 돌입했다. 기누타 촬영소를 점거하고 자재를 직접 통제했으며, 정문 앞에는 바리케이드를 설치하고 장기 농성에 들어갔다. 이것이 바로, 영화사에서 전례가 없던 제3차 도호쟁의의 시작이었다.

회사는 이어 5월 1일, 메이데이 당일을 기해 휴업을 선언했고, 조합 측은 이에 맞서 도쿄지방법원에 영업 재개를 요구하는 가처분 신청을 제출했다. 그러나 회사 역시 촬영소의 점유 해제를 요구하는 맞대응 가처분을 신청했고, 결국 8월 13일, 도쿄지방법원은 회사 측의 주장을 받아들여, 점유 해제 가처분의 집행을 결정하였다. 다음날인 8월 14일, 법원의 집행관이 촬영소에 도착했지만, 당시 현장에는 농성 중이던 조합원 800명에 의해 법원의 집행 시도는 즉시 저지당했다.

그리고 8월 19일. 다시 가처분 집행이 시도될 즈음, 촬영소에는 이미 2,500명의 조합원들이 농성 중이었다. 영화감독 고쇼 헤이노스케五所平之助, 이마이 다다시今井正, 구스다 기요시를 비롯해, 프로듀서 이와사키 아키라岩崎昶, 이토 다케오伊藤武郎, 각본가 야마가타 유사쿠山形雄策, 미야지마 요시유키宮島義勇, 배우 와카야마 세쓰코若山セツ子, 구가 요시코久我美子, 나카키타 지에코中北千枝子 등, 영화인들의 이름은 그 자체로 투쟁의 역사였다.

촬영소의 각 세트 앞에는 불연성 페인트를 채운 대형 통들이 배치되고, 위에는 제로센零戰의 엔진을 장착한 특수촬영용 대형 선풍기가 올려졌다. 이는 경찰의 돌입에 대비한 방어 장치였다. 바람의 압력으로 자갈이나 유리 조각, 페인트 등을 날려 보내기 위한 구조였다.

같은 날 새벽, 점령 업무를 맡고 있던 미군 캠프 드레이크Camp Drake에 주둔 중이던 미 제1기병사단 사령관 윌리엄 체이스William Chase 소장은 군인들과 장갑차, 항공기를 동원하여 기누타 촬영소를 포위했다. 그리고 오전 8시 30분, 경시청 예비대 2,000명이 동원되어 기누타 촬영소를 포위했다. 그리고 오전 10시 30분, 예비대 병력이 전차를 선두로 정문 앞에 진형을 갖추기 시작했다.

조합은 끝내, 군대에 포위된 이상 물리적 저항은 불가능하다고 판단하여, 조합 회의를 열어 가처분 수용을 결정하고 촬영소 밖으로 철수하지 않으면 안 되었다.

그리고 10월 19일, 조합 간부 20명의 자발적 퇴사를 조건으로, 해고되었던 나머지 250명의 해고 철회가 합의되었다. 4월에 시작된 제3차 쟁의는 마침내 국가권력과 무력이 개입하는 사태로 발전하였고, 8월 기누타 촬영소의 봉쇄 및 퇴거를 기점으로, 조합 측의 사실상 패배라는 형태로 막을 내렸다.

구로사와는 『신일본문학』 1948년 7월호에 「도호의 분쟁 ── 연출가의 입장에서 ──」라고 하는 글에서 인원정리를 정당화하기 위한 회사 측의 경영난 주장에는 거짓이 많고 적자는 조합 탓이라고 하는 논리는 트집에 불가하다는 의견을 제시하고 있다. 이렇게 회사 측을 비판한 그였지만 조합 운동과도 거리를 두게 되었다. 일영연日映演의 활동 그 자체에 대해서는 여전히 동조하였지만 일영연의 공산당 간부에 대해서는 적대시할 정도는 아니었지만 동조하지는 않는 그런 복잡한 심경이었다. 이후 구로사와는 정치적인 발언을 삼가하는 태도를 취했다.

도호쟁의로 인해 이마이 다다시今井正, 요시무라 고자부로吉村公三郎, 센다 고레야千田是也, 신도 가네토新藤兼人 등 많은 영화인들이 도호를 떠났다. 한편, 구로사와는 쟁의 중에 도호의 와타나베 사장과는 절대로 일을 하지 않겠다고 선언을 했었는데, 그말 그대로 1948년 9월. 나루세 미키오成瀬巳喜男, 다니구치 센키치谷口千吉, 야마모토 가지로山本嘉次郎, 모토키 소지로本木莊二郎 등과 손을 잡고, '영화예술협회'를 결성하고, 도호 이외의 다이에이大映, 쇼치쿠松竹, 신토호新東寶에서 일을 하게 된다.

《조용한 결투》는 '영화예술협회'의 첫번 째 작품으로 다이에이에서 제작되었다. 원작은 기쿠타 가즈오菊田一夫의 희곡 『낙태의墮胎醫』로, 매독에 감염된 젊은 의사의 고뇌를 그린 휴먼 드라마이다. 원작인 『낙태의』는 지아키 미노루千秋實가 주재하는 극단 장미좌薔薇座에 의해 1947년 10월부터 일극소극장日劇小劇場에서 상연되었다. 배역은 지아키가 후지사키藤崎 역, 지아키 부인 사사키 후미에佐々木踏繪가 미네기시峰岸 역을, 다카스기 다에코高杉妙子가 미사오美佐緒 역을 맡았고, 연출은 지아키의 장인인 사사키 다카마루佐々木孝丸가 맡았다. 구로사와가 우연히 그 무대를 보고 감동하여 본 작품의 기획이 이루어졌다.

구로사와는 "이 각본을 처음에는 지아키 미노루가 연기한 것으로 보았습니다. 그래서 이 역할은 미후네가 맡으면 좋지 않을까 하고 생각했습니다. 전작에서는 야쿠자를 연기했으니까 이번엔 의사입니다."라고 직접 밝히고 있다. 전작이란 《주정뱅이 천사》를 말하는 것으로, 전작에서 의사의 권유를 무시하고 악한인 환자 역할을 한 야쿠자 미후네가 차기작에서 의사로서 스스로 악한을 치유하는 역할을 한다면 관객에게는 신선한 충격을 줄 수 있고, 또한 미후네도 연기의 폭을 넓힐 수 있을 것이라 확신했던 것이다.

영화의 줄거리는 다음과 같다.

한창 전쟁 중인 1944년의 야전병원을 배경으로, 젊은 의사 후지사키 교지(藤崎恭二, 미후네 도시로三船敏郎)는 부상병을 치료키 위해 개복 수술을 하였다. 그런데 마침 그가 수술하고 있던 부상병 나카타 다쓰오(中田龍夫, 우에무라 겐지로植村謙次郎)는 매독 환자였는데, 그의 혈액이 묻은 메스에 후지사키는 손가락을 베이고, 매독에 감염되고 만다. 패전 후 도쿄로 돌아온 그는 헌신적으로 가난한 환자들을 보살피며 자신의 병 치료를 지속하지만, 6년간 그를 기다려 준 약혼녀 마쓰모토 미사오(松本美佐緒, 산조 미키三條美紀)에게는 사실을 밝히지 못하고 그저 이별만을 고하게 된다. 간호 보조사인 미네기시 루이(峯岸るい, 센고쿠 노리코千石規子)는 후자사키의 사정을 알고 그를 안타깝게 여긴다. 그러던 어느 날 후지사키는 자신에게 병을 옮긴 나카타와 우연히 마주치게 되고, 치료는커녕 방탕한 생활을 하는 나카타에게 치료를 권유하지만 거부당한다. 그러나 나카타의 부인 나카타 다키코(中田多樹子, 나카키타 지에코中北千枝子)가 매독으로 인해 아기를 유산하게 되고, 나카타는 후지사키의 병원에서 사산된 자신의 아기를 보고는 매독균에 발광하고 미쳐버리게 되다. 이후 후지사키는 묵묵히 자신의 병을 치료하는 한편, 어려운 병자들을 정성껏 보살펴 나간다.

스태프는 다음과 같다.

- 감독 : 구로사와 아키라
- 기획 : 모토키 소지로本木莊二郎, 이치카와 히사오市川久夫
- 원작 : 기쿠타 가즈오菊田一夫의 『낙태의』
- 각본 : 구로사와 아키라, 다니구치 센키치谷口千吉
- 촬영 : 아이사카 소이치相坂操一
- 녹음 : 하세가와 미쓰오長谷川光雄
- 조명 : 시바타 쓰네키치柴田恒吉
- 음악 : 이후쿠베 아키라伊福部昭

• 미술 : 이마이 고이치今井高一
• 스틸 : 시나 이사무椎名勇
• 기록 : 후루카와 야치에古川八千惠
• 편집 : 쓰지이 마사노리辻井正則
• 제작 주임 : 가와모토 다케오川本武男

등장인물과 배우는 다음과 같다.

• 후지사키 교지藤崎恭二 : 미후네 도시로三船敏郎
• 마쓰모토 미사오松本美佐緒 : 산조 미키三條美紀
• 후지사키 고노스케藤崎孝之輔 : 시무라 다카시志村喬
• 나카타 다쓰오中田龍夫 : 우에무라 겐지로植村謙二郎
• 노자카 순경野坂巡査 : 야마구치 이사무山口勇
• 미네기시 루이峯岸るい : 센고쿠 노리코千石規子
• 나카타 다키코中田多樹子 :: 나카키타 지에코中北千枝子
• 골동품상 : 미야지마 겐이치宮島健一
• 노병 : 사사키 마사토키佐々木正時
• 순경 : 이즈미 세이지泉清治
• 맹장염에 걸린 소년의 아버지 : 다테 마사伊達正
• 계장 : 미야지마 시로유키宮島城之
• 위생과 계장 : 미야자키 준노스케宮崎準之助
• 깁스한 청년 : 도비타 기사오飛田喜佐夫
• 근로자 : 다카미 간高見貫
• 맹장염에 걸린 소년의 어머니 : 스도 쓰네코須藤恒子
• 미짱 : 와카하라 하쓰코若原初子
• 간호사 이마이今井 : 마치다 히로코町田博子
• 수습 간호사 : 마쓰무라 와카요松村若代
• 사무원 : 이케가미 유코池上湧子
• 맹장염에 걸린 소년 : 마쓰모토 시게루松本茂
• 소년 : 구도 요스케工藤洋輔

다음은 구로사와 아키라 등이 결성한 영화예술협회의 설립취지서이다.

> 지금 일본의 영화회사에 속한 촬영소는 제작 조건에서도 자본 면에서도 어떤 한계에 봉착했다. 따라서 그 작품에도 넘을 수 없는 한계가 존재하게 되었다. 우리들은 어떻게든 이 한계를 넘어서 만들고 싶은 작품을 만들 수 없을까 고민했다. 그래서 시험 삼아 촬영소에 소속하지 않고 작업을 해 보는 것은 어떨까. 뭔가 할 수 있겠다는 생각도 든다. 만일 가능하다면 작품의 폭을 넓힐 수 있으며, 또 제작 조건이나 자본 공급원도 넓힐 수 있을 것이다. 그렇게 하면 일본영화는 훨씬 왕성해 질 것이다. 아무튼 탁해진 물을 흘려 보내고 싶다. 우리들은 반드시 시도해야만 하다고 생각한다. 이것이 '영화예술협회'의 설립 취지이다.(후략) 1948년 9월 1일 同人 야마모토 가지로·同人 모토키 소지로

이렇게 결성된 영화예술협회는, 프로듀서 주도도, 조합 주도도 아닌, 창작자 중심의 영화 제작 집단으로 출범하게 된 것이다. 그것은 조직이라기보다는, 정신적 동맹에 가까운 형태였다.

6. 《들개》

《들개》는 1949년 10월 17일 공개된, 흑백, 스탠다드 사이즈(1:1.33), 122분 작품이다. 제작은 신토호新東寶·영화예술협회 제휴, 배급은 도호.

1949년 7월 중순 경, 오이즈미大泉 촬영소에서 촬영이 개시되었고, 9월 중순에 촬영이 완료되었다.

예술제 문부대신상. 도민都民영화 콩쿨 은상, 마이니치每日영화콩쿨 촬영상·음악상·미술상·남우연기상(시무라 다카시), 『키네마순보キネマ旬報』 베스트텐 3위.

일본 영화에서 다큐멘터리 터치로 그려낸 형사물이라는 새로운 장르를 개척하며 획기적인 작품으로 평가받았고, 이후의 작품들에 영향을 끼쳤

다. 또한『주정뱅이 천사』와 마찬가지로, 전후의 거리 풍경이나 풍속, 그리고 그 속에서 살아가는 다양한 등장인물들이 생생하게 묘사되어 있다.

당시, 구로사와는 도호에서의 영화 제작을 단념하고, 영화예술협회에 참가해 타사에서 영화를 찍고 있었다. 이 작품은 다이에이大映에서 제작한『조용한 결투』에 이어 타사에서 제작한 두 번째 작품이며, 영화예술협회와 신도호新東寶의 제휴로 제작되었다.

탐정소설 애독자이기도 했던 구로사와는 조르주 심농Georges Simenon을 의식한 서스펜스 영화를 만들고자 기획하였고, 신인 각본가 기쿠시마 류조菊島隆三를 공동 집필자로 발탁하여 그를 경시청에 보내 자료를 수집하게 하였다. 그곳에서 수사1과 계장으로부터, 경찰이 권총을 분실하는 일이 있다는 일화를 입수하였고, 그것을 채택하여 아타미熱海에서 시나리오를 완성하였다.

영화의 줄거리는 다음과 같다.

> 어느 무더운 날, 무라카미村上 형사는 사격 훈련에서 돌아오는 길 버스 안에서 옆에 선 여성에게 콜트식 자동권총을 도둑맞아 범인을 쫓았지만 놓쳐버리고 만다. 권총 안에는 7발의 총탄이 남아 있다. 무라카미는 상사 나카지마中島경감의 조언으로, 소매치기 담당인 이치카와市川 형사에게 상담하고, 감식 수법 카드를 조사하면서 여자 소매치기범인 오긴お銀에 주목한다. 무라카미는 오긴을 찾지만, 그녀는 시치미를 떼기만 한다. 무라카미는 그녀를 집요하게 쫓아다니며, 권총이 이제 수중에 없다면, 적어도 힌트만이라도 달라고 계속 간청한다. 체념한 오긴은, 변두리의 번화가에서 허기진 모습으로 서성이고 있으면 불법 권총 거래상이 소매를 끌고 데려간다는 힌트를 준다.
>
> 권총을 찾기 위해 퇴역군인 차림으로 암시장을 걷는 무라카미는 마침내 권총의 암거래 현장을 밝혀내고 권총을 중계하는 여자를 검거하지만, 먼저 여자를 체포하는 바람에 그 장소에 권총을 돌려주러 온 범인 남자를 놓쳐버린다. 게다가 요도바시淀橋에서 강도 상해 사건이 발생했고, 그 총탄을 조사하자 무라카미의 콜트가 사용된 것으로 밝혀진다. 이후 무라카미는 요도바시 경찰서의

베테랑 형사 사토와 팀을 이루어 수사를 하게 되었다.
계속해서 무라카미의 콜트로 인한 강도 살인 사건이 발생, 남편이 출장으로 집을 비웠을 때 아내가 희생되었다. 귀가해서 시체를 발견하고, 통곡하는 남편에게 수사원들은 아무 말도 못하고 무라카미의 범인에 대한 분노는 커져만 간다. 아직 권총에는 탄환이 5발 남아 있다. 무라카미와 사토는 하루미의 아파트로 향하고, 무라카미는 하루미가 유사에 대해 자백하기를 기다린다. 사토는 방에 있던 '아즈마 호텔'의 성냥을 단서로 혼자서 유사를 쫓아, 그가 숙박하는 야요이彌生 호텔에 도착한다. 사토는 호텔 로비에서 하루미 집에 있는 무라카미에게 전화를 걸려고 하지만, 수사의 손이 다가오고 있다는 것을 알아차린 유사의 흉탄에 쓰러지고 만다. 하루미와 무라카미는 수화기 너머로 2발의 총성을 듣고, 무라카미는 절규한다. 유사는 그대로 비가 내리는 가운데 도주한다.
다음날 아침, 경찰병원에서 사토의 회복을 기다리는 무라카미의 곁에 하루미가 와서, 유사가 오전 6시에 고이즈미小泉역(대본상의 가상의 역)에서 기다리고 있다고 말한다. 무라카미는 역으로 급히 달려가, 대합실 사람들 중에서 진흙투성이의 신발을 신은 흰색 양복의 남자, 즉 유사를 찾아낸다. 무라카미와 눈이 마주친 유사는 도망. 그것을 쫓아간 무라카미는, 조용한 나무숲 속에서 권총을 겨누는 유사와 대립한다. 1발의 총탄이 무라카미의 왼팔을 관통하고, 나머지 2발은 빗나가 이제 탄환은 없다. 격렬한 격투 끝에 무라카미는 수갑을 채우고 유사와 함께 그 자리에서 쓰러진다. 그 곁을 유치원생들이 노래를 부르며 지나간다. 유사는 그 노랫소리 속에서 통곡하고 괴로운 나머지 기절한다.
며칠 후, 병실에 있는 사토를 방문한 무라카미는 유사의 사건을 남의 일 같지 않다고 한탄한다. 그것에 대해 사토는, 이 도시에서는 범죄가 매일 일어나고 있어서, 유사의 일은 금방 잊을 것이라고 격려한다.

스태프는 다음과 같다.

- 감독 : 구로사와 아키라
- 제작 : 모토키 소지로本木莊二郎
- 각본 : 구로사와 아키라, 기쿠시마 류조菊島隆三
- 촬영 : 나카이 아사카즈中井朝一
- 조명 : 이시이 조시로石井長四郎

- 녹음 : 야노구치 후미오矢野口文雄
- 미술 : 마쓰야마 다카시松山崇
- 안무 : 아가타 요지縣洋二
- 음악 : 하야사카 후미오早坂文雄
- 조감독 : 혼다 이시로本多猪四郎
- 편집 : 고토 도시오後藤敏男
- 제작 주임 : 히라키 마사노스케平木政之助
- 감독 조수 : 이마이즈미 젠주今泉善珠
- 미술 조수 : 무라키 요시로村木与四郎
- 음향 효과 : 미나와 이치로三縄一郎

등장인물과 배우는 다음과 같다.

- 무라카미村上 형사 : 미후네 도시로三船敏郎
- 사토佐藤 형사 : 시무라 다카시志村喬
- 나미키 하루미並木ハルミ : 아와지 게이코淡路恵子
- 하루미의 어머니 : 미요시 에이코三好榮子
- 권총상의 애인 : 센고쿠 노리코千石規子
- 통 판매상의 아내(유사의 누나) : 혼마 후미코本間文子
- 소매치기 담당 이치카와 형사 : 가와무라 레이키치河村黎吉
- 고우게쓰光月 여주인 : 이이다 조코飯田蝶子
- 통 판매상 : 히가시노 에이지東野英治郎
- 아베阿部 수사 주임 : 나가타 야스시永田靖
- 술집 아저씨 : 마쓰모토 갓페이松本克平
- 유사遊佐 : 기무라 이사오木村功
- 소매치기 오긴お銀 : 기시 데루코岸輝子
- 레뷔 극장의 연출가 : 지아키 미노루千秋實
- 호텔 야요이彌生의 지배인 : 스가이 이치로菅井一郎
- 계장 나카지마中島 경감 : 시미즈 겐清水元
- 물을 뿌리는 순경 : 야나기야 간柳谷寛
- 혼다 : 야마모토 레이자부로山本禮三郎

- 감식과 직원 : 이즈 하지메伊豆肇
- 피해자 나카무라中村의 남편 : 시미즈 마사오清水將夫
- 아파트 관리인 : 고도 구니노리高堂國典
- 레뷔 극장의 지배인 : 이토 유노스케伊藤雄之助
- 젊은 경찰의警察醫 : 우부카타 아키라生方明
- 사쿠라 호텔의 지배인 : 나가하마 후지오長濱藤夫
- 리젠트 스타일의 웨이터 : 우부카타 이사오生方功
- 양아치 : 미즈타니 시로水谷史郎
- 마을 의사인 노인 : 다나카 에이조田中榮三
- 사토의 아내 : 모토하시 가즈코本橋和子
- 아즈마 호텔의 마담 : 도다 하루코戸田春子
- 게이샤 긴타로金太郎 : 도야마 하루코登山晴子
- 파친코 가게의 여자 : 야스후사 에구사安雙三枝
- 지배인의 아내 : 산조 리키에三條利喜江

촬영의 대부분은 대여 스튜디오인 오이즈미大泉 스튜디오에서 이루어졌다. 예산이 적은 상황 속에서도, 경찰 감식과에서부터 추어집, 호텔, 여주인공의 아파트에 이르기까지, 오픈 세트를 포함하여 실제로 30여 개의 세트가 제작되었다. 경찰 감식과의 세트는 실제 경찰서를 견학하여, 서랍의 명판 하나까지도 충실히 재현되었다고 한다.

이 작품은 아와지 게이코淡路惠子의 영화 데뷔작이기도 하다. 또한 훗날 구로사와 작품의 단골 배우가 되는 지아키 미노루千秋實의 구로사와 영화 첫 출연작이기도 하다.

군복을 입은 무라카미 형사가 암시장을 걷는 장면에서는, 조감독 혼다 이시로本多猪四郎와 촬영조수 야마다 가즈오山田一夫 두 사람이 우에노上野의 실제 암시장에서 몰래 촬영을 감행했으며, 혼다는 미후네 도시로三船敏郎의 대역을 맡고, 야마다는 카메라를 상자 포장 속에 넣어 촬영했다고 한다. 구로사와는 훗날 "이 작품에서 전후 풍속이 잘 묘사되었다고 평가

받는 것은 혼다 덕이 크다"고 말하며, 혼다를 높이 평가했다.

고라쿠엔 구장後樂園球場에서 형사 두 명이 권총 암거래상을 체포하는 장면에서는, 실제 요미우리 자이언츠巨人와 난카이南海 호크스 간의 경기 영상이 사용되었고, 당시 선수들의 모습도 볼 수 있다. 『全集 黑澤明』제2권에 수록된 시나리오에서는, 이 경기가 자이언츠 대 한신阪神 전으로 되어 있으며, 벳토別當 선수의 이름도 보인다.

긴장된 장면에서 오히려 온화하고 밝은 음악을 흐르게 하여, 의도적으로 음향과 영상을 조화시키지 않는 〈음과 영상의 대위법音と畫の対位法〉이라는 기법이 이 작품에서도 사용되었다. 극중 예를 보면, 사토 형사가 호텔에서 총에 맞는 장면에서는 호텔 라디오에서 「라 팔로마」가 흘러나오고, 마지막에 무라카미와 유사가 대결하는 긴박한 장면에서는, 주부가 연주하는 평온한 피아노 소나티네, 그리고 마지막에는 아이들이 부르는 잔잔한 동요가 흐른다.

7.《추문》

《추문》은 1950년 4월 30일 공개된, 흑백, 스탠다드 사이즈(1:1.33), 105분 작품이다. 제작은 쇼치쿠松竹영화주식회사·영화예술협회 제휴, 배급은 쇼치쿠영화주식회사.

1950년 2월 하순, 신슈信州 스와諏訪 호반湖畔 로케이션 촬영이 시작되었다.

『키네마순보キネマ旬報』 베스트텐 6위.

도호東寶에서의 영화 제작을 단념하고 타사에서 작품을 촬영하던 구로사와 감독의 타사에서 제작한 세 번째 작품이며, 첫 쇼치쿠松竹 작품이다. 과도한 저널리즘으로 인한 문제를 그린 사회파 드라마이다. 무책임한 언론의 발언이 악질적이라고 느끼던 구로사와黑澤가, 전철 안 잡지 광고에 실린 선정적인 문구에서 힌트를 얻어 제작하였다고 한다.

영화의 줄거리는 다음과 같다.

신진 화가 아오에 이치로靑江一郎는 오토바이를 몰고 이즈伊豆의 산들을 그리러 왔다. 세 명의 나무꾼이 그의 그림을 신기한 듯 바라보고 있었다. 그때 인기 성악가 사이조 미야코西條美也子가 나타나고, 숙소가 같다는 것을 알게 되자, 아오에는 미야코를 뒤에 태우고 숙소로 향했다. 아오에는 미야코의 방을 찾아가 담소를 나누고 있었는데, 그 모습을 잡지사 '아무르アムール'의 카메라맨이 몰래 촬영하고, 거짓 열애 기사로 만들어 버린다. 잡지는 날개 돋친 듯 팔려나가고, 거리에서는 대대적으로 광고되었다. 이에 격분한 아오에는 아무르사로 들이닥쳐 편집장 호리堀를 때려눕히고, 소동은 더욱 커져버린다.

아오에는 마침내 잡지사를 고소하기로 결심하고, 그때 히루타蛭田라고 이름을 밝힌 변호사가 자신에게 변호를 맡겨 달라고 찾아온다. 다음 날, 히루타라는 사람이 믿을만한지 확인하기 위해 히루타의 집을 방문한 아오에는 결핵으로 누워 있는 그의 딸의 모습에 감동하여 히루타에게 변호를 의뢰한다. 그러나 병든 딸을 돌보며 가난에 시달리던 히루타는 호리에게 10만 엔짜리 수표를 받고 매수되어 버린다.

재판이 시작되었지만 매수된 히루타의 변론은 횡설수설이고, 법조계의 거물인 가타오카片岡 박사를 변호인으로 세운 피고 아무르 측이 압도적으로 유리한 상황이었다. 2차, 3차 공판이 이어져도 히루타는 반드시 해야 할 증언조차 침묵했고, 4차 공판에서 나무꾼이 원고 측 증인으로 나섰지만, 승산은 없었다. 아오에는 히루타의 부정을 의심했지만 입 밖에 내지 않았다. 그런 와중에 아버지의 부정을 눈치채고 마음 아파하던 히루타의 딸은 아오에의 승리를 외치며 숨을 거두었다.

최종 공판 날, 원고 측의 패소가 확정되기 직전, 히루타는 스스로 증인대에 올라가 10만 엔짜리 수표를 내보이며 자신과 피고 측의 부정을 고백한다. 이 결정적 증언으로 인해 카타오카 박사는 패소를 인정하고, 원고 측의 승소가 확정된다. 기자들 앞에서 아오에는 "우리는 지금, 별이 탄생하는 순간을 본 거예요"라고 소감을 밝힌다.

스태프는 다음과 같다.

- 감독 : 구로사와 아키라
- 기획 : 모토키 소지로本木莊二郎
- 제작 : 고이데 다카시小出孝
- 각본 : 구로사와 아키라, 기쿠시마 류조菊島隆三
- 촬영 : 우부카타 도시오生方敏夫
- 조음 : 오무라 사부로大村三郎
- 미술 : 하마다 다쓰오濱田辰雄
- 조명 : 가토 마사오加藤政雄
- 음악 : 하야사카 후미오早坂文雄
- 편집 : 스기하라 요시杉原よ志
- 현상 : 간다 가메타로神田龜太郎
- 프린트 : 나카무라 고이치中村興一
- 특수촬영 : 가와카미 게이지川上景司
- 장치 : 고바야시 다카마사小林孝正
- 장식 : 모리야 세쓰타로守谷節太郎
- 스틸 사진 : 가지모토 이치조梶本一三
- 기록 : 모리시타 히데오森下英男
- 의상 : 스즈키 분지로鈴木文治郎
- 머리손질 : 사쿠마 도쿠佐久間とく
- 가발/분장 : 요시자와 긴고로吉澤金五郎
- 연기 사무 : 우에하라 데루히사上原照久
- 촬영 사무 : 데시로기 이사오手代木功
- 경리 : 무토 데쓰타로武藤鐵太郎
- 진행 : 아라이 가쓰지新井勝次

등장인물과 배우는 다음과 같다.

- 아오에 이치로青江一郎 : 미후네 도시로三船敏郎

- 사이조 미야코西條美也子 : 야마구치 요시코山口淑子
- 히루타 마사코蛭田正子 : 가쓰라기 요코桂木洋子
- 스미에すみえ : 센고쿠 노리코千石規子
- 편집장·호리堀 : 오자와 사카에小澤榮
- 히루타 오쓰키치蛭田乙吉 : 시무라 다카시志村喬
- 편집장·아사이朝井 : 히모리 신이치日守新一
- 카메라맨A : 미쓰이 고지三井弘次
- 아라이荒井 : 시미즈 이치로清水一郎
- 미야코의 어머니 : 오카무라 후미코岡村文子
- 재판장 : 시미즈 마사오清水將夫
- 히루타 야스蛭田やす : 기타바야시 다니에北林谷榮
- 가타오카片岡 박사 : 아오야마 스기사쿠青山作
- 나무꾼 할아버지A : 고도 구니노리高堂國典
- 나무꾼 할아버지B : 우에다 기치지로上田吉二郎
- 술 취한 남자 : 히다리 보쿠젠左卜全
- 아오에의 친구A : 도노야마 다이지殿山泰司
- 신문기자 : 마스다 준지增田順二
- 아오에의 친구B : 간다 다카시神田隆
- 아오에의 친구C : 지아키 미노루千秋實
- 나무꾼 할아버지C : 아가타 슈스케縣秀介

전술한 바와 같이 구로사와가 《추문》을 착상하게 된 계기는, 일상 속의 아주 사소한 한 장면이었다고 한다. 어느 날, 만원 전철 안에서 우연히 눈에 들어온 광고——거기에 줄지어 나열된 문구들은 지나치게 선정적이고, 저속한 표현으로 가득 차 있었다. 구로사와는 그것을 보며 강한 혐오감을 느꼈다. 이것이 지금의 매스컴인가, 라고. 사람의 사생활과 존엄을 짓밟으면서도, 그것을 '화제성'이라는 이름으로 팔아치우는 잡지들. 전쟁이 끝나고 표현의 자유가 보장된 나라에서, 어째서 이토록 도덕이 무너져 버린 것일까. 그 분노는 곧바로 영화의 주제로 승화되었다.

이렇게 해서 탄생한 《추문》은 한 화가와 인기 성악가 사이의 스캔들을 둘러싼 이야기로 전개된다. 하지만 단순한 연애극은 아니다. 주간지의 허위 기사, 도촬, 그리고 날조된 여론—그 모든 것을 구로사와는 냉정한 시선으로 허구의 내러티브 속에 풀어놓는다.

각본은 구로사와와 신뢰 두터운 각본가 기쿠시마 류조와의 공동 작업이었다. 그러나 영화가 중반을 넘어가면서 이야기는 점차 매스미디어 비판에서, 인간의 나약함과 구원이라는, 구로사와 작품의 중심 주제로 옮겨간다. 가난 속에서 병든 딸을 돌보는 한편, 피고 측으로부터 금전적 유혹을 받고 매수되어 버린 변호사 히루타의 내면적 갈등과 붕괴—그 묘사는 선악의 이분법을 넘어, 보는 이에게 깊은 여운을 남긴다.

촬영은 우부카타 도시오生方敏夫, 음악은 하야사카 후미오早坂文雄, 편집은 스기하라 요시가 맡았다. 촬영 장소가 쇼치쿠 오후나大船 촬영소로 옮겨졌음에도 불구하고, 그들의 미학과 협력 관계는 굳건했다.

주연은 미후네 도시로. 과묵하면서도 곧은 심지를 지닌 화가 아오에 이치로라는 인물을 온몸으로 표현해냈다. 그리고 히로인으로는, 전쟁 중 '리샹란李香蘭'이라는 이름으로 일세를 풍미했고, 종전 후 일본에서 새 출발을 모색하던 야마구치 요시코가 기용되었다. 그녀에게도 이 작품은 '재출발'을 대중에게 각인시키는 중요한 배역이었다.

《추문》은 흥행 성적 면에서 특별히 눈에 띄는 성공을 거두지는 못했지만, 그 내용의 날카로움, 그리고 구로사와 아키라가 던진 "보도와 윤리"에 대한 문제 제기는 지금도 여전히 신선한 빛을 발하고 있다.

참고문헌

일본 원서

菊田一夫,『菊田一夫戯曲選集 2』, 演劇出版社, 1966.
佐藤忠男,『黒澤明の世界』, 三一書房, 1969.
佐藤忠男,『日本映画思想史』, 三一書房, 1970.
都築政昭,『黒澤明の世界』, マルジュ社, 1980.
黒澤明,『蝦蟇の油』, 岩波書店, 1984.
植草圭之助,『わが青春の黒澤明』, 文春文庫, 1985.
黒澤明,『全集 黒澤明 第一巻』, 岩波書店, 1987.
黒澤明,『全集 黒澤明 第二巻』, 岩波書店, 1988.
キネマ旬報編集部編集,『黒澤明集成』キネマ旬報社, 1989.
ドナルド・リチー 著, 三本宮彦 訳,『黒澤明の映画』, 社会思想社, 1991.
キネマ旬報編集部編集,『黒澤明集成 Ⅱ』キネマ旬報社, 1991.
キネマ旬報編集部編集,『黒澤明集成 Ⅲ』キネマ旬報社, 1993.
森武麿,『アジア・太平洋戦争』, 集英社, 1993.
佐藤忠男,『日本の映画史 2』, 岩波書店, 1995.
佐藤忠男,『日本映画300』, 朝日新聞社, 1995.
西村雄一朗,『黒澤明──音と映像』, 立風書房, 1998.
三國隆一,『黒澤明伝』, 展望社, 1998.
樋口尚文,『黒澤明の映画術』, 筑摩書房, 1999.
山口和夫,『黒澤明－－人と芸術』, 新日本出版社, 1999.
堀川弘通,『評伝 黒澤明』, 毎日新聞社, 2000.
加藤信・柏瀬宏隆,『黒沢明の精神病理』, 星和書店, 2002.
佐藤忠男,『黒澤明 作品解題』, 岩波現代文庫, 2002.
佐藤忠男,『映画の中の東京』, 平凡社, 2002.
牧野守,『日本映画検閲史』, パンドラ現代書館, 2003.
古山敏幸,『黒澤明の作劇術』, フィルムアート社, 2008.
浜野保樹,『大系 黒澤明 第1巻』, 講談社, 2009.
都築政昭,『黒澤明－全作品と全生涯－』, 東京書籍, 2010.

국내 저서

구로사와 아키라, 오세필 역, 『감독의 길』, 민음사, 1994.
조셉 보그스, 이용관 역, 『영화보기와 영화읽기』, 제3문학사, 1995.
수잔 헤이워드 저, 이영기 역, 『영화사전(이론과 비평)』, 한나래, 1997.
요모타 이누히코, 박전열 역, 『일본 영화의 이해』, 현암사, 2001.
신하경, 『모던걸 – 일본제국과 여성의 국민화』, 논형, 2009.
이정국, 『구로사와 아키라의 영화세계』, 서해문집, 2010.

초출일람

제1장
「구로사와 아키라(黑澤明)의『내 청춘에 후회 없다(わが青春に悔なし)』考 : 야기하라 유키에(八木原幸枝)의 '자아'를 중심으로」,『일본연구』 52, 한국외국어대학교 일본연구소, 2012.

제2장
「구로사와 아키라(黑澤明)의『멋진 일요일』의 構成考-하숙집 장면을 중심으로-」,『일어일문학연구』 90-2, 한국일어일문학회, 2014.

제3장
「구로사와 아키라(黑澤明)의『멋진 일요일』의 연출考-카메라 기법과 음악을 중심으로-」,『일본언어문화』 28, 한국일본언어문화학회, 2014.

제4장
「구로사와 아키라의《조용한 결투》의 구상과 주제의식 - 전작《주정뱅이 천사》와의 관련성을 중심으로 -」,『일어일문학연구』, 119, 한국일어일문학회, 2021.

제5장
「구로사와 아키라(黑澤明)の《조용한 결투》의 시나리오의 방법에 관한 고찰 -원작『낙태의』와의 비교를 통해서-」,『일본연구』 90, 한국외국어대학교 일본연구소, 2021.

제6장
「구로사와 아키라의 ≪들개≫考: 소설에서 영화로의 궤적」,『일어일문학연구』 132, 한국일어일문학회, 2025.

제7장
「구로사와 아키라(黑澤明)의 ≪추문≫의 주제와 연출에 대한 고찰」,『일본연구』 102, 한국외국어대학교 일본연구소, 2024.

제8장
「구로사와 아키라의 종전(終戰) 직후 영화에 나타난 '전후'의 표상」,『일본어문학』 108, 일본어문학회, 2025.

찾아보기

ㅈ

ㅊ

ㅋ

ㅌ

저자 이시준(李市埈)

한국외국어대학교 일본어과 및 동 대학원 석사졸업. 도쿄대학 대학원 총합문화연구과 박사(일본설화문학), 현 숭실대학교 일어일문학과 교수. 숭실대학교 동아시아언어문화연구소 소장. 국제일본문화연구센터 초빙교수(2019.8～2020.7), 한국일어일문학회 회장(2024～2025).

저서

『今昔物語集 本朝部の研究』(일본),
『식민지시기 일본어 조선설화집 기초적 연구 1, 2』
『구로사와 아키라의 국책영화와 일본문학: 프로파간다와 작가 정신 1943~1945』

공편저

『古代中世の資料と文學』(義江彰夫編), 『漢文文化圏の説話世界』(小峯和明編), 『東アジアの今昔物語集』(小峯和明編), 『説話から世界をどう解き明かすのか』(説話文學會編), 『文學史の時空』(小峯和明監修, 宮腰直人編), 『文學研究の窓をあける』(石井正己編), 『일본문학 속의 여성』, 『일본인의 삶과 종교』, 『슬픈 일본과 공생의 상상력』, 『한일 양국의 이문화 수용과 번역』, 『요괴』, 『일본 고전문학의 상상력』 등

번역

『일본불교사』, 『일본 설화문학의 세계』, 『금석이야기집 일본편 1~9』, 『암흑의 조선』, 『조선이야기집과 속담』, 『전설의 조선』, 『나카무라 료헤이의 조선동화집』 등

자료집

『암흑의 조선』 등 식민지시기 일본어 조선설화집자료총서

숭실대HK+ 메타모포시스 인문학총서 19

근대전환기 영화의 메타모포시스 : 전후의 구로사와 아키라 1946~1950

2025년 4월 25일 1판 1쇄 펴냄

지은이 이시준
발행인 김흥국
발행처 보고사

책임편집 이소희
표지디자인 김규범

등록 1990년 12월 13일 제6-0429호
주소 경기도 파주시 회동길 337-15
전화 031-955-9797(대표)
팩스 02-922-6990
메일 bogosabooks@naver.com
http://www.bogosabooks.co.kr

ISBN 979-11-6587-852-8 94680
979-11-6587-140-6 (세트)

정가 39,000원

이 저서는 2018년 대한민국 교육부와 한국연구재단의 지원을 받아 수행된 연구임(KRF-2018S1A6A3A01042723)